学术著作

抗战大后方金融研究

刘志英 张朝晖 等 著

重庆出版集团 重庆出版社

图书在版编目(CIP)数据

抗战大后方金融研究 / 刘志英、张朝晖等著. —重庆：重庆出版社，2014.2
（中国抗战大后方历史文化丛书）
ISBN 978-7-229-07530-9

Ⅰ.抗…　Ⅱ.①刘…　Ⅲ.抗日战争—后方—金融—研究—中国　Ⅳ.①F832.96

中国版本图书馆 CIP 数据核字（2014）第 014384 号

抗战大后方金融研究
KANGZHAN DA HOUFANG JINRONG YANJIU
刘志英　张朝晖　等著

出 版 人：罗小卫
责任编辑：苏晓岚
责任校对：廖应碧
装帧设计：重庆出版集团艺术设计有限公司·陈永　吴庆渝

重庆出版集团　出版
重庆出版社
重庆长江二路 205 号　邮政编码：400016　http://www.cqph.com
重庆出版集团艺术设计有限公司制版
自贡兴华印务有限公司印刷
重庆出版集团图书发行有限公司发行
E-MAIL:fxchu@cqph.com　邮购电话：023-68809452
全国新华书店经销

开本：740mm×1030mm　1/16　印张：37.25　字数：570 千
2014 年 6 月第 1 版　2014 年 6 月第 1 次印刷
ISBN 978-7-229-07530-9
定价：74.50 元

如有印装质量问题，请向本集团图书发行有限公司调换：023-68706683

版权所有　侵权必究

《中国抗战大后方历史文化丛书》

编纂委员会

总 主 编：章开沅
副总主编：周　勇

编　　委：（以姓氏笔画为序）
山田辰雄　日本庆应义塾大学教授
马振犊　　中国第二历史档案馆副馆长、研究馆员
王川平　　重庆中国三峡博物馆名誉馆长、研究员
王建朗　　中国社科院近代史研究所副所长、研究员
方德万　　英国剑桥大学东亚研究中心主任、教授
巴斯蒂　　法国国家科学研究中心教授
西村成雄　日本放送大学教授
朱汉国　　北京师范大学历史学院教授
任　竞　　重庆图书馆馆长、研究馆员
任贵祥　　中共中央党史研究室研究员、《中共党史研究》主编
齐世荣　　首都师范大学历史学院教授
刘庭华　　中国人民解放军军事科学院研究员
汤重南　　中国社科院世界历史研究所研究员
步　平　　中国社科院近代史研究所所长、研究员
何　理　　中国抗日战争史学会会长、国防大学教授
麦金农　　美国亚利桑那州立大学教授
玛玛耶娃　俄罗斯科学院东方研究所教授

陆大钺	重庆市档案馆原馆长、中国档案学会常务理事
李红岩	中国社会科学杂志社研究员、《历史研究》副主编
李忠杰	中共中央党史研究室副主任、研究员
李学通	中国社会科学院近代史研究所研究员、《近代史资料》主编
杨天石	中国社科院学部委员、近代史研究所研究员
杨天宏	四川大学历史文化学院教授
杨奎松	华东师范大学历史系教授
杨瑞广	中共中央文献研究室研究员
吴景平	复旦大学历史系教授
汪朝光	中国社科院近代史研究所副所长、研究员
张国祚	国家社科基金规划办公室原主任、教授
张宪文	南京大学中华民国史研究中心主任、教授
张海鹏	中国史学会会长，中国社科院学部委员、近代史研究所研究员
陈晋	中共中央文献研究室副主任、研究员
陈廷湘	四川大学历史文化学院教授
陈兴芜	重庆出版集团总编辑、编审
陈谦平	南京大学中华民国史研究中心副主任、教授
陈鹏仁	台湾中正文教基金会董事长、中国文化大学教授
邵铭煌	中国国民党文化传播委员会党史馆主任
罗小卫	重庆出版集团董事长、编审
周永林	重庆市政协原副秘书长、重庆市地方史研究会名誉会长
金冲及	中共中央文献研究室原常务副主任、研究员
荣维木	《抗日战争研究》主编、中国社科院近代史研究所研究员
徐勇	北京大学历史系教授
徐秀丽	《近代史研究》主编、中国社科院近代史研究所研究员
郭德宏	中国现代史学会会长、中共中央党校教授
章百家	中共中央党史研究室副主任、研究员
彭南生	华中师范大学历史文化学院教授
傅高义	美国哈佛大学费正清东亚研究中心前主任、教授

温贤美　四川省社科院研究员
谢本书　云南民族大学人文学院教授
简笙簧　台湾国史馆纂修
廖心文　中共中央文献研究室研究员
熊宗仁　贵州省社科院研究员
潘　洵　西南大学历史文化学院教授
魏宏运　南开大学历史学院教授

编辑部成员(按姓氏笔画为序)

朱高建　刘志平　吴　畏　别必亮　何　林　黄晓东　曾海龙　曾维伦

总　序

章开沅

我对四川、对重庆常怀感恩之心，那里是我的第二故乡。因为从1937年冬到1946年夏前后将近9年的时间里，我在重庆江津国立九中学习5年，在铜梁201师603团当兵一年半，其间曾在川江木船上打工，最远到过今天四川的泸州，而启程与陆上栖息地则是重庆的朝天门码头。

回想在那国破家亡之际，是当地老百姓满腔热情接纳了我们这批流离失所的小难民，他们把最尊贵的宗祠建筑提供给我们作为校舍，他们从来没有与沦陷区学生争夺升学机会，并且把最优秀的教学骨干稳定在国立中学。这是多么宽阔的胸怀，多么真挚的爱心！2006年暮春，我在57年后重访江津德感坝国立九中旧址，附近居民闻风聚集，纷纷前来看望我这个"安徽学生"（当年民间昵称），执手畅叙半个世纪以前往事情缘。我也是在川江的水、巴蜀的粮和四川、重庆老百姓大爱的哺育下长大的啊！这是我终生难忘的回忆。

当然，这八九年更为重要的回忆是抗战，抗战是这个历史时期出现频率最高的词语。抗战涵盖一切，渗透到社会生活的各个层面。记得在重庆大轰炸最频繁的那些岁月，连许多餐馆都不失"川味幽默"，推出一道"炸弹汤"，即榨菜鸡蛋汤。……历史是记忆组成的，个人的记忆汇聚成为群体的记忆，群体的记忆汇聚成为民族的乃至人类的记忆。记忆不仅由文字语言承载，也保存于各种有形的与无形的、物质的与非物质的文化遗产之中。历史学者应该是文化遗产的守望者，但这绝非是历史学者单独承担的责任，而应是全社会的共同责任。因此，我对《中国抗战大后方历史文化丛书》编纂出版寄予厚望。

抗日战争是整个中华民族(包括海外侨胞与华人)反抗日本侵略的正义战争。自从19世纪30年代以来，中国历次反侵略战争都是政府主导的片面战争，由于反动统治者的软弱媚外，不敢也不能充分发动广大人民群众，所以每次都惨遭失败的结局。只有1937年到1945年的抗日战争，由于在抗日民族统一战线的旗帜下，长期内战的国共两大政党终于经由反复协商达成第二次合作，这才能够实现史无前例的全民抗战，既有正面战场的坚守严拒，又有敌后抗日根据地的英勇杀敌，经过长达8年艰苦卓绝的壮烈抗争，终于赢得近代中国第一次胜利的民族解放战争。我完全同意《中国抗战大后方历史文化丛书》的评价："抗日战争的胜利成为了中华民族由衰败走向振兴的重大转折点，为国家的独立，民族的解放奠定了基础。"

中国的抗战，不仅是反抗日本侵华战争，而且还是世界反法西斯战争的重要组成部分。

日本明治维新以后，在"脱亚入欧"方针的误导下，逐步走上军国主义侵略道路，而首当其冲的便是中国。经过甲午战争，日本首先占领中国的台湾省，随后又于1931年根据其既定国策，侵占中国东北三省，野心勃勃地以"满蒙"为政治军事基地妄图灭亡中国，独霸亚洲，并且与德、意法西斯共同征服世界。日本是法西斯国家中最早在亚洲发起大规模侵略战争的国家，而中国则是最早投入反法西斯战争的先驱。及至1935年日本军国主义者通过政变使日本正式成为法西斯国家，两年以后更疯狂发动全面侵华战争。由于日本已经与德、意法西斯建立"柏林—罗马—东京"轴心，所以中国的全面抗战实际上揭开了世界反法西斯战争(第二次世界大战)的序幕，并且曾经是亚洲主战场的唯一主力军。正如1938年7月中共中央《致西班牙人民电》所说："我们与你们都是站在全世界反法西斯的最前线上。"即使在"二战"全面爆发以后，反法西斯战争延展形成东西两大战场，中国依然是亚洲的主要战场，依然是长期有效抗击日本侵略的主力军之一，并且为世界反法西斯战争的胜利作出了极其重要的贡献。2002年夏天，我在巴黎凯旋门正好碰见"二战"老兵举行盛大游行庆祝法国光复。经过接待人员介绍，他们知道我也曾在1944年志愿从军，便热情邀请我与他们合影，因为大家都曾是反法西斯的战士。我虽感光荣，但却受之有愧，因为作为现役军人，未能决胜于疆场，日本就宣布投降了。但是法国老兵非常尊重中国，这是由于他们曾经投降并且亡国，而中国则始终坚持英勇抗战，主要是依靠自己的力量赢得最后胜利。尽管都是"二战"的主要战胜国，毕竟分量与地位有所区别，我们千万不可低估自己的抗战。

重庆在抗战期间是中国的战时首都，也是中共中央南方局与第二次国共合作的所在地，"二战"全面爆发以后更成为世界反法西斯战争远东指挥中心，因而具有多方面的重要贡献与历史地位。然而由于大家都能理解的原因，对于抗战期间重庆与大后方的历史研究长期存在许多不足之处，至少是难以客观公正地反映当时完整的社会历史原貌。现在经由重庆学术界倡议，全国各地学者密切合作，同时还有日本、美国、英国、法国、俄罗斯等外国学者的关怀与支持，共同编辑出版《中国抗战大后方历史文化丛书》，这堪称学术研究与图书出版的盛事壮举。我为此感到极大欣慰，并且期望有更多中外学者投入此项大型文化工程，以求无愧于当年的历史辉煌，也无愧于后世对于我们这代人的期盼。

在民族自卫战争期间，作为现役军人而未能亲赴战场，是我的终生遗憾，因此一直不好意思说曾经是抗战老兵。然而，我毕竟是这段历史的参与者、亲历者、见证者，仍愿追随众多中外才俊之士，为《中国抗战大后方历史文化丛书》的编纂略尽绵薄并乐观其成。如果说当年守土有责未能如愿，而晚年却能躬逢抗战修史大成，岂非塞翁失马，未必非福？

2010年已经是抗战胜利65周年，我仍然难忘1945年8月15日山城狂欢之夜，数十万人涌上街头，那鞭炮焰火，那欢声笑语，还有许多人心头默诵的杜老夫子那首著名的诗："剑外忽传收蓟北，初闻涕泪满衣裳！却看妻子愁何在？漫卷诗书喜欲狂。白日放歌须纵酒，青春作伴好还乡。即从巴峡穿巫峡，便下襄阳向洛阳。"

即以此为序。

庚寅盛暑于实斋

（章开沅，著名历史学家、教育家，现任华中师范大学东西方文化交流研究中心主任）

目 录

总序 1

导论 1
  一、抗战大后方的概念辨析 1
  二、研究现状述评及研究意义 5
  三、抗战大后方金融研究的说明及主要内容 19

抗战大后方金融总论

第一章 抗战大后方金融研究的史料发掘与利用 29
  一、抗战大后方金融档案资料的概况与利用 30
  二、民国时期的金融类著作与期刊的概况与利用 40

第二章 清末民初的中国西部金融业 48
  一、清末民初西部地区传统金融业与金融市场 48
  二、清末民初西部近代金融事业的起步 60

第三章 抗战时期大后方金融网的构建 72
  一、战时金融垄断体制的确立
    ——大后方金融网构建的制度基础 73

二、全国金融中心的西移
　　——大后方金融网构建的基本渠道 ·················· 78
三、各类银行及金融机构的扩充和发展
　　——大后方金融网构建的载体 ······················ 82
四、战时大后方金融网建设的特点 ·················· 97

第四章　抗战大后方重庆金融中心的形成与作用 ·········· 106
一、战前重庆作为西部区域金融中心地位的形成 ········ 107
二、战时大后方重庆金融中心地位的形成 ············ 114
三、重庆金融中心形成的原因及其在抗战中的作用 ······ 122

抗战大后方的金融机构

第五章　抗战时期聚兴诚银行的经营理念与特色 ·········· 134
一、战前的聚兴诚银行及业务特色 ·················· 134
二、杨粲三与聚兴诚银行的经营理念 ················ 141
三、战时聚兴诚银行的变革 ························ 150
四、战时聚兴诚银行的经营特色 ···················· 164

第六章　四川美丰银行研究 ·························· 173
一、四川美丰银行的成立与变迁 ···················· 173
二、四川美丰银行的灵魂——康心如 ················ 186
三、四川美丰银行的管理制度 ······················ 195
四、四川美丰银行的业务经营 ······················ 209

第七章　抗战时期川盐银行的业务变迁 ················ 226
一、战前的川盐银行及其业务特色 ·················· 226
二、刘航琛与战时川盐银行的业务转型 ·············· 237
三、战时川盐银行业务变迁的原因 ·················· 272
四、战时川盐银行业务变迁的启示 ·················· 301

第八章 抗战大后方的县银行研究——以四川省县银行为例 …… 322
 一、县银行的缘起及发展 …………………………………… 323
 二、县银行的资本与组织 …………………………………… 332
 三、个案分析：四川省的县银行 …………………………… 340
 四、县银行发展中存在的问题及改良论争 ………………… 350

第九章 抗战时期的四川省合作金库 ……………………… 359
 一、四川省合作金库的兴起与发展 ………………………… 360
 二、四川省合作金库的组织机构与人事制度 ……………… 376
 三、四川省合作金库的业务分析 …………………………… 393
 四、四川省合作金库之评价 ………………………………… 408

抗战大后方的金融业同业组织

第十章 抗战爆发前的重庆银行公会 ……………………… 423
 一、重庆银行公会与西部金融业的近代化 ………………… 424
 二、抗战前重庆银行公会的作用与意义 …………………… 437

第十一章 重庆银行公会与《非常时期管理银行暂行办法》…… 454
 一、抗战之初《非常时期管理银行暂行办法》
  颁布的背景及主要内容 ………………………………… 456
 二、重庆银行公会在《非常时期管理银行暂行办法》
  制定与修订中的作用 …………………………………… 460

抗战大后方的金融市场

第十二章 近代重庆的证券市场 …………………………… 472
 一、抗战前的重庆证券交易所与证券市场 ………………… 473
 二、战时建立后方证券市场的曲折 ………………………… 478

三、近代重庆证券市场与西部经济的发展 …………………… 486

第十三章　抗战时期重庆保险业研究 …………………… 496
 一、抗战时期重庆保险业的发展 ………………………… 496
 二、抗战时期重庆的保险业务 …………………………… 521
 三、国民政府对重庆保险业的监管 ……………………… 544
 四、对战时重庆保险业发展的思考 ……………………… 549

参考文献 …………………………………………………………… 556
后记 ………………………………………………………………… 578

导 论

一、抗战大后方的概念辨析

抗日战争全面爆发后，日军迅速在占领区建立伪政权"以华治华"；中国共产党则坚持抗战，出兵华北、华中地区并建立起了敌后根据地。于是中国出现了日伪控制沦陷区、中共领导根据地和国民政府统治区三种不同性质政权并立的局面：一是日本占领区即沦陷区；一是中国共产党领导建立的抗日民主根据地，即解放区；还有一种就是国民政府统治区。抗战时期的国民政府统治区又统称为大后方，通常所说的大后方又指未被日本占领的以重庆为中心的中国西南、西北等地区。[①]

"大后方"是那个时代的用语，大致即指西南的川、黔、滇、康、西藏与西北的陕、甘、宁、青、新疆、外蒙[②]各省区而言，此为全民族最后之生命线，此十一省区之中，外蒙已呈独立状态，其余十省区的面积约占全国面积之半。[③]在通常的研究中，学界对"战时大后方"这个词，并没有严格而明确的界定，主要泛

[①] 李蓉：《抗战时期大后方的民主运动》，华文出版社1997年版，第1页。

[②] "外蒙"即"外蒙古"（英文：Outer Mongolia、Mongolia）相对于"内蒙古"，蒙古国前身。历史上为中国领土。清朝称喀尔喀蒙古，中华民国初，与青海、西藏同为特别行政区划。1921年在苏俄策动和支持下宣布独立，1924年建立蒙古人民共和国，但遭到当时中国政府严厉谴责，并一直拒绝承认其独立。抗战胜利前夕，为换取苏联出兵中国对日作战，中华民国政府表示允许依公正的公民投票的结果决定外蒙古是否独立。1946年1月5日，中华民国政府承认蒙古人民共和国独立。

[③] 陈长蘅：《论战时人口变动与后方建设》，《财政评论》第3卷第1期（1940年1月），第44页。

指在抗日战争时期,由国民政府控制的尚未沦陷或成为战场的整个西部地区,含西南、西北的四川、西康、云南、贵州、广西、青海、新疆等省和湖南、陕西、甘肃、宁夏等省的一部分。①

抗战时期的西南地区与西北地区的范畴也有不同的说法:

西南地区:就当时人的理解,"就疆域论,西南一区应包括湖南、广东、广西、四川、贵州、云南、西康七省,但为避免战时威胁,保障建设之安全计,西南之开发似应以广西、四川、贵州、云南等省为主要着手之处。"②

就目前学术界的研究来看,抗战前的"西南"形成以西南六省(川、滇、黔、桂、粤、湘)为主体范围的区域,整体上体现出西南范围向东部沿海地区延展的趋势。抗日战争时期的西南又存在"大西南"与"小西南"两种划法,且有"西南七省"(川、康③、滇、黔、桂、湘、粤)、"西南六省"(川、康、滇、黔、桂、湘)、"西南五省"(川、康、滇、黔、桂)"西南四省"(川、康、滇、黔)等诸种说法。抗日战争时期国民政府开发西南的规划和实践活动以川、康、滇、黔、桂为主。与抗战前相比,抗战以来的"西南"受到国防战略影响,呈现出向内收缩、向西部高地(西康)延展的特点,而粤、湘、桂三省则有一个逐渐脱离"西南"范围的明显变化过程。④

西北地区:民国时期,时人所谓西北,范围广狭,所指不一,有将外蒙古并入的,亦有认为察哈尔属于西北的,甚至也有认为秦、晋不可分的等等。所含省份,至少4省,最多可达9省之广。从抗战前10年时人的论述看,多指陕西、甘肃、宁夏、绥远、青海、新疆6省。这6省,多地处高原,气候严寒,水源短缺,交通梗阻,但地旷人稀。6省面积共约1080万方里,占全国面积1/3弱,

---

① 侯德础:《抗战时期大后方工业的开发与衰落》,《四川师范大学学报》1994年第4期,第99页。
② 中国人民银行上海市分行金融研究室:《金城银行史料》,上海人民出版社1983年版,第684页。
③ 根据黄天华《论民国时期西康建省》(《四川师范大学学报》2001年第4期)的研究,西康建省始于1906年清政府筹划川滇边区。1925年北京政府又设立西康特别行政区。1939年1月,经重庆国民政府批准,西康省政府正式成立,省府设在康定,下辖金沙江以东33县2设治局及金沙江以西13县。
④ 黄立人:《抗战时期大后方经济史研究》,中国档案出版社1998年版,第33—34页;张轲风:《大西南与小西南:抗战大后方战略主导下的西南空间分层》,《中国历史地理论丛》2012年第1期,第47页。

而人口仅22588541人，不足全国的5%，可谓人烟稀少。①

陕西从整个地形看，南部属于秦岭、大巴山和夹在两山之间的汉水谷地，称为陕南山地，北部属于黄土高原地带，称为陕北高原。在陕南山地与陕北高原之间，属于渭河及其支流冲积而形成的渭河平原，它东起潼关，西至宝鸡，南接秦岭，北抵高原，基本形成一个东西狭长的低洼盆地，平均海拔五百米左右，全长三百多公里，这就是所谓关中平原，亦有"八百里秦川"之称。而在抗战时期，陕北高原为共产党所有，而陕南山区与渭河平原为国民政府所控制，属于大后方的地区。

1931年"九一八"事变后，随着日本的步步进逼和国防建设的需要，国人开发西部的呼声日渐高涨，国民政府遂将关注的目光投向比较闭塞的北部地区，开始制定开发西北、西南的政策，并着手实施。全面抗战爆发后，西北与西南一起成为抗日大后方，开发活动达到了高潮，西部因此而获得了自近代以来前所未有的发展和进步。

战时大后方的确立，可以迁都重庆作为标志。1937年11月20日，《国民政府移驻重庆宣言》发表，指出："国民政府兹为适应战况，统筹全局，长期抗战起见，本日移驻重庆，此后将以最广大之规模，从事更持久之战斗；以中国人民之众，土地之广，人人抱必死之决心，以其热血与土地，凝结为一，任何暴力不能使之分离。外得国际之同情，内有民众之团结，继续抗战，必能达到维护国家民族生存独立之目的。"②11月26日，国民政府主席林森率部乘船抵达重庆，部分军政机关留驻武汉办公，指挥对日作战。1938年初，蒋介石明确提出要在平汉、粤汉路以西地带建立新的工业中心，将西南、西北作为"抗战建国"的大后方。1938年11月，蒋介石两次重申要"以四川为最后根据地，北固陕西南控滇、黔、桂诸省，稳扎稳打。同时促进国际变化，以求盟友。如此则日本一定多行不义必自毙。"③可见，迁都重庆，鲜明地树立起长期抗战的大旗，对鼓舞全国人民的抗战精神，坚定四万万同胞的抗战意志，有着不可估量

---

① 张用建：《抗战前10年国人对西北开发问题的认识》，《中国经济史研究》2003年第2期，第95页。
② 蒋介石：《抗战到底》，上海生活书店1937年版，第88页。
③ 王树荫：《国民党何时确立西南为战略大后方》，《史学月刊》1989年第2期，第76—77页。

的作用。迁都重庆,不但表明了国民党的抗战决心,而且为持久抗战建立了政治中心。

长期以来,虽然涉及抗战大后方史研究的论著甚多,但对其内涵、外延并没有形成共识,主要是从"国统区"的政治性视角或"西南"、"西北"等地域性视角进行研究,而很少将抗战大后方作为一个特定的研究对象来进行探讨。潘洵在《论抗战大后方战略地位的形成与演变——兼论"抗战大后方"的内涵和外延》①一文中,对抗战大后方的内涵与外延做了认真的分析,认为,所谓"大后方"或"后方",是与"前线"、"前方"相对应的一个概念。它专指远离战线的地区,包括后方地域及其区域内的军事、政治、经济、文化、科技等的建设与发展和对战争的支持、支援力量。战略后方是"赖以执行自己的战略任务,达到保存和发展自己,消灭和驱逐敌人之目的的战略基地,没有这种战略基地,一切战略任务的执行和战略目的的实现就失掉了依托"。因此,"抗战大后方"或"抗战后方"便主要是指抗日战争时期支持和支援对日作战的战略基地。在抗战时期的文献及后来的学术研究中,"抗战大后方"与"抗战后方"的表述基本同义,"大后方"只是强调其后方地域的广大而已。关于"抗战大后方"和"抗战后方"这两个概念,是何时由何人最先提出,已难以考证。"大后方"比较多地出现在当时的报刊文献中,在国统区正式的官方讲话和文件中,较多使用的是"后方",而较少使用"大后方"的表述。相反,中国共产党编印的一些文献,则比较多地使用"大后方"的表述。进而,对"抗战大后方"的内涵、外延,从价值边界、空间边界、时间边界三个方面进行界定。

首先是价值边界。"抗战大后方"或"抗战后方"的核心价值属于国防战略的范畴,是抗日战争时期支持和支援前线战争的战略基地。从严格的意义上讲,没有战争,就没有战略后方。从这个意义上讲,抗战大后方是与沦陷区、战区相对应的一个概念,是战区、沦陷区以外的地区,是战争时期的"民族复兴的根据地"或"民族复兴的基础"。

其次是空间边界。关于"抗战大后方"的空间地域众说纷纭,有讲四川为

---

① 潘洵:《论抗战大后方战略地位的形成与演变——兼论"抗战大后方"的内涵和外延》,《西南大学学报》2012年第3期,第11—12页。

"大后方"的,有讲西南为"大后方"的,有讲西南西北为"大后方"的,还有讲国民政府控制区域为"大后方"的。作为战略后方基地,根据国民政府战略考虑的差异,"抗战大后方"空间地域大致可以分为三个层次,即核心地区,重庆、四川;拓展地区,包括西南的云南、贵州、广西和西康,西北地区的陕西、甘肃、宁夏、青海;外围地区,包括上述地区以外的国民政府控制的地区。在抗战时期国民政府的相关文献中,有后方15省(川、滇、黔、湘、粤、桂、闽、浙、赣、鄂、豫、陕、甘、宁、青);20省(川、康、滇、黔、桂、粤、闽、湘、赣、浙、苏、皖、陕、甘、青、宁、绥、鄂、豫、晋)等多种说法。

最后是时间边界。"抗战大后方"还是一个动态的时间范畴,其战略地位随抗战的兴起而确立,随抗战的发展而演变,也随抗战的结束而结束。在不同的历史时期,其地域空间重心也在随着局势的变化而发生变动。

我们赞成以上观点,由于后方是相对于前方而言,因此,战时不同阶段,随着战争的进程而后方的区域是不相同的。对于抗战大后方这个概念,在研究的过程中,我们采取相对固定的说法,主要指战时西南地区的川、渝、康、滇、黔、桂及西北地区陕、甘、宁、青等10省市,同时根据不同时段,战争的推进情况,以及前方和后方有着不同的地域,适当涉及到鄂、湘、新、藏等部分地区。

二、研究现状述评及研究意义

抗日战争时期,国民政府在中国辽阔、落后的西南、西北地区建立抗战后方,大后方经济与金融的建设,支撑了国民政府坚持抗战,直到最后胜利,促成了中国经济的西部开发,缩小了大后方经济与东部沿海经济发展的差距。因此,战时大后方经济史与金融史是中国近代经济史、金融史的重要组成部分,近年来,大后方经济史与金融史越来越受到学界的高度关注,并日益体现出它在历史与现实中的独特价值。

对于战时大后方经济与金融的研究,自中华人民共和国成立后就开始受到学者们的关注。但在20世纪50、60年代,几乎所有的研究成果都对战时国民政府的经济政策和大后方经济予以全面否定,直到20世纪80年代改革开放以后,学者们才开始重新审视这段历史,对抗战时期大后方经济的基本评价,才有了比较大的变化,特别是随着档案材料的进一步发掘、整理,以及学者们研究视野的开阔,该领域研究取得了显著进展,尤其是研究视角与研究方法的变化,导致研究的结论更趋多元化,对于抗战大后方的经济和国民政府经济政策的评价亦更加客观和公允。抗战时期大后方经济与金融研究呈现出繁荣的景象,既出版了文献资料,也有研究专著和学术论文。现就这一时段的研究状况作一总体的总结和评述。

在研究成果方面,重庆金融编写组著《重庆金融(上卷)(1840—1949)》(重庆出版社1991年版),分货币、金融机构、金融市场、金融管理等几方面对重庆的金融状况进行了叙述。黄立人在充分利用档案资料基础上发表了有关大后方经济研究的系列文章,并以《抗战时期大后方经济研究》为名,于1998年结集出版,既有对大后方经济总体考察,也有对某一领域、某一方面的局部探索,内容涉及财政、金融、工业、农业、交通、科技等课题,代表了这一领域的科研成就和学术水平。而李平生也出版了学术专著《烽火映方舟——抗战时期大后方经济》,隗瀛涛、周勇等展开了对大后方中心城市——重庆的研究,出版了《近代重庆城市史》《重庆开埠史》等学术专著及论文集《重庆城市研究》,对以重庆为中心的大后方经济取得了重要的研究成果。

中国民主建国会重庆市委员会、重庆市工商联合会、文史资料工作委员会组编的重庆工商系列史料,其中第6辑《聚兴诚银行》(重庆出版社1984年版)和第7辑《重庆5家著名银行》(西南师范大学出版社1989年版)分别介绍了重庆6家著名的商业银行,分别是聚兴诚、美丰、川康、川盐、重庆、和成,即6大川帮银行,对川帮银行的发展历史进行了介绍,并阐述了相关事实。

除了以上整体和专题的研究以外,目前陆续发表了有学术分量的专题研究论文。不过,就现有的中国近现代金融史的研究成果而言,主要集中在对以上海为中心的东部地区金融业及金融机构的研究,并且取得了相当成果:

(一)以银行本身为研究对象,或是详尽的个案研究,或系统地探讨近代中国银行业的产生发展,或考察了近代中国银行与企业和社会经济发展的关系,或探析了近代中国银行业与政府、钱庄、外商银行的关系等等。盛慕杰、于滔《中国近代金融史》(中国金融出版社1985年版);孔祥贤《大清银行史》(南京大学出版社1991年版);洪葭管《中国金融史》(西南财经大学出版社1998年版);黄鉴晖《中国银行业史》(山西经济出版社1994年版);卜明《中国银行行史》(中国金融出版社1995年版);刘慧宇《中国中央银行研究(1928—1949)》(中国经济出版社1999年版);徐进功《略论北洋政府时期的银行业》(《中国社会经济史研究》1997年第1期);唐传泗、黄汉民《试论1927年以前的中国银行业》,[《中国近代经济史研究资料》(4),上海社会科学院出版社1985年版];朱荫贵《两次世界大战之间的中国银行业》(《中国社会科学》2002年第6期);王业键《中国近代货币与银行的演进(1644—1937年)》(台北中央研究院经济研究所1981年版);李一翔《近代中国银行与企业的关系》(东大图书股份有限公司1997年版);姚会元《江浙金融财团研究》(中国财政经济出版社1998年版);汪敬虞《外国资本在近代中国的金融活动》,(人民出版社1999年版);吴景平主编《上海金融业与国民政府关系研究(1927—1937)》(上海财经大学出版社2002年版)等等。这些成果深入探讨了近代中国银行产生的历史条件,分析了银行内部的组织构成、业务特点及其运作方式,以及近代中国银行业的发展过程、速度、原因、结构变化、资本集中及其地位等问题,有助于详细了解近代中国银行业的发展概况。对银企关系以及银行对社会经济发展作用的考察有利于我们进一步认识近代中国银行业的放款形式、放款利率及其在近代工业化过程中的地位和作用,深入剖析了近代中国银行业发展的特点及其与政府、钱庄、外商银行之间错综复杂的关系,进一步加深了我们对近代中国银行业的发展过程、特点及其发展与不发展原因的认识。

(二)探讨了近代金融业的管理和市场发展演变的轨迹,剖析了近代金融市场机制的作用。主要成果有:洪葭管、张继凤《近代上海金融市场》(上海人民出版社1989年版);中国人民银行总行金融研究所《近代中国的金融市场》(中国金融出版社1989年版);中国人民银行总行金融研究所金融史研究室《近代中国金融业管理》(人民出版社1990年版),对近一个世纪金融市场内容、交易情况和演变历程的剖析，不仅有助于探究近代中国银行业发展的内部机理，而且有助于加深我们对近代中国社会变迁脉络及其特征的理解。

（三）剖析了近代中国金融政策、法制建设和银行制度的变迁，如马寅初《中国之新金融政策》（商务印书馆1937年版）；余捷琼《中国的新货币政策》（商务印书馆1937年版）；程霖《近代中国银行制度建设思想研究》（上海财经大学出版社1999年版）；杜恂诚《中国近代两种金融制度的比较》（《中国社会科学》2000.2）及《近代中外金融制度变迁比较》（《中国经济史研究》2002.3）等。对政府金融政策制定与影响的考察，有助于阐析近代政府在金融现代化中的角色与作用。

以上成果均集中在以上海为中心的中东部金融业，与中东部地区金融业研究相比较而言，有关近代中国西部地区的金融业的研究则相对落后，纵观学界目前对大后方金融业的研究，其成果主要集中在以下几个方面：

第一，对国民政府的经济金融中枢决策机构四联总处的研究。相关研究成果发表了十余篇，对四联总处与战时金融、西南地区金融网络、西南地区工业、农业、大后方通货膨胀等都进行了探讨。[①]其中黄立人详细考察了四联总处产生的历史背景，勾勒了其发展脉络，评价了其历史作用（《四联总处的产生、发展和衰亡》，《中国经济史研究》1991.2）。四联总处对战时大后方的经济金融制度和政策的制定与实施产生过重大影响，研究四联总处对研究战时的经济金融史具有深远意义。刘祯贵《四联总处农贷政策的几点思考》（《四川师范大学学报》1998.2），对四联总处推行农贷的目的、能否取代高利贷、是否促进农业生产发展等问题作了评议。易绵阳《抗战时期四联总处农贷研究》（《中国农史》2010.4），则认为，抗战时期，作为农贷最高决策机构的四联总处，为发展后方农业以支持抗战，积极举办农贷，四联总处不仅制定并推行

[①] 相关研究成果主要有：黄立人：《四联总处的产生、发展和衰亡》（《中国经济史研究》1991.2）；缪明杨：《抗战时期四联总处对法币流通的调控》（《档案史料与研究》1994.2）；刘祯贵：《试论抗日战争时期四联总处的工矿贴放政策》（《四川师范大学学报》1997.2）及《四联总处农贷政策的几点思考》（《四川师范大学学报》1998.2）；杨菁：《四联总处与战时金融》（《浙江大学学报》2000.3）、《四联总处与西南区域金融网络》（《中国社会经济史研究》2004.4）、《四联总处与战时西南地区的金融业》（《贵州社会科学》2005.2）及《四联总处与战时西南地区的通货膨胀》（《中国社会经济史研究》2006.4）；易绵阳：《抗战时期四联总处农贷研究》（《中国农史》2010.4）等等。

了内容较为翔实且颇具操作性的农贷政策,而且设计了一套农贷发放与稽核办法,探讨了四联总处战时农贷政策之得失。此外,对四联总处与西南经济的研究也成为人们关注的重点,王红曼的博士论文《四联总处与战时西南经济》(厦门大学2005年博士论文),重点考察总结和评价了四联总处在抗战时期对西南地区经济的贡献与效率,分析了国民政府的资本特征,对四联总处的工农业贷款绩效与制度进行了评价。同时指出国民政府开发西南、建设西南的主要目的是应付战争的需要,开发的政策与措施表现出短期行为的特点,造成其开发效益的局限性。文章认为国民政府的最高金融机构——四联总处,对西南地区工农业的投资是影响西南地区工农业经济的重要因素,因此该文从四联总处敷设金融网络使西南地区金融结构发生变化出发,将金融制度、金融结构与金融发展,以及它们对西南地区工农业经济的影响作为整个文章的核心。重点突出西南地区金融中心的形成过程、金融网络空间结构及其特征;金融资本与工农业资本相结合的过程及绩效;通货膨胀影响下的西南地区金融业及工农业情况等等。

第二,对战时大后方金融业与金融体制也有相应研究。主要有李云峰、赵俊在《1931—1937年间西北金融业的恢复和发展》(《民国档案》2004.1)中,认为1931—1937年局部抗战阶段,南京国民政府从国防建设的需要出发采取了一系列开发西北的措施,推动了西北地区社会经济各部门的发展和进步,西北金融业也由此进入了一个新的发展时期。由于国家金融势力的进入,以及沿海地区一些商业银行分支机构的设立,西北各省的金融业得以较快地恢复和发展。这对于调剂西北地方金融、扶植和开发区域经济、促使西北金融体系的形成发挥了积极的作用。然而,西北金融业在发展过程中也存在着诸多缺陷和问题,其负面影响也是不容忽视的。杨安勤《抗战时期西南金融业的发展及其资金流向初考》(四川省中国经济史学会等《抗战时期的大后方经济》中国经济史研究论丛第二辑,四川大学出版社1989年4月版)、董长芝《论国民政府抗战时期的金融体制》(《抗日战争研究》1997.4)、吴秀霞《抗战时期国民政府中央银行体制的确立》(《山东师范大学学报》2000.4)、刘慧宇《论抗战时期国民政府中央银行金融监管职能》(《南开经济研究》

2001.3)、张秀莉《抗战时期中国银行改组述评》(《抗日战争研究》2001.3)等，对战时国民政府建立的以四联总处为核心的高度垄断的货币金融体制进行了探讨。也有学者试图对自近代以来西部各省金融制度变迁进行考察与探讨，如张俊华、武永耿《20世纪上半叶陕西金融制度变迁研究》(《长江大学学报》2011.9)，就试图考察近代陕西金融业现代化进程中制度变迁模式，并进而探讨其由传统向现代化转变的艰难性与现代化中断的原因，遗憾的是该文没能很好挖掘近代以来陕西金融业的第一手资料，而使其观点缺乏有力史料支持。裴庚辛的《1933—1945年甘肃经济建设研究》(华中师范大学博士学位论文2008年)一文中，对抗战时期甘肃省的金融业发展情况及其对甘肃经济的影响展开了研究。

而直接以战时大后方金融为题的研究成果仅有杨斌、张士杰《试论抗战时期西部地区金融业的发展》(《民国档案》2003.4)，对四联总处在西部地区进行金融网的敷设与加强金融管理做了初步探讨，并充分肯定了四联总处在开发西部金融事业中所起的作用。当然，近年来，对于战时大后方金融问题也引起了学术界的广泛重视，不少硕士、博士论文的选题也开始注意到了这一领域，赵俊《抗日战争时期国民政府开发西北金融问题研究》(西北大学硕士论文2004年)即对战时西北金融问题展开的较为深入地探讨，认为抗日时期国民政府对西北金融业的开发及其所采取的一系列举措，大大推动了西北金融业的发展、金融体系的建立，对扶植和开发西北地区的农、工、商、贸等事业，促进西北社会经济的发展和进步发挥了重要的积极作用。同时，其种种努力，不仅支持了全民族的长期抗战，而且在一定程度上改变我国近代以来东西部经济布局不平衡的状况。然而西北金融业的进步又是由当时特殊的战争环境所决定的，是战时社会经济畸形发展下的产物。加之国民政府实施通货膨胀政策，滥发纸币，助长了商业投机、囤积居奇和高利贷的盛行，这不仅造成西北金融市场的混乱，而且给人民生活和社会经济带来了严重的危机，对西北社会经济的发展产生了消极影响。因此，随着抗战的胜利，沦陷区的收复，战时来到西北的一些金融和工商机构纷纷迁回沿海省区，西北的金融业便再次陷于衰退之中。王坚《西北地区货币金融近代化历史进程研究》

（兰州大学硕士学位论文2007年），考察了西北近代金融业产生、发展以至走向衰落的历史进程，剖析了近代西北复杂混乱的货币市场产生的原因，探讨了在新民主主义制度下，陕甘宁边区货币金融业的经营和运行，并对西北近代金融业发展的基本特点作了概括性的论述。姚凌云《金融制度变迁与近代西北地区银行业发展研究》（兰州大学硕士论文2008年），认为，制度构成的不完善与制度变迁中的"锁定"机制是制约西北地区金融业发展的重要原因之一。从新制度经济学的理论范畴入手，分析了制度的构成、变迁动因以及金融制度变迁过程中"锁定"机制的成因与作用方式。同时，文章将西北地区金融业的发展划分为三个不同时期，在对史料进行整理分析的基础上，着重研究每一时期社会经济发展状况与制度构成，从宏观制度构成对金融制度的要求与约束、以及微观上经济主体利益内在化对金融制度的需求两个方面，分析每一时期金融制度变迁的成本与收益，对"锁定"机制的形成与作用做出验证。

有关抗战时期大后方各省金融业的发展情况也有一定的研究，如对西北地区的陕西、甘肃、宁夏等省在抗战时期的金融业的发展情况已有学者开始关注，屈秉基《抗日战争时期的陕西金融》[《当代经济科学》（1984.2及1985.3）]，就抗战时期的陕西金融展开了探讨。王慕《解放前的甘肃金融》（《甘肃金融》1989.4）与裴庚辛《抗战时期兰州金融组织的发展及影响》（《青海民族研究》2008.2），探讨了战时甘肃及其中心城市兰州的金融业与金融组织的发展情况。文章立足于档案馆、图书馆的史料，对抗战时期甘肃省会兰州市的金融组织发展状况、金融业战时的变迁做了初步梳理，以制度变迁的理论框架探讨了金融业对战时经济发展的影响，也为今日西部开发提供历史借鉴。胡迅雷《民国时期宁夏金融币政史略》（《宁夏大学学报》1994.4），杨旭东，王娟《西北近代银行的产生和金融业的初步发展》（《宁夏师范学院学报》2009.2），通过对1900年至1930年间西北地区近代银行的产生和初步发展的探讨认为，在这些新式金融机构中，有帝国主义在华银行、地方政府官办银行和民间商办银行，其中地方政府官办银行发挥着主体和主导作用，并具有当时西北地区特定政治、经济环境的特征。对于西南地区的金融业，也有相关的少量研究,如肖良武《近代贵州金融制度变迁与金融网络的建立》(《贵州社会科学》2006.2)与《近代贵州金融制度变迁与金融市场研究》(《贵阳学院学报》2006.3),田茂德、吴瑞雨整理《抗日战争时期四川金融大事记(初稿)》(《西南金融》1985年第9、11、12期及1986年第1、2、3、4期)。

第三,对于战时大后方货币银行及其经营管理活动也有少量研究。主要成果有齐春风《抗战时期大后方与沦陷区间的法币流动》(《近代史研究》2003.5);史继刚《论抗战时期国民党大力推广县市银行的原因》(《江西财经大学学报》2003.3)。对西北地区金融组织的研究主要有,裴庚辛《抗战时期兰州金融组织的发展及影响》(《青海民族研究》2008.2),对抗战时期甘肃省会兰州市的金融组织发展状况、金融业战时的变迁做了初步梳理,以制度变迁的理论框架探讨了金融业对战时经济发展的影响。易绵阳《论抗战时期的金融监管》(《中国经济史研究》2009.4),对抗战时期国民政府选择多头监管模式对金融业实施严厉的监管进行了分析。其中,重点对金融机构与金融市场的监管进行了分层次的探讨,认为:抗战时期的金融监管主要靠行政命令来维系,忽视金融同业组织和金融机构本身的作用,致使战时金融监管在带来高收益的同时也引起了高昂的成本。

在我国西部近代银行史的研究中,对抗战时期的银行史研究更是少之又少。至今没有出版过一本系统全面研究战时大后方金融发展与变迁的专著,少量论文也是在空间上和时间上对抗战时期西部地区的个别银行有所涉及而已,如具有代表性的聚兴诚银行和四川美丰银行。

有关聚兴诚银行的研究有张守广《川帮银行的首脑——聚兴诚银行简论》(《民国档案》2005.1),介绍聚兴诚银行的发展历史。郑学筠的《聚兴诚银行的业务经营与杨粲三的用人之道》(《农金纵横》1991.2)和张金喜《聚兴诚银行的创办人——杨粲三》(《中国工商》1989.8),对聚兴诚银行的重点人物杨粲三进行了专门的研究。资料集《聚兴诚银行周报中有关中日关系史料辑录(一)、(二)、(三)》(分别在《档案与史学》1998年第3、4、5期)和《关于筹建太平水池预防水厂被敌机炸毁一事致聚兴诚银行函》及《聚兴诚银行迁行址于法租界》(《武汉文史资料》1998.3)中提供了有关聚兴诚银行发展过程中的重要史料。聚兴诚银行是川帮银行之首,实力雄厚,影响深远,是商业银行的突出代表。聚兴诚银行本身的发展与抗日战争时期大后方金融的发展息息相关,为大后方经济的发展做出了贡献,同时也在金融界产生了巨大影响,成为了战时最具影响力的商业银行之一。

有关四川美丰银行的研究有,时广东《康心如与中美合资时期的四川美丰银行》(《社会科学研究》2003.6)和《军阀控制时期的四川美丰银行》(《社会科学研究》2004.6),重点研究了1922到1927年四川美丰银行的发展状况;1927到1935年四川美丰银行与四川军阀合作的主要业务特色。时广东《1905—1935:中国近代区域银行发展史研究——以聚兴诚银行、四川美丰银行为例》(四川大学博士学位论文2005年4月),主要介绍聚兴诚银行和1922到1934年的四川美丰银行发展史以及四川美丰银行中外合资的特点。史红霞《民国时期美丰系银行沿革史论》(河北师范大学硕士论文2004年),重点考察了四川、上海、福建美丰银行的发展历程和业务特色。吴筹中《美丰银行及其发行的纸币》(《中国钱币》1999.2),戴建兵、史红霞《美丰银行及其纸币发行》(《中国钱币》2003.3)以及乔传义《中美合资银行——美丰银行在我国发行的纸币考略》(《黑龙江金融》2008.11),从不同方面考察了美丰银行发行的纸币。

此外,关于川盐银行的研究,仅石丽敏的《四川盐载保险研究》,[①]涉及川盐银行研究,但其重心是川盐的盐载保险研究,而对川盐银行本身缺少研究。

第四,对战时大后方合作金融及农村金融的研究。李顺毅《资金来源结构与合作金库的发展——基于抗战时期农村金融的考察》(《民国档案》2010.2),主要以战时农村金融为中心考察合作金库的资金来源,作者指出合作金库来自合作组织的内部资金极为有限,由政府和国家行局供给的外源资金占绝大部分,呈现出内外失衡的状态,且带来了诸多难以克服的制约。傅亮、池子华《国民政府时期农本局与现代农业金融》(《中国农史》2010.1),主要论述了农本局曾作为国民政府调整农业金融的机关,通过辅导成立合作社,辅设合作金库,建立农业仓库,这些都促进了现代农业金融的发展,但是

[①] 石丽敏:《四川盐载保险研究》,四川大学硕士学位论文2003年5月。

由于存在一些问题,农本局没有完全实现其调整农业金融的目标。李金铮、戴辛《民国时期现代农村金融网络的形成考略——以长江中下游地区为中心》(《河北大学学报》,2005.2),主要论述了20世纪20—40年代长江中下游地区在政府的推动下,初步形成了一个包括银行、农民借贷所、合作金库、合作社、农业仓库的农贷体系,改变了传统高利贷一统天下的格局。

潘标《奋进与困境:抗战时期浙江省合作金库研究》(《浙江学刊》2012.1),主要论述浙江省合作金库成立后,在县库辅导、存款、放款等方面锐意进取,取得了一定的成绩;但其发展和奋进,始终受抗战形势及国民政府相关政策的掣肘。浙江省合作金库因抗战需要而设立,却也在抗战中逐渐衰落,彰显了在奋进与困境纠缠下,最终受制于困境的历史命运。赵泉民《乡村合作运动中合作金融制度建设之议——基于20世纪前半期中国乡村经济史视阈分析》(《东方论坛》2008.4),对民国时期合作金融制度与体系建设进行了学理探讨,对今天的农民合作经济组织发展、农村合作金融体系的完善乃至新农村建设提供了借鉴。龚关《合作金库的辅设问题探究》(《贵州财经学院学报》2011.6),论述了1930年代中期至1940年代,国民政府试图以建立合作金库的方式构建独立的合作金融系统,但最终没有达到目的。戴斌武、肖良武《抗战时期的贵州农村合作事业》(《贵阳金筑大学学报》,2004.2),着重简述了贵州的农村合作事业。傅宏《略论抗战时期大后方的农业合作运动》(《贵州社会科学》2000.4),简述了抗战时期大后方的农业合作运动,但论述太过简单。成功伟《合作运动中的"不合作"——抗战时期的川省合作指导室与县合作金库之间的矛盾》(《西南民族大学学报》2010.11),论述抗战时期,由于合作指导员与县合作金库人员之间立场与职责的不同、薪金待遇的差异以及双方滥用职权等原因,合作指导室与县合作金库间突出的矛盾;关于抗战时期四川地区合作金库研究最具代表性、系统性的成果,应该是成功伟的《抗战时期四川农村合作金融体系初探》(《社会科学研究》2010.6),该文首先简单梳理了战时四川地区由省、县两级合作金库组成的农村合作金库制度,即四川省合作金库的创建、县合作金库的建立与普设、资金的来源与业务,然后论述了农村合作金融体系中的合作贷款。

汪辉秀、朱艳林《民国时期四川省合作金库史略》(《巴蜀史志》2005.5)，主要从宏观上简述了四川省合作金库的兴起、资金来源、业务及其衰落。汪辉秀《二十世纪三四十年代四川省三台县合作社研究》(四川师范大学硕士论文2006年)，论及合作金库的放款条件及其合作金库人员与合作指导人员的摩擦等。付托飞《中央合作金库广东分库研究(1947—1949)》(暨南大学硕士学位论文2007年)，从中央合作金库广东分库的组织机构、一般业务、合作贷款业务经营等方面进行分析论述，较为全面展现了1947年到1949年广东省分库的业务经营和管理状况，以此来剖析战争环境下合作金融企业经营的经验教训，并为当前农村金融改革提供些许借鉴。王小平《民国时期福建农村合作运动(1935—1949年)》(福建师范大学硕士论文2010年)，对福建省的农村合作运动进行了个案剖析。另外，还有如姚顺东《南京国民政府农本局述论》(《江汉论坛》2008.8)，黄娟娟《民国时期农本局研究(1936—1941)》(华中师范大学硕士论文2011年)等，也或多或少涉及到合作金库的论述。

黄立人《论战时国统区的农贷》(《近代史研究》1997.6)，该文较为清晰地勾勒了近代中国农贷的演进过程，重点叙述了抗战时期国统区国民党政府推行农贷的措施。

第五，对抗战时期的后方金融市场的变迁研究。其成果主要有：刘方健《近代重庆金融市场的特征与作用》(《财经科学》1995.3)；齐春风《抗战时期大后方与沦陷区间的法币流动》(《近代史研究》2003.5)等论文，对近代重庆金融市场形成的特征与作用，抗战时期日本策动法币流动策略的产生与演变、国民政府各阶段应对措施的演变、法币流动的规模和数量、法币流动对大后方的影响进行了探讨。刘志英《关于抗战时期建立后方证券市场之论争》(西南大学学报2007.4)及《近代证券市场与西部发展的关联：以重庆为例》(《重庆社会科学》2009.1)，探讨了近代重庆证券市场的形成及其战时大后方建立证券市场建设问题与近代中国证券市场发展的关系与作用。有关抗战时期重庆保险业的研究成果为数不多，仅有郭晋昌《重庆早期保险市场》(《当代保险》1989.5)；石丽敏《浅析抗战时期四川的人寿保险业》，(《文史杂志》2003.1)；吴静《抗战时期重庆人寿保险业述论》(《经济导刊》2007.11)、《抗战以前重庆的保险业研究》(《重庆师范大学学报》2010.5)及《抗战时期四川人寿保险业研究(《前沿》2011.6)等文章,这些论文分别对战前及战时四川及重庆保险市场等问题做了初步探讨,特别是刘风才《抗日战争时期的兵险研究》(四川大学硕士学位论文2007年)与方勇《抗日战争时期的兵险》(《安徽史学》2009.6)等文章,依据对相关档案资料的搜集与整理,对战时以国民政府中央信托局为主体经营的战时兵险进行了较为深入的探讨,充分肯定了战时兵险对工厂内迁与大后方工商业发展所起到的稳定作用。袁媛《抗战时期重庆保险业述论》(西南政法大学硕士学位论文2011年),研究抗战时期的重庆地区保险业发展概况。认为,大后方的保险业除了办理一般的财产保险和人寿保险以外,还有应战争而开办的战时运输兵险和陆地兵险。战时兵险的创办为国民政府内迁和后方经济的发展都起到了良好的效果。为了适应人民的生活需要,川江盐运保险业应运而生,为了能够保证盐运保险的顺利开展,川盐银行保险部还创办了水上防灾防损的查证措施。这些特殊时期的保险种类丰富了抗战时期重庆保险业,也从一定程度上显示了重庆保险业的发展。抗战时期重庆的保险业经历了从繁荣到逐渐衰退的过程,在日本投降以后,保险业的中心又转移到了上海。从保险种类来看,研究人寿保险业方面的论文主要侧重于邮政储金汇业局创办的简易寿险。[①]此外,也有少数论述战时兵险的论文,在研究方法及内容上有了一定突破,但所用材料较为单一。[②]

第六,对当时的金融中心重庆及其金融建筑的研究。吴景平《近代中国金融中心的区域变迁》(《中国社会科学》1994.6),通过对整个近代中国全国性金融中心演变的历史考察,认为:近代以来,中国全国性金融中心在不同区域之间不断变迁,这一变迁的基本轨迹是:上海—北京与天津—上海—重庆—上海。其中特别强调了重庆在抗战时期作为全国金融中心的重要性。提

[①] 王庆德:《民国年间中国邮政简易寿险述论》(《历史档案》2001年第1期);傅宏:《民国时期的人寿保险业简论》[《贵州教育学院学报》(社会科学版)2001年第5期];贾秀堂:《民国时期邮政简易人寿保险的开办》[《华东师范大学学报》(哲学社会科学版)2010年第4期]。

[②] 方勇:《抗日战争时期的兵险》(《安徽史学》2009年第6期);茅子嘉、赵镇圭:《战时陆地兵险开办始末》(《上海保险》1997年第3期);刘风才:《抗战时期我国兵险业研究》(2007年四川大学硕士论文)。

升了重庆在战时西部金融业中的历史地位。青长蓉《抗战时期全国金融中心的转移及其对四川经济的影响》(《成都师范高等专科学校学报》2003.1)，分析了抗战时期，随着国民政府迁往重庆，到1945年重庆发展成为抗战时期全国金融中心。重庆金融中心地位的确立，既对四川金融业本身产生了重大影响，同时也影响着四川工商业的发展。李睿《重庆近代金融建筑研究》(重庆大学硕士学位论文2006年)，分别对近代重庆的传统金融组织及其建筑与新式金融组织及其建筑的选址和总体风格、建筑的功能和空间以及建筑单体的特点，从整体到局部、从主观到客观、从感性到理性进行了详尽的阐述与系统的分析，将近代金融建筑尤其是银行建筑在整体风格、功能构成、空间塑造等方面的特点，建筑单体在造型处理、建筑结构、装饰装修等方面的特色全面完整地描绘出来，通过对金融建筑的特色研究与分析，深层次挖掘埋藏在这种建筑现象中的文化内涵。

自20世纪90年代以来，随着现代金融经济的发展，新史学的兴起以及西方新理念的引入，金融史受到了学界前所未有的重视。特别是中国近代金融史研究更是突飞猛进，取得了令人瞩目的成绩。相关著作论文大量涌现，在研究深度与广度上均有很大突破，此前的空白研究领域逐渐有所涉及，之前的薄弱环节的研究也在不断加强。在21世纪初年，由李飞主持，多位专家学者参与撰写的多卷本《中国金融通史》已经由中国金融出版社陆续出版，第一次全面阐述了中国自古迄今的金融活动及其发展规律，是金融史研究中的一个里程碑。而对近代中国金融体系、金融制度、金融机构、金融组织、金融市场、金融运作、金融家及农村金融等方面的研究成果更是层出不穷。不过，就整个近代中国金融史的研究来说，这还仅仅是一个开头，就时段而言，中国近代金融史研究偏重于抗战前，对抗战时期的金融史研究还很欠缺。就地域而言，研究成果多关涉上海、山西、天津等地，内地与次重要城市的研究不多。因此，研究战时大后方金融史对于完善研究领域，弥补中国近代金融史研究的欠缺有着十分重要的意义。

综上所述，目前学术界对大后方金融业的研究现状，存在着以下几方面的突出问题：

第一,缺乏有分量有见地的研究专著问世,至今尚无一本系统全面研究战时大后方金融发展与变迁的专著出版。

第二,研究领域有限,总体研究少,尚只有部分专题研究。对大后方进行宏观研究的少,即使现有成果也大多只是从某个方面、某个领域进行了专题探讨,如四联总处与四行二局中的个别行局及其相关活动,至于整个大后方的金融制度、金融活动以及金融市场等各方面的情况与变迁则相对较少,这些领域都有待进一步拓宽、深化。大多领域仍缺乏深入探讨,甚至有许多领域几乎还是一片空白,无人涉足。

第三,史料缺乏。现有成果大多引用的史料主要限于《四联总处史料》《四联总处会议录》《四联总处重要文献汇编》已刊档案资料与文献的引用,缺乏对大量未刊档案资料与当时的报刊资料等的深入挖掘和运用。

第四,研究方法单一。现有成果一般是从历史学的角度、用历史学的方法来研究,证实的多,理论分析的少,缺乏相关经济学、金融学理论的运用。

有鉴于此,我们选择"战时大后方金融变迁"这个目前学术界研究相对薄弱环节进行研究,对于整个后方金融业的发展与变迁,金融业与国民政府、战时经济的关系等方面展开系统而全面的探讨。这一研究不仅可以弥补中国经济史、金融史研究领域的一个空白,提升经济史、金融史研究的整体水平,而且对当代西部地区社会经济的发展也有着重要的意义。特别是20世纪90年代以来,随着我国改革开放的不断深入和国民经济的迅速发展,中国经济发展战略的重点逐步向西部地区转移。"西部大开发"作为党和国家的一项重大战略任务,列入国家"十五"规划。因此,开发西部,发展西部经济已成为我国社会经济发展的必然趋势。在西部地区的经济开发过程中,金融无疑是推动西部大开发、促进西部地区社会经济发展的重要因素。因此,研究抗战时期国民政府对大后方金融业的开发,总结历史的经验与教训,为当代西部金融业的建设和发展提供借鉴和启示,无疑具有十分重要的现实意义。

三、抗战大后方金融研究的说明及主要内容

金融是货币流通和信用活动以及与之相联系的经济活动的总称。

金融史是金融关系发展演变的历史,金融史作为一门学科,是以金融学和经济史学为基础,是它们的分支学科或边缘学科。

抗战大后方金融:抗日战争时期在大后方金融关系形成、发展、演变的全部历史过程和规律性。主要包括对战时大后方金融体系、金融制度、金融机构、金融组织、金融市场、金融运作及农村金融等方面的研究。

自2008年获得重庆市哲学社会科学规划重大项目以来,课题组围绕着《抗战大后方金融研究》展开了研究。由于目前"抗战大后方金融"课题涉及的面十分广泛,学术界对这一课题长期以来缺乏深入、全面与系统地研究,可供参考的前人研究成果甚少,几乎属于学术研究的空白,我们在进行研究的过程中几乎没有可供利用的现成研究成果可以借鉴,绝大部分资料都需要课题研究组从头开始,即需要从零散的档案与当时的报刊、著述等资料中去挖掘与整理,使得我们的研究不仅需要在资料的搜集方面花费相当的时间和精力,同时在研究中也需要进行更加艰苦的考证和研究,由此,使得研究时间比原定时间大大延长。如今,该课题的研究已经历时五载,耗时甚多,但远算不上系统和全面。我们的研究,原本计划对抗战大后方金融进行全方位研究,但由于时间和精力的限制,我们在短时间内难以完成这个任务,于是,课题组决定,放弃过去的大而全的研究思路,转而进行更加深入的专题研究。目前,我们根据这几年的资料积累和专题研究情况,将已经相对成熟的研究成果依据其内在逻辑联系进行了归类整理并出版,今后我们将继续努力,不断推出新成果,在详细、深入的专题研究的基础上,我们再适时推出一套研究更为系统全面的《抗战大后方金融史》专著。

本著作在研究时段上,主要以1937—1945年为主体,根据需要适当向前

后延伸。虽然采取专题研究的形式,但每一个专题都是在分析和吸取前人研究成果的基础上,尽量详细、全面地占有史料,在历史研究的基础上,重点利用经济学的相关理论及研究方法,从历史学与经济学的双重角度,对本课题进行综合分析与比较,并努力把历史学研究方法与经济学、金融学研究方法相结合,定量分析与定性分析相结合,动态研究与静态研究相结合,对战时大后方金融的演变历程做多视角地研究与深入地论述,以期对所研究的问题有较全面、准确、深刻的科学认识。通过对大后方金融网、金融中心、金融机构、金融业同业公会组织以及战时大后方金融市场演变历史及相互关系的考察,探讨战时大后方金融与经济的关系及其支持和促进西南地区工、农、商、交通事业发展的意义。深刻揭示战时大后方金融业的发展在推动中国西部地区金融业早期现代化,缩短东西部经济金融间的差距中的作用。

本书除导论之外,正文共分四个部分十三章。

第一部分:抗战大后方金融总论。具体包括四章,主要围绕抗战大后方金融研究的史料发掘与利用,清末民初的西部金融业,抗战时期大后方金融网的构建,抗战大后方重庆金融中心的形成与作用等问题展开。

第一章 根据课题组的长期搜集、整理,对抗战时期大后方金融研究所涉及到的史料进行归类和总结,其中,特别是对大后方主要省份的已刊、未刊金融类档案资料以及民国时期与大后方各省战时金融相关的报刊、著作进行的深入调查、整理和研究,对各类资料的价值与开发利用情况进行分析和说明,以期对这一领域的研究提供必要的史料基础。

第二章 清末民初中国西部金融业呈现出由传统向近代逐步转型的历程,这一时期,西部近代金融业的发展处于起步时期,发展迟缓,远落后于东部地区。在西部地区,近代金融业呈现出较大的区域差别,四川最为发达,其次是陕西、贵州、云南、新疆、甘肃,最落后者当属宁夏和青海。以城市论,重庆、成都,因其较为发达的经济和优越的地理位置,居于领先地位。新式银行与传统银钱业呈此消彼长之势。辛亥革命前传统金融业占主导地位,辛亥后,票号与钱庄实力大受打击,新式银行乘机发展,特别是1921—1924年间更可谓盛极一时。新式银行中的商业银行发展缓慢,地方银行相对较强。这种商业银行发展的迟缓也是西部地区社会经济落后的结果与反映,也体现了西部地区在金融近代化道路上的艰难与曲折。

第三章 抗战时期大后方金融网的建设,对于坚持抗战并取得最终胜利,具有极为重要的意义。本章在现有研究的基础上,着力针对大后方金融网构建的路径和特点等相关问题,进行分析探讨,认为大后方金融网的构建采取了政府强力推动的路径:战时金融垄断体制的建立奠定了大后方金融网的制度基础,中国金融中心的西移提供了金融网构建的基本渠道,而以国家银行为骨干的各类银行及金融机构的大量、全面的扩充和发展,则成为大后方金融网构建的载体;大后方金融网的构建体现出强烈的时代性、政策性、差别性、网络化等一系列特点。

第四章 近代以来,随着重庆的开埠与经济的发展,到抗战爆发前,重庆已逐渐形成为西部区域性金融中心,到抗战时期则进而发展成为了大后方的金融中心,这一中心的形成,为战时大后方经济金融的发展,抗战的坚持直至最后胜利起到了重要作用。然而重庆金融中心的形成则是得益于战时特殊的政治经济环境,抗战胜利后国民政府还都南京,则使这一特殊环境不复存在,金融中心的地位自然便难以为继;但作为战时金融中心的重庆,对整个抗战大后方的影响和作用却是重大而深远的。

第二部分:抗战大后方的金融机构。本部分选取了聚兴诚银行、四川美丰银行、川盐银行,以及抗战时期才迅速建立与发展起来的县银行与合作金库等为个案,以专题研究的形式,对这些个案金融机构的考察与探究,从而搭建由个案到整体研究抗战大后方金融业的桥梁。

第五章 以川帮银行之首的聚兴诚银行为探讨对象,通过对重庆市档案馆馆藏聚兴诚银行档案和重庆银行公会档案及期刊、报纸等原始资料的搜集和整理,对抗战时期聚兴诚银行的经营理念和特色进行探讨。认为,在抗战爆发后,在董事长杨粲三的带领下,聚兴诚银行不断地寻找适合自身实际发展的途径与方法,将其理论付诸于实践,进行了组织形式变革和业务变革,突出了聚兴诚银行的特色,在诸多后方银行中独树一帜。这一时期的变革主要有:(1)组织形式由股份两合公司改组为股份有限公司,引起了组织机构和资本的变革;(2)业务在重心、区域和范围上的变革。变革的原因主要在于:政治上,受到国民政府金融管制政策的限制和约束;经济上,受到大后方物价飞涨的影响,以及大批工业内迁所带来的大后方经济飞速发展之推动;此外,杨氏家族内部错综复杂、持续时间较长的家族矛盾也影响了聚兴诚银行业务的变革的方向和规模。在如此复杂的环境中,聚兴诚银行仍在其经营理念的指导下不断前进,成为西南地区最有影响力的商业银行之一,构成了西南金融网建设中重要的一部分,促进了西南经济的发展。

第六章 对四川美丰银行的研究。四川美丰银行从1922年到1950年共经营28年。中美合资时期,照搬美国式银行管理制度,重视"以法治行,以章理行,以心用人,以信待人"的经营理念,制度化、人性化的管理为四川美丰银行的长期发展奠定基础,业务经营中因地制宜,立足合资银行性质,经营发钞业务,中西合璧,改善经营方式,在重庆金融界站稳脚跟。华商独资时期,在总经理康心如领导下,与军阀结盟,为军阀服务的同时,受军阀庇护,享有特权,在政治势力的荫蔽下,发展壮大。抗战爆发后,随着国内形势的变化,四川美丰银行积极调整业务重心,适应市场形势,响应国家号召,合理运营资金,为抗战大后方的经济建设起了积极作用。四川美丰银行的最终停业,既是国民政府各项金融政策和通货膨胀作用的结果,也有其经营管理不当的原因。四川美丰银行制度的建立,性质的转变和业务的调整,适应了当时国内政治形势的需要,迎合了国内市场的需求,体现了民国时期民营商业银行的共性。四川美丰银行的研究,对民国时期西南金融发展研究具有重要意义。

第七章 通过对重庆市档案馆馆藏川盐银行档案和重庆银行公会档案,以及大量民国时期的有关经济类的文献、期刊和报纸资料等原始材料的梳理,对川盐银行在抗战时期业务发生的变迁情况进行探讨。认为,抗战前川盐银行业务趋向川省盐业,定性是侧重为盐业服务的专业银行。但抗战中,川盐银行的业务获得了长足发展,不断增加存放款项,转变放款对象,投资工商实业,角逐保险市场,存废比期业务,拓展附属业务等,在业务经营方式上显示出经营重点已由为盐业服务转移到获取利润上来了,随着业务转型,银行性质也由专业银行转变成为商业银行。川盐银行业务变迁的原因既有自身所具有的独特原因,也有导致战时重庆银行界业务发生变迁的共同原因。川盐银行战时业务变迁最终使其利润率持续攀升,整个战争期间达到了其发展历程上的黄金时代。川盐商业银行的业务变迁,反映着我国战时西南大后方商业银行业务变迁趋势,代表着抗战时期我国商业银行界业务变迁的共性。所以对川盐银行在抗战时期业务变迁的研究,在抗日战争时期西南大后方金融变迁中有很重要的地位。

第八章 以抗战大后方县银行建设成效最好的四川省为重点考察对象,通过对四川省档案馆馆藏的四川省政府财政厅全宗档案以及大量民国时期期刊杂志的梳理,着重考察了县银行的创设缘由、发展历程、组织机构、人事制度等问题,试图展现金融机构在县域金融环境中的构建,系统而深入地探讨了县银行的业务详情、县银行发展中存在的问题及原因等,意在揭示县域金融中外部性的制度移植所面临的内外部挑战及最终绩效。抗战爆发后,国民政府急欲健全西南西北金融网,开发内地经济,厚植抗战建国的物质基础,而与此相应的是,当时内地的现代金融机构极不发达,地域分布不均衡。为解决这一矛盾,国民政府决定设立县银行。但是,县银行在成立过程中没能很好地解决资金、人才等问题,从一开始就运行得极为勉强,随着通货膨胀的加剧又不得不面对更多棘手的难题,发展举步维艰。在这样的情况下,县银行最终没落地退出历史舞台,前后只存在了短短数年。究其实际作用来说,虽然县银行在"调剂地方金融,扶助经济建设,发展合作事业"宗旨上的成效不大;但其对完善西南西北金融网、改变近代中国金融机构地域分布不合理的状况还是有一定积极意义的。

第九章 四川省合作金库从1936年兴起到1942年停业,是由一整套较为完备的规章制度来进行管理的,与当时其他金融机构相比,这种管理显然具有一定的力度。所以四川省合作金库及其所辅设各县合作金库通过存款、放款、汇兑三大业务的展开,对当时四川省农村经济的发展产生了非常积极的作用,但是通过对三大业务的具体分析,我们发现,仅仅以信用放款为主的合作放款业务根本就解决不了当时四川省广大农村的资金需求,与此同时,举步维艰的存款业务又满足不了四川省合作金库及其所辅设各县合作金库所需要的资金来源,相比较而言,汇兑业务较为发达。换句话说,四川省合作金库及其所辅设各县合作金库在存款、放款、汇兑三大业务上并没有形成一种良性循环。更重要的是,股东的来源问题是制约其发展的一个重要因素,股东的来源问题主要是指所认购提倡股的股东所占的股份比例过大,而各级信用合作社及各种合作社联合社所占股份比例过小的问题,正是因为这个问题没有得到及时的妥善的解决,最终导致了一系列问题的出现。如资金来源的对外依赖性、放款对象的不平衡性和放款手续的复杂性、放款数额有限与放款时间冲突、缺乏专业人才等。同时,这些问题的出现迟迟又不能得到解决,因此,1942年实行银行专业化之后,四川省合作金库宣告停业。

第三部分:抗战大后方的金融业同业组织。主要围绕抗战爆发前的重庆银行公会以及抗战时期重庆银行公会与国民政府《非常时期管理银行暂行办法》这一金融政策的制定与执行过程中所起到的作用两问题展开。

第十章 主要利用重庆市档案馆的未刊档案及相关文献资料,梳理了抗战爆发前重庆市银行商业同业公会的产生发展概况。认为:重庆银行公会自1931年9月25日成立,到抗战爆发前,其组织制度逐渐建立与发展起来,成为了西部地区重要的金融业自律组织,是西部金融近代化的集中体现。同时该组织在稳定重庆金融市场秩序、协助国民政府整理川省金融及辅助地方工商业的发展中都起到了重要作用,为战时国民政府迁都重庆发挥了重大的积极作用。

第十一章 《非常时期管理银行暂行办法》,是抗战时期重庆国民政府制定的管理商业银行的重要法规之一,重庆银行公会积极参与到这一法规的建设中,一方面积极组织实施,另一方面也尝试着采取多种措施、通过多种途径与政府交涉,希望最大限度地参与政府相关政策的制定,既维护了商业银行业的合法权益,也为政府的战时银行法制建设提供依据。

第四部分:抗战大后方的金融市场。本部分仅对近代重庆的证券市场与抗战时期重庆保险业两个金融市场展开了研究。

第十二章 近代重庆证券交易所是西部地区唯一的证券市场,它的建立既是西部金融近代化的反映,更是西部经济开发的重要体现。本章通过对重庆证券市场历史的剖析,认为在抗战之前的重庆证券市场的建立与发展,同全国其他各地的证券市场一样,既是政府发行公债解决财政赤字的结果,也是以重庆为中心的西部经济、金融发展的产物。而战时对于重庆证券市场的恢复与建立的种种论争,则是大后方工商业经济发展的集中体现,是中国西部开发的真实写照。在认识上,推动了中国华商证券市场从以政府公债为主体的财政证券市场向以企业股票、债券为主体的产业证券市场的转变,昭示了战后中国证券市场的发展方向。

第十三章　通过对重庆档案馆馆藏保险档案以及大量战时有关保险业的文献、期刊、报纸等原始资料的梳理,并结合保险学、统计学方面的知识,对战时重庆保险业的发展进行初步探讨,认为:随着抗日战争的爆发,大批工商企业和保险公司的内迁,促使重庆保险业得到了空前的发展。在战时的特殊情境下,国营保险公司体系逐步建立起来,在积极开展业务的同时,承担起保障后方经济正常运转的责任,克服理论与实际操作方面的困难,对保险业务实行了一系列改革和创新,取得了良好的经济效益和社会效益,在重庆保险业中占据主导地位。民营保险公司在战时也取得了较大的发展,保险公司数量逐年递增,民营公司依据自身特点,细化保险市场,取得一部分保险业务。由于后方保险业务有限,不同性质的保险公司之间难免出现激烈的竞争,对于国营与民营保险公司的市场定位,应从保险行业自身分析入手,方能得出较为客观的结论。正是国营与民营公司的共同发展,造就了战时重庆保险业的繁华,在近代中国保险业发展历程上占有重要的一页。抗战时期的重庆保险业对于保障大后方经济的发展,工商业的正常运作以及后方人民的日常生活,起到了一定的积极作用,但是由于保险市场秩序不规范,保险行业自身发展的痼疾,政府监管不到位等一系列问题,使得重庆保险业在发展同时亦存在着消极因素,并最终影响到整个行业的发展。而其中的一些问题,仍存在于现在的保险行业,保险业如何健康有序地发展,值得深入思考。

本著作的主要创新点:

第一,选题方面的创新。"战时大后方金融变迁研究"有着十分重要的地位,但缺乏足够有分量的专题研究,是海内外经济史学界相当薄弱的环节。

本书中每一个专题研究的课题都是目前学术界研究亟待解决的,研究的成果在一定程度上弥补了近代中国经济史研究,尤其是金融史方面研究上的不足,具有一定的学术价值。

第二,资料方面的创新。经济史研究的基石就是史料,本著作中的各专题都着力于挖掘原始资料,重点发掘与利用重庆市档案馆以及当时大后方所涉及各地的档案馆等大量未刊档案资料,以及当时的报刊文献,力求使问题的研究拥有丰厚扎实的资料依据,在认真细致梳理档案资料和报刊资料基础上,构建自己的研究体系。

第三,研究方法上的创新。本著作在各个专题研究中,力争做到在从事历史研究的同时,注意借鉴经济学、管理学、财政学、金融学等相关学科的专门知识和理论作多角度综合分析,在研究中注重史论结合,提升观察研究对象的立意。

抗战大后方金融总论

抗战爆发前,东西部经济发展的区域性差异很大,中国近代化的工商业及金融业主要集中在东部沿江沿海地区,抗战爆发后,随着国民政府的内迁,重庆成为战时首都,全国的主要政治、经济机构和许多工商企业向西部大后方转移,大后方经济迅速发展起来。由于战时经济的刺激和国民政府努力建设西南、西北金融网,以重庆为中心的大后方金融业获得较快发展,战时金融体系得以建立。

本部分主要围绕抗战大后方金融研究的史料开发与利用,清末民初的西部金融业,抗战时期大后方金融网的构建路径及其特点,抗战大后方重庆金融中心的形成与作用等问题展开。

第一章 抗战大后方金融研究的史料发掘与利用

　　1937年抗日战争全面的爆发,对我国政治、经济、军事、文化、社会等方方面面都产生了重大影响。随着战事的进行,东部沿海城市的相继沦陷,国民政府迁都重庆,在中国辽阔、落后的西南、西北地区建立抗战后方,战时大后方经济的开发和建设在一定程度上支撑了国民政府正面战场抗战,使战时国统区经济在极端困难的情况下免于最后崩溃,为抗战的最后胜利奠定了经济基础。而金融与经济密不可分,大后方经济的开发和发展离不开金融的配合与支持。同时,大后方经济与金融的建设,促成了中国经济的西部开发,缩小了大后方经济与东部沿海经济发展的差距……因此,战时大后方经济史与金融史是中国近代经济史、金融史的重要组成部分,随着近代经济史、金融史研究的不断深入,以及西部大开发进程的加快,大后方经济史与金融史越来越受到学界的高度关注,并日益体现出它在历史与现实中的独特价值。

　　历史科学的一个最显著的特征是它的实证性,进行史学研究除了要有正确的理论和方法外,最重要的是要有可靠、丰富的史料。离开了史料的发掘和利用,史学研究就失去了生存的基础,就不可能成为科学,任何一位严肃的史学工作者都会非常重视对史料的发掘、收集和利用。本章将根据课题组的长期搜集、整理,对抗战时期大后方金融变迁研究所涉及到的史料进行归类和总结,以期对这一领域的研究提供必要的基础。

一、抗战大后方金融档案资料的概况与利用

档案是记录人们历史活动的最直接的原始的材料,史学研究,特别是近现代史研究,在各种史料的发掘与利用中,真实可靠程度以档案史料为最,档案史料得到研究者的广泛运用,不利用档案是难以成为信史的。对档案史料的发掘和利用,在当今的史学界已经得到了极大的重视。档案资料又分为已刊档案与未刊档案两大类。

目前与抗战大后方金融直接相关的已刊档案资料,主要集中在对国民政府的经济金融中枢决策机构四联总处史料的整理和出版。四联总处即中央、中国、交通、农民四银行联合办事总处的简称。它创立于1937年8月,撤销于1948年10月,历时十余年,曾经三次改组,四易其址。初创时,它只是一个临时的联络办事机构,但在第一次改组后它就演变成了国民政府金融财政领域的中枢决策机构,权重一时,具有举足轻重的地位。它对战时国统区,特别是大后方的经济金融制度和政策的制定与实施产生过重大影响。因此,四联总处的资料对研究民国时期特别是抗战时期的经济金融史具有深远意义。因此,对四联总处的史料发掘受到各方面,特别是档案馆的高度重视,重庆市档案馆与重庆市人民银行合作,编辑出版了《四联总处史料》(1779千字,上、中、下三卷,档案出版社1993年版),该书所辑史料,以重庆市档案馆馆藏档案为主,其内容主要以四联总处理事会会议议事日程和记录为主,为补充档案资料之不足,选用了部分四联总处当时编印的内部参考资料以及当时的报刊资料作为补充,这些史料不仅较为全面地反映了四联总处产生、发展和衰亡的历史过程,而且比较系统地反映了国民政府决策和处置重大的金融、经济问题的基本情况。中国第二历史档案馆编《四联总处会议录》(共64册,广西师范大学出版社2003年10月版),书中收入从1939年10月至1948年10月间372次例会及若干次临时会议中379次会议文件,包括议事议程(报告事项、

讨论事项、临时提议事项、附件)和会议记录,翔实地记录了国民政府金融经济政策的演化过程,是研究抗战大后方金融不可或缺的第一手档案史料。

此外,与战时大后方金融相关的档案资料已经整理出版的还有,金融总类及金融制度方面的史料:重庆市档案馆、重庆师范大学编《中华民国战时首都档案文献》(第五卷·战时金融),重庆出版社2008年版,分五章:收录了战时金融政策及施政、战时首都金融概况、战时首都的金融市场、战时首都的金融组织以及战时首都个体银行举例等方面的档案文献;中国第二历史档案馆编《中华民国金融法规选编》(上、下),江苏古籍出版社1990年版;重庆市档案馆编《抗日战争时期国民政府经济法规》(上、下),档案出版社1992年版;中国人民政治协商会议西南地区文史资料协作会议编《抗战时期西南的金融》,西南师范大学出版社1994年版;云南省档案馆、云南省经济研究所合编《云南近代金融档案史料选编(1840—1949年)》第一辑(上、下),1992年7月(内部资料);重庆档案馆编《抗战时期大后方经济开发文献资料选编》(2005年内部资料)。货币史方面的史料:中国人民银行总行参事室编《中华民国货币史资料》,上海人民出版社1986年版;吴冈编《旧中国通货膨胀史料》,上海人民出版社1958年版;四川联合大学经济研究所、中国第二历史档案馆编《中国抗日战争时期物价史料汇编》,四川大学出版社1998年5月版;金融机构方面史料:洪葭管主编《中央银行史料(1928.11—1949.5)》(上、下),中国金融出版社2005年12月版;中国银行总行、中国第二历史档案馆合编《中国银行行史资料汇编》,档案出版社1991年版;交通银行总行、中国第二历史档案馆合编《交通银行史料》第一卷(1907—1949)(上、下),中国金融出版社1995年12月版;中国人民银行金融研究所编《中国农民银行》,中国财政经济出版社1980年5月第1版;中国人民银行上海分行金融研究室编《金城银行史料》,上海人民出版社1983年版;重庆市民建、市工商联文史委员会编《聚兴诚银行》,西南师范大学出版社1988年版;云南省档案馆、云南省经济研究所合编《云南兴文银行始末》(内部资料)等。

除了以上这些已经刊出的档案文献资料外,与抗战大后方直接相关的西南西北各省市档案馆中还保存有大量未刊的战时金融档案,这些未刊档案目前还没有得到充分的发掘和利用,对于这些档案资料的搜集、整理与利用,以补充已刊档案资料的不足,是研究抗战时期大后方金融的最为重要的基础工作,在现有的研究中,这部分档案资料占据着最为核心的地位,是研究结论的最有力的史料,对此,我们分别将其情况做如下介绍:

重庆市档案馆:涉及金融类的档案资料是重庆市档案馆中的重要组成部分,有政府相关管理部门的资料,也有重庆市商会、银行业同业公会、银钱业放款委员会等行业自律管理部门的资料,更有大量金融机构的个体资料,包括国家银行、省级银行、商业银行等新式银行,信托业、保险业、证券业等新式近代化金融机构,还包括传统金融机构钱庄等的资料,内容十分丰富,特别是有关新式金融机构——银行的档案资料系统、完备,不仅战时资料丰富,更有大量战前资料,如成立较早的中国银行重庆分行、聚兴诚银行、四川美丰银行、川盐银行等。既有战前各行与各军政机关和各路军阀的往来文件,也有各行为开展金融业务对全国各地特别是西南各地进行经济、金融、物产、交通等方面的调查报告。由于抗战期间,重庆成为国民政府的首都,随着重庆战略地位的提高,城市的发展,重庆逐渐成为了战时大后方的金融中心,战时国民政府的金融管理机构四联总处与行政院、财政部、经济部、国库署等管理机构,银行、钱庄、保险等各种金融机构以及金融机构的行业自律组织如重庆银行公会的资料渐趋完备。馆藏重庆战时金融类档案史料,是研究抗战大后方金融,特别是重庆大后方金融中心地位的作用和意义的重要史料来源之一,对于这些档案资料,重庆市档案馆也十分重视,正在进行数字化抢救和保护,目前已经数字化的部分资料可以调阅。详见表1-1重庆市档案馆馆藏金融类档案资料的全宗统计表:

表1-1 重庆市档案馆馆藏金融类档案资料全宗统计表

全宗号	全宗名称	起止年份	卷数
0008	行政院	1937—1949	141
0015	财政部	1938—1949	272
0016	国库署	1940—1946	602
0017	经济部	1938—1949	51

续表

全宗号	全宗名称	起止年份	卷数
0084	重庆市商会	1940—1950	700
0085	重庆市各商业同业公会	1930—1949	1037
0086	重庆市银行商业同业公会	1933—1949	487
0281	重庆市银钱业放款委员会	1943—1945	31
0282	中央银行	1937—1949	175
0283	交通银行	1920—1950	1501
0284	中国农民银行	1942—1949	200
0285	中央银行、中国银行、交通银行、中国农民银行联合办事处	1937—1948	807
0286	中央银行重庆分行	1928—1950	4232
0287	中国银行重庆分行	1915—1951	11960
0288	交通银行重庆分行	1917—1950	6295
0289	中国农民银行重庆分行	1933—1950	6370
0290	邮政储金汇业局重庆分局	1939—1950	1926
0291	重庆市合作金库	1941—1949	816
0292	中央银行、中国银行、交通银行、中国农民银行联合办事总处重庆分处	1937—1948	548
0293	太平洋保险股份有限公司重庆分公司	1944—1948	105
0294	中央信汇局重庆分局	1944—1948	105
0295	聚兴诚商业银行	1913—1955	5021
0296	美丰商业银行	1921—1960	2446
0297	川盐银行	1930—1954	4368
0298	川康平民商业银行	1938—1954	1650
0299	重庆市银行	1946—1950	475
0300	和成银行股份有限公司	1934—1953	4302
0301	永成银行股份有限公司	1942—1950	239
0302	大夏商业银行股份有限公司	1942—1957	22
0303	华康商业银行股份有限公司	1941—1950	27
0304	金城银行重庆分行	1929—1953	3838
0305	中国工矿银行重庆分行	1942—1950	1713
0306	中国通商银行重庆分行	1942—1954	157
0307	中国实业银行重庆分行	1938—1952	514
0308	中国农工银行重庆分行	1934—1949	909
0309	中国国货银行重庆分行	1939—1949	34
0310	上海商业储蓄银行重庆分行	1931—1952	3131
0311	浙江兴业银行重庆分行	1936—1952	558
0312	中南银行股份有限公司重庆支行	1935—1949	485
0313	大川商业银行	1941—1950	363
0314	四明商业储蓄银行重庆分行	1941—1952	610
0315	大陆银行重庆支行	1938—1952	56

续表

全宗号	全宗名称	起止年份	卷数
0316	新华信托储蓄银行重庆分行	1935—1952	816
0317	建业银行重庆分行	1944—1952	384
0318	胜利商业银行	1942—1952	41
0319	银行档案汇集	1938—1949	74
0320	全国省银行重庆联合通汇处甘肃组	1947—1950	49
0321	上海信托公司渝庄	1939—1949	65
0322	钱庄全宗汇集	1935—1952	90

四川省档案馆：四川省是西部地区最为富庶与繁荣的省份，其经济与金融业的发展均走在西部各省的前列，四川省档案馆馆藏资源十分丰富，馆藏档案896个全宗、130万余卷，其中民国档案有45万卷。而在民国档案中，金融类档案是其特色之一，与金融相关档案全宗主要涉及的内容以金融机构为主，其中新式金融机构银行占了主体地位，其次是金融监理机构，遗憾的是，由于档案馆正在对资料进行整理，这部分档案资料，仅有部分能够查阅。

表1-2　四川省档案馆馆藏金融类档案全宗统计表

全宗号	全宗名称	案卷数量(卷)	起止年份
民59	四川省财政厅	9245	1912—1949
民60	救国公债劝募委员会四川省分会	161	1937—1940
民61	全国节约建国储蓄会四川分会	326	1939—1946
民65	中中交农联合办事处成都分处	678	1937—1949
民66	中央银行成都分行	6463	1932—1949
民67	中央银行重庆分行	262	1911—1949
民68	中国银行成都分行	9532	1917—1949
民69	中国银行重庆分行	334	1934—1949
民70	交通银行成都分行	1494	1938—1949
民71	中国农民银行成都分行	3474	1935—1949
民72	四川省银行	7135	1933—1949
民73	四川地方银行重庆总行	65	1933—1949
民74	财政部成都区银行监理官办公处	666	1942—1945
民75	财政部内江区银行监理官办公处	153	1942—1946
民76	财政部宜宾区银行监理官办公处	189	1942—1945

续表

全宗号	全宗名称	案卷数量（卷）	起止年份
民77	川盐银行成都分行	18	1936—1949
民78	成都市各银行钱庄全宗汇集	15	1943—1949
民79	川康平民商业银行	14	1939—1948
民80	族昌银行总行	9	1941—1950
民81	山西裕华银行成都分行	10	1941—1948
民82	达中银行钱庄	27	1943—1949
民83	中央造币厂成都分厂	1047	1916—1949
民84	中央合作金库四川分库	233	1937—1949
民85	中央合作金库成都分库	115	1946—1949
民88	四川省合作金库	5161	1933—1950
民89	中央银行	109	1931—1949
民90	中央信托局成都分局	1768	1934—1945
民138	邮政储金汇业局成都、重庆分局	619	1938—1952
民212	中中交农联合办事处雅安支处	71	1937—1948
民213	中央银行雅安分行	266	1936—1949
民214	中国银行雅安、西昌办事处	626	1940—1949
民216	雅安交通银行	6	1938—1949
民217	中国农民银行雅安支行	1308	1936—1949
民218	西康省银行	151	1940—1950
民219	西康银行成都、乐山、雅安、荥经、康定办事处	377	1939—1949
民220	西康省合作金库	104	1939—1947

贵州省档案馆：贵州省档案馆馆藏民国时期档案（1912年至1949年11月）共138个全宗。这些档案，不同程度地反映了民国时期贵州政治、经济、军事、教育文化、医疗卫生、市政建设等方面的发展变化。由于贵州经济的落后，金融机关建立较晚，主要集中在抗战开始以后的时期，而涉及的金融类档案资料主要有银行、信托等金融机构以及农村合作事业、放款委员会、物价评定委员会等，这些档案资料内容丰富，涉及面广，集中体现了贵州经济、金融的发展与变迁，具体卷宗详见下表：

表1-3 贵州省档案馆馆藏金融类档案全宗统计表

全宗号	全宗名称	起止年份
m1	贵州省政府	1912—1949
m39	贵州省政府财政厅	1911—1949
m51	中央信托局贵阳分局	1935—1949
m52	中国银行贵州分行	1938—1949
m53	中央银行贵阳分行	1935—1949
m54	交通银行贵阳分行	1939—1949
m55	中国农民银行贵阳分行	1943—1949
m56	贵州银行	1941—1949
m57	贵阳市银行	1947—1949
m63	贵州省农田水利贷款委员会	1938—1949
m71	贵州省合作事业管理处	1936—1949
m72	贵州省会物价评定委员会	1937—1941

云南省档案馆：云南是祖国西南边疆多民族的省份，云南省档案馆保存的档案资料，除少数清代档案资料外，主要为民国档案、革命历史档案和中华人民共和国成立后的档案等，共有档案289个全宗。其中民国档案系指1912年至1949年前，国民党党政军警机关、社会团体、企事业单位和社会知名人士形成的档案，共154个全宗。而在民国档案中，有关金融类档案资料主要集中于银行、信托、保险、邮政储金汇业局以及银行公会等各类金融机构，详情见表1-4：

表1-4 云南省档案馆馆藏金融类档案全宗统计表

全宗号	全宗名称	案卷数量(卷)	起止年份
1018	邮政储金汇业局昆明分局	1639	1928—1949
1023	中央信托局昆明分局	2970	1920—1949
1057	云南省财政厅	4718	1915—1949
1063	中国农民银行昆明分行	300	1937—1949
1064	兴文银行	623	1926—1950
1065	云南省富滇新银行	758	1906—1950
1066	中央银行昆明分行计中国、中央、交通、农民银行四联总处昆明分处(联合全宗)	1634	1927—1950
1067	中国银行昆明分行	2017	1926—1950

续表

全宗号	全宗名称	案卷数量(卷)	起止年份
1068	云南矿业银行	204	1934—1950
1069	昆明市、县银行	66	1937—1949
1090	长江实业银行、云南实业银行、同心银行昆明分行、和丰银行、川康平民银行昆明分行、川盐银行昆明分行、建国银行、汇通银行昆明分行	146	1925—1951
1108	云南省物价评议委员会	188	1919—1948
1134	富滇、云信等保险公司(联合全宗)	279	1930—1950
1136	交通银行昆明支行	1068	1931—1954
1140	中国侨民商业银行	297	1932—1949
1141	云南劝业银行	80	1930—1949
1142	昆明商业银行	90	1930—1950
1143	云南省银行	46	1947—1950
1144	广东省银行昆明分行	49	1939—1950
1145	中国农工银行昆明分行	13	1940—1950
1146	交通银行昆明、海防、西贡分行	556	1936—1949
1147	光裕银行昆明分行、益华银行、昆明市银行同业公会(联合全宗)	22	1943—1950

广西省档案馆：广西省档案馆所藏抗战时期的档案不多，主要集中在中央、中国、交通、金城等几个银行在广西的分行以及广西省银行的档案，遗憾的是，这部分档案目前还不能调阅。

表1-5 广西省档案馆馆藏金融类档案全宗情况表

全宗号	全宗名称	案卷数量(卷)	起止年代
L004	广西省政府	977	1927—1949
L006	广西省政府财政厅	103	1928—1949
L051	广西省银行	686	1926—1949
L052	中央银行桂林、梧州、南宁分行	148	1939—1949
L053	中国农民银行桂林分行	101	1942—1949
L054	交通银行桂林分行	289	1940—1949
L055	金城银行桂林支行	55	1942—1948

陕西省档案馆：馆藏民国时期档案，共计94个全宗，是1912年至1949年

期间国民党陕西省政府各机关、国民党军事委员会驻西安各单位、各类工商金融机构及高等院校等形成的档案,其内容包括陕西省的政治变迁、经济建设、人事变更、机构调整、交通运输、工农商业发展、邮政、农林水利、自然资源调查、教育、卫生、宗教、科研等各方面的史料。其中,主要涉及的金融类档案资料为银行、信托、邮政储金、金融监理机构、银钱业放款委员会等金融机构,其中最具特色的应为陕西省银行的档案资料。

表1-6 陕西省档案馆馆藏金融类档案全宗情况表

全宗号	全宗名
1	陕西省政府
22	陕西省银行
23	华侨兴业银行西安分行
24	邮政储金汇业局西安分局
27	全国省银行联合通汇处陕西组
31	中央银行(所属陕西各分行)(中央银行西安分行)
32	四行联合办事处西安、宝鸡分处
33	劝储委员会陕西、西安分会
34	救国公债劝募委员会陕西分会
35	西北银行总管理处
36	中国农民银行西安分行
37	财政部西安区银行监理官办公处
38	中国银行西安分行
39	中央合作金库西安分库
40	中央信托局西安分局
41	西京市银钱业放款委员会
42	西安中国通商银行
43	金城银行西安分行
68	交通银行西安分行
95	陕西省财政厅

甘肃省档案馆:甘肃省档案馆馆藏民国档案包括国民党统治时期各机关、厂矿、学校、银行、水利等部门的各类档案,记载了民国时期甘肃的政治、经济等各方面的历史状况。其中,有关金融类的档案资料主要有银行、钱庄、合作事业、物价管制委员会等金融类档案资料,由于目前正在进行档案整理,

特别是涉及银行等金融机关的很多档案资料都无法查阅。

表1-7 甘肃省档案馆馆藏金融类档案全宗情况表

全宗号	全宗名称	数量(卷)	起止年份
4	甘肃省政府	4404	1913—1949
12	甘肃省保安司令部临时平价法庭	174	1932—1943
16	甘肃省财政厅	4532	1928—1949
18	甘肃省物价管制委员会	585	1937—1949
19	甘肃省平衡物价委员会	494	1937—1947
44	行政院第八战区经济委员会	248	1940—1942
46	1.中央合作金库甘肃分库	450	1943—1949
	2.中国工业合作协会西北办事处兰州事务所		1941—1949
	3.兰州工业试验所		1941—1949
52	中央银行兰州分行	884	1936—1949
53	甘肃省银行总行	661	1936—1949
54	中国交通银行兰州支行	1297	1939—1949
55	中国农民银行兰州分行	210	1935—1949
56	中国银行兰州支行	405	1937—1949
57	中央信托局兰州分局	273	1936—1949
58	四联银行办事处兰州分处	183	1939—1948
	中国通商银行兰州分行		1939—1949
	山西裕华银行兰州分行		1927—1949
59	兰州市政府	9388	1940—1949
60	兰州市总工会	466	1941—1949
	兰州市商会		1930—1949
71	雍兴公司兰州机器厂	578	1941—1946
	甘肃造币厂		1948—1949
77	福生陇庄、福生纪庄、福生雍庄	107	1941—1944
78	甘肃省合作事业管理处	85	1944—1949

青海省档案馆：青海介于甘新康藏之间，其经济相对比较落后，抗战前几乎没有新式金融机构的建立，因此有关金融类的档案资料仅局限与中、中、交、农四行以及四联总处在西宁的支处以及本省的地方银行——青海省银行等金融机构，且卷宗都很少，再加之目前档案馆正在对抗战时期档案进行整理，这部分档案无从查阅。

表1-8　青海省档案馆馆藏金融类档案全宗情况表

全宗号	全宗名称	案卷数量(卷)	起止年份
023	中国农民银行西宁分行	102	1915—1949
026	青海省财政厅	1009	1929—1949
027	中央、中国、交通、农民四银行联合办事总处西宁支处	38	1933—1948
028	中央银行西宁分行	94	1939—1949
029	中国银行西宁分行	23	1939—1949
030	青海省银行和青海省实业银行	83	1941—1949

二、民国时期的金融类著作与期刊的概况与利用

民国时期，出版了各级各类的金融类图书与期刊，这部分资料，对于我们现在认识和研究当时的历史有着重要的参考价值，我们将现在能搜集到的与抗战大后方金融相关的图书和报刊进行分类整理和介绍。

民国时期出版的与抗战大后方金融相关的图书，经过梳理和不完全统计，有229种，大致可以分为三类：一是年鉴类，二是资料类，三是著作类。

年鉴类主要为当时主编的经济、金融类年鉴。主要有《财政年鉴》(1935年、1945年)，《财政金融大辞典》(1937年)、《中国经济年鉴》(1936年、1947年)、《中国金融年鉴》(1939年、1947年)，《全国银行年鉴》(1934年、1935年、1936年、1937年)，《保险年鉴》(1935年)，《中国保险年鉴》(1936年)，《中国县银行年鉴》，《四川省合作金融年鉴》(1937年、1938年、1939年)，《中外经济年报》(1938年、1939年、1940年)，《云南省合作年鉴》(1941年、1942年)，《民国卅年实用国民年鉴》(1941年)，《陪都工商年鉴》(1945年)，《中国工商要览》(1948年)等。

其中，尤其值得一提的是《全国银行年鉴》与《中国金融年鉴》。《全国银行年鉴》由中国银行经济研究室编辑和出版，始自1934年，终于1937年，共出版4次，反映了1934—1937年上半年全国银行业的概况，前两年的编排，以银行

业各项内容为"正编",以其他金融机构包括外商银行、钱庄与银号、信托公司、储蓄会与银公司、典当为"附编"。后两年作了调整,分三大部分,第一部分上篇为总览,包括全国银行现势之统计与说明、中央及特许银行、省市立银行、商业储蓄银行、农工银行、专业银行、华侨银行、外商银行、其他金融机构、各地银行调查。第二部分中篇为各地金融,包括华东、华北、华中、华西、华南、东北、西北等地金融和国外金融。第三部分下篇为统计法规及其他,包括银行统计、银行法令、银行规程、银行年报、银行日志、银行论著索引。该年鉴征集资料全面,调查广泛,内容翔实,统计数字尤具权威,特别是对于我们了解战前中国广大西部地区金融机构的分布与金融业的发展情况,以及在中国金融业中的地位和作用有着重要的价值。惜因全面抗日战争爆发,中国银行总管理处亦由上海内迁重庆,如此规模巨大的全国性银行年鉴,限于战时条件,遂未能继续编辑出版。

《中国金融年鉴》,是继《全国银行年鉴》停刊后,全面反映战时中国金融业,特别是战时大后方金融业的大型资料汇编,1939年版的资料搜集到1938年6月止,共分五章:现阶段之我国金融业、全国金融机关调查、金融统计、列强金融业在中国、金融日志、金融法规。1947年版的资料搜集到1947年7月止,分为三编,第一编总述,叙述战前、战时、胜利以后之全国金融实况,第二编调查,将全国银行、钱庄、信托、保险业,合作金库以及其他金融业之总分支机构,分列其简史、地址、资本、组织、负责人等,第三编附录,分文献、法规、日志三种。该年鉴资料翔实,卷帙浩繁,为我们研究战前、战时西部金融业留下众多有价值的史料。

总之,以上这些年鉴都是当时的经济、金融类机构组织编写的,真实地记录和反映了当时中国金融的本来面目,是我们现在研究抗战大后方金融的不可多得的珍贵史料。

资料类重要的有:财政评论社编《战时财政金融法规汇编》(1940年),财政部地方财政司《十年来之地方财政》(1943年),财政部财政研究委员会《十年来之财政金融研究工作》(1943年),财政部直接税处编《十年来之金融》(1943年),财政部参事厅编《孔兼部长就职十周年纪念文辑》(1943年),经济部统计处编印《重庆市资金分配情形》(1943年),联合征信所重庆分所编印《重庆银钱业一览》(1939年),全国经济委员会编《四川考察报告》(1935年),四联总处秘书处编《中中交农四行联合办事总处三十年度农贷报告》(1941年)、《四联总处三十一年度办理农业金融报告》(1942年)、《四联总处四川省农贷视察团报告书》(1942年)、《四联总处农业金融章则汇编》(1943年)、《四联总处重要文献汇编》(1947年)、《四联总处文献选辑》(1948年)及《四联总处重要文献汇编》,中央银行经济研究处辑《全国银行人事一览》(1936年)、《卅年上半期国内经济概况》(1941年)、《卅一年上半期国内经济概况》(1942年)、《卅二年上半期国内经济概况》(1943年)、《金融法规大全》(1947年),陕西省财政厅四科编印《陕西县银行服务人员手册》(1944年),陕西省合作事业办事处编《陕西省合作事业概况》(1942年),四川省政府编《四川省概况》(1939年),四川省政府财政厅金融统计组《四川省货币流通情形调查统计》(1937年),重庆市政府编印《重庆要览》(1945年),云南省财政厅编《财政、金融与生产——云南新财政政策实施纲要》(1941年),西南经济调查合作委员会编《四川经济考察团考察报告(第四编)金融》(1939年)、中国国民党中央执行委员会宣传部编印《抗战六年来之财政金融》(1943年),中国国民党中央宣传部编《四年来的经济建设》(1941年),中国国民党中央中国经济学社编《战时经济问题》(1940年),中国经济学社编辑《战时经济问题续集》(1941年),中央银行稽核处编印《全国金融机构一览》(1947年),中国农民银行主编《四川省农村经济调查报告第一号总报告》(1941年)、《四川省农业金融:四川省农村经济调查报告(第4号)》(1941年)及《中国农民银行之农贷》(1943年),中国通商银行编《五十年来之中国经济》(1947年),中国银行编《重庆经济概况(民国十一年至二十年)》(1934年)及《重庆经济概况》(1934年),金城银行编《金城银行办事处章程》(1940年)、《金城银行办事章程汇编》(第一辑)(1942年)、《金城银行营业报告:民国三十三年份》(1944年)、《金城银行营业报告:民国三十四年份》(1945年),甘肃省银行编印《甘肃省银行三十二年度业务报告》、《甘肃省银行三十三年度业务报告》、《甘肃省银行三十四年度业务报告》及《一年来之甘肃省银行》(1939年),甘肃省政府编印《甘肃省银行概况》(1942),陕西省银行编《陕西省银行二十六年份通函汇编》(1938年)及《陕西省银行民国三十年营业报告》(1942年),北碚农村银行编《北碚农村银行银行报告书》(1937年),昆明邮政储金汇业分局编《昆明邮政储金汇业分局第二次业务报告(三十二年九月—三十三年六月)》(1944年),董文中编辑《中国战时经济特辑续编》(1940年),杨宗序《金融:四川内地金融考察报告》(1939年),杨晓波编《四川省银行工作报告:民国三十一年度》(1942年),张肖梅主编的《四川经济参考资料》(1939年)、《贵州经济》(1939年)及《云南经济》(1942年)、赵廪辑《金融法规续编》(1942年)等。

以上这些资料都是由当时的财政部、经济部、四联总处、各地方政府及相关经济、金融机构组织以及个人编写的经济金融类法规、文献汇编、调研考察报告、统计资料、业务报告、金融概况、金融机构的沿革历史等资料,生动展示了当时金融发展的各个方面,为我们深入探讨和研究大后方的金融现状与各类金融机构的具体个案都提供了丰富可靠的珍贵文献资料。

著作类涉及的内容则更为广泛,涉及到金融业的方方面面,大致包括以下几类,一是关于战时宏观金融及金融制度方面的研究著述,重要的如:魏友棐著《现阶段的中国金融》(1936年),瞿荆洲著《非常时期之金融》(1937年),蒋舜年编《战时金融》(1937年),贾士毅、卫挺生等执笔《抗战与财政金融》(1938),周宪文、孙礼榆著《抗战与财政金融》(1938年),辜遂《我国战时金融》(1940年),高文潮著《金融统制与中国》(1941年),钱承绪著《中国金融之组织:战前与战后》(1941年),孔祥熙著《抗战以来的财政》(1942年)、《四年来的财政金融》(1941年)及《最近之财政金融》(1944年),杨荫溥著《本国金融概论》(1943年),郭家麟《七年来中国金融史略》(1943年),中央银行经济研究处编《十年来中国金融史略》(1943年),邹宗伊著《中国战时金融管制》(1943年),顾翊群讲《最近之财政金融》(1943年),黄美健著《战时金融之研究》(1944年),罗敦伟著《中国战时财政金融政策》(1944年),杨寿标著《工业建设与金融政策》(1945年),陈晓钟著《抗战金融论集》(1946年),周宪文、孙礼榆著《抗战与财政金融》(1948年)、潘恒勤著《金融问题讨论集》(1948年),刘善初著《经济与金融》(1949年)等。

二是关于战前与战时大后方各地金融业发展的著述:中国银行编《四川之金融恐怖与刘湘东下》(1935年),潘益民编《兰州之工商业与金融》(1936年)、千家驹等编著《广西省经济概况》(1936年),冯谷如著《四川金融》(1940年),陕西省银行经济研究室编《十年来之陕西经济》(1942年)等。

三是关于分类金融业务的专题研究著述:林和成编著《中国农业金融概要》(1936年),中央银行经济研究处编《中国农业金融概要》(1936年),叶谦吉著《合作金库制度之意义与建立》(1941年),孙冰叔著《改进我国现阶段农业金融机构之商榷》(1942年),张绍言著《合作金融概论》(1944年),陈颖光著《合作金融》(1945年),王武科编著《战时合作事业》(1942年),魏容先著《中国战时农业金融论》(1945年),徐肇和著《合作金融浅说》(1945年),重庆市社会局编《重庆市合作事业一览》(1940年),重庆市合作金库编《重庆市合作金库概况》(1944年)等。

四是关于金融机构的专题研究著述:周葆銮著《中华银行史》(1919年),孙德全编纂《银行揽要》(1919年),潘子豪著《中国钱庄概要》(1931年),施伯珩著《钱庄学》(1931年),李道南著《我国银行业之今昔》(1932年),吴承禧著《中国的银行》(1934年),王志莘编辑《中国之储蓄银行史》(1934年),姚曾荫著《战后银行组织问题》(1940年),褚玉亭著《专业化后之中央银行》(1942年),交通银行总管理处编印《各国银行制度及我国银行之过去与将来》(1943年),寿进文著《战时中国的银行业》(1944年),徐继庄主编《本行沿革及组织》(1941年),中国农民银行行员训练班《本行沿革组织及其使命》(1942年),朱斯煌著《银行经营论》(1939年),卓宜谋著《新县制与县乡银行》(1941年),徐学禹、丘汉平编著《地方银行概论》(1941年),郭荣生著《中国省银行史略》、《中国省地方银行概况》(1945年),彭俊义著《县银行的业务与会计》(1944年),刘佐人的《省地方银行泛论》(1946年),沈长泰著《省县银行》(1948年),甘肃省银行经济研究室编《甘肃省银行小史》(1945年),蓝尧衢著《成都市银行的实务和法理》(1945年)等。

五是关于战时货币问题与金融市场的专题著述:刘大钧著《非常时期货币问题》(1940年),魏友棐著《法币问题》(1941年),杨锡勇著《两年来我国外汇政策之检讨》(1939年),石服邦著《抗战来我国外汇变动与物价变动之关系》(1940年),吴毓英《外汇平准基金》(1941年),童蒙正著《中国战时外汇管理》(1944年),杨承厚编《重庆市票据交换制度》(1944年),交通银行总管理处编《金融市场论》(1947年),陈郁著《对于吾国保险之管见》(1944年)等。

此外,在一些有关经济、财政问题的著述中仍有大量金融方面的资料,如马寅初、陈长蘅等执笔《抗战与经济》(1938年),王亚南著《战时经济问题与经济政策》(1938年),杨汝梅著《国民政府财政概况论》(1938年),郭垣编著《云南省经济问题》(1939年),粟寄沧著《中国战时经济建设论》(1939年),叶笑山、董文中编辑《中国战时经济特辑》(1939年、1940年),闵天培编著《中国战时财政论》(1940年),沈雷春、陈禾章编著《中国战时经济建设》(1940年),朱通久著《战时经济问题》(1940年),翁文灏《抗战以来的经济》(1942年),翁文灏著《中国经济建设概论》(1943年),吴景超著《中国经济建设之路》(1943年),张锡昌、陈文川等著《战时的中国经济问题》(1943年),蒋君章编著《战时西南经济问题》(1943年),何辑五编著《十年来贵州经济建设》(1947年),谭熙鸿主编《十年来之中国经济》(1948年),朱斯煌主编《民国经济史》(1948年)等。

以上著述中涉及到抗战大后方金融业的各个方面,大后方金融业的整体发展,金融政策与制度的建立,各类金融机构如银行、钱庄、典当等的发展情况,币制、物价与各类金融市场,如货币、外汇、票据、保险等的发展情况,这些当时的研究和著述,为我们今天研究这段历史留下了弥足珍贵的资料。

抗战时期出版的报刊资料:目前已搜集到的与大后方金融直接相关的报刊资料共计有50多种,其中最为重要的有,由专业银行组织专门的经济研究室进行编辑出版的经济、金融专业期刊,如中央银行经济研究处编印的《金融周报》(1936—1949年)、《中央银行经济汇报》半月刊(1939—1945年);中国银行总管理局《中行农讯》重庆(1941—1942年),重庆中国银行《四川月报》(1932—1938),交通银行总管理处编《交通银行月刊》(1939—1940年),广东省银行经济研究处编印《广东省银行季刊》(1941年),四川省银行经济调查室(1935年12月前为四川地方银行经济调查部)编《四川经济月刊》(1934—

1943年)、《四川经济季刊》(1943—1947年)及《四川经济汇报》(1948—1949年),湖南省银行经济研究室《湖南省银行经济季刊》(1942—1944年),华侨银行经济调查室《华侨经济季刊》(1941年),四川省银行编《四川省银行行务月刊》,陕西省银行编《陕行汇刊》,聚兴诚银行总管理处编《聚星月刊》,陕西省银行经济研究室《西北经济》(1948年)等。

由其他金融机构及金融学会组织编辑出版的金融专业期刊,邮政储金汇业局发行(重庆)《金融知识》(1942—1944年),银行学会编印《金融导报》(1939—1941年),四川合作金库《四川合作金融季刊》(1940—1942年),重庆市银行业学谊励进会《银励》(1939—1941年),银行学会编印《银行周报》(1917年5月—1949年)等。

由政府机构组织编辑出版的经济、金融类专业期刊,财政部金融研究委员会编《金融季刊》(1944),云南省财政厅财政经济编辑室《财政经济》(1945—1946年),四川省政府[发行者](成都)《四川统计月刊》(1939—1946年),广西绥靖主任公署政治部抗战时代社《抗战时代》(1939—1943年)等。

也有由各种经济协会与组织,高校经济学系等编辑出版的经济、金融类专业期刊,重庆新经济半月刊社《新经济(半月刊)》(1938—1945年),新云南半月刊社《新云南》(1939年),财政评论社编印《财政评论》(1939—1948年10月),重庆中国国民经济研究院编辑《西南实业通讯》(1940—1948年),重庆川康建设杂志社《川康建设》(1943—1945年),贵州企业同仁总会编《贵州企业季刊》(1942—1943年),国民经济研究所《经济动员》(半月刊)(1938—1940年),中国经济建设协会编《经济建设季刊》(1942—1945年),中国经济研究会主编《经济研究》(1939—1942年)与《中国经济》(1943—1944年),金陵大学农学院农业经济系《经济周讯》(1939—1946年),西北协社编辑部《西北言论》(1932—1933年),陕西省农业改进所编《陕农月报》(1941年),西北经济研究所《西北经济通讯》(1941—1942年)四川省合作事业管理处《四川合作通讯》(1943—1945年)等。

此外,在战时出版的综合性报刊如《中央日报》(1937—1949年)、《新华日报》(1937—1945年)、《大公报》(重庆)(1937—1949年)等上面,同样刊载了大量经济与金融类的信息与资料。

以上这些各级各类的经济、金融类专业期刊,大都延聘了当时著名的经济学者、专家、教授马寅初、朱斯煌、盛慕杰、魏友棐、贾士毅、杨荫溥、邹宗伊、吴景超、王沿津、张澜苍、施复亮、罗承烈、沈长泰、徐继庄、沈雷春、章乃器、王宗培、吴承明、李紫翔等开展经济、金融调查和研究,并作为主要的撰稿人,刊物中设的栏目十分广泛,有社论、时评、调查、专论、译述、经济时事问题、金融特辑、金融专著、金融实况、金融实务、金融人物、金融书评、调查报告、统计、法令、银行实务、讲座、通讯等,主要刊载战时首都重庆的财政、经济、金融消息,国内外银行调查以及银行、钱庄、保险和市况统计资料等。另外,还就当时经济、金融发展形势进行理论探讨,提出建议和批评。这些期刊以其消息权威、内容丰富、数据详尽,在经济、金融界及社会上产生了较大的影响,这些报刊资料,真实反映了战前与战时广大西部地区经济、金融的原貌,已成为当今研究战时大后方金融与经济发展史不可或缺的珍贵史料。

综上所述,关于战时大后方金融研究方面的史料,无论从种类还是数量来看都是较为丰富的,这为致力于该领域的研究者提供了可靠的依据,也为该领域的学术发展前景奠定了坚实的基础。对于战时大后方经济的研究,自新中国成立后就开始受到学者们的关注,并陆续推出了相应的研究成果,然而,相对于大后方经济研究来说,有关战时大后方金融业的研究则略显不足。就现有的中国近现代金融史的研究成果而言,主要集中在对以上海为中心的东部地区金融业及金融机构的研究,至于与中东部地区金融业研究相比较而言,有关近代中国西部地区的金融业的研究则相对落后,究其原因是多方面的,其中史料的发掘与利用不够是重要的因素之一,尤其是对大量的未刊档案资料的整理和使用仍是一块可以大有作为的园地,值得广大研究者与档案工作者齐心协力,加大开发利用的力度,推动大后方经济、金融研究的不断繁荣。

第二章　清末民初的中国西部金融业

　　鸦片战争以前,钱庄、票号(国家官库除外)是清代金融业的主要组成部分之一。1840年鸦片战争以后,中国被迫开放广州、厦门、宁波、福州、上海五个通商口岸,由于西方国家的侵入,中国社会旧有的金融市场和金融行业,开始进入一种混乱无序状态,并逐渐被削弱其在社会金融活动中的地位与作用。随着外资银行在中国的出现,代表金融业近代化趋向的以银行为主体的新式金融机构(包括保险公司、证券交易所、信托公司等)不断涌现,并逐渐发展成为金融市场中的主体,在清末民初,中国金融业的这种变化主要集中在东中部的沿海沿江地区,而此时广大西部内陆地区的金融情况又是如何的呢?目前学界还未有专文论述,本章将对这一时段的西部金融业演变进行探讨。文中所指的西部地区,主要是西南地区(包括四川、云南、贵州、广西)以及西北地区(陕西、甘肃、青海、宁夏、新疆)。

一、清末民初西部地区传统金融业与金融市场

　　自近代以来,中国西部的广大内陆地区虽然也受到资本主义侵略的冲击,但相对于沿江沿海地区,时间上更晚,范围也要小得多,广大的西部地区社会经济并没有发生很大的变化,仍是一个以农业为主的社会。就金融业而

言,金融业的典型形态仍然是以钱业为主,钱庄、银号、票号是最主要的金融机构,它们在西部地区的金融市场上,占据着主导地位,起着重要的作用,这一时期还出现了为解决地方财政困难服务的各省地方官钱局。不过,就西部地区内而言,各局部区域的发展状况也有显著差别的,诸如重庆等地由于开埠稍早及其良好的地理因素,它的经济与金融业发展程度便居于较突出的地位。

在西南地区的重庆,到19世纪80年代,已逐步成为长江上游的经济重心,水陆交通枢纽和对外贸易口岸。据统计,1881年,重庆进口洋货占上海进口将近1/9,它的地位仅次于上海、汉口和天津;而在许多进口货中,"重庆作为货物集散重心,甚至超过汉口。"这些洋货自重庆分别销流成都、嘉定、叙州、绵州和合川等地,有些还要继续运销到更远的云南与贵州。而重庆与上海之间商品货币的清算,基本上依靠两地票号的汇划来完成。据海关报告反映,当时重庆设有16家山西票号,其经理全属山西平遥县和祁县人,垄断了一切邻省的主要金融业务。这16家票号的总号都设在成都;同时它们还在广州、长沙、汉口、贵阳、南昌、北京、沙市、上海、天津、云南府、芜湖等地都设有代办处。这些票号各拥有资本10万两到30万两,在必要时,他们联合起来足以抵抗乃至阻止与它们相竞争的庄号。他们的业务主要在于办理公、私汇兑。1891年重庆洋货净进口为137万余关两,而1894年便增加到510万余关两,同期中,土货出口额也从138万余关两增加到500万关两,4年中进出口值各增3倍和2倍。随着重庆输出入贸易的开展,由此引起各地区间金融调拨和清算,绝大部分都要通过重庆票号的金融活动来完成,这样,从19世纪90年以后到20世纪第一个10年,重庆票号的力量有了重大的增长,以致能够起左右当地金融市场的作用。①

在清末民初的四川,传统金融机构占据着主导地位,晚清时期以票号为主,在四川的票号主要是山西票号,光绪二十年(1894年),山西票号在四川共有27家。光绪三十年(1904年),又有乔英甫、赵尔巽、许涵度合股开设的宝丰隆票号创立,该号规模庞大,仅在四川境内设立的分号,就有成都、重庆、自

---

① 张国辉:《晚清钱庄和票号研究》,社会科学出版社2007年版,第72—73、第107—108页。

流井、雅安、打箭炉(康定)、巴塘、理塘等处。这时还出现了一家由川人所办的天顺祥票号。陕西人在成都经营酿酒厂的如全兴烧房等,也兼办存放及汇兑业务,票号行业真是盛极一时。四川的主要城市,如成都、重庆等,票号十分发达,据宣统二年(1910年)出版的《成都通览》记载,当时成都的票号就有日升昌、蔚泰厚、新泰厚、天成亨、蔚盛长、天顺祥、蔚丰厚、百川通、协同庆、存义公、裕川银、恒裕银、金盛元、宝丰银、宝丰隆、宝丰厚、蔚长厚等34家,每家都拥有白银10万两至30万两的资本,总号均设在成都。他们在广州、长沙、汉口、贵阳、南昌、北京、沙市、上海、天津、云南、芜湖等地都分设有汇兑代办处,以异地汇兑为主要业务,具有垄断汇兑业务的能力。[①]另据光绪十七年(1891年)重庆建立海关时调查,重庆已有票号23家,自流井(自贡)、内江、万县、顺庆(南充)、嘉定(乐山)等城市,均有票号的分号或代理机构。票号除主营汇兑业务外,兼营存放业务。当时四川票号每年承汇的公私款项高达二三千万两。[②]到辛亥革命后,票号收歇,四川钱庄兴起,据统计,到1913年底,四川钱庄达243家。[③]其中重庆钱庄,在民初票号歇业后,为适应商业之需要,势力日张,最盛时达50余家。[④]

典当业是封建性的高利贷金融组织,清代以前,成都就有典当铺的设立,多是本地官僚地主和大商人所开设,陕西帮也有相当势力。典当铺开业前须领取官厅营业执照,其业务是对贫困人民以实物抵押进行贷款,由于利率很高,典当期限很短,实际是残酷的高利贷剥削。典当铺也兼营存款业务,清代后期,各级地方政府多以官款存当,"发商生息",利息八厘至一分二,以补所谓行政费用的不足。清末成都当铺有32家,其中较大者有济昌、新生、谦益、惠远、协茂等。辛亥革命后,各大当铺突遭兵灾,焚劫一空,均告停歇。民国元年(1912年),四川军政府在成都四门开设公质店,其后官僚地主大商人相

[①] 中国人民政治协商会议四川省成都市委员会文史资料研究委员会:《成都文史资料选辑》(第8辑),内部发行1985年,第6页。

[②] 四川地方志编纂委员会:《四川省志·金融志》,四川辞书出版社1996年版,第2页。

[③] 田茂德、吴瑞雨、王大敏整理:《辛亥革命至抗战前夕四川金融大事记(初稿)》(一),《西南金融》1984年第4期,第21页。

[④] 重庆中国银行调查组:《民国二十三年重庆之银钱业》,《四川月报》第6卷第4期(1935年4月),第9页。

继开设,极盛时期,达60余家。①

　　清末的云南金融组织,以山西帮之百川通,江浙帮之盈泰兴,云南帮之天顺祥等为钱庄巨擘,经营存放汇兑业务。民国以后这些传统的金融机构得到进一步发展,最为著名的主要有:兴文官银号,清光绪十九年(1893年)由商家组兴文当,经营典当及汇兑二种。民国以后,由云南省财政厅加入官股,改为官银号,资本为新币300万元。代办财政厅金库及代收教育军政各费,经理周守正,号址昆明市正义路。云南省的典当业创设最早,其种类分为典、当、质、押四种。典之资本最大,利息最轻,日期亦长;当、质次之;押又次之。押之利息最高,日期亦短。此外,尚有代当处,分设乡曲小邑。云南省当号分为三类,主要有:一分当:兴文、益华、永庆、万有、泰昌。二分当:义合。三分当:长美、长盛、长泰、正义、忠义、大新、日新、同兴、源盛、联盛、万盛、月盛、万顺、通济、万泰、泰昌、民生、益丰、桂华、汇通、义盛、义昌、云泰、茂盛、茂昌、绍兴、如意、恒发、永安、济宝、吉祥、德丰、平安、裕泰、同义、永生、协和、均泰、宝丰、恒盛、嘉祥、源永和、鸿昌、济昌。②

　　贵州省僻处西南,交通不便,与外界甚少往还,省内金融,民国以前仅百川通、天顺祥两家票号。③贵州的典当业大概兴起于清康乾时期,自乾隆年间到民国初年,共有典当铺48家,押当铺数十家,其中在光绪年代建立的约有17家。民国以后逐渐走向衰落,歇业者甚多。④

　　晚清广西银号多集中在商业较为发达的桂林、柳州、南宁、梧州。光绪年间,柳州开设的银号有安记、觉记、刘记等3家。光绪三十年(1904年)为解决龙州、南宁间贸易日趋发展资金不足的问题,由龙州对汛督办郑孝胥在龙州组织官商合营的新龙银号,业务颇有发展,还设分号于广州,汇兑可通上海,并发行面额1两和5两的银两票。光绪末年,梧州设有日升昌、百川通、协同

---

① 中国人民政治协商会议四川省成都市委员会文史资料研究委员会:《成都文史资料选辑》(第8辑),内部发行1985年4月,第8—9页。
② 云南省档案馆、云南省经济研究所:《云南近代金融档案史料选编(1908—1949年)》第一辑(上),1992年7月(内部版),第6—9页。
③ 《贵州省银行简史》,《西北经济》第1卷第4期(1948年6月15日),第36页。
④ 贵州金融学会、贵州钱币学会、中国人民银行贵州省分行金融研究所:《贵州金融货币史论丛》,1989年3月(内部资料),第198—199页。

庆、新泰厚等4家票号,以及均隆、宝源、逢源、卫源、平安5家银号。三年后,均隆停业,分出福隆和慎隆2家。清末民初,桂林银号和钱庄最多时达40多家。①

在西北地区,自19世纪70年代后,山西商人经营的票号在西北各省已有相当势力,将西北地区纳入其全国汇兑网络体系中,"如陕西、甘肃、新疆等地,差不多为蔚丰厚、协同庆、天成亨三家所均分"。光绪年间,西安有票号11家,三原有10家、南郑(今汉中)有1家。在甘肃的票号,如兰州、凉州(武威)有蔚丰厚、协同庆、天成亨;甘州(张掖)有协同庆、天成亨;肃州(酒泉)有蔚丰厚、天成亨,这两家的资本各为20万两,协同庆资本有12万两,均属山西平遥帮。在青海和宁夏也有票号,如宁夏府有山西票号协同庆的支店,在新疆乌鲁木齐有山西平遥帮的票号蔚丰厚、天成亨、协同庆等3家,资本在20万～30万两以内。他们自1885年成立后,就主要靠承兑协饷和新疆汇往内地的商业汇款获取利润。②

这些票号均经营存放款及汇兑业务。由于西部商品经济发展的总体水平远远落后于东南沿海地区,所以这些票号更多的是为清政府的政治、军事活动服务。即便如此,20世纪初期西部地区的票号业务也发生了一定的变化,除了传统的商业放款外,也开展了对近代企业发放贷款的业务,如1889年云南天顺祥票号商王炽受云南巡抚唐炯委派,为云南铜矿承担招股业务,"分赴川、广、汉口、宁波、上海等地招股",但成效不著。又如1907年,从官商合办改为商办的川汉铁路公司,在重庆、宜昌、成都、上海四地集掇股款,并且分别储存在上述四地票号和商店的达681万余两。票号为商办铁路公司收存股款,实际上就是表明票号从融通资金上对创办铁路事业的支持。③

到了辛亥革命以后,西部地区的票号也像京、津、冀、东南沿海一带的票号那样,随着清王朝的覆灭而衰落下去,逐渐为钱庄或银行替代。如西安钱业,在清光绪年间有140余家。民国二三年(1913—1914年)间,由于各票号

---

① 广西壮族自治区地方志编纂委员会:《广西通志·金融志》,广西人民出版社1994年11月版,第56～57页。
② 魏永理:《中国西北近代开发史》,甘肃人民出版社1993年6月版,第422页。
③ 张国辉:《晚清钱庄和票号研究》,社会科学出版社2007年4月版,第177、179页。

纷纷倒闭,各钱商群起争营汇兑事业,从此以后,汇兑即入于钱商之手。钱商继续增至200余家,可为盛极一时。①

清末地方官银钱号是近代中国地方政府官方设立的信用机构。清道光咸丰年间的几十年,由于内忧外患交相煎迫,烽火满天,军需孔急,而晚清政府的国库又十分空虚,度支为难。到咸丰二年(1852年),户部无法撑持,不得已乃于京城内外招商设立官银钱局,由国库拨给成本银两,并户、工两部交库卯钱,以为推行银钱票的张本,而解决度支的困窘。②在其示范下,各省先后设立官银钱局。自光绪中叶以迄清末,陆续设立官银号或官钱局的省份,有豫、鄂、鲁、吉、燕、赣、湘、粤、辽、川、皖、陇、热、新、贵、黑、苏、桂、浙、陕、闽、晋等23家之多。③在西部地区,除了西藏、云南等少数偏远地区外,都设立了官银钱号。

表2-1 清光宣之际西部各省官银钱号成立时间、总分号数目及地域分布表

省别	设立时间(年)	总号所在地	分号数	分号所在地
新疆	1889	迪化(今乌鲁木齐)	3	镇迪、阿克苏、喀什葛尔。(下设22分局)
陕西	1894	西安	3	汉中、兴安、延安
甘肃	1906	兰州	1	西宁
四川	1896、1905	重庆	8	上海、北京、汉口、宜昌、沙市、万县、涪州、成都
贵州	1906	贵阳	9	遵义、安顺、毕节、镇远、铜仁、古州、重庆、汉口、常德
广西	1903	桂林	8	1908年改为银行前4所:梧州、上海、南宁、龙州;改银行后又添4所:湘潭、常德、衡州、洪江

资料来源:谢杭生《清末各省官钱银号研究(1894—1911)》,中国社会科学院经济研究所:《中国社会科学院经济研究所集刊》第十一集,中国社会科学出版社1988年版,第213—215页。

---

① 《西安金融业之今昔》,《西北春秋》第22期(1935年2月25日),第19页。
② 胡铁:《省地方银行之回顾与前瞻》,《金融知识》第1卷第6期(1942年11月),第14页。
③ 寿进文:《战时中国的银行业》,1944年1月版,第12页。

晚清的官银钱号，是各地方政府的财政工具。它们为地方政府经理库款，为地方财政垫借款项，包括开发通用银钱票和举借内外债以及为地方官办企业投注资金等。尽管清末之地方官钱局不能算作近代金融机构，但它兴起于晚清时期，与近代华资商业银行的产生与发展几乎同步，并最终演变为省地方银行。1908年广西官银号改设为广西省银行，1909年浙江官银号改设为浙江银行，其他如湖北、江苏、吉林、奉天、黑龙江、湖南、河南、江西等省在光绪末年实际上也已负担起了省银行的职能。辛亥革命以后，新设的省银行大多数也都是在原有官银号基础上扩建或改建而成的。

清末民初西北的货币及其市场亦有发展，陕西西安地区流通货币，清末以钱两为本位币，大清银行发行钞票，种类分一两、五两、十两、五十两、一百两数种，辅币以制钱流通，由秦丰官钱局及商办同心字钱局发行纸币，种类分一千文、五百文两种。民国成立后，大清银行及秦丰官钱局，同时停办。惟同心字实力充足，该局所发行之流通纸币完全收回，继而官办之秦丰银行成立，发行银两票币，种类分一两、二两、五两、十两、二十两数种。辅币由富秦钱局，发行铜元券一千文、五百文两种。1912年，军政府发行军用钞券，种类分一两、二两、五两三种，暂不兑现，强迫行使，商业颇受影响。1915年，中国银行来陕发行银元券，一元、五元、十元三种，未几停办。1917年，陕西省创办富秦银行，发行银两票，种类分一两、二两、三两、五两、十两数种，市面通行。1919年，富秦银两票停兑，街市折扣行使。1920年，富秦银行复业，改发银元券，种类分一元、三元、五元、十元各种，将前发之银两券，每两按一元折合收回，甫未收完，又告停收。1921年又复停顿，钞票仍按市价流通，至1926年结束。①

甘肃地区，在清末，其市面流通的金属货币主要有银锭和铜钱两种。银锭种类很多，有大宝（每个重量50两）、川锭（每个重约10两），还有鸡腰子、甘肃颗，每个重4—5两，使用时，因轻重不一，需要将银锭截开使用。②甘肃的银两改为银币，约开始于民国初年，但公私使用，仍为银两。到1920年，丁道

---

① 《西安金融业之今昔》，《西北春秋》第22期（1935年2月25日），第19—20页。
② 中国人民政治协商会议甘肃省委员会文史资料研究委员会：《甘肃文史资料选辑》（第13辑），甘肃人民出版社1982年版，第128页。

津为甘肃省财政厅长,财厅陆续向官银号透支300万两。当时张广建主持甘政,来甘时随带大宗铜元,自是甘肃始有铜元流通(原来市面流通的只银两、制钱两种,银角、铜元均不流通)。铜元初仅流通兰州市场,且仅为当十面额,一枚银元,可换铜元百枚左右(即一千文上下),还能维持十进的价格。因而外来铜币,不断流入。至1920年冬,陆洪涛继任督军,官银号发生挤兑风潮,为救济市面,兰州绅士张应选建议,开铸铜元,社会上称"沙板铜元",终以制钱价格昂贵,"沙板"泛滥,币价大跌,得不偿失。陆乃令将"沙板铜元"收回销毁。在此以前,陇南镇守使孔繁锦,也购来大型铸机,在天水开厂铸造,仿照四川铜币形式,铸"当五十"、"当一百"、"当二百",甚至有"当十串","当百串"者,统名"大板"。①

甘肃流通的纸币则是甘肃官钱局的纸币,清末共计发行兰银票30万两,钱票15万串,内有已销毁银票12万两,钱票1万余串,至民国二三年间流通市面,实只银票18万余串,该省商民,对于纸币,颇为信用,惟因资本太少,未能扩充,诚有供不应求之势,后增印5万两,藉资流通,价格并无跌落,改组以后,时有增加,恐信用或因以堕,旋奉部令,以已发之纸币银票373000余两为限额,不得于额外再行增加。②1913年,张广建督甘。改组兰州官银钱局为甘肃官银号,以财政厅长雷多寿为监理官,郑虎臣为总办,郑德兴为坐办,赵治堂为经理,王兴周、王锦文为副经理,除原有业务外,并代理省库。一面发行新银票收回旧龙票,计发行银票一两,二两,五两,十两四种,共400余万两。③

近代以来,青海地区由于不是一个省,加之工商业发展程度不高,金融业发展受到影响,很长时期金融机构阙如,旧式当铺和一些较大的商号代理了部分金融业务。光绪初年,西宁有七八家大商号,各发行"五百文"钱票流通市面,但不久这些商号相继倒闭,持票者蒙受损失。1908年兰州官银钱局建立后,所发行"五百文"、"一千文"钱票及"一两"、"二两"银票均曾在青海东部

---

① 中国人民政治协商会议甘肃省委员会文史资料研究委员会编:《甘肃文史资料选辑》(第8辑),甘肃人民出版社1980年版,第132—133页。
② 周葆銮:《中华银行史》,商务印书馆1919年版,第五编第41—42页。
③ 甘肃省银行经济研究室:《甘肃省银行小史》,1945年出版,第2页。

流通，1913年，兰州官银钱局改组为甘肃官银号，1915年在西宁成立分号，发行"一两"、"二两"银票两种，1916年以后，银元从外省流入青海，由于银元较之银两使用方便，广泛流行起来。1919年甘肃官银号西宁分号被裁撤，所发银、钱票兑换收回。①

清末民初，西南地区的货币和货币市场情况相对复杂，不仅各省货币种类繁多，而且市场更是不统一，其中以四川地区最为突出。清末民初的四川，金属铸币与纸币并行，金属铸币既有银类货币，也有铜类货币，而每种形态的货币又有许多种类不同的货币形式，其数量之多，类别之奇特，极为罕见。其中，银类货币主要有银锭与银币，银锭自清光绪廿七年（1901年）成都造币厂开始铸造银币后，逐年减少；民元（1912年）以后，都市上之交易，多不用银锭而通用银币。通用之银币，有清代龙元、袁头银币、旧新汉字大元、五角旧银币（龙纹）、五角新币（汉字）、一二角银币、半角银币、云南银币等数种。川省通用铜元种类之多，可谓各省之冠；而币面价值亦以四川为最大。其通行之种类，除省外十文铜元外；本省计有：四川军政府汉字式、大清龙纹式、五色国旗式、中华民国式。各式中文有省板、渝板、遂板、棰板等分别。至币面价值有十文、廿文、五十文、一百文、二百文、四百文等。制钱正面刊有光绪通宝、乾隆通宝，以及嘉庆、道光、同治等年号之通宝；反面为满文，均为清户部宝泉局、工部宝源局，及四川成都之宝川局所铸造。迄自成都、重庆两造币厂开始铸造铜币后，制钱在市面上流通逐渐减少。②

川省行用纸币，有四川军票与濬川源银行兑换券两种，四川军票原发1500万元，由中央借拨银款，并由中国银行借拨银券，设处开收，先后收回500余万元，并提毁盐款军票300余万元，再加前财政司在商会截毁60万元，及重庆中国银行所存盐款军票280余万元，统计已收回者1140万元，后因军事告兴，饷需迫逼，收票之事，遂行中止。濬川源银行兑换券，初因收回军票，发行300万元，内封存100万元，计实行200万元，其始随时兑现，信用甚为昭著，嗣因军署提用兑券100余万元，一时现金准备不及，不得已暂停兑现，复

---

① 崔永红、张得祖、杜常顺：《青海通史》，青海人民出版社1999年版，第707—708页。
② 张肖梅：《四川经济参考资料》，中国国民经济研究所发行1939年再版，第F1—4页。

经先后收回截毁之数,计129.6万元。1917年9月,以四川军事戒严,需饷孔急,续印129.6万元,补足截毁之数,仍符原编300万之额,随时行用,以充军政之需,惟因久停兑现,发额之多,遂致券价日跌,政府筹议开兑方法,初以官产变价,及随粮附加税等项,拨充兑券基金,嗣以各款一时虽集,议由各县绅商集款借用100万余元,以1918年粮税抵借实银,交濬川源银行专款存储,实力准备兑现,将来以收入粮税,拨还绅民,再由附税等项,拨还正负各税,已于1917年冬间开税。①

在清末民初,贵州的货币相当复杂,市面流通之货币,以硬币言:有"生洋"(即银币)十余种,银辅币及铜辅币复各有数种;以纸币言:有银两票、银元票、钱票等数种。贵州一省社会上通用之筹码,有银币、铜币二种,银币之种类不少,以一元为单位之本位币言,遂有开国纪念币、袁头(分三年、八年、九年、十年等种)、坐搬庄、站搬庄、北洋、大清银币、造币总厂、江南龙版、湖北龙版、四川汉版、云南龙版、广东龙版、汽车式及飞鹰式等,银币除一元币外,尚有辅币,辅币之种类亦多,以其币面价值分,普通者有三种:五角、二角及一角。铜币在贵州流通者原有红铜及白铜铸成者二种,均为他省辗转输入而来。②

黔省纸币流通之种类以币分别,有银两票、银元票、钱票等三项。据调查,清末官钱局原发银两票554055两七二折合银元769520元,而贵州银行于1912年发行纸币100万,1913年4月增印新币200万元,以为换收旧币之准备。增印以后,信用昭彰,后因政局纠纷,价格跌落,由财政厅与贵州中国银行订借现款,分期收回。③1915年中国银行贵阳分行建立后,发行加盖"贵州"地名面值一元、五元、十元的兑换券,限在贵州省内流通兑现。初期严格遵照总行规定,切实控制发行数量,留足现金准备,加强对货币信用的管理。截至1915年年终,发行兑换券金额仅为30万元。在一般情况下,库存现金(包括白银、银元)准备占60%,其他有价证券占40%;持券人可随时向该行分支机构

---

① 周葆銮:《中华银行史》,商务印书馆1919年版,第五编第48—49页。
② 丁道谦:《贵州金融业之回顾与前瞻(上)》,《财政评论》第8卷第4期(1942年4月),第64—65页。
③ 周葆銮:《中华银行史》,商务印书馆1919年版,第五编第43—44页。

及遵义、兴义、毕节、榕江等地代理处按照兑换券面额十足兑取银元,如持券向该行申请办理国内汇款,尚可受到优惠,深受商民欢迎。由于上述兑换券在清点、保管、收解运送等方面均较行使银元简单方便,在1916年5月,全国各省中国、交通银行兑换券停兑期间,该行贵州地名兑换券仍坚持兑现,照常流通,未受影响,信誉十分良好。因此,有一些商人和银钱兑换业者愿以高出票面金额3%~5%的价格收换该行兑换券,然后又加码脱手牟利。1924年10月,唐继虞任军事善后督办期间,以贬值的"黔币"粘贴附张,加盖"贵州省长"、"贵州军事善后督办"、"贵州省财政司章"、"总商会章"四颗印章,规定与现洋同值行使,俗称"尾巴票"。但因不能兑现,市间均不愿收受,无法推行。[①]

清末民初的云南金融市场是铸币与纸币并行流通,在清代初期,云南的货币以银锭为主,铜质制钱为辅。银锭主要以宝元(湖北官银锭,重约50两)、川锭(重约10两)、牌坊锭(云南本省公估银,重约50两)、碎花杂银(重量不一)、滴水珠(重约1两)等五种,以元宝、川锭为优。到清光绪末年,湖北、江南、四川所铸银元进入云南,同时云南本省亦设厂仿铸,有一元、五角、二角、一角四种,以后银元即为流通主币。此外,在云南迤南文山、马关一带,有铁钱流通。民国以后,曾筹铸金币作为纪念拥护共和之用,所铸金币分为两种:当银币十元,重库平二钱五分;当银币五元,重库平一钱二分五厘。1923年,云南省还发行镍币,分一角、五分二种,但未能推行及全省。而铜币在清代铸有当二十及十文两种,1916年,发行纪念护国当五十文之黄色唐象大铜币,但这些铜币因质量较佳,均被奸商销毁。真正在市面流动者,并非云南本省自铸,概系外省运来的劣质当二十铜币。民国以后,云南有了纸币的发行,主要是由富滇银行发行的纸币,分一元、五元、十元、五十元、百元五种。[②]辛亥光复之初,库藏空虚,富滇银行发行兑换券300万元,1914年,法国汇理银行突来蒙自开设分行,发行钞票,为抵制外币流通,向铁路局借款50万元,扩

[①] 贵州金融学会、贵州钱币学会、中国人民银行贵州省分行金融研究所:《贵州金融货币史论丛》,1989年3月(内部资料),第90、92页。

[②] 云南省档案馆、云南省经济研究所合编:《云南近代金融档案史料选编(1908—1949年)》第一辑(上),(内部资料)1992年7月,第1—3页。

充富滇银行基金,加发纸币150万元,1916年护国战争爆发,增印纪念纸币100余万元,1917年另印600万元,不过限定520万元为截止发行额。①

清光绪前期,广西多用银两和制钱,后期市场货币有银两、银元、银毫、铜元、制钱五种硬币和银行兑换券混合流通。各种货币的兑换率规定为:纹银每两兑换1元3角5分,银元每元兑换银毫10毫,银毫每毫兑换铜元10枚,铜元每枚制钱10枚。但实际情况往往并非如此,经常出现贴水或伸水,并且随时随地各有不同。宣统二年(1910年)广西银行开业时,桂林市每银1两可兑银元1元3角6分至8分;银毫1毫可兑净制钱96枚,可兑六成钱即百文中净钱六成烂钱四成者120枚。与此同时,外国银元特别是法国的法光和英国的港洋,也在广西市场流通,兑换价格一般还高出龙洋一成左右。②纸币主要有广西官银钱号发行的银两票、银元票与广西银行发行的纸币。广西官银钱号到宣统二年(1910年)1月改组为广西银行时,实际发行银两票14万两,银元票11万两。广西银行成立后,到1911年10月辛亥革命胜利时,印制的银元票发行总额为124万元。③

上述可见,清末民初西部地区金融业的典型形态仍然是以钱业为主,钱庄、银号、票号等传统金融机构,在西部地区的金融市场上仍占据着主导地位,其业务范围仍沿袭旧法,但也开始出现了为近代企业存、贷款以及向社会发行纸币等经营活动。同时,各省地方官钱局纷纷建立,这些官钱局作为各地方政府的财政工具,还不能算作近代金融机构,但它的兴起与近代华资商业银行的产生与发展几乎同步,并最终演变为省地方银行。因此,可以看出,清末民初西部地区金融业在传统形态的延续中,又孕育新的东西,昭示着传统金融业走向近代的趋势。

---

① 周葆銮:《中华银行史》,商务印书馆1919年版,第五编第45—46页。
② 郑家度:《广西金融史稿》(上),广西民族出版社1984年版,第102页。
③ 广西壮族自治区地方志编纂委员会:《广西通志·金融志》,广西人民出版社1994年版,第21—23页。

二、清末民初西部近代金融事业的起步

近代以来,中国西部地区的金融业虽仍以票号、钱庄、当铺等旧式封建金融机构占据着主导地位,但是代表着金融业近代化趋向的以银行为主体的新式金融机构,在清末民初的西部也有零星的出现,代表着西部地区的金融业也在缓慢地向近代化迈进。

银行是资本主义经济发展的产物,中国近代金融事业的开发,应以近代银行的产生为主要标志。20世纪初西部各地也出现了一些近代银行。据现有资料考察,可以认为,清末民初是西部近代银行的初步创建时期。在这些银行中,有帝国主义国家在华银行、中国人自办的华资银行二种。

中国之有外商银行始于英商之远东银行,道光二十五年(1845年)先设分行于香港,道光二十八年(1848年),继设分行于上海,但于光绪十八年(1892年)因经营亏损而停业。后于咸丰七年(1857年)有英商麦加利银行、同治六年(1867年)有英商汇丰银行设立,自此之后,英之有利、沙逊、大英,法之东方汇理、汇源,日本之正金、台湾,美之花旗、运通、大通、友邦,德之德华,比之华比,荷之荷兰等银行,先后设立。[①]网络所布,形成周遭群雄环视之状态,然而,在晚清时期,这些外资银行主要设在当时的通商口岸,到1911年辛亥革命爆发时,上海的外商银行已达27家、汉口19家、天津8家、广州7家。[②]他们主要采用金融集体力量,垄断中国市场,为推展其本国贸易之臂助。

对于中国广大的西部内陆地区,外国银行也想把其势力渗透进来,在西北地区,最早将势力深入进来的是华俄道胜银行,清末民初将其势力渗入到了西北的新疆。华俄道胜银行原为俄法合资,成立于1895年11月23日,资

---

① 中国通商银行:《五十年来之中国经济》,上海六联印刷股份有限公司印刷1947年,第1页。
② 转引自吴景平:《近代中国金融中心的区域变迁》,《中国社会科学》1994年第6期,第178页。

本银最初为600万卢布,总行设在俄国彼得堡。1896年9月2日,华俄道胜银行和清政府签订了"银行合同",强迫清政府以俄法贷款扣拨库平银500万两(折合俄币756.2万卢布)作为入股资本。20世纪初沙俄为了垄断新疆金融业,操纵新疆的经济命脉,华俄道胜银行势力渗入新疆。1900年,在喀什设立分行,1903年,又在伊犁设立分行,不久,塔城、吐鲁番、巴里坤、奇台、吉木萨尔、莎车等地也都有了它的分行或代理机构;1909年,华俄道胜银行在西伯利亚设立撒马尔罕中心支行,管辖喀什、伊犁等支行,设在巴尔瑙尔中心支行管辖新疆地区的塔城支行等。1920年6月17日又在迪化设立分行。华俄道胜银行新疆各分行垄断新疆的汇兑、借贷、办理期票贴现、存放等业务,是沙俄实行经济扩张,掠夺新疆资源的工具,是吸吮新疆各族人民血汗的吸血管。[1] 俄国十月革命胜利以后,苏维埃政府宣布废除以前俄国政府历次同中国订立的一切条约,这样,华俄道胜银行就失去了在中国从事活动的特权,总行也由彼得堡迁往巴黎,1926年倒闭,华俄道胜银行在新疆的分支机构也随之停业。

但在西南地区,清末外商银行的渗透却遭到当地政府的抵制而未得逞。如法国的东方汇理银行,曾于1910年4月9日,由法国交涉委员宝如华向云南地方政府发出照会,请求将法国东方汇理银行在云南省城昆明设立分行,但却遭到了云南地方政府的拒绝:"查云南府既非通商口岸,外国照章不能来此设立行栈经商,开设银行显背条约。省城现有官设之大清银行,部定新章,官办银行每省会只准设立一所。在官办且有限制,更勿论外国银行也。本司尤当声明者,东方汇理银行不得以别项牌号,托其他商人在滇省代理营业暨发行纸币。此请断难办到之事,实属不能从命,尚希见谅。"[2] 民国以后,外国银行进一步把其势力伸向中国的西部地区,1913年10月,法国东方汇理银行强行在云南蒙自组织分行,并违反常例进行营业,"令蒙自分行对于短期储款予以利息,滇商贮款以半月为期者,予以年息百分之二,此系滇越铁路公司总管兰乐内对人之言,于该分行在滇之业务颇有关系。其意当在吸集现款以为

---

[1] 梁克明:《华俄道胜银行是沙俄侵略新疆的工具》,《新疆社会科学》1983年第4期,第60、77页及魏永理:《中国西北近代开发史》,甘肃人民出版社1993年版,第432页。
[2] 云南省档案馆、云南省经济研究所:《云南近代金融档案史料选编(1908—1949年)》第一辑(上),(内部资料)1992年,第30—31页。

营业之资,藉以节省货币之运费。"次年还前往个旧办理放款,"约借出六十万元与该处锡商厂主,利息七厘,以大锡为抵押品(每值百元之锡,可押借现银八十元)。"①1921年时,英商汇丰银行的一个代表曾来重庆考察,拟在重庆开设分行,但直到抗战爆发重庆也未设立外国银行。②

近代中国新兴之华商新式银行业,当以中国通商银行为嚆矢,创立于光绪二十三年四月二十六日(1897年5月27日),此后在全国各大行省,均先后设立分行,重要者计有北京、天津、保定、烟台、汉口、重庆、长沙、广州、汕头、香港、福州、九江、常德、镇江、苏州、宁波等处,其中,在西部地区唯一设立的分行就是重庆分行,于1899年创立,然而,好景不长,受八国联军之役的影响,到1905年,通商银行业务收歇,其分支行号只留京、沪、汉三行与烟台一支店。③虽然中国通商银行重庆分行的情况不详,存续时间不长,但它却是中国西部地区建立的第一个新式银行。成为了西部金融近代化的开端。

从1897年中国通商银行的创立,至宣统末年(1911年),可谓中国银行业之萌芽时代。在此初期银行之特点,为实收资本均在数十万两以至一二百万两左右;且活动能力与范围,均远逊于外商银行及钱庄。从1897年至1911年,中国的新式银行之设立共20家:中国通商银行、户部(大清)银行、濬川源银行、信诚银行、信义银行、浙江兴业银行、交通银行、北京储蓄银行、四明商业储蓄银行、和慎银行、裕商银行、浙江银行、福建银行、广西银行、大信银行、直隶省银行、四川省银行、殖业银行、中华银行、贵州银行等。④这些银行主要集中在东部沿江沿海地区,在广大的西部内陆地区则只有西南地区的4家:四川省的濬川源银行、四川银行2家,广西省的广西银行1家,贵州省的贵州

---

① 云南省档案馆、云南省经济研究所:《云南近代金融档案史料选编(1908—1949年)》第一辑(上),(内部资料)1992年,第33、37页。

② 周勇、刘景修:《近代重庆经济与社会发展(1876—1949)》,四川大学出版社1987年12月版,第341页。

③ 中国人民银行上海市分行金融研究室:《中国第一家银行——中国通商银行的初创时期(一八九七年至一九一一年)》,中国社会科学出版社1982年版,第181—182页。

④ 唐传泗、黄汉民:《试论1927年以前的中国银行业》,载中国近代经济史丛书编委会:《中国近代经济史研究资料》第四辑,上海社会科学院出版社1985年版,第63页。另据中国银行总管理处经济研究室:《全国银行年鉴》(1934年)(汉文正楷印书局1934年版,第A3页)的统计,此一时期的新式银行仅为17家。

银行1家,而广大西北地区则一家都没有。

濬川源银行,清光绪三十一年五月初五日(1905年6月7日),川督锡良奏请设立官银行。五月三十日(7月2日)奉朱批允准。锡良令重庆商务局总办周克昌筹办。定牌名为"濬川源"银行,取开通川省利源之义,并颁发"四川官银行"印信。于是年九月二十一日(1905年10月19日)开业。总行设于重庆,成都设分行。①官股37万两,集商股13万两,统计官商资本50万两,光绪三十三年(1907年)撤退商股,拨官款13万两,以补其额,成为了官办银行。②原拟发行千两、五百两、二百两、一百两、五十两、二十两、十两、四两、三两、一两等十种银两票,因大量鼓铸银元铜元,财政危机有所缓和,截至辛亥革命前夕并未发行。外面挂牌是"濬川源银行",内部关防则为"四川官银行"转属于省藩司,并委藩司为督办。内部组织基本仿照票号,主要业务是承汇公私款项,兼办私人存放业务。其结账期也照山西票号规矩,由原来的每年结账一次,改为四年总结一次。③宣统二年(1910年)总行迁成都,后相继在上海、汉口、北京、天津、宜昌、万县、涪陵、五通桥、自流井、保宁(阆中)、沙市等地设置分行及办事处。先后在总行任总办或总理的有周克昌、邹宪章、乔世杰、黄云鹏等人。辛亥革命爆发后,1912年12月8日,成都兵变,藩库存银200余万两被劫一空,濬川源银行成都总行遭洗劫,库银损失23万余两,渝行被蜀军政府提用库款52万余两,遂致无法支撑,业务陷于停顿。④

四川银行,宣统三年(1911年)12月8日成立。辛亥武昌起义后,1911年11月27日,成都宣布独立,成立大汉四川军政府,是时需用急迫,军政府采纳财政司长董修武建议,发行军用票,并设立四川银行,专司发行事宜,以唐宗尧为经理。行址未建,资本未筹,仅以200元作为开办经费,专以大汉四川军政府名义,代财政司印制发行四川军用银票,分一元、五元两种,规定一年内

---

① 四川地方志编纂委员会:《四川省志·金融志》,四川辞书出版社1996年版,第28页。
② 周葆銮著:《中华银行史》,商务印书馆1919年版,第五编第47页。
③ 中国人民政治协商会议四川成都市省委员会文史资料研究委员会:《成都文史资料选辑》(第8辑),内部发行1985年,第13—14页。
④ 四川地方志编纂委员会:《四川省志·金融志》,四川辞书出版社1996年版,第28页。

不得兑换现银。勉强支持，万分困难，后开办存储贷付，藉资进行。①军用票原定发行300万元，实际上到1912年底发行达1000万元以上。军政府怕影响军用票信用，不敢公布发行数字。四川银行既无资金，更无发行准备，开了无准备发行的先例。同时，该行代理省金库，由成都造币厂每天将铸造的相当于制钱一万串的铜元交给省库，以供流用。由于铜元筹码不足，军用票流通时找补困难，又成立"利用钱庄"发行五百文、二百文、一百文三种铜元票，每军用票一元换铜元票一千文，所以民国建立之初，成都市面即出现银元、铜元两种纸币。当年夏天，尹昌衡为平定西藏叛乱，在率兵离川赴藏时，将四川银行用军用票兑进的现银几百万元全部提走，致使军用票价格无形跌落，票银比价即发生差距，四川银行也随军用票的贬值于民国元年撤销。②

广西银行，清光绪三十四年（1908年）六月，清政府准照广西巡抚张鸣岐决定将广西官银钱总分各号一律改为广西银行之所请，经过一年半的筹备，于清宣统二年正月初一（1910年2月10日），正式宣告成立，总行设在省会桂林。民国以后，1913年随广西省会改设南宁而迁至南宁，1917年又迁往梧州。先后分设梧州、南宁、龙州、柳州、郁林等分行以及省外的上海、广州、汉口、衡州、湘潭等分行，1921年，孙中山讨伐陆荣廷，广西银行因受战事影响和应付不了挤兑而倒闭。③该行原拨官本100万两，历年经发钞票124万元。④

贵州银行，宣统三年（1911年）九月，在贵州官钱局的基础上改组而成，华之鸿为总理，拟定章程，添招商股，将藩道库存25万余两，悉数移入，合之旧有准备金14000余两，银票278000余两，共50余万两，一切公款出纳事宜，均归经理。⑤

以上为晚清时期，西南地区建立的4家新式地方银行。除此而外，清政

---

① 四川地方志编纂委员会：《四川省志·金融志》，四川辞书出版社1996年版，第29页；田茂德、吴瑞雨、王大敏整理：《辛亥革命至抗战前夕四川金融大事记（初稿）》（一），《西南金融》1984年第4期，第19页；周葆銮：《中华银行史》，商务印书馆1919年版，第五编，第47页。

② 中国人民政治协商会议四川省成都市委员会文史资料研究委员会：《成都文史资料选辑》（第8辑），内部发行1985年4月，第14—15页。

③ 广西壮族自治区地方志编纂委员会：《广西通志·金融志》，广西人民出版社1994年版，第59—61页。

④ 周葆銮：《中华银行史》，商务印书馆1919年版，第五编第33—34页。

⑤ 周葆銮：《中华银行史》，商务印书馆1919年版，第五编第42页。

府筹设户部银行(大清银行),也曾在西部地区设立过分支行处及办事处。户部银行,清光绪三十年(1904年)正月,由户部设立筹集资本,试办银行,拟先备资本银四百万两,分为四万股,每股库平足银一百两,由户部筹款认购二万股,其余二万股,无论官民人等,均准购买,其《试办银行章程》中规定:"本行现设京师,其各大埠如天津、上海、汉口、广东、四川等处,酌设分行,未设分行之处,可与殷实商号订立合同,作为代办。"①光绪三十一年(1905年)八月,户部银行总行在北京成立,光绪三十四年(1908年)户部已改为度支部,户部银行改名大清银行,原有资本银400万两,拟再添招600万两,合共1000万两,分十万股,股票概用记名式,由国家认购5万股,其余限定本国人承购,进而规定,"大清银行设总行于京师,其沿江沿海贸易繁盛之处,以及各省府厅州县,应设立分行分号,得随时斟酌地方情形,禀准度支部,照章分设,或与殷实银行银号,按照银行章程订立合同,作为代办或与他行号联结,为汇兑之契约,均须呈明度支部核准,度支部视为应行分设之时,可命银行照章设立。"②据统计,从户部银行的成立到1911年辛亥革命爆发大清银行的结束,共建立了21个分行,35个分号,主要分布于东中部地区,其中在西部地区建立的分行主要有重庆分行(光绪三十四年三月,建于重庆千厮门正街)、云南分行(宣统元年十二月,省城三牌坊)、西安分行(宣统元年十二月,地址不详)3个,占分行数的14.29%,分号主要是隶属于重庆分行的四川省的成都(光绪三十四年七月建立)、自流井(宣统二年二月)、五通桥(宣统二年二月)等3个。占分号数的8.57%。③宣统三年十月十八日(1911年12月8日),大清银行成都分行遭哗变士兵抢劫,损失颇巨,随即停业。重庆分行及自流井、五通桥分号亦于辛亥革命后相继停业,设清理处进行清理,并拟定清理办法,清理处(附设在重庆中国银行内)于民国四年(1915年)5月24日在重庆《西蜀新闻》刊登广告:宣布从5月1日至8月1日收兑大清银行发行的本票、银两票、银元票等各种票券,清偿债务。④

---

① 周葆銮:《中华银行史》,商务印书馆1919年版,第一编第3页。
② 周葆銮:《中华银行史》,商务印书馆1919年版,第一编第10—11页。
③ 周葆銮:《中华银行史》,商务印书馆1919年版,第一编第22—26页。
④ 四川地方志编纂委员会:《四川省志·金融志》,四川辞书出版社1996年版,第16页。

民国成立,大清银行宣告清理,1912年2月5日,中国银行在上海汉口路3号召开成立大会,正式开业,8月1日,中国银行总行在北京大清银行旧址成立。在1919年前,中国银行机构在总行(总处)之下分为四级:分行、分号、兑换所和汇兑所。1912年,只成立了上海、南京(后即撤销,1914年恢复)、天津3分行。1913年约有机构50多处,1914年达83处,职员1219人。1915年达186处,职员2481人。1916年机构超过200处,职员达2600多人。①然而,这么多的分支行号却主要集中于中国的东中部地区,其中在西部地区设立分行仅3处:重庆分行(1915年1月18日)、贵州分行(1915年1月11日,设于贵阳)、陕西分行(1915年3月1日,设于西安);分号仅5处:四川的成都分号(1915年4月4日)、万县分号(1915年10月14日)、自流井分号(1915年8月6日)、潼川分号;陕西的三原分号(1915年7月17日)等5处,占8.20%。汇兑所仅4处:四川的五通桥汇兑所(1915年12月19日)、泸州汇兑所(1915年10月1日)、陕西的潼关汇兑所(1916年4月16日)、汉中汇兑所(时间不详)。②

交通银行,光绪三十三年(1907年),由邮传部奏请筹设,光绪三十四年(1908年)一月北京总行正式开业,为中国早期官商合办新式银行之一。总计到辛亥革命爆发的1911年,先后开业及陆续筹设的营业机关有22处。③然而,这些分支行处未有一家开设于广大西部地区。民国建立后,到1918年,交通银行在全国共设有25处分行,其中,仅有一个重庆分行设于西部地区,57个汇兑所中,西部地区一个也没有。④而设在四川的重庆分行其存续的时间也并不长,1915年12月1日首在西部的四川省设立了重庆分行,经理先后由周钧、张秉衡、周锡夔等充任,不过,仅半年时间,到1916年,袁世凯称帝,不久护国军兴,当年5月交通银行渝分行因四川靖国军强提款项,业务陷于停顿。⑤1916年春,交通银行在泸县设行,因受战争影响,当年撤销。1922

---

① 中国银行行史编辑委员会:《中国银行行史(1912—1949)》,中国金融出版社1995年版,第33页。
② 周葆銮:《中华银行史》,商务印书馆1919年版,第一编第90—92、94—98、100—106页。
③ 交通银行总行、中国第二历史档案馆:《交通银行史料》第一卷(1907—1949)上,中国金融出版社1995年版,第126—127页。
④ 周葆銮:《中华银行史》,商务印书馆1919年版,第二编第17—23页。
⑤ 交通银行总行、中国第二历史档案馆:《交通银行史料》第一卷(1907—1949)上,中国金融出版社1995年版,第128页。

年,总处第二次行务会议以重庆分行账面款项无几,在外的流通券仅6.9万余元,四川金融又一时难以恢复,决定裁撤,设清理处,处理遗留问题。①

1912年,殖边银行由徐绍桢等筹设,中经国会停顿,历17个月之久,得到批准,1914年11月,在北京成立,开始营业,到1915年,次第成立分支行及派办处57个,其中在西南地区的四川建立成都分行(1915年1月1日),重庆支行(1915年9月9日),自流井派办处(1915年11月23日),云南分行(1915年7月20日),在西北地区的新疆的迪化分行(1915年11月15日),塔城支行(1915年8月),喀什喀派办处(1916年1月),陕西的西安派办处(1915年12月16日)。②

辛亥革命后,票号与钱庄实力大受打击,于是新式银行遂得乘机发展。民国元年(1912年)中,新设银行则陡然增加14家。以后,我国新式银行年有增设,在民国元年至民国五年(1912—1916年)中,新设之银行,如雨后春笋,蓬勃一时,总计达30家。其中9家为省立银行性质,如江苏、富滇、秦丰、山东、湖南、江西民国、晋胜、察哈尔兴业、浙江地方实业等是,其他为商业银行,如广东、中华、聚兴诚、新华、上海、盐业、中孚等,均其著者也。③

在以上这些银行中,西部地区新设的地方省级银行有四川省重建的濬川源银行、贵州银行、云南的富滇银行与陕西的秦丰银行,而在商业银行方面,则主要是四川的聚兴诚银行和大中银行。

民国以后,1912年11月,濬川源银行进行了重建,由四川省官府添筹新资本400万元,改设总行于成都。并添设自流井、五通桥两分行,所有旧设之重庆、宜昌、沙市、汉口、北京、上海等分行,相继复业,自是代收公款甚多。然而,由于筹拨之新资本400万元,仅由华川银行,拨入45万两,而迭次垫补之行政经费反过于此,就账面数目言之,资产负债相抵,尚余406万余两,但其中大半为官欠之款,致使贷付久停,存款亦鲜,惟以汇兑营业为事,难以为继,到1915年,遂归并于四川银行,增加官股,又集合商股,改依股份公司之组织,定资本为100万元,集合官股四成,商股六成,拟具章程26条,呈请财政部

---

① 四川地方志编纂委员会:《四川省志·金融志》,四川辞书出版社1996年版,第19页。
② 周葆銮:《中华银行史》,商务印书馆1919年版,第二编第47—52页。
③ 中国银行经济研究室:《全国银行年鉴》(1937年),汉文正楷印书局1937年版,第A3页。

核准,濬川源银行宣告结束。①

贵州银行,在民国以后,北京政府财政部为加强监督管理,任命贵州国税厅筹备处处长张协陆(后改为行政公署财政厅厅长)兼任该行监理官,秉承财政总长之命,监视一切事务,并得随时检查该行纸币发行金额、种类、现金准备、金库库存和有关账务;甚至发放职工奖金,亦须先经监理官批准。该行成立初期,除贵阳总行外,另在省内安顺、毕节、镇远、铜仁、遵义、榕江、正安、黎平等地设分银行,并委托兴顺和票号代办驻汉(汉阳)、驻渝(重庆)分银行业务。资本总额为公估平白银102700两,折合银元142639元。全行共有员工70人,总行实有职员22人,工役10人。1915年11月,该行因垫支财政款项已达268.5万余元,约占全部资产349万元的76.93%,无法收回,资金周转发生困难。于次年5月向财政部申请撤销,到1918年5月,该行业务仍无起色,始奉准裁撤,所有一切债权、债务的清理,统由财政厅负责办理,以该行名义发行的兑换券,亦改归财政厅负责管理。1922年春,袁祖铭在北洋军阀吴佩孚扶持下,以"定黔军"名义回黔,夺取了贵州政权。同年7月鉴于"地方银行,关系民生,至为重要",由省长袁祖铭委令财政厅厅长陈廷策充贵州银行筹备处主任,再度筹组贵州银行,原定资本额为200万元,同年12月筹足半数,由贵州省公署发出布告,择定次年农历元月十七日正式开业。不料滇军唐继虞以"滇黔联军总司令"名义于2月进入贵阳,袁祖铭措手不及,败退重庆,贵州银行随之解体。②

云南富滇银行,民国以后,云南没有一家国家银行和外省银行设立的分支机构。金融机构以省立地方金融机构为主,1912年10月,由云南财政司禀请都督府批准,设立富滇银行,资本额200万元,由云南官厅投足资本100万元,募集商股100万元。总行设于省城昆明,次第设立分行于下关、腾越、丽江、永昌、个旧、河口、思茅、昭通等处。1914年7月,巡按使唐继尧又拟扩张富滇银行办法,略谓滇省自设富滇银行以来,信用昭著,惟资本额不过百万,未能多设分行,现集官商筹议,佥以钦渝铁路,已归国有,则滇蜀铁路股本,既

---

① 周葆銮:《中华银行史》,商务印书馆1919年版,第五编第47—48页。
② 贵州金融学会、贵州钱币学会、中国人民银行贵州省分行金融研究所编:《贵州金融货币史论丛》,1989年3月(内部资料),第134—135页。

不能零星以还绅民，又不能剜本以付利息，惟有将股本加入银行，则富滇银行之资本益充，而商民藉以周转，铁路股本之利息有着，而本金不至亏耗，斯为一举两得之道，众以佥同，旋财政厅会同铁路公司详定办法。1914年9月修订章程，更定资本总额为300万元，以云南铁路局所有款项，全数投入，不足时，再添招商股，复有不足，由财政厅指拨地方公款，以投满300万元为止。1917年5月，以该行开业，已经数年，比年以来，滇省财政之支绌，所藉以维持调剂者，惟富滇银行是赖，现已信用稳固，拟将再扩充业务，更定资本总额为500万元，兼营储蓄事业，并设立汇兑机关，修改章程，呈部核准。①

秦丰银行，辛亥革命后，1911年11月，陕西秦陇复汉军政府为了维持军政费用和地方金融，在清理大清银行陕西分行的基础上设立的。并成立了富秦钱局，后者以发行辅币为职责，只办理发行和兑换，不营其他业务。前者除经营一般银行存款、放款和汇兑业务外，还发行银元票和银两票。1913年4月，富秦钱局划归秦丰银行管辖。以后随着政局的动荡，秦丰银行于1917年改组为富秦银行。1918年富秦钱局隶属富秦银行管辖。②到1927年，因西北银行入陕而停止营业。

西部地区创建的商业银行，肇始于辛亥革命前的宣统元年（1909年），在四川江津县成立的晋丰银行。③该行在民国后虽继续营业，但因资本薄弱，仅数万两银子，业务活动多在江津帮内进行，通汇地点仅限于江津、重庆间，始终未能打开局面。加上那时地方军阀的派垫勒索，重重滋扰，不几年便关门歇业。它在重庆市场上所起的影响与作用均极有限。④

西部地区影响较大的民营银行则是1915年3月16日，在重庆正式开业的聚兴诚银行。该行为股份两合公司，由杨文光家族经营，资本100万元，一半为无限股，一半为有限股。有限股部分为家族、部分为亲友所有。该行设

---

① 周葆銮：《中华银行史》，商务印书馆1919年版，第五编第44—45页。
② 陕西省地方志编纂委员会：《陕西省志·金融志》，陕西人民出版社，1994年版，第23页。
③ 四川地方志编纂委员会：《四川省志·金融志》，四川辞书出版社1996年版，第2页。
④ 中国民主建国会，重庆市工商业联合会文史资料工作委员会：《聚兴诚银行》（重庆工商史料第六辑），西南师范大学出版社1986年版，第19页。

事务员会,杨文光任主席,杨希仲任总经理。①并先后在省外上海、宜昌、沙市等商埠及省内成都、自贡、内江等城市,一共设立29个分支机构。"聚兴诚银行成都分行"是1917年由重庆总行派杨子芬为经理来蓉筹办的。②该行成立之后,即注意对工商业的资金融通,对桐油、生丝、猪鬃、川盐各业和矿产进行放款。1917年以后,在成都还资助锦新公司,提倡机织绸缎,开创了四川机织绸的新声。③不过,从1915年开办到1927年,聚兴诚银行为地方军阀垫出的款项,本息累计共达107万余元,超过了银行登记的资本总额的一倍半。④

1919年7月21日大中银行在重庆开业,由汪云松、孙仲山筹组。资本先收30万元,次年收足100万元,向北京政府币制局请得纸币发行权,发行钞票。汪任重庆经理,孙任北京经理,总行在重庆,先后设有成都、北京、上海、天津、汉口等分行。⑤该行向币制局请准发行纸币400万元,1920—1921年,四川政局变化,官欠逐渐增多,以致周转发生困难。该行印就的钞票,除在北京、重庆各发行数十万元外,分送各个分行。成都分行正准备发行时,值1922年奉直开战,奉军从北京撤退,所欠该行北京分行的借款无法收回,京行突起风潮,风声所及,重庆总行发生挤兑,波及申、津、汉、蓉,成都分行因此搁浅,商民损失颇巨。⑥

综上所述,清末民初中国西部金融业呈现出由传统向近代逐步转型的历程,这一时期近代金融业的发展处于起步时期,并呈现鲜明特点:第一,发展

---

① 田茂德、吴瑞雨、王大敏整理:《辛亥革命至抗战前夕四川金融大事记(初稿)》(一),《西南金融》1984年第4期,第21页。

② 中国人民政治协商会议四川省成都市委员会文史资料研究委员会:《成都文史资料选辑》(第8辑),内部发行1985年,第25页。

③ 唐传泗、黄汉民:《试论1927年以前的中国银行业》,中国近代经济史丛书编委会:《中国近代经济史研究资料》(4),上海社会科学院出版社1985年版,第74—75页。

④ 中国民主建国会重庆市委员会、重庆市工商业联合会:《重庆工商史料选辑》(第四辑),内部发行1964年,第164页。

⑤ 田茂德、吴瑞雨、王大敏整理:《辛亥革命至抗战前夕四川金融大事记(初稿)》(二),《西南金融》1984年第5期,第29页。

⑥ 中国人民政治协商会议四川省成都市委员会文史资料研究委员会:《成都文史资料选辑》(第8辑),内部发行1985年,第26页。

迟缓,远落后于东部地区。其原因首先在于东西部地区受西方资本主义影响的早迟、强弱不同;其次是东西部地区经济的发达程度、交通的状况和人口的稠密之差异。第二,在西部地区内,近代金融业之发展也存在较大的区域差别。以省份论,四川位居其首,其次是陕西、贵州、云南、新疆、甘肃,最落后者当属宁夏和青海。以地区论,重庆、成都则居于领先,显然这与其较为发达的经济和优越的地理位置,特别是比西部其他城市受西方影响更早有密切的关系。第三,新式银行与传统银钱业呈此消彼长之势。辛亥革命前传统金融业占主导地位,辛亥后,票号与钱庄实力大受打击,于是新式银行遂得乘机发展,1912年以后,我国新式银行年有增设,而1917年以后,增加尤速,1921—1924年二三年中,更可谓盛极一时。第四,新式银行中的商业银行在西部地区发展尤为缓慢。民国之前,在西部设立的新式银行中,除1899年中国通商银行在重庆设立的分行外,濬川源银行、四川银行、广西银行、贵州银行均为官办银行,民国后四川省重建的濬川源银行、云南的富滇银行与陕西的秦丰银行仍属官办,而在商业银行方面,肇始于辛亥革命后很小规模的在江津创办的"晋丰银行",到1920年前,仅有四川的聚兴诚银行与大中银行两家。这种商业银行发展的迟缓也是西部地区社会经济落后的结果与反映,也体现了西部地区在金融近代化道路上艰难与曲折。

第三章　抗战时期大后方金融网的构建

"七七"事变爆发后,我国华北、华东的大片领土沦陷。国民政府迁都重庆,东部沿海主要工业生产区的民族企业也纷纷迁往内地。伴随着国民政府政治、经济重心的内移,西北和西南一起成为抗日的大后方,也成为长期抗战的战略支撑点。本文所指大后方,即战时国民政府控制下的作为支撑抗战的后方根据地区域,其主体是中国的西南西北地区,以省份而言,包括西南的渝、川、滇、黔、康、桂,西北的陕、甘、宁、青、新等省区。

抗战大后方金融网的建设,是整个抗战大后方金融事业的中心,是抗战史上特殊的一幕,对于坚持抗战并取得最终胜利,具有极为重要的意义。关于大后方金融网的研究,近年来已日益引起学界的重视,但从目前成果看,仅限于对大后方某一地区金融建设的论述,尚缺乏对整个大后方金融网的探讨。[①]本章将在现有研究的基础上,着力针对大后方金融网构建的路径、特点等相关问题,进行分析探讨。

[①] 相关研究主要有:青长蓉:《抗战时期全国金融中心的转移及其对四川经济的影响》《成都师范高等专科学校学报》2003年3月;王红曼:《四联总处与西南区域金融网络》《中国社会经济史研究》2004年第4期等。

一、战时金融垄断体制的确立——
大后方金融网构建的制度基础

　　大后方金融网是特殊历史背景下的产物,是全面抗战爆发后,为应对战争需要,建立战时体制,并随着国民政府政治经济中心的西迁,在政府的主导和强力推动下建设起来的,因此,国民政府战时金融垄断体制的确立是大后方金融网建立的前提。

　　1937年"七七"事变以后,战争给金融、经济带来了极大的恐慌和混乱,存户纷纷向银行挤兑提存,资金逃避追逐外汇,银行存款骤减,呆账剧增,市面筹码奇缺,工商周转不灵。为了稳定经济金融秩序,适应战时紧急状态的需要,国民政府采取了一系列战时金融措施,首先是通过国家银行加强对全国货币金融的统制和调剂,以有效地配合政府的经济政策,扶植后方各项生产,增加政府的财政收入,从而支撑抗战的进行。为此,1937年8月,国民政府实施《非常时期安定金融办法》,全国金融开始进入战时统制体系。其主要措施有:

　　(一)限制提存,稳定金融秩序。8月15日,国民政府颁布《非常时期安定金融办法》,其要旨为自16日起,银钱业对于顾客提存,只准每周提取其原存额的5%,并每周最高不得超过150元,其目的在藉限制提存来巩固银行的信用,并防止资金的逃避,这在当时确曾收到相当实效。1938年3月12日,公布《外汇请核办法》,规定3月14日起不再无限制供给外汇。此后法价外汇须经中央银行审核后始可售给。

　　(二)成立四联总处,总领全国金融及大后方金融网络的建设。为使全国金融、经济能经受住战争的严峻考验,保持稳定,正常运行,建立一个能处置战时金融事宜的、事权高度集中的、具有权威的战时金融总枢机构是当务之急。战前,国民政府虽已建立起以"四行二局"为中心的金融体系,实现了对金融的垄断,但在国民政府看来,垄断的程度还不够高,垄断体系还不够完备。

"八一三"事变后,为应付时局,财政部函令中、中、交、农四行成立四行联合办事处,以"负责办理政府战时金融政策有关各特种业务"。1937年8月16日,上海四行联合办事处在法租界开业,8月26日,财政部核准四行就各该分支行所在地设立联合贴放事宜。1939年9月8日,又颁布《战时健全中央金融机构办法》,遵照此法令对四行联合办事总处进行了改组,1939年10月,在重庆正式成立四行联合办事总处(简称"四联总处")。总处设理事会,理事会设主席,由中国农民银行理事长蒋介石兼任。[①]"财政部授权联合总处理事会主席,在非常时期内,对中央银行、中国银行、交通银行、农民银行四银行可为便宜之措施,并代行其职权"。[②]特别值得注意的是四联总处作为战时金融的最高领导机构,当然也是大后方金融网建设的领导者和推动者。1939年10月制定的《中央中国交通农民四银行联合办事总处组织章程》中,明确规定四联总处职权任务的第一项就是"全国金融网之设计分布事项",[③]其目的在于以西南、西北地区为抗战建国民族复兴的根据地,开发大后方的产业,疏通金融脉络,增强抗战建国的基石。如四联总处自己所总结的,在1939—1940年间的中心工作为:调解发行,以安定金融;推行储蓄,以吸收游资;核定汇款,以融通资金;收兑金银,以充实准备;办理贴放,以发展经济;扩大农贷,以增进农产;完成金融网,以沟通经济脉络。[④]可见其职权和作用举足轻重,四联总处的成立标志着一切金融资本受制于国家垄断资本银行的时代从此开始了。

(三)实现四行专业化,中央银行真正成为"银行之银行"。中、中、交、农四行在其形成和发展过程中,逐渐形成比较明确业务范围。为了进一步发挥四行专业职能,强化中央银行的垄断性,1942年6月24日,四联总处通过了《中、中、交、农四行业务划分及考核办法》,该决定对四行业务进行重新划分,规定:

中央银行主要业务是,集中钞券发行、统筹外汇收付、代理国库、汇解军

[①] 洪葭管:《中央银行史料》,中国金融出版社2005年版,第770—772页。
[②] 李飞等:《中国金融通史》第四卷(国民政府时期),中国金融出版社2008年版,第386页。
[③] 重庆市档案馆、重庆市人民银行金融研究所:《四联总处史料》(上卷),档案出版社1993年版,第70页。
[④] 李飞等:《中国金融通史》第四卷(国民政府时期),中国金融出版社2008年版,第387页。

政款项、调剂金融市场等;中国银行主要业务是,发展和扶助国际贸易并办理有关事业的贷款与投资,受中央银行的委托,经理政府国外款项的收付,经办进出口外汇与侨汇,办理国内商业汇款和储蓄信托业务等;交通银行主要业务是,办理工矿、交通及生产事业的贷款与投资,办理国内工商业汇款,公司债券及公司股票的经募或承受,办理仓库及运输业务,办理储蓄信托业务等;中国农民银行主要业务是,办理农业生产贷款与投资,办理土地金融业务,合作事业的放款,农业仓库信托及农业保险,吸收储蓄存款等。①

为控制一般银行,实行战时金融管理,1940年8月,财政部颁布《非常时期管理银行暂行办法》,规定"银行经收存款,除储蓄存款应照储蓄银行法办理外,其普通存款,应以所收存款总额20%为准备金,转存当地中、中、交、农四行任何一行,并由收存银行给以适当的利息"。②1941年4月,四联总处制定"非常时期各银行分期缴存准备金办法",规定各银行、钱庄缴付准备金,应以中央银行为承办行,第一次明确了存款准备金应有中央银行集中保管,但中国、交通、农民三行及中信、邮汇二局的存款准备金尚未包括在内。1943年3月,财政部作出决定,三行二局应依法向中央银行缴存准备金。③此项规定将准备金改由中央银行独家收存,取消其他三行以往收存准备金的做法,后来经三行二局强调"使命特殊","有实际困难",才改为三行二局银行头寸一律存入中央银行,但不得彼此相互存放,也不能存放于其他银行。④这些措施使中国银行集中准备制度确立起来了,这既增强了中央银行的财力,强化了中央银行对包括国家行局在内的各银行的督导作用,又能帮助普通银行防范资金运营上的风险。

至此,四行的职能已实现专业化,它们职能明确,分工负责,担负起扶助农业、工业、矿业、交通、商业各业生产建设和调剂全国金融的责任,形成了高度集中的国家银行体系。其中,将钞券发行权集中于中央银行是一个重大举

---

① 洪葭管:《中央银行史料》,中国金融出版社2005年版,第803—805页。
② 中国第二历史档案馆:《中华民国史档案资料汇编》第五辑第二编财政经济(三),江苏古籍出版社1997年版,第18页。
③ 重庆市档案馆、重庆市人民银行金融研究所:《四联总处史料》(上卷),档案出版社1988年版,第33页。
④ 洪葭管:《中央银行史料》,中国金融出版社2005年版,第808页。

措。1942年5、6月间,四联总处制定了《统一发行实施办法》。该办法规定:自1942年7月1日起,所有法币之发行,统由中央银行集中办理,在全国形成了统一的货币发行制度。这一关键性措施,加强了四联总处对国家银行的控制,实现了中央银行的垄断,真正成为"银行之银行"。

(四)以四行为大后方金融网建设的骨干,省县地方银行为基础,构建一体化的国家银行体系。国民政府一开始便将四行作为构建大后方金融网络的骨干力量,1938年8月,拟订《筹设西南、西北及邻近战区金融网二年计划》,1940年3月,增订《第二第三期筹设西南西北金融计划》,提出凡与军事、政治、交通及货物集散有关,以及人口众多之地,四行至少应筹设一行,以应需要。至于偏僻之地,四行在短期内或不能顾及,则由各该省银行设立分支行处,以一地至少一行为原则。[1]以使省与中央之间,及省与省之间,构成全国整个的健全金融网机构,结为一体,呼吸相通。[2]"推进地方经济建设,发展合作事业,必须有深入民间之金融机关,县银行乃基层之金融机构,自应迅速筹设,并力求充实。"[3]1939年9月,国民政府公布《巩固金融办法纲要》,要求"扩充西南、西北金融网,期于每一县区设一银行,以活泼地方金融,发展生产。"1940年1月,国民政府公布《县银行法》,提出县政府以县乡镇之公款,与人民合资,成立县银行。可见,自中央至省、县银行,它们自上而下互相衔接,形成了一体化的国家银行体系,也构成了推进大后方金融网络的基本机制。

(五)确立公库制度,健全财政管理制度,并将商业银行纳入国家严密的控制之下。晚清时期,在华资新式银行未建立以前,政府库款的代理主要由钱庄、票号等代理,当华资银行建立后,银行逐渐开始了代理政府库款的活动。1912年民国政府建立以后,中国银行、交通银行定为国家银行,统一代理国家库款的制度便开始逐步加强。但是由于当时银行机构少,大量的公库款项,仍要依赖钱庄办理。为此,国民政府于1938年6月正式公布《公库法》,并从1939年10月1日正式实施。规定:公库现金、票据、证券之出纳、保管、移

---

[1] 沈雷春:《中国金融年鉴》(1947),黎明书局1947年版,第A111页。
[2] 孔祥熙:《第二次地方金融会议演讲词》,《财政评论》第1卷第4期(1939年4月出版),第118页。
[3] 沈长泰:《省县银行》,大东书局1948年版,第67页。

转及财产之契据等保管业务,应指定银行代理,属于国库者,以中央银行代理。①中央银行国库局代理国库总库,各省分行代理分库,其他分行代理支库,凡未设中央银行分支机构的地区,由中央银行国库局委托中国、交通、农民三行及邮局代理支库。政府一切收入和支出,均由国家银行代理。公库制度是一种科学的财政管理制度,其管理办法不仅比较严密,有利于防范各行政单位私自处置财政收入的现象,减少了不少财政漏洞和弊端,而且既可节省政府的保管成本,又可增强中央银行的资力,为使财政收入保障政府职能的行使提供了有利条件。同时,《公库法》的实施在全国范围内形成了由中央到省、市、县的国库网,从而也为调动全国一切财力、物力,坚持长期抗战打下了基础。

抗战时期,政府还空前强化了对商业行庄的管理,通过颁布和推行《非常时期管理银行暂行办法》《财政部检查银行规则》《各地银钱业组织放款委员会通则》《比期存放款管制办法》《财政部派驻银行监理员规则》《商业银行设立分支行处办法》等一系列法规,将商业行庄的业务经营和机构设立等活动统统归入由四联总处、财政部审核管制的范围。②

上述措施,无疑体现出强制性制度变迁,由此,国民政府建立起了战时金融垄断体制,以中央银行为核心的国家银行体系得到了空前加强,实现了对全国金融的有效管理和控制;并建立起了以四联总处为领导,以四行为骨干,以省县地方银行为基础的大后方金融网建设的推进机制,这就为在政府主导下大后方金融网的构建创造了制度前提。

---

① 宋汉章:《我国银行制度之演进》,上海银行学会银行周报社:《民国经济史》,1948年版,第2页。
② 重庆市档案馆、重庆市人民银行金融研究所:《四联总处史料》(下卷),档案出版社1993年版,第379、397、426、434、454、461、494页。

二、全国金融中心的西移——大后方金融网构建的基本渠道

在抗战爆发前的长时期里,上海无疑是中国的金融中心,而西南西北地区的金融业则比较落后。如以1937年"七七"卢沟桥事变作为中日战争的开始,则6月底恰巧是中国银行业动态的抗战前后的分野,到当年6月底,全国共有银行总行164家,分支行处1627所,其中有55%的总行和22%的分支行集中在华东地区。西部地区(不包括西北)银行总行和分支行数,分别是18家、163家,分别仅占全国总数的11%与10.4%,西北地区仅为3家、26家,分别占2%、1.6%。[①]若以1936年之情形而论,全国银行总行总数为164家,分行为1332家,而上海一地,总行即达58家,分行亦有124家,分别占全国总行数37%以上,分行数9%;其次为江浙二省,总行计36家,分行300家,占总行数23%,分行数23%;再次为南京、北平、天津、广州、武汉五大都市,合计共总行23家,分行200家,占总行数14%以上,分行数16%;西南五省亦只总行8家,占5%,分行96家,占7%;至于西北五省,(陕西、甘肃、宁夏、青海、新疆)最为落后,总行不过4家,只占2%,分行65家,占5%,其中新疆、甘肃各只分行4家,青海则总分行俱无。[②]可见,银行在西部地区的分布不平衡,西南较西北发达,而西南西北诸省内部也不平衡,其情形如表3-1所示:

表3-1 西南西北地区银行数统计表(1937年6月)

类别\地名	四川(含重庆)	云南	贵州	西康	广西	陕西	甘肃	宁夏	新疆	总计
总行(家)	15	1		1	2	2		1	1	23
分行(家)	110	6	4		42	48	5	4	8	227

[①] 盛慕杰:《战时中国银行业动态》,《财政评论》第1卷第1号(创刊号)(1939年元旦),第169页。
[②] 中国通商银行:《五十年来之中国经济》,上海六联印刷股份有限公司印刷1947年版,第44—45页。

续表

地名 类别	四川(含重庆)	云南	贵州	西康	广西	陕西	甘肃	宁夏	新疆	总计
合计(家)	125	7	4	1	44	50	5	5	9	250
占总数的百分比	50%	2.8%	1.6%	0.4%	17.6%	20.8%	2.0%	2.0%	3.6%	100%

资料来源:寿进文:《战时中国的银行业》,(出版社不详)1944年版,第38—40页。

由此可见,当时西南西北区域内金融重心主要集中在四川,之下依次是陕西、广西、新疆、云南、甘肃、宁夏、贵州,西康最为落后。

"八一三"事变以后,国民政府预计东部、中部地区难保,乃将国统区金融、经济中心西移,提出要在平汉、粤汉线以西的西部地区建立"抗战建国"大后方。11月上海失守,国民政府旋即迁往重庆,作为政府金融机构的中中交农四行、邮政储金汇业局、中央信托局随政府西迁,各机构的总行、总管理处和总局以及四联办事处,均纷纷迁往重庆,标志着全国金融中心的西移。此后,中、中、交、农四行在上海的各分支机构只能勉强维持残局。1941年1月伪中央储备银行设立后,重庆方面与汪伪在上海的"金融恐怖战"愈演愈烈,上海的四行职员一度人人自危,各行一度暂停营业。在此情况下,在重庆的四联总处决定对上海四行机构和业务采取收缩方针。[①]至太平洋战争爆发后,上海租界局势逆转,国民政府遂决定在上海的四行机构一律停业。

除了四行二局等政府金融中枢机构自上海撤往重庆外,其他商业性金融机构当时也纷纷西迁,在此情形下,银行经营业务,颇多转向西南,与政府战时金融政策取一致之行动。[②]其中,重庆尤为军事、经济、政治之策源地,四川俗称天府之国,物产丰饶,而重庆地扼全省之锁钥,转运之枢纽,凡陕、甘、川、康、滇、黔、湘、桂之商业,胥以重庆为中心。[③]由此,以中央金融机构迁重庆为标志,重庆作为全国抗战的金融中心地位迅速形成,并不断增强,同时其他各

[①] 重庆市档案馆、重庆市人民银行金融研究所:《四联总处史料》(上卷),档案出版社1993年版,第448页。
[②] 王海波:《八一三后我国银行业概述》,《金融导报》第2卷第3期(1940年3月31日),第2页。
[③] 中国人民银行上海市分行金融研究室:《金城银行史料》,上海人民出版社1983年版,第688页。

类金融机构大量前往西南地区,并遍设分支机构,逐步形成了在西南金融方面强有力的金融网。①1941年底,重庆的银行总行由战前的9家增为18家,翻了一番,银行分支行处由战前的27家增为72家,约增160%;钱庄银号由战前的23家增为53家,约增130%,合计为143家,较战前的59家约增140%。1943年10月底,重庆的总行由18家增长为39家,较战前增310%,银行分支处由72家增为89家,较战前增220%,银号钱庄有的合并、有的改组为银行,由53家减为36家,较战前增15%。合计重庆市银行、钱庄、银号家数由战前59家增为1941年的143家,再增为1943年10月的162家,分别为100,142.4,274.6。②而在上海,随着在上海乃至全国金融业中居主导地位的那些金融机构从上海地区的消失,上海以往所处的全国最大、最重要的金融中心地位,也就不复存在了。于是政府鼓励于前,国家银行倡导于后,一般商业银行亦纷纷至内地设行,新成立者亦不少,致金融网遍布西南西北诸省,从前荒漠之地,今日新式金融机构到处可见。尤以四川境内设置最多,分布极广,大多数银行,皆将总行移于渝埠,重庆今日蔚为全国金融之中心。③以下通过胜利前夕后方银行地域分布情形之比较,便可看到全国金融中心在这个过程中由上海转向重庆的巨大变迁。

表3-2　1945年8月后方银行地域分布情形列表

地区	总行数	占百分比	分行数	占百分比	总数	占百分比
西南五省	245	58.89%	1314	51.21%	1559	52.28%
西北五省	64	15.38%	366	14.26%	430	14.41%
华中及华南六省	53	12.75%	754	29.38%	807	27.06%
华北七省	50	12.02%	45	1.76%	95	3.19%
江浙二省	4	0.96%	87	3.39%	91	3.06%
总计	416	100.00%	2566	100.00%	2982	100.00%

资料来源:杨荫溥:《五十年来之中国银行业》,中国通商银行编《五十年来之中国经济》,上海六联印刷股份有限公司印刷1947年,第48页。

① 《西南金融经济之全貌》,《金融导报》第3卷第9期(1941年9月30日),第53页。
② 中国人民政治协商会议西南地区文史资料协作会议:《抗战时期西南的金融》,西南师范大学出版社1994年版,第4—5页。
③ 张奂九:《抗战以来四川之金融》,《四川经济季刊》第1卷1期(1943年12月15日),第65页。

上表显示,全国除沦陷地区外,总行总数为416家,分支行为2566家。其中整个西南西北地区占据了主导地位,计总行309家,占总数的74.27%,分支行1680家,占总数的65.47%,而在西部地区又主要是以西南五省为数最多,计总行245家,占总数的59%;分行1314家,占总数的51%。而在整个西北地区,作为金融中心的重庆,其情况如何呢?以下表3-3、表3-4两表可见:

表3-3 抗战时期重庆市银行家数分类(截至1943年10月)

类别	总计	国家银行	省地方银行	商业银行	外商银行
总计	126	27	18	79	2
总行	37	4	1	32	2
分支行处	89	23	17	47	2

资料来源:康永仁:《重庆的银行》,《四川经济季刊》第1卷第3期(1944年6月),第102—104页。

表3-4 1945年川渝沪银行分布比较表

类别\地名	总计 共计	总计 总行	总计 分支行处	中央及特许银行 共计	中央及特许银行 总行	中央及特许银行 分支行处	省县地方银行 共计	省县地方银行 总行	省县地方银行 分支行处	商业银行 共计	商业银行 总行	商业银行 分支行处
四川(除重庆)	851	201	650	136		136	311	106	205	404	95	309
重庆	157	67	90	32	4	28	17	2	15	108	61	47
上海	43	9	34	4		4	13	2	11	26	7	19

资料来源:据重庆市档案馆编《四联总处史料》(下),档案出版社1993年版,第492页,由作者整理。

上两表可见,在大后方诸省中,四川是银行最多的省,不过,主要是县银行在战时的普遍设立所致。而战时的重庆,其银行发展十分迅速,截至1943年10月底,重庆市银钱业行庄共计为126家。其中银行总行计37家,银行的分支行处计89家,包括国家银行、省地方银行、商业银行及外商银行,种类齐全。而到抗战结束的1945年,其总分支已达157家,其中总行67家,分支行90家,远远超过上海,当时上海之银行,仅有总分支行43家,其中总行9家,分支行34家,可见重庆在抗战中作为金融中心的显赫地位。

综上所述,如果说战时金融体制的建立奠定了大后方金融网的制度基础,那么大后方金融网的建设,则是随着国民政府推动下金融中心的西移而进行的,金融中心的西移可以说是大后方金融网构建的基本渠道,而这一过程的实施又是以国家银行为主、其他银行为辅的各类银行及金融机构的全面扩充和发展为载体的。

三、各类银行及金融机构的扩充和发展——大后方金融网构建的载体

随着全面抗战的爆发,国民政府愈加清楚地看到,金融之机构,如血液之于脉络,血液运转必赖脉络,金融流通,必赖机构。①随着国民政府西迁,国民政府便着手部署和实施大后方金融网的建设,1938年,1939年国民政府分别在武汉和重庆召开了两次地方金融工作会议,提出要"扶助经济建设"、"活泼地方金融"、"调剂地方金融"的任务。1939年10月制定的《中央中国交通农民四银行联合办事总处组织章程》中,明确规定四联总处职权任务的第一项就是"全国金融网之设计分布事项",②其目的在于以西南、西北地区为抗战建国民族复兴的根据地,开发大后方的产业,疏通金融脉络,增强抗战建国的基石。于是1938年8月拟订《筹设西南、西北及邻近战区金融网二年计划》,1940年3月增订《第二第三期筹设西南西北金融网计划》,积极在后方筹设银行分支行处,"凡与军事、政治、交通及货物集散有关,以及人口众多之地至少

---

① 中国国民党中央执行委员会宣传部:《抗战六年来之财政金融》,国民图书出版社1943年版,第5页。

② 重庆市档案馆、重庆市人民银行金融研究所:《四联总处史料》(上卷),档案出版社1993年版,第70页。

应筹设一行,以应需要。"①具体提出四行应在西南、西北筹设金融网的任务:设立金融机构216处,分三期进行,限于1941年底全部完成。第一期预计1938—1939年完成;第二期于1940年完成,第三期于1941年完成。第一期预定在川、滇、黔、桂、陕、甘、康、青、宁等省设立分支行179处,第二期61处,第三期39处,三期总计279处。

在国民政府有计划有目的的推动下,以川、滇、黔、桂、康、陕、甘、宁、青、新为主要区域的大后方金融网建设便快速实施起来。其具体载体则是以国家银行为骨干,地方银行为基础,商业银行相呼应,其他金融机构为补充,层层推进、全面发展。

(一)国家银行机构大力增设,成为金融网中的骨干。全面抗战开始前,四行在西南西北的机构较少,总计分支行处64处。

表3-5 抗战前四行在西南、西北分支机构表

类别 省(市)	战前已设	其中			
		中央银行	中国银行	交通银行	中国农民银行
四川	30	3	12		15
重庆	7	2	2		3
西康	1				1
贵州	4	1			3
云南	0				
广西	0				
陕西	18	2	4	6	6
甘肃	4	1			3
宁夏	0				
青海	0				
合计	64	9	18	6	31

资料来源:李飞等:《中国金融通史》第四卷,中国金融出版社2008年版,408页。

---

① 重庆市档案馆、重庆市人民银行金融研究所:《四联总处史料》(上卷),档案出版社1993年版,第194页。

但从1938年起,在国家银行的带动下大后方地区的金融业进入了大发展的阶段,按筹设西南、西北金融网的计划,推行结果,颇见成效,形成了以国家银行为核心的金融网,而四行在四川省的机构战前战后情况的显著变化就是一个缩影。

表3-6 抗战前后四行在四川境内分支行处数之比较表(截至1942年)

四川(除重庆)	中央银行		中国银行		交通银行		中国农民银行	
	前	后	前	后	前	后	前	后
	3	21	11	30		16	16	24
重庆	2	4	3	5	7	2	9	
总计	5	25	14	35	23	18	33	
全川现有	30		49		23		51	

资料来源:张舆九:《抗战以来四川之金融》,刊《四川经济季刊》第1卷1期(1943年12月15日),第66页。

上表可见,战前四行在川省(含重庆)设分支行处有37家,而1942年达153家;其中,重庆一地,战前为7家,而1942年发展到32家,分别是战前的422%,457%。

西南地区,战前四行的机构仅37家,但战后则迅猛发展,截至1940年3月20日,按照第一期计划在西南地区所成立四行局之分行处计有:四川省60处,云南省25处,贵州省21处,广西省22处,西康省5处,[1]共计133处。1941年12月底统计,中中交农四行之分行处,在四川省108处,云南省26处,贵州省24处,广西省38处,西康省8处,西南五省设总分支行处达到204处,比1940年增约150%。从1942年到1943年更是急剧扩充,尤其四川省最甚,分别达到198处,211处,而西南五省总计则达到了411处,434处,分别较上年增长了202%,105%。在西北地区,全面抗战前,国家银行仅限于陕西、甘肃二省,共计22家,战后截至1942年四行在西北(尚未推及新疆)已增设处56家,较之战前增加255%,若与战前的合计则为78家。西南西北地区合计

---

[1] 重庆市档案馆、重庆市人民银行金融研究所:《四联总处史料》(上卷),档案出版社1993年版,第191页。

1941年共264处,1942年达到了503处,到1943年更是达549处。这549处,是原计划中西南西北三期总计216处的254%。具体如表3-7、表3-8两表所示:

表3-7 1937—1942年四行在西南、西北各省增设分支机构表

省(市)	战前已设	其中 中央银行	其中 中国银行	其中 交通银行	其中 中国农民银行	战后增设	其中 中央银行	其中 中国银行	其中 交通银行	其中 中国农民银行
四川	30	3	12		15	91	21	30	16	24
重庆	2	2		3	3	25	4	5	7	9
西康	1			1		11	2	3	2	4
贵州	4	1			3	27	3	11	7	6
云南	0					34	4	20	3	7
广西	0					45	8	16	11	10
陕西	18	2	4	6	6	24	5	10	5	4
甘肃	4	1			3	25	5	9	5	6
宁夏	0					4	1	1		1
青海	0					3	1	1		1
合计	64	9	18	6	31	289	54	106	57	72

资料来源:李飞等:《中国金融通史》第四卷,中国金融出版社2008年版,第406页。

表3-8 1942—1943年四行在西南西北分支机构分布表

类别 省别	中央银行 1942	中央银行 1943	中国银行 1942	中国银行 1943	交通银行 1942	交通银行 1943	中国农民银行 1942	中国农民银行 1943	合计 1942	合计 1943
四川(含重庆)	41	44	51	49	26	31	80	87	198	211
西康	2	2	3	3	2	2	6	9	13	16
云南	9	7	17	13	6	7	10	13	42	40
贵州	4	3	13	16	9	12	36	41	62	72
广西	10	10	25	17	14	16	42	52	91	95
陕西	9	7	15	15	9	12	14	29	47	63
甘肃	6	4	13	12	6	7	18	20	43	43
宁夏	1	1	1	1	1	1	1	1	4	4
青海	1	1	1	1			1	1	3	3
新疆		2								2
总计	83	81	139	127	73	88	208	253	503	549

资料来源:根据重庆市档案馆、重庆市人民银行金融研究所:《四联总处史料》(上卷),档案出版社1993年版,第197、202、208页表编制。

从以上两表可知,与战前西南西北的四行之分支行处共64所相比,战后1943年达到549所,是战前的858%。到1943年,四行仅在西南五省的机构总计则达到了434处,是原计划西南西北三期总计279处的156%。各省中,四川的四行机构最多,之下依次是广西、贵州、陕西等,新疆最少。而就四行内部的多寡比较,中国农民银行居首位,中国银行、交通银行、中央银行依次居于之后。另据其他资料显示,陕西、甘肃、青海、宁夏、新疆、西康、贵州、云南、广西、四川(重庆除外)及重庆等十省市,其各类银行之总分支行总数,在战前为285所,截至1943年止,战前已设立裁并59所,仅存226所,战后增设918所,总数为1138所,较战前增加四倍。此1138所统属于162家银行,其中由中、中、交、农四行设立者有340所,约占行处总数百分之30%。①

(二)地方银行迅猛发展,形成金融网的基层银行。省县银行为我国银行体系中之一环,居金融组织之基层,关系地方经济之发展,与地方自治之推行,尤为密切,1937年8月1日,国民政府第八次国务会议通过《经济改革方案》,特别强调加强基层银行的建设。指出县银行为金融制度之基层组织,应彻底重建,并扶植其发展,其主要业务为发展农村经济,便利地方建设,并配合地方自治之推行,其设置以每县一行为原则;省银行以调剂本省金融,扶助经济建设,开发本省生产事业,为其主要业务,省银行在省会所在地设置,其分行设置地点,仅以本省重要政治经济中心地点为限。②1938年6月,第一次地方金融会议在汉口召开,提出"增设内地金融机关,以完成金融网"。次年于重庆召开第二次地方金融会议,强调"将中央所定财政金融方案,藉地方金融机构广为传导"③。因此,全面抗战爆发后地方银行的建设迎来了快速发展。

首先,诸沦陷及其他省份之省地方银行,先后在陪都和大后方设立办事处,以谋各该省与后方之金融联系。在渝设行处者,有江苏农民银行、江苏银行、安徽地方银行、湖南省银行、湖北省银行、河北省银行、河南农工银行、陕

---

① 中国通商银行:《五十年来之中国经济》,上海六联印刷股份有限公司印刷1947年版,第46页。
② 中国国民党中央执行委员会宣传部:《抗战六年来之财政金融》,国民图书出版社1943年版,第7页。
③ 沈雷春主:《中国金融年鉴》,黎明书局1947年版,第A53页。

西省银行、甘肃省银行、广东省银行、广西省银行、福建省银行、云南省银行、西康省银行等14家迁入，并在重庆设立分支行或办事处。①另外，在云南，有广东省银行、西康省银行来滇设分支机构；贵州，有湖南省银行、广东省银行在黔设分支机构。②在陕西，有山西银行、湖北省银行、河北省银行、河南农工银行、河北省银行、甘肃省银行、绥远省银行来陕设立分支机构；③宁夏、青海有绥远省银行设立分支机构。④

其次，大后方区域各本省地方银行也纷纷增设机构。根据财政部召开的第二次全国地方金融会议确认省银行的地位为推动地方金融的枢纽的指示，西南西北各省银行迅速在各市县普设分支行处。1937年抗战爆发前，四川省银行仅有总行1家、分行2家、办事处13家、汇兑所3家。全面战争爆发后，该银行积极构建全川金融网，将它在1940年前代理省库设立的内江办事处改为分行，富顺、太和镇、三台汇兑所改为办事处。1939年分支行处达42家，1940年又增设19家。⑤至1943年止，发展到有总行1家（设重庆）、分行3家（设成都、内江、万县）、支行6家（设合川、遂宁、南充、达县、泸县、自流井）、办事处80家，遍及全川各地，总共分支行处89家，连同总行共达90家。四川省银行在省内所设总分支行分布于85县市，设行数目约占全省135个县市数的2/3，其努力建设本省金融网，在西南西北各省地方银行中，首屈一指，所设分支行处数目，亦为西南西北各省之冠。⑥到抗战胜利前夕达92家。其余西南西北诸省地方银行亦有相当发展，具体情况如表3-9：

---

① 张奥九：《抗战以来四川之金融》，《四川经济季刊》第1卷1期（1943年12月15日），第68页。
② 中国人民政治协商会议西南地区文史资料协作会议：《抗战时期西南的金融》，西南师范大学出版社1994年版，第17—18、37—38页。
③ 陕西省政府统计室：《陕西省统计资料汇刊》（1942年），第93页。
④ 重庆市档案馆：《抗战时期大后方经济开发文献资料选编》（内部刊物）2005年，第349页。
⑤ 中国人民政治会议协商西南地区文史资料协作会议：《抗战时期西南的金融》，西南师范大学出版社1994年版，第4页。
⑥ 张奥九：《抗战以来四川之金融》，《四川经济季刊》第1卷第1期（1943年12月15日），第68页。

表3-9　抗战前后西南地区各省地方银行分支行处表

省别 行名	四川（含重庆）前	四川（含重庆）后	云南 前	云南 后	贵州 前	贵州 后	广西 前	广西 后	西康 前	西康 后	总计 前	总计 后
四川省银行	18	92									18	92
富滇新银行			11	31							11	31
贵州银行		1			13	1						15
广西银行							25	44			25	44
西康省银行		2		1						9		12
总计	18	95	11	32	13	25	45		9	54	194

资料来源：本表根据徐学禹、丘汉平：《地方银行概论》，福建省经济建设计划委员会1941年版，第78—80页、87页，郭荣生：《中国省地方银行概况》，五十年代出版社1945年，第101—104、123页，沈雷春：《中国金融年鉴》（1947年），黎明书局1947年版，第A113—114页，由作者整理而成。未剔除已裁撤行。

可见，西南地区省地方银行，总行自抗战前的3家，发展到战后的5家，增加的是1937年8月成立的西康省银行和1941年重新设立的贵州银行（曾于1934年停业）；分支行处则由54家，发展到194家，增加了3.6倍。

西北各省地方银行，在战前仅为陕北地方实业银行、陕西省银行和新疆省银行3家，战后宁夏、甘肃、青海也相继成立了省银行，并且分支机构亦不断增多。详见西北各省地方银行一览表。这样，到1945年抗战胜利时，西北除青海外，各省的省银行在各自地域范围内基本上都形成了自己的金融网。

表3-10　抗战前后西北各省地方银行分支行处表（截至1945年）

省别 行名	陕西 前	陕西 后	甘肃 前	甘肃 后	宁夏 前	宁夏 后	新疆 前	新疆 后	青海 前	青海 后	四川（含重庆）前	四川（含重庆）后	总计 前	总计 后
陕北地方实业银行		7												7
陕西省银行	30	58										2	30	60
宁夏省银行					6	5							6	5
甘肃省银行		1		72								1		74

续表

省别 行名	陕西 前	陕西 后	甘肃 前	甘肃 后	宁夏 前	宁夏 后	新疆 前	新疆 后	青海 前	青海 后	四川（含重庆）前	四川（含重庆）后	总计 前	总计 后
新疆省银行							8	20					8	20
青海省银行									4					4
总计	30	66		72	6	5	8	20		4		3	44	170

资料来源：重庆市档案馆：《抗战时期大后方经济开发文献资料选编》（内部刊物）2005年，第347页；中国银行经济研究室：《全国银行年鉴》（1937年），汉文正楷印书馆1937年版，第A13页；沈雷春：《中国金融年鉴》（1947年），黎明书局1947年版，第A113—114页。未剔除已裁撤行。

西北各省地方银行，在战前仅为陕北地方实业银行、陕西省银行、宁夏银行和新疆省银行4家，1939年甘肃省银行重新设立（曾于1929年停业），后青海省银行也建立了，到抗战胜利前夕，西北各省的省银行在各自地域范围内基本上都形成了自己的金融网；总行由战前的4家发展为6家，分支行处由战前44家发展为170家，增长约3.9倍。整个西南西北地区省地方银行总行从7家发展为12家，分支行处由98家，发展到364家，增长了3.7倍。

在国家银行和省银行迅猛发展之际，广大的市、县、乡、镇、路矿、工厂、学校集中区域，大宗特产的生产地、集散地及邻近战区地带基层银行尚付阙如，"七七"事变以前，全国县银行共26家。属于浙江省者最多，共13家，占全数1/2以上。其次四川5家，江苏3家，陕西、湖南、广东、福建、北平各1家。[①]西南西北地区县银行可谓稀少，仅四川有5家。因此，1939年9月国民政府公布《巩固金融办法纲要》，提出"扩充西南、西北金融网，期于每一县区设一银行，以活泼地方金融，发展生产。"西南西北各县银行的设立，是大后方金融网建设的产物，它们自下而上，与中央和省金融机构相接。1940年1月四联总处制定《县银行法》，辅导督促设立县银行，另设简易储蓄处，并利用邮局网点普遍的优势，开办银行业务，调节各地资金。此后，大后方区域的县银行迅速发

---

① 郭荣生：《县银行之前瞻及其现状》，《中央银行经济汇报》第6卷第7期（1942年10月1日），第41—43页。

展起来。截至1943年4月,在财部督促省府努力之下,全国登记领照之县银行共86家,未领照而开业者79家,筹备中为58家,总计223家。以省别言:四川第一,全省有97家,陕西第二,全省50家;次为河南,计46家。[①]至1945年抗战胜利时,在全国县银行家数中,西南占53%;在川康滇黔四省中,四川占90%,总计抗战时期西南各省所设县(市)银行共136家,其中,四川123家,贵州5家,西康3家,云南5家。[②]西北地区的县银行仅在陕西、甘肃设立,其他省未设立,至抗战胜利时,大后方的县银行从战前的5家,发展到196家,增长幅度达3920%。

表3-11　1940—1945年大后方各省县银行分布表

省别＼年份＼数量	1945	1944	1943	1942	1941	1940	总计
四川	10	17	36	43	15	2	123
云南	2	2	1				5
贵州	2	2	1				5
广西		1					1
西康	3	1					4
陕西	11	26	16	4			57
甘肃			1				1
总计	28	49	55	47	15	2	196

资料来源:沈长泰:《省县银行》,大东书局1948年版,第44页。

在县银行发展中,西南地区远多于西北,西南占了大后方地区89%;各地发展不均衡情形之原因,乃在于经济水平各地发展不一。[③]此外,针对较小县市、乡镇、工业区和文化区缺乏金融机构的状况,四联总处在1940年9月制定

[①] 中国通商银行:《五十年来之中国经济》,上海六联印刷股份有限公司印刷1947年,第47页。
[②] 中国人民政治协商会议西南地区文史资料协作会议:《抗战时期西南的金融》,西南师范大学出版社1994年版,第320、322页。
[③] 寿进文:《战时中国的银行业》,[出版社不详]1944年版,第65页。

"四行普设简易储蓄处办法",要求在人口超过5万以上而无金融机构的地方,人口众多的矿区、铁路及公路沿线,学校集中之文化区域等地,设立简易储蓄处,可办理储蓄、小额汇兑、小额放款业务,到1943年,在四川设立简易储蓄处33个、西康4个、云南7个、贵州32个、广西37个、陕西9个、甘肃3个,宁夏、青海、新疆均无,总计125个,同时四联总处又要求邮局及邮政代办所应一律开办邮政储蓄,"以补四行分支行处之不足,普及金融网吸收民间游资",到1943年,在四川设立邮政储蓄机构336个、陕西109个、贵州96个、云南94个、广西94个、甘肃88个、新疆5个,总计822个。①

（三）商业银行日益增多,形成了金融网的重要力量。国家银行倡于前,私家银行继其后。首先是省外商业银行纷纷迁入大后方各省或增设分支机构。全面抗战爆发后,有不少商业银行,或将总行迁向内地,或在内地增设分支机构,其中重要的银行有：中国通商,四明银行,国华银行,国货银行,盐业银行,中南银行,金城银行,浙江兴业银行,大陆银行,新华信托储蓄银行,中国实业银行,以及四行储蓄会等十数家较大的银行。②。在重庆,抗战一爆发就有上海银行、浙江兴业银行、中南银行、江苏农行、盐业银行、大陆银行、四行储蓄会、中国通商银行、中国实业银行、四明银行等行来渝设立分行。③在云南,全面抗战爆发前,一家国家银行和外省商业银行都没有,然而,抗战爆发后除"四行二局"均迁入滇省设立分支机构外,省外商业银行也纷纷涌入,主要有金城银行、聚兴诚银行、上海商业储蓄银行、四川美丰银行、川康平民商业银行、浙江兴业银行、新华信托储蓄银行、上海信托股份有限公司、川盐银行、中国农工银行、济康银行、山西裕华银行、同心银行、大同银行、正和银行、中国工矿银行、光裕银行、亚西实业银行、华侨兴业银行等19家。④在贵州,抗战爆发前,除了3家国家银行机构和1家地方银行贵州银行外,没有一家商业银行,抗战爆发后省外商业银行纷至沓来,有上海商业储蓄银行、金城

---

① 重庆市档案馆、重庆市人民银行金融研究所：《四联总处史料》(上卷),档案出版社1993年版,第208—210页、第222—223页。
② 寿进文：《战时中国的银行业》,【出版社不详】1944年版,第67页。
③ 《省外银行纷纷入川》,《四川经济月刊》第8卷第5期(1937年11月),第17页。
④ 中国人民政治协商会议西南地区文史资料协作会议：《抗战时期西南的金融》西南师范大学出版社1994年版,第18页。

银行、四川美丰银行、聚兴诚银行、亚西实业银行、云南兴文银行、和成银行、云南实业银行、复兴银行、大同银行、昆明商业银行、中国国货银行、利群银行等13家。①在陕西,到1942年,有上海商业储蓄银行、金城银行、山西裕华银行、湖南农工银行、山西省铁路银行等前来设立分支行,在甘肃,有长江实业银行、山西裕华银行、绥远银行前来设立分支行,在宁夏,有绥远银行前来设立分支行,青海和新疆仍看不到商业银行的足迹。②

除上述省外迁入大量商业银行外,大后方地区还成立了许多新的本土商业银行,战前,整个西南西北地区有本土建立的商业银行仅四川省,计总行9家,分支行96家,具体为四川美丰银行(分支行:15)、四川商业银行(分支行:5)、自流井裕商银行(分支行:15)、重庆平民银行(分支行:4)、重庆银行(分支行:18)、聚兴诚银行(分支行:21)、川康殖业银行(分支行:5)、川盐银行(分支行:11)、四川建设银行(分支行:2)。③然而"七七"事变后,大后方的本土商业银行却如雨后春笋般地建立起来,不过仍麇集于西南,具体情况如表3-12所示:

表3-12 抗战时期西南地区新设商业银行统计表(截至1943年下半年)

银行　　　类别	成立期	实收资本	总行所在地
云南兴文	1939年5月	1600万元	昆明
昆明商业	1940年7月	200万元	昆明
云南矿业	1940年9月	500万元	昆明
云南省信托局	1941年3月	500万元	昆明
益华	1942年1月	400万元	昆明
中国侨民	1942年7月	1500万元	昆明
昆明市银行	1943年9月	2500万元	昆明
成都商业	1938年7月	50万元	成都
福川	1942年7月	50万元	成都
复兴实业	1940年1月	50万元	衡阳
川康平民商业	1937年9月	1000万元	重庆

① 中国人民政治协商会议西南地区文史资料协作会议:《抗战时期西南的金融》,西南师范大学出版社1994年版,第37—40页。
② 重庆市档案馆:《抗战时期大后方经济开发文献资料选编》,(内部刊物)2005年,第341页。
③ 中国银行经济研究室:《全国银行年鉴》(1937年),汉文正楷印书局1937年版,第A13—17页。

续表

银行 类别	成立期	实收资本	总行所在地
和成	1938年1月	500万元	重庆
通惠实业	1939年4月	300万元	重庆
大川	1940年9月	50万元	重庆
建国	1941年5月	133万元	重庆
亚西实业	1941年1月	500万元	重庆
长江实业	1941年7月	149.5万元	重庆
中国工矿	1941年9月	1000万元	重庆
开源	1941年10月	100万元	重庆
同心	1942年3月	500万元	重庆
光裕	1942年4月	500万元	重庆
复华	1943年1月		重庆
永利	1943年1月	1000万元	重庆
大夏	1943年5月		重庆
泰裕	1943年3月		重庆
大同	1943年7月		重庆
福钰			重庆
复礼	1943年8月		重庆
聚康	1941年8月		贵阳

资料来源：寿进文：《战时中国的银行业》，【出版社不详】1944年版，第65—67页；中国人民政治协商会议西南地区文史资料协作会议：《抗战时期西南的金融》，西南师范大学出版社1994年版，第20—22、39页。

上述资料统计恐怕并不完全，但已清楚表明，抗战期间大后方本土商业银行发展十分迅猛，到1943年下半年，新成立29家商业银行，重庆最多，有18家，竟集中了其中的近69%。其次昆明，有7家，成都2家，衡阳1家，贵阳1家。这也从一个侧面反映了西南地区在大后方金融中的地位，以及战时重庆作为大后方金融中心的影响力。到1945年，西南西北十省一市共有179家商业银行，设立分支行处483所，详见表3-13：

表3-13　抗战时期西南西北地区商业银行机构分布

类别\省别	1943年 总计	1943年 总行	1943年 分支行处	1944年 总计	1944年 总行	1944年 分支行处	1945年 总计	1945年 总行	1945年 分支行处
四川	455	153	302	484	167	317	404	95	309
重庆							108	61	47
西康	26	2	24	27	3	24	30	3	27
广西	28		28	33		33	32		32
云南	56	5	51	77	10	67	77	8	69
贵州	16	2	14	24	2	22	19	2	17
陕西	21	2	19	90	64	26	91	64	25
甘肃	9		9	22	7	15	29	7	22
青海									
宁夏							2		2
新疆									
合计	611	164	447	757	253	504	682	179	483

资料来源：重庆市档案馆、重庆市人民银行金融研究所：《四联总处史料》（下卷），档案出版社1993年版，第490—492页（原材料中1943、1944年重庆的数据未单独列出，似应包括在了四川省的数据中，笔者注）。

上表可见，从1943年到1945年三年间，以总行论，西南西北地区的商业银行分别为164家、253家、179家，加上分支行处，则分别为611家、757家、682家，其中四川省（含重庆）位居首位。

值得注意的是，在信用方式和放款内容等方面，外省籍银行与本土银行有所差异，外省籍银行比较稳健，多注重押放，川籍银行则相反。各行押放大都以公债及股票为押品，亦有以日用物品为押品而放款于字号及私人者，此种风气亦以川籍银行为盛。至于以原料作抵的放款于工厂者为数颇少，仅少数较稳健的外省籍银行有之。在放款内容上，川省籍银行是比外省籍银行更偏重于商业放款的；至于放款利率，大概以外省银行为低，而川省籍银行较重。[①]

[①] 寿进文：《战时中国的银行业》，【出版社不详】1944年版，第139、140页。

然而,中国由于资本尤其是私人资本的不发达,私人企业的工商银行各业,其规模异常狭小,同时在工商业长短期资金的融通中,商业银行的私人资本也只是政府系统银行的国家资本的配角而已。无论在资力(包括自由资本及借入资本)、业务规模,以及分支机构各方面,商业银行的势力都远不及政府系统银行,就是在战时,商业银行虽颇发达,但仍不能变更这种悬殊的局面。①而"四行二局"体系在抗战前,就已呈现明显的业务垄断态势,存款和发行兑换券业务远远超过了全国银行业的半数,分别为59%、78%(商业银行仅占23%、0.6%),资产总额和纯益也占全国的59%、44%(商业银行仅占19%、16%)。②从1944年起,国家行局的存款额更是占全国存款总额的92%。③还应当看到,战时商业银行的发达,并非反映了实业的发达,而是与商业投机活动的繁盛相联系的,因此商业银行战时的迅速膨胀,对商业投机和通货膨胀也产生了推波助澜的作用。

(四)银号钱庄等业的重新崛起,成为大后方金融网中的重要补充。钱庄业为我国固有之商业金融组织,而其业务则侧重于商业金融之普通存放,在我国未有银行组织之前,钱庄素执金融牛耳,且其负调剂金融之重任,较银行为早。④20世纪30年代因钱庄经营不善,渐趋衰落。⑤抗战后,在银行业发展的同时,银号、钱庄等金融机构随之又乘机发展起来,成为大后方金融网的重要补充。从钱庄业来看,以四川省最为发达,战前有钱庄55家,共计有资本318.1万元,单个钱庄资本在10万元以上者为15家。其中重庆23家、资本200.6万元,成都12家、资本76.8万元(正本和副本的资本额均计算在内),自流井12家、资本14万元,其他各地8家、资本26.7万(缺1家资本数)。⑥到1941年时,重庆新设银号、钱庄36家,成都新设22家,内江新设8家,仅此三地的新设钱庄数已超过战前的20%,资本少则10万元,多则数百万元不

---

① 寿进文:《战时中国的银行业》,【出版社不详】1944年版,第134页。
② 中国银行经济研究室:《全国银行年鉴》(1937年),汉文正楷印书局1937年版,第A47—57页。
③ 杜恂诚:《近代中外金融制度变迁比较》,《中国经济史研究》2002年第3期。
④ 《钱庄业之回顾与前瞻》,《金融导报》第3卷第9期(1941年9月30日),第1页。
⑤ 张肖梅:《四川经济参考资料》中国国民经济研究所1939年版,第D1页。
⑥ 张肖梅:《四川经济参考资料》中国国民经济研究所1939年版,第D46页。

等。①1943年10月底止,重庆市银号钱庄的总分庄号计36家。②具体情况如表3-14、表3-15:

表3-14 抗战前后重庆银号钱庄的家数统计表

项目＼年份	1937年7月前	1941年年底	1943年10月底
钱庄银号	23	53	36

资料来源:康永仁:《重庆的银行》,《四川经济季刊》第1卷第3期(1944年6月),第102—104页。

表3-15 抗战前后重庆银号钱庄平均资本、资本总额

(单位:千元)

类别＼年份	1937年7月前	1941年年底	1943年10月底
平均资本	87	12667	14861
资本总额	2006	26088	43258

资料来源:康永仁:《重庆的银行》,《四川经济季刊》第1卷第3期(1944年6月),第108页。

根据以上两表,需要指出的是,虽然重庆1943年银号钱庄的家数较1941年有所减少,但资本总额及平均资本额均较前增加很多。就平均资本看,银号钱庄的平均资本,到1941年底为战前的5倍半多,1943年10月底则又为1941年底的3倍,而为抗战前的平均数的14倍半多。就资本总额论,1941年底,钱庄银号资本,也不过为战前资本的13倍,而1943年10月底,则钱庄银号的资本总额,为战前资本总额的22倍。所以1942年以后,乃是钱庄银号增加资本最多的时期。

到1945年8月,除云南、青海、新疆、宁夏尚缺银号钱庄外,四川、西康、贵州、陕西、甘肃5省的银号和钱庄总数发展到154家,分号27所;其中四川省仍有82家总号和26所分号。不过,与银行业相比,战时钱业无论是组织形式还是规模和经营方式都不能与银行业相比。其组织形式仍以合伙或独资为

---

① 寿进文:《战时中国的银行业》,【出版社不详】1944年版,第69页。
② 康永仁:《重庆的银行》,《四川经济季刊》第1卷第3期(1944年6月),第102页。

普遍;其资本少者10万元,多者数百万元,仍较银行的规模为小;以1942年6月底重庆银钱业的存款数额为例,32家商业银行共有存款226732千元,而43家庄号的存款,仅有80565千元,仅及银行存款的1/3强。其业务亦不外以高利吸收存款,再以高利贷给有关商家或所经营的商号;其经营技术,亦仍注重于对人信用,旧式账簿之沿用亦仍未改良。总之,战时钱业的勃兴,并非表示其实质有何改善,只是战时游资以设立银钱业为其出路之一的一种表现而已。① 钱业的脆弱,造成了对于银行的依赖性,庄号需款时,常恃向有关银行透支以资挹注,各商业银行放款中占巨额比例的存放同业,其中钱业的拆款实占重要成分。因此,以钱业与银行业比较,前者仍是落后的金融组织,所以钱业稍有基础之后,均纷纷改组为银行。如重庆的同心、福钰、光裕、永利银号,永丰银行公司,益华银号、东川矿业银号等银号钱庄,都先后改组为银行。②

由上可见,抗战中,在特定的环境下,以银行为主体的各类金融机构在大后方地区有了快速的发展,后方地区的金融业取得了长足的进展,各级各类金融机构逐步形成了一个以重庆为中心的遍布西南西北大中城市和县区的金融网。

四、战时大后方金融网建设的特点

特殊环境,因战而兴。战前,整个西南西北地区社会经济和金融事业极为落后,而全面抗战爆发后,则迎来了一个大发展时期,其发展速度之快、发展规模之大,都是令人意想不到的。据统计,自"七七"事变时起,至1943年8月底,5年内新设银行即达108家之多,其中仍以商业银行为最多,占62家,次为省市县立银行,占19家,农工银行15家,专业银行9家。此后战事虽屡有

---

① 寿进文:《战时中国的银行业》,【出版社不详】1944年版,第153、154页。
② 韩渝辉:《抗战时期重庆的经济》,重庆出版社1995年版,第211页。

推移,银行增设仍方兴未艾。截至1945年8月底胜利前夕,后方银行总数,已达415家,视战前全国数字增加颇多;分支机构,则为2566所,亦较前增加。而活动地区,则仅及战前之半。由此可见战时银行业兴盛之一斑,具体如表3-16所示:

表3-16　1945年8月大后方银行总数统计表

国营		省行		县市营		商营		总计	
总行	分行	总行	分行	总行	分行	总行	分行	总行	分行
6	853	20	925	284	193	105	595	415	2566

资料来源:中国通商银行编《五十年来之中国经济》,上海六联印刷股份有限公司印刷1947年版,第42—43页。

另据资料表明,到1945年8月,四川、云南、广西、贵州、西康、陕西、甘肃、青海、宁夏、新疆、浙江、安徽、江西、湖北、湖南、福建、广东、河南、绥远十九省的银行和银号、钱庄等金融机构达总机构621家、分支机构2604所;而西南西北十省(含重庆)的银行和银号、钱庄等金融机构则达总机构473家,分支机构1713所,分别占了76%,67%;其中西南地区分别为340所,1346所;西北地区分别为133所,367所,如表3-17所示:

表3-17　1945年8月大后方十省及整个后方的金融机构分布表

省份＼类别	总计			银行			银号和钱庄		
	合计	总机构	分支机构	合计	总行	分支	合计	总部	分支
四川	1244	297	947	1136	215	921	108	82	26
西康	57	8	49	56	7	49	1	1	—
广西	74	2	72	74	2	72	—	—	—
云南	188	23	165	188	23	165	—	—	—
贵州	123	10	113	121	8	113	2	2	—
小计	1686	340	1346	1575	255	1320	111	85	26
陕西	281	122	159	217	59	158	64	63	1

续表

类别\省份	总计 合计	总计 总机构	总计 分支机构	银行 合计	银行 总行	银行 分支	银号和钱庄 合计	银号和钱庄 总部	银号和钱庄 分支
甘肃	151	9	142	145	3	142	6	6	—
青海	4	—	4	4	—	4	—	—	—
宁夏	18	1	17	18	1	17	—	—	—
新疆	46	1	45		1	45	—	—	—
小计	500	133	367	385	108	321	70	69	1
合计	2186	473	1713	1960	363	1641	181	154	27
其他省	1039	148	891	1041	63	934	43	41	2
总计	3225	621	2604	3001	426	2575	224	195	29

资料来源：邓翰良：《十年来之商业》，谭熙鸿：《十年来之中国经济》，第L47页。原资料的统计有一些错误，本表依据原资料的具体数据重新统计。表中的四川包含重庆。

可是，这种异乎寻常的发展，并非是西南地区社会历史发展的自然结果，而是特殊的历史条件所致，即全面抗战爆发和国民政府确定以西南地区作为抗战大后方，正是这一决定给西南地区带来了千载难逢的发展机缘。自1935年10月，国民政府作出将战时国家的最后根据地定在以四川为中心的西南地区后，就开始了对该地区的开发和建设，从整理军队，改革政治，到开发交通，统一货币，转移风气等，并且，已着手将与国防密切相关的兵工企业和重工业秘密内迁西南。1935年6月25日，蒋介石就致电兵工署署长俞大维，下令将东南沿海各兵工厂"尚未装成机器应暂停止，尽量设法改运于川黔两厂，并须秘密运输，不露形迹"[①]。全面抗战爆发后，国民政府即宣布迁都重庆，随后抗战的重心便转移到了西南，战前曾密集于东南沿海的工厂、银行、学校、科研机构、党政机关、各类人才，一切人力物力资源纷纷汇聚于西部地区。这种厂矿内迁工作，截至1940年底，大致已告完成。总计由政府奖助，迁到后方的厂矿，共有452单位，器材重量达12万吨；工业界移民达10余万人，452家厂矿中，迁入四川的有250家，湖南的121家，陕西的43家，广西的25家，其

---

① 重庆档案馆：《抗战时期大后方经济开发文献资料选编》，（内部刊物）2005年，第8页。

他省份15家。此外尚有福建105家,浙江86家。①西北地区也属于抗战大后方,但国民政府在当时采取的是以"西南为中心","先西南后西北"的方针。1938年,经济部在其拟定的《西南西北工业建设计划》中,就明确指出战时工业建设的区域"以四川、云南、贵州、湘西为主,以西康、青海、甘肃、广西、陕西为补"②。于是,西南地区的社会经济和金融事业,突飞猛进,较前有了长足的发展。可见,大后方之一跃而为金融网密布的区域,自然是因为大后方在战时成为抗战的支点和经济重心之故。③因此,大后方区域金融网络的构建所展示的是该区域金融也是全国金融体系演变的历史过程中的一个阶段,一个特殊的历史发展阶段。

政府推动,政策开路。自确定以西南西北作为国家抗战的根据地后,国民政府便高度重视该区域的各项建设,花大力气从各方面展开工作,尤其是对金融事业。为此,国民政府先后制定了一系列政策、措施,采取了一系列办法。主要有,第一,为稳定金融秩序,应对战时紧急状态而建立战时金融统治体制。1937年8月,国民政府实施《非常时期安定金融办法》,标志着全国金融开始进入战时统制体系,并建立起了在四联总处领导下的,以中中交农四行为支柱的战时金融统治体制。第二,为将重庆作为全国的金融中心,进行中央金融机构的西迁。1937年11月,上海失守,国民政府旋即迁往重庆,中、中、交、农四行、邮政储金汇业局、中央信托局随政府西迁,各机构的总行、总管理处和总局以及四联办事处(后改为实体性的四联总处),均纷纷迁往重庆,从而带动其他省地方银行和商业性金融机构也纷纷西迁,由此重庆的金融中心地位逐渐形成。第三,为有力发挥西南西北地区之抗战大后方的作用,以国家银行为骨干部署构建西南西北金融网。1938年、1939年国民政府分别在武汉和重庆召开了两次地方金融工作会议,提出要"扶助经济建设"、"活泼地方金融"、"调剂地方金融"的任务,在第一次地方金融会议后不久,四联总处根据政策、指示,明确提出"筹设西南西北金融网",1939年9月,四联总处在《巩固金融,设立四联总处办法纲要》的报告中,提出了"扩充西南西北

---

① 沈经农:《现阶段的中国工业》,《贵州企业季刊》第1卷第1期(1942年10月),第23—23页。
② 重庆档案馆:《抗战时期大后方经济开发文献资料选编》,(内部刊物)2005年,第8页。
③ 寿进文:《战时中国的银行业》,【出版社不详】1944年版,第61页。

金融网,期于每县区设立一银行,以活泼地方金融,发展生产事业"的办法,并拟订《筹设西南、西北及邻近战区金融网二年计划》《第二第三期筹设西南西北金融计划》,积极在后方筹设银行分支行处,具体提出在西南、西北设立金融机构216处,分三期进行,限于1941年底全部完成。可见,西南西北金融网是在国民政府明确的政策指导,有力的行政手段推动下进行实施并构建起来的。就西南西北十省一市而论,其银行之总分支行总数,在战前为258所,截至1943年,总数为1138所,较战前增加四倍。此1138所统属于162家银行,其中由中、中、交、农四行设立者有340所,约占行处总数30%;各省省地方银行设立360所,约占行处总数32%;此外68家商业银行,与十省以外之其他省地方银行,及82家县银行设立者,共438所,约占总数38%。① 这充分表明了政府推动下的强有力的作用,在内地金融网的建立运动中,中央及特许银行最为努力,省地方银行次之,一般商业银行又次之,而在一般商业银行中,口岸迁入的银行又不及本地银行发展之速。② 因此,以重庆为中心的大后方金融网的构建乃政府主导的强制性制度变迁的结果,以重庆为中心的大后方区域金融网,才可能在战时掌握控制中国金融市场主动权,并急剧地扩张开来。

体系完整,层级分明。大后方金融网体系乃战时金融统制体系,其中,国家银行居于领导和骨干地位,其他机构都处于不同的从属地位,国家银行凭借其法定地位和政权力量,树立了在金融业中的统治地位,发挥着主导作用;各级地方银行是体系的基础,它们接受国家银行的领导、规范,既从事一般银行业务,又承担政府和国家银行所赋予的社会职责与义务,与国家银行一道贯彻着战时政府的意图,"省地方银行之地位,实为推动地方金融之枢纽,所负责任至为重大……中、中、交、农四行,与省地方银行,应密切合作互助";③ 商业银行、银号钱庄等金融机构是这个体系中的重要补充,战时经济的扩充和对资金的需求,促进了商业银行的繁荣,不过,商业银行仍是国家资本的配角,并且国家资本也利用战时金融统制,大大强化了对商业行庄的控制。从

---

① 中国通商银行:《五十年来之中国经济》,上海六联印刷股份有限公司印刷1947年版,第46页。
② 寿进文:《战时中国的银行业》,【出版社不详】1944年版,第61页。
③ 孔祥熙:《第二次地方金融会议演讲词》,《财政评论》第1卷第4期(1939年4月出版),第117、118页。

金融机构的区域层级来看,可分为四级。重庆是整个网的核心,举凡金融网中方针政策的制定、制度的确立、信息的发布、资本的汇聚、分配、经营活动的监督等重大事项,均由此产生,因此它是整个金融网的决策中心、政策中心、信息中心、资本中心、物流中心、监控中心。各省会城市是仅次于重庆的金融网中的二级节点,也是金融网的次级核心,并形成了联通本省和周边区域的金融圈,主导着金融圈内的金融活动,沟通与圈外的联系。各县级城市是网中的三级节点,以此构成该区域内的小金融圈,也是整个大后方金融网的基本支撑点。而县以下的乡镇金融机构,则构成网的第四级节点,它是整个网的毛细血管,是网赖以存在的土壤。总之,抗战中大后方的各级、各类金融机构和各地区金融事业都获得了前所未有的普遍的发展,并建立起了以重庆为核心的体系完整、层级分明、纵横联通、覆盖广泛的大后方金融网。

差异明显,分布不均。由于大后方各省的历史条件不同,社会经济发展水平存在着差异,因此,不同地区、不同层级的金融机构的发展呈现出很大的不平衡性。从地区差异来看,截至1943年,大后方各省市共辖739县市,彼时设有银行之总分行处1138所,分布于374县市,此374县市,平均一地有3家银行,而未设立银行者,尚有365县,占西南西北县市总数之半。其中一地仅1家银行者,共201县市,约占总地区(374县市)54%,此54%地区内之分支行,仅占行处总数(1138)18%。其余173地区,平均一地有银行4—5家以上,此173地区占地区总数46%,而所有分支行处竟占总数82%。其中陕西、广西与甘肃等三省,所设分支行处分布尚称合理;其他各省则多有集中少数地区现象。西康共设39所,集中康定、雅安、西昌者占29所;云南共设118所,昆明下关即占43所;四川共设414所,成都、万县、内江、宜宾、乐山、泸县、合川、自贡等21地,即占256所。再就各省比例言,四川一省之分支行处,占总数1/3强,若连同重庆市之119所计入,则为533所,几占行处总数之半;而青海仅3所,宁夏仅15所,西康仅39所,与四川相较,相差颇为悬殊。[①]

从层级差异看,整个大后方区域金融网以重庆为核心,以下大体以省会、县城、乡镇为节点构成金融网的四个层级,各节点为中心的金融圈,既可相对

[①] 中国通商银行:《五十年来之中国经济》,上海六联印刷股份有限公司印刷1947年版,第46页。

独立、自成体系,又与其他金融圈密切相连,息息相通,融入整个大的金融网中。然而,由于不同地区经济与行政地位的不同,而使得金融节点在分布的疏密形态和所处的地位也表现出明显差异和不平衡状态,总体是明显偏重于政治中心地区及都市,当然,因为处于战争年代,金融节点的分布还与工商业相对发达的程度及军事战略地位等因素有关,所有居于中心地位的金融节点则控制或垄断着次级的中心地位的金融节点。节点最密分布在四川(重庆),其次是陕西、云南、甘肃、贵州、广西、西康,最稀是新疆、宁夏、青海。节点密布表示着金融辐射能力强、资金进出频繁,也反映当地的交通便利、经济发达、人口密集、市场规模大、商品流通快等。节点间距离大,分布稀疏的地方,则表明地处偏远,交通不便、商品流通较少、市场相对不发达。总之,金融节点层层分布,体现不同地区的经济、政治、军事、地理等状况,发挥着不同的功能与作用。而且,随政治、经济、文化、军事、地理、人口等因素地不断变化,大后方区域金融网在不同时期也因之有不同的结构变化。不过应特别指出的是,大后方金融网的构建结果,并未实现计划中提出每一县区都至少要建立一银行机构的目标,整个西南西北尚有一半的县区没有一家银行机构,可见大后方金融网的建设仍有着随循过去海滨过于集中的畸形发展的趋势。究其原因,恐怕是由于更侧重政治重心,而对于水陆交通要隘、特产区域、工矿中心等,重视不够所造成。[1]

官强民弱,地位悬殊。我们知道中国银行业资本的来源,并非纯粹出于新兴工商业的垫支,而主要出自国家资本。因此,国家资本的银行无论战前战后都在各类银行中居于主导和强势地位。据中国银行经济研究室所统计,截至1937年6月底,中央及特许和省市立银行在全国银行中的比重,其分支行占全体59%,实收资本占全体57%,都在半数以上。这两类银行或则纯为官股(如中央银行及一部分省市立银行),或则虽为官商合股而官股实占优势(如特许银行和一部分省市立银行),所以也可以说官股支配下的银行,在全国银行中实占决定性的优势,同时银行资本中产业资本和商业资本的势力是

---

[1] 重庆市档案馆:《抗战时期大后方经济开发文献资料选编》,(内部刊物)2005年,第353页。

微弱的;①在重要营业项中,仍可看出官股支配下的银行,在全体银行间仍保持决定性的优势。如据1935年的统计,存款,放款,有价证券,纯益,以及总资产各项,官股支配下的银行均占全体60%以上,发行兑换券且占全体90%。②抗战时期大后方经济的发展是以战时统制经济为前提的,因此西南地区金融事业的发展自始至终是以官营金融机构的发展为主体的,这一时期,包括国家银行、地方各级银行在内的官营机构得到了空前的膨胀,其强劲的势头,是一切民营金融机构望尘莫及的,虽然民营机构在此期间也有了发展,但其发展速度和规模都无法与官营的相比,而且还受到官营银行较前更为有力的控制。到1941年8月止,抗战大后方的川、康、滇、黔、陕、甘、宁、青、桂以及重庆这九省一市,陆续新设的银行总分支行计有543所,除旧有的裁并33所外,新旧合计共有764所,其中,中、中、交、农四行共设233所,占总数30%,七家省银行共设275所,占总数36%,其余61家商业银行却仅设256所,只占34%。所以也可以说官股支配下的银行,在全国银行中实占决定性的优势,而银行资本中产业资本和商业资本的势力是微弱的;③抗战时期大后方金融业的变迁是政府主导的强制性变迁,而且这种强制性变迁从战前就已开始,其长远目标并非为建立一种能减少金融和经济波动的金融体制,而在于达到政府对整个金融业的垄断,以使政府从中寻求自身利益最大化。④因此该地区金融事业的发展自始至终是以官营金融机构的发展为主体的,这一时期,包括国家银行、地方各级银行在内的官营机构得到了空前的膨胀,其强劲的势头,是一切民营金融机构望尘莫及的,虽然民营机构在此期间也有了发展,但其发展速度和规模都无法与官营的相比,而且还受到官营银行较前更为有力的控制。实现垄断,是国民政府对金融资本的基本目标,大后方金融网体系内部每一个环节各自发挥着不同的功能与作用,最终又以达到对金融垄断的目的为依归,国民政府就是通过这一系列的金融手段控制着国家的经济命脉。

① 寿进文:《战时中国的银行业》,【出版社不详】1944年版,第27—28页。
② 寿进文:《战时中国的银行业》,【出版社不详】1944年版,第31页。
③ 寿进文:《战时中国的银行业》,【出版社不详】1944年版,第61页。
④ 杜恂诚:《近代中外金融制度变迁比较》,《中国经济史研究》2002年第3期。

综上所述,抗战爆发前,整个西部地区经济社会的发展是十分落后的,金融业,除重庆、四川有一定程度地发育外,其他地区金融机构都非常稀少,自然更遑论金融网了。然而,抗战爆发,大后方地区的金融形势为之大变,金融业迅猛发展起来,并很快构建起以重庆为全国金融中心的近代化的金融网,领先于全国。大后方金融网的迅速形成,其深层原因,一是源于特殊的时代背景,二是选择了政府强力推动的路径。从前者来看,抗战的全面爆发,使得国家经济、政治和金融中心西移,并确立以四川为抗战复国的基地,以重庆为国家战时之首都,这就使得全国的资源、资金、技术、人才向大后方特别是四川和重庆聚集,从而推动了大后方经济和金融的腾飞。就后者而论,选择政府主导下的,有主次、多类型、分层级金融机构的全面发展的路径,虽然有别于一般市场化下的路径,但又显然是高效率的。政府的主导,提供了构建大后方金融网的制度环境和资源基础,有主次、多类型、分层级的发展,建立了分工明确、功能齐备、相互配合、辐射广泛的金融网。大后方金融网的建设,无疑极大地推进了该地区金融近代化事业,以及整个经济近代化的发展,为坚持抗战并取得最终胜利起到了不可替代的重大作用。然而,也正是由于大后方金融网的构建是特殊时代下政府主导的产物,是一种短期行为,因此,使得金融网的构建中又存在着政府高度的垄断、各银行所设的分支处过于集中、金融发育的区域差别悬殊、资金运用过分投资于商业、市场秩序紊乱等一系列严重问题,而且随着抗战的胜利,国民政府还都南京,政治、经济中心回到东部,重庆和整个大后方地区的发展顿时因失去动力而陷入停滞,金融和经济在战时的高歌猛进难以为继,又回到了以前相对封闭、落后的状态。大后方金融网络的建立、发展到衰退,也是当时代西部地区在特殊背景和条件下,整个社会经济与近代化道路艰难坎坷、命运多舛的发展轨迹的缩影。

第四章　抗战大后方重庆金融中心的形成与作用

金融中心是以巨量金融业务为基础,较强的辐射作用为基本特点。它的标志可概括为:资金的相对集中,筹资融资功能强,各类金融市场兴旺发达,交易量大,与国内外金融联系及服务紧密而广泛。①

在近代中国,随着新式金融机构银行业和金融市场的发展,在不同的时期全国逐渐形成了若干金融中心。19世纪下半叶,随着上海的开埠,外资银行及华资银行在上海的兴起,上海成为了全国性的金融中心,此后,北京政府时期又形成一些地区性的金融中心,最主要的金融中心为北京、上海、天津和汉口,而且北京和天津由于得天独厚的政治条件成为了当时的全国金融中心。南京国民政府成立后,上海由于在地理位置上靠近首都南京,获得了金融快速发展的大好良机,从此成为名副其实的全国性金融中心。而抗日战争爆发后,随着东部、中部地区的沦陷,国民政府的内迁,重庆逐渐成为了中国战时大后方的经济中心和金融中心。抗战胜利后,随着国民政府政治中心的再次东移,金融中心重回上海。总之,近代以来,中国全国性金融中心在不同区域之间不断变迁,这一变迁的基本轨迹是:上海——北京与天津——上海——重庆——上海。②目前,学术界已公认重庆是抗战时期大后方的金融中心(由于战时特殊的背景以及敌我之间的对峙,是否存在一个全国性的统一的金融中心尚有争议),但对其研究还仅停留于一般认识,未展开深入的研究

---

① 洪葭管:《关于近代上海金融中心》,《档案与史学》2002年第5期,第48页。
② 吴景平:《近代中国金融中心的区域变迁》,《中国社会科学》1994年第6期,第177页。

与探索。①因此,本章将依据大量史料,试对此问题进行一些探讨,主要围绕战时大后方重庆金融中心地位的形成过程、原因及其作用进行研究。

一、战前重庆作为西部区域金融中心地位的形成

经济是金融中心形成与发展的内在动力。金融中心是随着经济中心的形成而形成的,金融中心也是经济中心发展的必然结果。经济中心是一定区域内经济活动比较集中的城市,当商品生产和商品流通的发展形成以某一地区为中心以后,一方面从生产领域游离出大量的货币资金需要寻求投资的场所,另一方面,生产和流通又需要大量的货币资金,这就产生了对金融的需求,从而促使金融中心的形成。金融中心的形成和发展是中心城市金融发展的最终结果。

重庆发展为战时大后方的金融中心,并非偶然。抗战爆发前,在西部各地区的发展中,重庆已经具备了一定的金融聚集潜力,从金融规模看,重庆已成为了西部地区典型的商贸性金融中心。

具有3000多年历史的重庆,位于长江与嘉陵江的交汇处,长江上游的商运以水路为主,长途贩运往往以河流为依托与沿河城市串通,形成了以重庆为枢纽的商业贸易网络,古代重庆因水运而商盛。在清朝,重庆是川东道、重庆府、巴县三级行政机关同城的重镇,又是西南地区最大的商贸集散地。重庆还逐渐吸收西南地区黔北、滇北、藏卫和西北地区陕南、甘南地区的农副产品、手工业产品,与长江中下游地区进行区域之间的大宗商品贸易。不过,前清时成都仍是四川的政治中心和金融中心,重庆处于从属地位。

---

① 目前对上海金融中心的研究成果颇多,特别是2002年5月与2004年6月,由复旦大学召开的两次金融史国际学术研讨会上更是受到中外学者的高度重视,日本学者滨下武志,台湾学者卓遵宏,大陆学者洪葭管、杜恂诚、戴鞍钢等都发表了相关研究论文,但相比之下,对抗战时期重庆金融中心的形成与作用则关注不多,仅有青长蓉:《抗战时期全国金融中心的转移及其对四川经济的影响》(《成都师范高等专科学校学报》2003年第1期)一篇文章论及战时重庆金融中心对四川经济产生的影响。

1891年重庆正式开埠后,长江航运进入轮船时代,国外商业机构在重庆设立,商品交换关系也逐渐突破国界,以世界范围为活动空间。在重庆的经商贸易者,来自五湖四海,他们往往以地域关系组成会馆(或行帮),或以营业相约组成公所。商人之间、商业团体之间相互利用、相互补充的业务联系,构成了重庆商品市场的基本骨架。它们各据实力,汇集天南海北各地商品于重庆,使其发展成为长江上游最大的商品市场。

随着重庆近代经济的繁荣,商业的兴旺,城市近代金融业亦发展起来,相继建立了许多金融组织。票号、典当等传统金融机构早在开埠前就有了一定规模,开埠后进一步发展;其后钱庄、银行等金融机构相继出现。

重庆的票号分西帮和南帮两大帮口。西帮又称山西帮或西号,历史久,家数多;南帮是浙江和云南商人开设的票号,起步较晚,家数甚少。据海关的调查报告,重庆开埠时有票号16家,清同光时期,为票号极盛时期,以后逐渐衰微。据有关资料记载,重庆票号最盛时有28家,其中除南帮票号天顺祥、兴顺和(云南帮)、源丰润(浙江帮)3家外,其余25家均为西帮票号。[①]

重庆钱庄盛世期"每年吸收存款总数约白银1000万两,而贷给货帮的款项高达1500万两。其中仅对丝帮的贷款即达300万两。从民初到民国八九年(1919—1920年)间钱庄在重庆市场的地位与作用曾超过银行"[②]。"民国十六年(1927年)以前,川中金融业务,大部分为此等钱庄字号所把持,虽有银行之设立,亦难与钱庄势力抗衡。民国十八九年(1929—1930年)间,因商业不景气,而钱庄以经营不善,无法适应,遂逐年衰落,渐归淘汰。"[③]连绵不断的战争和持续不停的军政垫款,资金弱小的钱庄不堪重负,再加上投机申汇和"九一八"事变的影响,1931年时已从最盛时50多家锐减为"12家勉强维持营业"。[④]

即便如此,20世纪30年代的重庆钱庄仍与大多数中小商人联系紧密,"川中一般钱庄字号与输出入贸易之关系,非常密切,输出入商人,营运货物

[①] 重庆金融编写组:《重庆金融(上卷)(1840—1949)》,重庆出版社1991年版,第75—77页。
[②] 重庆金融编写组:《重庆金融(上卷)(1840—1949)》,重庆出版社1991年版,第94页。
[③] 杨泽:《四川金融业之今昔》,《四川经济季刊》第1卷第3期(1944年6月),第214页。
[④] 重庆金融编写组:《重庆金融(上卷)(1840-1949)》,重庆出版社1991年版,第94页。

时,其资金之周转,多需利赖庄票,……而钱庄对于商人之信用借款,则甚有裨助。"①潘子豪于1929年亦总结了钱庄的此点优势,银行本票流通不如钱庄庄票广泛,银行的抵押放款不如钱庄的信用放款。②因此,在20世纪30年代的重庆金融市场上,存放汇兑与工商联系方面,钱庄还是占有优势。

重庆的新式银行业,从晚清到抗战爆发前经历了从无到有的发展历程。晚清时期,从1896年中国通商银行创立,到1911年清政府统治的结束,全国创立的华资银行共17家(倒闭10家,仅存7家)。③主要集中于东部沿海地区,西部地区仅四川有2家,其中重庆占有1家,即为1905年创设于重庆的四川濬川源银行。此外,1899年中国通商银行在重庆设立分行,1908年,大清银行在重庆设立分行。④

民国建立以后,华资新式银行有了突飞猛进之发展,到1935年,全国银行总行159家,分支行1188家,按其总行所在地及分行处所在地域分布状况加以统计,以都市来说,以上海为最多,总行60家,占全国37.74%;分支行128家,占全国10.77%;而沪、津、平、京、青、杭、重、汉、广等九市集中了主要的华资银行,总行为98家,占全国61.64%,分支行为377家,占全国32%;以省别来说,总行及分支行的所在地又以江浙两省、沿海诸省及长江流域数省为最多,总行为116家,占全国72.96%,分支行为680家,占全国57.24%;而偏僻之区,特别是工商业不发达的西部省份,如甘肃、陕西、四川、广西、绥远、察哈尔、宁夏等省,不但总行鲜见,就是分支行也极少有,总行为19家,仅占全国11.95%,分支行为150家,仅占全国12.63%。在这些西部省区中,四川(包括重庆)一省的总行为13家,分支行为55家,分别占西部省区的68.42%,36.67%。其中,重庆一地为当时九大华资银行集中城市中的唯一一个西部城市,总行9家,分支行14家,为四川及西部地区新式银行业最集中的城市。⑤

---

① 杨泽:《四川金融业之今昔》,《四川经济季刊》第1卷第3期(1944年6月),第215页。
② 潘子豪:《中国钱庄概要》,华通书局1931年版,第5页。
③ 中国银行总管理处经济研究室:《全国银行年鉴》(1934年),汉文正楷印书局1934年版,第A1—2页。
④ 田茂德、吴瑞雨、王大敏整理:《辛亥革命至抗战前夕四川金融大事记(初稿)》(一),《西南金融》1984年第4期,第21页。
⑤ 王承志:《中国金融资本论》,光明书局1936年版,第16—20页。

至1937年"七七"事变前,全国总行数量增至164家,分支行增至1627家,总分支行合计1791处。①不过,其地域分布并没有多大改变,从表4-1仍可看出整个西部地区的银行业在全国所占比重仍十分微弱。

表4-1　1937年抗战爆发前西部地区银行一览表

银行＼项目	总行所在地	设立年度	实收资本	分支行数	行员数
四川省银行	重庆	1935	2000000	17	198
西康省银行	康定	1937	250000	—	22
陕西省银行	西安	1930	1000000	30	145
富滇新银行	昆明	1932	11278392	8	166
宁夏省银行	宁夏	1931	1501018	6	26
新疆省银行	迪化	1930	73069	8	113
广西银行	桂林	1932	4930927	32	484
四川美丰银行	重庆	1922	1200000	15	168
四川商业银行	重庆	1932	600000	5	90
自流井裕商银行	自流井	1933	300000	—	15
重庆平民银行	重庆	1928	500000	4	69
重庆银行	重庆	1930	1000000	8	116
聚兴诚银行	重庆	1914	1000000	21	374
丰业银行	归绥	1920	266000	2	38
北碚农村银行	北碚	1931	40397	3	11
江津县农工银行	江津	1933	299186	1	21
金堂农民银行	金堂	1935	58226	—	6
陕北地方实业银行	榆林	1930	125000	—	20
常香农村银行	荣昌	1934	48238	1	10
垫江农村银行	垫江	1935	32650	—	7
广西农民银行	桂林	1937	1050000	12	130
琼崖实业银行	琼州	1934	150000	—	12
川康殖业银行	重庆	1930	1000000	5	96
川盐银行	重庆	1930	1200000	11	128
四川建设银行	重庆	1934	1000000	2	62

① 沈雷春:《中国金融年鉴》(1939年),美华印书馆1939年版,第104—107页。

续表

银行＼项目	总行所在地	设立年度	实收资本	分支行数	行员数
合计	25		30903103	191	2526
全国总计	164		434301812	1627	28878

资料来源：中国银行经济研究室：《全国银行年鉴》(1937年)，汉文正楷印书局1937年版，第A12—17页。

由此可见，在抗战爆发前夕，全国实存华资银行164家，西部地区的新式银行总行仅25家，占全国总数的15.24%，分支191处，占全国分支行总数1627处的11.74%，资本总额30903103元，占全国总资本数434301812元的7.12%，行员人数2526人，占全国行员人数28878人的8.75%。然而，就在这极其微弱的新式银行中，重庆一地却有13家（包括北碚、江津、荣昌、垫江的农村银行在内），在西部地区占有举足轻重的地位，占总行设在西南西北地区25家银行的52%，分支行93处，占西部地区分支行191处的48.69%。

重庆银行业的业务辐射范围遍及四川全省，有的银行与外省也有较多的业务往来。据统计，1935年重庆金融机构移入现款总额达1140余万元，移比达2500余万元，汇出入总额中一半以上是与包括上海在内的外埠之间进行的。这一现金融通规模不仅在西南各省中为首屈一指，也超出了同期天津的水平。[1]

20世纪30年代，国民政府逐渐形成了以"四行二局"（即中央银行、中国银行、交通银行、中国农民银行以及中央信托局和邮政储金汇业局）为中心的金融网络体系。四行中，除交通银行曾一度在重庆设立分行却很快撤销外（1915年12月1日首在西部设立了重庆分行，但次年5月因袁世凯称帝，护国军兴而撤销，到抗战爆发前在西部均未设立分支行），中国银行（1915年1月18日开业）、中国农民银行（1935年7月8日开幕）、中央银行（1935年3月25日成立）均在重庆设有分行。特别是中央银行重庆分行还设为一等分行。[2]

---

[1] 吴景平：《近代中国金融中心的区域变迁》，《中国社会科学》1994年第6期，第185页。
[2] 田茂德、吴瑞雨、王大敏整理：《辛亥革命至抗战前夕四川金融大事记（初稿）》（五），《西南金融》1984年第10期，第36页。

需要指出的是中央银行分支机构的设置,并不完全依照行政区划,而是参酌经济发展的情况,在重要城市设置分行,次要城市设置支行,比较重要的城市设置办事处或支行等等,在抗战爆发前,中央银行在全国共设有南京、天津、北平、青岛、汉口、重庆、西安、广州、厦门等9个一等分行。这些均说明重庆在西部地区的经济与金融的重要性。

抗战爆发前,重庆除了有相对较为完善的金融机构外,还有西部地区相对发达的金融市场,不仅原有的拆借市场、申汇市场有相当程度发展,还正式形成了西部地区唯一的证券市场与票据交换市场。

明末清初以来,重庆的申汇市场即十分发达,但也相对稳定,约以上海规元1000两恰等于渝钱平银950两左右。①但1921年后,钱帮风起云涌,都觉申汇投机有利可图,趋之若鹜。1927年到1931年,由于政局动荡,渝市申汇市场极度动摇。1927年国民军兴,江浙吃紧,沪市金融发生极大变化,渝申间进出口更形成有入无出状态,川帮欠申之款更不能急急措还,导致申汇行情暴涨至1179两合洋1647元。1931年夏,长江水灾与"九一八"事变的爆发,使沪市银根逐步紧缩,川帮在申活动能力全赖调款挹注,有出无入导致申汇率由1400两涨至1600多两,投机家更行活跃,商人、非商人、银钱业或货帮均参与其间,市场出现极度动摇,波及弱小钱庄,宣告搁浅者多家,一日之间申汇率有三四十元的升降,于是有识者以为市场商业不振,买卖申汇,举市若狂。②此时的重庆申汇买卖主要操控在钱业手中,期间,重庆"申票大王"石建屏大肆投机申汇失败亏折数十万元,致其经营宣告破产,牵累市面甚大。到10月31日,汇合、恒美、鸿胜、康济等家受牵连相继停业,在重庆酿成金融风潮,③引发了对申汇市场的整顿,重庆证券交易所得以建立。而石建屏一案,最终也经钱业公会从中调解,准以六成偿债,和解讼案,并判石建屏以二年又六月之有期徒刑而宣告结案。④

---

① 周宜甫:《四川金融风潮史略》,中国银行出版社1933年版,第67—68页。
② 卢澜康:《从申汇问题说到现金问题》,《四川经济月刊》第1卷第4期(1934年4月),第5—7页。
③ 周宜甫:《四川金融风潮史略》,1933年初版,第59页;田茂德、吴瑞雨、王大敏整理:《辛亥革命至抗战前夕四川金融大事记(初稿)》(四),《西南金融》1984年第9期,第38页。
④《石建屏倒骗案结束》,《四川月报》第1卷第1期(1932年7月),第7页。

为了加强对渝市申汇市场的管理及解决地方财政问题,刘湘部二十一军财政处长刘航琛致函重庆银行公会,拟于本埠设立交易所,邀约公会推人加入发起共同组织。于是,1931年11月26日,由重庆银行公会主席康心如召集,在四川美丰银行召开第四次公会执行委员会会议,讨论议决,推银行公会会员7名银行经理人加入发起组织。①在刘航琛与重庆银行公会共同努力下,1932年4月20日,重庆证券交易所开业,资本20万元,杨粲三任理事长。经营各种公债、库券及有价证券,②并赋予其以整理申票为附业。由于申汇市场的暴涨暴落,1935年2月1日交易所被迫关闭,停拍申汇。③1935年7月1日,财政部宣布民国24年四川善后公债7000万元如数发行。④为了便于四川善后公债顺利推行,重庆银行公会于1935年7月29日开会决议重建证券交易所。⑤经过筹备,10月21日重庆证券交易所再度开拍。⑥到抗战之前,重庆证券交易所逐渐发展成为了一个以经营政府公债为主的交易制度相对完备的西部地区的地方证券市场,市场运行渐趋良好。

1933年1月17日,重庆银行公会提议筹设票据交换所,⑦5月30日,重庆银钱业联合公库成立,并在公库之内设票据交换所,办理会员行庄之票据交换事宜。1935年5月该所改组,由银行联合库及义丰钱庄分担转账工作,1936年10月该所再度改组,由中国银行担任转账工作,⑧10月15日,重庆票据交换所成立,加入银行10家,钱庄12家。⑨凡是加入公库的行庄,所出的庄

---

① 重庆市档案馆馆藏重庆市银行商业同业公会未刊档案,档号0086-1-117。
② 田茂德、吴瑞雨、王大敏整理:《辛亥革命至抗战前夕四川金融大事记(初稿)》(四),《西南金融》1984年第9期,第38页。
③ 四川地方银行经济调查部:《二十四年四川金融大事日志》,《四川经济月刊》第5卷第1期(1936年1月),第10页。
④ 四川地方银行经济调查部:《四川最近之公债与房捐问题》,《四川经济月刊》第4卷第3期(1935年9月),第9页。
⑤ 重庆市档案馆馆藏重庆市银行商业同业公会未刊档案,档号0086-1-117。
⑥ 田茂德、吴瑞雨、王大敏整理:《辛亥革命至抗战前夕四川金融大事记(初稿)》(五),《西南金融》1984年第10期,第38页。
⑦ 重庆市档案馆馆藏重庆市银行商业同业公会未刊档案,档号0086-1-117。
⑧ 杨承厚:《重庆市票据交换制度》,1944年重庆出版,第1—2页。
⑨ 田茂德、吴瑞雨、王大敏整理:《辛亥革命至抗战前夕四川金融大事记(初稿)》(六),《西南金融》1984年第11期,第29页。

票、支票,经公库保付后,任何商号都可接受,最后持向公库结抵清算。这不仅节省了现金收交的麻烦,而且为会员行庄融通资金创造了条件。从1933年到1937年,重庆银钱业的票据交换额逐年上升,1933年为3300万元,1935年达到82680万元,1937年虽受抗战爆发的影响,但仍达到77555万元。[1]票据交换市场的交换物品还有股票和证券。从整体上看,到20世纪30年代,重庆金融业已具有了跨地区的影响。

总之,抗战爆发前,随着重庆金融业的发展,逐渐形成了以聚兴诚银行为首的川帮商业银行之中心,成为重庆乃至四川地区的金融核心,进而又和川滇银行组合成全国银行界中的"华西集团"并成为其主体,它们和中国银行重庆分行一起组成覆盖西南地区的金融网络,控制与垄断着四川地方的金融业务,关联并影响重庆诸多的金融市场,如存款放款市场、资金拆借市场、票据贴现市场、证券交易市场、货币汇兑市场、外汇黄金市场等,执四川乃至西部地区金融界之牛耳。由此可见,抗战爆发前的重庆已逐渐形成了中国西部地区的区域性金融中心,而该中心的形成是自然渐进式的,是应市场需求而产生,并与经济发展相伴随,它的形成又为抗战爆发后国府选择定都重庆,建立大后方金融中心作了铺垫。

二、战时大后方重庆金融中心地位的形成

抗战前,全国金融中心在上海,但1937年"七七"事变爆发后,上海的金融业和金融市场受到重大影响,上海银钱业不得不于8月13日至16日连续休业四天,上海华商证券交易所和金业交易所即奉令停业。对此,国民政府最初试图维持上海的金融中心地位,"八一三"战事之后,财政部于8月15日公布了《非常时期安定金融办法》,旨在限制提存,节制资金外流。16日,上海四行联合办事处在法租界开业,26日财政部又公布了《中中交农四行内地联

---

[1] 周勇:《重庆通史》,重庆出版社2001年版,第390页。

合贴放办法》,在上海设立四行联合贴放委员会和联合办事处,[①]其目的不仅在于稳定上海金融,还试图强化上海在调剂内地金融方面的中心作用。

随着战事的演变,国民政府预计东中部地区难保,乃将国统区经济、金融中心西移,提出要在平汉、粤汉线以西的西部地区建立"抗战建国"大后方。11月上海失守,国民政府旋即于11月20日发表《国民政府移驻重庆办公宣言》,指出:"国民政府兹为适应战况,统筹全局,长期抗战起见,本日移至重庆。此后将以最广大之规模,从事更持久之战斗;以中国人民之众,土地之广,人人抱必死之决心,以其热血与土地,凝结为一,任何暴力不能使之分离。外得国际之同情,内有民众之团结,继续抗战,必能达到维护国家民族生存独立之目的"。[②]26日,国民政府主席林森率部乘船抵达重庆。于是,中国的金融中心也随着政府的西迁而开始了从上海向重庆转移,此后,尤其是太平洋战争之后,在上海,不但中、中、交、农四行所有分支机构撤出,英美系银行停业清理,不少商业性金融中枢机构亦西撤,法币被彻底逐出上海。这就使得上海以往对其他地区的金融辐射作用不复存在。而重庆作为国民政府新的政治经济中心,逐渐发展成为了战时最大、最重要的金融中心。主要体现如下几个方面:

第一,各地金融机构纷纷迁入重庆。金融中心的形成必须要有较为密集的金融机构,战时重庆金融中心的形成,其最显著的标志,便是原先汇集于以上海及其他东中部城市的国家银行、地方银行、商业银行以及保险公司等金融机构纷纷内迁重庆。

抗战开始后,随着国民政府内迁重庆,为了稳定金融和抗战大后方的经济局势,1938年1月,交通银行在渝设立分行。同年四联总处亦由汉迁渝。[③] 1939年8月22日,国民政府财政部令中、中、交、农四总行在香港的机构迁渝办公。10月1日,四联总处在渝改组,由研究指导四行业务进而为战时经济

[①] 任建树:《现代上海大事记》,上海辞书出版社1996年版,第675—678页。
[②] 蒋介石:《抗战到底》,上海生活书店发行1938年版,第91页。
[③] 交通银行总管理处:《金融市场论》,上海1947年版,第97页。

与金融政策的执行机关。[①]其重要职权:掌握全国金融之设计;资金之集中与运用;四行发行准备之审核;受托小额币券之发行与领用;四行联合贴放;内地及口岸汇款之审核;外汇申请之审核;战时特种生产事业之联合投资;战时物资之调剂;收兑生金银之管理;推行特种储蓄;四行预决算之复核等。[②]抗战以来,四行陆续在后方各地,增设分支机构,以期逐步完成后方金融网建设之计划;截至1843年底为止,重庆一地四行之分支行处即共达39单位之多。[③]这样"四联总处"便成为战时主宰全国金融的最高权力机关。[④]整个抗战时期,四行二局与"四联总处"作为全国性金融首脑机关集中于重庆,迅速成为了重庆金融业的主体,集聚了巨额的货币资本,是金银外汇的总汇,货币发行的枢纽,直到1945年9月,中央、中国、交通、农民四行及中央信托、邮政储金汇业两局才开始由渝迁沪。

除四行二局外,抗日战争爆发后,重庆还成为其他外地各类银行内迁的最大集聚地。对于上海和其他沦陷区金融机构而言,重庆不仅仅是国统区的政治中心,也是最大的经济中心和有利的投资场所,具有很大的吸引力。许多外地银行,如号称"北四行"的金城、盐业、中南、大陆银行,号称"南四行"中的上海商业储蓄、浙江兴业以及新华信托银行等等,纷纷来渝开业。太平洋战争爆发之后,1942年4月1日,国民政府财政部令全国各商业银行,凡总行或总管理处在沦陷区的必须移设后方,指定重庆、昆明、桂林三地任各行选择。[⑤]这更是促进了沦陷区银行的内迁,据1943年7月重庆市各银行注册一览表的统计,已向国民政府注册的银行共计70家,其中属于内迁重庆的外地银行情况如表4-2所示:

[①] 田茂德、吴瑞雨整理:《抗日战争时期四川金融大事记(初稿)》,《西南金融》1985年第11期,第25页。

[②] 洪葭管:《中央银行史料(1928.11—1949.5)》(下),中国金融出版社2005年版,第770—771页。

[③] 交通银行总管理处:《金融市场论》,上海1947年版,第97页。

[④] 田茂德、吴瑞雨整理:《抗日战争时期四川金融大事记(初稿)》,《西南金融》1986年第4期,第30页。

[⑤] 田茂德、吴瑞雨整理:《抗日战争时期四川金融大事记(初稿)》,《西南金融》1986年第1期,第29页。

表4-2 截至1943年7月外地在重庆注册的银行统计表

行名 \ 项目	注册时间	资本总额(万元)	备注
新华信托储蓄银行	1932年1月	20000	原设上海,1942年移渝
江海银行	1934年2月	10000	原设上海,1938年移渝
山西裕华银行	1941年9月	500	
华侨银行重庆分行	1943年3月	100	
中国国货银行	1929年11月	2000	设香港,1942年9月移渝
云南兴文银行	1942年7月	1600	重庆分行营业基金为50万元
金城银行	1935年7月	1000	重庆管辖行资本600万元
中南银行	1935年7月	750	重庆支行营业基金为25万元
中国农工银行	1932年5月	10	重庆分行资金为70万元
上海商业储蓄银行	1936年4月	500	重庆分行资金为50万元
大陆银行	1929年5月	500	渝分行资金为25万元
中国通商银行	1937年4月	400	原设上海,1943年移渝
四明商业储蓄银行	1937年5月	400	上海总行撤销在渝另设总行办事处
四川农工银行	1943年7月	600	分行资金为10万元
复兴实业银行	1943年4月	500	渝分行资金为30万元
成都商业银行	1940年10月	100	渝支行资金为25万元
浙江兴业银行	1934年5月	400	渝支行资金为100万元
四行储蓄会	1931年8月	100	渝分会
广东省银行	1937年2月	1000	重庆办事处基金10万元
湖北省银行	1940年7月	1000	渝支行资金为3万元
广西省银行	1939年9月	1500	设有重庆办事处
江苏银行	1936年7月	600	重庆设有分行,总行拟移渝
福建省银行	1936年2月	500	重庆办事处基金为3万元
陕西省银行			设重庆办事处注册手续正在办理中
江西裕民银行	1937年3月	500	设有重庆办事处
安徽地方银行	1942年5月	500	设有驻渝办事处
贵州银行	1941年12月	600	设有重庆办事处
湖南省银行		500	重庆办事处资金5万元,注册手续正办理中
甘肃省银行	1940年10月	500	重庆办事处资金3万元
江苏农民银行	1932年10月	400	驻渝办事处资金5万元
河南农工银行	1943年6月	300	设有重庆办事处

续表

行名 项目	注册时间	资本总额（万元）	备注
西康省银行	1941年9月	350	设有重庆办事处
河北省银行	1940年3月	100	重庆办事处资金5万元

资料来源：重庆市档案馆馆藏重庆银行公会未刊档案，档号0086-1-11。

上表可知，到1943年7月，外省迁往重庆的商业银行、省地方银行共计33家，占当时在重庆注册银行70家的47.14%。

战前重庆保险公司，仅寥寥数家，且大都操纵于外商之手，如太古、怡和等洋行均设有保险部，其他如金星人寿保险公司、天一水火保险公司，则时起时歇，仅太平、宝丰等华商经营保险公司在艰难支撑。[1]自抗战发生，国民政府迁都后方以来，工商业及运输业，均较前发达，重庆即成为保险业的中心地，据1943年的统计，国人经营的保险公司，已有21家，在此21家之中，其为总公司者12家，为分公司者8家，另一家为代理处，其中人寿保险3家，简易寿险1家，人寿兼产物保险1家，盐载保险1家，产物保险15家。截至1944年底，保险事业相继设立，已增达53家，计外商保险公司3家，（此3家之业务均陷于停顿状态），华商保险公司50家。[2]至于战时在重庆建立的信托事业，仅有中央信托局与中华实业信托公司2家，而银行附设之信托部，则多达38家。[3]

第二，重庆本地金融机构的迅猛发展。战时重庆金融中心的形成还体现在本地金融机构票号、钱庄与银行的空前发展。尤其是本地银行的开办，是重庆金融中心形成过程中最重要的事件。战前的重庆就已经是四川甚至是西部地区的金融中心。在四行二局等国家银行与大量沿江沿海商业银行的内迁带动下，重庆本地的各大小银行也纷纷发育起来，据1939年12月7日《商务日报》刊载消息，当时重庆共有大、小银行30余家，加入银行业同业公会者23家。可以说这时的重庆已经是整个西南地区的金融中心。到1943年

---

[1] 罗君辅：《重庆保险业之展望》，《四川经济汇报》第1卷第1期(1948年2月15日)，第21页。
[2] 董幼娴：《重庆保险业概况》，《四川经济季刊》第2卷第1期(1945年1月1日)，第334页。
[3] 交通银行总管理处：《金融市场论》，上海1947年版，第101页。

7月,在重庆注册的银行已达70家,其中,37家为本地银行,占62.86%。[①]其时,票号、钱庄、银行等金融机构主要集中在现陕西路、打铜街和道门口等朝天门地区一带。因为朝天门港乃重庆转口贸易的核心,商业和金融业网点的密集程度在重庆市内居于领头地位。

从战时重庆银钱业的整体发展来看,截至1943年底,渝市共有各级政府银行19家,其中国家银行总行4家,省银行总行2家,其余13家则为各省地方银行分设重庆之分行或办事处;而战前则仅有国家银行分行3家及省银行总行1家而已。就商业银行钱庄而论,渝市有商业银行50家,银号与钱庄34家,其中总行在渝之商业银行计39家,钱庄中则仅有2家系外埠分设渝市之分庄;综计84家行庄中,战前设立者19家,抗战以后成立者65家。如并入总行在渝之各行分支行处计算,则更足以显示抗战以来重庆市银钱业蓬勃发展之一般趋势,以表4-3的统计可清楚显现。

表4-3　1937—1943年底重庆市银钱行庄累计表

类别 时间	政府银行	商业银行	银号钱庄	合计
抗战前	8	18	14	40
1937年底	8	19	14	41
1938年底	12	25	16	53
1939年底	19	33	18	70
1940年底	26	41	29	96
1941年底	43	51	53	147
1942年底	49	57	46	156
1943年底	59	75	34	169

资料来源:交通银行总管理处:《金融市场论》,上海1947年版,第94页。

上表中的数字包括了各行分设于重庆市的分支行处在内,无论是国家银行、商业银行还是银号钱庄,都呈现出逐年递增,到1943年底的59家政府银行中,计国家银行4家,支行2家,办事处18家,分理处8家,简易储蓄处7家,

---

[①] 重庆市馆藏重庆银行公会未刊档案,档号0086-1-11。

及省银行总行2家,办事处18家;1943年年底的75家(表中是75家)商业银行中,计总行39家,分行处25家,及外埠银行分设渝市之分行处11家;钱庄改组银行的1938年、1941年各1家,1942年3家,1943年11家。

总之,在抗战爆发前,重庆银行钱庄合计不过20余家,至抗战结束的1945年8月底,重庆已有政府金融机构、省市县地方银行和商业银行共94家,另有银公司、银号、钱庄及信托公司等24家,外商银行2家[1]。而且,战时重庆金融业一般在外埠设有分支机构或代理机构。从整体上看,重庆金融业已具有了跨地区的影响,重庆是国统区资金融通与划拨的中心,是最大、最重要的金融中心。

第三,金融中心的形成还必须要有完善的金融市场。战时重庆金融市场的发育与完善,也是重庆金融中心形成的集中体现。抗战爆发后,重庆的金融市场发生了极大变化,原有的证券市场停业了,票据市场重新改组了,在新形势下,重庆的内汇市场有了进一步的发展,并形成了新的金融市场——外汇市场与黄金市场。

战前运行良好的重庆证券交易所在"八一三"战事爆发后,即奉令停市,此后,虽然国民政府在迁都重庆后,政府与经济、金融、社会各界对于后方证券交易所的重建不遗余力,并引发了一场是否建立以重庆为首的大后方证券市场的争论,但最终由于战时的特殊环境,这一愿望和目标因种种条件的限制而未能实现。[2]

重庆票据市场由于受战争因素的影响,1937年10月,中国银行停止办理转账事宜,各行庄折款均不易还清,发生风潮。重庆市政府出面维持,准令差额行庄以财产担保,另组银钱业联合准备委员会,发行代现券作为差额之用,转账机关改由四川省银行及同生福钱庄担任。但代现券之担保品不易变现,其价格与法币发生贴水,于1939年1月停止发行。票据交换工作因差额抵解困难,陷入停顿状态。[3]此后,虽然恢复票据交换的呼声不断,但仍未实行。

---

[1] 朱斯煌:《民国经济史》银行周报社1948年版,第34页。
[2] 刘志英:《关于抗战时期建立后方证券市场之论争》,《西南大学学报》2007年第4期,第163—167页。
[3] 杨承厚:《重庆市票据交换制度》,文化建设印务局1944年版,第7—8页。

直到太平洋战争爆发后，1941年12月24日，财政部函请中央银行筹备恢复重庆市票据交换制度："重庆现已为后方金融重心，亟应提倡行使票据以期金融市场得以正当发展而逐渐取消比期存款之高昂利率，兹拟于三十一年（1942年）一月起开办票据交换所以实现上述之目标。……所有开办重庆市票据交换事项，应请贵行克期实行，……以利金融。"①经过筹备，1942年6月1日，战时重庆票据市场在中央银行的主持下正式开始交易，参加交换之行庄，计有银行36家，钱庄33家，共69家；其后各行庄陆续加入，同年12月底增为银行45家，钱庄43家，共88家；1943年12月底银行增为58家，钱庄中因一部分已改组银行，减为32家，共计有交换行庄90家。②1943年4月2日，财政部公布《非常时期票据承兑贴现办法》，指定在重庆、成都、贵阳、桂林、昆明、衡阳等19个地区实施，以推动票据承兑贴现业务的开展。③

重庆内汇市场在抗战时期也得到进一步扩展，由于国民政府金融中心的西迁，重庆发展成为大后方的汇兑中心。1943年5月，重庆各行庄向国内城市如成都、昆明、内江、万县、衡阳、泸县、三斗坪、柳州、广东、贵阳、上海、江津、宜宾、西安、梧州等地汇函资金4.81亿元，同期由外地汇入重庆的为3.72亿元，当月共计调动资金就达到8.53亿元。④

战时的重庆外汇市场从无到有，"太平洋大战爆发，沪港相继沦陷，后方各大都市经济上金融上皆与沪港绝缘。渝市金融市场更因之而发生绝大之变化，此后申汇与港汇之行情不复存在，汇兑方面一以内汇为主，而平准会亦改在内地供给外汇，渝市金融市场将代沪港而为全国金融中心矣。"⑤可见，在太平洋战争爆发后，上海和香港的法币外汇市场均告结束，中英美平准基金委员会和国民政府财政部外汇管理委员会所在地重庆，成为中国大后方唯一进行外汇决策及操作的城市。

战时重庆虽无专设的黄金市场，但其交易却十分活跃。其活动中心，主

---

① 杨承厚：《重庆市票据交换制度》，文化建设印务局1944年版，第17页。
② 交通银行总管理处：《金融市场论》，上海1947年版，第127页。
③ 田茂德、吴瑞雨整理：《抗日战争时期四川金融大事记（初稿）》，《西南金融》1986年第2期，第35页。
④ 刘方健：《近代重庆金融市场的特征与作用》，《财经科学》1995年第3期，第54页。
⑤ 洪葭管：《中央银行史料》（上），中国金融出版社2005年版，第397页。

要在银行公会大厦的营业厅,每天上午9时到10时,下午1时到2时,是市场交易的集中时间。在重庆,从事黄金交易的,有银楼、行庄、字号、帮客、掮客等,在帮客中又有西安帮、昆明帮、汉口帮、江浙帮、本地帮的区别。尽管国民政府反复无常,对黄金买卖时开时闭,但黑市买卖终难禁止,只是交易地点时而场内时而场外而已。①

此外,战时重庆新增金融服务机构,中、中、交、农四行在重庆设立了联合征信所,为四川和大后方其他各地工商业提供经信息和咨询服务。

总之,抗战期间,随着国民政府政治经济中心的西迁,重庆在原有本地银行的基础上,又迎来了大批内迁银行。极盛时期,重庆的金融机构达到160多家,不仅有国家银行、地方银行、商业银行以及钱庄、银号、保险公司,外商银行的汇丰和麦加利也在重庆设立了办事处,它们共同汇成了重庆金融业的蓬勃发展,并逐渐形成了一个门类众多、体系完备的金融市场,于是战时大后方重庆金融中心地位由此形成。

三、重庆金融中心形成的原因及其在抗战中的作用

战时大后方重庆金融中心的形成与发展具有深刻的背景。

首先,战时大后方经济的发展与金融之间的相互作用,是重庆金融中心形成和发展的内在动力。

抗战爆发前,重庆虽然是四川最大的唯一的工业区,其工厂数在全国仍十分微弱,根据经济部1932年至1937年的工厂登记统计数据显示,全国工厂总数3935家,资本373359千元,工人数456937人,其中四川工厂115家,资本2145千元,工人数13019人,"十之七八是设于重庆或其附近"。如按最高80%计算,当时重庆仅有工厂92家,占全国的2.34%,资本1716千元,占全国

---

① 中国人民银行总行金融研究所金融历史研究室:《近代中国的金融市场》,中国金融出版社1989年版,第196—198页。

的0.46%,工人数10415人,占全国的2.28%。[1]然而,八年抗战中,重庆工业发生了翻天覆地的变化。到1945年底,登记工厂的累积数,共达1694家,资本2726338千元,工人106510人。在战时大后方的工业中所占地位是:在5998家中占28.3%,在8490929千元的资本总额中占32.1%,在399675个工人中占26.9%。重庆工业占据的优势,是就整个大后方范围而言,如以重庆对西南——川、康、滇、黔,或以重庆对四川看,它的地位还要显著。从西南四省看,则在3314家工厂中,重庆占了51.1%;在5984538千元资本中,重庆占了45.6%;在222878名工人中,重庆亦占了47.9%。在四川省内,则重庆更占了2852家工厂的59.4%,4729994千元资本的57.6%,183559名工人的58%。[2]因此,重庆战时经济的飞速发展是促进重庆金融中心形成的"原动力"。

其次,国民政府迁都重庆的决策和建立以重庆为中心的大后方金融网的政策,是推动重庆金融中心形成和发展的外部动力。

重庆金融中心形成的原因固然是多方面的,但受政局演变和政治中心变动的"连带"效应,是不争的事实。国民政府对重庆金融中心的支持表现为直接介入金融中心的建设和间接影响金融中心的发展两个方面。

抗战爆发后国民政府公布了《四川内地联合贴放办法》(1937年9月),批准重庆成立贴放委员会、《改善地方金融机构办法纲要》(1938年4月)、《战时健全中央金融机构办法纲要》(1939年9月)等一系列金融法规,还于1938年6月和1939年3月分别在汉口、重庆召开了两次地方金融会议,国民政府财政部为了推进国家银行在西部地区的设点工作,拟订并公布了《筹设西南西北及邻近战区金融网二年计划》(1938年8月)、《巩固金融办法纲要》(1939年9月),规定扩充西南西北金融网。又于1940年3月增订第二第三期西南西北金融网计划,再次规定四行在西南西北设置分支行处,力求普遍周密。1942年9月5日,四联总处提出了《筹设西北金融网原则》,决定从速增设西北地区四行网点。这些金融法规与计划,无疑对于建立大后方金融中心重庆提供了必不可少的政策支持。

---

[1] 李紫翔:《抗战以来四川之工业》,《四川经济季刊》第1卷第1期(1943年12月15日),第20—21页。
[2] 李紫翔:《胜利前后的重庆工业》,《四川经济季刊》第3卷第4期(1946年12月31日),第4—5页。

而金融机构的内迁及资金的内移与政府的支持更是密不可分,为鼓励沿海资金的内移,1941年11月,国民政府颁布了《非常时期奖励资金内移兴办实业办法》14条,鼓励人民自国外或本国各口岸及战地,以国币、外币、外汇或黄金进入内地投资,政府对此担保本息,特许发行实业债务及投资信托证券;还可享受非常时期工矿业奖励条例,特种工业保息及补助条例或非常时期华侨投资国内经济事业奖助办法之优待;并可随时向中央信托局投保战时陆地兵险;向口岸购买原料或机件时,可向四联总处分支处申请汇款,并予以便利。其中特别对经财政部核准的移资内地之金融业,在投资经营指定事业时,除享规定之优待外,当其因周转需要现金时,可以此项投资向中、中、交、农四行抵押借款。对于后方工矿交通农林畜牧各业,凡合于在战时内迁、在战时扩充生产、在战时创办等情形,同样可援用本办法之规定,请予奖励。[①]

金融是经济的血脉,战时重庆金融中心的形成对整个大后方社会经济发展的作用是广泛而深远的。

第一,战时中国金融中心的成功西移,重庆金融中心的形成,起到了吸引资金内移,凝聚抗战力量的巨大作用。

抗战爆发后,国民政府财政部大力提倡和奖励西南投资,顺应了抗战的需要和形势发展的要求,颇得银行界及金融界之拥护。战时上海游资流入内地虽无确切数字可考,但据估计,上海银行界及其顾客往重庆及其他内地各处投资之总数,不下15万万元之额。1940年上半年又有6万万元汇入自由区,内中大部分为私营商号及个人汇款以发展企业。[②]同时,随着战事发展,上海、武汉、广州国民政府军队的相继退守后,上述各地之资金现款,多集中于香港各中外银行,在全盛时期国人资金之集中香港者,据非正式统计,曾达5万万港币,此项巨量不流动之资金存置于各银行,实达半年,到1940年初,开始向国内流动,而流返上海租界之资金所占数目数量至大,几达2万万元之谱,其余一部分则流入西南大后方昆明、贵阳、重庆。其中重庆占30%,昆明占25%。[③]

---

① 重庆市档案馆藏重庆市银行商业同业公会未刊档案,档号0086-1-46。
②《中外财政金融消息汇报·沪市游资大量内移》,《财政评论》第4卷第4期(1940年10月)。
③《中外财政金融消息汇报·巨量资金流返国内》,《财政评论》第4卷第1期(1940年7月)。

第二，重庆金融中心的形成，促成了以重庆为中心，辐射整个大后方的金融网的建立与发展。

抗战爆发以后，随着国民政府的西迁，后方产业逐渐繁荣，而使银行业重趋蓬勃，一时大后方新银行之设立，如雨后春笋。据统计，自1937年"七七"事变起，至1942年8月底止，五年内新设银行即达108家之多，其中仍以商业银行为最多，占62家，次为省市县立银行，占19家，农工银行15家，专业银行9家。此后战事虽屡有推移，银行增设仍方兴未艾。截至1945年8月底胜利前夕，后方银行总数，已达416家，视战前全国数字增加颇多；分支机构则为2566所，亦较前增加，而活动地区则仅及战前之半，战时大后方银行业之兴盛可见一斑。现将八年中全国银行之分类数量及大后方银行区域分布情况列于表4-4、4-5：

表4-4 1937年7月—1945年8月中国银行业分类统计表

国营银行		省营银行		县市营银行		商营银行		总计	
总行	分行	总行	分行	总行	分行	总行	分行	总行	分行
6	853	20	925	284	193	105	595	415	2566

材料来源：中国通商银行：《五十年来之中国经济》，上海六联印刷股份有限公司印刷1947年版，第43页。

表4-5 1945年8月大后方银行地域分布情形统计表

地区	总行数	百分比	分行数	百分比	总数	百分比
西南五省	245	58.89%	1314	51.21%	1559	52.28%
西北五省	64	15.38%	366	14.26%	430	14.41%
华中及华南六省	53	12.75%	754	29.38%	807	27.06%
华北七省	50	12.02%	45	1.76%	95	3.19%
江浙二省	4	0.96%	87	3.39%	91	3.06%
总计	416	100.00%	2566	100.00%	2982	100.00%

资料来源：中国通商银行：《五十年来之中国经济》，上海六联印刷股份有限公司印刷1947年版，第48页。

由上两表可知，截至1945年8月胜利前夕，全国除沦陷地区外，银行总行总数为416家，分支行为2566家。就中以西南五省为数最多，计总行245家，占总数59%；分行1314处，占总数51%。其中当以四川（包括重庆在内）为最多，计总行215家，分行922家；西北五省总行有64家，占总数15%强，分行则较少，计366家（占14.3%）。华南及华中六省分行较多，计754家（占29.4%），总行亦有53家（占12%）。当时华北七省及江浙两省，大部陷于敌手，故银行较少。

总之，抗战期间，随战事推移，金融业向后方迅速发展，形成了由国家银行、省、县市地方银行、商业银行、钱庄、保险等各类金融机构组成的完整的金融体系，这个体系以重庆为核心，省会城市为支柱，县市乃至乡镇为基础，结成了分工明确，功能齐备，覆盖整个大后方的金融网。

第三，重庆金融中心的形成，促进了大后方金融制度的建立、完善与金融业的近代化。

对银行的监督管理进一步加强。1939年9月，国民政府颁布《巩固金融办法纲要》及《战时健全中央金融机构办法纲要》，[①]统一规范对银行的监督管理，1941年开始，由财政部负责办理银行检查工作，1942年7月，加强管制全国银钱行庄业务，又进一步将银行监理官分区设置，规定：于重庆以外各重要都市设置银行监理官，并向各省地方银行及重要商业银行派驻银行监理员，经常监理各该区内银行钱庄业务，其监理费用则由财政部向各行庄征收，每年按照资本额1%征收。制定了《财政部银行监理官办公处组织规则》与《财政部派驻银行监理员规程》等规章制度，对银行监理官之职掌、驻行监理员之任务、职责以及处罚权限等均进行了制度规范。1943年3月，为了加强对新设银行的规范管理，特由财政部部长孔祥熙发出训令，对于银钱号增资改设银行进行了限制，除已有银行开设分支行处外，凡是由钱庄、银号等改组开业之各银行，必须规定合并3家以上，方准立案注册。[②]

经营管理的各项规范得到进一步完善。东部沿海地区的内迁银行，在大

[①] 重庆市档案馆馆藏重庆市银行商业同业公会未刊档案，档号0086-1-56。
[②] 重庆市档案馆馆藏重庆市银行商业同业公会未刊档案，档号0086-1-11。

后方金融制度与金融业的近代化进程中,起到了积极带头作用,他们不仅带来新的经营理念,还带领大后方的银行业直接参与国民政府的金融制度建设,如1945年初,由浙江兴业银行重庆分行、重庆中南银行、中国农工银行重庆分行、中国实业银行总行、金城银行重庆分行、重庆新华信托储蓄银行、上海商业储蓄银行总行、中国通商银行重庆分行等8家领衔,对于国民政府战时管制金融法令从导引游资投放生产建设事业、简化放款手续、调整存款准备金等三个方面提出书面建议,请政府采纳修正。①1945年2月,由财政部钱币司召集重庆金融业组织建立金融法规研讨委员会,每星期开常会一次,主要研究讨论六个方面的问题:(一)关于银行资金运用法规;(二)关于各项放款法规;(三)关于票据法规;(四)关于管理汇兑法规;(五)利率问题;(六)存款准备金及农贷资金问题。这一研究工作在两个月内结束,其研讨结果由钱币司汇集整理作为修正相关条文之根据。对此活动,重庆的各银行均积极参与,如泰丰银行、西亚银行、正和银行、川康平民商业银行等向银行公会呈报了许多书面意见,历陈战时管制金融各行庄感受之困难,提供修改意见,以促进国民政府的金融法制建设。②

金融市场的管理更加健全。为了活泼战时金融,运用扶植战时生产建设,逐渐建立健全规范的票据市场,1943年4月,国民政府行政院会议修正通过《非常时期票据承兑贴现办法》18条,对于合法商业行为签发之票据(商业承兑汇票、农业承兑汇票、银行承兑汇)承兑贴现的时间、方法、贴现率以及违反处罚等均做了较为详细的规范,并决定由财政部首先在重庆、成都、内江、宜宾、自贡、南充、嘉定、万县、贵阳、桂林、衡阳、昆明、曲江、永安、吉安、屯溪、兰州、西安、洛阳等地公告施行。在这些票据中,由于银行承兑汇票易于流通,在票据市场中占据重要部分,因此,财政部对于银行办理承兑业务特别规定管制办法。③

行业公会组织建设也得到加强。同时为了为灵活市面金融,扶助经济发展计,1943年,国民政府又筹设银钱业公会组织联合准备委员会,7月颁布

---

① 重庆市档案馆馆藏重庆市银行商业同业公会未刊档案,档号0086-1-26。
② 重庆市档案馆馆藏重庆市银行商业同业公会未刊档案,档号0086-1-26。
③ 重庆市档案馆馆藏重庆市银行商业同业公会未刊档案,档号0086-1-11。

《银钱业公会组织联合准备委员会原则》11条,规定了该委员会的组织建制与职责等。8月30日,重庆市银钱业联合准备委员会筹备委员会第一次筹备会议在钱业公会会所正式召开,除各省地方银行之分支机构因未兼营存放业务可免参加外,其余行庄均须一律加入,陈德恕、康心如、蔡鹤年、李崇德、潘昌猷、席文光、卢澜康、孙荫浓、徐国懋、徐广迟、汤筱齐等11人当选为筹备委员,拟定公约草案15条,规定,凡本市各银行、银号、钱庄均得参加为本委员会委员行庄。委员会设执行委员15人,常务委员5人,10月1日举行第一次执行委员会,互选龚农瞻、徐广迟、卢澜康、陈德恕、蔡鹤年等5人为常务委员,自即日起,假银行公会开始办公,当时参加该委员会的银行有51家,钱庄、银号33家。银钱业联合准备委员会建立的目的有三:(一)集中银钱业之实力,以增强其对于整个社会之信用,健全我国战时金融制度;(二)同业头寸之调剂;(三)为中央银行充作调节之工具。建立后,组织了评价委员会,开始接受委员行庄缴存准备财产,并照章签发公库证。[①]

整顿非法交易。由于取消银行比期放款后,1943年初,重庆市面曾发生黑市贷款利率特高,妨害管制金融政策的情况,有鉴于此,由经济部筹议取缔办法,切实查禁,并由财政部训令重庆市银行公会对所属各会员行庄放款利率严加管束,勿使逾越正执,要求对黑市贷款随时严查纠举报部核办。[②]

第四,促进了战时大后方经济的迅速发展,对大后方工商与农村经济的发展起到了积极的推动与促进作用。

很显然,内迁的国家银行和其他大银行提供的巨额资金,是原有地方性金融机构无力承办的。这也是金融中心西迁对大后方地区战时经济最显著的促进作用。

据统计,1939年重庆16家银行钱庄放款2488余万元中,商业放款占89.14%;投资2110余万元中,债券占73.51%。1940年重庆26家银行钱庄放款余额4172万元中,商业占96.85%,工矿0.64%;投资1545万元中,债券占

[①] 重庆市档案馆馆藏重庆市银行商业同业公会未刊档案,档号0086-1-11。
[②] 重庆市档案馆馆藏重庆市银行商业同业公会未刊档案,档号0086-1-11。

59.28%，工矿3.85%。①据统计，1944年，四川省银行投资16个行业计35家，总金额为8465963元。②

1939年2月15日公布《修正经济部小工业贷款暂行办法》17条（1942年9月11日修正公布），对于经营10万元以下1万元以上，其实收额已达10%以上的纺织、制革、造纸、金属冶炼、化学、陶瓷、农林产品制造及其他经济部认为有贷款必要之小工业，可申请贷款，贷款总额至多不得超过借款人实收资本额，并应按其事业进行实况分期摊付。小工业贷款之利率定为周息1分，贷款之偿还期间为开工出货之日起分年摊还但至多不得超过5年，经济部对于贷款未清偿之各小工业，无论在设厂时或完成后，得派员实地考查，指导与监理。③

财政部为便利生产建设事业单位向银行借款，曾制定了特种厂商借款原则四项，"财政部各区食糖专卖局管理商人向银行借款实施办法"及"管理经营盐业商人向银钱业借款实施办法"两种，除此之外，还于1943年6月颁布施行了《各地经济事业向银行为超额借款审核证明办法》13条。④在国民政府的提倡和促进之下，在金融机构的支持下，大后方的工商业得到了迅速发展。据统计，大后方工业迅猛发展，从1937—1944年，新增工厂数达4810个，其中民营工厂即为4319个，占89.79%。由于国民政府比较重视工业区的规划和建设，到1941年，西部诸省已初步形成了以重庆为核心的重庆、川东、川中、广元、宁（西昌）雅（安）、沅（陵）辰（溪）、桂林、昆明、贵阳、西安宝鸡、甘青等11个工业中心区，行业覆盖机器、冶炼、电器、化学、纺织等主要工业部门，使一个大体上能保障自给的工业体系初具规模。⑤

四联总处及中国农民银行的农贷，大后方各地省、县合作金库的建立等

---

① 田茂德、吴瑞雨整理：《抗日战争时期四川金融大事记（初稿）》，《西南金融》1985年第11期，第18、26页。

② 田茂德、吴瑞雨整理：《抗日战争时期四川金融大事记（初稿）》，《西南金融》1986年第3期，第42页。

③ 重庆市档案馆馆藏重庆市银行商业同业公会未刊档案，档号0086-1-90。

④ 重庆市档案馆馆藏重庆市银行商业同业公会未刊档案，档号0086-1-11。

⑤ 侯德初：《抗战时期大后方工业的开发与衰落》，《四川师范大学学报》1994年第4期，第104—105页。

等,也促进了战时大后方广大农村地区的经济发展,据统计,到1943年,西南农贷总额为5.12亿元,西北地区3.41亿元,西南地区农贷集中在四川省,达3.17亿元,占西南农贷总额的61.9%。[1]这些农贷有利于促进农业的发展,也有利于充实为抗战的胜利打下物质基础。

不过,战时重庆金融中心具有鲜明的财政性。它与战前集商贸性与财政性于一身的金融中心上海具有完全不同的特点,是政府推进模式形成的金融中心,其金融体系并非纯粹依靠经济自身发展形成,而是主要在特殊的历史背景与条件下,通过国民政府的人为设计、强力支持而产生的,具有明显的超前性。正是这种超前性刺激了经济发展,对经济发展发挥了先导作用,经济的发展又引发了对资金的需求,从而带动了金融业的扩张。可见,政府推进模式下金融中心形成的根本动力在于以政策促进金融资源的聚合。

综上所述,一个金融中心的形成,是基于自然与人文的,历史与现实的,经济与政治的复杂而多样化的因素综合作用的产物,战时重庆之所以迅速成为大后方金融中心,也是种种复杂因素综合作用的结果。当然,全面抗战中以重庆作为抗战大后方的核心和战时之首都无疑是其中最重要的因素。也正是由于此,战后重庆这一抗战大后方金融中心地位的迅速失去也是必然的和毫不奇怪的了。如果说作为战时金融中心的重庆,其对全国的影响与作用是显著而短暂的,那么它对本地区乃至抗战大后方的影响和作用则是重大而深远的。其中最重大的影响和作用莫过于,它大大促进了西部地区金融制度的建立、完善与金融业的近代化;促进了西部地区经济近代化的迅速发展。因此,重庆抗战大后方金融中心的形成,对于近代以来一直是中国最落后的西部地区,的确是一个千载难逢的历史发展机遇。

---

[1] 易绵阳:《抗战时期四联总处农贷研究》,《中国农史》2010年第4期,第83页。

抗战大后方的金融机构

1937年抗日战争爆发,对我国政治、经济、军事、文化、社会等方方面面都产生了重大影响,随着战事的进行,东部沿海城市的相继沦陷,国民政府迁都重庆,再加上重庆得天独厚的自然条件和较发达的工商实业,原先汇集于上海及东部沿海地区的国家银行与商业银行的中枢机构,也迁到了战时首都,于是重庆就成为了"国统区资金融通与划拨的中心,是最大、最重要的金融中心"[1]。国民政府迁都重庆后,大力发展以重庆为中心的西部金融业,努力构建西部金融网络,西部地区的金融机构由此迅速发展起来,形成了以近代银行为核心的,包括银行、信托、邮政储蓄、合作金库等新式金融机构与钱庄、银号、典当等传统金融机构并存的完整的金融体系。抗战大后方金融机构的迅速发展,对当时的金融界产生了巨大影响,对抗战大后方经济的发展起到了坚实的保障作用。

然而,目前学术界对此研究却十分不够,寥寥无几的涉及近代西部金融业研究的资料和论著中,呈现出巨大的不均衡现象。资料汇编方面仅四联总处等国家银行有全套的资料汇编出版,其他银行连自身的资料汇编都没有。[2]对西部银行史研究的论著多集中于四联总处和革命根据地的研究,对于省、县地方银行和商业银行少有成果涉及,省银行多以四川和云南省银行为主,商业银行以内迁的金城银行及重庆本地的聚兴诚银行居多,但研究的

---

[1] 吴景平:《近代中国金融中心的区域变迁》,《中国社会科学》1994年第6期,第186页。
[2] 重庆市档案馆、重庆市人民银行金融研究所:《四联总处史料》,档案出版社1993年版;中国第二历史档案馆:《四联总处回忆录》,广西师范大学出版社2003年版。

深度也不够,其他却很少涉及。战时大后方的金融机构,从传统的钱庄、银号、典当等,到新式的国家银行、地方银行、商业银行等,再到非银行体系的信托、邮政、合作金库等,金融机构门类众多,数量庞大,在极有限的篇幅内,显然无法对抗战大后方所有金融机构展开全面探讨,不过还是想以专题研究的形式,对其中的金融机构展开较为深入系统的研究。本部分选取了重庆本地著名六大川帮商业银行中的聚兴诚银行、四川美丰银行与川盐银行、抗战时期才迅速建立与发展起来的县银行与合作金库为个案,通过对这些金融机构的个案考察与探究,可以深化对抗战大后方金融业的研究,同时也期望以此为今后能进一步全面地研究各类金融机构做一个铺垫。

第五章 抗战时期聚兴诚银行的经营理念与特色

聚兴诚银行是川帮银行之首,实力雄厚,影响深远,是西部地区本地商业银行的突出代表。聚兴诚银行本身的发展与抗日战争时期大后方金融的发展更是息息相关,为大后方经济的发展做出了突出贡献,同时也在金融界产生了巨大影响,成为了战时最具影响力的商业银行之一。

本章以重庆商业银行之一的聚兴诚银行为探讨对象,通过对重庆市档案馆馆藏聚兴诚银行档案和重庆银行公会档案及期刊、报纸等原始资料的搜集和整理,厘清聚兴诚银行的经营理念和特色,以期能够还原该行之原貌。

一、战前的聚兴诚银行及业务特色

聚兴诚银行从1915年成立开始就确立为股份两合公司,直到1937年,抗战爆发后,改为股份有限公司。聚兴诚银行作为一个新兴的资本主义金融企业,不可避免地要受到各方面的挤压,而它步步为营,生存下来,并且得到发展,其发展演变以及组织制度建设方面的确有它独到之处。

(一)聚兴诚银行的创立与发展

光绪十二年(1886),杨文光组设聚兴仁商号,资本总额为1万两,除以经营匹头、棉纱、苏广杂货为主外,还经营机器五金、洋杂货,以及糖、银耳、药材、山货、牛羊皮等土产的贩运业务。光绪二十四年(1898),余栋臣在四川大足起义,乘此机会,杨文光控制了重庆的主要进出口商品,获利丰厚。光绪三十年(1904),杨文光便从聚兴仁商号拨出5万两银子,后来增加为10万两做资本,交由他的长子杨寿宇另开聚兴成商号。①光绪三十四年(1908)杨寿宇患病身亡后,聚兴成商号一时无主,业务也无大的发展。杨粲三接手后,将聚兴成改为"聚兴诚",同时采取两项措施:一是扩大经营品种,二是扩大商业和票号业务。至民国初年,聚兴诚商号每年经营存、放、汇兑的总金额已接近1000万两,所获利润占杨氏家族各种商号收益的第一位。由此可见,聚兴诚商号已经具备了由商业资本向金融资本转化的基础和条件。②1914年,杨希仲兄弟开始组织创设聚兴诚银行。1915年获得北京政府财政、农商两部批准,为股份两合公司。资本总额为100万元。分作1000股,无限股50万元,由杨氏家族11人完全担任,有限股50万元,亦由杨氏完全承购,转售于亲友及号伙。聚兴诚银行每两年结算一次(该行定章两年一结账,1935年后每年结算一次),每届结算都获利丰厚,"两年届满,结算结果,除填一切损失及缴费外,计获纯益48万元之巨"③,头三届纯益共达130多万元,平均每年获利40多万元,处于蓬勃发展的良好态势,杨氏兄弟曾称此为"春花怒放之时"。参见表5-1:

表5-1 聚兴诚银行第二届(1917—1918)决算资产负债表(1918年12月29日止)

科目 年份	1918年
负债额	(元)
股本	1000000.000
公积金	81600.000
特别公积金	19198.662
优遇金	16284.751

---

① 中国民主建国会重庆市委员会重庆市工商联合会文史资料室:《重庆工商人物志》(重庆工商史料第三辑),重庆出版社1984年版,第20—27页。

② 重庆市档案馆馆藏聚兴诚银行未刊档案,档号0295-3-6。

③《聚兴诚银行》,《银行月刊》第1卷第1期(1921年1月),第47—48页。

续表

科目 \ 年份	1918年
各种存款	4589424.395
辅抵呆账	87542.560
纯益	400000.000
合计	6194050.368
资产额	（元）
未收股本	300000.000
各种放款	5353579.394
追收款项	87542.560
有价证券	6450.754
营业用房屋	23873.459
营业用家具	6414.788
押租	3943.662

资料来源：《聚兴诚银行》，《银行月刊》第1卷第1期（1921年1月），第49—50页。

杨氏家族在良好的基础上确立了目标——以银行为中心开办其他有关业务，组成一个包括金融、外贸、航运、工矿等多种业务的庞大的杨氏家族托拉斯垄断组织。1921年，为了避免川中军阀派垫勒索之灾，同时聚兴诚银行业务已面向全国，总行设在重庆，不便于指挥全局，在得到股东会同意之后，将总行由重庆迁往武汉，这时的聚兴诚银行正处于发展的上升阶段，一片欣欣向荣的好态势。

20世纪20年代末叶至30年代中期，全国陷于封建割据、军阀混战之中。四川境内的军阀战争，时间最长，受灾最严重。虽然杨氏家族苦心经营，亦无法使业务好转，每况愈下。"一年数战，交通阻，邮电滞，商货积，币制紊，金融集中于军饷，国群交受其病，业金融者，流通乏术，……倒闭歇业，时有所闻"。[①]银行业务一直在艰难困境中勉强维持，想要获得丰厚利润已根本不可能。加上无力应付军阀勒索摊派，丧失了巨额营运资金，家族纷争，硝烟弥漫，银行业务大受其害，陷入困难重重的苦境。其情形可参见表5-2：

[①] 重庆市档案馆馆藏聚兴诚银行未刊档案，档号0295-1-1842。

表5-2 聚兴诚银行1920年营业报告之损益表

损失之部	元
营业费	328222.135
呆账	222347.383
纯益	474000.000
合计	1024569.518
利益之部	元
利息	599390.794
汇水	343281.347
平水	81897.377
合计	1024569.518

资料来源:《聚兴诚银行九年度营业报告》,《银行月刊》第1卷第6期(1921年6月),第203页。

上表可见,聚兴诚银行在军阀混战时期,几乎是毫无盈利。

抗战之后,大片国土沦丧,武汉失陷,抗日战争进入相持阶段,重庆成为陪都,成为全国政治经济中心,四川和西南成为了支持抗战的大后方,工矿金融企业西迁,大后方人口骤增,市场繁荣,聚兴诚银行"经营西南"的方针开始见成效,存放、汇兑、信托等业务迅速发展,这个时期也被称为聚兴诚银行的"中兴"时期。尽管这时北方和江浙财团的资金相继涌入,外来行庄纷纷来重庆开业,银行增多,竞争非常的激烈,但是聚兴诚银行先入为主,而且基础较好,外来金融企业难以与之抗衡。抗日战争胜利后,1946年被国民政府指定为少数几家经营外汇的民营商业银行之一,在国际金融界享有盛誉。

抗战初期,聚兴诚银行几乎一蹶不振,使其不得不思考怎样摆脱困境。经过整改,聚兴诚银行的业务情况开始慢慢好转,存款和放款都有不同程度的增加,同时支出费用也有所减少。但是并没有从根本上扭转亏损的局面,在一些方面仍然存在着问题,还需要作进一步的整改。在各方面的压力之下,杨粲三不得不慎重地考虑改组问题,既要考虑杨氏家族的特权和利益,又要承受军阀压力,还要缓和家族矛盾和企业内部矛盾。1937年7月,聚兴诚两合股份公司正式改组为股份有限公司。此后,该行发生了一些新的变化,但没有从根本上影响到杨氏家族的宏图大业,没有从根本上动摇聚兴诚银行的根基,只是牵制了杨氏家族的部分权力而已。

(二)战前聚兴诚银行的组织机构

聚兴诚银行的组织机构,是随着社会经济的变化和本身业务的变化而调整的,其组织形式先后经历了总管理处制和总行制。[①]各分支机构虽然有独立的资本,独立进行经营,但它们同属于一个资本集团,在业务上有密切的联系,统一计算盈余分配,产生了全行性的庞大的统一管理机构。

战前(1937年以前),聚兴诚银行实行的是股份两合公司,在机构设置上,决策机构和执行机构是由无限责任股东组成的事务员会议。事务员会互选一人为主席,并互选出总经理及协理组成总管理处,事务员会的一切决议,是通过总管理处各个职能部门来执行的。事务员会,每月最少开会一次,除了议决全行一切重大事务外,要听取总经理有关行务的汇报及检查总管理处对事务员会议的执行情况,此外,每年最少召开各分支机构会议一次,通过会议来检查当年的行务执行及布置下年的业务、财务及人员升迁调配。实际上,总管理处把全行的经营管理权、财务权和人事权都掌握在了它的手中。

在总管理处之下,设立"区管理处",改组后称为管辖行(介于总管理处和分支行之间的管理机构)。这一级管理机构的经理,都是杨氏家族的亲友和门生故吏,是总管理处的一个分支机构,按照总管理处的意旨行事。通常设置在距离总行较远,不能直接进行控制的区域,这样既方便了业务的发展,也为管理提供了必要的机构。但是实际上,除西南、华中两区外,其他区的管辖行均不稳定,未能完全达到预设的作用和效果。聚兴诚银行的分支行处,即分行、支行、办事处是其基层机构,也是其兴旺发达的基石。

聚兴诚银行,从1915年成立到1937年,采取的组织形式都是"股份两合公司"。杨氏家族试图以股份两合公司的名义,收取无限责任公司的实际利益。成立之初,其额定资本为100万元,有限责任股和无限责任股各50万元,分成1000股,则每股1000元,杨氏家族占有全部的无限责任股本,担任了全

[①]《聚兴诚银行三十年来概况》,《四川经济季刊》第1卷第3期(1944年6月15日),第186页。

部的无限责任股东,另外还占有了有限责任股本的23.2%。杨氏家族在聚兴诚银行共占有73.2%的股份,拥有绝对优势。这样,也就掌握了聚兴诚银行的经营大权和利益优厚分享权。

1937年之前,聚兴诚银行最高权力机构是掌握无限责任股份的杨氏家族11人组成的事务员会和由持有有限责任股份的人组成的股东会,分别代表着无限责任股东和有限责任股东的权力。在机构设置上,两个机构是平行的,但是真正的权力是掌握在代表无限责任股东的事务员会手里的,其组织系统大略如图5-1:

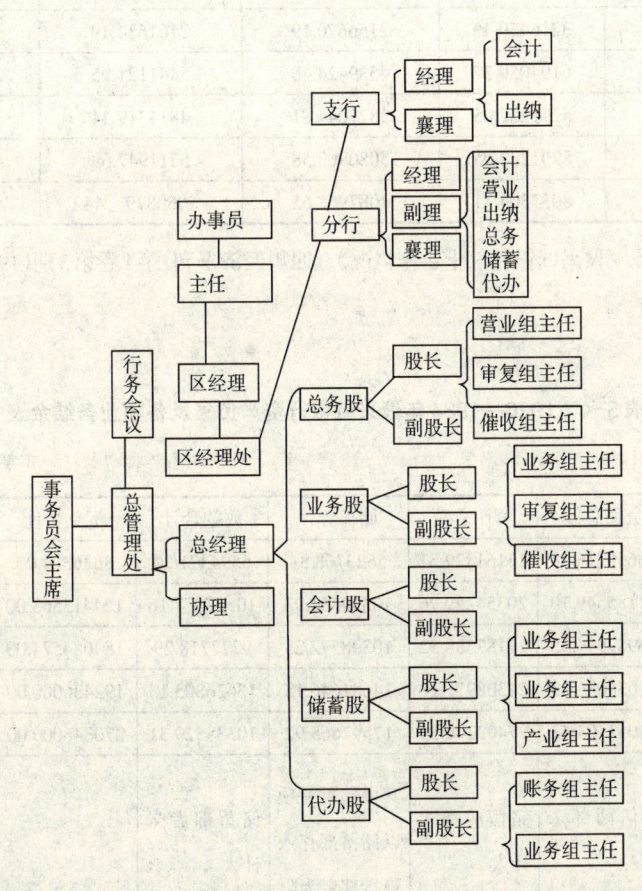

图5-1　聚兴诚银行两合股份有限公司时期的组织机构和人事设置

资料来源:《聚兴诚银行三十年来概况》,《四川经济季刊》第1卷第3期(1944年6月15日),第185页。

(三)战前聚兴诚银行经营的特色

抗战爆发前,由于金融法规不完善,国民政府对金融市场的控制力量薄弱,特别是对商业银行的汇兑经营采取放任政策,这样的环境之下,聚兴诚银行营业额迅速上升,存放款日益增多,业务发展非常迅速。

表5-3　1916—1924年聚兴诚银行资产负债及各项业务结余表

(单位:元)

年度\类别	资负总额	各项存款应付汇款	各项放款应收汇款	各项开支
1916	3216459.45	2156620.19	2161634.49	24108.74
1918	6194050.37	4589424.40	5441121.95	218602.66
1920	5291232.05	3827044.81	4814319.44	328222.14
1922	8291232.05	5080963.58	5211947.69	434867.01
1924	8057304.31	4087962.65	5060879.44	461886.96

资料来源:《聚兴诚银行三十年来概况》,《四川经济季刊》第1卷第3期(1944年6月15日),第189页。

表5-4　1926—1934年聚兴诚银行资产负债及各项业务结余表

(单位:元)

年度\类别	负债总额	资产总额	储存合计	放款合计	汇兑合计	各项开支
1926	13655716.38	13161329.51	5623768.84	6594371.20	8636304.00	446885.15
1928	21185549.70	20354222.76	10339461.93	10567077.16	124413563.00	567237.74
1930	16967994.58	17187588.32	10398572.25	9777718.29	184084574.00	651142.44
1932	21034034.68	21308911.16	14681646.18	13626803.13	192436000.00	750326.86
1934	21052103.43	27402248.54	17597665.92	19338529.31	270846000.00	906775.31
	储信两部未计入	储信两部未计入	其中储蓄一项以储蓄部存入银行部者为限	储蓄部者未计入		以银行部为限

资料来源:《聚兴诚银行三十年来概况》,《四川经济季刊》第1卷第3期(1944年6月15日),第189页。

从历年的决算数字来看,它的发展速度是非常惊人的。聚兴诚银行在战前宽松环境之下,除了对存、放、汇兑等基本业务非常重视以外,也显示出了它的特点:主要业务放在长江下游经济发达地区;汇兑总额远远高于存款额;环境宽松,业务增长非常迅速;不断地扩大附属企业,增设外贸部和航运部;有独立的经营目标和方向,基本为杨氏家族服务;资本大都掌握在杨氏家族手中,直到1937年改组为股份有限公司后,资本分配才有所改变,但经营权一直受控于杨氏家族。随着抗日战争的全面爆发,金融中心的转移,国家和外省银行纷纷进驻重庆金融市场,聚兴诚银行面临巨大竞争压力,同时战争的冲击使社会各方面发生变化,但聚兴诚银行在战前的资本积累为其在战时生存并发展奠定了基础。

二、杨粲三与聚兴诚银行的经营理念

一套明确的、始终如一的、精确的经营理念,可以在组织中发挥极大的效能。聚兴诚银行从旧式商号演化为完全受家族控制的近代银行,由商业资本转化为金融资本。[①]在当时的社会条件下,聚兴诚银行作为一个新兴的资本主义金融企业,不可避免地要遭到以军阀为代表的封建势力的严重摧残,国家资本的重重挤压,帝国主义的觊觎控制,以及家族之间的纷争攘夺,聚兴诚银行在这个过程中,积累了比较丰富的经营资本主义银行的经验,建立了一套经营管理制度,在近代中国的金融业中成为比较成功的一例。

聚兴诚银行是杨氏家族财团经营的主要企业,聚兴诚银行的创始人杨文光,有子五个,加上嫡堂弟兄共是十人,大都在杨氏企业中担任过重要职位。其中,第三子名杨培英(号粲三,1887年农历八月十日生)。1915年3月16日,聚兴诚银行在重庆正式开业,由父亲杨文光任事务员会主席,次子杨希仲任总经理,三子杨粲三任协理。20世纪20年代初,聚兴诚银行业务受损,杨

[①] 重庆档案馆馆藏聚兴诚银行未刊档案,档号0295-3-6。

希仲受此刺激,于1924年11月在汉口自杀。此后由杨粲三继任聚兴诚银行总经理兼外贸部经理,1937年7月1日,聚兴诚银行改组为股份有限公司,杨粲三做了董事长,1942年,聚兴诚银行增资1000万元,杨粲三自兼总经理,集大权于一身,经营聚兴诚银行三十多年,杨粲三则被看成是"杨氏家族资本的化身"。①

在杨氏家族金融家(特别是杨粲三)的悉心经营下,聚兴诚银行形成了自己独特的一套经营理念——以"不结交官僚,不卷入政治"为经商信条,以"恒信贞勤"为职志,以"便利人群,服务社会"为口号、诚信经商;另外杨粲三制定的人员管理制度和其任人唯贤的用人思想,以及"扎根西南"的经营方针,在诸多后方银行中独树一帜。为西南经济和战时后方经济的发展做出了巨大的贡献,也使该银行发展成为民国时期最重要的银行之一。

(一)管理思想

聚兴诚银行由商号发展成为川帮银行之首,不得不说其独特的领导方式,集中管理的经营理念占有了重要的位置,是维系其发展的根基之一。虽然整个发展过程中还夹杂着旧商业的影子,但是毫无疑问的是,它在向近代资本主义企业不断地发展和靠近。在管理思想上主要表现在以下几个部分:

首先,受孔孟封建统治思想的影响,做事都有严格的规矩,制定了"恒、信、贞、勤"的行训。为增强行员的向心力,要求员工要忍耐、坚持、坚定地为该行贡献力量,共同致力于聚兴诚银行的光明前途。同时,对行员进行分级管理,分为了高级人员、中级人员、低级人员三级,分别有不同的要求和职责,这表现出杨粲三的思想中除了封建思想外,也有治理近代银行的思想。反映出了中国早期银行家的思想特色:既受到封建思想的束缚,也有资本主义思想和革新的理念,是封建思想和革新思想杂糅碰撞的集合体。

其次,杨粲三重视人才,能够真正地认识人才和重用人才,从细微处观察员工的秉性。为了保障杨氏家族的利益,聚兴诚银行的重要人员都是杨氏家

---

① 中国民主建国会重庆市委员会重庆市工商联合会文史资料室:《重庆工商人物志》(重庆工商史料第三辑),重庆出版社1984年版,第60—70页;中国民主建国会重庆市委员会、重庆市工商业联合会:《重庆工商史料选辑》(第四辑),内部发行(1964年),第147—151页。

族的亲友,还有一部分是从外界招募进来的学徒。凡是有真才实学,或是有特长的人,对于这种人才,杨粲三是非常重视的,如有离行之心者,杨粲三或"置于高位",或"扣包挽留",希望他们继续为聚兴诚银行效力,而这些学徒也确实有着不小的贡献。

杨粲三虽然重视人才,但其受封建思想的影响,独断专行,不能有宽大的气量来对待员工。只要是没有按照他的意旨办事,使他的权益受到触犯,就不为他所容忍和接纳,不管是对于亲友还是同事,没有情理的"参与",独断独行。

(二)经营观念

聚兴诚银行在金融界和西南工商业享有盛誉,经营观念起到了重要作用。其一,杨粲三制定了"便利社会,服务人群"的经营方针,明确表示要把该行办成为一个"有主义的银行"。[1]其二,该行奉行"以诚为本",认为只有达到"诚",人才可以聚,财才可以聚。"再有银行之吸收存款,其第一要件为银行自身之信用"。[2]诚信经营的经营理念在当时社会信用体系不完备的情况之下,尤能增加信用,而存款就更容易吸收。"顾银行之经营,一方面须顾全信用,一方面更须免除危险"。[3]聚兴诚银行在这样的经营理念指导下,稳步发展,造就了其在川帮银行的重要地位,在金融界树立了良好的信誉,为业务的发展创造了可靠的前提;其三,制定了"立足西南"的经营方针,目标明确,引导了聚兴诚银行的业务经营和投资的方向,把发展稳固地建立在了西南工商业发展的基础之上,在四川动荡的经济环境下,一直处于相对优势地位,是值得肯定的。

(三)行为规范

首先是聚兴诚银行的人员构成和入行规则。

人员构成。聚兴诚银行的人员大致由四个方面组成:学徒、家族子弟和亲友、客卿、雇员和杂工。其中前三种占了总人数的90%,是聚兴诚银行人员

---

[1] 张守广:《川帮银行的首脑》,《民国档案》2005年第1期,第81页。
[2]《银行业务发展杂说》,《银行月刊》第2卷第12期(1922年12月),第46页。
[3]《银行业务发展杂说》,《银行月刊》第2卷第12期(1922年12月),第46页。

构成的三大系统。

　　学徒在整个企业中占有着非常重要的地位,其中一部分是由以前的旧商号转入。入行后,杨粲三就主持着学徒三年的训练工作(1924年后改为临时训练班,由各职能部门派人进行讲课,结业后到各部门实习或见习一至三年),以期达到业务水平的提高和精神的统一。业务方面,杨粲三对学徒进行业务能力训练:第一年学打算盘,勤务杂货;第二年收货,交货,送银,管理伙食等;第三年熟悉存放、汇兑、会计、出纳等部门的工作,还要学会翻译电报,写往来文书等。精神方面,杨粲三向学徒灌输他的思想和观点,他向学徒说:"聚行不是杨家一族的私产,而是一个社会需要的经济事务团体,凡是这个团体内的人必须牢记'聚兴诚'三字,承认自己是聚兴诚的一分子,为聚兴诚效力也即是为社会人群服务","我进用你们完全是为社会和事业培养人才"。[①]这些精神上的渗透,增强了学徒的主人翁意识,使得整个企业更加团结,也培养了对杨粲三的尊敬之情,为聚兴诚银行的发展提供了很坚实的支撑,更为重要的是为金融界培养了很多业务精英和栋梁。

　　家族子弟和亲友是聚兴诚银行庞大的家族体系的主要组成部分,是一个为了占有丰厚利益形成的亲贵系统,该行的权力机构从事务员会议(1937年以后是董事会)组成人员,乃至大部分的经理、协理等职务都是由杨氏家族的成员来担任,其成员股份占有为整个企业的70%以上,完全控制了银行的经营。

　　客卿是高级行员,由高级军政官员、洋商、旧商号的大先生和掌柜构成,都担任重要职务,主要是帮助解决困境,打开业务发展的局面。杨粲三一生经商,从未涉足仕途,但是聚兴诚银行面临的是北洋军阀以及四川军阀的统治,不得不与军阀势力有所联系,避免不了冲突和矛盾。延用一些重要的高级军政官员,为其发展"协调"社会关系。这样既解决了与政府和军阀之间的矛盾,也提高了聚兴诚银行的社会地位。曾任四川省财政厅长的黄墨涵,河北省代省长的任望南等都担任过聚兴诚银行的总经理、秘书长、协理等,为聚

[①] 中国民主建国会重庆市委员会、重庆市工商联合会、文史资料工作委员会:《聚兴诚银行》(重庆工商史料第六辑),西南师范大学出版社1988年版,第157—158页。

兴诚银行分析形势，出谋划策。另一类是洋商，为了应对军阀的强制派垫，杨粲三利用洋人来对付军阀，拒绝勒索派垫，收到了很好的效果。大先生和掌柜有经验，熟悉业务，杨粲三雇用他们的目的在于：一是可以主持业务，二是传授经验，训练学徒。他们在聚兴诚银行发展初期和中期，都起到了不可取代的作用。

雇员和杂工。聚兴诚银行的雇员和杂工的人数众多，但地位卑微，待遇微薄。在特殊情况下，只雇用男职员，一般做写文件、卸货、清点银钱等工作。杂工大部都为私人服务。为了限制雇员和临时职员、杂工，特地制定了雇用办法，①如下：

雇用临时职员暂行办法

　　一、本办法暂行适用于申请所受辖之下行使

　　二、本行因业务上只需要经呈请总管理处标准得雇用临时职员，在雇用之前须与当地行工会协商

　　三、临时职员之条件如下：

年龄　20岁至25岁

资格　1.历史清白具有相当政治认识者

　　　2.中学或中学以上程度曾在金融业服务具有一定实务经验者

　　四、待遇　每月津贴本市工资分供膳不供宿

　　五、雇用期间　一般以三个月为原则最长不超过六个月，如成绩优良而本行又有需要时得于期满前报总酌予留用并标定薪级，标定薪级之标准参照本行人事规程原有练习生规则或用行员规则所规定之资格办理

　　六、雇用办法　一般以公开招收方式录用（原文上用线划了的）

　　1.一般以公开招收方式录用

　　2.如有本行旧同事其出行原因非出于过失而现在失业并曾向本地行或工会登记者，在同样的政治常识与口试条件下可免考其他科目并得优先录用

---

① 重庆市档案馆馆藏聚兴诚银行未刊档案，档号0295-2-447。

3.如当地有劳动介绍所或金融工会失业委员会之组织,经该组织之介绍并经本行考试委员会举行必要之考试,考试合格者亦得优先录用之

4.曾在本行实习成绩优良而现在失业者,经本行通知得参加考试(实习办法另订)

七、考试委员会由当地行主管人及具有各方面代表性之代表,三至七人组成负责命题监试批阅试卷和录取等

八、考试科目分为政治常识国文银行实务珠算和口试等

九、录取后须订立临时工短期雇用劳动契约,由劳资双方签字并报请当地劳动局备案,此外临时工尚须填具本行规定内阁制保证书一份以为保证,本办法经当地本行劳资协商会议协商后报请当地劳动局备案后实施,修订亦同。

入行规则。行员入行有两种方式:一种是通过有特殊关系的人介绍入行;一种是通过招考录取。杨氏家族成员则是例外,考试不考试都有入行的。《行员任免规则》规定:一等行员的任免由董事会决定,二等行员由总经理决定,但须报告董事会,三等行员及雇员由总经理全权决定。从上文对事务员会议,董事会的介绍中可以看出,实际上杨氏家族构成了人事任免的决定团,一切权力都在他们的掌握中。入行后,要填写人事保证书和银钱保证书。担保人保证入行人员的行为,并且有连带责任。银钱保证为了预防由于行员的行为导致损失的赔偿。以后对于行员的升、降、免职沿袭了旧商号的规则,每年正月,杨氏家族把成员找去谈话,对于要免职的人就让其另谋高就,一直到后来,改为正月请客,客人名单上有名字的留下,其余的意即免职。后期采取的是"人位表",有了辞职、裁遣、解职、开除、停薪留职等五种办法。下面是保证书的样式:[①]

[①] 重庆市档案馆馆藏聚兴诚银行未刊档案,档号0295-2-447。

聚兴诚商业银行临时职员保证书[①]

　　保证人　　　　今保证　　　　籍贯
　　现年　　岁在贵行充任临时职员雇用期间定为三个月。自　　年　　月　　日起至　　年　　月　　日止期满得试　贵行录用派职或解职在雇用期内被保证人愿意遵守　贵行一切规章办事　如有违背行规侵蚀行款等情事均由保证人与被保证人连带负责并即赔偿一切损失　特此保证

　　保证人：

　　地址：

　　与被保证人关系：

　　被保证人：

　　地址：

　　公历　　年　　月　　日

　　其次是考核、奖惩制度。聚兴诚银行《行员考核规则》规定，行员的考核一年一次，称之为年终考核，有十条标准，即：学识技能之高下，办事正确或疏忽错误，平时勤恪或怠惰，请假旷缺之多少，品行之优劣，生活有无秩序，体格之强弱，曾否受有奖惩，趣味修养如何，旅费报销及领用物品是否浮滥等。[②]杨粲三亲自观察和鼓励行员，给出奖惩。奖惩的标准是：使聚行获得优厚利益，免于受到损益的，才能获得奖励；反之，会受到惩戒。奖励有升值、晋级、奖金、记功、嘉奖五种，惩罚分为申诫、记过、罚薪、降级、降职、解职、开除并责令赔偿等八种。

　　再次是服务态度和请假规则。对行员的服务态度有明确的规定，要提高服务的质量，诚恳待人，不断地扩大服务的面积，争取客户来源。从聚兴诚银行总行所在地重庆整个的资本占有额和银行数量上来看，商业银行共占资本37%多，远远小于政府银行的资本，可以看出聚兴诚银行面临的竞争压力是

---

① 重庆市档案馆馆藏聚兴诚银行未刊档案，档号0295-2-447。
② 中国民主建国会、重庆市工商业联合会文史资料工作委员会：《聚兴诚银行》(重庆工商史料第六辑)，西南师范大学出版社1988年版，第177页。

很大的,详情见表5-5、5-6:

表5-5 战时重庆银行业资本分布情形(截至1943年10月)

(单位:千元)

资本额	家数	银行名称
100000	1	中央银行
60000	3	中国银行、交通银行、中国农民银行
40000	1	四川省银行
20000	1	四川美丰银行
12000	1	开源银行
10000	10	重庆银行、川康平民商业银行、长江实业银行、和成银行、中国工矿银行、永利银行、聚康银行、泰裕银行、亚西实业银行、华侨联合银行
8000	1	华侨兴业银行
6000	3	川盐银行、复华银行、永成银行
5000	8	山西裕华银行、同心银行、光裕银行、大夏银行、谦泰豫银行、永美厚银行、胜利银行、复礼银行
4000	1	聚兴诚银行
3000	3	通惠实业银行、四川建设银行、大川银行
2000	1	建国银行
1000	2	福钰银行、大同银行

资料来源:康永仁《重庆的银行》,《四川经济季刊》第1卷第3期(1944年6月15日),第107页。

附注:(一)商业银行在重庆者,共计37家,以茂华商业银行之资本不详未列,本表所列者仅36家。

(二)建国银行开幕时实收资本130万元,1943年7月有增资之说,增资若干不详,本表所列者为其旧资本额。

(三)开源银行之资本,实收半数。

(四)福钰、大同两银行,为其钱庄时代之资本,改组为银行后会否增资不详。

表5-6 战时银号钱庄资本分布情形(截至1943年10月)

(单位:千元)

资本额	家数	钱庄银号名称
5000	3	义丰钱庄、总汇钱庄、永生钱庄
3000	1	华康银号
2000	2	同生福钱庄、义亨钱庄
1600	1	成大钱庄
1500	1	志城钱庄
1200	1	振裕银号
1000	10	和兴银号、和丰银号、福余钱庄、益民钱庄、聚丰钱庄、正和钱庄、信通钱庄、仁裕钱庄、和通钱庄、大信钱庄
700	1	豫立钱庄
600	4	厚记银号、信源钱庄、和畅钱庄、久裕钱庄
500	7	泰丰钱庄、正大永钱庄、同丰钱庄、万镒钱庄、复兴义记钱庄、安康银行、和济钱庄
200	1	敦余庆银号
108	1	永庆钱庄
50	1	濬源钱庄

资料来源:康永仁《重庆的银行》,《四川经济季刊》第1卷第3期(1944年6月15日),第107—108页。

从上述两个表格可以看出,重庆银钱业行庄的资本(银行为总行在重庆的资本,其总行未在重庆者不论)总额,截至1943年10月,共计为578258000.00元。其中政府银行的资本,计为320000000.00元,即占全部资本的55%多,商业银行的资本,计为215000000.00万元,即占37%多,钱庄银号的资本,计为43258000.00元,约占8%。银行的资本,除前五家为政府银行外,商业银行的资本,以2000万元者为最高,最低者为100万元,而以1000万元500万元的家数为最多。钱庄银号的资本,以500万元者为最高,5万元者为最低,而以100万元、50万元及60万元的家数为最多。

面对这36家商业银行,还有资本实力雄厚的政府银行和各种钱庄银号,聚兴诚银行面临非常巨大的压力。杨粲三等认为,国民政府领导下的政府银行和地方银行,充斥着官僚主义作风和营业态度,招致客户的不满和意见,聚兴诚银行应该抓住顾客的这个心理特点和政府银行的服务弱点,加强服务态度和严格请假制度来规范行为,严格规定工作时间和工作强度,除婚丧、疾病或不得已事由之外,一般情况下不能请假。以此加强竞争力,业务发展得到了突破,取得了显著进展,这可以说是当时聚兴诚银行的一大特色。

三、战时聚兴诚银行的变革

在重重矛盾之下,1937年7月1日,聚兴诚银行由股份两合公司改组为股份有限公司,改组后,组织机构、资本等多方面都发生了一系列的变化,走上了新台阶。

(一)战时组织机构变革

首先,表现为组织机构的变化。改组后,行务行政改用总行制,总行隶于董事会。其内部组织分秘书、稽核两处,业务、储蓄、信托三部及经济研究室。秘书处分文书、人事、机要、庶务、账务五组,稽核处分会计、统计、审核、催收四组,业务部分营业、会计、出纳、仓库四组,储蓄部分储款、押款两组,信托部由代办股改称,分营业、保管、地产、会计、出纳五组,经济研究室分调查、设计、编纂三组。至于各分支行处之组织,除取消区经理处外,大体仍照旧,仍用管辖行制,自1939年5月起实施,1942年增资改组,又决定恢复总管理处制,1946年增设国外部,办理进出口业务,其余无大变更。

1937年以后,地区管理机构的名称,由区经理处改为管辖行,其职权范围要小很多。管辖行不另设办事机构,只有少数的办事人员。一般都是兼职,基本没有决定权,做一些上传下达的工作,提出的意见只能送总管理处批准后才能执行。分支机构的设置大为减少。抗战前,对于银行分支行处的设立,只要向国民政府财政部申请,一般情况之下都予以批准。在抗战时期,国民政府银行设立分支行处的批准与否,制定了严格的执行标准,以此希望各地的金融事业能够得以合理正确地发展,避免银行、钱庄分布不均的情况发生。

其次,表现为公司资本中股份构成的变化和资本额的变化。战前,公司资本中股份构成由杨氏家族独占,资本登记总额为银元100万元(实际资本只有40万元,其余由所得盈余的一部分转化而来),杨氏家族占有全部无限股和差不多一半的有限股,亲友和职工分占剩余部分。抗战爆发之后,事务员会被董事会所代替,董监人选也随着银行不断增资逐渐增加,公司资本中的股份构成中,除了杨氏家族外,还增加了外界股,并且亲友股和职工股的比例都有所提高,有限地牵制了杨氏家族的一定权力。"吸收存款是商业银行的传统业务,也是商业银行最重要的负债业务。可以说,吸收存款是银行与生俱来的基本特征。银行的自由资本总是有限的,如果没有存款,银行的经营将受到极大的限制,也不可能获得较高的收益。"[1]所以在抗日战争发生后,其他省银行和国家银行的入驻,给重庆金融市场增加了无形的竞争压力,只有不断地增加存放款,才能够生存。

表5-7 1937—1943年聚兴诚银行之银行部资产负债及各项业务结余表

(单位:元)

决算年度	负债总额	资产总额	存款合计	放款合计	汇兑合计	各项开支
1937	67489261.44	67641228.24	9933529.48	8801405.56	103466814.00	626577.26
1938	72541800.43	72815067.20	13680929.76	7572518.37	118794229.94	539188.65
1939	88396174.42	88760330.75	22538632.61	16919700.79	151321822.31	712337.70
1940	87058962.42	88288275.37	24225070.34	20408839.22	198991259.50	1584360.63
1941	30961426.62	134792255.21	37564353.36	48582492.45	933242095.06	3876728.97
1942	154161425.84	157167747.31	45499577.91	48467136.60	1391422884.19	12149600.93
1943	416729594.53	419918047.45	143543612.64	161783130.33	3769308674.01	33044455.30

资料来源:《聚兴诚银行三十年来概况》,《四川经济季刊》第1卷第3期(1944年6月15日),第190页。

附注:沦陷行处均未计入,只汇兑中沦陷行处计入一部分。

[1] 刘学华:《新编货币银行学》,立信会计出版社2005年版,第165页。

表5-8　1937—1943年聚兴诚银行之储蓄部资产负债及各项业务结余表

（单位：元）

决算年度	负债总额	资产总额	储款余额	押款余额	投资余额	各项开支
1937	10206091.85	10251375.09	9470388.16	2538611.83	6129405.08	89996.99
1938	11604592.08	11652994.31	10797161.34	2458205.05	4961773.95	159148.54
1939	14833811.41	14896173.09	13790706.92	3763426.56	5047103.66	166740.79
1940	16831598.92	16931493.85	15898101.98	4642069.48	3703343.56	279230.70
1940	23160108.16	24070197.56	21925528.96	9380054.46	7247742.90	995613.09
1942	22804179.45	23251676.13	16926276.49	6236442.05	5991110.54	2618963.96
1943	416729594.53	419918047.45	143543612.64	161783130.33	3769308674.07	33044455.30

资料来源：《聚兴诚银行三十年来概况》，《四川经济季刊》第1卷第3期（1944年6月15日），第190页。

从上述两表可以看出，除1938年大批的金融机构迁往重庆，聚兴诚银行的放款额受到影响，有所降低外，聚兴诚银行的存放款项，都呈现出上升的趋势。聚兴诚银行也在不断增加资本额，1937年增资为200万元，1940年增资为400万元，1941年增资为1000万元。[①]几次增资都是从利润中转拨而来，实行利滚利，获得更大利益。虽然在当时处于恶性膨胀、经济崩溃的情况之下，资本和存放款的增加无非是表现出来的虚假现象而已，但是，这也体现出聚兴诚银行在发展过程中应对局势的政策变化。

（二）战时业务变革

业务重心非法化。政治经济环境不同，聚兴诚银行在业务上的侧重点就有所不同，在其经营的过程中，业务重心从正当合法的业务往来，偏离到了违法乱纪的黑市交易，给社会经济带来了严重弊害。在1935年之前，聚兴诚银行的业务重心，在几项基本业务之中转换，发行法币后的1935年侧重于大做金银和银元业务，其性质都是属于正当合法业务。1937年到1949年中华人民共和国成立时为止期间，初期侧重大做黑市存款汇兑和黄金等交易，中期

[①] 中国民主建国会、重庆市工商业联合会文史资料工作委员会：《聚兴诚银行》（重庆工商史料第六辑），西南师范大学出版社1988年版，第56页。

做黄金、美钞和黑市利息为主，末期做投机生意，买卖黄金、美钞、美金、美金储蓄券、股票等，几乎把所有的资金用于投机倒把的黑市交易，业务重心已经偏离了正当合法的轨道。

聚兴诚银行沿袭旧聚兴诚商号的基本业务——汇兑、存款、放款三项，并且不断地扩大。在聚兴诚银行各项收益中，汇水收益较之其他业务收益更高，正符合聚兴诚银行成立之初的需要，为稳定其发展步伐打下了坚实的基础。所以在成立后的第一届（1915—1916年），业务经营是把汇兑放在首位的，而把存放款放在第二位。而从第二届开始，首要位置又转向了存储业务。

聚兴诚银行的汇兑业务的发展，以1935年国民政府发行法币为分界线，分为前、后两个时期。1935年之前，无论是北京政府还是国民政府，对金融市场的控制都非常放松，对银行的各种业务的经营都没有过多地干涉，放任其发展。聚兴诚银行发展作为老主业的汇兑业务，也有了充分的空间，积累了大量的资金，获得了大额收益；再者，聚兴诚银行是当时重庆著名的商业银行，在金融市场上叱咤风云，呼风唤雨，为所欲为。所以，汇兑业务在这个时期为聚兴诚银行的发展积累了原始资本。1935年法币改革后，国民政府加强了对金融市场的监控，形成了强大的国家金融垄断资本，具体表现在"四行二局"（中国银行、中央银行、交通银行、中国农民银行、中央信托局、邮政储金汇业局）对全国的汇兑业务加以控制，强制性地实行固定汇率制。这样的政策之下，聚兴诚银行的汇兑业务受到了严重的影响，不能再像之前那样如鱼得水，牟取厚利了。1942年之后恶性通货膨胀日趋严重，国统区生产受到严重阻滞，游资泛滥，物价飞涨，中中交农四行和信托、邮汇二局也不能左右这个金融局面，趁着这个金融混乱的市场，聚兴诚银行立即采取措施，力图再次发展汇兑业务，撑起门面。虽然聚兴诚银行薄利多做，努力发展汇兑，基本填补了部分的损失，但是其业务重心已经发生了转移，其性质也发生了变化。

业务区域西南化。1937年之后，聚兴诚银行的主要业务由长江下游转移到了西南地区，把业务发展的基础建立在西南工商业发展的基础之上，为了便于就近指挥，总管理处重新设置在重庆。抗战爆发后，长江中下游以及北方各省的许多企事业相继迁来大后方，游资和暂时闲置的资金激增，聚兴诚银行立足于四川工商业的发展,坚持发展西南工商业。如投资:首先,聚兴诚银行为商业银行,其目的是获利,投资于生产事业,周转缓慢,获利也比较缓慢,所以投资多用于商业;其次,聚兴诚银行的投资目的性特别强,投资比重大的只有少数的几家,其余的都比较的保守。把聚兴诚银行的投资分为主动投资和被动投资,不管是哪种投资,表现在区域上,都是以西南为重,如1942年对四川丝业公司投资168万元,1937年至1942年对重庆电力公司投资130万元,1942年对重庆自来水厂投资546.65万元等[①],对西南的大力度投资,充分显示了聚兴诚银行对于西南业务的重视。

业务范围局限化。聚兴诚银行成立后,主要经营存款、放款、汇兑业务(主要是汇兑,上文已有叙述),并直接经营商业(如先后设置贸易部、航业部、永聚公司、聚兴诚贸易公司等等)和投放资金与商业方面,以及代客买卖货物等等业务。仅以投资为例,"俾银行投资实业,可以承收有价证券之方式办理。银行承收有价证券之后,如遇需要现款,可随时向证券市场抛售,不致有资本呆滞不灵之弊"[②]。因此,为周转迅速,稳健经营,聚兴诚银行的商业投资在它的总体投资上始终占有着很大的比重,如表5-9所示:

表5-9　1936年前聚兴诚银行主要对外投资一览表

(单位:元)

企业名称	年份	企业原有资本	聚行投资金额	聚行投股额所占百分比
成都启明电灯公司	1932年前		837604	
重庆证券交易所	1932年	200000	5000	2.5%
四川水泥公司	1936年	2000000	83300	4.2%
川康毛纺厂	1936年	400000	360000	90%
中国植物油料厂	1936年		25000	
民生实业公司	1936年	80000000	600000	0.8%

资料来源:中国民主建国会、重庆市工商业联合会文史资料工作委员会:《聚兴诚银行》(重庆工商史料第六辑),西南师范大学出版社1988年版,第130页。

[①] 中国民主建国会、重庆市工商业联合会文史资料工作委员会:《聚兴诚银行》(重庆工商史料第六辑),西南师范大学出版社1988年版,第130页。

[②] 邹宗伊:《中国战时金融管制》,财政评论社1943年版,第328页。

抗战爆发后，一切经济活动都是以战时需要为中心，1940年8月，国民政府制定了《非常时期管理银行暂行办法》对银行业务进行限制，规定"银行不得直接经营商业或囤积货物，并不得以代理部、贸易部或信托部等名义自行经营或代客买卖货物"；"银行运用存款，以投资生产建设事业及联合产销事业为原则。其承做抵押放款，应以各该行业正当商人为限。押款已届满期，请求展期者，并应考查货物性质，如系民生日用必需品，应即限令押款人赎取出售，不得展期，以杜囤积居奇"；"银行承做汇往口岸汇款，应以购买日用必需及抗战必需物品之款为限"。另外此办法还规定"违反第三条第四条规定者（即上述规定），应以所营业务金额50%以下罚金，累犯二次以上者，予以停业处分"。[①]在《修订非常时期管理银行暂行办法》中补充规定："银行非经呈奉财政部特准，不得买卖外汇。"[②]由此可见，国民政府的政策对民族工商业无疑是严重的排挤和打击，对聚兴诚银行造成了巨大的影响。随着法币不断地贬值（特别是抗战末期），利息渐长，储蓄更是无人问津，投资也出现了巨大问题，聚兴诚银行在业务上受到沉重打击和限制，业务范围逐渐缩小，对于存放款、汇兑等基本业务只是装点门面。

（三）变革的原因

1.受到国民政府金融管制政策的影响

抗战爆发后，私人商业银行是管制的主要对象，作为典型商业银行的聚兴诚银行，自然在管制范围之列，所受到的影响可见一斑。1935年法币改革之前，国民政府对金融市场控制非常薄弱，商业银行在一种宽松的环境之下发展业务，如鱼得水。法币改革后，特别是全面抗战爆发后，国内物价持续飞涨，囤积居奇，严重影响到社会的秩序和经济的健康发展，从而影响到了抗日战争的胜利。金融业务的改善，和政府对金融业资金的大增援助，是增加生产的重要因素。[③]面对这一情况，政府采取措施来平抑物价，其中就包括了加强物资的生产，实行战时金融管制。从1935年开始，国民政府就开始涉足于

---

① 重庆市档案馆馆藏重庆银行公会未刊档案，档号0086-1-5。
② 重庆市档案馆馆藏重庆银行公会未刊档案，档号0086-1-91。
③ 社论：《当前的金融问题》，《新华日报》1938年6月1日。

金融的管制,保证经济的畅通发展,但是直到1940年才开始真正实行。其间通过了《非常时期管理银行暂行办法》《比期存放款管制办法》《修正非常时期管理银行暂行办法》《银行投资生产事业公司入股办法》《银行盈余分配及提存特别公积金办法》《检查银行规则》《商业银行设立分支行处办法》《管理银行抵押放款办法》《管理银行信用放款办法》《限制特种厂商借款办法》《设置银行监理官办公处办法纲要》等法令。以下以聚兴诚银行个案为例,分析国民政府的金融管制对商业银行造成的影响。

(1)国民政府对于商业银行分支行处设立的严格管制要求。抗战时期,对于银行设立分支行处的批准与否,制定了严格的执行标准,希望各地的金融事业能够得以合理正确地发展,避免银行、钱庄分布不均的情况发生。《修正非常时期管理银行暂行办法》中有明确规定:第一,商业银行设立分支行处,应先报部待核。总行实收资本超过五十万元者,方得设立分支行处。每超过二十五万元,得增设一处,其营运资金数额,得视业务范围大小酌拟,呈请财政部核定之。第二,商业银行以前业已呈准设立之分支行处,得免受前项规定之限制。但应将所发个分支行处营运资金数额,呈部备查。第三,商业银行呈请设立分支行处之地区,为经财政部查核其工商业及一般经济金融情形,认为无增设必要者,不准设立。[①]国民政府采取措施限制了银行钱庄的分支行处的设置,如果设置过多,加大资本活动猖獗,刺激物价的飞涨,不利于产业资本和社会的发展和稳定。

(2)国民政府政策对于银行业务的影响。首先汇兑业务。汇兑业务是银行的基本业务之一,也是最主要的业务之一,影响汇兑业务的最大因素是汇率,在抗日战争爆发之后,各方面的情况都发生了变化,特别是在法币发行后,物价上涨,黑市汇率上扬,政府此时加强了对汇率的管理,对汇兑业务造成了严重影响。第一,四行两局垄断性的平抑汇价,对汇价进行管理,限制了商业银行。汇兑不能一如既往地创丰厚收入,聚兴诚银行虽感到极大的威胁,但为薄利多做,仍然维持了汇兑业务的正常发展。四联总处提出,"四行承做商业汇款,可不必受统一收费办法规定之限制,由当地四联分支处按照

[①] 邹宗伊:《中国战时金融管制》,财政评论社1943年版,第334—335页。

市情斟酌规定汇率"。①第二,限制汇款地区,防止法币外流。抗日战争爆发后,我国沿海一部分地区沦为沦陷区,财政部限制了汇款的区域,严格检查汇兑的性质和用途,禁止法币流入沦陷区,防止法币外流。同时,1940年颁布的《非常时期管理银行暂行办法》的第五条规定:银行承做汇往口岸汇款,应以购买日用必需及抗战必需物品之款为限。②在国民政府的限制之下,聚兴诚银行开办的汇兑业务受到限制,范围大大缩小,开办的"银元汇兑"、"黄金汇兑"分别遭到取缔,不得不另谋发展重点。同时,为防止资金外流,影响外汇市场,国民政府限制口岸汇款,禁止买卖外汇,影响了聚兴诚银行的外汇业务,导致其经营黑市外汇的发生。

其次,存储业务。存储业务在聚兴诚银行成立的第二届业务经营时期跃居为首要位置,为聚兴诚银行的发展立下了汗马功劳。法币发行之后,物价飞涨,政府对存储和贴放业务也进行了严格的管理。1935年,重庆银行业盛行比期存款,给付的利息高于市息,聚兴诚银行一向以低息为方针,并没有提高利息,被其他的银行拉走一部分的存款;法币贬值之后,通货膨胀,物价飞涨,市息高涨,存款也随之下降。以当时渝市的物价来说,新闻纸的价格增加了4—5倍,其他的很多亦都是扶摇直上了。③一般而言,社会愈繁荣,借贷的利率愈低;反之,社会愈不景气,借贷的利率亦愈高涨。④《非常时期管理银行暂行办法》严格管理了各地的存放款利率,并且严格检查和监督。抗战时期,外来的银行钱庄都陆续地办理比期存放业务,比期存放款的利率对市场的稳定有着非常重要的关联作用。因此,1941年,国民政府财政部训令重庆市银行公会,其中特附发了《比期存放款管制办法》,规定比期存款的利率,由当地银钱业公会于每届比期前二日分别报请当地中央银行核定,比期后的日息,不得超过本比期核定的利率,比期放款的利率,至多不得超过当地该届比期存款利率2厘。⑤1942年,重庆废除比期制度,改行日拆制度,银钱业同业存

---

① 重庆市档案馆、重庆市人民银行金融研究所:《四联总处史料》(下),档案出版社1993年版,第68页。
② 重庆市档案馆馆藏重庆银行公会未刊档案,档号0086-1-5。
③ 社论:《当前的财政经济问题》,《新华日报》1938年10月31日。
④ 刘平:《近代中国银行监管制度研究》,复旦大学出版社2008年版,第212页。
⑤ 重庆市档案馆馆藏重庆银行公会未刊档案,档号0086-1-6。

放利率,以中央银行每日公布的日拆率为准,银钱业的普通存放款利率,由各地银钱业公会参照日拆率及当地经济金融情况,最高限额由中央银行核定。①可见,利率问题在当时受到高度重视,聚兴诚银行因此受到很大的影响:法币贬值后,汇兑及军公等款项都为国家银行所垄断,行业内的竞争也不容忽视,存款急剧下降,聚兴诚银行不得不一改低息的方针,增加利息招揽存款。而随后采取了整取透支等多种办法增加存款,最终由于国民政府日益腐败,经济遭到严重破坏,银行的生存环境十分恶劣,聚兴诚银行诸多的改良只取得一时的效果,存放业务还是业绩平平。要想长期维持,只能是政府为之创造一个稳定的社会环境以及经济发展环境。直到1949年中华人民共和国成立前夕,聚兴诚银行的存储业务基本没有进展,属于停滞状态。

然后是放款业务。国民政府专门颁布法律条文,限制放款条件。战前的商业银行,对商业放款往往比生产行业放款的比例大很多,而且没有信用凭证,大多数都是凭着企业的信用进行放款。企业资金周转的来源就是商业银行,这样的市场环境,不利于商业的正常发展,很容易出现投机倒把的现象。国民政府颁布的《非常时期管理银行暂行办法》和《管理银行抵押放款办法》对此做了详细阐述和要求。②例如此办法的第三条:银行运用存款以投资生产建设事业及联合产销事业为原则,其承做抵押放款应以各该行业正当商人为限押款,已届满期请求展期者,并应考查其货物性质,如系民生日用必需品应即限令押款人赎取出售,不得展期,以杜囤积居奇。建立领券制度奖励农工投资。③第六条规定:银行每旬应造具存款放款汇款报告表呈送财政部审核,其表式由财政部另定之。④另外在本办法的第九条还规定:违反第三第四条之规定者,应以所营业务金额50%以下之罚金。在第五条中规定了放款期限和放款总额所占银行总额的百分比(不超过5%)。在《管制银行信用放款办法》中也对银行的信用放款做出了严格规定:银行承做个人信用放款,除因生活之需,每户得贷予两千元外,其余一律停做;对于工商业信用放款,数额

---

① 邹宗伊:《中国战时金融管制》,财政评论社1943年版,第347页。
② 重庆市档案馆馆藏重庆银行公会未刊档案,档号0086-1-5。
③《改善地方金融纲要》,《新华日报》1938年4月29日第2版。
④ 重庆市档案馆馆藏重庆银行公会未刊档案,档号0086-1-5。

五千元以上者,应以经营本业之厂商已加入各该业同业公会领有会员证,并取具两家以上曾在主管官署登记之殷实厂商,联名保证其到期还款,并担保借款系用于增加生产,或构造必需物品销售者为限。放款期限,最长不得超过三个月,每户放款不得超过该行收款总额的5%,各户放款总计不得超过该行放款总额50%。① 同时,在人员机构设置上,组织专门的放款委员会,严格审核放款的各项标准和要求。如1942年财政部颁布的《各地银钱业组织放款委员会》,规定:各地四联分支处会同当地银钱业公会组织放款委员会,负责审核当地各行庄放款业务,考查当地各行庄放款的去向和用途。② 聚兴诚银行在这些法律条文颁布之后,为了逃避政府对商业银行的限制,在业务上做足了工夫,进行反限制的艰难维持。可见,虽然这些法律条文规定了银行的业务,做出了若干的严格限制,但是,对于商业银行一贯形成的信用性贷款,没有做出明确规定,这显然是一大缺陷,对市场的投机活动的限制没有到位,为聚兴诚银行后期大做公债、黑市汇兑和黄金美钞等交易,走向非正当合法的歧途埋下伏笔,给社会经济造成了严重影响,直到抗战结束后,国民政府才逐渐地加强了对信用放款的管理。

　　抗战爆发之后,市场经济一片混乱,金融也处于无序状态,中央银行根本无法控制市场的变化。这种情况之下,《非常时期管理银行暂行办法》提出了存款准备金制度的建立,这不仅是把准备金交给中中交农四行进行管理,又可以大大地增强中央银行的控制力和本身实力,以此来主持市场信用、清算等制度,这还是中央银行能够挽救金融危机时期经济和金融市场的重要条件。《非常时期管理银行暂行办法》中的第二条规定,银行经收存款除储蓄存款应照储蓄银行法办理外,其普通存款应以所收存款总额20%为准备金,转存当地中中交农四行任何一行,并由收存行给以适当利息。③ 由于当时中国的银行体系尚未建立,以这种制度将准备金集中于中中交农等四大国家银行,从而提高了国家银行的地位,并且限制了现实中放款和囤积的可能。交存款准备金之计算根据,经财政部另文解释,应仿照储蓄存款交存准备的办

---

① 邹宗伊:《中国战时金融管制》,财政评论社1943年版,第321—322页。
② 重庆金融编写组:《重庆金融(上卷)(1840—1949)》,重庆出版社1991年版,第347页。
③ 重庆市档案馆馆藏重庆银行公会未刊档案,档号0086-1-5。

法,分为三月、六月、九月、十二月底四次为之,例如某银行三月底之付款为100万元,应缴准备金20万元,至六月底其存款增为150万,应缴准备金30万元,除三月底所缴之20万元外,应增缴10万元,但在三月底至六月底之期间内,各银行存款随时例有增减,若存款增加,尚可迟至六月底结算,若存款减少,即提取者多,即难以应付……为体恤银行周转兼顾保障存户起见,在此时期中间,如存款减少至总额1/5以上时,准由交存行填具表报向收存行申请,俟核算明确,按照比例,提回准备金。[1]这是中国银行存款准备金制度的开端,对以后银行制度的影响是非常深远的,此后,存款准备金作为中央银行的业务之一,进行了一系列的完善,对收缴办法、收缴范围、准备金的利率比例等都作出了规定和调整。这样一来,聚兴诚银行本以利润为目的的经营受到再次的限制,利润无法保证,也促使该行暗账经营买卖金银,大做黑市交易,逃避国民政府的金融管制和苛捐杂税。

加强了对银行的监控。在管理银行暂行办法中规定:违反本办法规定者,除法令别有规定外,依下列办法处办:第一,违反第二、五、六条之规定者处三千元以上一万元以下之罚金;第二,违反第三、四条之规定者,应以所营业务金额百分之五十以下之罚金;第三,拒绝或妨碍第七条规定,除依照刑法妨害公务论罪外,经查明有违反本办法规定者并各就其违反情节分别处罚。[2]另外也成立了专门的部门和机构来进行此项工作,比如设置了监理官并规定了其任务。

这些因素都使得聚兴诚银行经营的业务的范围大大萎缩,存放、汇兑等基本业务只是装点门面,业务重心的性质在利益的驱使下走向歧途。

抗日战争时期,重庆是西南地区与外界交流的必经通道,其战略位置尤其重要,重庆成为战时首都之后,成为了大后方政治经济文化的中心,经济日益发达,金融市场活跃。大后方的商业银行为了在艰难的环境中生存和壮大,纷纷在不同程度上转变了业务的发展方向,也从一定意义上组成了后方银行发展的蓝图,是抗战时期商业银行体系建设过程中重要的一环。在这个

---

[1] 邹宗伊:《中国战时金融管制》,财政评论社1943年版,第288—189页。
[2] 重庆市档案馆馆藏重庆银行公会未刊档案,档号0086-1-5。

过程中,除银行本身进行了一些调适,努力寻找适合自身发展的途径之外(比如买卖黄金、经营公债以及外汇业务,以期找到出路),找到了自己的特色和独特的经营理念。商业银行在社会混乱的情况之下,面临困难局面:受国民政府的严格的无止境的管制,承受巨大压力;通货膨胀后,收入和开支的增长速度不成正比。聚兴诚银行正是通过业务变革来适应市场和环境的变化,可谓是银行中的典范。

2.受到物价飞涨的影响

在市场经济环境之下,物价对于市场经济的稳定和发展具有支配和调节的作用。一旦物价不稳定,对整个市场的稳定是不利的。抗日战争爆发后,特别是法币贬值后,中国的物价就出现了极不健康的状况,政治、文化、军事、外交都受到了非常大的影响。"折价之程度,则又视发行者之信用,信用著者,折扣甚低,信用差者,折扣殊大。缘发行之权既不集中于一行。必不能如欧洲之停止兑现时,只增物价而不牵及票面之价值也。"[1]以聚兴诚银行为代表的商业银行,处在一个不稳定的时局之下,在物价飞涨和大批的外省银行进驻重庆的同时,必须调整自己的经营业务,寻找到适合自身发展的模式,以此来对抗行业的残酷竞争,获得生存下来的能力。

战前,我国的经济发展就不平衡,全国各地的经济发展速度和水平差距较大,抗日战争爆发后,国内物资缺乏,囤积居奇的现象愈演愈烈,国民政府为了维持日常的支出和军费开销,滥发法币,出现了通货膨胀,这些都是导致物价上涨的原因。抗日战争对中国来说是一场灾难,中国发展史上,经济的发展并不是属于前列的,面对战争,物资缺乏的现象就呈现得异常的突出。战争爆发后,交通运输业受到了破坏,生产事业遭到阻碍,需要大量的物力、人力和财力,导致我国物资告急。俗话说,物以稀为贵,物资少了,物价噌噌地往上涨;同时,部分的商业资本囤积居奇,大量买进市场物资,导致市场镂空,促进市场物价上涨,这样资本家相对原来累积了较多的资金,同时物价上涨之后,各方面的开支都相应地上升,各方面的成本提高,也就反过来推动了物价的上涨;战前,国内经济状况欠佳,财政赤字,国民政府增发法币,导致了

---

[1] 程锡庚:《中国之银行事业》,《银行月刊》第1卷第10期(1921年10月),第77—78页。

物价的上涨,财政的支出也相应增加,财政更加的困难,为了缓解这一形势,政府在此基础上不断地增发法币,使得法币越来越多,最后法币贬值,形成了一种恶性循环。本来在战前就不完善的财政体制,加上战争的影响,财政收支出现了入不敷出的局面,政府的收入主要是以税收收入为支撑,除了要维持日常开销和必要的建设,还要消耗大量的军备物资和财力,财政的不平衡状态更加凸显。虽然在财政赤字之时,国民政府期望通过增发货币来改善窘境,在一定时间之内也起到了缓解市场物价的情况,但后来国民政府实行积极的通货膨胀政策,使得法币发行的速度远远落后于物价增长的速度,物价无法得到控制,一路"飙升"。对于聚兴诚银行来说,面对物价上涨的艰难局面,加上自身的一些问题,出现前所未有的困境。对此,聚兴诚银行以自身的努力,全力地去维持银行的发展:尽量扩大自身的存款数量,增加了自己的资本,整顿内部管理,增强自身的竞争力和适应力,积极投资商业。虽负担严重,该行不断地进行改革,日益壮大,逐步地发展成为川帮银行之首。

3.经济发展的客观需要

经济是基础,凡是与经济有关的部门相互之间是独立的,但是更多的是联系,没有一个经济部门可以单独地存留和发展。经济发展到一定阶段产生了金融,因此金融是经济的延伸和扩展,两者之间互为依存,相互作用。银行是金融机构的代表,与经济的联系更是至关重要。以聚兴诚银行为代表的商业银行处于西南大后方的经济中心重庆,西南大后方的经济繁荣,需要金融业的支持与配合,作为金融的代表——银行,特别是商业银行,能够非常突出地在业务经营上给予战时经济非常重要的支持,同时,经济的发展也能够推动金融业的发展。聚兴诚银行的发展也是在经济发展的需要之下,不断发展,在推动经济发展的同时,也壮大了自身。

"商业银行系统在整个金融系统中具有举足轻重的地位,并成为各国中央银行控制的重点,其原因在于商业银行能以派生存款的形式创造货币和收缩货币,而且创造和收缩的功能非常强劲,这也是商业银行的主要特征"。[1]从商业银行的功能和地位来看,都与经济之间存在着相互依存的关系。聚兴

---

[1] 杨鹏辉:《川盐银行业务变迁研究(1937—1945)》,西南大学硕士学位论文2010年,第50页。

诚银行深处抗战大后方的中心,对应于大后方的经济发展肩负着重要作用,特别是1942年之后,西南经济的发展以及国民政府在抗战时期推行的工矿业内迁的政策,都推动了经济的快速发展,这样一来,需要金融的支持,以聚兴诚银行为代表的商业银行,正是这一时期金融界给予支持的主要代表,正是在抗战大后方经济发展的形式之下,聚兴诚银行通过业务变革以及扩大业务范围,根据市场的情况,适时地做出调整,扩大放款和存款的项目,以此顺应市场的发展。

直到1943年,开始出现萧条的局面,经济的发展受到了很大的阻碍。出现衰落的首要原因就是通货膨胀,物价上涨,使得商品贬值,再加上货币贬值,同时资金不充足,无法进行规模扩大化,经济逐渐萎缩。另外一个重要原因就是金融界的代表——银行业出现了窘境。各类中小银行出现资金周转困难,工商企业和工厂倒闭的现象四处横生。经济和金融界都出现了不同程度的困难局面,财政部为了稳定金融市场,挽救和发展经济,决定给予救济,最为突出的是给予商业银行以较为放松的环境,各商业银行有了发展附属业务的条件,由此支撑起了银行的运营,挽救于危难。经济的发展变化直接影响到金融界的变换,特别是商业银行,这也是战时聚兴诚银行业务变革的重要原因。

4.家族矛盾的影响

聚兴诚银行,是一个典型的家族式银行,由杨氏家族完全控制着聚兴诚银行的各个方面。由旧商号发展而来的聚兴诚银行,不可避免地沿袭着封建的一些顽疾,正因为它是一个家族企业,家族内部争权夺利的斗争同样不可避免,在聚兴诚银行发展的整个过程中,家族内部的纷争几乎贯穿了整个始末,对企业发展业务的方向以及进度都具有严重的影响。

杨氏家族势力庞大,内部人员较多,避免不了兄弟之间争权夺利。最初是三房杨希仲、杨粲三与四房杨芷芬、杨仲辉之间为了银行主要权力的分配和酬金进行争斗,最后是四房两兄弟落得个朝秦暮楚的名声与服毒自杀的下场。经过这一家族内部因为利益的争斗,使得本不团结的家族呈现出分裂的状况,不能同心协力地发展事业,使聚兴诚银行受到了严重的打击。杨家四房被排挤出局之后，以杨希仲和杨粲三为代表的杨氏三房就完全掌握了聚兴诚银行的权力，这也正是聚兴诚银行的开山鼻祖杨文光先生的意志。杨希仲主管对外事务，杨粲三负责行内的事务，这在1920年之前配合十分默契，之后，兄弟之间的矛盾也层层出现，首先是如何发展家族事业，两个人的意见完全相左，杨希仲认为银行和外贸部应该同时发展，相互支持，而杨粲三则认为应该以银行为中心，累积实力之后，再发展其他的业务；其次是在经营外贸业务问题上矛盾尖锐，杨希仲希望聚兴诚银行供应给外贸部充足的资金，以此来扩展业务，发展贸易部，而杨粲三主张以银行为中心，只顾发展银行业务，而忽视和扼制外贸部，致使兄弟之间矛盾丛生，难以协调；另外杨粲三企图独揽实权，尽力排挤其兄杨希仲，杨文光死后，杨粲三独揽大权，杨希仲也自杀而亡，随之长达十年之久的"三五之争"(在杨家嫡堂弟兄十人中，杨希仲排行三，杨粲三排行五，他们两人之争，故称"三五之争")落下帷幕；接着又发生了"九五之争"，即杨季谦与杨粲三之争，他们之间矛盾的焦点是业务经营上意见不统一，杨季谦调任外贸部经理，使得外贸部从属于聚兴诚银行，杨粲三不让实权落入杨季谦的手中，专断独横。此后，杨粲三又结束了外贸部，杨季谦受到其兄的冷遇，之后两人又围绕着董事长一位争斗得鸡犬不宁，竞争激烈，直到重庆宣告解放，他们之间的争斗才日渐平息。聚兴诚银行内部矛盾屡见不鲜，兄弟之间充满了尔虞我诈，没有能够同心协力，使得该行不管在业务上还是在银行管理上都蒙受了巨大的损失，也是影响聚行业务经营的一大特殊原因。

四、战时聚兴诚银行的经营特色

(一)聚兴诚式"托拉斯"

聚兴诚银行所处的社会环境中，也有很多其他的银行，并且在1931年成立了重庆银行公会。除了经营与其他的商业银行相同的业务外，聚兴诚银行还增加了另外的业务和事业,在业务经营上具有自己独特的特点——以银行为中心开办其他有关业务,组成一个包括金融、外贸、航运、工矿等多种业务的庞大的杨氏家族托拉斯垄断组织。

首先是增设了外国贸易部。①聚兴诚银行的发展,自身的努力尤为重要,也是勤勉和同心协力的成果,获得了丰厚的经济效益。任何事物都是发展变化的,杨希仲在经营国内的运销业务的同时,发现了经营范围有限,利润也是有限的,而货物的出口都有通过洋行来销售到国外,中间被洋商盘剥了一部分的经济利益,他利用与美国商人的关系,致力于发展国际贸易,成立了聚兴诚外国贸易部,专门经营进出口货物,经营桐油、猪鬃、山货等的出口业务,同时也为外国的商人承揽销售商品,做起了洋行的区域委托代理。这在当时商业银行的业务中是一道独特的风景,减少了洋行的中间剥削,扩大了银行的收益。其余的银行都需向洋行进行委托才能办理对外业务,这不得不说是一个创新,也为后来被指定为外汇银行奠定了基础。

其次是增设了航业部和保险公司。四川交通非常的不便利,所以四川省的外国贸易都是靠水运维持,运费颇昂,为了解决水上交通问题,杨希仲于1922年设立了聚兴诚航业部,购买了吉庆、永庆两艘轮船来经营桐油、猪鬃等商品的出口,增加了航运业务。同时设置了兴华保险公司专门经营水、火等保险业务。

聚兴诚银行除了经营汇兑、储蓄等基本业务外,以银行为中心,同时有发展外国业务的外贸部,经营航运业务的航业部,由杨西庆经营的旧聚兴诚商号,同时也是十几家银行的代销处,较之其他商业银行来看,形成了一个有气势,有规模的新格局。这些企业之间相互帮衬,共同架筑了杨氏家族的发展方向和发展规模,使得聚兴诚银行走上了一个新的台阶,构建了杨氏家族的聚兴诚式"托拉斯"组织。而当时其他的银行,大多都是以银行基本的业务为主,缺乏多种内部分支企业的支柱作用,聚兴诚银行独树一帜。

---

① 《聚兴诚银行》,《银行月刊》第1卷第1期(1921年1月),第47页。

(二)以"原则"立本

其一,"坚持低利吸存的原则"是聚行存储业务的第一个特色。旧商号时期,票号存放库款全部都不计息,对于私人存款付给极低的利息,聚兴诚银行沿用了这一做法,给出的利息非常低,最初只有3厘,即使资金再困难,也不加息增加存款。随着局势的不断发展,也有数次的涨息,但都比其他的银行低很多。1935年川帮银钱同业开办比期存款,提高利息,杨粲三认为这将影响成本和利润,并指责此举为金融界之"污点",表示不愿"同流合污"。[①]不管其他银行在什么条件之下加息,聚兴诚银行一直奉行着低息原则,只适量加息。这样做,表面上是不抬高市面利息,实际上杨氏家族拉大了存放款的利息差额,是为了赚取更多丰厚的利益。

其二,对于比期存款,聚兴诚银行素不参加买空卖空以及特货集团贸易。"民国二十三、四、五年(1934、1935、1936年)地方当局滥发公单代替信托券等,不兑换通货,诚行极力反对,仍维持兑现。二十四年以重庆汇价高于上海,几臻一倍,乃自动贷款200万元于刘督办,以资平抑汇价,而自己并不参加牟利。抗战以来,在中央法令之下,扩大金融网,沟通内地汇兑,并积极增加生产事业之投资,且以克己利人为目的。"[②]此之为聚行一大特色。

(三)以质量求生存

1931年,随着蒋介石势力伸入四川,对四川金融的控制也越来越多,同时下川帮也挟雄厚资金来到四川发展,聚兴诚银行的业务大受影响。杨粲三深入了解工商企业的经营状况,发现中小工商业者占据了大多数,在经营方面主要依靠较大的企业行号的贷款和进货来维持经营,其间要被企业行号剥削一大部分利润,留下非常有限的一部分。自身有限的资金和人力成为了他们经营过程中遇到的困难,针对这一需要,聚兴诚银行经营起了代客买卖的业务,1932年专门成立了代办部,专门经营堆栈、保险、保管、报关转运及代客买

---

① 中国民主建国会、重庆市工商业联合会文史资料工作委员会:《聚兴诚银行》(重庆工商史料第六辑),西南师范大学出版社1988年版,第86页。

② 《聚兴诚银行三十年来概况》,《四川经济季刊》第1卷第3期(1944年6月15日),第191页。

卖货物等业务。①

很多人轻视代办业务,不屑去做这项业务,杨粲三反复地宣传说服员工,端正服务态度,努力提高服务质量,要求员工尽量满足客户的要求,取得顾客的信任。直到1936年,代办业务已经是银行的主要业务之一了。在其他银行都没有重视服务质量的时候,让顾客在办理业务的过程中,感受到了聚兴诚银行与其他银行的区别,无形中为聚兴诚银行增加了顾客,也就增加了存款。

(四)以灵活稳健谋发展

1.针对市场的需要,灵活开展相应的迎合市场和适合自身的业务

1921年后的一段时间,在下川东一带民风不振,抢劫横生,而欲往该处购土货的商人不敢带现金前往这些地方购买货物。除此之外,四川军阀刘湘禁止现洋出口,重庆到宜昌的汇价高涨,川江轮船上的一些船员,开始做起走私现洋的生意。针对这种情况,聚兴诚银行发行了一种适合土货商和船员的一种汇票——即期汇票,采取不记名的票据,凭票取款,也是一种存储手段,方便他们携带,在任何分行都可以支取,非常安全,而聚兴诚银行则从中赚取汇价。另外,四川有很多出国的学生,需要汇款,1926年,又开办了"学生汇款",虽然数额不大,但是在人们心中留下了很好的形象,获得了好评。1945年抗战胜利后,上海急需法币,重庆的申汇价格大涨,聚兴诚银行打通关节,从重庆裸运法币到上海,从中赚取了高额的利润。为了承揽汇款,赚取利润,聚兴诚银行也是采取了各种竞争手段,比如,针对英商的需要,特别向他们宣传在聚兴诚银行的汇款可以办理三五天的短期拆借,而这在其他银行是不允许的。②

2.招揽存款方式多种多样,呈现出因时因地,有针对性地吸收存款

除了通过封建关系(家族成员或者商场上的朋友、官吏、军阀),承揽存款;竭力代理机关单位的存款,如盐税、饷银、军政税款等;代收学费等措施之

---

① 中国民主建国会、重庆市工商业联合会文史资料工作委员会:《聚兴诚银行》(重庆工商史料第六辑),西南师范大学出版社1988年版,第108页。

② 中国民主建国会、重庆市工商业联合会文史资料工作委员会:《聚兴诚银行》(重庆工商史料第六辑),西南师范大学出版社1988年版,第81页。

外,在法币实行之后,对于公款方面的银行业务都被国家银行所垄断,加之其他银行的压力,推行的"低息吸存"的方针不能实施,不得不加息招揽存款。聚兴诚银行还提出"代办收缴,收现付现"的方针,大办吸收商业活存,给予稍高的利息,分别对待。虽然,提息后的利息仍相对其他银行较低,但提出的这个方针,对货帮很有吸引力,对于存款的增加起到了作用。其后又采取了针对活期存户的方案,并且取得了很好的效果。

3."以汇款养存款,以放款辟存款"[①]

法币贬值之后,银行存款利率远远不能抵挡币制贬值的损失,存款总额的价值在不断地下降,针对这一情况,聚兴诚银行采取了"以汇款养存款"的经营方针。主要做法是同商帮多做"结约汇款",凭据上表明商号可随时将收进的货款存入银行,积累到一定数额,自动替商号将款额汇往目的地,这样一来,大量的商号可以集零成整,同时汇兑又是该行的专长,满足了商帮的需求,所以陆续将款存入聚兴诚银行,而未达到指定的数额之前,这些款额都是活期存款。另外,聚兴诚银行还采取了"以放款辟存款"的方针。按日存入一定款项,到了自己需要一笔大的款额时,可以透支规定数额,由于这给许多的商人和机关单位方便,这项方针一付诸实践,就收到了显著的效果。后来由于国民党政权的腐败,让经济一片混乱,无法长久地维持下去,这一措施也只能是一时之计。到解放前夕,存储业务便基本处于停滞不前的状态。

4.吸收其他银行经营经验,不断创新,使得储蓄业务不断地发展

杨粲三是一个善于思考的人,一方面向社会大力地宣传储蓄的好处,让人们纷纷把多余的钱存进银行;另一方面,采取多种储蓄方式,以适应不同需求的人群。如零储零付、整储整付、零储整付、整储支息、特种整储整付,特种零储整付以及通讯储蓄等。"但本行不援若干同业例,举办上述名目存款,特可据此详为解释,俾知有此一项存款,灵活运用,大致已足一般要求,然本行并非不举办各该等存款,乃因申渝人口较多,需要各异,同业竞争不能不互相以新异项目互为炫耀后方情形稍异。"[②]这样,把很多人手中的余钱都收进了

[①] 中国民主建国会、重庆市工商业联合会文史资料工作委员会:《聚兴诚银行》(重庆工商史料第六辑),西南师范大学出版社1988年版,第89页。

[②] 重庆市档案馆馆藏聚兴诚银行未刊档案,档号0295-1-2110。

聚兴诚银行的保险箱,成为其流动资金。他特制定了定活两便存款简章以区别于其他各行,以取新颖之处。

定活两便存款简章[①]

一、本行为便利顾客特举办定活两便存款本金随时可取利息优厚手续简便

二、本存款开户至少为人民币十万元由本行签给存单为凭

三、支取时凭存单由存款人填具取款凭证取款如预留印鉴者兼凭印鉴

四、本存款以开户日为起存日期每七天为一存期结息一次利息转入下一存期借作本金生息

五、本存款之利率照本行定期存款七天期每日挂牌利率(逢休假日照前一日挂牌利率)之平均率(角以下四舍五入)分下列两级计算

1.每一存期内未有支取者照平均利率计息

2.每一存期内分次支取者照每笔支取日期分别按平均利率计息存满六天者九折五天八折四天七折三天六折二天五折一天四折其未支取部分仍照平均利率计息

六、存款余额不满一万元或每笔支付万元以下之零数或不满一存期结清者概不计算利息

七、每一存期到期结息时可随意加存不拘数目未到结息期时加存至少十万元另给新存单以便随时支取分别计息

八、本存款存单不得转让或质押

九、存款人存入票据如有退票无法通知存户致发生损失时本行不负一切责任

十、其他有关存款事项悉照本行存款章程办理

聚兴诚商业银行

[①] 重庆市档案馆馆藏聚兴诚银行未刊档案,档号0295-1-2110。

5.实行贴放业务,实则为放款业务,贷款业务

贴放业务是以存款业务为基础的,有了存款业务作为基础,才有可供支配的现金作为贴放业务的本金,从而赚取利息差额作为利润。聚兴诚银行素来以低息为名,相对而言放款利率也是低于其他的商业银行,主张"细水长流,薄利主义",也是基于此,其贴放业务成为主要的业务之一。聚兴诚银行的由来致使它带着一种"天生"的封建性,继承了旧商号和钱庄的习惯。经营贴放业务,实行先交买卖汇款的方式。这样可以对资金进行充分的运用,既可以将贴放业务经营稳健顺利地进行,又可以将先收进的汇款用于汇兑业务中,一举两得。

(五)以"高度统一"保厚利

首先在贴放业务方面(特别重视压放和贴现业务),由总行统一调配存放资金,加强集中控制。聚兴诚银行处于长江中上游的重庆,是西南地区与外界进行资金和货物流通的必经门户,重要的枢纽,所以重庆市场的借贷利率通常比长江中游、下游各省市的稍高。聚兴诚银行通常是调集低利地区吸收来的存款,在高利地区做贴放,这样来赚取成倍的利润。在这种经营方针的指导下,加上聚兴诚银行的分支机构遍布,对市场的灵敏度比其他的川帮银行要灵通,能够对市场有进一步的了解,所以对于放长款和放短款都由不同时期的具体情况而定,根据市场的发展情况,反复斟酌利率差额之后,最终决定出稳赚的方案。

其次实行统账制和统一指挥的制度。一般的银行多实行分账制,各分支行由总行划出一定的资本,独立经营,自负盈亏,但这样很容易出现各自为营,相互争斗,而在资金调动上不相互帮助,影响到业务的发展;对于总行,难于调动各地资金,影响统一指挥。聚兴诚银行将资金的支配权和管理权集中于总行,实行统一管理资金,统一计算盈亏,统一分配盈余。与其他银行的分支行相似的是,都是由总行划出一定的资本,独立经营,计盈亏,这样能够激发各分支行处的积极性,有利于业务的拓展。但聚兴诚银行不是自负盈亏,必须经过总行统一计算和统一分配,防止了分支行各自为政,形成"割据",对

于擅长的汇兑业务,有力地起到了保护作用,在业务上分支行之间互通有无,彼此协助。凡是涉及到聚兴诚银行利益和业务经营的措施等,都必须由总行统一安排,不能单独地进行。在资金调动上非常自如,哪里有利润可以赚,就把资金调往哪里,一切以利益为中心,统一调配。

聚兴诚银行是川帮银行之首,实力雄厚,影响深远,是西部商业银行的突出代表。聚行在其经营的三十多年的过程中,一直奉行"不结交官僚,不卷入政治"的经商信条,根据市场实际来发展自己的事业,在这个过程中,没有依附于任何军阀势力和政治力量,全凭自身独特的经营理念和稳步发展的实干精神,以及业务经营的特色,把根基牢牢地建立在西南地区。在抗日战争爆发的大背景之下,不断地寻找适合自身实际发展的切合点,大胆地投资,发展附属业务,在激烈的竞争中生存并稳定了根基。战时聚兴诚银行的业务变革受到多方面的因素影响:首先,工业内迁等因素带来大后方经济的飞速发展,客观上需要金融不断地发展是业务变革的首要原因;其次,国民政府金融管制政策的限制和约束是业务变革的政治原因;接着,大后方物价飞涨,恶性通货膨胀的影响是其业务变革的重要经济原因;最后,错综复杂,持续时间较长的家族矛盾影响着聚兴诚业务变革的方向和规模,是聚兴诚银行业务变革的独特原因。在如此复杂的环境中,聚兴诚银行仍然屹立不倒,并且有所发展,成为西南地区最为有影响力的商业银行之一,构成了西南金融网建设中重要的一部分,也促进了西南经济的发展。

通过对聚兴诚银行经营理念和特色的考察和原因分析后得出如下启示:

首先,银行要有自己的经营理念作为发展的理论指导。经营理念是系统的、根本的管理思想,是商企业的经营哲学、经营观念和行为规范,占据着不可动摇的地位,在组织中发挥着极大的效能。它的制定必须建立在对大环境、自身实力的基础之上,绝不能与现实脱节,同时应该让全体职工理解经营理念,并在实践中不断地丰富。欲达永续成长和繁荣,必须有一套明确的、始终如一、适合于其实际情况的经营理念,由此制定其经营战略,不断地提升良好形象,达到经营目标,这一点至关重要。

其次,在市场经济环境之下,银行必须从自身出发,置发展于国家金融法规之下,努力寻求适合实际的发展模式。银行的发展离不开国家的宏观调控和引导,国家金融制度改革应该从实际出发,系统规划,建立健全中央银行体系和监管制度,但不能过度地依靠国家政策的支持,而应从自身实际出发,灵活、稳健、依法地推动银行发展,走市场化道路,走出自己的特色,促进金融与经济相互协调,共同发展。同时国家管理银行是扶植银行,而不是桎梏,要使银行在政府的金融政策之下得到发展,除注目于金融一方面外,还要连带注目到许多方面。[1]战时的监管制度多是针对战时特殊情况而制定的,缺乏完整的改革。金融制度是一个庞大的系统,其中的各个环节不可能单独作用,否则将适得其反。国家的监管制度只是其中的一个部分,除此之外还包含了财政制度、货币制度等因素,值得注意的是制度之间应该相互配合和协调,权责分明,构建和谐的金融监管体系。

最后,银行应积极响应同业公会组织的政策,努力为金融业的发展搭建一个稳定的环境。政府对经济的管理一般实行宏观干预和调控,并不直接对工商企业进行直接的管理,直接管理通常是由工商企业来进行的。行业成员之间可以相互监督和制约以达到自律,尽量避免恶性竞争。"行业成员组织起来,成立社团,自己管理自己,解决行业内部的竞争、纠纷、协调等问题,维护经济秩序。行业自律的最大优点就是,可以补充政府政策、法律不足之处,从一定的角度上讲,行业自律往往会比政府管理更有效,能够管理到行业中法律所不能达到的地方。"[2]国家对经济的宏观调控和同业公会的双重调节才能共同地促进银行业的健康发展,同业公会的自律和道德规范作用是国家政策宏调的补充,站在银行业管理和监督的第一线,是必不可缺的重要部分,国家不能越俎代庖,不能直接干预金融界的规范,保证同业公会一定的独立性,充分发挥其道德约束和监督的作用。"行业自律组织对于保障投资者利益,促进市场交易的公正公平起着重要的作用,而且这种作用是政府管理机构所不能取代的。"[3]同业公会的作用对金融界的发展(特别是商业银行的发展)是非常重要的。

---

[1] 社论:《当前的金融问题》,《新华日报》1938年6月1日。
[2] 刘志英:《近代上海华商证券市场研究》,学林出版社2004年版,第312页。
[3] 刘志英:《近代上海华商证券市场研究》,学林出版社2004年版,第338—339页。

第六章　四川美丰银行研究

1922年四川美丰银行以其"中美合资"的独特身份,身披政府的一系列"特权"在重庆成立,是重庆乃至西南地区第一家中外合资的民营商业银行在抗战时期与聚兴诚银行、川盐银行、和成银行、重庆银行并称为重庆著名银行。四川美丰银行从1922年到1927年,以自己中美合资的特殊身份活跃于重庆金融市场。1927年,因国家政治形势变化,美资撤股,四川美丰银行另辟蹊径,继续维持经营。通过广设分行、开辟新业务、投资实业等手段,银行业务蒸蒸日上。至20世纪40年代末,复杂的政治形势和银行内部的一系列失误,导致四川美丰银行1950年宣布停业。

在1922年到1950年28年间的经营过程中,四川美丰银行为重庆地区的经济发展发挥了重大作用。本章以四川美丰银行为研究对象,通过对重庆市档案馆馆藏四川美丰银行档案和康心如回忆录,以及民国时期相关经济类文献、报纸等原始资料的分析梳理,对四川美丰银行进行尽可能深入的研究。希望对民国时期,特别是抗战时期重庆地区银行业的研究有所贡献。

一、四川美丰银行的成立与变迁

20世纪前后的重庆与全国其他地区一样,商品流通主要依靠银两和制钱两种货币。但因外国大量倾销货物和鸦片,国内白银外流,银贵钱贱的矛盾愈发凸显,加之市场上流通的银两成色不齐,平砝不一,极大地制约了川渝地区以货币为纽带的商品经济发展。1890年3月31日,中英签订《新订烟台条约续增专条》,重庆成为长江上游的通商口岸之一,沟通了长江上游、下游的经济联系。重庆开埠后,为满足经济发展需要,各种汇票、"执照"充斥市场,货币混乱的情形更是有增无减。

重庆是我国长江上游的内陆城市,极具中国本土特色。金融业的主要支撑机构是票号和钱庄。开埠后,便利的长江水运刺激了重庆工商业的发展,与之相应的金融业也迅猛发展起来。1891年开埠时,重庆有票号16家,3年后票号增加到27家。[①]这些票号的股本从5万两到30万两不等,"架本"[②]多达数百万两,并且为方便业务流通,在开封、扬州、汉口、长沙、沙市、广西等地都设有汇兑代办处,[③]极大地便利了重庆与东部经济较发达地区的贸易交流。1892年,新票在重庆统一流通后,经营存放款业务为主的钱庄不断发展壮大。如重庆钱庄,每年吸收存款总数达1000万两,贷放款1500万两。[④]重庆的开埠,极大地促进了重庆和外地的经济交流和沟通,进一步刺激了金融业的发展,集中表现为新式金融机构的兴起和发展。

1899年,重庆地区开办第一家新式银行,即中国通商银行重庆分行。1905年,成立第一家官办地方银行即濬川源银行。随后,大清银行重庆分行等新式银行相继筹建。四川美丰银行成立之前,重庆共成立过11家银行,其中国家行局性质1家,地方银行性质3家,商业银行性质7家。[⑤]这些银行经营存款、放款、汇兑等业务,股本从10万元到100万元不等。其中,聚兴诚银行凭借重庆本地的家族体系,稳居重庆商业银行之首。11家银行全部属于华

[①] 重庆金融编写组:《重庆金融(上卷)(1840—1949)》,重庆出版社1991年版,第77页。
[②] 架本:股本加存款。
[③] 重庆金融编写组:《重庆金融(上卷)(1840—1949)》,重庆出版社1991年版,第79页。
[④] 周勇:《重庆,一个内陆城市的崛起》,重庆出版社1989年版,第130页。
[⑤] 国家行局性质:大清银行重庆分行。地方银行性质:濬川源银行、华川银行和四川铁道银行重庆办事处。商业银行性质:中国通商银行重庆分行、晋丰银行重庆分行、殖边银行重庆分行、聚兴诚银行、重庆大中银行、重庆富川银行、重庆中和银行。重庆金融编写组:《重庆金融(上卷)(1840—1949)》,重庆出版社1991年版,第529页。

商银行性质,至1922年中美合资四川美丰银行的成立,打破了这一局面。

(一)中美合资四川美丰银行的成立

重庆开埠后,商品流通速度加快,货币流通紧张,一些金融机构依靠发行"执照"(相当于后来的本票)在市场流通,以补充市场筹码不足。这种"发钞权"一方面适应市场需求,促进了市场经济发展,另一方面为银行提供了可靠的流动资金保证。民国时期,民营商业银行极难获得"发钞权",但外资银行或合资银行,利用"治外法权"作护身符,不受中国法律管束,可以在准备充足的情况下发行兑换券。①为获得发钞业务利润,四川盐商邓芝如积极奔走,努力在重庆建立一家合资银行。

邓芝如是一个从未走出过四川的传统商人,他联系了在北京的世交康心如,希冀能够在北京找到开办合资银行的外国人,共同组建合资银行。此时,靠投机地产发家,经营上海美丰银行的美国商人雷文,②正在尝试寻找投资伙伴,共同组建直隶美丰银行。他曾邀请聚兴诚银行北京分行经理张熙午和担任过濬川源银行上海分行经理的康心如加入,二人因缺乏资金无法合作。邓芝如的出现,为此提供了机会,张、康二人以中间人的角色介绍邓芝如和雷文的代理人麦利及雷文本人多次洽谈。③最后,双方达成在重庆建立四川美丰银行的协议,并把银行选址从直隶改为重庆,主要基于四点考量。

首先,邓芝如是四川本地商人,对四川地区相当熟悉,关系网错综复杂,对于募股集资和业务开展有极大把握。并且重庆是四川地区唯一的开埠城市,外资机构在开埠地区享有特权。

其次,重庆是当时长江流域除上海和汉口外的第三个大码头,④工商业比

---

① 献可:《近百年来帝国主义在华银行发行纸币概况》,上海人民出版社1958年版,第69页。
② 雷文在我国共建立了五处美丰银行,即:"上海美商美丰银行"、"天津美商美丰银行"、"福州美丰银行"、"厦门美丰银行"和"四川美丰银行",只有"上海美丰银行"建于1917年,早于四川美丰银行,故只写了上海美丰银行。
③ 周本渊、朱苏:《康心如生平》,中国民主建国会重庆市委员会重庆市工商联合会文史资料室:《重庆工商人物志》(重庆工商史料第三辑),重庆出版社1984年版,第137页。
④ 康心如:《回顾四川美丰银行》,中国民主建国会、重庆市工商联合会文史资料工作委员会:《重庆五家著名银行》(重庆工商史料第七辑),西南师范大学出版社1989年版,第3页。

较发达。随着经济的发展,重庆逐渐成为西部地区的货物集散地。虽然商号林立,对外交易频繁,但金融业不甚发达,正是建立银行的有利时机。

第三,重庆本地金融事业主要操控在钱庄之手。虽然钱庄户数较多,与货帮联系密切,在重庆金融业占据霸主地位,但钱庄业务范围狭窄,资金有限,外地分支机构较少,现金周转困难,本身面临诸多问题,如果在重庆开设新式银行,前景广阔。

第四,银行成立后可以发行兑换券。1916年,袁世凯宣布"停兑令"以后,重庆地区市场筹码不足,发行钞券业务炙手可热。四川美丰银行若在美国政府成功注册,享有"治外法权",与国内的中美合资中华懋业银行、中日合资汇业银行、中法合资中法实业银行等一样,可凭借外资特权发行"兑换券",仅这一项业务,就可以为银行带来巨额收益。

自此,以邓芝如、康心如为核心的中方代表和美方雷文财团,正式确定在重庆组办四川美丰银行。

1921年6月6日,在北京的美国公使馆,邓芝如、康心如、陈达璋和雷文正式签订四川美丰银行的组建合约。其合约内容规定如下:[①]

①行名定为四川美丰银行,由中美两国人集资合办。总行设于重庆,得设分行于各通商口岸。

②经营普通银行各种业务,并发行纸币。

③资本定为美金100万元,以美金1元折合华币2元。股份分为普通股与特别股,普通股50万元,特别股150万元(在中美两国内招募)。普通股的分配:华股占总额48%,应作2400股,计银24万元;美股占52%,应作2600股,计银26万元。合约签字时,中国股东应缴股款6万元,美国股东应缴股款6.5万元,均寄存上海美丰银行。开幕前,第二次股款(应交股款与第一次相同)由四川美丰银行收存。

④设经理1人,以美国人充任,主持行内一切事务;协理2人,以中国人充任,襄理行中一切事务。

⑤以不少于7人的董事组织董事会,其中美国董事只能多于中国董事1

---

① 重庆市档案馆馆藏四川美丰银行未刊档案,档号0296-1-16。

人,占普通股40股以上者,始能被选为董事。

⑥本银行系公司性质,与其他各地美丰银行分离独立。

⑦本银行依照美国银行法办理。

⑧本合约制成中英文各1分,如有疑义,其解释以英文为准。

1922年2月四川美丰银行(英文名 The American—oriental Bank of Szechuen)在美国康纳克省正式注册,总行设在重庆新街口。1922年4月10日,四川美丰银行以洋人坐镇,英文记账,管理全盘西化的形象开业。除经营各项商业银行业务外,还发行以四川美丰银行命名的美丰券。①

1922年底,四川美丰银行计亏损3391元。②1923年,四川美丰银行及时调整业务经营方式,采用"中西合璧"的方式,放弃一味的追求西式经营,结合重庆实际,开展比期业务和有限制的信用贷款,当年扭亏为盈。

四川美丰银行的中美合资性质,从1922年开始持续到1927年。1927年美资因政治原因撤走,以刘湘为主的"新财团"注资,四川美丰银行转为华商独资银行。

中美合资时期,美方股东占有股份52%,③拥有绝对控股权,最高决策者总经理由雷文本人担任,组织日常事务的经理由雷文财团委派的美国人担任,5年中共派遣3人到重庆担任经理管理行务,④董事会中美方占3席,中方2席。根据四川美丰银行的利益格局可以看出,四川美丰银行完全处于美方控制之下,中方在四川美丰银行的经营中话语权有限。制度管理中,四川美丰银行完全参照美国银行的模式。美式银行的制度设置较为完善和细致,一直为四川美丰银行所沿用。业务经营中,中美合资时期四川美丰银行主要以存款、放款和发行美丰券为主要经营业务。四川美丰银行在存款中,立足自

---

① 此时的钞票不论是官办银行还是私营银行发行的,法币统一之前,可以直接兑现成银元。千家驹、郭彦岗:《中国货币发展简史和表解》,人民出版社1983年版,第48页。

② 重庆市档案馆馆藏四川美丰银行未刊档案,档号0296-14-8。

③ 重庆市档案馆馆藏四川美丰银行未刊档案,档号0296-1-16。

④ 中美合资时期四川美丰银行总经理:1921年到1925年,鄂赓诗;1925到1926年8月经寿岩;1926年8月到1927年3月30日海翼德。康心如:《回顾四川美丰银行》,中国人民政治协商会议四川省重庆市委员会文史资料研究委员会:《重庆文史资料选辑》第八辑,(内部发行)1980年,第120—124页。

身合资银行优势,紧紧抓住外资机构作为自己的存款主要客户,确保稳定吸收存款金额;放款中,实行有限制的信用贷款,风险较低,到期因无法还贷造成的银行损失较小;发行美丰券的业务中,通过设计精美的美丰券币面和宣传美丰券等方法,使得美丰券业务得到迅速发展;汇兑中,鉴于重庆市场与上海汇兑最多的情况,四川美丰银行委托上海美丰银行办理汇兑,也有所收益。①随着各项业务的平稳发展,四川美丰银行业务步入正轨,经营情况越来越好。这一时期的经营,为四川美丰银行的后期发展奠定坚实的基础。

(二)中美合资银行变为华商独资银行

1926年,北伐战争爆发,北伐军节节胜利,一路北上。1926年9月5日,英兵舰"柯克捷夫"炮轰万县,造成"九五惨案"。1927年英美联军舰炮轰南京,掀起全国人民的反帝热潮,1927年2月,四川境内的外国居民在本国政府的号召下纷纷撤离归国。

根据合约规定,四川美丰银行主持行内一切事务的经理需由美国人担任。此时的四川美丰银行经理海翼德也积极准备归国。根据雷文的指示,海翼德在离开重庆前,需封存四川美丰银行的所有账册、现金和文件,并把金库钥匙带走。留下已发行的兑换券和等待取款的储户给华商股东。②为挽救四川美丰银行的危机,协理康心如积极奔走,军阀刘湘出手搭救,由曾禹钦和周见三组织"新财团",③取代美方,成为四川美丰银行的新股东。至此,四川美丰银行摘下中美合资的招牌,转型成为华商独资银行。转型后的四川美丰银

---

① 康心如:《回顾四川美丰银行》,中国民主建国会、重庆市工商联合会、文史资料工作委员会:《重庆五家著名银行》(重庆工商史料第七辑),西南师范大学出版社1989年版。
② 康心如:《回顾四川美丰银行》,中国人民政治协商会议四川省重庆市委员会文史资料研究委员会编《重庆文史资料选辑》第八辑,1980年12月(内部发行),第133页。
③ 刘湘5万,奚致和(刘湘财务处长)2.4万,唐式遵(刘湘师长)1万,周见三1万,张泽敷(刘湘部属)0.6万,李劲之(民生局长)0.4万,孙淑培(刘湘部的中和银行经理)0.4万,向时俊(刘湘部属)0.4万,曾俊臣(盐帮)0.3万,曾禹钦(前任商会会长)0.4万,汪云松(前任商会会长)0.4万,李奎安(前任副会长)0.2万,乐述言(刘湘部属)0.2万,康心如0.2万,周云浦0.1万,共计13万。1928年刘湘即把所持股份抵押给重庆盐业公会变现使用。康心如:《回顾四川美丰银行》,中国民主建国会、重庆市工商联合会、文史资料工作委员会:《重庆五家著名银行》(重庆工商史料第七辑),西南师范大学出版社1989年版,第22页。

行,业务内容无巨大变化,但是因与军阀刘湘结盟,接受刘湘庇护的同时,也要对刘湘给予经济支持。

川渝地区自1916年罗佩金继蔡锷督川以后,令各县征饷局长,将所有税款,概解各道专拨军饷。1917年借用中央盐税以充军用,开启截留国税的先河。此后,各军不等省令直接就地提用税款,以做饷银。①1927年,军阀刘湘势力主要集中于重庆地区,其军费收入主要来源于田赋,各项税捐,盐税,特税和派款,另外还有给重庆工商界的各种借款,垫款,贴现,押款,公债,库券等。②1928年11月,国民政府颁订国家地方收支划分标准,规定川省税源包括盐税,关税,烟酒税,印花税等16项。③为支持庞大军费开支,除了各项税收之外,刘湘经常向辖区内的各金融机构派垫军费。四川美丰银行在1927年以前一直是中美合资银行,受美国政府保护,中国政府无权干涉,所以很少接受军阀的派垫。

1927年四川美丰银行成为华商独资银行之后,开始为刘湘筹谋。刘湘的敛财大臣刘航琛,在通过税收抵押无法满足刘湘需要的时候,便学习南京国民政府的财政措施,发行公债。与国民政府发行的各种债券相比,刘湘发行的债券折扣较大,为期较短,利息较高,且刘湘当时在重庆地区扎根较深,而且重庆工商界买到公债后也大多抵押给银行,所以公债的绝大部分都最终落在银行手中。作为大量债券的持有者,为了尽可能地保证自己的权益,只能尽力地支持刘湘统治,最终陷入了恶性循环的困境。如1927年四川美丰银行以现金2万元向刘湘军部认购公债,1928年12月刘湘军部向四川美丰银行借垫2万元等等,到1929年的资产负债表上,呆账余额有12.85万余元。④

---

① 甘绩镛:《四川防区时代的财政税收》,中国人民政治协商会议四川省重庆市委员会、文史资料研究委员会:《重庆文史资料选辑》(第八辑),(内部发行)1980年,第2页。
② 康心如:《回顾四川美丰银行》,中国人民政治协商会议四川省重庆市委员会,文史资料研究委员会:《重庆文史资料选辑》(第八辑)(内部发行)1980年,第133页。
③ 甘绩镛:《四川防区时代的财政税收》,中国人民政治协商会议四川省重庆市委员会,文史资料研究委员会:《重庆文史资料选辑》(第八辑)(内部发行)1980年,第10页。
④ 当时四川美丰银行的股本为25万元,重庆市档案馆馆藏四川美丰银行未刊档案,档号0296-14-8。康心如:《回顾四川美丰银行》,中国人民政治协商会议四川省重庆市委员会,文史资料研究委员会编:《重庆文史资料选辑》第八辑(内部发行)1980年12月,第127页。

表6-1　1929年四川美丰银行资产负债表

（单位：元）

资产	金额	负债	金额
现金	122350	股本	250000
发行兑换券准备金	844710	外国及外埠同业	95510.89
公库发行兑换券准备金	79912	银行兑换券	844717.00
存放外国及外埠同业	171400	发行兑换券	162410.00
存放本埠各同业	170690	应付汇款	21927.90
放款及贴现	977530	公积金及准备金	45145.71
公库放款	82500	呆账准备金	128491.55
期收汇款	20790	董事监察酬劳金	2857.14
营业用房屋地产	26000	行员酬劳金	11428.57
营业用器具	3640	股息	50000.00
呆账	128490	应付未付利息	5691.89
应收未收利息	13450	本分盈余	69497.09
杂项	3470	杂项	3308.62
		合计	2645001.23

资料来源：重庆档案馆馆藏四川美丰银行未刊档案，档号0296-14-8。

四川美丰银行改组前，作为合资银行，主要的大型存款客户都是由洋人经理争取来的外国机构客户。改组后的四川美丰银行，其华商独资银行性质相对于其他银行已经没有吸收外国客户存款的优势。

表6-2　1922—1943年四川美丰银行存款比较表

（单位：元）

年份	金额	变化
1922	666726.75	
1923	702522.85	35796.1
1924	1204686.32	502163.47
1925	1088418.44	-116267.88
1926	1050910.47	-37507.97

续表

年份	金额	变化
1927	567830.38	-483080.09
1928	826139.80	258309.42
1929	954014.87	127875.07
1930	2145863.41	1191848.54
1931	2705908.37	560044.96
1932	2948364.44	242456.07
1934	3307491.25	359126.81
1935	5331358.24	2023866.99
1936	8961668.42	3630310.18
1937	9997633.58	1035965.16
1938	13181121.63	3183488.05
1939	26138155.72	12957034.09
1940	33981728.68	7843572.96
1941	89411155.15	55429426.47
1942	113552589.39	24141434.24
1943	298965759.20	185413169.80

资料来源：重庆档案馆馆藏四川美丰银行未刊档案，档号0296-14-8，档案馆材料所限1933年及1944年以后数据缺失。

由上表可知改组后第一年1927年和1926年相比，四川美丰银行的资金额缩水约36%，主要原因在于1927年吸收存款额下降约46%。[1] 1928年与1927年相比，资金额上升约26%，基本恢复到了重组前的水平，主要原因在于外国及外埠同业的金额大幅增加，使得整个四川美丰银行的形势有所好转。

四川美丰银行从1927年转型到1950年停业，一直维持华商独资银行性质。这一时期的四川美丰银行，没有外资特权的保驾护航，与地方军阀结盟，发展业务。抗日战争愈演愈烈，国民政府西迁，重庆成为战时首都。沿海工商企业、金融机构的内迁，一方面促进了重庆地区的经济发展，另一方面挤占了重庆本地商业银行的生存空间。四川美丰银行作为本地私营银行，不论资本金额，营业规模都远远不能与很多大银行相比。但是占着地理优势，四川

---

[1] 重庆市档案馆馆藏四川美丰银行未刊档案，档号0296-14-8。

美丰银行在抗战时期,重点经营内地翻汇和投资实业业务。抗战结束后,仍然维持经营。虽然内迁的国民政府并未压制四川美丰银行,甚至康心如本人还曾被任命为重庆临时参议会参议长,但是,国民政府的通货膨胀政策,极大地影响了四川美丰银行的实际力量,为四川美丰银行战后业务经营带来隐患。1945年抗日战争结束后,四川美丰银行错估国内形势,扩大业务规模,资金分散,最终现金链断裂而导致停业。

(三)四川美丰银行的停业

四川美丰银行的停业是内因和外因共同作用的结果。1937年"七七"事变以后,全面抗战爆发,重庆地区偏安西南,随着国民政府的内迁,大量东部发达地区的工商企业内迁,使得重庆成为国家的经济中心。在日军的疯狂侵略下,各行各业都深受时局动荡和战火摧残。国民政府借机大发国难财,特别是强化对经济的垄断以及施行通货膨胀政策,导致许多企业,尤其是私营企业雪上加霜。四川美丰银行也在这样的重重打击下迅速衰落。四川美丰银行衰落并最终停业的原因,主要包括保值工作失败和决策失误两方面。

1.保值工作失败

在通货膨胀的大潮中,四川美丰银行力图通过购买黄金、投资工商企业和房地产的手段,达到保值的目的。由于工商企业和房地产变现困难,从1939年起,四川美丰银行着手经营黄金。

1939年8月,国民政府财政部为巩固国库基金,颁布新的黄金贮存条例,取缔黄金交易,禁止黄金买卖。1939年10月22日重庆电讯,要求商办银行、钱庄、典当业所贮藏的黄金在30日内上报中央银行、中国银行、交通银行和中国农民银行或其办事处,由四行给以借据,并付以利息,黄金仍贮藏于所有人手中。借据到期之后,黄金持有人需将黄金上缴四行,如果不据实上报,一经查出,没收示众。民间可藏金一两,若超出10倍至50倍,一律没收。①此时,四川美丰银行藏金约有5000两,被国民政府察觉,不得已全部上缴中央

---

① 《黄金国有》,《文心》第2卷第1期(1939年),第46页。

银行[①],以黄金为贮藏手段的保值工作,一开始就受到重创。

1948年8月19日,由于法币信用破产,国民政府颁布《财政紧急处分令》,即发行金圆券,金圆为本位币,限期收兑法币和东北券;限期收兑人民手中黄金、白银、银币及外国币券;限期登记管理人民手中持有、存放外国的外汇资产。如不于限期内收兑者,一律没收。并规定黄金每市两兑换金圆券200元,白银每市两兑给金圆券3元,银币每元兑付金圆券2元,美钞每元兑付金圆券4元,法币300万换金圆券1元。[②]在这次收缴贵金属货币、外汇的过程中,四川美丰上缴:黄金3682两,合美金18.02万;美钞534元;美金公债及库券面额约计美金36万元;猪鬃530担约合美金23.32万元;桐油360吨,约合美金18万元。以上5项约合美金95.39万元。[③]美丰银行至此已经元气大损。

1949年7月,国民政府再次宣布改革币制,公布《银元及银元兑换券发行的办法》,发行银元券,无限制兑换现洋。[④]一方面,自1949年4月20日起,中央银行、中国银行、交通银行、中国农民银行等22家银行承办银元券业务,十足兑换,与银洋等价流通买卖。[⑤]另一方面,由于国民政府在国共战争中战事不利,政府对地方管理无力,政府信用较低,共产党抵制等因素导致银元券在发行过程中受阻,[⑥]银元券在长沙的发行就以流产而告终。[⑦]是否经营银元兑换业务,这是对四川美丰银行决策者的考验。此时,四川美丰银行的业务情况不容乐观,只是勉强维持经营,但是康心如仍希望本着"人弃我取"的经营理念,为四川美丰银行赢取巨额利润。据时任中央银行高级顾问的康心如胞弟康心之"内部消息",中央银行内部库存黄金充足,而且正在从墨西哥进口

---

① 重庆市档案馆馆藏四川美丰银行未刊档案,档号0296-14-514。
② 《财政紧急处分令辑要:总统命令颁布财政紧急处分令》,《四川经济汇报》第1卷第3、4期合刊(1948年9月15日),第90—91页。
③ 康心如:《回顾四川美丰银行》,中国人民政治协商会议四川省重庆市委员会文史资料研究委员会:《重庆文史资料选辑》(第八辑),(内部发行)1980年,第182页。
④ 《金融消息·银元券发行办法草案要点》,《银行周报》第33卷19、20期(1949年5月16日),第72页。
⑤ 《22家银行明日承办保值业务》,《商品新闻》第236期(1949年),第3页。
⑥ 《待解放区要抵制伪"银元券"》,《群众》第3卷第30期(1949年),第5—6页。
⑦ 《长沙发银元券流产》,《银行周报》第33卷第10、11期(1949年3月14日),第79页。

银元。①凭借这一消息,康心如开办了"银元存放汇兑业务",收进银元,放出银元券。转眼间国共战争中,国民党失利,败退台湾,银元券币值狂跌。面对拿银元券前来提存的储户,四川美丰银行不得不收兑银元,此次负债数额约折银元41.3万元。②

2.决策失误

1949年为让美丰银行继续维持经营,康心如力谋紧缩机构,精减人员,最终酿成"设计股事件"让四川美丰银行陷入僵局。③1949年5月,康心如密函各分支行、办事处,除留必要工作人员外,将剩余行员调至总管理处"设计股",由他亲自兼任股长,处理善后问题。本意是提取在香港存放的港币和外汇,以这部分资金作为"设计股"的薪金经费。但因时局动荡,人心惶恐,被调至"设计股"的人员认为这是裁员先声,强烈抵制,甚至搬走内账。经过谈判协商之后,美丰银行与行员达成协议,退职者发给退职费,留职者预储退职金,两项金额共付银元22.7万元,美丰银行资金周转吃紧。

四川美丰银行至此大势已去,各股东纷纷要求退股,存户闻风提现,康心如调回港币美金兑付也无法逆转局面。

1950年1月,四川美丰银行共有地产51处,估价折合银元954008元,总行及各分支行处,清理头寸差旧币5381734256元。④1950年1到3月未缴税款1.8亿元,借宝丰公司美汇0.8亿元;4月4日,到期存款有4亿元;累积过期未交存款及汇款10余亿元。⑤四川美丰银行虽有地产,但无法快速折现,股票也无人承受。

---

① 康心如:《回顾四川美丰银行》,中国人民政治协商会议四川省重庆市委员会文史资料研究委员会编《重庆文史资料选辑》第八辑,1980年12月(内部发行),第187页。
② 《康心如与美丰银行》,未出版内部资料,第113—114页。
③ 重庆市档案馆馆藏四川美丰银行未刊档案,档号0296-16-247。
④ 重庆市档案馆馆藏四川美丰银行未刊档案,档号0296-19-1。
⑤ 康心如遗作:《回顾四川美丰银行》,中国人民政治协商会议四川省重庆市委员会文史资料研究委员会编《重庆文史资料选辑》第八辑,1980年12月(内部发行),第191页。

表6-3 1950年5月15日四川美丰银行资产清理表

(单位:元)

科目	合计
金银外币	4711380
有价证券	437350920
生产事业投资	4682173500
应收股款	144828394.2
营业用房地产	11325624570
减备抵房产折旧	228964320
营业用器具	500135600
减备抵器具折旧	24060
分支行基金	20000000
联行往来	1311505733.04
暂付款项	324047260.04
存出保证金	15102040
预付费用	7280220
全体损益	2481447449.27
合计	22554943426.51

资料来源:重庆档案馆馆藏四川美丰银行未刊档案,档号0296-19-1。

虽然资产清理时,四川美丰银行仍有巨额资产,但康心如认为"随着新中国的成立,私营银行业务也发生巨大变化,四川美丰银行困难重重,不如趁早关门,还可有所剩余。"[①]1950年4月4日,美丰银行自动宣告停业,[②]结束了四川美丰银行28年的经营历史。

四川美丰银行在其发展历程中,市场、政府和自身决策是影响其成立、发展、衰落、停业的重要因素。作为私营商业银行,四川美丰银行与早期银行不同,其成立的目的不是为了给政府集资,而是为了追求利润。四川美丰银行注重于股东利益,旨在通过银行营业赢取巨额利益。四川美丰银行的成立和

---

① 康心如:《回顾四川美丰银行》,中国民主建国会、重庆市工商联合会、文史资料工作委员会:《重庆五家著名银行》(重庆工商史料第七辑),西南师范大学出版社1989年版,第93页。

② 重庆市档案馆馆藏四川美丰银行未刊档案,档号0296-19-1。

经营,一方面凭借注册于美国,中美合资银行的身份,在开埠口岸重庆享受特权,业务得以开展。另一方面,四川美丰银行发行美丰券的经营权力,迎合了重庆市场货币不足的需要,给四川美丰银行在中美合资时期能够顺利经营提供保障。虽然私营商业银行与市场发展紧密相连,但在市场经济不完善的条件下,私营商业银行与国家政治形势、政策,也息息相关。在面临影响银行经营的关键时期,银行经营管理者的有效决策极为重要。1927年四川美丰银行控股美方撤资后,银行能继续经营,得益于经理康心如的敏锐眼光和英明决策。离开美方保护伞的同时,顺利得到地方实力派的庇护。与地方政权结伴后,四川美丰银行能够尽量减少地方军阀的派垫损失,并借势平稳发展,是四川美丰银行经营有道的重要成果。四川美丰银行的停业,一方面因为通货膨胀,经营困难,另一方面,在国家长期动乱的情况下,银行未能做好保值工作,在业务经营的过程中,决策屡屡失误,这是导致四川美丰银行资金紧张,最后停业的根本原因。

二、四川美丰银行的灵魂——康心如

康心如,生于1890年12月,陕西汉中籍人。康寿桐正在去四川绵阳赴任途中,他的第二个儿子康宝恕(字心如,后文以康心如称)呱呱坠地。[1]1890年以后,国内政治形势愈演愈烈,《马关条约》《辛丑条约》不断地把中国推向半殖民地半封建社会的深渊,康寿桐本身是一个具有维新思想的官员,积极鼓励自己的儿子向西方学习,1904年,康心孚(康心如的哥哥)东渡日本,在日本早稻田大学攻读政治经济专科,并在日本期间参加同盟会。康心孚的种种作为对胞弟康心如影响深远,1910年,康心如自费考入日本早稻田大学政治经济专科,并在赴日之前经康心孚介绍,由于右任主持,在上海加入同盟会。留学期间,康心如积极学习各种西方先进思想和理念,为他以后的生活和工作

---

[1]《康心如与美丰银行》(内部资料)2010年,第4页。

打下坚实的基础。1911年底,康寿桐病逝,康心如回国奔丧。此时的中国,刚刚经历辛亥革命,有留学经历、先进思想的康心如在成都创办《公论日报》宣传民主思想,同时兼任四川军政府设立的四川银行贷付课课长,后又任四川金库经理。1913年,康心如迁居上海,任濬川源银行上海分行经理。1916年,康心如迁居北京,在北京政府国务院侨务局当一名"佥事"。1919年,康心孚病逝,康心如身负家庭重担,生活十分拮据。①但是,康心如以往的教育经历和工作经历都给他以后的人生发展打下了坚实的基础。

(一)协理康心如

1922年四川美丰银行成立,康心如担任四川美丰银行协理,主要负责行内日常业务经营,直到1927年3月,四川美丰银行改组,被聘任为四川美丰银行总经理为止。为促使四川美丰银行尽快在重庆站稳脚跟,康心如提出改善业务经营,精减职员,减少开支的经营方针。为解决四川美丰银行成立初期的亏损问题,起了重要作用。1927年,四川美丰银行的改组,是康心如为核心的中方股东,为四川美丰银行寻找的新出路。在四川美丰银行的两次转折事件中,康心如的个人管理能力得到充分体现。

1921年春夏之交,四川盐商、康家世交邓芝如来京,②希望能在北京获得一个回重庆筹办可享受外商特权的银行的机会。在康心如的介绍下,决心与雷文财团合作,在重庆创办四川美丰银行。当时,康心如在北京,因康心孚病逝,工资收入有限,职位低下,生活不甚如意。邓芝如一方面感激康心如介绍的这个机会,另一方面对康心如曾经的留学和在金融机构任职的经历十分看好,积极游说康心如回重庆,共同筹办四川美丰银行,甚至愿意借钱给康心如,让其入股。

康心如凭借以往的经验和阅历,以及对于时局的把握,认为创办合资银行在当时政府承认晚清不平等条约,对外国资本基本无力干涉的情况下,大有可为。1921年6月,康心如、邓芝如、张熙午同雷文签订合约,入股四川美

---

① 《纪念康心如先生诞辰120周年纪念集》,(内部资料)2010年。
② 邓芝如的父亲担任过四川的候补道,与康寿桐换过帖。

丰银行。康心如本人向邓芝如借款1.2万元,投入四川美丰银行,占股4.8%。[①]四川美丰银行规定协理2人,由中方董事推出,经董事会同意,襄理行内一切事务,对董事会负有完全责任,董事会有任免协理的权力。[②]1921年,召开四川美丰银行第一次股东大会,公推胡汝航、周云浦为华股董事;邓芝如、康心如为协理。两名协理的工作范围在章程中并没有细致分工,从康心如的回忆录可以看出,协理两人,负责协助经理管理行务。康心如分管银行日常业务经营,邓芝如分管银行人事任免。康心如的协理职务,在中美合资时期的四川美丰银行,虽然属于管理阶层,但是在日常事务管理中所起的作用极为有限。

1922年4月10日,四川美丰银行开业,美国人赫尔德任经理,康心如和邓芝如同为协理。赫尔德本人是美国人,在中国当时衰败的社会局势影响下,"洋人"成为"上等人",他们受不平等条约的保护,赫尔德本人也受到这种思想的影响,到重庆后,他为人专横跋扈,对中国人极不尊重,与华人股东在沟通中存在问题,他一刀切地对华商股东进用的职员全部不予录用,与华商股东造成隔阂。在薪酬方面,经理薪水极高,且开销甚巨。1922年美方三人在重庆的薪金和生活设施就用了41437元,[③]当时四川美丰银行的股本总额为25万元,这进一步激化了中美股东的矛盾。营业方面,四川美丰银行教条式地套用美国银行的经营模式,"活期存款",押送货物送往仓库方可贷款的"抵押贷款"经营模式与当时重庆本地通用每月中、月末为商号办理货币收交,商号的余额尾数存入金融机构,不计利息,作为酬劳的"比期存款"制度,完全凭借机构声誉为依据的"信用贷款"格格不入,种种情况导致四川美丰银行1922年亏损3391元。

1922年的亏损,给了康心如在四川美丰银行崭露头角的机会。1923年,四川美丰银行董事长雷文亲自前来重庆整顿业务,康心如主动向雷文报告了当时四川美丰银行第一年的经营情况,系统分析了四川美丰银行造成亏损局

---

① 重庆市档案馆馆藏四川美丰银行未刊档案,档号0296-1-16。
② 重庆市档案馆馆藏四川美丰银行未刊档案,档号0296-14-183。
③ 康心如:《回顾四川美丰银行》,中国人民政治协商会议四川省重庆市委员会、文史资料研究委员会:《重庆文史资料选辑》(第八辑),(内部发行)1980年,第109页。

面的原因。并向雷文建议,一方面仿照北京合资银行的经营方法,灵活处理各种经营方式,以适应重庆金融业的现实情况,改善四川美丰银行的营业方针,发展业务经营。另一方面针对行内人员过多,开支浩大的现状,精减人员,节省开支。雷文采纳了康心如的建议。

1.改变经营方式

变"活期存款"为"比期存款",变"抵押贷款"为"有限制的信用贷款"即存款往来限制制度。[①]这些更加符合重庆本地特色的业务,一方面满足了重庆本地客户的需要,符合他们的往常习惯,另一方面也能够满足四川美丰银行的大型储户外资机构的需求,限制性的信用贷款与完全的信用贷款相比,在一定程度上使得银行贷款的回收有所保证。所以,1923年,四川美丰银行在保持了原有重庆地区外资机构业务的基础上,终于开始打开重庆市场,营业状况逐渐改善。

2.精减人员

董事、总经理和经理职位人员不变,协理2人降职1人。康心如仍在协理的职位任职,邓芝如降职为顾问。普通行员由40人精减为16人。

四川美丰银行的这次改革效果显著,立即扭亏为盈。鉴于康心如在银行业务上的突出表现,雷文嘱咐替换赫尔德的四川美丰银行经理鄂赓诗(Kwjrle)和营业主任陈达璋,在营业方面要多采用康心如协理的意见。所以,1923年起,康心如虽在职位上没有变动,但在四川美丰银行的实际话语权已经获得了提高。[②]

1925年,鄂赓诗离职,前来替换的是"中国通"经寿岩。经寿岩对于银行业务并不十分精通,在银行营业方面,更愿意与营业主任陈达璋沟通。康心如的地位非常尴尬,职务上介于两人之间,工作关系上又被两人排除在外,借口省亲请假,离开重庆。离开重庆前,康心如对四川美丰银行的内部营业状况十分了解,经过早稻田大学政治经济专科的学习,曾经就职于两家银行的经历,让康心如对于当时四川美丰银行的漏洞和弊端心知肚明。1926年,听

---

① 重庆市档案馆馆藏四川美丰银行未刊档案,档号0296-14-7。
②《康心如与美丰银行》(内部资料)2010年,第40页。

到经寿岩去职的消息后,康心如第二次和雷文深入交流,再一次获得雷文的信任,新派来的经理海翼德(Amos Hiatt)十分重视康心如的意见和建议,撤消了营业主任陈达璋的职务,康心如正式成为四川美丰银行的华商第一人。①

1926年,万县"九五惨案"后,四川人民的反帝浪潮更加凶猛,1927年,四川境内的各国侨民纷纷撤退,四川美丰银行的坐镇经理是美国人海翼德,他接到通知,把银行的所有现金、账册、文件等封存,然后等待时局平静后再来清理。康心如意识到问题的严重性,大量流通的美丰券无法兑换,美国人走了,剩下的中国股东在这种情况下如何自处?这样的结果只能是四川美丰银行立即关门。为了还邓芝如1922年的股本借款,康心如已经把祖产变卖抵债。其他股东尚且有其余事业,而对于康心如来说,四川美丰银行是他的全部家产。为此,康心如心急如焚,积极奔走。四川美丰银行一直凭借中美合资的身份盈利,美资撤走,最大的优势已经不在,大多数人都不敢接手,害怕大笔资金投入之后,竹篮打水一场空。此时真正有实力,并且能够为四川美丰银行顺利经营提供保障的人选,非刘湘莫属。

经多年的军阀混战,刘湘在四川的势力已经稳固。他以川康绥抚委员会主席,第二十一军军长的身份驻守重庆,布防川东。1926年到1927年,刘湘的财政负债800万到900万元,②经济拮据,急需增加军费收入。四川美丰银行经过5年的经营,在重庆基本站稳脚跟。刘湘曾与商人合办中和银行,对银行业多有了解。康心如的政治经济思想活跃,一直打着"以经济控制政治,使政治为经济服务"的旗号。放眼1927年的重庆,掌握实权的不是中央政府,而是地方军队首脑刘湘,投入刘湘麾下,对四川美丰银行以后的发展也会有积极作用。③

1927年,康心如通过美丰股东周见三引荐,结识四川军阀刘湘,通过分析利弊,陈清要害,游说刘湘趁机入主四川美丰。一方面为刘湘的军饷寻找到

---

① 康心如:《回顾四川美丰银行》,中国民主建国会、重庆市工商联合会、文史资料工作委员会:《重庆五家著名银行》(重庆工商史料第七辑),西南师范大学出版社1989年版,第20页。
② 康心如:《回顾四川美丰银行》,中国人民政治协商会议四川省重庆市委员会、文史资料研究委员会:《重庆文史资料选辑》(第八辑),(内部发行)1980年,第67页。
③ 康心如:《回顾四川美丰银行》,中国民主建国会、重庆市工商联合会、文史资料工作委员会:《重庆五家著名银行》(重庆工商史料第七辑),西南师范大学出版社1989年版,第21页。

一个新来源,另一方面也能保证美丰银行正常营业,不致因美丰银行的关门,美丰券的停兑引起金融风潮。康心如的建议被刘湘采纳,刘湘组成集合自己的部属和一些重庆商会人员的"新财团",买下四川美丰银行的美方股份。康心如的这次奔走,挽救了四川美丰银行停业的危机,也为他以后在四川美丰银行的发展,提供了坚实的平台。

改组后的四川美丰银行,不再是中美合资银行,转而成为华商独资的商业银行。新一届董事会,鉴于康心如原来在美丰银行的地位和作用,聘康心如为四川美丰银行总经理。

(二)经理康心如

1927年,四川美丰银行改组成功,康心如被聘任为四川美丰银行的总经理,直到1950年银行停业。成为华商独资银行的四川美丰银行,仍沿袭中美合资时期的制度内容。总经理负责主持行内一切事务,由董事会议定章程条件选任,总经理对董事会负完全责任,董事会有任免总经理的权力。在担任总经理期间,康心如积极为四川美丰银行服务,扩展业务。

1927年四川美丰银行改组以后,成为刘湘的众多敛财工具之一。但是康心如为了更好地经营四川美丰银行,在保持与刘湘的亲密联系的同时尽量减少损失。例如,1928年12月,刘湘参加下川东大战,为筹措军费,召集中国银行、聚兴诚银行、四川美丰银行三家银行开会,分别借款5万元。中国银行和聚兴诚银行悉数上交,而四川美丰银行通过周见三的活动最后上缴2万元作数。

在四川美丰银行内部,并不是康心如的一言堂。四川美丰银行改组后,曾任重庆总商会会长的汪云松和曾禹钦都成为四川美丰银行的股东,且两人是刘湘的"嫡系"。在投靠刘湘,为刘湘筹措军费服务的方面,康心如和他们的观点是相同的,但是两人为了更好地掌握四川美丰银行,通过派人分管银行库房钥匙,分配行内业务等手段,努力在行内培植自己的势力,企图把康心如排除在四川美丰银行管理中心之外。四川美丰银行在业务上已经基本站稳脚跟,自成立以来,康心如呕心沥血,不愿与曾禹钦等"新股东"分享四川美丰银行的管理权力。1927年，康心如凭借刘湘对自己仍"有意延揽"的态度，离开重庆，前往南京，希望能够在国民政府为四川美丰银行立案，取得国民政府规定的钞票发行权，但是两个目的都没有成功。回到重庆时，四川美丰银行已如一团乱麻，银行内部大约有44万资金处于呆滞状态，业务经营困难。通过对四川美丰银行的内部资金状况和对银行内部的了解，康心如认为，除去可以收回的部分应收账款，实际呆账有8万左右，对四川美丰银行的业务影响并不大。他决心继续经营四川美丰银行，并且借此事件，得到董事会"内外一体，同心协力，整顿行务，以谋发展"的承诺。[1]

此后，康心如基本掌握了四川美丰的实权，随着四川美丰营业范围的日益扩大，营业状况的改善，康心如决定通过增资的方式，迅速扩充四川美丰银行的资本额。为了保证原始股东的权益，原有股东优先增持四川美丰银行的股份，他本人成为四川美丰银行增资的最大受益者。[2]

1935年发行法币以前，美丰银行通过发展申汇业务，投机牟利，发行法币以后，中央银行操纵了申汇行市，申汇赌博就宣告终止了。1935年以后，国家银行和东部商业银行开始向西部扩展业务。"竞争激烈"中的康心如，看到四川农副产品富裕，大多要集中在城市销售，换回日用工业品，因此产生了汇兑差额，汇额多，汇水高，利率大。四川美丰银行开始关注于内地翻汇，这一业务成为抗战时期的重要业务。工商企业内迁后，四川美丰银行自知在营业规模上比不过很多大银行，所以决心以重庆为中心向各方发展，在其他银行相对忽视的地方发展业务。重点发展翻汇业务，为了普及这一业务，四川美丰银行在陕、甘、滇、黔设置了很多办事处和分支机构。如1934到1936年，先后成立了成都、万县、汉口三个分行、重庆段牌坊支行和遂宁、内江、泸县、宜宾、绵阳、三台、太和镇等7个办事处。抗日战争爆发后，四川地区作为内迁的重

---

[1] 康心如：《回顾四川美丰银行》，中国民主建国会、重庆市工商联合会、文史资料工作委员会：《重庆五家著名银行》(重庆工商史料第七辑)，西南师范大学出版社1989年版，第31页。

[2] 1922年银行成立初期股本25万元，康占4.8%；1932年增资，股本为50万元，康占29.8%；1936年第二次增资，股本为120万元，康占22.9%；1937年增资，股本为300万元，康占22.25%。但是如果算上康心之和康心远，到1937年，康氏兄弟持有的四川美丰银行的股份约有37.7%。康心如：《回顾四川美丰银行》，中国民主建国会、重庆市工商联合会、文史资料工作委员会：《重庆五家著名银行》(重庆工商史料第七辑)，西南师范大学出版社1989年版，第64页。

要安置地区,人口骤增,农产品的需求骤增,汇兑业务日益突出。1937年到1942年,四川美丰银行先后成立乐山、涪陵、合川、南充、叙永、江津、北碚、遵义、雅安、自流井、中坝、犍为、三汇、达县、五通桥等15个办事处以及昆明、贵阳两分行,并在重庆设立化龙桥办事处,在成都设立染房街和苣泉街办事处。1943年设立西安分行和柳州、衡阳、广元办事处。抗战胜利后,康心如认为国家就要进入和平时期,是商业发展的关键时期,所以在汉口、南京、长沙、宜昌、广州等设分行。①

四川美丰银行先后在各地扩充的分支机构达45处之多,组成了一个庞大的汇兑网,这些分支机构,即使忽略存放资金所获得的差额收益,仅汇兑一项也是盈利可观的。

表6-4 1935—1945年四川美丰银行汇水及纯益比较表

(单位:元)

年份	汇水及手续费	本年纯益
1935	697592.50	193376.46
1936	42242.36	294067.49
1937	70307.31	350764.35
1938	140513.03	577262.82
1939	429875.87	704778.38
1940	1885370.98	1359412.75
1941	2468448.50	1412308.34
1942	8967684.38	3596430.31
1943	35611944.96	4124435.79
1944	116838061.11	5616582.41
1945	463489303.69	16215191.74

资料来源:重庆档案馆馆藏四川美丰银行未刊档案,档号0296-14-8。

在1935到1945年抗日战争胜利的10年中,汇水收入已经成为四川美丰银行收入的重要来源,尤其是1940年到1945年,在四川美丰银行的损益表

---

① 重庆市档案馆馆藏四川美丰银行未刊档案,档号0296-14-513。

中,汇水及手续费已经超过了年度纯益。

康心如在四川美丰银行从中美合资向华商独资性质转变、抗战前后银行业务经营重心的转移中,都起了关键作用。在担任经理期间,初期康心如的话语权受到限制,但1927年的权力斗争胜利以后,他在四川美丰银行的地位得到极大提升。这种集权式的经营方式,虽然减少了四川美丰银行内部派系斗争的损失,但也造成董事会、监事会等监察机构的权力被架空,阻碍了四川美丰银行的后期发展。

抗战后期,国内通货膨胀严重,以康心如为首的四川美丰银行管理层,出于保值考虑,购买黄金、外汇和固定资产。这一决策直接导致了四川美丰银行的资金流通不畅。1948年8月、1949年7月,国民政府的两次币改中,四川美丰银行损失约合美金95.39万元,银元41.3万元。1949年6月,四川美丰银行"设计股"事件中的决策失误,导致银行损失银元22.7万元。1950年4月,四川美丰银行因无力支付到期存款及逾期未交存款、汇款14亿余元,无法继续维持经营。①于1950年4月4日,宣告停业。②

抗战期间,康心如积极投身政治,参政议政。1940年到1946年,在担任四川美丰银行总经理之余,被政府任命为重庆市临时参议会议长。重庆市临时参议会,是为抗战而设立的咨议机关,国民政府希望通过设立参议会满足社会人员参政要求,缓和社会矛盾。康心如代表工商界利益,加入临时参议会。根据1938年9月国民政府公布的《市临时参议会组织条例》,临时参议会有议决权,建议权,听取政府施政报告权,询问权和发表意见权,并没有立法权和执行权。康心如领导时期的重庆市临时参议会,其成就主要集中在确定重庆为陪都和重庆大轰炸后的恢复工作中。在国民党统制政策下,康心如等工商业者,希望通过临时参议会参政议政的愿望,基本没有实现。③

四川美丰银行停业后,康心如先后被选任为重庆市政协委员,重庆市人大代表,四川省政协委员,重庆市民主建国会副主任委员,重庆市工商联合会主任委员,重庆市公私合营投资公司经理,全国工商联合会执行委员等职

---

① 《康心如与美丰银行》,(内部资料)2010年,第124页。
② 重庆市档案馆馆藏四川美丰银行未刊档案,档号0296-19-1。
③ 向中银:《重庆市临时参议会研究(1939—1946)》,中华书局2013年版。

务。最后于1969年病逝于北京，享年79岁。

纵观康心如的一生，从32岁到60岁，都在四川美丰银行工作。四川美丰银行经营28年，康心如在四川美丰银行业工作了28年。他不仅见证了四川美丰银行的发展，也在四川美丰银行的经营中起了重要决策作用。康心如出身于晚清官僚家庭，青年深受儒家文化影响，在日本早稻田大学系统接受西方思想文化洗礼。个人经历形成的人生观、价值观在四川美丰银行的经营中体现得淋漓尽致，甚至主导了四川美丰银行的前进方向。

首先，康心如坚定地认为，政治是社会的主导者，投身政治是明智的抉择。1922到1927年的中国，最有话语权的是外国列强，四川美丰银行能以微薄的经济资本，在重庆发行钞票，顺利开展业务，所依仗的就是列强在华特权。1927年，美资撤走，四川美丰银行面临生存危机。寻找新的投资方时，康心如的目光投向军阀刘湘，其主要目标并不在刘湘的经济实力，而是政治实力。虽然购买美股的"新财团"中，刘湘出资甚少，但四川美丰银行得以顺利过渡到华商独资商业银行，并仍可享受发钞特权，其原因在于重庆枪杆子刘湘的庇护。

其次，康心如虽然对政局有较为精准的把握，但是对国民政府盲目相信，直接导致他在经营银元券业务上的决策失误。刚刚经历"1948年金圆券收缴黄金"、"1949年设计股事件"，四川美丰银行已经摇摇欲坠，此时康心如仍然相信国民政府，承兑银元券，最后损失惨重。这也是康心如过分相信以往的经验，对国民政府盲目相信，决策失误造成的。

总之，四川美丰银行，因国民政府垄断资本的压榨盘剥，最终走向破产。其主要经营者康心如，作为民国时期的民族资产阶级人士，因其阶级局限性，在政治上缺乏敏锐性和远大眼光，一味盲目崇信国民政府，最终导致了四川美丰银行的停业。这是民国时期许多民族资本共同的悲剧。

三、四川美丰银行的管理制度

1914年到1918年的第一次世界大战，为中国的民族资本主义迎来了短暂的春天。民族资本逐渐发展壮大,与外国资本联合起来,共同建立合资企业。1922年,四川美丰银行正式在重庆扎根后,以25万元的资本增长到1948年的200万元(金圆券)资本,[①]一方面得益于中美合资时期出资的美方代表和华商独资时期出资的军阀刘湘,享受了一系列的特权,另一方面更加得益于四川美丰银行自身的经营管理制度。1922到1927年,四川美丰银行作为中外合资银行,完全参照美国银行的管理制度,注重以制度章程管理为主,员工抚恤管理为辅。细化的经营管理制度,为四川美丰银行的发展奠定了基础。1927年到1950年,四川美丰银行虽然在自身银行性质上,从中美合资银行转变为华商独资银行,但是经营管理中一直坚持以"以法治行,以章理行,以心用人,以信待人"为宗旨,对四川美丰银行进行了有效管理和经营。

(一)以法治行,以章理行

四川美丰银行成立初,始为中美合资银行,完全效仿西方经营管理模式,强调以"法治精神"管理企业。这里的"法"和"章"是同义词,都是指通过各种规章制度管理企业。四川美丰银行成立以后,建立各种规章制度67种,既有银行章程,组织大纲,也有司役管理,薪金福利等,包罗万象。[②]

1.四川美丰银行的机构设置

四川美丰银行成立以来,重视通过机构设置和职能划分来对整个银行施行有效管理。合理的机构设置和明确的职能划分,有利于银行的业务经营发展。一方面使整个银行的业务可以在一般情况下平稳运行,另一方面可以使银行机构人员明晰己任,避免资源重复浪费。

---

① 重庆市档案馆馆藏四川美丰银行未刊档案,档号0296-14-511。
② 康心如遗作:《回顾四川美丰银行》,中国人民政治协商会议四川省重庆市委员会、文史资料研究委员会:《重庆文史资料选辑》(第八辑),(内部发行)1980年,第184页。

抗战大后方的金融机构　197

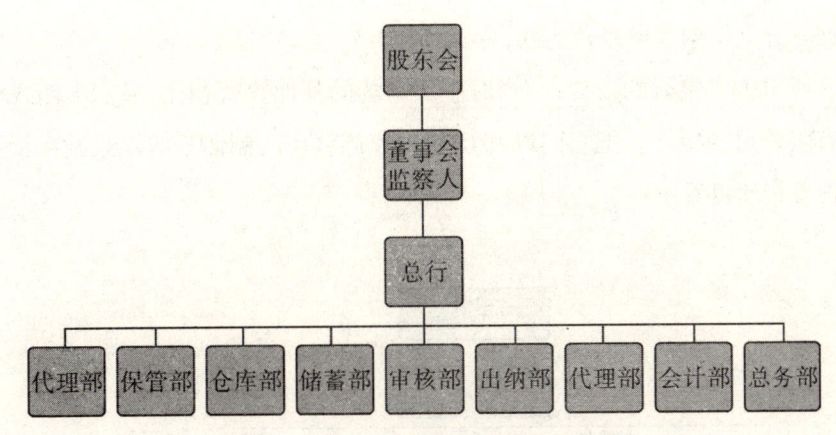

```
                    股东会
                      │
                   董事会
                   监察人
                      │
                    总行
     ┌────┬────┬────┬────┼────┬────┬────┬────┐
   代理部 保管部 仓库部 储蓄部 审核部 出纳部 代理部 会计部 总务部
```

图6-1　四川美丰银行的机构总设置图

资料来源：重庆档案馆馆藏四川美丰银行未刊档案，档号0296-2-212。

《四川美丰银行组织大纲》①规定四川美丰银行设董事5人，由股东大会在4000元以上的股东中选出，任期两年，可以连选连任。监察人2人，由股东大会选举担任，任期一年，可以连选连任。总行设经理、副经理各一人，由董事会选聘专门人才担任。董事会在整个银行中有执行、立法及监察权。监察人负有执行监察账目、证券、库款并汇报于董事会的责任。经理受董事会监督，总理本行一切事务，有署名、盖章于各种证券和契约的责任。副经理受董事会监督，有辅助经理的责任。各主任和职员都受董事会监督并听从经理、副经理指挥。四川美丰银行的权力主要集中在股东会、董事会和行务会中。股东会定期举行，每年一次，董事会每月定期举行，如有重大事故可以随时举行，行务会每两周举行一次，以经理为会议主席。②

机构设置中，总务股分管文书、股务、庶务、人事、物品、地产和广告7部分；会计股分管总账、存款、放款、往来、收交和证券6组；业务股分管存放、汇兑、调查和催收4组；出纳股分管收款、付款、库务和兑换4组；审核股分管考勤、出巡、审查、稽核和统计5组；储蓄部分管账务和收付2组；仓库部分设账务和营业2组；保管部分设账务、管理和事务3组；代理部分设账务、报关、保险和代办4组。分支行及办事处的机构设置，不需要与总行设置完全相同，

---

① 重庆市档案馆馆藏四川美丰银行未刊档案，档号0296-2-212。
② 重庆市档案馆馆藏四川美丰银行未刊档案，档号0296-14-1。

根据各分支机构业务经营实际,分设机构。①

四川美丰银行的设置,与当时重庆市场的其他银行相比,显示出西式股份有限公司的特点。把它同以1915年由家族钱庄改制而来的聚兴诚银行机构设置相比可看出:

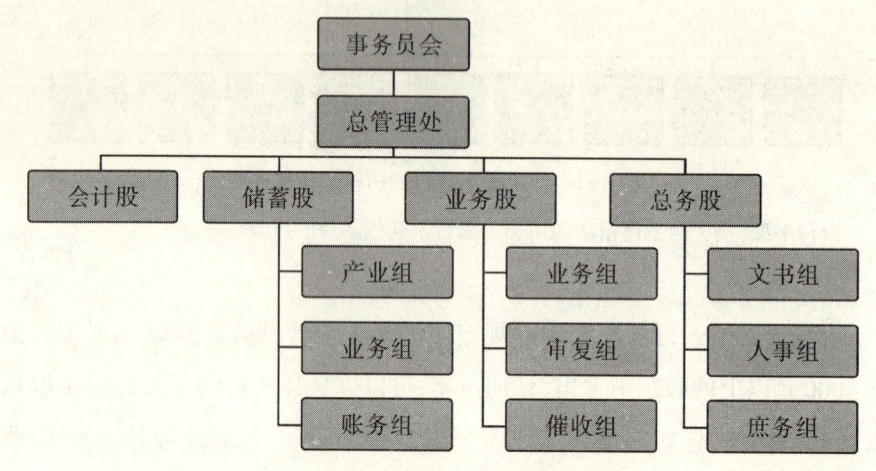

图6-2 聚兴诚银行机构设置概况图

资料来源:《聚兴诚银行三十年来概况》,《四川经济季刊》第1卷第3期(1944年6月15日),第185页。1937年,聚兴诚银行应市场要求,机构设置有所变动,本文所取为四川美丰银行1922年设置机构同一时期,聚兴诚银行的机构概况。

(1)从公司性质上看,四川美丰银行是股份有限公司,聚兴诚银行是股份两合公司。四川美丰银行的股款分为普通股和特别股,②以普通股为股本。③持有普通股的股东在银行的各项权力中有优先权。聚兴诚银行是由家族经营钱庄改制而来,带有浓厚的家族特色,虽名为股份公司,但公司的一切权力由家族把持,分为有限股和无限股,全部无限股和部分有限股由杨氏兄弟所有,无限股在银行的各项权益中有优先权。④

(2)从股东权益上看,四川美丰银行的最高权力机构是股东大会,股东大

---

① 重庆市档案馆馆藏四川美丰银行未刊档案,档号0296-2-212。
② 重庆市档案馆馆藏四川美丰银行未刊档案,档号0296-1-16。
③ 重庆市档案馆馆藏四川美丰银行未刊档案,档号0296-1-16。
④《聚兴诚银行三十年来概况》,《四川经济季刊》第1卷第3期(1944年6月15日),第184页。

会的组成人员来自不同的商业领域,任何人都有权购买四川美丰银行股票,成为四川美丰银行股东。四川美丰银行常设权力机构是董事会,董事人数限定5人,由持股较多股东中选出,两年一届,具有流动性,理论上任何持股较多的股东,都有权担任董事,代表自身利益。

(3)从管理经营者上看,四川美丰银行的总经理也是通过聘用的方式由专门管理人才担任。四川美丰银行总经理对董事会和股东大会负责,在日常经营管理中拥有决策权。1922年四川美丰银行成立后,总经理分别由美国人鄂赓诗、经寿岩等担任,他们是由美方投资者雷文所委派。1935年以后总经理一职由康心如担任,虽然他作为四川美丰银行的股东,但是仍是以专业人才的身份被聘任为总经理,并须向董事会和股东大会负责。聚兴诚银行的股票持有者中,全部无限股和部分有限股由杨氏兄弟所有,其余部分有限股为杨氏亲友持有,其他人无权购买。无限股持有者组成聚兴诚银行最高权力机构事务员会。聚兴诚银行总管理处下设总经理、协理负责处理行内事务,两职务须由事务员会事务员中选出,如从外聘任,则须事务员会全体同意。①

(4)从机构设置上看,四川美丰银行多出2股2部,2股是指审核股和出纳股,2部是指仓库部和保管部。四川美丰银行把考勤、出巡、审查、稽核和统计5部分业务单独提取出来设成一股,便于行内人员管理、职责划分和有效监督管理。聚兴诚银行则把考勤、出巡、审查、稽核和统计这部分职能分散在各股之中。仓库部、保管部和代办部也是同样道理,把相近职能业务分离出来单独组成一股或一部,便于集中监督管理。

聚兴诚银行这种股份两合机构设置形式,是由家族式经营和股份制公司形式相结合而成,带有从旧式钱庄向新式银行管理过渡的特点。钱庄经营中,资本依靠亲友集资,并对钱庄负有无限责任。②四川美丰银行则完全引用西方有限制股份公司经营方式。1937年聚兴诚银行改股份两合公司为股份有限公司,其机构设置与四川美丰银行的机构设置逐渐趋同。③

四川美丰银行总行根据行内具体经营情况分设的5股4部,并在其下分

---

① 《聚兴诚银行三十年来概况》,《四川经济季刊》第1卷第3期(1944年6月15日),第184页。
② 杨荫溥:《上海金融组织概要》,商务印书馆1930年版,第33页。
③ 《聚兴诚银行二十年来概况》,《四川经济季刊》第1卷第3期(1944年6月15日),第184页。

设备组掌管行务。细化后的组织经营更加完善,在具体行务分配和责任追究中都有重大意义。四川美丰银行的分支行和办事处内部设置情况,根据《四川美丰银行组织章程》第二十条规定,总行及分支行、办事处经理、副经理、襄理和主任、副主任的任用由总经理推荐,董事会通过之后聘任担任。

四川美丰银行通过这种机构设置,把所有权和经营权分离。这是现代银行制度遵循的重要原则之一。一方面可以使经营者充分发挥他的积极性和创造性,另一方面也避免了个别股东为了个人利益损害银行集体利益的局面。

2.职务管理规定

人事管理的主要方法在于为事择人,为人配事。成功的人事管理在于把每个人放到最能发挥他作用的职位,并且能让该职位的职能得到有效运用。人事管理要求在搭配合理人员之前,能对职位的权利和义务进行明确的说明和规定。这种规定,为人事管理的各项工作提供标准。如在招聘时,可通过职位规定,判断应聘者是否适应银行对该职位人员的要求;在考核时,判断该职员的工作是否符合职位要求,应予何种奖励或处罚;在退职时,可以明确职员获得何种抚恤。四川美丰银行对行内设置的各种职位有较为详细的管理规定。以《四川美丰银行司役管理规则》为例:

《四川美丰银行的司役管理规则》为司役生丁职员对选聘、职责、奖惩、福利都做了详细的规定。

选聘:《四川美丰银行司役管理规则》第一条,凡高小毕业或有同等学力志愿服务本行者经规定手续得录用为服务生;第二条,服务生服务满三年后于每年终由经副襄理及主任考察有特殊成绩而无过失报请总经理特许者得升为练习生;第三条,服务生如遇本行招考练习生时得报明投考不限制中学毕业资格。[①]

四川美丰银行的司役生丁,聘任的都是有学习基础,至少拥有高小毕业或同等学力的服务生。成为四川美丰银行的服务生后,因个人素质、品行、能力不同,由主管分配到银行内部的各司任职。如"第六条规定,凡备具专门技术品行端正志愿服务本行者,经规定手续,得录用为各种专司。第七条规定

[①] 重庆市档案馆馆藏四川美丰银行未刊档案,档号0296-2-212。

凡识字、耐劳、无恶疾及不良嗜好,五官健全而有清洁之习惯,志愿服务本行者经规定手续得录用为行役。"①

职责:《四川美丰银行的司役管理规则》第十二条规定,各司役生丁应负所管地段之消防、火烛以及一切公物保管、清洁之完全责任,电门、水门尤应随时查察不用即须关闭。②

这是对司役生丁的职责范围进行界定。司役负责所管地段之消防火烛以及一切公物保管清洁的责任。其年终考核时,根据司役所管地段的消防、保管、清洁是否完成,完成情况进行奖惩。且若所管地段的物品出现损坏、任意搬动等情况应及时向总务股报告。

惩罚:《四川美丰银行的司役管理规则》第十三条规定,各司役生丁,对于所管地段及本行消耗物品,应时时爱护顾惜,不得损伤浪费任意搬动,亦不得私许他人搬用。如有破旧及自然损坏情形,应报明总无故请求核销换置,如不经核销手续或有意损坏,查出须责令赔偿,如无力缴纳,得向保证人索赔。第二十条规定,各司役生丁,如违反本行一切规则,对于所司职务有失检延宕及不故意或错误致本行有损害时,应负赔偿责任,如其无力者,应向其保证人索赔。③

这是对司役生丁的惩罚措施进行规定。司役负责所管地段的物品如有破旧及自然损坏情形不经核销手续或有意损坏公物,经查实须立即赔偿,如无力缴纳,银行有权向司役保证人索取赔偿。

福利:《四川美丰银行的司役管理规则》第二条、第三条规定,若年终考核有特殊成绩或在招考练习生时成绩合格,可转而成为四川美丰银行的练习生,受专业培训晋升为银行职员。第四条,服务生得与本行练习生同受普通红酬及特别红酬之待遇。④

司役生丁在服务生阶段,经过努力工作和相应测试,可加入四川美丰银行练习生行列,受专业培训,成为四川美丰银行职员。在服务生阶段,可享受

---

① 重庆市档案馆馆藏四川美丰银行未刊档案,档号 0296-2-212。
② 重庆市档案馆馆藏四川美丰银行未刊档案,档号 0296-2-212。
③ 重庆市档案馆馆藏四川美丰银行未刊档案,档号 0296-2-212。
④ 重庆市档案馆馆藏四川美丰银行未刊档案,档号 0296-2-212。

练习生的红酬待遇。

《四川美丰银行的司役管理规则》相比于《上海商业储蓄银行对司役的服务职责的规定》有所不同。①

首先,四川美丰银行在选聘司役生丁时,是从本行的服务生中选取,注重应聘人员的学习经历,要求至少有高小毕业或同等学力。

其次,四川美丰银行对司役生丁的福利,注重职员后期教育,注重职员对银行的归属感。如四川美丰银行要求司役生丁在工作时统一着装。司役生丁在服务生阶段报考本行练习生,可不要求其中学学历。上海商业储蓄银行的司役生丁,收入在工资之外根据表现酌情加薪,四川美丰银行则明确表示与练习生同时享有普通红酬和特殊红酬待遇。

但是也应看到,四川美丰银行的司役管理规则,对司役生丁的工作时间、请假等方面没有涉及,在日常管理中会造成管理盲区,或随意性较强,影响工作效率。

详细的职务管理规定,一方面为银行提供保障,对职员的具体工作内容和要求做出书面说明,若造成损失,则可以予以惩罚。另一方面职员根据职务管理规定,明确自己所处职务的具体要求和责任,在面对不足或超出工作职责范围内的内容时做出有利选择。

3.四川美丰银行职员奖惩规定

"凡百事业,咸以人才为根本,譬如大厦之有栋梁,呼吸之有空气,商业亦然,银行尤盛。"②银行的健康发展离不开对行内职员的有效管理,奖罚有度,评判有据是银行机构有效管理的重要方面。四川美丰银行根据行业规则和具体情况对行员的奖惩作了细致规定。

任何机构的奖惩规定,目的都是通过激励人力资源,最终达到利益最大化的目的。

四川美丰银行的奖惩考核标准,以是否能够完成本职任务为准。根据《四川美丰银行奖惩规则》规定考核职员练习生成绩依据有无放弃职责以内

---

① 张健:《近代中国华商银行人事管理制度研究》,南京大学硕士学位论文2012年。
② 中国人民银行金融研究所:《近代中国金融业管理》,人民出版社1990年版,第148页。

事项;委办之件是否依据规定时间完成;是否能自行设计处理所有职务;能否担当重大问题;有无违背本行禁例;请假次数及时间为准。基本囊括了职员的日常工作行为。①职员如能完成正常工作任务,不无故耽误工作时间,不会被惩罚。

四川美丰银行在处理职员奖惩时,根据《四川美丰银行职员考绩规则》,②采取季度考核评定制。规定每月由各级主管制考核成绩表,每半年并根据考核评定表,评定职员表现优劣和工作勤惰,施行奖惩。

《四川美丰银行奖惩规定》第六条规定,记功之职员练习生得按级加薪,记过之职员练习生应减级示罚,但有特殊成绩者得越级加薪,特殊劣迹者应予开除。

四川美丰银行的奖惩以调节职员薪水为手段,开除出行是最严厉的惩罚标准。记功的职员、练习生得按级加薪,记过的职员、练习生应减级示罚,但有特殊成绩者得越级加薪,特殊劣迹者应予开除。

《四川美丰银行奖惩规定》第七条规定,凡职员、练习生记大过三次者应即开除。

四川美丰银行的惩罚实行累计责罚制。规定职员、练习生记大过以三次为限,达到则予以开除。在职员奖惩中分3类职员,即练习生、③职员和经理、副经理、襄理这类管理人员。

《四川美丰银行奖惩规定》第八条规定,练习生经两年后成绩优者以行员录用,但有特殊成绩者得越级升用。如二年后尚不能专任一职者应即开除。

练习生成绩优异,可被直接聘任为行员,2年为限。保证银行利益,不会因长时间培养不能给银行带来收益的练习生造成银行负担。规定练习生记功则按级加薪,记过则减级示惩罚,若有突出表现则不以聘任成正式行员为限,可越级升用。一方面明确指出,如因工作学习失误可能面临薪水减级的

---

① 重庆市档案馆馆藏四川美丰银行未刊档案,档号0296-2-212。
② 重庆市档案馆馆藏四川美丰银行未刊档案,档号0296-2-212。
③ 练习生是指四川美丰银行照收的银行学员,通过对练习生经过专业培训使其掌握专业技能并定期考核,成绩优异者可被聘任为四川美丰银行职员。在学习期间四川美丰银行按月给练习生发放工资。

惩罚,另一方面,表现优异不仅可以加薪,还可以在职务上越级升用的规定,也激励了练习生努力为银行服务。

练习生和职员的考核由部门主管进行,但对董事会负责,董事会有权取证调查,甚至推翻不合理的奖惩决定。直接把对练习生和职员的审核权力上升到四川美丰银行的最高权力阶层。若行内出现因为一己私利压榨其他练习生和职员的情况,可上报董事会,取证调查。董事会的有效监督为四川美丰银行奖惩的公平、公正提供有效保证。

经理、副经理、襄理等管理人员的考核由总经理汇报董事会,由董事会制定评定决定,总经理无权干涉,以避免总经理权力过于集中。

(二)以诚待人,以心用人

1.薪金

四川美丰银行的工资级别和水平直接关系到职员的薪水收入。工资级别的考核则与员工平时的工作态度、工作能力、工作年限及年终考核结果相联系。以1931年四川美丰银行薪俸等级为例。

表6-5 1931年四川美丰银行薪俸等级表

职务	等级	金额(元)
副襄理	一等第二十五级至第一级	123—600
主任	二等第二十五级至第一级	60—300
一等行员	三等第十五级至第一级	70—340
二等行员	三等第十九级至第一级	50—90
三等行员	三等第二十二级至第十五级	35—70
初级行员	三等第二十三级	30
练习生	三等第十五级至第二十四级	20—25
满两年即以初级行员录用		

资料来源:重庆档案馆馆藏四川美丰银行未刊档案,档号0296-2-212。

由上表可见,四川美丰银行的薪俸评定中,并未实行现在普遍的工资级别、岗位级别双轨制,而是在工资级别和实领金额上进行调节。

职员依所承担的岗位级别不同,享受的工资待遇也不同。如副襄理享受一等工资待遇,主任享受二等工资待遇,职员、练习生则享受三等工资待遇。实际上,工资等级和资金收入又不尽相同。不同的岗位级别中,如主任享受二等工资待遇,薪金额为60到300元,但一个享受三等工资的一等行员的薪金额是70—340元,很有可能一等行员的工资收入超过主任。相同的岗位级别中如三等行员的工资待遇级别处于三等第二十二级至第十五级,薪金额为35到70元,二等行员的工资待遇三等第十九级至第一级,薪金额为50到90元,一个二等行员的月收入可能没有一个工资级别较高的三等行员的多。

四川美丰银行的工资薪金模式,虽然未能实现工资级别和岗位级别的双轨并行制,但通过对职员工资实际收入金额的调整仍然达到了奖励行员的目的。激励因工作年限或经验有限的员工在岗位级别较低的时候因突出的工作能力或表现获得较高的薪金待遇,一定程度上刺激了这类行员的工作积极性,促进了银行业务的整体发展。也避免部分岗位级别较高的行员,在实际工作中消极怠工,不能为银行带来收益,浪费银行资源的情况。

四川美丰银行的薪俸等级评定虽然合理,但是也应看到,1923年四川美丰银行总经理月薪500元,第一协理月薪300元,营业主任月薪120元,顾问月薪50元,[①]都处于等级工资的下限部分。所以,在实际操作中,虽然四川美丰银行的工资表中每一等级行员,因工作表现不同,收入浮动较大,但实际上职员收入往往处于工资表的下限部分,极少数能够达到上限。

2.抚恤

四川美丰银行为了保障行员的日常生活,在薪俸规定之外还对职员的恤抚情况进行了细致的规定,惠及在工作中因公受伤和年老退职的各类员工。

四川美丰银行依据行内具体情况,给予对银行有所贡献的退职职员予以抚恤。根据职员退职时的具体情况,依《四川美丰银行抚恤章程》,对获得职员抚恤的具体标准和抚恤金额都有明确规定。基本计算方法以退职时的薪

[①] 康心如:《回顾四川美丰银行》,中国人民政治协商会议四川省重庆市委员会、文史资料研究委员会:《重庆文史资料选辑》(第八辑),(内部发行)1980年,第112页。

金为标准。薪金则是由职员的工作能力和日常工作表现综合评定的结果,总体来说,退职金的金额是与获取抚恤职员对银行贡献的程度相联系的。根据《四川美丰银行抚恤章程》第二条分具体抚恤为一次性赠予退职金、终身养老金和恤金三种。①

根据《四川美丰银行抚恤章程》第三条,职员在职三年以上十五年以内无过失退职者,依规定给予一次赠予金:一、满三年者照退职时全年薪俸五分之一支给。二、满六年者照退职时全年薪俸五分之二支给。三、满九年者照退职时全年薪俸五分之三支给。四、满十二年者照退职时全年薪俸五分之四支给。五、满十五年者照退职时全年薪俸全数支给。②

一次性退职金给予无过失退职的职员。这种退职金一次性付清,不受再次回行任职或到其他地方任职的影响,具体金额在银行服务年限不同,给予标准也不一样。

根据《四川美丰银行抚恤章程》第四条,年满六十岁,任职在十五年以上二十五年以内退职者,给予终身养老金:一、满十五年者,照月薪四分之一按月支给。二、满十八年者,照月薪四分之二按月支给。三、满二十一年者,照月薪四分之三支给。四、满二十五年,照月薪全数支给。③

终身养老金,给予在四川美丰银行工作长于15年的职员,且退职时年龄60岁以上的职员。这是四川美丰银行对于为银行服务时间长,退职后因年龄所限,无法获得其他生活来源的职员的优抚。同时也规定,若领取终身养老金的职员,有继续任职或到其他地方服务,可以通过工作自谋生存时,四川美丰银行不再对其发放终身养老金。

恤金,主要针对因在四川美丰银行工作,造成人身伤害职员的抚恤。根据伤害程度不同,给予职员及其家属的抚恤程度也不同。主要分为一次性恤金、终身恤金和遗族恤金3种。

一次性恤金,主要针对虽因公受伤,但并未丧失工作能力,即使退职,仍可维持生活的职员。根据《四川美丰银行抚恤章程》第四条,职员因公受伤或

---

① 重庆市档案馆馆藏四川美丰银行未刊档案,档号0296-2-212。
② 重庆市档案馆馆藏四川美丰银行未刊档案,档号0296-2-212。
③ 重庆市档案馆馆藏四川美丰银行未刊档案,档号0296-2-212。

因公致病而未达身体残废精神丧失之程度者得于退职时六个月俸给之限度内酌给一次恤金。在此之外,四川美丰银行还针对因公亡故的部分遗族家属,在遗族恤金之外,给予一次性恤金。《四川美丰银行抚恤章程》第十四条,职员因公亡故,除依本章程给恤外,并得于该职员最后在职时两个月俸给之限度内酌给其遗族一次恤金。第十五条,职员在职三年以上未满是年而亡故者,得按其最后在职时三个月之俸给一次性给予遗族。①

终身恤金,主要针对因公致残、致病,丧失工作能力,无法继续为银行服务的职员,以示抚恤。《四川美丰银行抚恤章程》第五条,职员因公受伤致身体残疾或因公受病致精神丧失不胜职务者,得按其退职时俸给由董事会酌量情形给以终身恤金。但根据《四川美丰银行抚恤章程》第九条,职员因公致伤、致病但并未丧失劳动能力,享有一次性恤金后,5年内,伤病增剧,无法恢复劳动能力,则可享受终身恤金,但必须扣除其已给的一次性恤金。②

遗族恤金,主要是针对因公致死、因公致残5年内亡故或领取终身养老金5年内亡故的职员,四川美丰银行则对其家属给予恤养,以保障职员家庭生活稳定。因公致死的员工家属可领取一次性恤金,与遗族恤金并不冲突。根据《四川美丰银行抚恤章程》第十条,职员有下列情事之一者得按其最后在职时俸给五分之一按月支给遗族恤金:一、因公亡故者。二、在职十年以上勤劳卓著而亡故者。三、依本章程第四条第五条受恤养后未满五年而亡故者。

《四川美丰银行抚恤章程》,主要是针对行内职员可能发生各种状况,建立的优抚章程。在1922年到1950年的经营过程中,重庆地区长期经受战乱,抚恤章程的建立,一方面有利于提高银行的形象,另一方面对于吸收和管理行员有所帮助。

四川美丰银行在管理中根据自身业务需求,健全机构设置,明确职能分配,确立奖惩制度,为职员制定合理薪金、福利政策等,激励职员努力工作,给四川美丰银行的业务发展提供坚实平台,在28年的经营过程中,四川美丰银

---

① 重庆市档案馆馆藏四川美丰银行未刊档案,档号0296-2-212。
② 重庆市档案馆馆藏四川美丰银行未刊档案,档号0296-2-212。

行的制度政策基本没有变化,一直延续下来。如中美合资时期,四川美丰银行召开过5届股东大会,平均每年一次,成为华商独资银行后,仍沿袭这种制度,如1927到1934年召开12届股东会(1927年到1928年因银行面临股东转变召开7届股东会外,平均每年一次)。股东会上所讨论的问题,基本围绕在重要职位人事任免和利润分配上。[1]

但是也应看到,部分四川美丰银行的制度在实际经营中,并没有起到应有的作用。如管理权过度集中在总经理手中。董事会是四川美丰银行的最高决策机构,按制度规定每月举行一次,但是,四川美丰银行的董事会,在管理经营中起到的作用极其有限,尤其体现在四川美丰银行经营后期,康心如的决策失误中,康心如的个人决策失误,直接导致了四川美丰银行的流通资金紧张,甚至不能维持,在四川美丰银行自己的"大事件表"中,对董事会召开的内容几乎没有介绍。四川美丰银行设有监察人员,监察人虽没有实行处分的权力,但有监察过失的职责,调查实情,检查银库,检查簿据是监察人的本职工作。[2]四川美丰银行虽设有监察人职位,但是监察人的职能没有得到有效发挥。

四川美丰银行的福利待遇名目繁多,除薪金、抚恤之外还包括医疗、宿舍等方面,这些福利待遇为四川美丰银行笼络职员起到了积极作用。但是,在实际操作中职员得到的实惠确是有限的,如四川美丰银行规定自1936年起,每5年由董事会对在银行服务10年以上的员工赠予年金,金额以4个月的薪额为标准,[3]但四川美丰银行共经营28年,能够获得此项收益的职员只有少数"元老",且在抗战后期,通货膨胀严重,美丰银行的福利政策基本有名无实。

总之,虽然四川美丰银行强调通过章程管理行务,福利笼络职员,这些制度在抗战前起到了一定作用,但是到抗战时期,政局动荡,这些制度基本形同虚设。职工和银行的劳资矛盾日益突出,最终酿成"设计股事件"。

---

[1] 重庆市档案馆馆藏四川美丰银行未刊档案,档号0296-14-183。
[2] 杨荫溥:《上海金融组织概要》,商务印书馆1930年版,第126—127页。
[3] 康心如:《回顾四川美丰银行》,中国人民政治协商会议四川省重庆市委员会、文史资料研究委员会:《重庆文史资料选辑》(第八辑),(内部发行)1980年,第112页。

四、四川美丰银行的业务经营

民国时期的四川政治局势动荡,军阀混战。四川美丰银行在1922到1950年的经营过程中,经历了美商撤资、国民政府经济管制、抗日战争和解放战争等重大事件。抗日战争的全面爆发后,社会、市场环境变化剧烈,四川美丰银行作为抗战大后方的金融机构,为维持银行运转,自身业务经营也有所变化。

四川美丰银行的基本业务根据从现存最早的四川美丰银行的总章程规定中得以了解,包括:①各种存款,②各种放款,③各种汇款(兑),④各种储蓄,⑤贴现,⑥押汇,⑦各种货币及生金银之兑换或买卖,⑧代理收付各种款项,⑨保管各种贵重物品,⑩兼管一切信托事务,⑪其他商业银行一切事务,本银行经政府之许可得继续发行纸币。[①]为了维持经营,四川美丰银行在中美合资时期,立足自身合资银行性质主要与外资机构进行存放业务。成为华商独资银行后,四川美丰银行因抗日战争前和抗日战争时国内形势的不同,其业务重点也发生转变。

(一)站稳脚跟,特色经营

1.中美合资时期吸收外资机构作为存款的主要客户

1922年四川美丰银行进驻重庆,当时重庆的金融业基本格局已经形成。旧式钱庄和票号占据重庆主要金融市场,新式银行也各有官办,商办代表。由重庆本地杨氏家族钱庄发展而来的聚兴诚银行已经成立7年,各方业务也基本稳定。此时刚刚开业的四川美丰银行积极寻找、创造自身经营特色,希冀能够在重庆打开局面,站稳脚跟。

[①] 重庆市档案馆馆藏四川美丰银行未刊档案,档号0296-14-1。

中美合资的四川美丰银行,根据合约规定美方占股52%,[1]拥有绝对控股权。开业后公司的各项规章制度严格遵循美国式银行的经营方式,并享受在中国的各项"特权"。

区别于钱庄吸收货帮及重庆本地商户存款的经营方式,四川美丰银行着眼于吸收外资机构存款。重庆本地货帮习惯于"比期存款制度",贷款方面习惯于完全信用贷款。这种存放款制度与外国新式银行的"活期存款""抵押贷款"有极大不同。以贷款为例,完全信用的抵押贷款,完全取决于放贷机构对贷款方的信任程度,具体的下限金额等并没有标准可循。极有可能出现,到期后贷款方经营周转失误,无法按期还贷造成呆账损失,甚至经营失败破产,无法还贷,造成银行坏账损失。习惯于抵押贷款的外资机构,对经营这种贷款业务的地方金融机构无法全然信任,四川美丰银行鉴于此种情况,把外资机构作为吸收存款的主要客户直到1927年四川美丰银行美股撤出,外资机构以种种理由拒绝存款为止。

表6-6 四川美丰银行甲种活期存款余额在一万元以上的统计表(1922—1927年)

年份	外国部分(元)	百分比(%)	中国部分(元)	百分比(%)
1922	153180	72.6	58000	27.4
1923	177426	65.9	91728	34.1
1924	724951	92	64578	8
1925	1602635	89.4	286817	15.1
1926	1772414	85.5	300323	14.5
1927	238166	79.8	60260	20.2

资料来源:康心如,《回顾四川美丰银行》,中国人民政治协商会议四川省重庆市委员会、文史资料研究委员会:《重庆文史资料选辑》(第八辑),(内部发行)1980年,第115页。

四川美丰银行吸收存款的外资机构主要有:邮局、海关等,以及隆茂洋行、大来洋行、白理洋行、吉利洋行、立兴洋行、聚美洋行、安利英洋行、施美洋行、怡和洋行、德昌洋行、美孚油行、英美烟草公司、美亚保险公司、皮菲洛克

---

[1] 重庆市档案馆馆藏四川美丰银行未刊档案,档号0296-14-8。

牙刷公司、万国储蓄会、华洋义赈会、德国领事馆、美以美会、内地会、青年会等。而中国部分只有聚兴诚外国贸易部和泰永丝号，以及牛范九、梅耀廷等私人存款。[①]

外资机构在四川美丰银行的大量存款，解决了四川美丰银行成立初期的业务开展难题，为四川美丰银行提供了流动资金。四川美丰银行一方面得益于外资机构的大量存款，但另一方面也使得四川美丰银行在改革中，顾及外资机构喜好，不能完全融入华资金融机构群体之中，本身业务也受到限制。1927年四川美丰银行美资撤股后，外国人也纷纷离开重庆，四川美丰银行的存款业务1927年比1926年下降了483080.09元，[②]影响了四川美丰银行正常的资金流通。成为华资商业银行之后，四川美丰银行逐渐趋同于重庆本地商业银行，吸收存款主要以商业机构为主要客户。

2.发行钞票

在四川美丰银行成立前后，四川币制极为混乱。硬币类主币、辅币各有十余种，纸币类有各银行钞票、各钱庄划条、各商号期票，[③]全部在四川市场上流通。四川美丰银行作为中美合资银行，凭借治外法权，不受中国政府管制，可发行兑换券，被称为美丰券。美丰券的发行，是四川美丰银行在法币改革前的重要经营业务之一。

四川美丰银行发行的美丰券，高举合资的大旗，流通地区渐广。为了达到提高普通民众对美丰券信任的目的，四川美丰银行通过以下几种手段增加流通量：

外观。雷文在美国印制美丰券，币面设计精致且不易伪造的图案，兑换券上写满各种外文，在中国当时特殊的时期容易被认可。

宣传。白理洋行失火，美丰兑换券被部分损坏，但剩下的号码依稀可见，这部分兑换券到美丰银行后被成功兑换，这一事件，也成为美丰券化成灰也不怕的金字招牌。

---

① 康心如：《回顾四川美丰银行》，中国人民政治协商会议四川省重庆市委员会、文史资料研究委员会：《重庆文史资料选辑》（第八辑），(内部发行)1980年，第115页。
② 重庆市档案馆馆藏四川美丰银行未刊档案，档号0296-14-1。
③ 张奥九：《抗战以来四川之金融》，《四川经济季刊》第1卷第1期(1943年12月15日)。

政策。当时市面上划账划掉银元要补水(洋水),美丰券因其"合资特权"则避免了这种损失,使得很多土匪、贩运商在运输过程中以美丰券为交易媒介,甚至有些鸦片贩子把美丰券带到了贵州,促进了美丰券的发行流通。[①]

争取钱庄支持,美丰银行通过降低利息,给予存款和浮存作为报酬等方法,拉拢重庆的一些钱庄代销美丰券。

四川美丰银行美丰券凭借外观和宣传,受到广大私人用户的认可,凭借政策和钱庄支持,吸收了部分固定大额客户,使得美丰券流通范围扩大,为四川美丰银行带来盈利。

表6-7 1922—1935年四川美丰银行美丰券的发行

(单位:元)

年份	钞票发行及领用
1922	44362.00
1923	119379.00
1924	419555.00
1925	716009.00
1926	898487.00
1927	683620.00
1928	160210.00
1929	162410.00
1930	80000.00
1931	994845.00
1932	630792.00
1934	537491.00
1935	925.00

资料来源:重庆档案馆馆藏四川美丰银行未刊档案,档号0296-14-8。

因资料所限,1933年四川美丰银行资产负债表和损益表缺失无法获得具体数据。

1922年到1927年,四川美丰银行凭借合资银行在华特权发行美丰券流

[①] 康心如:《回顾四川美丰银行》,中国人民政治协商会议四川省重庆市委员会、文史资料研究委员会编《重庆文史资料选辑》第八辑,1980年12月(内部发行),第117页。

通市场,1927年到1935年凭借军阀刘湘的特殊"公告"仍旧发行美丰券①,且金额不断扩大。美丰券的发行为四川美丰银行提供了大量流动资金,发行钞票的准备金只有发行额的40%左右,随着使用的人越来越多,发行额越来越大,在这期间四川美丰银行运用流动资金进行借贷、投资等金融活动,获得更大利润。

1935年6月6日,财政部下令重庆各官、私营银行,凡已发行兑换券、库券等各类形式用于流通的纸币、凭单,必须在6个月内收回作废,列报财政部,并由中央银行以法币换掉。②1935年11月4日,财政部发布公告,"中央,中国,交通三行所发之钞票,自公布之日起定为法币,并集中发行,其他各行所发钞票仍准流通,但应逐渐收回,而代以中央银行钞票,以后各行,不得发行新钞票,所有已印未发新钞交存中央银行"③。四川美丰银行遂遵照政府要求,自1936年起,停止发行美丰券。

3.发展申汇

四川美丰银行的总章程中,除了存放款等基本业务之外,汇兑也是重要的业务之一。在当时特殊的国内形势下,汇兑是银行利润的重要来源之一。汇兑是指汇款方委托中介银行将资金汇往异地收款方的一种结算方式。因为收款地区不同,所以中间差价也不一样。

民国时期的川渝地区对省外贸易及金融关系,以上海为最密切,故汇出汇入的款项,均以申汇占大多数,对于其他各省汇价,亦以申汇为标准折算,是以申汇之涨跌,有关渝市金融至深且巨。④金融机构往往可以通过申汇的涨落,赚取差价,赢得高额利润。1932年以前,申汇主要控制在钱业公会手

---

① 1927年改组后,刘湘以川康边务督办公署和督办四川军务善后事宜公署的名义,会衔发出布告,宣称:"重庆美丰银行内部也已改组,纯系华商组合而成,其资本极为充裕,发行钞票1元、10元两种,市面久已流通,现值改组之际,仍应继续行使,诚恐商民莫明真相,或有怀疑观望,影响市面金融,实非浅鲜。除由本署特别保护该行营业,并分令本军防区各县驻军及各县知事、征收局及各税收机关,嗣后如有人民前来持券纳税,应一律收受、行使,不得歧视。并准持向本军驻防区内完纳一切捐税,毋稍怀疑观望。"重庆市档案馆馆藏四川美丰银行未刊档案,档号0296-14-183。

② 何兆青,马绍周,赵世厚:《解放前夕重庆金融崩溃琐记》,中国人民政治协商会议四川省重庆市委员会、文史资料研究委员会:《重庆文史资料选辑》(第十五辑),(内部发行)1980年,第148页。

③ 孔祥熙:《颁布紧急法令》,《中央日报》1935年11月4日。

④ 张肖梅:《四川经济参考资料》,中国国民经济研究所发行1939年版,第E22页。

中。渝市买卖申汇,银钱业中人,交易地点均在钱业公会内,凡开做行市,大半彼此在袖中互相握手定价,成交仅凭口头定约,后方补换订单。各家自度对方信用情形,酌定往来数额多寡。①

表6-8　1922—1936年四川美丰银行汇兑收益

(单位:元)

年份	汇兑收益
1922	−293.35
1923	−62.13
1924	62849
1925	44885.68
1926	61699.14
1927	24055.17
1928	−30190
1929	226040.71
1930	343382.58
1931	344122.90
1932	455568.97
1933	630597.27
1934	779520.97
1935	736950.53
1936	42242.36

资料来源:重庆档案馆馆藏四川美丰银行未刊档案,档号0296-14-8。

美资撤股之后四川美丰银行在汇兑上收益增加,主要原因在于美方严格规定对于汇款必须先收后交,与当时川渝地区其他商号的双方约定日期互换收据、汇条,届期异地办理收交的方法不同,使得业务不畅。但银行凭借中美合资银行的招牌,紧抓住海关、邮政局、美孚油行、亚细亚油行、英美烟草公司等外资机构作为办理汇兑的对象。②

---

① 周宜甫:《四川金融风潮史略》,重庆中国银行1933年版,第61页。
② 姜帅:《浅谈四川美丰银行的分期问题》,《西南农业大学学报》,2011年第4期。

1927年以后,四川美丰银行借助重庆和上海汇价差额赚取高额利润。1932年4月,重庆证券交易所成立,申汇业务纳入交易所,改变过去申汇被钱庄把持的局面。四川美丰银行在申汇收入中获利增加。1934年四川美丰银行与川康殖业银行共同组成"川美联合营业事务所",联合经营汇兑业务,使四川美丰银行在汇兑中的收益到达顶峰。

1935年根据国民政府统一法币政策要求,全国统一货币,所以四川美丰银行的汇兑收益主要集中在1935年之前,1936年起其汇兑收益就明显下降。

(二)企业内迁,发展业务

1937年"七七"事变发生后,抗日战争全面爆发。为了适应战争需要,从1937年8月起,国民政府开始实施战时调整,协助和动员沿海工厂向西部内迁,选择西南为战时后方经济根据地。[①]

沿海工厂企业的内迁,给西南地区经济发展带来大量资本,繁荣西南地区的市场,也对西南地区的物资提出了更高的要求。跟随工厂企业而来的,还有沿海地区资本额充足的金融机构,以国家银行为例可看出变化。

表6-9 中中交农四行战前战后在西南设行比较表(1941年)

	四川		重庆		云南		贵州		广西		西康		总计	
	战前	战后	战前	战后	战前	战后	战前	战后	战前	战后	战前	战后	战前	战后
中央银行	3	12	2	4		5	1	3		8		2	6	24
中国银行	11	13	3	2		13		9		9		1	14	47
交通银行		11		4		3		6		10		1		35
中国农民银行	16	6	2	2		4	3	3	2			1	22	21
总计	30	42	7	15		25	4	21		29	1	5	42	173

资料来源:中央银行经济研究处:《三十年上半期国内经济概况》,1941年版,第78—79页。

---

① 周天豹,凌承学:《抗日战争时期西南经济发展概述》,西南师范大学出版社1988年版,第22页。

中中交农四行在战后比战前增长了3.3倍,以四川和重庆为最。1937年到1941年,全国各商业银行也在西南地区增设分支行处,重庆增设33家,四川增设113家。①1943年10月底,重庆地区,银行的总行增为37家,银行的分支行处增为89家,钱庄银号为36家,共计为162家。②重庆地区银行数量上的增多,为四川美丰银行的业务发展带来巨大挑战。

抗日战争时期,银行作为资金集中分配机构,作用尤为突出。战时银行一方面要适应抗日战争时期环境,一方面要配合战时经济政策,努力调节资金分配,稳定金融市场,维持资金流通。在发挥战时资金调剂作用的同时,战时通货膨胀,银行整体实力下降,为抗日战争时期银行的生存发展提出了新的挑战。③四川美丰银行在战时环境下,为维持自身业务经营,注重在以往业务经营的同时,业务重点转向发展翻汇业务和投资业务,两项业务的成功开展,为四川美丰银行在战时维持经营起了重要作用。

1. 内地翻汇④

四川美丰银行虽然在川渝地区经营时间已有15年之久,且积累了一定的声誉,但在政府机构存款被国家银行、地方银行垄断,私人商户存款为部分资本额大、利率高的商业银行吸收的影响下,业务开展困难。为了维持经营,四川美丰银行在众多商业银行收缩业务的时候,积极发展分支行处,旨在通过建立四川美丰银行汇兑网,吸收翻汇利润。这一业务是四川美丰银行在抗日战争时期的重要收入来源之一。

---

① 中央银行经济研究处:《三十年上半期国内经济概况》,1941年版,第78页。
② 康永仁:《重庆的银行》,《四川经济季刊》第1卷第3期(1944年6月),第106页。
③ 杨荫溥:《战时银行资金运用之检讨》,《四川经济季刊》第2卷第4期(1945年10月1日),第44页。
④ 翻汇:也叫套汇,俗称汇款翻码头,系旧中国商业中一种投机行为,不同地方汇往某地,(例如上海)的汇价时有差异,于是投机者在汇价低的地方买进,又在汇价高的地方卖出,借以取得差额收益。康心如:《回顾四川美丰银行》,中国民主建国会、重庆市工商联合会、文史资料工作委员会:《重庆五家著名银行》(重庆工商史料第七辑),西南师范大学出版社1989年版,第69页。

表6-10 四川美丰银行金融机构调查表(1931—1945年)

所在地	名称	设立时间
上海市	上海分行	1931年3月
贵州毕节	毕节分行	
重庆	重庆邹容路办事处	1932年9月
	重庆民生路办事处	1939年9月
	新生路(原关庙支行)	1932年
四川成都	成都分行	1934年1月
	染房街办事处	1939年7月
	苣泉街	1939年9月
汉口市	汉口分行	1934年3月
四川遂宁	遂宁办事处	1935年12月
四川内江	内江分行	1936年1月
四川泸县	泸县分行	1936年1月
四川宜宾	宜宾办事处	1936年1月
四川万县	万县分行	1936年3月
四川绵阳	绵阳办事处	1936年4月
四川三台	三台办事处	1936年6月
四川太和镇	太和镇办事处	1936年12月
四川乐山	乐山办事处	1937年5月
四川涪陵	涪陵办事处	1937年6月
四川合川	合川办事处	1938年2月
四川南充	南充办事处	1938年7月
贵州贵阳	贵阳分行	1938年9月
云南昆明	昆明分行	1938年11月
四川江津	江津办事处	1939年2月
化龙桥	化龙桥支行	1939年9月
四川北碚	北碚办事处	1939年3月
贵州遵义	遵义办事处	1939年4月
重庆民生路	重庆民生路办事处	1939年9月
四川自流井	自流井办事处	1940年4月
四川中坝	中坝办事处	1940年4月
四川犍为	犍为办事处	1940年4月
四川达县	达县办事处	1942年1月

续表

所在地	名称	设立时间
四川五通桥	五通桥办事处	1943年1月
陕西西安	西安分行	1943年2月
四川广元	广元办事处	1944年1月
重庆上清寺	重庆上清寺办事处	1944年10月
四川广安	广安办事处	1945年5月

资料来源：重庆市档案馆馆藏四川美丰银行未刊档案，档号0296-14-513。

抗日战争时期，四川美丰银行分支机构的设置，意在吸收翻汇利润，所以其分支机构的设置地点有以下特点。

(1)注重交通枢纽。四川美丰银行，在西南交通枢纽遵义、宜宾等地纷纷设立分支行处。以四川美丰银行宜宾办事处为例。1922年到1935年，四川美丰银行的业务，虽与宜宾有所交集，但是因宜宾四面环山，交通不便并未在宜宾设立分支机构。随着东部战争形势的恶化，宜宾的地理优势凸显。宜宾地处川南，是金沙江和岷江的两江交汇处，水运发达。陆路上宜宾与云南相连，云南地区的物产在此汇集，自国民政府内迁，昆明成为国际交通出入点，宜宾也成为后方唯一转输码头。铁路上，宜宾是叙昆铁路的终点。1936年起，四川美丰银行设宜宾办事处，获利颇丰。1939年，定期存款约40万，活期存款约60万，是宜宾除国家银行外，吸收存款最多的银行。在汇兑方面，得益于宜宾日益凸显的地理优势和便利交通，宜宾主要经营昆汇，且在1939年中中交农四行昆明头寸奇缺时，通过运现钞，叙昆挂牌极高，收益丰厚。[①]

(2)注重西南地区大城市。四川美丰银行，在西南各省省会设立分支行处，如贵阳、昆明、成都等。以四川美丰银行成都分行为例，四川美丰银行成都分行最早建立于1934年，因重庆本属四川省辖区范围内，与四川省关系密切，是四川美丰银行除上海分行外最早设立的分行。成都是抗战时期全国较为安全的大都市之一，广州、武汉失守后，成都成为沿海人口和工商企业内迁的重要基地，但是因货运阻滞，成都游资增加，投机市场活跃。四川美丰银行成都分行，1939年每月卖出汇款约70万元，与烟帮交易密切，1939年为烟帮

[①] 重庆市档案馆馆藏四川美丰银行未刊档案，档号0296-14-279。

放款90万元。①为了战时成都市场的变化,四川美丰银行于1939年在成都增设两办事处,支持四川美丰银行在成都的业务经营。

(3)注重资源产地。四川美丰银行在川渝地区各资源产地建立分支机构,如犍为、涪陵等。以犍为为例。犍为本地物产丰富,生产白酒、红糖、煤等,从表6-11可详解。

表6-11 四川省犍为县出产状况表

种类	全年产量	金额(万元)
白酒	450万斤	189
红糖	—	84
黄姜	5000包	14
白姜	—	8.8
高粱	4000石	24.8
茶叶	1.2万斤	1.44
白蜡	1万斤	5
煤	48万吨	1248
合计	—	1575.04

资料来源:重庆市档案馆馆藏四川美丰银行未刊档案,档号0296-14-279。

犍为地处川南,毗连宜宾、乐山等县。抗战以前,犍为虽有岷江为水路,但冬天江水枯竭,陆川停运,虽有公路但路况极差。抗战后,岷江电厂在犍为设立办事处,犍为通电,国民政府新五师也前来驻军,犍为经济状况逐渐好转。

1943年,四川美丰银行犍为办事处,因解款码头统计全年解款7500余万元,全年运现解750万元。且四川美丰银行犍为办事处,与犍为地区嘉阳煤矿、民生公司、烟帮等联系密切,1943年获纯益100万余元。②

抗日战争时期,四川美丰银行各分支机构的设置,形成了以重庆为核心的汇兑网络,便利四川美丰银行的翻汇业务,促进了四川美丰银行在抗日战争时期的业务经营,也为抗战大后方资金流通起了积极作用。

---

① 重庆市档案馆馆藏四川美丰银行未刊档案,档号0296-14-156。
② 重庆市档案馆馆藏四川美丰银行未刊档案,档号0296-14-163。

2.投资实业

四川美丰银行是私营的商业银行,有着所有金融机构的共性。它是依附于社会经济发展而经营的机构,其盈利主要依靠货币的流通。抗日战争以前,四川美丰银行主要依靠存款、申汇、发行美丰券等业务。抗日战争全面爆发后,国土沦陷,大量工商企业内迁,与东部交通不便,国家金融管制导致四川美丰银行经营困难。四川美丰银行在抗日战争时期存款业务发达,受战时国内形势和后方通货膨胀影响,四川美丰银行的存款主要以活期存款为主。[①]存款为四川美丰银行提供了充足的流动资金。为了充分合理地利用银行现金,在发放贷款业务之外四川美丰银行积极投资实业。

表6-12 四川美丰银行投资实业表

时间	公司名称	金额
1938-9-15,1941-3-31,1945-5-1	四川丝业股份有限公司	6250000
1942-3-3	川康兴业股份有限公司	500000
1938-2-16	重庆电力股份有限公司	420000
1942-3-31	中药实业信托股份有限公司	300000
1938-12-31,1942-5-31	嘉阳煤矿股份有限公司	266000
1937-4-21	民生实业股份有限公司	218300
1942-8-15	建业企业股份有限公司	200000
1943-6-23	四川机械股份有限公司	200000
1944-10-2	联合票据承兑所	200000
1941-8-6	东林矿业股份有限公司	160000
1940-12-10	中国毛纺织厂股份有限公司	110000
1940-4-30	西宁兴业股份有限公司	100000
1940-5-15	四川物产贸易股份有限公司	100000
1937-11-1	自来水股份有限公司	56500
1939-7-25	中国兴业股份有限公司	50000
1939-12-2	大华实业股份有限公司	50000
1940-5-1	重庆中国国货股份有限公司	50000
1942-8-21	国民公报社股份有限公司	50000

---

① 重庆市档案馆馆藏四川美丰银行未刊档案,档号0296-14-8。

续表

时间	公司名称	金额
1936-7-1	四川水泥厂股份有限公司	40000
1937-6-1	中国木业股份有限公司	40000
1940-7-31	广孚化学工业股份有限公司	40000
1941-12-12	建夏企业股份有限公司	30000
1941-5-15	西南物产股份有限公司	26000
1938-7-8	华懋股份有限公司	21600
1942-1-1	兴中股份有限公司	20000
1942-1-31	润记营造厂股份有限公司	15000
1938-7-4,1940-4-30	成都中国国货股份有限公司	11000
1941-4-24	远成实业股份有限公司	10000
1939-9-31,1939-5-31,1939-6-9	康藏茶叶股份有限公司	10000
1942-1-29	中兴保险股份有限公司	5000
1938-5-1	天府矿业股份有限公司	4200
1939-4-24	中国抗建垦殖社股份有限公司	2500
1937-2-17	西川企业股份有限公司	2000
1942-12-16	中国工商服务社股份有限公司	2000
1938-10-11	中国制药厂股份有限公司	1000
1938-12-22	心生牙刷股份有限公司	400
1937-10-1	国际联欢社股份公司	300
1942-11-1	成都燃料股份有限公司灌县蒲阳镇煤矿	

资料来源：重庆市档案馆馆藏四川美丰银行未刊档案，档号0296-13-62，因材料所限，渝新纱厂和成都燃料公司的投资日期和金额缺失。

四川美丰银行投资实业主要开始于1931年以后。原因有三方面。首先，1931年以前四川美丰银行经营规模有限，放款、汇兑业务占用大量营业现金流，且收益平稳，无须高风险投资。其次，四川美丰银行为了维持信用，留存了足够的发钞准备金，占用了一部分营业现金流，充足的发钞准备，帮助四川美丰银行度过了1927年的挤兑风潮。最后，1931年以后康心如成为四川美丰银行的华商股东第一人，握有实权，他在日本求学期间，欣赏三菱、三井等财阀的经营方式,所以在掌握实权后,开始投资各项生产事业。①抗日战争前,西南地区金融市场相对稳定,工商企业发展有限,四川美丰银行主要经营存放业务,1937年,抗日战争全面爆发后,工商企业内迁,四川美丰银行的投资业务逐渐发展起来。1941年12月,国民政府颁布《修正非常时期管理银行暂行办法》。引导银行运用资金以投放于生产实业,增加货物供应,遵行政府战时金融政策为原则。②四川美丰银行作响应国家号召,投资的主要目的在维持经营和战时保值的基础上,促进抗战。所以,在抗日战争时期四川美丰银行投资方向有以下特点。

四川美丰银行注重生产型企业和贸易型企业的投资。如四川美丰银行投资额最大的企业是四川丝业股份有限公司。四川丝业股份有限公司,是重庆最大的机械制丝厂,是1937年由四川省政府饬令合并而成。四川美丰银行对四川丝业股份有限公司的投资,占总生产实业投资额的60%。究其原因,四川丝业股份有限公司其产品,除少数不合于外销的产品,大都出口赚取外汇。③投资这些企业,一方面相当于在抗日战争时期通货膨胀的情况下以外汇保值,另一方面外销货物部分用于易货,为支持抗战发挥作用。

四川美丰银行注重公共事业投资。四川美丰银行主要投资企业,包括关系抗日战争时期后方经济的重庆电力股份有限公司和重庆自来水公司等。重庆电力股份有限公司,成立于1935年,四川美丰银行总经理康心如是其发起者之一。重庆电力股份有限公司是重庆境内规模较大的发电厂之一,重庆境内大部分用电,由重庆电力股份有限公司供给。④电力实业属于关系民生的基础性产业,1933年重庆成立"重庆电力厂筹备处"康心如任筹备委员。四川美丰银行希望通过对电力事业的投资,获取巨额利润,借垫37万元投资重庆电力股份有限公司。1937年,抗日战争全面爆发后,重庆电力股份有限公

---

① 康心如:《回顾四川美丰银行》,中国民主建国会、重庆市工商联合会、文史资料工作委员会:《重庆五家著名银行》(重庆工商史料第七辑),西南师范大学出版社1989年版,第170页。
② 重庆市档案馆馆藏重庆银行公会未刊档案,档号0086-1-91。
③ 傅润华,汤约生:《陪都工商年鉴》,文信书局1945年版,第9页。
④ 傅润华,汤约生:《陪都工商年鉴》,文信书局1945年版,第2页。

司在陪都地位日益重要,1938年始四川美丰银行将垫款转为股本。①

四川美丰银行投资超过10万元的公司有15家,经营工矿和公共事业的公司占10家。究其原因,一方面工矿企业和公共事业单位,大都拥有雄厚资本或政府扶持,如若企业出现问题可以实物抵债或政府支援,不至亏损过巨,工矿企业和公共事业单位一般靠外汇购入设备,这些企业单位拥有外汇,投资这些企业相当于在抗日战争时期通货膨胀的情况下,以外汇保值。另一方面,四川美丰银行对于工矿企业和公共事业的投资,也是响应国家战时金融政策号召,为抗战大后方的经济建设起了重要作用。

但是也应看到,四川美丰银行的投资并不都是自愿的,对部分企业的投资有政治考量,通过对政府政策支持的企业投资,可能获利不丰,但往往可以得到政府在其他方面的政策倾斜,以弥补收益。

四川美丰银行的经营过程中,在特殊政治经济环境下,能够维持经营,主要原因在于四川美丰银行立足自身优势,顺应国家形势和市场需求。抗日战争全面爆发以前,四川美丰银行坚持自己独立经营方向,立足自身特色,通过吸收外资存款,发行钞票和发展申汇,在重庆金融市场占据优势地位,获取利润维持经营,为在抗日战争中的激烈竞争奠定基础。抗日战争全面爆发以后,重庆成为陪都,全国经济重心转移至西南地区,大量金融机构进驻,面对竞争激烈的金融市场,四川美丰银行一方面另辟蹊径,建设分支机构,形成自己的内地汇兑网络,另一方面,通过投资实业,有效利用行内富余资金。汇兑网络的形成为四川美丰银行带来收益,也为抗日战争时期,活跃市场经济,调剂资金起了积极作用,对工矿企业和公共事业的巨额投资,则为抗战大后方的经济建设起了积极作用。

纵观四川美丰银行28年的发展历程,作为民营商业银行,其最根本的目的是为了获取最大利润。在追逐利润的过程中,四川美丰银行利用政府政策支持,顺应市场需求,与地方军阀结成利益联盟。在中美合资时期,四川美丰

---

① 康心如:《回顾四川美丰银行》,中国民主建国会、重庆市工商联合会、文史资料工作委员会:《重庆五家著名银行》(重庆工商史料第七辑),西南师范大学出版社1989年版,第60页。

银行照搬美国式银行管理制度,重视"以法治行,以章理行,以心用人,以信待人"的经营理念,制度化、人性化的管理为四川美丰银行的长期发展奠定基础,业务经营中因地制宜,立足自身合资银行性质,经营发钞业务,中西合璧,改善业务经营方式,在重庆金融界站稳脚跟。华商独资时期,在总经理康心如的领导下,与军阀结盟,为军阀服务的同时受军阀庇护,享有特权,在政治势力的荫庇下,发展壮大。抗日战争前后,因国内形势不同,四川美丰银行积极调整自身业务中心,适应市场形势,响应国家号召,合理运营资金,在维持自身经营的同时,为抗战大后方的经济建设起了积极作用。四川美丰银行的最终停业,既是国民政府各项金融政策和通货膨胀作用的结果,也有其经营管理不当的原因。四川美丰银行制度的建立,性质的转变和业务的调整,适应了当时国内政治形势的需要,迎合了国内市场的需求,体现了民国时期民营商业银行的共性,对四川美丰银行的研究,在民国时期西南金融发展中具有重要意义。

  通过对四川美丰银行的分析研究得出启示,银行的经营发展离不开对金融市场的了解,国内政策形势的把握和自身合理的管理经营方法。抗日战争以前,国民政府对西南地区金融市场管理力度有限,金融市场混乱,私营金融机构利用国家政策间隙获取利润。抗日战争以后,国民政府内迁,适时的管制政策和引导,促进了西南地区金融行业的规范化经营,但国民政府后期恶性通货膨胀政策,加速国民政府衰落的同时,部分私营银行也随之消亡。因此,在维持市场自由竞争的同时,适度的政府引导有利于国家经济发展,如何维持二者之间的平衡,引人深思。

  四川美丰银行在自身经营发展中,注重规范化制度管理,重视人才福利政策,面临外部社会环境和国家政策的变化,积极调整自身业务经营重心,努力在基础业务之外开辟新的利润增长点,这些方法是四川美丰银行留给后人的成功经验。但在四川美丰银行的发展中,对领导者的盲目追随,银行监察制度在实际应用中无法行使职能,银行资金运用中流动资金和固定资产之间的不合理比率,造成了四川美丰银行最后倒闭。如何建立健全企业管理中的监察体系,怎样合理运用企业资金,促进企业发展是现代企业需要考虑的问题。

　　内部经营管理,外部市场环境,国家政策导向是影响企业经营管理的重要方面,他们的之间的关系是企业经营中古老而常新的话题。四川美丰银行虽然已经停业,但其经营过程中的经验教训,仍为现今市场上大量私营企业提供启示。

第七章 抗战时期川盐银行的业务变迁

抗日战争时期,重庆成为抗战大后方的金融中心,重庆的金融业获得了巨大发展。但有关抗战时期以重庆为中心的大后方金融业的研究,在目前的学术研究中尚属空白。本章选择以重庆本地商业银行之一的川盐银行为重点考察对象,通过对重庆市档案馆馆藏川盐银行档案和重庆银行公会档案以及大量民国时期的有关经济类的文献、期刊和报纸资料等原始材料的梳理,对川盐银行在抗战时期业务发生的变迁情况进行探讨,以期能对该领域的研究有所贡献。

一、战前的川盐银行及其业务特色

抗日战争爆发以前,川盐银行已经成立。抗战之前川盐银行的组建发展状况、业务经营特色以及组织制度建设方面的情况,对抗战时期的业务变迁起着重要的影响,而且考察这些问题,能更有利于深入探讨战时川盐银行业务变迁的特点。

(一)川盐银行的创立与发展

川盐银行成立于1930年,其成立的背景与重庆金融在当时所遇到的困难局面有很大关系。1930年春,重庆商业出口不振,加上军阀巨额派款和投机申汇,致使重庆的商号钱庄到5月时已倒闭达20余家,债务达236万元,酿成重大金融风潮。重庆商业的不景气,一个重要原因就是四川盐务的败坏,因为军阀派垫巨额盐税,加上专商垄断,使各岸的销路日愈短缩,以致销盐通路阻塞。重庆江岸积盐就达到1000余载,未配之税达资金200万元,巨量资金的积滞,丧失了流通效力,利率因而高涨,金融日愈枯竭,于是商号倒闭风潮弥满一时。①政府鉴于金融的困难局面,把握重庆经济发展的必然形势,开始出面救济,建议组建专为重庆盐业服务的专业银行。

重庆川盐银行与四川盐业联系紧密,其成立原因主要有三:第一,旧时盐商互不兼顾的缺点导致川盐日趋没落。四川是产盐大省,所产的盐不仅供给本省民众,还远销云、贵、湘、鄂、陕西等省,但旧时盐商,各营其业,互不联络,以自身资本的多少来定运售的标准,中途损失或运销停滞都不能及时照应和疏散,全凭天然,自生自灭,这就导致盐业限于资力而日趋于下。第二,投资较高的川盐因运输困难而产生的不便。川盐成本较高,税捐极重,运输多系水运,但川江水道狭长,险滩颇多,运输非常不便,盐船又多重载,对运商而言是冒着极大的风险进行经营,如若一经失事,资本损失惨重,因此而歇业的商人较多。第三,政府的财政派垫和金融界对盐商的高利率使盐商筹措资本不利。民国以来,政府财政派垫较多,多数都是向大资本的盐商进行借贷;金融界因盐商缺乏相关保险措施对其紧缩信用,贷款要求严格,数量少,而且多提供高利率。盐商鉴于这些缺点,业务不能发展,极感痛苦。于是盐商中便有思虑创立银行的意见,专对盐商提供低率贷款和盐运保险业务,发展四川盐业,由盐业公会主席曾子唯筹谋。②

经过系列筹备后,银行暂定资本200万元,都由盐商认集。但盐商资财大都投资于盐,一次很难募集巨资,最后酌定标准,分期缴纳:以盐商每月共

---

① 邓公复:《四川金融风潮史略补遗》,《四川经济月刊》第1卷第3期(1934年3月),第14页。根据田茂德、吴瑞雨、王大敏整理:《四川金融大事记(初稿)——辛亥革命至抗战前夕》(四),《西南金融》1984年第9期,第37页记载是积盐1000余载,欠税约200万元,商号债务236万元;重庆金融编写组:《重庆金融(1840—1949)》(上卷),重庆出版社1991年版,第226页是积盐2000余载,资金数字不详,根据多方比较,采用邓公复的记录。

② 重庆市档案馆馆藏川盐银行未刊档案,档号0297-2-2076。

认销盐160载①,凡认1载者,先交银2000元为银行股本,以后每月、每载交股本银100元,以股足为止。当时,就收得银32万元,又由盐业公会措资4万元,共为36万元。一面依照公司条例,选举董、监,以曾子唯君为主席,呈部立案;一面选定地点,开始营业,定名为"重庆盐业银行"。

有些资料上对川盐银行名称的演变出现了分歧,即初期成立时的名称为"四川盐业银行"还是"重庆盐业银行"?田茂德、吴瑞雨、王大敏在整理四川金融大事记时认为是"四川盐业银行"。②而认为是"重庆盐业银行"的占大多数,如重庆金融编写组编的著作是这样说的;③重庆工商史料上也是这样认为的。④民国时期的张肖梅先生也认为是"重庆盐业银行",他统计后指出,1930年川盐银行成立当年到1934年为止,该行并未有任何报告公开发表,所有关于该行1934年前的资料均出自于该行在1934年召开的总结会议记录上。⑤重庆市档案馆馆藏川盐银行档案完整记录了这次会议内容,档号名称为《川盐银行创立会议决议录及报告表》,包括该行的重要章程,设立缘起,中间的挫折,名称的演变、人事机构的设置、五年来的营业报告以及以后的建设规划等都进行了详细记载。⑥根据张肖梅先生的统计,我认为档案馆的记录材料相对较为准确些,故本文采用"重庆盐业银行"一说。

1930年9月,重庆盐业银行在重庆开业,其业务先是针对盐商办理收交款项,并附带对社会办理存放款项。银行创立的原因是为盐商解除困难,故组织同业保险,取费甚微,而损失可以赔偿,都由银行承办。之后,中和银行印制伪银行券,造成挤兑后关门,重庆盐业银行与其合作而受到牵累,被迫歇业清理。由四川盐政使署派吴受彤组织清理盐业银行的资产负债,直到1932年上期,各项债务已分别清结,该行股本亦照部章收足120万元,始注重发展

---

① "花盐每载450包,每包260斤;巴盐每载600包,每包210斤。"见重庆金融编写组:《重庆金融(1840—1949)》(上卷),重庆出版社1991年版,第226页。
② 田茂德、吴瑞雨、王大敏整理:《辛亥革命至抗战前夕四川金融大事记(初稿)》(四),《西南金融》1984年第9期,第37页。
③ 重庆金融编写组:《重庆金融(1840—1949)》(上卷),重庆出版社1991年版,第226页。
④ 中国民主建国会、重庆市工商联合会、文史资料工作委员会:《重庆五家著名银行》(重庆工商史料第七辑),西南师范大学出版社1989年版,第125页。
⑤ 张肖梅:《四川经济参考资料》,中国国民经济研究所1939年版,第D16页。
⑥ 重庆市档案馆馆藏川盐银行未刊档案,档号0297-2-2076。

业务,立定宗旨:不作投机事业,不放信用借贷,不发类似纸币之票据,不赌重庆流行之申汇,一切账目,概行公开,与社会相见以诚。内部则裁去冗员,缩减开支;办事手续,力求敏捷;并改为董事合议制,以免专擅把持之弊。半年之后,银行的信用逐渐确立,始奉到财政部核准执照,因"盐业银行"与早经注册的"上海盐业银行"名称相似,于是改为"重庆川盐银行"。1932年7月4日,正式开幕,并改进业务:①开办储蓄。②呈蒙财政部稽核厅所,批准担保楚盐余税。③开办自流井、成都两分行,上海、江津两办事处,汉口、万县两代办处。④呈准盐商同业保险,并奉令推行于犍、乐等处。[①]此后"事事公开,营业谨慎,一切投机事业皆不营谋,信用日益昭著"。[②]发展日益顺利。

(二)川盐银行的制度建设

公司的正常运转都要有一套严密的制度建设作保障,川盐银行的制度建设,包括决策、执行、检查及审核等各方面制度都有严格规定。川盐银行组织机构是川盐银行业务发展的载体,所以,以下将通过简单阐述其组织机构运作情况来了解川盐银行的相关制度建设。

《川盐银行章程》[③]是川盐银行组织机构设置的根据。川盐银行历次增资,都要修改银行章程,其他每次修改对其组织机构运作影响不大。川盐银行组织机构系统包括:股东大会、董事会、监察人会以及各分行、支行和办事处等机构,总体上可分为决策机构和执行机构两类,决策机构一直未予变动,执行机构在战前实行总分行制。现分述如下:

1.决策机构

决策机构主要是指银行的主要权力机关,按其权力大小依次为股东大会、董事会、监察人会等。川盐银行筹设之初,设正、副主席各1人,主席管理一切业务,当时属于草创有很大的弊端。1931年改组时,吸取停业清理的教

[①] 重庆市档案馆馆藏川盐银行未刊档案,档号0297-2-2076。
[②] 中国银行经济研究室:《全国银行年鉴》(1937年),汉文正楷印书局1937年版,第428页。
[③] 重庆市档案馆馆藏川盐银行未刊档案,档号0297-2-2076。川盐银行初成立时,制定《川盐银行股份有限公司章程》,1932年改组时制定《川盐银行简章》,直到抗战结束,其间章程经过多次修改,但基本精神未变。

训,以合议制较为有利无弊,所以订为董事制,由董事会主持一切,同时设监察人监察一切账目。①保障了以后业务的正常发展。

(1)股东大会。川盐银行股东大会是川盐银行的最高权力机关。川盐银行简章对股东大会的规定:股东大会分常会和临时会两种,股东常会在每一营业年度终结后二个月内,由董事会负责召集;遇必要时依公司法规定随时负责召集股东临时会。同时,还规定了股东常会上应讨论的各项表决书。股东常会应议表决书种类如下:①营业报告书,②资产负债表,③损益计算书,④盈余分配表,⑤财产目录。基本覆盖了川盐银行的各项资产和业务。上述表决书类,董事会必须在股东大会举行前交监察人审核后印送各股东,同时提出大会请求承认,并送呈财政部察核暨依法公告。②

另外,还规定了股东大会的执行办法:股东必须在开会前7日内到总行报到注册,填取入场券才能出席股东大会;股东大会主席临时推定;股东因事不能出席大会时应填具委托书来委托其他股东为代表;正常情况下股东每股有一投票权和表决权,如有股份十一股以上者其超过十股的部分每五股作一权。如果一股东有十股以上的股额,从第十一股起至以后以九折计算;股东大会的议事记录应由主席签名盖章后保管。③

(2)董事会及监察人。川盐银行董事会是川盐银行日常经营活动的主要决策机构。董事会简章中规定:由股东大会从具有60股以上的股东中选举董事11人组成董事会;董事会每月开会一次。董事会的执行办法如下:各董事就职后,互推董事长一人主持召集董事会议并得依照议决案处理本行内外一切事务;董事应照当选合格的股额提出本人股票交由监察人保存行内;董事任期二年,任满时得连选连任。同时还规定了董事会的职权:①计划本年营业方针,②担负对外的一切责任,③在股票上署名盖章,④决议本行重要事件,⑤执行股东大会议决的案件,⑥编订总分行预算及各种办事细则,⑦审定总分行的各项规程,⑧监督总分行之营业,⑨整理本行每年度的营业报告,⑩

---

① 重庆市档案馆馆藏川盐银行未刊档案,档号0297-2-2076。
② 重庆市档案馆馆藏川盐银行未刊档案,档号0297-2-2076。
③ 重庆市档案馆馆藏川盐银行未刊档案,档号0297-2-2076。

裁决各部分权限争议,⑪其他属于董事会职权内的事项。①

川盐银行的监察人会为保证银行业务的正常运行也发挥了重大作用。川盐银行的全体监察人组成监察人会,因大部分时间召开董事会时监察人亦到场,故称董监联席会议。简章中规定川盐银行的监察人由股东大会从有20股以上的股东中选举5人组织;监察人任职一年,任满时得连选连任。按杨荫溥所言"监察人有监察过失之职而无实行处分之权,无论何时,得出入银行,调查实情,展阅簿据,查检银库,如有意见,可提出于股东总会公决之"②。监察人作用比较重要,故川盐银行规定监察人的职权如下:①监察董事会及职员有无舞弊及违背本章程的事项,②核定总行的各项开支及预算决算,③定期或临时审查本行一切账目库存事项,④考核本行财产,⑤其他属于监察人职权内的事项。③

2.执行机构

执行机构主要指川盐银行内部具体的办事机构及执行机关,它们包括总行,总管理处及其所属的各分行、支行和办事处、储蓄部等。战前川盐银行的执行机构一直实行总分支行制度。现介绍如下:

川盐银行重庆总行是全行最高的行政机构,也对外营业。总行指挥监督各职能部门及分支机构,并直接对外营业。川盐银行章程中规定,川盐银行在重庆设总行,并通过董事会议决后在与盐业有关系的区域设分行或代理处。总行由董事长代表董事会总揽全行事务,其职务权限规定如下:①在股票上署名盖章,②指挥并监督行员,③任用及黜陟行员,④召集董事会,⑤编订各种细则。总行设正经理1人,副经理2人,由董事会聘任秉承董事会主持行内一切事务,根据事务繁简而各分职责,分管内部一切事务。董事会下分营业、保险、堆栈、储蓄四部,各设经理或主任,分管其事。四部之中各设总务、营业、会计、出纳四股分掌事务,各股设主任1人,由董事会聘用,但四股根据事务繁简而稍有不同。分行各设经理1人,由董事会聘用之。各部及分支行之账务,则设总账室统辖其成;至于行员及练习生,量事而置,分工合作,

---

① 重庆市档案馆馆藏川盐银行未刊档案,档号0297-2-2076。
② 杨荫溥:《上海金融组织概要》,商务印书馆1930年版,第126—127页。
③ 重庆市档案馆馆藏川盐银行未刊档案,档号0297-2-2076。

期其敏速。①

战前川盐银行的组织机构和人事设置具体情况详见图7-1：

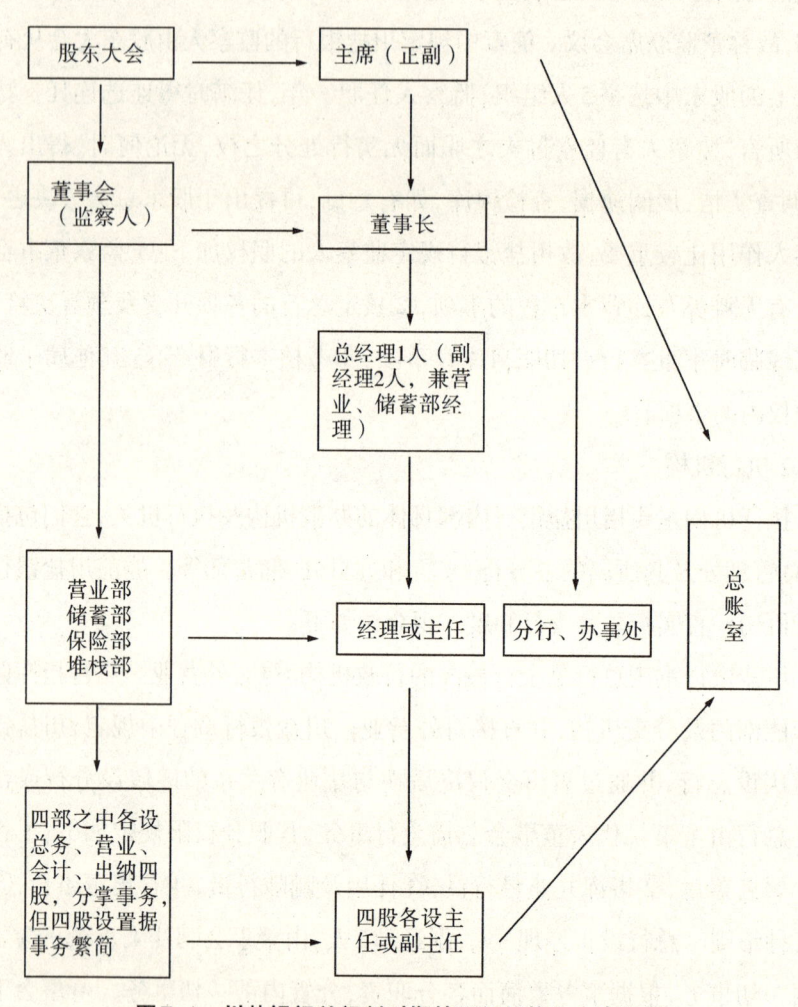

图7-1 川盐银行总行制时期的组织机构和人事设置

资料来源：重庆市档案馆馆藏川盐银行未刊档案，档号0297-2-2076，《川盐银行创立会议决议录及报告表》和档号0297-2-2076，《川盐银行章程》的有关资料整理而来。

战前，川盐银行实行董事长负责制，总经理由董事长聘任并对其负责，董事长对董事会负责。抗战以前，川盐银行的董事长都由吴受彤担任，他是浙

---

① 重庆市档案馆馆藏川盐银行未刊档案，档号0297-2-2076。

江杭州人,早年一直在四川盐运使署充当幕僚,深通盐业经营之道,在他主持下,战前川盐银行的各项业务侧重于四川盐业的发展。川盐银行董事会成员半数以上都是由当时的盐商所充任。保险部是其重要的业务部门之一,营业状况对其业务变迁有一定的影响。川盐银行这一套严密而完善的组织系统,有效地保证了战前业务的顺利发展。

(三)战前川盐银行的业务特色

战前川盐银行业务经营的一大特色是对盐商进行投资和盐运提供保险。川盐银行章程规定"本行以辅助四川盐业发达及融通盐业资本为宗旨"①,所以川盐银行在战前与四川盐业紧密结合,营业额稳步上升,存放款项日益增多。

表7-1 1930—1936年重庆川盐银行存放款项表

(单位:元)

年份	存款 定期存款	存款 活期存款	存款 总计	放款 定期放款	放款 活期放款	放款 总计
1930	262504	440774	703278	799352	340975	1140327
1931	534392	494854	1029246	840334	904770	1745104
1932	4930099	979400	5909499	2605904	4575509	7181413
1933	4385632	1360878	5746510	4314071	2216289	6530360
1934	7954035	1768058	9722093	6976942	3548891	10525833
1935	6947111	1670637	8617748	6617404	1783682	8401086
1936	7671451	3876359	11547810	8449984	1573029	10023013

资料来源:1930—1934年来自重庆市档案馆藏川盐银行未刊档案,《川盐银行营业报告书》,档号0297-2-2076;1935—1936年来自张肖梅:《四川经济参考资料》,中国国民经济研究所1939年版,第D16页。

注:根据张肖梅:《四川经济参考资料》记载,川盐银行1930年至1934年未有报告公开发表,只是于1934年度会议报告中总结报告该行以前营业概况,自1930年起编程统计,本表1930至1934年数字,即系根据该行总结会议上自编的统计填列。

---

① 重庆市档案馆馆藏川盐银行未刊档案,档号0297-2-2076。

从上表可见,川盐银行的存放款项总体上呈现出增加的趋势,业务开展顺利,遵照其设立原则和方针,川盐银行的放款多以盐商为主。1936年,对商业的放款达到了放款总量的63.3%,①放款利率几年来最高时,不过2分,少的仅有数厘而已。②定期存放款所占的比重远远大于活期存放款所占比重。盐业属于大宗交易,需要资本多,周转时期长,正需要定期款项利于周转。在1934年股东大会上总结"五年以来,本此方针前进,幸得小有效率,于盐商资本之周转,从未感受竭蹶,已得相当成绩"③。川盐银行战前基本上发挥了为盐商融通资金,扶助四川盐业发展的作用。

盐业保险发展顺利。针对四川重庆一带水险滩多,运输不便和川省盐业生产成本高的特点,川盐银行设立的另一目的就是为盐业运销商提供运输保险,章程就规定营业范围"经办盐斤抵押借款及担保盐载余税等项"。川盐银行成立的1930年7月,从总行划拨资金20万元创设"川盐银行附设盐载保险部",隶属于川盐银行,以承办盐商同业保险,负平均盐载损失为主旨。11月起,又接管了盐业公会的保险部。④尔后,在自流井(今自贡)、邓井关、江津、合江、万县、合川、涪陵等盐岸设立保险办事处或代办处,并推出盐运保险章程。中国保险史上的盐载保险便开始了。称为"盐载保险",是因为当时食盐运输以"载"为大的计算单位而得名。食盐运输,主要是用橹船由产地装至邓井关提载,再用大木船从沱江转至泸州、重庆,然后再分别转运到各销岸。⑤同时完善简章,设立组织机构,对人事配备、保险赔偿费用、失吉救助、船舶检查等方面都作了详细规定。⑥

川盐银行保险部成立后,采取多项对策以减少损失降低风险,除了经营保险,还对盐载运输的整个过程进行监督和管理。归纳起来有以下几方面:第一,组织保险机构检验船只,并加强运输过程中的监督。在自流井分处、邓

---

① 杨志信:《四川银行业战前投资之分析与今后应采之投资途径》,《经济动员》第3卷第9、10期合刊(1939年10月),第1269页。
② 重庆市档案馆馆藏川盐银行未刊档案,档号0297-2-2076。
③ 重庆市档案馆馆藏川盐银行未刊档案,档号0297-2-2076。
④ 重庆市档案馆馆藏川盐银行未刊档案,档号0297-2-2195。
⑤ 吴申元、郑韫瑜:《中国保险史话》,经济管理出版社1993年版,第88页。
⑥ 重庆市档案馆馆藏川盐银行未刊档案,档号0297-2-2076。

井关和泸州代办处、合江、江津、涪陵、忠县、万县、合川等9处均派驻调查员,①人员49人,滩务处4个,设有滩务员、验船员、水手等,在滩口选雇熟悉该处水性、精于放船的舵工放滩。②验船时"查保险盐载,如装二舟有轻重不一时,固可令其彼此代运,免生过重之虞,若两舟俱重,即无法提均势,必令其再雇一舟或全行另雇,以免过重,易生危险。"③检验符合标准后即可运盐,同时,对盐船运输过程中拒绝赔偿的情事,也进行了详细规定。第二,加强滩务管理,疏通航道。川江水道迂回狭长,险滩较多,每当枯水季节,保险部就积极组织对险要滩口进行清理。淘滩事务,本应由行商所设堰滩事务所负责,但1934年,保险部报告"查今年泸州大滚滩损失盐船甚多,派张伯琴前往调查,始知系验滩事务所抽检舞弊,以致盐船不加考核使本行蒙此损失。"所以,董事会决定"请运署将验滩事务所收回由保险部办理。"④此后积极推进,1937年,川盐银行为便利内江泸县间航运,拨2000元经费派特派员监视淘修内泸间滩口,较过去淘修增深一丈。⑤1942年,保险部支付淘滩费用高达50万元,占当年保险费收入1735万元的2.9%。第三,自主出资培训熟悉川江航道的人才。1937年,由盐运使署组织载盐船舵工实行领取"撑证"办法,由邓关领江公会办舵工训练班,经费由保险部负担,经过鉴定合格者140余人。第四,加强水情报告,洪水、枯水季节,用电报、电话及时互通水情,以利船行。⑥除此之外,川盐银行保险部还在盐船失吉时,如何快速进行抢救等事与船帮交涉,加强应急机制,尽可能地减少损失。协议规定"盐船失吉仓促之际,无论敝处所置之巡船或码头之小船均得施救,以救得之盐包,……任何方面均不得垄断独吞。"⑦这样能尽快地进行救助,减少损失。川盐银行保险部,经过一系列有效周密的措施,在战前取得了较好的成绩。1930—1937年四川盐载

---

① 重庆市档案馆馆藏川盐银行未刊档案,档号0297-2-2076。
② 重庆金融编写组:《重庆金融(上卷)(1840—1949)》,重庆出版社1991年版,第231页。
③ 重庆市档案馆馆藏川盐银行未刊档案,档号0297-2-2458,第17页。
④ 重庆市档案馆馆藏川盐银行未刊档案,档号0297-2-2215。
⑤ 重庆中国银行:《川盐银行淘修内陆滩口》,《四川月报》第10卷第3期(1937年3月),第264页。
⑥ 重庆金融编写组:《重庆金融(上卷)(1840—1949)》,重庆出版社1991年版,第231页。
⑦ 重庆市档案馆馆藏川盐银行未刊档案,档号0297-2-2799。

保险基本为川盐银行独家办理，保险部取得的收益颇丰，1930年9月至1931年底收益348308.81元，1932年收益137321.22元，1933年收益149732.00元，1934年收益155243.49元，1935年1月至9月底因盐法改革，盐商推销积盐，数日未尝领运，保费无收，而赔款不免，①又加长江大水盐船损失较多，保险部赔47224.83元，1935年10月至1936年收益9948.90元，1937年1月至9月收益24140.97元，②总计盈余777470.56元之多。1934年，中央政府因鉴于川盐银行自成立保险部以来，办理盐载保险以致失吉之事日渐稀少，对盐商利益较大，便令川盐银行将此项办法及章程呈报备案，拟分令各省盐业，均仿照此种办法办理。③战前，川盐银行保险部经营得有声有色，在银行业影响重大。

战前，川盐银行经营方针明确，除针对盐商外，对外投资的工商企业很少，对房地产方面有所投资，1933年开始，陆续在重庆米花街，石灰市，临江门，来龙巷，真元堂等地，分别修建川盐一里，二里，三里，四里，五里等砖墙砖柱的楼房招佃出租。每一里建筑费平均在5万元以上，当时重庆市还是第一次出现这种出租有新式设备的高楼住宅。1935年开始修建川盐银行大楼，1936年12月竣工，总耗资60万元，其董事长吴受彤曾说："川盐银行全部房产价值100万元以上，即使生意失败，至少也可归还股本的半数。"这些房屋不动产对提高川盐银行在社会上的信誉，是起着一定作用的，在经济和政治上为抗战时期川盐银行的发展带来了很大利益。④

盈余额增加。川盐银行自改组后，业务发展顺利，兼以盐业保险的成功举办，年年盈利。1931到1936年分别为323575元、210443元、433459元、515226元、222579元、253063元⑤，这就为川盐银行以后的发展积累了资本，奠定了基础。

抗日战争爆发以前，川盐银行有自己独立的经营方向。它的组建和发展

---

① 吴受彤：《川盐银行营业报告书》（1935年），川盐银行发行1935年版。
② 重庆市档案馆馆藏川盐银行未刊档案，档号0297-2-3324。
③ 重庆市档案馆馆藏川盐银行未刊档案，档号0297-2-2215。
④ 中国民主建国会、重庆市工商联合会、文史资料工作委员会：《重庆五家著名银行》（重庆工商史料第七辑），西南师范大学出版社1989年版，第133—135页。
⑤ 1930—1934年出自重庆市档案馆馆藏川盐银行未刊档案，档号0297-2-2076；1935—1936年出自张肖梅：《四川经济参考资料》，中国国民经济研究所1939年版，第D16页。

与四川盐业关系紧密,为四川盐商和运销商提供贷款及承担保险。组织制度建设逐渐完善,其董事会成员半数以上都是由盐商充任。业务经营方向明确,特色鲜明,存放款项多与盐商联系,盐载保险业务发展顺利,营业额不断增加,真正起到了为四川盐业服务的作用,从其业务经营特色来看,它的性质是专为盐业服务的专业银行。随着抗战爆发,政府迁都重庆,金融重心转移,国家和外省银行相继入驻重庆金融市场,川盐银行就开始面临着巨大的挑战,正是战前的盈利为其奠定的条件才使其在战时重庆的金融市场中保持着继续发展。

二、刘航琛与战时川盐银行的业务转型

抗日战争爆发以后,刘航琛担任川盐银行董事长,他独特的经营理念和经营方式对川盐银行的业务发展产生了重大影响。重庆成为抗战大后方的金融中心,国民政府又加强了对重庆金融业的管制,面对这些变化,川盐银行在刘航琛的主持下,制度建设和业务发展都发生了一些变化。其业务的转型对其性质变化也产生了影响。下面就对川盐银行业务的变迁情况进行探讨。

(一)刘航琛的经营理念与经营方式

刘航琛,四川泸县人,生于1897年,毕业于北京大学经济系。[1]曾做过中学校长,当过四川军阀刘湘的幕僚,历任四川省财政厅长,国民政府的粮食部次长、经济部部长等要职。与此同时,投身金融成为川康、川盐两行的董事长,广泛投资于工矿交通事业,成为华西财团中颇有影响的人物。

刘航琛有较高的文化素质,接受过西方的现代知识,拥有较现代的组织能力和管理理论。他的企业经营理念就是以经济实力作为自己的政治资本,以政治势力维护自己经济的发展,因而他一直扮演着亦官亦商的角色,能较

---

[1] 重庆金融编写组:《重庆金融(上卷)(1840—1949)》,重庆出版社1991年版,第443页。

好地把握影响企业发展的政治和经济等因素,拥有比较敏感的嗅觉和果断的判断力,尽可能地实现企业的规模化经营。

北伐军兴后,川军易帜,刘湘所部改编为国民革命军第二十一军。由于军费开支庞大,财政极度困难,刘航琛便被当时的重庆城防司令王陵基举荐给刘湘,被任命为二十一军财政处长,此后,他便开始进入经济界和政界。他认为搞财政不能不同金融业和商帮打交道,为此,他决定从开办银行入手。1929年5月,他着手组建川康殖业银行,邀集当时的名人卢作孚、何北衡等共同发起,刘航琛任董事,何北衡任董事长,卢作孚任总经理,周季悔任协理,汤壶峤任经理,尽管这个银行的组织者多为工商界知名人士,但却有着浓厚的政治色彩。这是他实现计划的第一步。1935年2月,刘航琛又任职于四川财政厅长,受命改组四川地方银行。1937年抗战爆发,在他的推动下,川康殖业银行、重庆平民银行和四川商业银行合并经营,几经磋商,合并为"川康平民商业银行",他担任董事长,其资金实力都大大加强,真正实现了银行的规模扩大。1937年,川盐银行前任董事长吴受彤病危期间,召集川盐银行主要负责人,嘱托举荐刘航琛接替其位,为川盐银行董事长,所以,吴受彤病死后,川盐银行董事会便推举刘航琛为川盐银行的代理董事长。1938年春,董事会改选后,正式选举他为川盐银行的董事长。刘航琛担任川盐银行董事长后,考虑到抗战期间外汇的作用,为了便于买卖外汇,扩大川盐银行的业务范围和资本实力,即派席文光(曾任四川省银行上海办事处主任)到香港开设川盐银行香港办事处,作为川盐向外发展的据点。[①]这样,刘航琛凭借川康和川盐两行的实力,一跃成为四川金融界的巨头,这也成为他向政界发展的资本。

刘航琛一直梦想组建一规模庞大、实力雄厚的垄断组织,实现他的企业经营理念。他在上海的九江路川盐银行二楼成立了川盐、川康、和源、利济、电力公司等五单位的联合办事处,以涂重光任秘书,来实现他所谓的"为使业务日臻现代化"目的。1945年,又在重庆联合川盐、川康、宝源、沱江、渝新、电力、水泥、丝业、广利、华西实业等银行和公司、厂矿、行号共18个单位,设立

[①] 中国民主建国会、重庆市工商联合会、文史资料工作委员会:《重庆五家著名银行》(重庆工商史料第七辑),西南师范大学出版社1989年版,第140页。

了一个"联合经济研究所",由他拨出外汇2万元作为活动经费,其任务是搜集全国有关的经济情报,加以研究编辑,发行《经济通讯》月刊,提供各单位参考。从这些活动看,随着银行资金的积聚和业务范围的日益扩大,刘航琛已不单单是一个一般的银行资本家了,而是要组建一个大的企业集团。①

在这种大集团理念的影响下,他所采用的经营方式,就是千方百计地扩大川盐银行的资本实力,与工商业紧密联系。他在任川盐银行董事长时期,投资范围是十分广泛的。在工矿企业方面:有重庆电力公司、自来水公司、四川水泥厂、大中华生丝公司、川康兴业公司、华西兴业公司、益和木材公司、润记营造厂、平光机器厂、华源织造厂、西安益世印刷厂、四川绢纺厂、民生公司、利济轮船公司等。在商业方面则有:中国国货公司、和源猪鬃公司、重庆猪鬃公司、南洋烟草公司、中国复兴公司、四川旅行社等。在金融保险方面有:重庆银行、四川美丰银行、聚兴诚银行、华康银行、大夏银行、和通银行、兴华保险公司、太平洋保险公司等。此外,还投资于新闻事业,如《商务日报》《新民报》和《益世报》等。关于川盐银行具体投资方面的介绍在下文还要阐述,此不赘述。川盐银行在刘航琛的主持下,抗战时期获得了高速发展,业务日益繁杂,其组织机构也就跟着进行了一系列变革。

在刘航琛组建大企业经营理念的影响下,川盐银行在抗战时期进一步增加了组织机构。川盐银行抗战以前先后在上海、富顺(即自流井分行)、成都等地设置分行,又先后在江津、泸县、合江、乐山、内江、江北、涪陵、合川等地设有办事处,战前在全国的总分支行和办事处共计12处。②抗战期间,除增设昆明分行外,又添设汉口、宜宾、邓关、香港以及重庆市内的山洞、南泉、黄沙溪、民权路等办事处。③战时川盐银行不断地扩展业务,立足西南,增大机构,主要增设在处于大后方的云南、四川和重庆等地,1941年,在云贵川等西南省区的分支机构达16所。④另外,在刘航琛上任之初,就于香港设立办事

---

① 中国民主建国会、重庆市工商联合会、文史资料工作委员会:《重庆五家著名银行》(重庆工商史料第七辑),西南师范大学出版社1989年版,第144页。
② 中国银行经济研究室:《全国银行年鉴》(1937年),汉文正楷印书局1937年版,第704—713页。
③ 重庆金融编写组:《重庆金融(上卷)(1840—1949)》,重庆出版社1991年版,第229页。
④ 郭荣生:《四年来西南西北金融网之建立》,《财政评论》第6卷第4期(1941年10月),第98页。

处,作为川盐银行向外发展的据点。

(二)战时川盐银行的制度变革

抗战时期,刘航琛一直担任川盐银行的董事长,他面对川盐银行日益繁杂的业务,在制度建设方面,进行了相应的变革。组织机构方面进行了一些调整,但决策机构方面变革不大。1941年增资为600万元时,改动了人事设置,董事会由11人增加到13人,监察人由5人增加为7人。①另外,新规定股东大会上股权和表决权:正常情况下,股东每股有一投票权和表决权,如果一股东有十股以上的股额,从第十一股起至以后以九折计算;但每股东的投票权、表决权及其代理他股东行使的投票权、表决权,合计不得超过全体股东投票权、表决权的五分之一。②

为适应日益繁杂的业务,推动银行走向深入,执行机构方面则进行了较大变革。1944年,因业务扩大就把以前的总分支行制改行总管理处制度。现介绍如下:

川盐银行的总管理处是川盐银行的最高行政机构,为全行的统帅执行机构,主持全行行务。《川盐商业银行总管理处组织规程草案》③中规定川盐银行在重庆设总管理处,总管理处执行股东大会董事会的一切议决事项,并指挥监督本处各室部及分行与办事处全部行处。总管理处内部机构设置如下:总管理处受辖于董事会,设立总务、营业、出纳、会计、储蓄五股,分掌本行一切事务,下面设置秘书室、业务室、稽核室、储蓄部四大室部;秘书室设主任秘书1人,副主任秘书1人,秘书若干人,业务室、稽核室、储蓄部三室部分别设经理1人,副经理1人,必要时业务室及储蓄部设襄理专员;本处各室及储蓄部就事务的性质与繁简得分设若干课或股办理;本处各室各课设课长1人领组办事员练习生若干人。

川盐银行总管理处所设置的四大部室,其执掌的职责分属下列:

---

① 重庆市档案馆馆藏川盐银行未刊档案,档号0297-2-1970。
② 重庆市档案馆馆藏川盐银行未刊档案,档号0297-2-2087。
③ 重庆市档案馆馆藏川盐银行未刊档案,档号0297-2-2087,以下关于川盐银行总管理处时期的相关内容不做特殊说明者外均出自本草案。

秘书室各设文书、总务、股务、人事四课,其执掌如下:①关于文书、规章的撰缮签译事项,②关于稿件、文卷、图书、器具、契约、证据、账册的整理及保管事项,③关于本行全部印鉴图记之刊刻保管及印发事项,④关于本行全体职员福利卫生及子女教育筹办事项,⑤关于本行全体职员进退、升调、保证、考试、训练、考绩、请假、慈善、恤养等事项,⑥关于书具、文具、印刷、消耗物品的统购、分发、稽核、保存、新闻公告及一切义务事项,⑦关于房地产之购设、管理、租赁、测量、设计、估价与修盐工事项,⑧关于股东之事务账务及会议事项,⑨不属于其他各室事项。

业务室设(营)业务、会计两课,其执掌如下:①关于本行全部营业计划的拟订及全部营业报告的编制事项,②关于本行各行处全部资金的运用、调拨及联系事项,③关于本行对外业务特约及合同的拟订事项,④关于本行对外投资及经营的拟办事项,⑤关于商业征信、调查及金融动态事项,⑥关于本室文电之撰缮签译事项,⑦关于联行往来转账核计利息及手续费事项,⑧关于联行账务之登记及未达账的整理事项,⑨关于总管理处开支记载事项,⑩关于银行有关业务应办事项。

稽核室设审核、会计两课,其执掌如下:①关于本行总处各室部及各分行处部费用开支的稽核事项,②关于审核表报单据的收发保管事项,③关于各行处部的放款承兑保证账表证据的审核事项,④关于检讨各行处部的资金运用调拨结果业务分部事项,⑤关于各项账务之记载及本行总处暨分行处部月算决算各表的编制事项,⑥关于编订本行全部开支预算事项,⑦关于资料的搜集整理及汇编统计事项,⑧于本行会计规则的拟订修改及施行事项,⑨关于就地巡回稽核各分行处部的行务事项,⑩关于本室文电文撰缮事项,⑪关于实地稽核厘办事项。

储蓄部设储蓄、保管两课,其执掌如下:①关于推进各种储蓄存款业务事项,②关于储蓄存款的收付及计划资金的运用事项,③管理本部投资事业事项,④经营仓库业务事项,⑤关于本部资产及重要契据保管事项,⑥本部传票账表折据的登记缮制事项,⑦本部月算决算表报的编制事项,⑧各分部业务的指导审核及设计事项,⑨其他有关储蓄事项,⑩关于本部文电的撰缮事项。

川盐银行章程第二条规定川盐银行得于其他重要商埠设立分支行及办事处,本行所设各分行办事处及储蓄部直接隶属于总管理处办事处及储蓄分部,本行分行办事处储蓄分部对外均得为川盐银行等地分行办事处或储蓄分部。

各分行的内部设置情况,各分行设总务股、营业股、会计股、出纳股、储蓄部五股部,各股部各设主任1人,根据事务的繁简,设副主任及领组,受经副襄理的督饬指挥分管各股部、组事务;分行设办事员、练习生若干人,受主管职员的指挥监督分管各项事务。总务股执掌如下:①关于大事的收发撰拟缮正保管事项,②关于房地产、档卷、图书、器具、契约、证据及账册的整理保管事项,③关于庶务及其他不属于各股部事项。营业股执掌如下:①关于分行营业计划及实施事项,②关于联行向业务联系事项,③关于往来商业征信及地方金融动态事项,④关于储蓄业务的推进事项,⑤关于业务文电契约的撰拟事项,⑥其他关于分行业务事项。会计股执掌如下:①关于分行一切会计事项,②关于分行各项资产契据保管事项,③关于月算决算会计报告及业务统计编制事项。出纳股执掌如下:①关于现金出入保管事项,②关于收付账务记账事项。储蓄部执掌如下:①关于储蓄业务计划及推进事项,②关于仓库业务及保管事项,③关于储蓄资金运用及本部投资事业的管理事项,④关于本部会计事项,⑤关于本部月算决算及有关统计编制事项,⑥其他有关储蓄事项。

办事处组织设置如下:设主任1人,根据业务的需要得设副主任1人,受总管理处及指定管辖分行的指挥监督办理办事处全部行务;办事处设总务、业务、会计、出纳主办员各1人,其职务与分行同;办事处各主办员其事务简单者得由主任兼任或以一主办员兼任两项事务;办事处设行员设练习生若干人,受主管职员的指挥办理各项业务。川盐银行总管理处时期的组织系统详见下图。

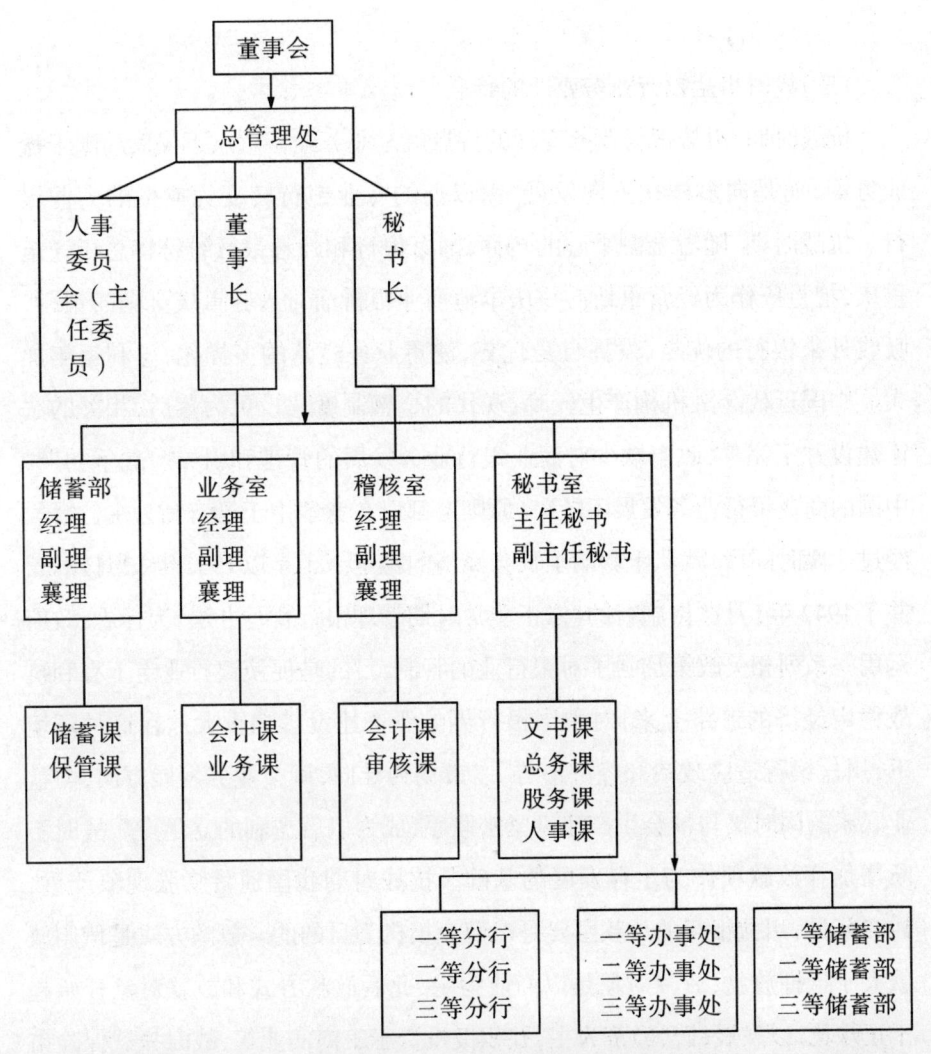

图7-2　川盐银行总管理处制时期的组织系统

资料来源：重庆市档案馆馆藏川盐银行未刊档案，档号0297-2-2076，《川盐商业银行总管理处组织规程草案》。

　　战时川盐银行仍实行董事长负责制。整个抗战时期，董事长都是刘航琛。他的经营理念和经营方式和吴受彤完全不同，在其影响下，为适应社会形势，川盐银行的各项制度建设都发生了一些变革，分工更为细致，机构设置更为合理，促进了川盐银行在抗战时期重庆金融市场上的高速发展。

(三)战时川盐银行业务变迁的特点

抗战时期,川盐银行业务变迁的特点就是业务经营重点不仅仅局限于盐业方面,而是向多样化方向发展,由以前的专业银行转变为典型的商业银行。抗战时期,随着金融重心的转移,国家银行和外省银行纷纷将总行迁至重庆,把重庆作为经营重地。重庆本地商业银行面对入驻重庆金融的银行,吸收外来银行的优点,发挥自身优势,注重业务经营的多样化,盈利逐年加大。中国近代金融机构产生较晚,现代的金融制度建设更为落后,相关的法律建设并不完善,政府缺少对商业银行业务发展的管理和引导。战争初期,中国的商业银行业务发展不统一,原则上都以在竞争中于己有利为主,这样,经过一段时间后,就严重影响了社会经济的稳定。于是以1941年12月颁布,并于1942年1月严格施行的《修正非常时期管理银行暂行办法》为标志,政府运用一系列相关政策加强了对银行业的管制,目的是促使银行业走上有利抗战稳定经济的道路上来,对中国银行界的业务建设影响重大。在这种环境下,川盐银行适应政治和经济形势,以市场为导向,调整业务发展方向,与盐业联系的同时又与社会生产建设紧密联系,成为以后盈利的立足点。战时不断增加存放款项作为生存发展的基础。抗战时期我国通货膨胀现象严重,1942年前,川盐银行的放款主要是以商业投机为目的的。放款方式是信用放款大于抵押放款,放款对象是以商业为主,此后放款方式和放款对象开始趋于正规化,以发展社会经济为主,并积极投资于工商实业等,战时盐载保险市场上的激烈竞争使其业务相对减少,比期存放业务也在管制下逐渐消失。此外,和战前相比,川盐银行也增加了一些附属业务。战时川盐银行这种业务经营原则,就明显地体现了它的业务经营是以竞争激烈的市场为导向,已经完全商业化了。下面就来探讨川盐银行业务在战时所发生的变迁。

1.日益增加存放款项

存放款项的多寡是一家银行生存发展的依据。抗战时期重庆金融市场上竞争激烈,唯有不断增加存放款项,才能立稳脚跟,川盐银行也不例外。商业银行负债资产业务中"吸收存款是商业银行的传统业务,也是商业银行最重要的负债业务。可以说,吸收存款是银行与生俱来的基本特征。银行的自由资本总是有限的,如果没有存款,银行的经营将受到极大限制,也不可能获得较高的收益。"[1]而"贷款是银行将其所吸收的资金,按一定的利率贷放给客户,并约期归还的业务。贷款是商业银行最主要的,也是传统的资产业务。贷款是商业银行的主要来源。从社会的角度看,银行也有扶助工商业、促进社会经济发展的义务。银行如果不放款,则不啻丧失其社会功能。所以,商业银行有50%以上的资产是用于放款"[2]。正是从这个基点出发,战时川盐银行积极发展存放款业务,扩大规模,在战前取得的成绩之上战时又获得了稳步上升。详见表7-2:

表7-2 1937—1945年川盐银行存放款项比较表

(单位:元)

年份[3]	存款	放款[4]
1937	9623453	7131147
1938	7327890	5841958
1939	10430055	8429195
1940	19606030	14298449
1941	45707312	60848339
1942	50405501	35322020
1943	—	—
1944	137216391	61162055
1945	208113711	89590227

资料来源:沈雷春《中国金融年鉴》(1939年),美华印书馆1939年版,第334页;重庆市档案馆馆藏川盐银行未刊档案,川盐银行历年下期资产负债决算表,档号0297-2-1048;0297-2-978;0297-2-1050;0297-2-1053;0297-2-1054;0297-2-882;0297-2-899。

---

[1] 刘学华主编《新编货币银行学》,立信会计出版社,2005年版,第165页。
[2] 刘学华主编《新编货币银行学》,立信会计出版社,2005年版,第171页。
[3] 1937年数字出自《中国金融年鉴》;1938—1945年数字出自川盐银行档案决算表,1943年因资料不全而缺失;1945年是7月份的营业表册,非年底的总决算表。
[4] 存款包括定期存款、往来存款、特别往来存款、比期存款、同业比期存款、暂时存款和同业存款;放款包括定期放款、抵押放款、往来透支、贴现、押汇和存放同业,其中1944年、1945年两年的放款还包括生产事业投资部分。

从该表可见,川盐银行的存放款项呈现出一种逐渐上升的趋向,1938年时,大批金融机构开始向重庆迁移,面对突如其来的竞争,川盐银行的业务受到一定影响,处于一种适应性阶段,存放款有所减低,之后就调整业务方针,从1939年起,存放款项逐步加大,保持了业务的稳步上升。

以上仅从数量上考察,未考虑其他任何因素的影响,牵涉到战时通货膨胀,纸币贬值的现象,"任何一家银行的存款在战时都是逐年增加的"[1],存放款项在数量上的增加也是必然的。以下从负债、资产两方面的比率综合考察,即用存款准备金率来考察其存款的变化趋势,根据存款决定放款理论,可以很容易推出其放款趋向。

存款准备金率,即流动资金(亦称库存资金)与存款之间的比率。流动资金就是存款准备,这部分资金是银行为应付顾客提现,而预先提存的一部分资金。因为这部分资金要应对顾客的随时提现,所以银行对这部分资金不能有效地加以运用。银行流动资金的多寡,可以表示其资金运用的优劣,流动资金多,则表示其资金未能充分利用,流动资金少,则表示其资金已能充分运用,然而,流动资金也需要保有相当的数额,否则,流动资金过少,一遇风险,即有周转不灵而趋于破产的危险。[2]在中央银行体系尚未完全确立的情况下,存款准备金率的高低,可以反映出流动资金的多少,进而在一定程度上反映出存款量的变化。流动资金和存款数量两者间是正向的变化关系,商业银行的第一原则是最大限度的盈利性,从自身经营风险和业务健康状况两方面出发,来决定自己流动资金的数量多少,而决定的指标就是存款数量的变化。如果存款量增加,流动资金减少,就存在着经营风险,随时会有挤兑破产的危险。如果存款量减少,流动资金增加,银行能够运用的资金规模就会减少,这样,就会削弱银行运用资金的能力,发展受到限制,不能达到最大限度盈利的目的。下面就来分析川盐银行的存款准备金率。

---

[1] 寿进文:《战时中国的银行业》,【出版社不详】1944年版,第135页。
[2] 杨志信:《四川银行业战前投资之分析与今后应采之投资途径》,《经济动员》第3卷第9、10期合刊(1939年10月),第1215页。

表7-3　1937—1942年川盐银行的存款、流动资金及两者比率统计表

（单位：元）

年份[①]	存款[②]	流动资金	存款与流动资金比率(%)
1937	9623453	1789259	18.6
1938	7327890	1301241	17.8
1939	10430055	2232820	21.4
1940	19606030	5010440	25.6
1941	45707312	30367871	66.4
1942	50405501	5752145	11.4

资料来源：沈雷春《中国金融年鉴》(1939年)，美华印书馆1939年版，第334页；重庆市档案馆馆藏川盐银行未刊档案，川盐银行历年下期资产负债决算表，档号0297-2-1048；0297-2-978；0297-2-1050；0297-2-1053；0297-2-1054。

上表选择1937年到1942年为界限，是因为这一时段最能反映出川盐银行存款准备金发展的趋向。1941年12月，国民政府颁布《修正非常时期管理银行暂行办法》，规定各商业银行以20%向中央银行缴存准备金，以每年的3月、6月、9月、12月底的存款额为计算根据，分四次缴纳，为体恤银行周转，兼顾保障存户起见，在此期间，若银行存款减少至总额1/5以上时，银行可以填具表报，经核算明确后提回准备。[③]从1942年开始实施，之后逐步加强对银行界的管制，中央银行体系也逐渐完全确立起来，中央银行对全国银行的存款准备进行统一调度管理。此时商业银行存款准备的多寡已无多大意义，因为各商业银行可以向中央银行通过再贴现、转抵押等方式获得资金以补救，银行制度倘臻完善，有真正银行的银行为之调剂、资助，则其流动资金额可以较小[④]，已反映不出真实情况。上表的流动资金包括库存现金和对同业存款，银行同业拆借是指商业银行之间，以及商业银行与其他金融机构之间相互提

[①] 1937年数字出自《中国金融年鉴》(1939年)，1938—1945年数字出自川盐银行档案决算表。

[②] 存款包括定期存款、特别定期存款、往来存款、特别往来存款、比期存款、连续比期存款、同业比期存款、暂时存款和同业存款。

[③] 重庆市档案馆馆藏重庆银行公会未刊档案，档号0086-1-5。

[④] 杨志信：《四川银行业战前投资之分析与今后应采之投资途径》，《经济动员》第3卷第9、10期合刊(1939年10月)，第1215页。

供的短期资金融通。借入资金的银行,主要是用以解决本身临时资金周转的需要,期限较短,多为1—7个营业日。利息按日计算,利率根据市场资金供求状况,随行就市。同业拆借一般不需要抵押品,全凭银行信誉。①对同业存款的资金能随时变现,可以视同为流动资金。从上表就可清楚看出,川盐银行的存款准备金率是在逐渐上升的,其存款也在增加着,1941年时高达66.4%,其中对同业存款竟达到25642528.91元,②占流动资金的84.4%,原因何在?国民政府公布的缴存存款准备金条例中,规定应交存准备金的存款,经指明为普通活期、定期存款,至于储蓄存款,应照储蓄银行法办理。其同业存款借入款等系属同业间往来或属暂时抵补头寸之用者,免缴准备金。③所以,川盐银行大量存款都转移到了对同业存款这一项。1942年,因中央加强管制,并由中央银行统一调度存款准备金,所以存款准备金率就下降了许多。因此,战时川盐银行的存款是在增加着。同时,理论上存款增加,放款应相对地扩大。④战时川盐银行的放款也是在增长中。

2.转变业务资金运用途径

战时,川盐银行业务资金的运用途径,主要是放款和投资。从抗战爆发到1942年以前,川盐银行的放款方式是信用放款大于抵押放款,放款对象是以商业为主,这是因为通货膨胀严重,针对投机为目的而施行的。但国民政府1941年12月颁布,并于1942年开始施行的《修正非常时期管理银行暂行办法》,此后又相继颁布一系列法规,加强对银行业管制。川盐银行的放款方式和放款对象就开始趋于正规化,以发展社会经济为主,并积极投资于工商实业等发展社会生产事业。因为战时重庆保险市场的竞争,和战前相比川盐银行的盐载保险业务也衰落了。其间业务发展经历着一系列的变迁。

(1)放款方式的转变。放款方式也是放款的保障程度,大体上可分为信用放款和抵押放款两种。我国旧式的金融机构资本金较小,经营方式不成熟,多是信用放款大于抵押放款。与发达资本主义国家相比,现代金融机构

---

① 刘学华:《新编货币银行学》,立信会计出版社2005年版,第167页。
② 重庆市档案馆馆藏川盐银行未刊档案,档号0297-2-1053。
③ 重庆市档案馆馆藏重庆银行公会未刊档案,档号0086-1-5。
④ 盛慕杰:《战时之中国银行业》,《财政评论》第3卷第1期(1940年1月),第122页。

的银行在我国组建较晚,各项制度建设还不完善。建立之初,大多仍采用旧式金融机构——钱庄为代表的放款方式,即信用放款大于抵押放款,特别是抗战爆发,物资紧缺的环境下,这种情况尤为严重。1941年底16家商业银行的质押放款,计占放款总额30.92%,信用放款则占总额的69.08%,信放比例如此之高,几与钱业无异。[①]川盐银行也不例外,下面来看1942年前川盐银行的信用和抵押放款的比例。

表7-4 1938—1942年川盐银行的信用放款、抵押放款统计表

(单位:元)

年份	信用放款	抵押放款	信用放款占两者放款总和的比率(%)
1938年12月	2732983	1003208	73.1
1939年12月	5382527	837682	86.5
1940年12月	8264232	2040233	80.2
1941年12月	8231782	7091454	53.7
1942年12月	9231782	7181454	56.2

资料来源:重庆市档案馆馆藏川盐银行未刊档案,川盐银行历年下期资产负债决算表,档号0297-2-1048;0297-2-978;0297-2-1050;0297-2-1053;0297-2-1054。

注:上表信用放款包括往来透支、贴现、存放同业;抵押放款即为本行资产负债表中所列抵押放款、押汇。

贴现是指银行买入未到期的商业票据,借以获取利息利益的一种信贷业务。这应当属于抵押放款,但在中国战时特殊情况下,经济动荡,物资缺乏,公司企业随时面临倒闭破产的危险;通货膨胀,纸币贬值,票据票面价格与实际价值相差颇巨,票据就有可能形同废纸。因此,这样的贴现无异于信用放款。上表显示,1942年前,川盐银行信用放款所占比例,均高于抵押放款。据统计,1942年6月底,重庆市就贷放方式言,仍以信用放款最多,62家行庄共为201373000元,占该时期放款总额77%以上。抵押放款计为6011万余元,

---

[①] 寿进文:《战时中国的银行业》,【出版社不详】1944年版,第139页。

仅占22%强。①信用放款发达的原因，康永仁认为：第一，在中国的社会上，以人情为重，抵押放款，似乎有失借款人的面子，因而对人的信用，超过对物的信用，这是个习惯问题。第二，或者是因为银行于战时，直接或间接地经营其他副业，副业实际上既是自己的，所谓放款者，不过乃名目而已，这自然不必采用抵押放款的方式，而也是没有什么危险的。②这样的放款方式对银行业务的发展影响重大，陈光甫曾说："金融贵在流通，流通全靠信用，所谓信用者，款子放出以后随时可以收回，如果一旦感到现金不能收回的危险，信用便要中断，银行利用社会上有余的资金，去补助社会上正当的事业，处处以信用为前提"，③倘若信用中断，不能有效收回贷放资金，银行资产就要受到损失，便会出现资金周转不灵的窘境，随时有挤兑的危机。可见，以川盐银行战时业务发展为例的考察，表明我国抗战前期银行业务发展出现了很大的弊端。

鉴于中国商业银行发展地不完善，为了弥补银行业务的发展漏洞，国民政府就开始逐渐加强对银行业放款方式的管制。1940年8月，首先颁布《非常时期管理银行暂行办法》，作为我国管理银行立法的根基。办法共10条，对抵押放款和信用放款进行了相应规定。其中第三条明文规定"银行运用存款，以投资生产建设事业及联合产销事业为原则。其承做抵押放款，应以各该行业正当商人为限。押款已届满期，请求展期者，并应考查其货物性质，如系民生日用必需品，应即限令押款人购取出售，不得展期，以杜囤积居奇"④。此项暂行办法虽为战时积极管理银行的开端，但规定似乎仍欠周密，更遗憾的是并未曾彻底执行，例如各银行普通存款准备金，迟至1941年12月，才开始交存国家四行。银钱业的非法经营活动助长了物价的波动，严重影响到整个社会经济。在行政院经济会议第43次会议上，通过对于暂行办法提出的三项修正意见，复经财部约集经济部及四联总处代表修正补充，结果于1941年12月公布了《修正非常时期管理银行暂行办法》。⑤对抵押放款的种类、数

---

① 四川省银行经济研究处：《川省银行业之现状及其管制》，《四川经济季刊》第1卷第1期(1943年12月)，第173页。

② 康永仁：《重庆的银行》，《四川经济季刊》第1卷第3期(1944年6月)，第134页。

③ 张郁兰：《中国银行业发展史》，上海人民出版社1957年版，第76页。

④ 重庆市档案馆馆藏重庆银行公会未刊档案，档号0086-1-5。

⑤ 寿进文：《战时中国的银行业》，【出版社不详】1944年版，第87—88页。

额、期限等进行了更为严格的规定,并从1942年起开始施行。之后,财政部又于1942年5月间陆续颁布《管理银行抵押放款办法》和《管理银行信用放款办法》两项法令。管理抵押放款的要点有四:①抵押品以有价证券,银行定期存单及栈单、提单商品或原料等为限;②押款户申请贷款时,应填具借款用途申明书及营业概况表;③放款期限及每户限额,均照修正办法的规定;④放款得以票据承兑及贴现方式办理。管理信用放款的要点也有四:①个人信用放款以2000元为限;②工商业放款在5000元以上者,应以经营本业并已加入同业公会的厂商为限,放款期最长不得超过3个月,展期亦以3个月为限,每户放款不得超过该行放款总额5%,各户总计不得超过总额50%;③放款得以票据承兑及贴现方式办理,不受各户总计50%的限制;但每户不得超过放款总额10%;④借款人应填具借款用途申请书及营业概况表,以便抽查。[1]通过一系列系统的法令,国民政府对战时商业银行放款方式的管制日臻严密。在此种背景下,川盐银行的放款方式开始由抗战初期时的信用放款大于抵押放款,慢慢进行变迁,向稳定经济健全业务方面发展。

(2)放款对象的转变。银行放款按对象分为工业放款、农业放款、商业放款、个人放款、政府放款、其他放款等多种,各银行因划分标准的不同从而导致划分类别多种多样,战时政府未对银行业进行系统管理前,各银行都有自己的划分标准和类别。寿进文统计我国银行后说,战时各行的放款内容颇乏详尽统计,且各行在战时对自己的放款内容更少公布。[2]同时,张舆九也调查过后方尤其是重庆市银钱业行号放款与投资的类别及数字的多寡,因各行号不愿披露确实数字,材料的搜集颇感困难。战时各银行资料又相对缺乏,划分类别的复杂再加上确切资料的匮乏,使对于当时商业银行放款的确切内容进行细致分析有很大的困难,但有一个特点不容置疑,就是战时我国政府对金融机构系统管制前,我国金融机构的放款对象绝大多数都是以商业为主。毋论商业银行钱庄银号,或省地方银行,其商业放款数额,在百分比较中均占最高位,商业放款在全部放款中所占的百分比,商业银行约占88%,钱庄银号

---

[1] 重庆市档案馆馆藏重庆银行公会未刊档案,档号0086-1-90。
[2] 寿进文:《战时中国的银行业》,【出版社不详】1944年版,第139页。

约为99%,省地方银行约为56%。省银行中的个人放款如果也用于商业方面,则其商业放款的百分数,当变为63%强。至于工矿事业放款,在全部放款中所占百分比数,商业银行为1%强,银号钱庄不及0.1%,省银行为0.2%,可谓微小之至。[①]因资料所限,只能根据一些散见的资料对川盐银行放款内容的统计进行分析,这里就将川盐银行1939年和1942年两年的放款对象统计作为战时其放款对象的代表进行分析。

表7-5　1939年和1942年川盐银行放款对象统计表

（单位:元）

年份	商业放款	工矿业放款	交通事业放款	其他放款	商业放款占其放款总额的比率(%)	工业放款占其放款总额的比率(%)
1939	9047000	34000	100000	798000	90.66	0.34
1942	8874000	207000	50000	8767000	49.58	1.16

资料来源:康永仁:《重庆的银行》,《四川经济季刊》第1卷第3期(1944年6月),第126、129页。

注:所列的其他放款包括原资料中所列的公用事业放款、文化事业放款、政府财政放款、同业放款、个人放款、其他放款等几项。

从表7-5可以看出,在抗战前半阶段,即1942年政府强化对我国金融业管制前,1939年时,川盐银行的商业放款占其放款总额的比率为90%以上,而工业放款仅占到0.34%,微乎其微,商业性的放款占银行放款的绝大多数;1942年,放款比率有所改变,但商业性的放款仍占到放款总额的一半左右,工业放款才仅增加到1.16%。出现这种现象的原因主要有三:一是战争时期的特殊环境所造就的经济现象。银行放款的一个重要原则就是安全性原则,即在经营中尽可能避免资产遭受风险损失。包括借款人不能如期还本付息所造成银行无法收回贷款的可能性的信用风险,以及由于市场利率的变化而引起贷款收益下降或证券价格下跌的可能性的市场风险。安全经营不仅关系

[①] 张奥九:《抗战以来四川之金融》,《四川经济季刊》第1卷第1期(1943年12月),第73页。

到存款人的利益,而且直接关系到银行的生存和发展。[①]战争爆发,我国物资的供需不平衡状况更加严重,物价上涨,通货膨胀,商业银行就更要保障贷放资金的尽快回收。商业资本的周转期远比工矿资本为短,在港沪通运时期,一年至少可以周转三四次,至于土货的囤积,其周转期更为缩短。工业周转期限,以机械业为例,一年中生产总额能达全部机器设备总值者,即不多见;欲达机器设备150%,即为例外。所以,假定工商两业的利润率相同,但商业的周转快,其余总额亦当高出工业数十倍,何况商业的利润率是远较工业为优呢?有些厂家把通融得来的一部分资金,用之于囤积原料,或作其他不适当的运用,银行的资金之投放于商业者,较其他部门为多。据有关机关估计,1941年重庆全体工商业厂号,约为5万家,商业部分所占的百分比,约为73%强,而工矿两业所占的百分比,尚不及26%。这还是以合法的商号为标准,其实,在合法的商号之外,还有一些游击式的商人,这些人的资金,是无从登记,无从统计的。[②]二是受当时存款的制约。上文已经叙述过,此时期川盐银行的存款多数是以不固定的活期存款和比期存款为主,多数存款时限短,随时要给客户兑现,银行不能有效加以利用,所以只能以周转速度较快的短期的商业放款为主。三是银行从事投机的恶劣风气。战时我国通货膨胀现象严重,我国的银行大多都从事以商业囤积为主要业务的投机活动,以此来牟取暴利。这种现象比较严重,下文还将专题分析。

在社会生产流通领域中,商业资本作为流通领域的职能资本,处于比较重要的关键环节,商业资本的发展可以活跃经济,促进生产要素顺利流通,但在战时,中国物资短缺的特殊环境下,商业资本的活跃却对我国经济影响重大。战争中"因物价上涨,商业利润优厚,故商业资金之需要甚大,且不惜抬高利率,以获得资金,商业银行为图眼前厚利,不免重视商业放款,而于工矿事业则不屑顾及,银行放款商业原无可厚非,但如经营不当,被商人利用作为囤积居奇之资金,则足以助成物价涨风,使社会经济均呈不安"。[③]这时政府的管制作用就凸显出来了。

① 刘学华:《新编货币银行学》,立信会计出版社2005年版,第190页。
② 镜升:《战时中国经济轮廓》,【出版社不详】1944年版,第137—138页
③ 寿进文:《战时中国的银行业》,【出版社不详】1944年版,第140页。

为引导银行放款内容转入正轨,促使银行业更好地为生产建设服务。国民政府于1941年12月颁布了《修正非常时期管理银行暂行办法》。其第四条规定"银行运用资金,以投放于生产事业暨产销押汇、增加货物供应及遵行政府战时金融政策为原则"①。这明显是指导银行业务要发生转移。银行一定要把资金运用于积极促进生产,增加后方物资供应上,将社会资金纳入正轨。第七条、第十二条和第十三条等对于非法营业现象进行了严格规定,并依法取缔和处罚。战时如果银行重利吸收社会资金从事囤积居奇,或巧立名目设立机构,自行经营商业,或代客买卖货物,以及银行服务人员利用行款经营商业,皆有侵夺生产资本,加重物价上涨的弊端,都属于非法营业,自应严厉取缔,这些规定,目的皆在取缔非法营业,促其向正常业务发展。就原则言,商业银行资金的运用,应以富于流动性为第一要义,若参加事业股款资金呆滞时,遇到经济恐慌,银行基础自不免发生动摇。政府为使银行营业稳健,自应禁止银行参加事业股款。②便于1942年3月订定《银行投资生产事业公司入股办法》。规定凡银行投资于各种生产建设事业,加入该事业之公司或厂号为股东时,应依照《公司法》第十一条,不得为无限责任股东。如为有限责任股东时,其所有股份总额,不得超过银行实收股本总额的四分之一,并须先行呈请财部核准,方得入股。对于一般厂商的限制,凡承销国家专卖物品的商号,以及受国防经济主管机关委办的事业,或增加日用必需品生产之厂商,虽可不受以上办法的限制,但为杜绝流弊起见,也经财部于1942年6月详定《限制特种厂商借款办法》以资管理。③

以上系列管制办法的相继出台,我国银行业的资金贷放逐渐走上正轨。1941年,重庆市各商业银行对于工业贷款,只占全部贷款4%弱,而商业贷款竟占90%。即使国家银行对工矿业的资济,过去亦嫌不足,自1940年3月至12月底止,四行专案贴放总额中,工矿贴放仅占20.41%,计174727000元,1941年工矿贴放额虽增至292704000元,但已减为贴放总额18.19%,且国家银行贷款,仅数家大工厂得享此权利,规模狭小之工厂,极难沾其恩惠。但自

---

① 重庆市档案馆馆藏重庆银行公会未刊档案,档号0086-1-91。
② 戴铭礼:《当前之银行管理问题》,《中央银行经济汇报》第5卷第10期(1942年5月),第58页。
③ 寿进文:《战时中国的银行业》,【出版社不详】1944年版,第92页。

此之后四行贴放方针,转向集中于资济效率较大厂矿的倾向。1942年上半期四行工矿贴放额,计达343622000元,其数额较上年增加甚巨,所占百分比量亦提高,几占贴放总额一半。1943年国家银行投放目标更转注于西北,开始移其资金以助西北的建设。据3月7日广西大公晚报载称,中农行和交行决定发行土地债券和实业证券11000万元。至银行代发公司债,已有华安煤矿公司请交行代发的2000万元,资源委员会拟请代发的35000万元。①此外还有其他机关的生产事业性贷款均比上年增加。自此,中国的银行业开始转向对工矿业的投资和放款,川盐银行也是如此,在政府的严厉管制下,以前大量的商业性放款开始转移向生产建设事业放款,业务的放款对象就发生了慢慢的变迁。

(3)积极投资实业。"为了寻求有利的投资场所而插手工商企业,这是当时金融资本追求利润的一般规律。"②川盐银行也不例外,战时大量投资于工商实业等各个部门,这是川盐银行战时业务资金运用的一个主要途径,和战前相比有明显的变化。

1940年开始,川盐银行实际上对外进行少量的投资,其后日益加大,根据川盐银行的账面记载,川盐银行的向外投资为:①投资于公用和工矿事业的,如重庆电力公司,自来水公司,水泥公司,生丝公司,川康兴业公司,华西兴业公司,允丰正酒厂等27家,合计金额为5.617993亿元;②投资于商业企业的,如和源公司,大用企业公司,中心企业公司,大成企业公司,兴川企业公司,新中国企业公司,通川公司,福利公司,西南物产公司等14家,共计金额为10.11653亿元;③投资于金融、信托、保险事业的,如川康银行、重庆银行、和通银行、大厦银行、华康银行、四川建设银行、自流井裕商银行、汉口商业银行、兴华保险公司、太平洋保险公司、中国人寿保险公司、银联信托公司、中华信托公司等17家,合计金额为1135.41万元;④投资新闻事业的,如国民公报、南京新民报、益世报、新蜀报、西南日报、世界日报、华美晚报、大道报、中国新闻公司、银行出版社、金融导报社、文化服务公司、社会新闻公司等14

---

① 张奥九:《抗战以来四川之金融》,《四川经济季刊》第1卷第1期(1943年12月),第78页。
② 中国民主建国会、重庆市工商联合会、文史资料工作委员会:《重庆五家著名银行》(重庆工商史料第七辑),西南师范大学出版社1989年版,第135页。

家,合计金额为 1.060647 亿元。以上四个方面的投资共有 72 家,金额共为 16.979711 亿元。①战时川盐银行的董事长刘航琛在工商企事业中担任的董事长、董事以及总经理等头衔,就有 70 多个。②

川盐银行大规模的对外投资,一方面是受到刘航琛大企业经营理念的影响,可以通过银行的资本投资控制大量工商实业,增加自身资本,在重庆激烈的金融竞争中求得生存和发展。另一方面是因为川盐银行最主要的盈利业务,盐载保险业务方面被侵夺。战前四川的盐载保险是川盐银行一家独霸,不存在任何竞争,但到了战争时期,大量金融机构进入重庆,利用雄厚实力同川盐银行保险部展开了竞争,迫使川盐银行盐载保险部让出了部分市场份额,战时几家保险公司的同时竞争也使川盐银行在业务方面发生了转变,从其他方面来寻求出路。大规模的对外投资合乎了政府的增加生产建设的政策号召,利于抗战时期的物资生产为抗战筹资做出了贡献。

(4)角逐保险市场。四川的盐业保险是川盐银行一项重要业务,战前是川盐银行一家独霸,但到战时,多家保险公司进入重庆,就对川盐银行保险部形成了挑战,此时,川盐银行为了在竞争中取胜,保住自己的权益,进行了多方面的协商,采取了诸多手段,积极参与盐业保险,但最终因其他保险公司有政府支持而丧失了 60% 的保险业务,形成了抗战后期著名的"四三三"制原则。盐载保险市场的份额被部分侵夺对川盐银行业务变迁产生了至关重要的直接影响。

四川盛产食盐在全国都占有重要地位。据中国工程师学会四川考察团调查报告,四川产盐地区的面积约占全省 1/4,分作川南、川北两大盐区;前者领场 14 家,包括富、荣、犍、乐等地区,年共约产 487 万余担,占川盐总产量 76.6%;后者领境 12 家,年共约产 149 万余担,占总产量 23.4%。其中:推富荣盐场的产量为最巨,占总数 53%;犍为及乐山两场次之,占总数 12%。惟川盐的产量,向以销路为准则:销路畅旺则多制,销路滞缓则少产。所谓采用"以销定产"的办法,所以川盐每年的产量,须视销路如何而后定,生产力受到一

---

① 中国民主建国会、重庆市工商联合会、文史资料工作委员会:《重庆五家著名银行》(重庆工商史料第七辑),西南师范大学出版社 1989 年版,第 142 页。

② 重庆金融编写组:《重庆金融(上卷)(1840—1949)》,重庆出版社 1991 年版,第 229 页。

定的限制。富荣盐场即富顺和荣县两县的盐场,井灶多,产盐家数在全省第一。故今天所说的富顺、荣县盐场,往往称之为自流井、贡井。其实自流井即富顺东场,属富顺县;贡井是富顺西场,属荣县。犍为和乐山盐场,犍为场属犍为县,盐场设在五通桥,距县城90里,最初盐产区域,起于永通,清"乾隆"年间,五通桥井灶渐盛,永通遂衰,故盐场即以五通桥为名。乐山场属乐山县,乐山旧称嘉定,盐场设在牛华溪,距县城20里。①这四个盐场产盐最多。

四川盐场所产的盐分为引盐和票盐,其中以引盐影响力最为重大。引就是商人运销货物的凭证,引法是宋以后历代政府准许商人凭引运销盐、茶的制度。按引法规定运销的食盐就是引盐。②四川盐场所产的引盐多是用水道运输;至于经由陆路运销的盐则统称为票盐。在盐务行政中,销盐的区域叫岸。按行销范围和运输距离的不同,川盐分为三个岸,富荣盐场的岸,除了由陆路运销的附近13个市、县外,其在云南、贵州两省的销区叫边岸(取其销地窎远之意);在省内自清雍正时起实行计口授食办法的销区叫计岸;在湖北、湖南两省的销区叫济楚岸(太平天国运动时,淮盐不能上运,改以川盐接济,故名,以后这两省的销区仍由川盐供应,名称亦相沿承袭下来)。由于这三个岸都是由水道运往,所以统称之引岸,运销的盐称为引盐。③四川各场的盐产,除富荣犍为两场外,全部行销在省内,只能在本省内销售。行销于云贵两省的边岸,计富荣场的边岸有仁边、涪边、綦边、永边四岸,犍为场的边岸有滇边、永边二岸。楚岸为富荣场的销岸,其范围包括湖北省的宜昌、陨阳、安陆、襄阳、荆州及荆门五府一州及湖南省的醴州一州。④而重庆是富、荣盐运销岸的一个重要集散码头,在重庆经营盐载运销业务的盐帮,也成为当时重庆商场中与钱业、匹头、棉纱并列的四大帮之一,并组织有盐业公会(初称盐帮公所)。

1937年抗战爆发后,随着战事的推进,大片国土,尤其是沿海地区的相继沦陷,沿海的盐场或为日军侵占,或临近战区,运道多被阻断。淮盐运商无法

---

① 张肖梅:《四川经济参考资料》,中国国民经济研究所1939年版,第Q83页。
② 中国民主建国会、重庆市工商联合会、文史资料工作委员会:《重庆五家著名银行》(重庆工商史料第七辑),西南师范大学出版社1989年版,第107页。
③ 马绍周:《重庆盐业见闻》,中国人民政治协商会议四川省重庆市委员会、文史资料研究委员会:《重庆文史资料选辑》(第三辑),(内部发行)1979年,第1页。
④ 刑苏华:《抗战期内的四川盐业》,《新经济》第1卷第9期(1939年3月),第239页。

运盐,绝大多数随政府内迁到了战时首都重庆。淮盐商经济实力雄厚,又有深厚的政治根基,淮商进入四川,对川商的利益形成了巨大威胁。管理盐务的机构,一是专管行政的盐运使署,另一是专管税收的盐务稽核所。这两个机构在抗战爆发前不久合并为盐务管理局。川盐银行面对抗战初期复杂的竞争状况,为了巩固业务,积极的筹谋对策以资应付,频繁与盐务管理局进行协商。最终商得盐载押汇由川盐与金城、中央、中国农民四行联合办理。川盐、金城、中国农民各承办放款的1/5,中央承做2/5,以后所增产之盐的押汇业务由川盐银行单独承做。如前文所说,既然有承做押汇业务,必然有保险业务,最终保险方面盐务管理局规定"凡所押盐载在船必须投保水险,在仓必须投保火险,其保险单应过入银团名下。押款盐载投保水险必须向川盐银行办理,如商将盐投保水险时应会同川盐银行保险部检查装盐船只,如船身朽坏,得商请甲方饬令更换。其存仓之盐投保火险,则有组织银团各行之有保险部者按成摊保"。[①]联合押汇之后,川盐银行保险部的业务因有盐务管理局和中央银行的参与,加强了其垄断地位,押汇放款利息比运商自筹资金低,从1937年起到1942年时川盐银行保险部收益达到了高峰期,据有关资料,1939年获利15万元,1941年获利149.4万元,1942年获利109.1万元。[②]

战前重庆保险公司,仅寥寥数家,自抗战发生,国民政府迁都后方以后,工商业及运输业均较前发达,重庆成为保险业的中心地。1943年统计,国人经营的保险公司已有21家,在此21家中,其为总公司者12家,为分公司者8家,另一家为代理处。其中人寿保险3家,简易寿险1家,人寿兼产物保险1家,盐载保险1家,产物保险15家。截至1944年为止,保险事业如雨后春笋,相继内迁设立增加的达53家,计外商保险公司3家,(按此3家的业务均陷于停顿状态),华商保险公司50家。在抗战方酣,胜利在望之时,并值社会生产资金极形苦涩,工商业俱形暗淡之际,而保险一业,独有迈进的发展。[③]

1940年前后,中、中、交、农四大国家银行总行所附设的保险公司,即中央信托局、中国保险公司、太平洋保险公司、中国农民保险公司,相继由沪迁渝,

---

① 重庆市档案馆馆藏川盐银行未刊档案,档号0297-2-1842。
② 魏原杰:《中国保险百科全书》,中国发展出版社1992年版,第691页。
③ 董幼娴:《重庆保险业概况》,《四川经济季刊》第2卷第1期(1945年1月),第334页。

大多觊觎获利丰厚的盐业水运保险。1940年底,中央信托局保险部已随总局迁至重庆,该部认为食盐既是国家专营的重要物资,就不应再由川盐银行保险部独家承保。于是,中信局就谋打破川盐银行的垄断局面,与中国保险公司、附属于金城银行的太平保险公司两家公司共同争取,并通过银行负责人向当时的"四联总处"(中央、中国、交通、农民4家银行联合办事处总处)提出交涉,利用人事上的关系从盐务总局向川盐银行施加影响。[①]在此期间,孔祥熙筹设的裕国保险公司也想进入盐运保险行列。

盐务总局因为政治上的关系,就劝导川盐银行保险部,希望能与四联的保险公司合作,共同承保盐业保险,以免引起纠纷。1940年以后,物价上涨,淮帮运商因能利用国家的低利放款,办理盐业保险还能获利巨大,但川帮运商的资金来源的利息高于盐局核定的子金,无法办理,所以盐载保险几乎均由淮商或四行投资的盐号办理,川盐局也请盐务总局迅速解决此项问题。最终协商结果是,1942年1月,川盐银行保险部被迫让出40%的业务给"三联"(中信局产物保险处、中国保险公司、太平保险公司)承办。同时川盐银行和裕国保险公司各承担余下30%的份额。[②]

1943年,交通银行的太平洋保险公司成立,并取代太平保险公司加入盐运保险管理处。1944年,中国农民保险公司成立,也参加了这一行列,简称"四联"。这样便形成了由中、中、交、农四大国家银行所附设的官办保险公司共同分配40%保险份额的"四联"。后来,由于中央信托局产物保险处与川盐银行保险部在业务上有分歧,请当时的裕国保险公司董事长谭备三出面排解,结果又将原有的盐运保险份额重新加以分配,而成为川盐承保40%、"四联"承保30%、裕国承保30%的"四三三"分配制。[③]这样,便形成了抗战时期盐保市场上著名的"四三三"制原则,川盐银行独家经营的盐载保险就被侵夺了60%的份额。

[①] 中国保险学会、《中国保险史》编审委员会:《中国保险史》,中国金融出版社1998年版,第148页。

[②] 吴申元、郑韫瑜:《中国保险史话》,经济管理出版社1993年版,第90—91页。

[③] 中国保险学会、《中国保险史》编审委员会:《中国保险史》,中国金融出版社1998年版,第148页。

1945年根据《公司法》的规定,川盐银行保险部改组成立川盐保险公司,专门办理川江盐运保险,业务范围遍及西南及川江沿岸各地,还附设有水上查证机构。川盐产物保险公司资本500万元,仍附属于川盐银行,因为董事会的报告说:"该保险部改组公司后,仍为本行所有,仅业务独立,其盈亏仍属于本行。"①与此同时,财政部也要求川盐银行保险部的沿江查验机构,同"四联"和裕国等五家承保盐载的保险公司的查验机构合并,以前所有的水上防灾防损措施的费用都是川盐银行一家承担,1943年,由于推行了"四三三"制的承保份额,得到"四联"及裕国保险公司的合办,便共同组成了"四联、川盐、裕国盐运保险查验总管理处",并在涪陵、万县、合江、合川、泸州、自流井等地设立了包括盐船查验工作在内的分支机构,实际上这是一个由有关保险公司组成的派生机构。这样,合并之后6家公司可以共同承担防灾费用,对川盐银行是有利的。川江盐运保险的开展,总的来说,是在食盐从生产到消费之间的流通领域中进行的,但也包括一部分沿岸存仓火险在内。它的开办,不仅保障了盐商的正常经营和解除了盐船船户的后顾之忧,对人民生活也起到一定的保障作用。在川江滩险林立,运输条件又十分落后之际,盐运保险适时提供服务,确实解决了西南地区人民生活的需要。②

战时重庆保险业务范围和规模的扩大,对于战时经济稳定和发展起到了一定的促进作用。这里值得指出的是,有些公司打着保险的招牌,实际上是借以吸收资金进行黄金美钞投机和货物的囤积居奇活动,从而在一定程度上给战时重庆的保险业务和经济发展造成了不良影响。但是,川盐银行却始终以人们生活需要为第一位,为抗战做出了自己的贡献。抗战开始后,政府关税收入大幅下降,有鉴于盐税的高收入,国民政府又发展了三种新税:食盐战时附加税、货物税和直接税。1942年开征食盐战时附加税,每斤3元,后于1944年增为每斤13元,1945年又增为每斤70元。③1940年政府关税收入仅

---

① 重庆市档案馆藏川盐银行未刊档案,档号0297-2-2182。
② 中国保险学会、《中国保险史》编审委员会:《中国保险史》,中国金融出版社1998年版,第149、148页。
③ 杨荫溥:《民国财政史》,文史资料出版社1986年版,第108页。

8000万元,而盐税成为政府最大收入源,高达1.9亿元。[①]据财政部统计处编制的战时盐税分区收入统计表统计,抗战时期,国民政府在川康区的盐税收入为法币23576193402元。[②]所以,川盐银行的盐载保险为税收的稳定也做出了贡献。由于战时在川盐银行业务中,占重要地位的盐载保险业务市场份额的丧失,川盐银行就迅速地调整营业方向,将业务重点转向了其他方向,保证了利润的持续上升,与战前相比业务发展出现了较大变迁。

3. 比期业务的存废

川盐银行作为重庆本地的商业银行,早已经营比期存放业务,抗战爆发后,面临激烈的市场竞争,它的比期存放业务迅猛发展。1942年,由于国民政府加大对银行业的管制,废除了对经济影响较大的比期制度后,川盐银行的比期存放业务开始缩减,并最终消失。所以川盐银行的比期存放业务经历了由盛转衰的变迁过程。

(1)比期制度的来源、发展及影响。比期制度是我国金融制度上一种特有现象,在四川和西南地区尤为盛行。比期款项包括比期存款和比期放款。银行或钱庄对于工商业(尤其是商业)的放款,到约定之日时都要尽快收回,如果商家到期不如数清偿,则必须商请转期,利息照付。放款收回的时期,根据借贷双方约定而不同,也有由贷方预先规定一个时期,到期无论归还或转期,各债户须一律于此时清算一次,这就是比期。根据我国习惯,比期的期限都很短,通常为15天,即以一月月半及月底为"比期"日,有的地方规定更短,仅为8天,有的地方一月有4个比期。[③]重庆金融市场上的比期时限为15天,即每月月半和月底为一比。

这种比期日集中结算的习惯做法,其来源众说纷纭,归纳起来主要有:第一种说法是,重庆"交通困难,汇兑不便",上、下货帮办货,相约一切银钱交割及票号之往来,皆以月半月底为期,因而相沿成习。据笔者统计持这种说法的最多。第二种说法是20世纪初,鹿嵩玻璃厂、烛川电灯公司、江合煤矿公

[①] 张公权著、杨志信摘译:《中国通货膨胀史(1937—1949)》,文史资料出版社1986年版,第89页。
[②] 中国第二历史档案馆:《中华民国史档案资料汇编》(第五辑第二编)财政经济(二),江苏古籍出版社1997年版,第90—93页。
[③] 朱祖晦:《重庆之比期存款》,《金融知识》第1卷第1期(1942年1月),第163页。

司、胜家缝纫公司、蜀眉缫丝厂等新兴企业在重庆先后开办，其商品和资金周转较快，钱庄在经营一月或数月长期贷款的同时，增办月半、月底的短期存放款以适应其需要，于是逐渐形成半月一比期的习惯。第三种说法是"近数十年来国家多故，干戈扰攘，市面日在惊涛骇浪之中"，"工商业风雨飘摇"，存户为求稳妥愿存半月为期的短期存款，钱庄习惯于信用放款，其所吸收的半月短期存款在运用时，为求安全和便于周转，只能偏于短期，渝市竟以比期放款为尚。①第四种说法是，比期的产生是由于商业上的定期买卖，约期交割和偿付习惯而形成的。大概开始于使用银两的时代，当时，我国流行的交易媒介是银两，成色等不一律，在清偿货款时，不但要衡量银子的重量，同时还要比较银子的成色，而鉴定银子的成色非请教专家不可，所以一般商人都约定经过若干日期在某处聚会一次，由专门人才鉴定成色，收付款项，这就是比期的起源了。在今日的货币制度下，不但银两已不便用，银元也已停止流通，自然没有比较成色的必要，现在所比较乃是债权债务的多少，定期清算一次，所以比期的意义已随着时代演进而有所变更了。②这种说法比较可信。

战前重庆金融市场上定期存款还占多数，从抗战开始后一段时期起，各商业银行的定期存款利率为月息7厘，各商号吸引的亲友长期存款利率为月息1.2分，而比期存款的利率却低于此，因此，除少数流通性较大的头寸存比期存款外，一般说来，比期存款是不大惹人注意的。③但随着战争延续，物价上涨，通货膨胀，纸币贬值，工商业建设大量需求资金，市场上货币的供应量与需求量脱节，人们就多倾向于比期的存放款，以尽快地周转资金。比期存放款开始逐渐盛行起来，并于1942年时达到了顶峰，这从川盐银行的比期存款就可以看出来。

---

① 赵世厚、蒋孟豪：《重庆银钱业中的"比期"》，中国人民政治协商会议、重庆市委员会文史资料委员会：《重庆文史资料》（第四十辑），西南师范大学出版社出版1993年版，第200页。

② 重庆市银行业学谊励进会：《比期问题》，《银励》第2卷第3期（1941年6月），第10页。

③ 中国民主建国会、重庆市工商联合会、文史资料工作委员会：《重庆五家著名银行》（重庆工商史料第七辑），西南师范大学出版社1989年版，第185页。

表7-6 1938—1942年川盐银行比期存款及比存占存款总额之比率统计表

(单位:元)

年份	比期存款	存款总额	比期存款占存款总额的比率(%)
1938年6月	2718877	5194063	52.3
1939年6月	4039072	7159036	56.4
1940年6月	8933342	12324228	72.4
1941年6月	24432886	27042588	90.3
1942年6月	32469277	36766903	88.3

资料来源:重庆市档案馆馆藏川盐银行未刊档案,川盐银行历年上期资产负债决算表,档号0297-2-1048;0297-2-978;0297-2-1050;0297-2-1053;0297-2-1054。

注:比期存款包括比期存款、连续比期存款、同业比期存款、暂时存款和同业存款;存款总额除以上外还包括定期存款、特别定期存款、往来存款、特别往来存款。

同业存款是指商业银行之间以及商业银行与其他金融机构之间,相互提供的短期资金融通。在这种拆借业务中,借入资金的银行主要是用以解决本身临时资金周转的需要,期限较短,多为1—7个营业日。利息按日计算,利率根据市场资金供求状况随行就市。同业拆借一般不需要抵押品,全凭银行信誉。[1]由于存款期限较短,随时可以变现,故同业存款也可看做比期存款。1941年12月,国民政府颁布《比期存放款管制办法》,对比期存放款严格管制,1943年财政部与各地银钱业同业公会协商,并令中央银行予以协助于1月开始废除比期制度,所以1942年就成为川盐银行比期款项发展的关键年份。表7—6显示川盐银行1942年前的比期存款所占的份额逐渐加大,又根据存款决定放款的原理,川盐银行的比期放款业务也在稳步增加着。

(2)废除比期制度的经过及结果。重庆市的普通利率,都以比期存放利率为标准,即每月一日,十六日以款项存入银行,满一比期(半月)由银行照月息计算。[2]这也就是说比期利率即为本市的基准利率。比期利率在1938年8月至1940年3月间,尚无甚剧烈变化,涨落于1分至1分5厘之间。其后因物

---

[1] 刘学华:《新编货币银行学》,立信会计出版社2005年版,第167页。
[2] 张肖梅:《四川经济参考资料》,中国国民经济研究所1939年版,第E9页。

价上涨外汇下跌等关系,各方需款渐急,利率亦升至2分以上,且渐有超出3分者。1940年初每千元利率仅10元,3月底跃至22元,10月半达30元,自此以后,涨落甚微,常盘旋于月息3分左右。考察其重要原因约有四个:①自1940年物价开始直线上涨,市场上对于流动资金的需要随之增加,而银行则奉令对于商业性质的放款,采取紧缩方针,以致市场流动资金的数量不能满足商业上的需要,于是演变成比期日拆长期高涨的现象。②商业银行所收的普通存款及比期存款,多投资于自己经营的事业,而所作普通或比期贷款,遂不免因以减少,市面资金感觉缺乏,利率自然上涨。③将渝市资金调往申港以购买外汇,实行资金逃避者为数甚巨,或因重庆各项统制较严,商人将资金购买货物,贩运他地者很多,重庆的资金,因以短绌。④重庆向为土货转口的集中地,现因桐油、猪鬃、药材等土货外销呆滞,且有政府机关统制,重庆与外县的贸易关系脱节,重庆资金的来源,因以减少。①比期存放款利率高涨,对于物价及后方生产事业与银行存放款三方面,均有不良影响。比期存放款,不采用周息,采用月息,月息又随日拆而上下浮动,利益优厚自然容易吸收存户。银行钱庄以高利吸收比期存款,就会以高利转放工商业,而工商业又将这种高利负担转嫁于消费者,即提高物品价格。物价高涨,商人觉得有利可图,便更愿意出高利以求比期放款。两者相互推动,刺激物价高涨。比期存放款,期限非常短,银行可资运用的资金就会减少,这样便不能放心地把自己的资金大量地投放于周转时期长的产业方面,削弱了产业界的资金来源,便限制了产业界的发展。比期存放款,隔半月客户取款一次,每当比期日结算之时,金融界大量存款被提取,如果外界经济情形发生突变,原有的比期存户存有戒心,便蜂拥提款;而放款不易收回,存款又被提取,金融界就会陷入资金周转不灵的境地,这时金融风潮必将来临。②这种比期存放款对社会经济造成了严重的影响。

比期利率高涨,加重生产成本,刺激物价,对于战时经济为害至大,自应严加取缔以安定金融,国民政府就开始对比期存放款进行管制。1941年12

---

① 邹宗伊:《中国战时金融管制》,财政评论社1943年版,第313—314页。
② 朱祖晦:《重庆之比期存款》,《金融知识》第1卷第1期(1942年1月),第166页。

月底,国民政府发出通告,鉴于四川省银钱业比期存放款利率年来增高影响生产事业资金的通融,且增加商品成本助长物价高涨,亟应加以管制,由财政部规定比期存放管制办法,由中央银行负责切实办理,其办法规定①比期存款之利率由当地银行公会于每届比期前2日分别报请当地中央银行核定之,比期后之日折按日计算,亦不得超过本比核定之利率,②比期放款之利率至多不得超过当地该届比期存款利率2厘,③每届比期需要款项之银钱行号得申报缘由,提供证品向中央银行请求放款,上项证品之种类折扣,由中央银行规定,④中央银行对于申请放款银钱行号所具之理由认为不充分或其所营业务不健全者,得拒绝之,⑤中央银行对于申请放款银钱行号所营之业务得随时派员检查,如发觉有违反修正非常时期管理银行暂行办法之规定时,应报请财政部核办,⑥中央银行上项放款之利率照该届之比期存款利率计算。①本办法从1942年元旦起施行。但这是公定利率,黑市利率则超出很多,尤其是管制比较弱的地方。如9月以后内江、成都等地的黑市利率,竟高达月息五分到十分,渝市的黑市也在二三分之间。②最终1942年12月经财部钱币司会同中央银行召集渝市银钱两同业公会商议,结果议决废除比期制度,并呈请财部核夺,旋经财部分令两公会于1943年元旦日起正式废除,川省各地如有类似的比期制度,也应由当地银钱业公会妥拟废除办法报部核定,并商由中央银行对各银钱行庄予以协助,通力合作,以达到切实平抑利率的预定目的,藉收因地制宜之效。财政当局以商业银行钱庄废止比期存款以后,业务应导向生产建设方面,便由四联总处同银钱业同业公会,共同组织放款委员会,其主要任务约为:①审查过去的放款,紧缩不必要的信用,②扩张工业放款,将特别注意工厂机器设备的放款,③对于抢购物资而用出的正当商业放款等。此委员会将在重庆首先组织实行,而后在西安、成都、昆明、桂林等重要城市设立,以国家银行为召集人,负责筹组分会。③面对以上的情况,川盐银行的比期存放款项也就逐渐减少了,并趋于消失。1942年下半年时比期

---

① 重庆市档案馆馆藏重庆银行公会未刊档案,档号0086-1-6。
② 寿进文:《战时中国的银行业》,【出版社不详】1944年版,第93页。
③ 中央银行经济研究处:《重庆废除比期存款之经过情形》,《中央银行经济汇报》第7卷第4期(1943年2月),第88页。

存款为12573419元，占存款总额50405501元的24.9%，[1]明显有减少趋势，此后的资产负债表中也就再也没有出现比期款项一项。

比期在名义上虽然废止，但由于积习甚深，在行庄的内账上依然存在。直到1947年利率涨至本金1000元每天收利息11元之多，重庆的金融市场才将半月为期的比期利率废除，改为依照日折计算利息，有的在放款到期日结算，有的仍按老习惯于月半月底比期日结算。据康心如回忆，"美丰银行当时曾大办银圆存放汇业务，初期业务不错，也获盈利，后来却遭到严重亏损。美丰经营银圆存放汇业务失败，接着发生严重的提存，……到了1949年11月半比期时，存款到期不能全部偿还，部分存户勉强接受继续转期一小比（七天）……延至11月22日小比期时，新旧存款又已到期，……未能了结的存户，每日纷纷到行逼索，只好抓沙抵水设法应付，情况严重，危机重重。正在这紧急关头，11月29日重庆幸得解放。"上述史料，一可说明当时金融混乱情况，再可说明比期日结算的作法，实际上一直延续到重庆解放的前夕。[2]

4.大力拓展附属业务

川盐银行最主要的利润来源就是存放款项的利息收入，但战时另一大来源就是附属业务的大力拓展，这也是川盐银行战时业务变迁的重要表征，以下就对川盐银行附属业务的拓展情况进行阐述。

（1）附属业务介绍。这里所说的附属业务是川盐银行日益增长的附属业务，主要包括信托业务和押汇业务。川盐银行的信托业务范围广泛，但川盐银行业务经营是以"盐斤抵押借款"和"盐载押汇及盐业及其他机关团体之财产证据之保管及款项之收付"为主，[3]所以川盐银行的信托业务与盐业保险有紧密关系，就是盐仓保险的押汇业务。所谓押汇一方面是一种有抵押性质的放款，另一方面也是两地间的汇兑款项，实际上就是放款与汇款的合并。押汇是非常显明地把货币与商品的对流结合起来，把一地的商品运到另一地，同时把钱汇到本地来。一地的出口商，为使他资金周转灵活多做一些买卖，

---

[1] 重庆市档案馆馆藏川盐银行未刊档案，档号0297-2-1054。
[2] 赵世厚、蒋孟豪：《重庆银钱业中的"比期"》，中国人民政治协商会议·重庆市委员会文史资料委员会：《重庆文史资料》（第四十辑），西南师范大学出版社出版1993年版，第205—206页。
[3] 重庆市档案馆馆藏川盐银行未刊档案，档号0297-2-2087。

就以商品先向本地的银行抵押,以抵押商品的单据凭证向银行贷款,委托银行代运货物,货物到岸后再向进口商索款,向承汇银行交付款项,赎回抵押物的凭证。押汇以商人身份不同分进口押汇与出口押汇两种。银行里的押汇业务除了收汇水外,还要算手续费,倘若运货的两地所施用的币制不同,还得进行一次折算。押汇方式,稍具规模的银行,会设置一种代理部的机构,替商人代为报关,纳税,保险。[①]本来押汇业务应该归类为放款业务或汇兑业务,但信托业务如前文所说是以收取手续费为目的来代办若干经济业务,所以本书将押汇业务归类为信托业务。

(2)大力拓展经过。盐业是大宗商品,交易、运输、存储等都有诸多不便,为了减轻盐商的负担,便利盐业保险的进行,川盐银行于创立之初就根据董事会的议决专门成立堆栈部,以负责盐业的存储问题,因为银行刚刚成立,基础未稳,就先成立了盐仓。《川盐银行堆栈部盐仓简章》第一条规定"本行董事会议决设置堆栈部,兹先成立盐仓堆存各岸花盐巴盐以减轻各盐号之糜费"。收费标准是每载花盐以450包,巴盐以600包计算,每月收费8元。[②]但实属草创,经营不善,战前取得的效果不甚明显,据盈余表记载,1930—1936年几年间除1934年收益了1612元外[③],其他年份均则损益全无。

抗战爆发后,重庆经济中心地位的确立,川盐银行的信托业务开始发达起来,押汇业务日渐发展。1938年川盐银行就根据当时环境和各家银行惯例,设置了代理部以代客买卖货物,收取手续费。1939年4月第59次董事会就此事进行了专门讨论,川盐银行认为自1937年国家银行合组贴放委员会以来,各商业银行业务被其大肆侵夺,若不另辟蹊径,实难生存,故上海银行组织大业公司,金城银行组织通城公司,皆变相营运货物,川盐银行就商讨可否仿照添设购运货物业务。董事会议决了三个事项:①代理部过去营业成绩尚好,请董事会予以追认,②代理部资金不够,要加大拨定,③可否仿照上海金城两银行的例子,对代理部另定牌名。最后追认了代理部的设置并同意拟具具体方案后提交下次董事会进行最后决定。同时在本次会议上又通过了

[①] 重庆市银行业学谊励进会:《谈押汇》,《银励》第2卷第3期(1941年6月),第14—15页。
[②] 重庆市档案馆馆藏川盐银行未刊档案,档号0297-2-2076。
[③] 张肖梅:《四川经济参考资料》,中国国民经济研究所1939年版,第D16页。

增设堆栈以扶助业务的决议。[①]此时期的押汇业务就不再专以盐业为主,包括各种各样的货物营运。1942年之前川盐银行信托业务而收取的手续费一直颇丰,在盈利表中仅次于利息收入,且稳步上升。1937年因资料缺,1938—1942年分别为157946元,169261元,537627元,697757元,1206606元。[②] 1942年时大量国家和外省银行的保险公司相继进入重庆金融市场,经过发展到此时也立足了根基,开始经营盐载保险等业务,川盐银行盐业保险中的盐业押汇业务此时就失去了一部分市场份额,同时国家又颁布《修正非常时期管理银行暂行办法》,其第七条规定"银行不得经营商业或囤积货物,并不得设置代理部、贸易部等机构,或以信托部名义,或另设其他商号,自行经营或代客买卖货物。"[③]并采取强硬手段严格执行,对于违反本规定的银行进行严厉处罚。"银行本身固不得经营商业,如代理部贸易部及附设商号等机构,则根本不准设置。信托部之设置,虽不在禁止之列。但不得以信托部名义,自行经营商业,亦不得以信托部名义,代客买卖货物。"[④]在这种情况下,川盐银行的押汇业务受到打击,以收取手续费为主的信托业务就此衰落。但此时,通货膨胀,物价上涨日益加剧,对商业银行的业务经营产生了重大影响。银钱业利息的收入以及其他业务的收入,与各项费用的支出的差额,即毛利,不足以应付日常开支,本地称为"开销"。事实上,银钱业能藉本身的业务,而少获盈利,不致亏本者甚少。[⑤]据康永仁先生对渝市1941年3月11家川籍银行和39家钱庄、银号经营正业的收支估计,再证以1940年渝市2家商业银行及24家钱庄、银号的损益情况,银钱业商单营正业,资本在平均数(113万元)以下者,无不亏损,即资本在平均数以上的行庄号,能恃正业而获利者亦不多。因此商业银钱业商就不单恃利息以为生,必兼营副业图获利润,是不可避免的事情。[⑥]一方面是商业银行盈利困难,一方面是政府的严厉管制,为了发展

---

① 重庆市档案馆馆藏川盐银行未刊档案,档号0297-2-2216。
② 重庆市档案馆馆藏川盐银行未刊档案,川盐银行历年下期资产负债决算表,档号0297-2-1048;0297-2-978;0297-2-1050;0297-2-1053;0297-2-1054。
③ 重庆市档案馆馆藏重庆银行公会未刊档案,档号0086-1-91。
④ 邹宗伊:《中国战时金融管制》,财政评论社1943年版,第304页。
⑤ 康永仁:《论重庆市的比期利息与物价》,《新经济》第6卷第3期(1941年11月),第56页。
⑥ 张奥九:《抗战以来四川之金融》,《四川经济季刊》第1卷第1期(1943年12月),第75页。

各商业银行均积极地选择出路,所以1942年自当局对金融业实行严密管制后,川帮及迁渝的外邦银行,对投资的目标,已转移于生产事业,投资开设工厂者很多,[1]川盐银行也在不得已的情况下把业务的经营重点转到了大量投资于工商企业方面。

5.利润率持续攀升

抗战时期,重庆金融市场的形势复杂多变,川盐银行为了求生存谋发展,业务上发生了极大变迁,这种应市场需求而做出的业务调整给川盐银行带来了极大的利益,即利润率的持续攀升。

利润率即纯益与资本之比的百分率。川盐银行在战时频繁增加资本,这里首先对其增资情况进行简要说明。川盐银行成立之初,原定股本额为200万元,先收足100万元,后又加收20万元,为120万元,实际直到1937年底方才收足。[2]1938年开始加收未收的股本80万元,并于同年收足200万元。[3]1939年经报部立案后,第八届股东大会决议又准备增加股本为300万元,并经董事会多次讨论后于下半年收足。[4]之后尚未报部备查,1941年第十届股东会议就目前市场情形观察,又拟增加股本200万元,共为500万元,后在7月的董事会议上决定鉴于银行业务发展迅速,现因业务开展,资金尚不敷分配,决定将再增为600万元,并于同年得到财政部的批准。[5]1944年又增资为4000万元。详见表7-7。

表7-7　1937—1945年川盐银行的资本、纯益及利润率统计表

(单位:万元)

年份	实收资本	本年纯益	利润率(%)
1937年	120	24	20

---

[1] 中央银行经济研究处:《各地经济市况》,《中央银行经济汇报》第6卷第11期(1942年12月),第80页。

[2] 重庆中国银行四川月报社:《川盐银行之演进》,《四川月报》第11卷第1期(1937年1月),第94页。

[3] 重庆市档案馆馆藏川盐银行未刊档案,档号0297-2-1970。

[4] 重庆市档案馆馆藏川盐银行未刊档案,档号0297-2-2216。

[5] 重庆市档案馆馆藏川盐银行未刊档案,档号0297-2-1970。

续表

年份	实收资本	本年纯益	利润率(%)
1938年	200	21	10.5
1939年	200	23	11.5
1940年	300	15	5
1941年	300	81	27
1942年	600	71	11.8
1943年	600	——	——
1944年	4000	15600	390
1945年7月	4000	11443	286

资料来源：沈雷春《中国金融年鉴》(1939年)，美华印书馆1939年版，第334页；重庆市档案馆馆藏川盐银行未刊档案，川盐银行历年下期资产负债决算表，档号0297-2-1048；0297-2-978；0297-2-1050；0297-2-1053；0297-2-1054；0297-2-882；0297-2-899。

如果排除通货膨胀、纸币贬值的影响，从表7-7可以看出，川盐银行的资本和纯益呈上升趋势。其利润率总体上也呈现出一种攀升趋势，除了每次增加资本导致利润率稍微有所下滑外，之后又迅速的恢复上升，这为战时川盐银行在激烈的重庆金融市场竞争中站稳脚跟起了巨大的作用。特别是在战争后期，竞争更加激烈，银行热兴起，1944年时一块银行招牌，实际卖到1000万以上，一个钱庄招牌，也到了800万，大多是以经营银行为招牌多方筹资，进行附属业务的经营以获取暴利[1]，所以金融界之间的竞争非常激烈。

通过以上分析，抗战时期川盐银行业务变迁的重要特征就是业务经营范围扩大，经营重点发生转型，导致其银行性质发生了转变。川盐银行的业务侧重于为盐业的发展提供服务，定性为专业银行，但实质上已经带有商业银行的特征。战前由于四川盐业缺乏专有的金融机构为之服务，它的业务还在一定程度上倾向于盐业，但战时重庆成为全国的金融中心，它的业务经营方向就逐渐多样化了，不论从组织形式上还是业务经营上都转变成了典型的商业银行。商业银行是以获取最大利润为经营目标，以经营存贷款为主要业

---

[1]《渝市银钱业本身业务极不景气，银行招牌却很值钱，因为对别的经营还是很有便利》，《新华日报》，1944年5月25日第3版。

务,具有综合性服务功能的金融企业。①可以看出,商业银行是依照公司法规定而设立的经济组织,而川盐银行创设时的简章第一条就规定"本行为股份有限公司由四川盐商共同组织"。②战时的简章第一条也规定"本银行遵照现行法规即公司法股份有限公司之规定名曰川盐银行股份有限公司",③所以,组织形式上川盐银行具备商业银行的特征。商业银行虽然具有一般企业的性质和特征,但又非一般企业,是以货币为经营对象,以货币资本的有条件的暂时让渡为经营方式的特殊企业。④川盐银行章程规定其营业的范围主要有:①各种存款,②各种放款及贴现,③盐斤抵押借款及担保盐载余税等项,④国内外汇兑,⑤保管关于盐业机关团体的财产及证据,⑥代理关于盐业机关及团体的款项收交,⑦买卖有价证券、公债及公司债等。⑤抗战期间,川盐银行面对社会的经济形势,不断增加存放款项,转变放款对象,投资工商实业,角逐保险市场,存废比期业务,拓展附属业务等。在业务经营方式上显示出,川盐银行的经营重点已由为盐业服务转移到了获取利润上来,银行性质随着业务的转型也发生了变化,由专业银行转变成了商业银行。

因此,川盐银行不仅在组织形式上而且在业务经营上都具有商业银行的性质。吴承禧所说"中国的银行无所谓分业的,中国的各种银行,名义上虽然都负了一种特殊的使命,但实质上他们都含了一种商业银行的性质——他们早就'商业银行化'了"⑥。所以川盐银行明显体现出商业银行的性质,商业银行性质才是川盐银行性质本质所在。川盐银行在抗战期间的这种因业务变迁导致性质转变的情况,表明了我国近代银行发展的不成熟,我国银行性质的复杂多变,川盐银行在抗战时期的转变就是一典型的个案。

---

① 刘学华:《新编货币银行学》立信会计出版社2005年版,第156页。
② 重庆市档案馆馆藏川盐银行未刊档案,档号0297-2-2076。
③ 重庆市档案馆馆藏川盐银行未刊档案,档号0297-2-2087。
④ 刘学华:《新编货币银行学》,立信会计出版社2005年版,第156页。
⑤ 重庆市档案馆馆藏川盐银行未刊档案,档号0297-2-2076和0297-2-2087。
⑥ 吴承禧:《中国的银行》,商务印书馆1934年版,第131页。

三、战时川盐银行业务变迁的原因

抗战爆发之前,川盐银行业务经营与盐业联系紧密,但抗战爆发之后,它的业务开始全方位多样化经营,不断增加存放款项,转变放款对象,投资工商实业,角逐保险市场,存废比期业务,拓展附属业务等,进而导致其银行性质也发生了变化,这种变化与当时我国社会的经济和政治形势紧密相关。

战时川盐银行的业务变迁是有深层次原因的,既有自身所具有的独特原因,也有导致战时重庆银行界业务发生变迁的共同原因。战前川盐银行获利丰厚的盐业保险市场,在战时的重庆激烈的同业竞争中损失了大量市场份额,这是其业务变迁所具有的独特原因;抗战时期川盐银行所面临的形势已今非昔比,重庆成为我国战时陪都,全国经济重心,以重庆为中心的西南大后方的经济特别是工商业等产业部门的飞速迅猛发展,客观上迫使川盐银行要转变业务的发展方向,这是其业务变迁的首要原因;川盐银行在战时所处的经济环境,物价剧烈上涨,促使其放款和投资业务等要向商业投机等方向发展,这是其业务变迁的重要经济原因;同时战时国民政府又加强了对金融业的管制,这是变迁的必需原因。刘航琛主持川盐银行,正是看到了这些变化,为了发展川盐银行才不得不转变业务,这种业务变迁使川盐银行的利润率持续攀升,在抗战时期达到其发展的黄金时期。这种业务变迁与当时我国的政治经济形势紧密联系,抗战时期,我国西南大后方成为全国的中心,西南后方所有商业银行的业务上都发生了不同程度的变迁,以川盐银行为个案的考察,可以反映我国商业银行界的发展共性,在我国近代银行体制的组建过程中,在抗战时期西南大后方的金融变迁中,占据了一定地位。

(一)盐保市场的巨大损失

盐业保险市场份额的被部分侵夺,这是川盐银行业务变迁所具有的独特原因,也是其最直接的原因。战前川盐银行一家独霸四川和重庆的盐业保险市场,但战时大量保险机构的入驻重庆金融市场,在利润的驱使下,都分别不同程度的染指重庆的盐业保险市场,特别是淮商凭借着自己强大的政治背景和雄厚的经济实力,利用政府的支持直接对川盐银行保险部施加压力。经过一系列的磋商和竞争后最终使川盐银行在盐业保险市场方面损失了60%的市场份额,这就是战时盐保市场上著名的"四三三"制原则,川盐银行在面对盐保市场份额损失的不利状况下,在业务资金运用上就出现了转变,积极的寻求业务经营方面的出路。

川盐与淮盐之争由来已久。如上文所述,济楚岸食盐畅销的时候,年达100余万担,占富荣场年产量的1/3和全川年产量的1/5左右。因此,济楚岸的销场关系着四川政府和厂商运商的切身利益。长期以来,争夺楚岸就成为四川政府和全体厂商运商的共同目标。争夺楚岸,就是川盐和淮北盐、长芦盐、精盐等争夺楚岸销场。多少年来,争端丛生,纠纷从来没有停止,因而,也是川盐销岸中最麻烦的一个销岸。进入民国起,由于我国军阀混战,川盐与淮盐在这个销岸上就矛盾不断。南京国民政府时期,川盐的济楚岸就逐渐走下坡路,1928年,南京政府准淮商福利公司借运济南盐80万担行销鄂西,湖北省又改鄂岸榷运局为总局,宜沙榷运局为分局,把旧时宜沙局专管川盐,鄂岸局专管淮盐的平等地位,一变而为以川属淮的形势。1930年,湖北运商大陆、南方等公司的代表林振耀以预缴盐税29万元换得了财政部的特准运淮北盐20万担行销鄂西。1933年,又有公太淮商预缴税款10万元,财政部准其运青岛盐销售楚岸,屡经川商争执,毫无结果。同时,由于精盐行通商口岸,因而沙市又为精盐所侵销,川盐的销岸一天一天地缩小,过去年销100余万担的楚岸,逐渐减至年销20余万担,变成了名不副实的岸口。[①]所以川盐与淮盐间的矛盾渊源已久。

1937年抗战爆发后,随着国土的沦陷,大多数淮盐运商无法运盐,都随政府内迁到了重庆。自抗战以后,川盐的销岸大为扩充。管理局计划增加川省的盐产,计战后奉命每月济销各岸的盐载,湘岸原定50载(每载合1170市

[①] 马绍周:《重庆盐业见闻》,《重庆文史资料选辑》第3辑,(内部发行)1979年11月,第24—26页。

担),现在增至150载,鄂东原定125载,现在以100载移销湘岸,另加鄂北15载,共为140载,鄂西原定75载,现改为65载,以10载移销醴属,醴属原定8载,现销18载,豫岸原济盐87载,自国军退出武汉后即行停止。总计现在每月济销的数量共为273载,合319.410担,全年合3832.920担。[①]盐务管理局鉴于淮盐商的经济实力和政治背景,对增产之盐的运销实行开放主义,不分川商淮商,均可以组织运盐,直接购运,到岸销售。但是,川商资历薄弱,难与淮商竞争,照此项政策,川商害怕淮商"初则插足于上述各岸,继乃侵略滇黔边岸,喧宾夺主,川商即将失业"。[②]且在战争期间,因淮盐无法运输,即淮商到川盐销区运输川盐,这等于打破了原来专商引岸制度的规定。一俟战争结束,淮盐又可以运输时,可能会发生淮盐倒侵现象。因此,川盐场、运双方共同组织"湘鄂赣皖等处配运处",来承运所增之盐,希望以川盐的自产自销来抵制淮商。配运处资本巨大,运商就希望联合川盐银行参加,并称如果川盐银行不加入,就自办盐载保险,对川盐银行施压。川盐银行积极采取措施,才形成了战争初期的联合押汇局面,扩大了自己在盐保市场上的影响。

战时重庆保险业的发展和繁荣,导致保险业内部竞争白热化。当时的保险机构多是由银行投资转体而来,其业务发展对象首先是母行控制的物资及业务范围内的有关财产,然后在这个基础上再向外发展,因而各保险公司既有稳定的业务来源,同业间又有十分激烈的竞争。[③]战争中期时我国大半省市沦陷,战时经济实力也偏于西南、西北地区一隅,社会上的保险业务来源毕竟有限。在这种情况下,每个保险公司都想从中得到尽可能多的业务份额。因此,市场竞争有时比较激烈,有的甚至还采取一些不正当的做法,尽力将业务争取到手。其中既有国营保险公司之间的业务矛盾,又有国营与民办以及民办公司之间的业务纠纷。竞争的手段可以归纳为:①利用政治背景和权势压同业就范,在发展中,就有大公司压小公司,官办公司压民办公司的情况;②利用复杂的人事关系,聘请金融界、工商界知名人士或有帮会势力的人,担任或兼任公司的董事长或经理,这些人不一定要懂保险,只要能揽到业务就

[①] 刑苏华:《抗战期内的四川盐业》,《新经济》第1卷第9期(1939年3月),第239页。
[②] 重庆市档案馆馆藏川盐银行未刊档案,档号0297-2-1842。
[③] 吴申元、郑韫瑜:《中国保险史话》,经济管理出版社1993年版,第106页。

行;③降低承保条件,减收保险费,以招徕业务;④雇佣经纪人,多给酬金,作为争取业务的手段,甚至有的经纪人只要有业务来源,就可以封为公司襄理或营业主任;⑤利用宴请宾客联络感情来争取业务,有的公司经常宾客满座,以请客送礼作为招揽业务的诱饵。可见当时保险同业之间的竞争是很剧烈的。[①]在川盐银行业务方面占有重要地位的盐业保险市场份额的损失,就迫使川盐银行不得不在业务经营方面出现变化,积极的放款和投资工商实业,扩展附属业务等,以求得利润收入。

(二)经济发展的客观需要

商品经济条件下,各种经济部门间既相互独立,又彼此相连,任何一方都与其他各方存在着重要联系,在互相影响中推动经济的高速发展。金融与经济相辅相成,经济的顺利运作需要金融业来筹集资金,而金融又是经济发展到一定程度的产物,不能脱离经济而单独存在。金融与经济两者间彼此联系,休戚相关,存在着一种双向互动作用。金融机构的重要代表——银行,与经济联系得最为紧密。抗战时期,以川盐商业银行为代表的我国商业银行的发展情况就体现了上述规律。抗战时期我国以重庆为中心的西南大后方经济上的繁荣需要银行业在业务经营上对其提供支持和配合,这也是引发川盐银行业务变迁的首要原因。

商业银行是依法接受活期存款,并主要为工商企业和其他客户提供贷款以及从事短期投资的金融机构。其主体功能都是引导资金从盈余单位流向赤字单位。然而,商业银行系统在整个金融系统中具有举足轻重的地位,并成为各国中央银行控制的重点,其原因在于商业银行能以派生存款的形式创造货币和收缩货币,而且创造和收缩的功能非常强劲,这也是商业银行的主要特征。[②]商业银行的作用和地位都说明它与经济间有一种唇亡齿寒关系。川盐银行的诞生和发展就是一个很好的例子。川盐银行设立的动机就是解决四川重庆一带盐商的经营困难,盐商既缺乏资金又没有相关保险事宜,非

[①] 中国保险学会、《中国保险史》编审委员会:《中国保险史》,中国金融出版社出1998年版,第140页。

[②] 刘学华:《新编货币银行学》,立信会计出版社2005年版,第118页。

常不利于盐业发展。这时适应形势就顺利组建了专门针对盐商办理收交款项和提供保险事宜的川盐银行。直到抗战之前的银行业务运作都和盐业紧密相关。抗战时期,我国西南大后方经济迅猛发展的客观经济形势要求银行业转变业务对其进行支持,川盐银行就根据市场变化,顺应形势调整业务,不断增加存放款项,积极投资工商实业,大力拓展附属业务等,紧跟市场发展的步伐。

  1942年前我国以重庆为中心的西南大后方的经济界出现了景气的现象。我国西南和西北一带,虽然经济发展落后,但拥有广袤的土地,丰富的资源,这些都还没有完全开发。抗战时期人口的内迁,至1940年止,人口的内迁从18000万人增加到23000万人,全国人口半数都来到了大后方,带来了大量劳动力。抗战前期农业的丰收,也一定程度上抵冲了通货膨胀的影响,这些都刺激了战时的经济发展。但最重要的因素则是国民政府在抗战时期的内迁政策。内迁工作,从1937年"七七"事变后就开始,经过漫长的时期,直到1940年,70%的内迁厂矿,终于在后方开工运作。内迁厂数共600余家,其分布情形,四川最多,占250家,湖南次之,占220余家。迁入川湘二省的厂数,竟占全数一半以上。其他滇、黔、桂、陕、赣、浙等省约200家。这些内迁的厂矿,设备与技术都是比内地优良的。它们的内迁,就使经济岑寂的内地,逐渐的发展起来。从业别来说,属于重工业的企业,共340余家,铜铁工业2家,机械工业230家,电工器材40余家,矿业8家,化学工业60余家。这些基本工业的迁入,对于后方的经济建设,意义重大。除了民营工业的内迁外,国家资本所经营的产业对于开发后方经济也起到了很大作用。资源委员会直辖的厂矿,截至1942年,已达70多个单位,有60多个分布在川、湘、滇各省。新设的、迁建的、连同原有的厂矿,规模较大的总计有1000多家。交通方面,在种种困难的局面下,扩充了一些内河航线——如沅江线、嘉陵江线及金沙江线等;完成了一些公路——川黔、川陕、川湘、川滇、川康等建设,都已通车,梗塞的滇缅公路也是在抗战以后动用20万民工建造成的。①当时交通建设虽然满足不了需要,但较诸战前,分明是进步了。

---

① 镜升:《战时中国经济轮廓》,【出版社不详】1944年版,第73—75页。

经济上的高速发展,需要金融界的资金支持,这个时期的金融界也就自然而然的处于兴旺时期。上述内迁产业的复工就需要大量的资金来运行,所以银行业这个时期也处于景气状态。抗战以前,西南各省的银行很少。抗战之后,本地银行适应经济形势纷纷增加资本,扩大分支机构;国家银行与外省商业银行,挟其雄厚的资本,深入内地迁移总行或创设分行。以重庆市为例,截至1937年"七七"抗战之日,重庆市共有各银行总分支行处28所,但抗战后截至1941年8月12日各银行在渝设立的总分支行处就达到了61所之多。① 在这个期间,新设或由钱庄扩大的银行,亦属不少。各地县银行的普设,是尤为值得注意的事情。以四川一省而言,1942年县银行就达65家,为全国之冠。②同时期,政府为了支持后方的经济建设,对私信贷采取了自由放任的政策,各大银行加大了贷款数额,各家商业银行在此政策的影响下,也纷纷扩展规模。从1937年底的22.55亿元增至1939年底的37.06亿元,到1942年恶性通货膨胀前的1941年底更达到了55.89亿元,1939年比1938年增加了10.92亿元,1940年增加的较少,1941年又比1940年增加了14.75亿元。③此时的银行界处于欣欣向荣的局面,而银行的发展反过来又给产业界以极大的促进作用。

由于内迁的产业界和银行界的相互作用,后方的经济建设,出现了许多骄人成绩。据国民政府主计处统计局出版的《统计提要》,截至1939年年底,内迁工厂共410家,复工者272家。计湖南省有119家,复工者118家;四川省219家,复工者117家;陕西26家,复工者16家;广西省23家,复工者13家,其他各省23家,复工者8家。内迁机器原料吨数共63770吨。据赵铭先生的估计,计湖南占12.45%;四川占63.20%;陕西占0.19%,广西占0.49%;其他各省占0.45%。这些可喜之处,不仅在于增加工矿的生产单位,而且在于提供一些宝贵的成绩。据周茂柏先生1942年夏的报告,战前国内不能自制的万能磨床、冶炼机械、轧钢机械、炼油机械、酒精炼制机械、纺织机械中的钢丝机及

---

① 郭荣生:《重庆市银行业之今昔》,《中央银行经济汇报》第4卷第3期(1941年8月),第18—21页。

② 镜升:《战时中国经济轮廓》,【出版社不详】1944年版,第75页。

③ 张公权著、杨志信摘译:《中国通货膨胀史(1937—1949)》,文史资料出版社1986年版,第116—117页。

船用高压水管钢炉等,现在皆能在后方自行设计制造了。①政府发言人蒋廷黻于1942年11月17日招待外国记者时,就根据经济部的报告来介绍我国当时工业增产情况,"如以现在年产量来比较战前的年产量,后方各省生产的情形如下:棉纱4倍,麦粉2倍半,皮革8倍半,肥皂3倍,火柴2倍半,机制纸17倍,手制纸2倍半,硫酸33倍,原动刀机94倍,工具机70倍,水泥2倍半,此外,新兴工业的年产量,亦颇可观,电铜千吨,电线470吨,无线电收发者3700架,电话3000架,电灯泡100万只,酒精850万加仑。至于军需工业的生产量,现尚不便发表。"②

产业界和银行界两者之间存在着唇亡齿寒的关系。这种景气现象到1943年时就双双出现了危机。1942年后,因资金、物资、原料、运输、税收等诸多原因,我国的经济界就出现了困境,"以钢铁业来说,重庆市18家铁厂竟有14家停炉,4家制钢厂中,1家已停顿,3家只能勉强支撑,以机器业来说,重庆(包括巴江)360余家中,宣告停业的已有42家,以酒精业来说,停业、出卖执照的时有所闻,甚切有放弃执照而出让者"。③1944年7月9日《新华日报》更尖锐地指出,后方各类工业均有停滞、减产或倒闭趋势,在转载贵州省企业公司"四川工矿调查团"的调查报告中称,四川工业生产一般都有停滞或减产现象。据估计,四川工业开动的生产力仅及原有生产力的50%甚至70%,其余的生产能力处于闲置状态。④所举几家规模较大的工厂平均每月实际生产量占每月生产能力的百分比情况是:裕华纱厂50%,申新第四纺织蓉厂33%,四川丝业公司第一厂42%,四川水泥厂50%,建川电化公司15%,犍为焦油厂20%,四川酒精厂30%,中国兴业公司57%,南阳烟草公司36%等。1944年4月2日《中央日报》也指出:机器厂维持经常开工者,不及十分之一,停用之工具,约占总数的40%。⑤可见,抗战时期而迅速兴起的西南工业不过五年,就开始全面萎缩了。号称现代经济之母的工业界尚且如此,其他各业就可想而

---

① 镜升:《战时中国经济轮廓》,【出版社不详】1944年版,第36—37、75页。
② 镜升:《战时中国经济轮廓》,【出版社不详】1944年版,第49页。
③《后方产业在困难中》,《新华日报》1943年11月22日社论。
④《四川区工业生产大减》,《新华日报》1944年7月9日第3版。
⑤ 转引自周天豹、凌承学:《抗日战争时期西南经济发展概述》,西南师范大学出版社1988年版,第154—155页。

知了。

　　这种经济界衰退现象的原因很多,但其首要问题是资金不足,贷款困难,无法扩大再生产,已生产的商品也因为通货膨胀原因而出现贬值。1943年西南实业协会、中国工业经济研究所、迁川工厂联合会等五团体在渝市举行的"工业问题座谈会"。与会各代表在报告各业的一个共同困难,是资金缺乏。在分析困难产生的原因时,除各业本身技术未能提高,管理未能科学化外,最主要的是因成本过高,但仍赶不上一般物价的上涨,以致不能进行再生产。①据1940年四联总处对国营民营工矿业的贷款共109547000余元,仅占该处贴放总额的19%。1941年,贷款亦不过215144000元;1943年,上半年银行采取了紧缩信用的方针,工厂要得到贷款更加困难了。而且向银行贷款,种种公文上的手续,辗转核批,往往借到款项之日,物价又一飞涨,对于预定购买的原料,必须大打折扣,故款虽借到,亦无实惠。②在工业发展时期的贷款仅如此,可以想见1942年后的工业衰退时期银行贷款将更少得可怜。

　　产业界出现了资产损失的现况,此时的银行界也陷入困境。渝市银钱业本身业务都呈现极度不景气。譬如吸收存款都是以七八分的高利招徕,但在黑市利率超过一分的情况下,吸收游资并非容易。据内行人谈,目前银钱业吸收的存款,大多是通过私人关系所求得的大笔公款。贷款业务,工业放款本来已非一般银钱业重要业务,而今工业普遍存在困难的时候,更是裹足不前了。③于是银钱业资金短绌,紧缩放款,甚至出现不断的倒闭,请求救济的现象。据1944年报载银钱两公会曾向财政部和国家总动员会议提出建议,鉴于工商业不景气,商店和工厂多出现倒闭,银行头寸特别紧,各小商业银行资金周转很感困难,希望政府加以救济。财政部鉴于金融市场不稳定,后议决,如各商业银行正当需要,而其资产大于负债的,决定予以救济。④所以各商业银行在竞争中除了经营本业外都大力扩展附属业务,才保持了利润上

---

① 《目前工业界的困难共同点是缺乏资金——五团体昨举行工业座谈会》,《新华日报》1943年11月4日第2版。
② 张锡昌:《中国工业化的当前问题》,《中国工业》第13期(1943年),第9页。
③ 《渝市银钱业本身业务极不景气,银行招牌却很值钱,因为对别的经营还是很有便利》,《新华日报》1944年5月25日第3版。
④ 《工商业不景气,倒闭的不少,银行钱业两公会请救济》,《新华日报》1944年12月14日第3版。

升。这种客观经济形势的变化对银行界影响重大,也是促使抗战时期川盐银行业务变迁的首要原因。

(三)物价上涨的极大影响

抗战时期,我国经济的一个重要特征就是物价剧烈上涨,各个方面无不受其影响。我国银行无论性质,基本上都兼营商业银行业务。商品经济条件下,金融市场间的竞争是激烈而又残酷的,资金弱小的金融机构时常会发生倒闭、搁浅,我国近代政治经济上的不稳定更阻碍了商业银行的发展。为了在竞争中生存发展,各个银行都采取不同的业务经营方式,否则就会被激烈的市场所淘汰,而战时物资短缺、囤积居奇、通货膨胀所引发的物品价格剧烈上涨,波动社会经济,增加了各银行的压力,日益上涨的物价,促使各银行在竞争中要采取各种手段来应付。最常用手段就是大规模放款和投资商业,进行商业投机的囤积居奇活动,以牟取暴利。物价剧烈上涨就是川盐银行在发展中所遇到的首要问题,也是其调整业务避免被市场淘汰的一个重要经济原因。

1.物价剧烈上涨的原因

我国战时物价上涨的原因很多,许多学者有不同的看法,但最根本的原因,据当时西南联大伍启元教授分析,认为影响物价的主要原因有三:物资缺乏,投机活动与通货膨胀。[1]所以就从这三方面来分析引起物价上涨的原因。

战争所引起的物资短缺。物资与物价是息息相关的,物资缺乏引起的物价上涨,据厉德寅先生的估计在1938年约占8%;在1939年约占5%,在1940年约占13%;在1941年约占33%。任何国家只要发生战争都会出现物资缺乏现象,但我国由于历史原因经济上的不发达,这种现象特别严重。战争导致我国物资缺乏,进而引起物价上涨,物资缺乏的原因,一方面是由于工矿生产力遭到破坏;一方面则由于运输困难,国外物资的来源受到阻塞。[2]战争一经

---

[1] 伍启元:《我们对于当前物价问题的意见》,《大公报》1942年5月17日第2版。
[2] 镜升:《战时中国经济轮廓》,【出版社不详】1944年版,第47、48页。

爆发,我国沿海沿江一带遭到巨大损失,战时占全国纱厂77%的纺织业,占全国面粉厂53%的面粉业和火柴、碱酸等业,都在炮火与劫掠之下消失了。[1]虽然政府号召向西部迁移,但由于事属突然,我国的厂矿和农业仍然损失惨重。纺织业方面,战前全国属于民族资本的,纱锭约300万枚,布机约25000台。战时华商96家纱厂中损失了60家。纱锭的损失可以计算得出来的将近180万枚;布机额损失可以计算出来的将近18000台。全国把小规模的染织厂计算在内,则损失纱锭当超过200万枚,占总设备17%;布机损失额所占的百分比,亦是如此。面粉业方面,战前全国有110家,其中以上海及江苏、山东、河北的出粉能力较强,几占全国总产量80%强。抗战以来,敌人所摧毁的正是这些地方。估计面粉业的损失,厂数在50%以上,产粉量在60%以上。此外,火柴损失53%;缫丝业损失50%强;造纸业损失84%;盐酸业损失80%;制碱量损失82%。其他如开矿与冶炼业,也受到极大的打击。据经济部的调查,"八一三"战事以后,上海被毁工厂2375家,损失资金50000万元,上海以外,在部注册的被毁厂数亦达1465家,损失资金24000万元,合计全国被毁厂数3840家,损失资金74000万元。据中央工厂检查处根据修正工厂法第一条1935年上半年的调查统计,各省市的工厂数为6344家。以此为标准则损失厂当占全数60%;资金损失的百分数,如果以国民政府主计统计局所编的统计提要为根据,则这一损失额将达1939年12月登记工厂资本额(395400960元)的一倍。在农村,跟着战局的扩大与敌人的劫掠蹂躏,耕地被大量破坏,牲畜农具与种子被大量摧毁。据农本局的报告1939年1月,全国76万万余公亩中,就有40余万万公亩遭破坏;全国2300万头耕牛中,就有800余万头遭受损失。主要农产品的损失量,最少是19%,最多的竟达80%。[2]抗战之前前大后方的经济发展程度就非常不平衡,四川、西康、云南、贵州、广西的主要农作物种植面积仅不到2亿亩,占全国更低面积的15%还弱,种棉面积仅为全国种棉面积的3.1%,棉产量占全国的4%,1932—1934年四川省主要进口货物价值中,棉纱占65.8%,匹头占8.8%,云南的棉花和布匹进口占总进口值

---

[1] 镜升:《战时中国经济轮廓》,【出版社不详】1944年版,第17页。
[2] 镜升:《战时中国经济轮廓》,【出版社不详】1944年版,第28—29页。

的40%以上,广西占46%。可见,这几省的粮食、棉和布匹不能完全自给。农业上的落后影响了工业经济的发展,战前我国近代工业多集中于沿海、沿江一带的大中城市。据实业部1937年9月统计,全国当时符合登记条件的新式工厂共3935家,而上海一市就拥有1279家,占总数的32.5%,而中国西部的广大地区仅有符合登记条件的工厂237家,占总数的6%。上述五省工业资本仅占全国资本的1%。[1]川、康、滇、黔、陕、甘、宁、青、桂加上未曾列入大后方范围的湖南省,这十省在战前所有的新式工厂,仅占全国的8%,发电度数仅及全国总数的2%,而工业用电则之于全国总数的0.45%,均微不足道。[2]经济发达区域遭到破坏,经济落后区域生产不足,国外运输方面因日本封锁又受到限制,出入口方面,1937年8月至1938年1年间,上海的出口额减少了47800余万元,入口减少了26500余万元。[3]1941年,由外地输进我国的物资仅及1939年的1/3。[4]交通运输困难进口物资减缩在太平洋战争后更加严重,留滞越境而被日寇没收的华商货物就有11万件之多,价格约值20万万元以上。[5]1942年的进口额比1941年大致降低了50%。1944年的进口量比1941年低达78%左右,并仅为1937年中国总进口量的6%。[6]交通运输越困难,入口的货量跟着减少而运费则跟着增加,再加上物资生产的缺乏,这些状况都严重影响着物价。

游资囤积居奇的投机活动。我国战时的部分商业资本多半以囤积居奇为内容,而囤积居奇的结果,就是促进物价的上涨。物价提高,刺激了商业资本,商业资本因物价的上涨而活跃起来。但反过来,商业资本的活动又不断在促进物价的上涨。由此可见,物品价格与囤积居奇,是互相影响,互相推

---

[1] 周天豹、凌承学:《抗日战争时期西南经济发展概述》,西南师范大学出版社1988年版,第3—4页。

[2] 寿进文:《战时中国的银行业》,【出版社不详】1944年版,第61页。

[3] 镜升:《战时中国经济轮廓》,【出版社不详】1944年版,第30页。

[4] 张公权著、杨志信摘译:《中国通货膨胀史(1937—1949)》,文史资料出版社1986年版,第18页。

[5] 镜升:《战时中国经济轮廓》,【出版社不详】1944年版,第40页。

[6] 张公权著、杨志信摘译:《中国通货膨胀史(1937—1949)》,文史资料出版社1986年版,第27页。

动,并形成一种恶性循环。①如果说工业日用品的涨价部分原因是由于物资不足外,那么,粮食的涨价是完全不能以此作为理由。因为大后方这几年的收成很好。粮食的收成好而价格贵,也不能单以运输来解释,因为米运与交通情形没有多大关系。所以,囤积居奇的消极作用,在这里是不可忽视的。生产与运输越困难,则囤积居奇的恶风亦就越高涨。而囤积的结果,则又在刺激物价的上涨。②1940年秋,全川大旱,粮食歉收,川东尤为严重,重庆米价上涨。7月滇缅路被封锁,9月日军占领海防,对外通道被截断,进口商品价格亦上涨。一部分奸商和游资转移到粮食投机,宜昌失守,湘、鄂米中断济川,由此形成大后方粮食紧缺的严重局面,粮价飞涨。自8月至12月粮价突涨3倍,至1941共上涨了7倍半。在川粮上涨带动下,其他各省亦不问供求是否失调,皆一律抬头上涨。③以至于1941年9月21日,蒋介石为此发表的《告川省民众书》中说:"前两年四川粮食丰收,今年二月以来粮价继续上涨,越出常理常规,这种畸形姿态,完全不是天然缺粮,而是人为造成。我多方细查结果,知晓其中固有少数豪猾商贾囤积居奇,政府自应严厉彻查,从严取缔。"④生产不足固然是粮食涨价的一个原因,但游资所造成的囤积居奇也是一个重要因素。囤积居奇的投机活动,其资本的最大来源就是游资。所谓游资,就是活动于正常生产过程和流通过程之外的牟利资金,这是我国战时特有的一种畸形经济现象。⑤游资与商业资本有着密切的关系。游资的本质是投机性的商业资本,运动形式表现为囤积居奇,是商业资本和银行资本的结合,它有时采取货币形态,有时采取商品形态。在商品正常流通过程之外,存在着囤积居奇,这一点把游资——囤积居奇的商业资本与往时一般的正常的商业资本区别出来。但战时的商业资本极大部分系以囤积居奇为生命脉。所以,商业资本是游资的一个来源,一个构成部分;而游资则在商业的形态之

---

① 镜升:《战时中国经济轮廓》,【出版社不详】1944年版,第139页。
② 镜升:《战时中国经济轮廓》,【出版社不详】1944年版,第40页。
③ 《抗日战争时期国民政府财政经济战略措施研究》课题组:《抗日战争时期国民政府财政经济战略措施研究》,西南财经大学出版社1988年版,第330页。
④ 蒋介石:《告川省民众书》,《中央日报》1940年9月21日第2版。
⑤ 操勃:《游资的解决及其分析》,《新华日报》1940年12月7日第4版。

下,高度地发挥其投机的商业资本的特征。①如前文所说,战时我国后方经济基础落后,生产困难,为了加大物资生产利于抗战筹资,银行界必须膨胀信用加强对经济界的资金供给。政府对战争初期的信贷采取自由放任政策,国家银行对私信贷的规模从1937年底的22.2亿就猛增至1939年底的35.92亿元,"到了1939年底,内地的资本财货和原料已经用完,政府对工业需要的信贷所采取的自由放任政策,现在反而变成了助长对信贷的争取,但由此所增加的货币供给却得不到真正的货物生产量与之同时增加。与此同时,商人对物价看涨,也促使他们争取信贷,用以抢购和囤积货物。于是,信贷用于投机者多而用于生产者少"。抗战时期即1937年到1945年底,整个银行界在战争期间所增加的货币供给额约达1100亿元。②这些资金并非全部运用于经济上的生产,大部分游离于生产和流通之外,就形成了游资。所以游资来源的主流,是法币增发。同文中,操勃根据孙东先生对游资的估计,假定3个月游资周转一次,平均利润率为60%,计算出1940年时拥入大后方的游资数目为80亿元。③张舆九估计,上海游资达四五十亿,香港游资亦不下十几亿,战时随着沪、港相继沦陷这些游资均涌向重庆,再加上此前已有的十多亿,大概也有80亿元左右。④两者相差不大。如果这么庞大的资金应用于生产建设,于抗战建国均会有利,但游离于生产和流通之外,搞囤积居奇活动,则对经济的破坏作用相当严重。游资虽然游离在生产领域之外,但却聚集在行庄四周;游资虽然不尽属于银行与钱庄,但大部分是与银行钱庄发生密切关系的。银行与钱庄在游资的活动中起了极大的推动作用。1940年以前,行庄在抵押放款及押汇的方式下,不断地进行信用膨胀。平时抵押放款1万元的资本照八折抵押,再抵再押,即可囤积货物至五六万元。当然,能抵押到放款的必须与行庄有关系的商号。1940年4月,财政部禁止银行经营以日用品为抵押的抵押放款及押汇等业务之后,他们又透过其有关商号,依然使用信用膨胀这一法

---

① 镜升:《战时中国经济轮廓》,【出版社不详】1944年版,第138—139页。
② 张公权著、杨志信摘译:《中国通货膨胀史(1937—1949)》,文史资料出版社1986年版,第117、114、122页。
③ 操勃:《游资的解决及其分析》,《新华日报》,1940年12月7日第4版。
④ 张舆九:《抗战以来四川之金融》,《四川经济季刊》第1卷第1期(1943年12月),第72、76页。

宝。另外促使地价上涨的原因,银行钱庄的投机是不能忽视的。都市的地价以商业区言,重庆每市亩涨到21万,西安19万,韶关16万,桂林11万,无论哪一方面看来,银行钱庄的投机活动是变本加厉的。从这一点看,行庄加强游资活动的事实,分明是不可掩饰的。但是,通货是银行授信的基础,法币增发,银行信用必然跟着膨胀;反之,银行信用越加扩大,物价的上涨越加利害,则通货的发行必跟着增加。因此,银行信用与法币发行是互相推动的。①以下就来分析通货对物价的影响情况。

政府的通货膨胀政策。1941年《大公报》社论说:"抗战四年来,政府所发行的法币,已相当的达到了社会的饱和量,内地物价的高涨,主要的固由物资的缺乏,交通运输之困难,但也有一部分造因于通货发行的日增。"②1941年底时物价高涨的因素属于物资方面者,约占三分,属于通货方面的约占七分。西南联大伍启元教授等认为,影响物价的三个主要原因中,通货膨胀是最根本的原因。通货膨胀包括法币膨胀,信用膨胀,通货流通速率增加三项,这三项中以法币膨胀为主要。物价与法币数量是互为因果的。最初是财政亏缺,使法币发行额增加,法币数量增加使物价上涨;后来是物价上涨,使财政支出增加,财政亏缺加大,因而进一步使法币发行额加大。③所以通货膨胀与国民政府财政收入支出关系紧密。

抗战之前,我国的财政状况已经出现不平衡状况。国民政府成立后,"每年国库支出已由7万万余元扩至11万万余元,其亏短之处,恒在2万万元以上。"④我国财政在岁入方面,系以关税、盐税、统税(货物税)为主;税收不足,则继以公债。所以考察我国的财政状况,先须注意租税及公债,即可知其大概。⑤抗战之前,关盐统三税在我国的财政收入格局中占有重要地位,基本上每年都占到60%以上的份额,1931—1932年甚至达到了95%。⑥关盐统三税

---

① 镜升:《战时中国经济轮廓》,【出版社不详】1944年版,第148—150页。
② 社评:《关于冻结资金的运用》,《大公报》1941年9月11日第2版。
③ 镜升:《战时中国经济轮廓》,【出版社不详】1944年版,第51页。
④ 中国第二历史档案馆:《孔祥熙关于1937—1939年财政实况的密报(上)》,《民国档案》1992年第4期,第22页。
⑤ 闵天培:《中国战时财政论》,正中书局印行1940年版,第12页。
⑥ 张公权著、杨志信摘译:《中国通货膨胀史(1937—1949)》,文史资料出版社1986年版,第75页。

都是间接税,就是在物品生产过程和流通过程中进行征税。与此相对应的是直接税,就是直接针对利益所得的主体者进行征税。比如所得税、遗产税、财产税、印花税、营业税、利得税等等。间接税的缺点就是税源易于丧失,征税对象无法有效扩大,当时以英美法德等资本主义国家基本上实行的都是以直接税为主的税制,这样税收收入有保障,财政体制稳健,能适应突发情况。我国财政支出的80%都用于军费和债务,其余大部分用于行政开支,至于用于公共事业者微不足道。[①]这样一种不完备的财政体系根本不能适应抗战的需要,更没有给战时财政积累过量的资本。战前我国不健全的财政体制就为战时财政上的恐慌埋下了祸根,抗战开始,我国财政的弊端就暴露无遗,税源丧失,对象缩减,收入减少,支出增大,财政亏空。

抗战爆发,使本来我国财政收支不平衡的局面更加严峻,收入有限的情况下除了大量的军费和债务费支出外,还要支出庞大的政府公务员费用,同时还有经济建设费用等。"计二十六年(1937)度国库支出增至二十万万零七千余万元,二十七年(1938)度增至十二万万一千余万元,是抗战后一年半支出,几达三十三万万元"。[②]其政府财政情况详见表7-8。

表7-8　1937—1945年政府财政统计表

（单位：百万元法币）

年份	支出	收入	赤字	田赋征实的货币价值
1937年	1992	1393	560	
1938年	2215	723	1492	
1939年	2797	740	2057	
1940年	5288	1325	3963	
1941年	10003	1310	8693	
1942年	24511	5630	18881	2896
1943年	58816	20403	38413	16885

---

① 张公权著、杨志信摘译:《中国通货膨胀史(1937—1949)》,文史资料出版社1986年版,第74页。

② 中国第二历史档案馆:《孔祥熙关于1937—1939年财政实况的密报(上)》,《民国档案》1992年第4期,第22页。

续表

年份	支出	收入	赤字	田赋征实的货币价值
1944年	171689	38603	133186	50107
1945年	2348085	1241389	1106698	158498

资料来源:张公权著、杨志信摘译:《中国通货膨胀史(1937—1949)》,文史资料出版社1986年版,第244页。

战时政府的财政收支每年均不平衡,且赤字现象呈逐年增加趋势,而扩大政府收入的措施无外乎三项,扩大征税、举借债务、发行钞票。首先税收仍在战时财政收入中占有重要地位,国民政府也采取了许多措施扩大税收,如扩大税种,增加税项,提高税率等,税收在政府财政收入中多于公债收入和非税收入,占据到60%左右的比例,但此时仍是以间接税为主,占60%以上,1940年以前曾达到90%以上。①由于征收范围和征收对象的缩减,我国间接税的征收实际价值迅速降低。国民政府也开始进行直接税改革,目的是建立以直接税为基础的税制,但投机商和战时暴发户对他们的进款造伪账,物价不断上涨时,实收资本的收益率计算十分繁难,所得税和过分利得税的征收工作不能顺利进行。囤积货物有利可图,注册登记的商号日渐减少,逃税现象益加猖獗等诸种情况,直接税的征收工作异常困难,效果不佳。整个抗战时期,直接税仅占政府财政收入的2.1%。②因此,税收收入无法支撑国民政府庞大的财政支出。其次是债务方面的情况。国民政府曾在战前发行了影响力较大的统一公债,发行后的统一公债大部分为银行界所吸收,即2/3的发行额为28家主要银行所持有,统一公债市价跌落,损害了银行的偿付能力和资产价值,从而使其对政府公债发行不愿作进一步支持。另外,银行购买公债主要是用来作发行钞票的储备,这样公债也引不起无钞票发行权银行的兴趣。③由于政府过量地发行公债,使公众对政府的债券已丧失信心,而银行界

---

① 张公权著、杨志信摘译:《中国通货膨胀史(1937—1949)》,文史资料出版社1986年版,第87、89页。

② 张公权著、杨志信摘译:《中国通货膨胀史(1937—1949)》,文史资料出版社1986年版,第155页。

③ 张公权著、杨志信摘译:《中国通货膨胀史(1937—1949)》,文史资料出版社1986年版,第78页。

接纳公债的能量已达到了饱和点,所以战时国民政府的公债政策收效甚微。从1937到1945年国民政府共发行公债几十种,共计法币15022000000元,英镑20000000元,美元200000元,关金单位100000000(每一关金单位等于法币20元),还有一些麦稻等粮食公债。①但实际认购的法币仅69495425元。1937—1945年政府举债收入仅及累积赤字的5%而已。②举债收入对国民政府的财政微不足道。最后来看发行钞票情况。战时国民政府弥补财政收入不平衡格局的主要手段就是发行法币。发行钞票数量在政府财政收入中的情况详见表7-9。

表7-9　1937—1945年国家银行垫款额与钞票发行额统计表

（单位：百万元法币）

年份	政府赤字	存款增加数	对政府垫款	钞票发行数（12月份）	钞票增加数
1937年	560	2211	597	1640	—
1938年	1492	776	1451	2310	670
1939年	2057	1658	2310	4290	1980
1940年	3963	1377	3834	7870	3580
1941年	8693	4930	9443	15100	7230
1942年	18881	8865	20081	34400	19300
1943年	38413	11292	40857	75400	41000
1944年	133186	64467	140090	189500	114100
1945年	1106698	431616	1043257	1031900	842400

资料来源：张公权著、杨志信摘译：《中国通货膨胀史(1937—1949)》,文史资料出版社1986年版,第6、22、32、244页摘录而来。

上表中主要看三个指标,第一,每年政府赤字对政府垫款基本持平,这就说明每年政府收支的差额均用国家银行对政府的垫款来弥补。第二,每年的

---

① 千家驹：《旧中国公债史资料(1894—1949)》,中华书局出版1984年版,第33页。
② 张公权著、杨志信摘译：《中国通货膨胀史(1937—1949)》,文史资料出版社1986年版,第97—98页。

钞票增加数基本用于对政府的垫款,1940年之前尚有存款的增加额来弥补,但之后存款增加数所占的比例很小,钞票增加数都用于对政府垫款了。第三,每年的钞票发行总数额几乎50%左右用于对政府垫款,到战争后期全部用于对政府垫款。这都说明战时政府巨大的财政赤字,主要靠国家银行发行钞票对政府垫款来弥补。整个1937—1945年,随着国库支出和国家银行垫款逐年增加,造成连年巨量发行,政府通货膨胀性的借款达到13159.14亿元,在政府战时支出中占50.1%,而由税收支应的仅为6%。[1]这样就造成了法币迅速贬值,物价急剧上涨。

2.物价上涨的经过及结果

我国战时物价总体上呈上涨趋势,1940年前,因各方面原因限制了物价的涨势,比如农业的连年丰收,农产品的供给充足。后方刚刚开发,生产呈景气状态,有二亿三千万人移居后方,带来了大量的资金、技术、物资和劳动力等,消费量旺盛。另外,政府还没有采取增发钞票的办法来弥补财政赤字的政策。这些因素部分降低了物价上涨的速度。但此后国民政府"积极实行通货膨胀政策,所以到1940年以后物价上涨的速度就大大超过法币发行的速度了"。[2]物价开始缓慢上涨,直到1942年后通货膨胀就不可遏止,物价也急剧上涨。其详细情况见表7-10。

表7-10　法币发行和物价上涨的概况统计表

年份	法币发行累计额 (单位:亿元)	法币发行指数 (1937年6月=1)	重庆物价指数(主要商品批发物价总指数,1937年6月=1)
1937年7月	14.5	1.03	0.97
1937年12月	16.4	1.16	0.98
1938年12月	23.1	1.64	1.04
1939年12月	42.9	3.04	1.77
1940年12月	78.7	5.58	10.94
1941年12月	151	10.71	28.48
1942年12月	344	24.40	57.41

[1] 张公权著、杨志信摘译:《中国通货膨胀史(1937—1949)》,文史资料出版社1986年版,第98页。
[2] 石毓符:《中国货币金融史略》,天津人民出版社1984年版,第305页。

续表

年份	法币发行累计额（单位：亿元）	法币发行指数（1937年6月=1）	重庆物价指数（主要商品批发物价总指数，1937年6月=1）
1943年12月	754	53.46	200.33
1944年12月	1895	134.36	548.60
1945年9月	6742	478.01	1226.00

资料来源：吴冈：《旧中国通货膨胀史料》，上海人民出版社1958年2版，第92—95页《伪发币发行统计》和第165—170页《重庆基要商品趸售物价指数》两表摘录而来。

从上表数字可知，1940年前，法币已有所膨胀，物价也随之有所上升，但由于其他因素制约，物价上涨速度赶不上法币发行增长速度，同时国民政府对法币发行亦有所控制，物价上涨得不太剧烈。但从1940年后特别是1942年后，物价上涨速度明显加快，适度的通货膨胀政策可以提高物价刺激经济发展，但过度的通货膨胀则只会加大货币流通量，使货币贬值，促使物价处于一种不可控制的地步，严重影响经济的各个方面。

战时重庆成为全国金融中心，为了在同业间的竞争中取得生存发展，面临日益上涨的物价，各种金融机构都采取了多种措施来应对。对银行而言首要的就是不断地增加资本，资本金是商业银行成立时所招募的股本，是银行资本的主要部分和基础，是银行的原始资本，[①]是衡量银行实力大小的重要标准。所以各家商业银行均不同程度地增加了自己的资本金，川盐银行也不例外，其次就是千方百计地扩大自己的存放款量。存放款量在通货膨胀日益高涨的情况下，其实际存款价值是在不断下降的。战时各家银行的存款虽然在增加着，可是在通货增加刺激之下，工商业对银行放款的需要激增，所以银行常感资金不敷运用，要设法吸收更多的存款。近来银行吸收存款比较常用的办法是增设分支机构和提高存款利率。尤其是后者，有的银行一年以内竟提高存款利率在两次以上的，这种例子在平时是不会有的。银行提高存息，自然会影响到社会上资金的分配。[②]物价的上涨远远超过市场上所能供应的资金而使对货币的需要有增无已，月息大涨。抗战结束时，重庆市场利息拆息

[①] 刘学华：《新编货币银行学》，立信会计出版社，2005年版，第163页。

[②] 赵晓屏：《战时通货数量增加下的银行》，《新经济》第8卷第8期（1943年1月），第148页。

为5%,月息为10%,而战前的月息仅为1%。①这样,银行的存款放款利率,由于通货膨胀、物价上涨以及银行放款实值缩减的影响,形成了畸形高涨的现象。在国民政府核定的利率之外,出现了"暗息",也就是利息黑市。一般行庄都设立暗账,计算暗息。存放款照官定利率付息后,再按暗息补付存款利息,补收放款利息。暗息在物价上涨的间歇时期,就显得很高,成为工商业的严重负担;在物价上涨时期,就显得过低,甚至成为负号利息。②战时商业银行是受管制的,利率也受管制,利率上涨不算太大。但商业银行放款总是以各种方式按黑市利率取息。重庆市场利率(黑市),1937年平均12%,1942年为33.6%,1943年为102.8%,这对借款的企业来说已是严重的负担,仍赶不上物价的上升。③

物价上涨的结果是使个人的和机关团体的储蓄几乎遭到毁灭性的打击。各种债权者的实际收入都受到损失,而债务者却得到便宜。政府公债者所受到的损失更大。战前所发行的公债,其余额为127000万元,其中40%为银行和其他金融机构所持有,其余60%为个人或慈善团体所持有。公债持有者的实际收入几乎等于零。银行及其他金融机构的股票持有者的实际收入也大为减少——在抗战爆发时金融界已付股金总计约为1亿元。受到人为的低利息的限制,银行业几乎无法应付其不断增加的开支,也不能随着物价上涨的水平支付股息。在这种情况下,许多银行濒于破产的边缘。一些被商人操纵的小银行,竟把存户的资金用作投机活动,以为其股东牟利。甚至某些大银行也用向工厂投资和抢购黄金、外汇等办法以保持其资产的价值。许多银行竞相采用不正当的手法招揽存款,其中最应加以谴责的是,向政府机关的出纳或会计人员行贿以诱使其将所属机关的公款存入该行。④川盐商业银行正是在这样的竞争中锐意改革,日益扩大存放款项和附属业务,积极投

---

① 杨培新:《旧中国的通货膨胀》,人民出版社,1985年版,第143页。
② 张公权著、杨志信摘译:《中国通货膨胀史(1937—1949)》,文史资料出版社1986年版,第161页。
③ 许涤新、吴承明:《新民主主义革命时期的中国资本主义》,人民出版社1993年版,第580—581页。
④ 张公权著、杨志信摘译:《中国通货膨胀史(1937—1949)》,文史资料出版社1986年版,第42页。

资工商实业,调整了业务发展,渡过了难关,保证了银行的正常运行。

商品经济条件下,只有扩大市场加强竞争,不断进行改革,才能获得生存和发展。战时,大批外省银行入驻重庆金融市场,面对物价上涨的不利状况,川盐银行以经济发展为导向,加强自己的市场竞争力,因时制宜的调整业务发展方向,不断增加存放款业务,积极投资工商实业,大力发展附属业务,充分利用掌握的资源,利润率稳步提高,使其在渝市金融市场的竞争中站稳了脚跟,并且日益发展壮大,形成了发展的"黄金时期"。

(四)国民政府的金融管制

川盐银行业务变化的一个必要原因正是由于国民政府的金融管制政策。抗战时期我国的物品价格不断上涨,严重波动到了社会经济进而影响到了抗战的顺利进行,政府就采取相应措施,除了加大物资生产外,最重要的一项就是对金融业的管制。因为金融是经济的枢纽和血脉,特别是通过对商业银行的有效管理,利用它们开展储蓄业务,加大定期存款,吸收社会上的游资等闲散资金,投资放款于工商实业,使它们能合理地运用资金,为经济发展服务。

国民政府想通过控制金融来平抑物价,就逐渐着手对我国战时金融业进行管理。对重庆的银行的管理出于此目的,且期望可以作为管理全国银行的典范。对重庆银行的管理经过,可以分为二个时期。第一期为放任时期,这个时期的管制工作,连设立登记一项都未完全办到。第二期为积极管制时期,这个时期开始于1940年8月,至1941年12月才开始认真执行。[①]所以就简单介绍对银行界影响较大的第二期管制时的内容。这一时期的管理工作主要是成立一些专责机构和通过一系列的法令来进行的,主要有以下内容:1940年8月8日《非常时期管理银行暂行办法》,1941年12月《比期存放款管制办法》,1942年12月9日《修正非常时期管理银行暂行办法》,1942年3月《银行投资生产事业公司入股办法》,1942年3月《银行盈余分配及提存特别公积金办法》,1942年4月22日《检查银行规则》,1942年5月8日《商业银行

---

① 康永仁:《再论重庆的银行》,《四川经济季刊》第2卷第1期(1945年1月),第151页。

设立分支行处办法》,1942年5月21日《管理银行抵押放款办法》和《管理银行信用放款办法》,1942年6月《限制特种厂商借款办法》,1942年7月《设置银行监理官办公处办法纲要》,1942年12月开始施行的《统一银行会计办法》等。

抗战以来,政府对于国家银行和省地方银行的管理,邹宗伊认为均带有协商的意味,执法也相对宽松,而对一般商业银行,还尚未步入政府的共同管制之中。此时政府对于商业银行的业务方针,大都因时制宜,相继以行政命令施行管理。直到1940年8月间,因市场游资充斥,投机猖獗,物价累进上涨,局势至为严重。为防止银行运用资金助长囤积投机起见,遂由财政部将以前所颁各项行政命令汇总编定《非常时期管理银行暂行办法》10条,公布施行。这就是为我国管理银行立法的根基。1941年12月间,为使银行组织益臻健全,切实奉行中央金融政策起见,就严定办法酌加修正,切实施行,现将管理办法的精义及实施情形简单叙述如下。

面对社会上不断上涨的物价,日益活跃的游资,早在1940年8月,国民政府就颁布《非常时期管理银行暂行办法》,[1]该办法中对银行业务的管理规定总结如下:

1. 银行存款准备金制度的创立

第二条规定"银行经收存款,除储蓄存款应照储蓄银行法办理外,其普通存款应以所收存款总额20%为准备金,转存当地中中交农四行任何一行,并由收存行给以适当利息"。存款准备金制度在我国当属创举,此举可收缩一般银行的信用,而增厚国家银行的资力。我国的存款准备金主要以普通的活期定期为主,因是首次采用,其主要目的,只在将各银行所收存款的一部分,转存于国家银行,以减少其放款数量和助长囤积的可能。为便于实施起见,所以比率笼统规定为20%。[2]当时我国的中央银行体系尚未建立,而四行已成立联合办事组织,并且也相互合作共同处理了许多金融任务,四行又都是国家银行,所以四行均可以收存准备金。但为了提高中央银行的地位,1940年时财政部又规定补充办法七项,规定"凡设有中中交农四行地方,以中央银

---

[1] 重庆市档案馆馆藏重庆银行公会未刊档案,档号0086-1-5。以下所引用的有关《非常时期管理银行暂行办法》的内容如不做特殊说明者外,均出自本档案资料。

[2] 邹宗伊:《中国战时金融管制》,财政评论社1943年版,第288页。

行为负责承办行。无中央银行地方,以中国银行为负责承办行。无中国银行地方,以交通银行为负责承办行。其仅有四行中之一行者,即由该行负责承办"。第五项对四行所收存款准备金摊存的比率进行了规定,四行全设的地方,中中交农依次为35、30、20和15。三行地方为40、30、30。二行地方为60和40。一行地方为100等。[①]这对以后我国银行的制度建设影响重大。

2.限制银行资金的运用

其第三条"银行运用存款以投资生产建设事业及联合产销事业为原则。其承做抵押放款应以各该行业正当商人为限。押款已届满期,请承展期者,并应考查其货物性质,如系民生日用必需品,应即限令押款人赎取出售,不得展期,以杜囤积居奇"。第四条"银行不得直接经营商业或囤积货物,并不得以代理部、贸易部或信托部等名义自行经营或代客买卖货物"。第五条"银行承做汇往口岸汇款,应以购买日用必需及抗战必需物品之款为限"。如果银行抵押放款不区分抵押品的性质,或准许任意展期,则为直接间接的参加囤积居奇的活动,有助长囤积之风。所以第三条对此进行了明文规定。1941年4月初渝市棉纱投机风盛时,财部曾令饬各银行公会,转饬各会员银行不得举办以日用品及货物为抵押的放款,前已贷出的该项款项,应即设法收回,当时各银行均能体会政府的意思,次日棉价即告回跌,足见银行放款与囤积居奇的关系如何密切。[②]如前文所述,我国银行业务建设不健全,抗战发生后,大多商业银行均相继设立所谓信托部代理部贸易部,或另立公司向本银行随时透支营运资金,或不另立名目而直接经营。凡此种种,均为银行直接参加投机囤积。所以第四条就对此进行了限制,要纠正银行过去营业方针的错误。战时后方所需日用重要物品,一部分需要口岸来供给,若对商业银行口岸汇款的数量或汇水加以限制,恐影响物资的内运,加重后方物价上涨的程度,若完全不加限制,则政府防止资金逃避与维护外汇市场的政策,就不能得到彻底贯彻。为兼筹并顾起见,故暂行办法第五条对此进行了规定,至于日用必需物品种类,依照财政部制定的《便利内汇办法》中的详细限制。

---

① 重庆市档案馆馆藏重庆银行公会未刊档案,档号0086-1-5。
② 邹宗伊:《中国战时金融管制》,财政评论社1943年版,第231页。

但第一次管理法令颁布以来收效甚微。法令既欠周密又未见彻底执行，这使一般商业银行的非法活动愈益剧烈。银行直接间接从事商业经营，其利润优厚，据所得税报告，居各业之冠。近年来银钱业新设者如雨后春笋，也可反映出这种情况，例如截至1941年底，重庆银钱业共有136家，其中战后新设的达103家之多。① 由于无专责机构负责，而且漏洞颇多，所以对违法事情多是不了了之。比如缴存存款准备金一事，有许多银行遵办，但以我国首创提出许多问题进行责难而借词拖延不缴者也有许多家。另外关于银行投资放款方面的规定也有许多漏洞，对于银行抵押放款的限制没有规定放款的期限长短；规定银行不允许经营商业，但银行服务人员利用行款经营商业却没有限制。规定各银行资金的运用原则，但各银行可以参加事业股本；外商银行经营外汇业务由平准基金委员会加以管制，但我国商业银行的外汇业务还没有完整的法律限制，导致外汇黑市的产生，还有其他一些不属于业务上的漏洞等。于是，国民政府就于1941年12月9日颁布《修正非常时期管理银行暂行办法》，② 总结下来主要有5点做了更严密的修正和补充，但有关银行业务方面的有以下几点：

1.指示银行资金运用的原则

与原办法第三条相比略有修改。本办法第四条规定"银行运用资金，以投放于生产事业暨产销押汇、增加货物供应及遵行政府战时金融政策为原则"。原办法中的"投资"则容易被银行误解为参加生产事业的股款，但这样做则违反了我国银行法的规定。本办法的"投放"则是银行以贷放方式融通事业资金，意思表达更为明确。同时政府的战时金融政策虽并未明白解释，但面对后方物资紧缺物价上涨的现状，政府的战时金融政策就应当为银行要运用自身资金协助后方生产的发展，或从口岸及货物集散地方以押汇方式便利物资内运。③

2.抵押放款条件的严加限制

---

① 寿进文：《战时中国的银行业》，【出版社不详】1944年版，第87页。
② 重庆市档案馆馆藏重庆银行公会未刊档案，档号0086-1-91。以下所引用的有关《修正非常时期管理银行暂行办法》的内容如不做特殊说明者外，均出自本档案资料。
③ 邹宗伊：《中国战时金融管制》，财政评论社1943年版，第301页。

原办法对抵押放款仅规定了抵押货物的性质,对期限、数额和展期次数等各种附带条件都未加详订,各银行都可能有规避的门路。同时借款人进行抵押借款时是否为经营所抵押物品的商人,也未做规定,容易使有的人利用资金大肆购买别的物品进行抵押。本办法第五条将原办法第三条后半部分做了修改,增加了放款期限及放款限额。规定"银行承做以货物为抵押之放款,应以经营本业之商人,并以加入各该同业公会者为限。放款期限最长不得过三个月,每户放款不得超过该行放款总额5%"。本条第二项对放款的展期情况进行了严格限制:"银行对于前项抵押放款,已届满期请求展期者,应考查其货物性质,如系日用重要物品,应即限令押款人赎取出售,不得展期。其非日用重要物品押款之展期,以一次为限。"日用重要物品的种类,可以依照非常时期取缔日用重要物品囤积居奇办法第二条的规定。第六条又增加了一条附加说明"前条关于放款期限及展期之限制,于工矿业以原料为抵押,经经济部主管机关证明确系适应生产需要者,不适用之"。

3.取缔银行经营商业

战时商业利润畸形发展,商业资本的扩充严重侵夺产业资本的现状必须得到改善,所以银行以及服务人员的经商行为,应该严加限制,所以本办法第七条与原办法第四条相同,只是做了更严密的规定,"银行不得经营商业或囤积货物,并不得设置代理部、贸易部等机构,或以信托部名义,或另设其他商号,自行经营或代客买卖货物"。第十二条与原办法第八条相同,"官办或官商合办之银行,其服务人员一律视同公务员,不得直接经营商业"。但第十三条则是新追加的,对银行服务人员的经商行为进行了严厉的定性,"银行服务人员利用行款经营商业以侵占论罪"。

4.彻底管理外汇和口岸汇款

以前我国的外汇市场相当混乱,官方外汇市场是用平准基金方式予以控制,而黑市外汇则任其发展。自英美封存我国资金后,政府就乘机彻底施行外汇管理,收回了一切外汇买卖。鉴于原办法没对外汇市场进行管理,所以本办法第九条补充规定"银行非经呈奉财政部特准,不得买卖外汇"。为了兼顾公私机关服务人员汇寄赡家费等正当需要起见,对于银行承做口岸国币汇款,亦应酌定用途限制。第八条就在原办法第五条基础上进行了更为细致的修改,"银行承做汇往口岸国币汇款,以购买供应后方日用重要物品、抗战必需品、生产建设事业所需之机器、原料及家属赡养费之款项为限"。

5.加重银行违反规定时的处罚

除罚金外情节较重者并可勒令停业,又补充累犯一项,以期周全。原办法第九条中的处罚规定相对简单,所以本办法第十四条在其基础上修改并增加新的处罚内容,针对违反相关情节详细订定了6项处罚办法。以此法令的颁布为标志,特别是1942年1月执行时开始,我国银行界就进入了政府的积极管理时期,各家商业银行的业务都发生了一系列变化,其业务制度建设都开始趋向正规化方向迈进,我国银行界的发展就进入了一个全新的时期。

财政部在公布修正办法后,随即会同有关机关派员于12月间检查重庆及后方其他14都市的银行业。重庆被检查的行庄计85家,与行庄有巨额往来的17家公司行号也在被检查之列。检查的结果,仍存在许多问题,主要有:第一,关于业务方面。省地方银行办事处兼营存款;商业银行滥做信用放款;比期存放业务盛行;行庄变相经营商业;放款对象集中少数商家;押款多逾期未赎;堆存仓库货物经久未提。第二,关于人事方面。行庄负责人挪用行款;行庄负责人兼任其他商业职务。第三,关于技术方面。会计科目不一致;存放款多用堂记户名;钱庄均沿用旧式簿记。①这次大检查距暂行办法的公布施行已一年有余,仍有这许多缺点,只能说是法令规定的欠周到和执行的未见彻底。许多漏洞虽已经由修正办法予以补充,但根据此次检查结果,各行庄仍有许多违法行为为两次管理办法所没有具体限制。所以从1942年起,财政部就开始组建专责机构,并颁布一些单行法令以补暂行办法及修正办法的不足,加强对我国银行业的管制。这里只简单介绍对我国商业银行业务发展影响较大的几项法令。

关于银行的投资问题。依照管理银行暂行办法的规定,银行运用资金,应以投放生产事业为原则,以采取贷款的方式。但据检查银行结果,各银行直接参加其他事业股款者,不在少数。政府从银行营业稳健出发,自应禁止

---

① 寿进文:《战时中国的银行业》,【出版社不详】1944年版,第89—90页。

银行参加事业股款。但以我国战时的情形，一切生产事业的资金筹措都需金融机关的扶助，而我国资本市场，又尚未建立，允许银行以一部分资力，参加生产事业股款，似属必要。在此种复杂的情形下，为兼筹并顾计，只有对银行参加事业，酌定数额上及性质上的限制，以期贴切事实，而免窒碍。1942年3月经财政部通令《银行投资生产事业公司入股办法》规定，凡银行投资于各种生产建设事业加入该事业的公司或厂号为股东时，除依照公司法第11条限制不得为无限责任股东，如为有限责任股东，其所有股份总额不得超过银行共收股本总额1/4的规定办理外，并须先行呈请财政部核准，方得入股。至在规定施行以前已有上项投资者，并应开具清单，胪列事实，补行呈准，以完手续。①

限制银行盈余分配。银行本为融通资金的机关，在通货膨胀期间，金融资本与产业资本相比较，本处于不利的地位。但自抗战发生以来，内地各商业银行莫不大发其财，每届年度终了结算盈余数字，很少有向外发布公告的，有一些银行从业人员的月薪仅百元，年终分红竟达9万元。此项巨额盈余，势必由经营附业得来。财政部为彻底取缔银行经营附业及巩固银行基础起见，就决定对银行盈余分配进行限制。1942年3月间就订定了《银行盈余分配及提存特别公积金办法》，为①各银行每年支付股东官息红利合计，应以各股东实缴股款年息二分为度；②董监事酬劳金，以各该董监事在银行全年所得报酬1/3为度；③各职工奖励金则应以各职工四个月薪给总和为度；④照以上三项分配尚有盈余时，一律提作特别公积金；⑤前条所定特别公积金应于每营业年度结束时，全数提出，由董事会保管，不能擅自动用。②

限制银行钱庄的分设。银钱业如果设立较多，超过社会的需要，就会加大商业资本的活动而不利于产业资本，进而刺激物价。所以修正办法内就限制了新银行的设立，迫使一些银行纷纷退股解散。但对银行变相的扩设分支机构，没有做相应的规定，所以1942年5月8日财政部颁布《商业银行设立分支行处办法》五条，其最主要的第二条规定每家"商业银行实收资本超过50

---

① 邹宗伊：《中国战时金融管制》，财政评论社1943年版，第327—328页。
② 重庆市档案馆馆藏重庆银行公会未刊档案，档号0086-1-10。

万元者,方得设立分支行处,每超过25万元得增设一处,其营运基金数额得视业务范围大小,酌拟呈请财政部核定之"①。

加强对银行的检查和监督。国民政府一直都比较重视对银行业的检查工作,在前两次管理银行办法内都专门提出了对银行业的管理工作。为了便于对银行业务的检查和监督起见,财政部特于1942年2月26日成立稽核室这个专责机构进行监督,依据修正办法赋予的权限,对全国各商业银行和庄号业务,从事积极的督导和消极的纠正。重庆以外各地,则仍委托四联分支处办理。稽核室成立以后,继续抽查银行庄的仓库账目,以致当年3月间重庆续有安钰钱庄继天祥等庄受停业处分,外埠有钱庄分号10家,因未依法立案,也经勒令停业。②但由于缺乏成文的相关法规,所以财政部于1942年4月22日遂公布《检查银行规则》③,使检查人员职权分明,有所遵守。但财部稽核室的检查工作偏重于事后稽核且局限于重庆一隅,我国幅员辽阔,各地经济状况非常复杂,管理工作日趋繁杂,如果不施行分区监督管理,就不能达到事前审核和事后稽考的效果,财部有鉴于此,于同月颁布的加强管理银钱行庄原则内就规定,"财政部为加强管理银行业务,以保障人民权益,除原设有监理员外,特于重庆以外各省地方银行或金融中心,设置银行监理官办公处,审核当地及管辖区内各银行钱庄之放款及检查其账目仓库。各该银行钱庄承做放款,除遵照修正管理银行办法第4条,关于①农工矿等生产事业之放款,②商人向外购运物资充裕后方供应之放款,③附入当地四行共同贷款之放款,得由银行查明办理,事后填送用途说明书送请财政部或监理官办公处查核并随时听候检查外,其余放款,在重庆应先送请财政部核准,在设有监理官办公处及其指定管辖区内者,应先送请监理官办公处核准,方得贷放"。又于7月间补充订定《设置银行监理官办公处办法纲要》,于重庆以外16个重要都市设立银行监理官办公处,其任务大体如下:①事先审核当地及其指定管辖区内银钱行庄放款业务;②事后抽查当地及其指定管辖区内银钱行庄放款用途;③审核当地及其指定管辖区内银钱行庄呈送月计表及存放汇兑等表报;

---

① 重庆市档案馆馆藏重庆银行公会未刊档案,档号0086-1-10。
② 寿进文:《战时中国的银行业》,【出版社不详】1944年版,第93页。
③ 重庆市档案馆馆藏重庆银行公会未刊档案,档号0086-1-10。

④督促当地及其指定管辖区内银钱行庄提缴存款准备金及保证准备金;⑤监察当地及其指定管辖区内银钱行庄之账目,并会同当地主管官署检查借款商号之账目;⑥报告每次检查业务,并向财政部建议金融上应行兴革事项。关于监理官办公处办事成绩的考核,以及当地及指定管辖区内银钱行庄业务的复查事项,则由部派稽核人员巡回办理。各该监理官并由部随时互调,以沟通内外,防杜流弊。①与此同时,财政部为实施金融政策加强管制全国银行业务,又颁布《财政部派驻银行监理员规程》,除在各重要都市设置银行监理官办公处外,又于省地方银行及重要商业银行设置派驻银行监理员。②故今后管理机构益臻健全,管理银行当日益严密。

统一银行会计科目。我国各行庄的会计制度科目分歧系统庞杂,科目的不统一,使政府稽查其业务账册时增加不少困难,且予各行庄以巧立名目,蒙混取巧之机,亦经财部与有关各方订立统一银行会计科目,饬令全国行庄遵行。1942年12月财政部颁布统一银行会计科目,通饬遵行实施后颇著成效,后为进一步建立整个银行会计制度。经由财政部根据银行实际业务及管理需要,并参照有关法令规程,订定"暂行银行统一会计制度"一种,经与主计处等有关机关会商修正,除四行两局已另订有"暂行各行局统一会计制度"公布实施外,其他商业行庄及省县银行统一应于1945年下期起一体遵行。③另外对比期制度的管制和废除、限制特种厂商借款办法以及管理银行抵押放款和信用放款的规定等,上文已有所阐述,此不赘述。

抗战时期,西南成为抗战的大后方,重庆成为战时的陪都,全国的中心,经济日益繁荣,金融市场发展迅速,当时西南后方的商业银行为了生存和发展,都不得不适应市场来发展自我,都不同程度上转变了业务的发展方向促进了当时后方银行界的兴旺发达,这也是我国抗战时期商业银行体系组建过程中的一个重要环节。但金融市场在发展过程中出现了一些有损抗战经济的因素,国民政府也加强了对金融业的管制。以川盐银行业务变迁的考察,正是这种变迁趋势的反映,对川盐银行业务变迁的研究,在抗战时期西南大

---

① 邹宗伊:《中国战时金融管制》,财政评论社1943年版,第337—338页。
② 重庆市档案馆馆藏重庆银行公会未刊档案,档号0086-1-11。
③ 重庆市档案馆馆藏重庆银行公会未刊档案,档号0086-1-131。

后方的金融变迁中,占据了一定的历史地位。

四、战时川盐银行业务变迁的启示

抗战时期,川盐银行面临盐业保险市场方面的损失,以重庆为中心的西南大后方的工商业等产业发展的客观需要,物价上涨商业投机现象,国民政府为谋经济稳定采取强硬的金融管制政策对商业银行业务进行管制等诸方面的原因,业务发生了巨大变迁。通过对川盐银行战时业务变迁的现象分析和原因探讨后,在金融市场、社会经济和国家政策这三方面的关系处理中,给我们留下了许多发人深省的启示。国民政府的金融管制政策值得肯定,但由于国民政府中央银行体系的快速确立,其进行过程中的不完备性,在后期出现了恶性通货膨胀,导致其政策改革最终失败。

(一)政府管制金融的积极意义

金融与经济之间存在着一种唇亡齿寒的双向互动关系,而金融对经济产生影响就是通过金融业中的主体——银行资本对其他产业资本间的资助来实现的。银行资本与其他资本之间的融通达到最佳状态时,便会促进经济的高速发展。加强工商业同业公会的组织建设,可以更好地促使银行资本与其他资本相互融合,利用同业公会的自律作用和道德因素来约束会员行的某些不正当行为发挥集团优势为社会经济发展提供更强大的动力。抗战时期,国民政府正是看到了我国金融和经济发展的缺陷所在,才从管制金融入手来调控我国的经济发展,以川盐商业银行为代表的我国商业银行的业务变迁情况就体现了上述规律。

银行业对社会经济的影响,主要是通过银行资本对其他资本间的融合来实现的。经济机构的重心是金融机构,而金融机构的重心是银行业。所以银行资金向哪一方面膨胀,哪一方面便向前发展。社会经济的发展除了运用人力外,对资金的需求更是其进展的原动力,而这样巨量资金的筹措就要靠金融机构来完成。举例来说:中国轻工业的纺织业面粉业的发展,如果没有银行资金的辅助,便不会飞快地前进;相反地因为种种原因,我国重工业不发达,但缺乏银行资金的贷放,也是一个重要原因。再就棉花来说:没有中国银团和其他银行在皖、冀、晋、豫、陕等省做棉花的产销储押等方式的贷放资金,哪会有30年代时棉花高额的收获?农民种棉后,不愁棉的销路没有,在种棉时有银行贷予资金,在运销时可向银行押汇,在市价不合时可向银行投资的仓库中堆存,在需用资金时,可向银行押款,所以农民种棉热情高涨。由此可知银行的资本转向,可以影响到农工商业的发展,同时也能影响到社会经济的发展。①

抗战时期,我国银行资本与商业资本的关系较近,与其他资本的关系疏远。由于字数限制,本文的其他资本主要以产业资本和商业资本为代表,来阐述银行资本与产业资本及商业资本间的关系。战时,我国银行的资金来源主要是以商业性质的活期、比期等短期存款为主。1941年底,20家外籍和川籍商业银行的定期存款占总额13.20%,活期存款占总额达86.80%。但如果按照四联总处1941年3月对11家川籍商业银行的比期存款的统计数字,把比期存款计算在内,就可推测出20家商业银行的活存在存款总额中的比例高至92%以上。②活存比例高,表明社会资金流动性强,很大程度上就限制了银行运用资金的规模和方向,活存期限短,就决定了银行运用资金规模小,而且多是以周转速度快的商业为主,这点在上文探讨银行放款对象的原因时已做过说明,此不赘述。战时我国银行资本亲近商业资本而疏离产业资本的原因主要是由以下几方面造成的。

第一,利润的影响。战时我国商业利润一枝独秀,已经是不容置疑的事情。银行家不是慈善家,根据市场资源配置的规律,银行资本自然就流向利润较高的商业方面,银行资本资助商业资本,商业资本更行活跃,商业资本连接银行资本,银行利息就一路高涨。导致商业利润高于银行利息,银行利息

---

① 盛慕杰:《战时中国银行业动态》,《财政评论》第1卷第1号(1939年1月1日),第168页。
② 寿进文:《战时中国的银行业》,【出版社不详】1944年版,第136页。

高于产业利润。两者相辅相成,银行资本就更趋近商业资本而脱离产业资本。1940年重庆商业银行所获纯益额在1万万元以上,并非纯粹的放款利息收入,而是经营商业的利润所得。买卖所得至少占70%以上,多的竟达百分之二三千。[①]

第二,我国缺乏社会信用建设。商品经济条件下,金融机构使资本的所有权和使用权发生了分离。货币资本的所有者——主要指银行,把货币资本暂时贷放给产业资本家去使用,使他们可以扩大再生产,攫取利润,而银行资本家也可以分得利润的一部分——利息。银行资本家把货币暂时让渡给产业资本家去支配,造成了财产资本和职能资本的分离。在商品经济发达的国家里,为了保证私人财产的权利,这种分离是有相关完备的法律建设来保障的,货币所有者可以依法取回自己的货币。但在我国,社会不稳定,封建集权政治制度下法律建设不完善,社会信用无保障,这种分离不可靠。陈光甫就说过:"新式的商业道德尚在演进之中,旧时法律既不适用,新法律又苦不周密。"[②]银行全靠信用,信用全靠流通,一旦流通中止,银行就会陷入困境。所谓信用者,贷放资金一定要可以随时收回。但我国银行放款给工商业,一旦遇到事变,贷放资金却不一定能收得回来,信用就会出现危机,银行便会遭到打击。战时特殊的环境下,战事激烈,社会不稳定,各企业随时都面临破产威胁,产业界的资本周转时间比商业界要长得多,通货膨胀的日益高涨,生产出的产品可能急剧贬值导致入不敷出就会拖累企业,进而威胁到银行贷款的回收,这种通货膨胀因素的危险性要大得多。所以战时在我国社会信用建设尚不健全得状况下,银行资本多流向周转速度快的商业资本,以期能尽量保值而不损失本银行的资产。

第三,无健全的资本市场。刘志英博士有著作专门论述此问题,并进行过较系统的分析,在此仅简单阐述。[③]银行资本必须从事产业证券方面的投资才能真正发挥其职能资本的作用。资本市场,又称长期资金市场,是指偿还期限在1年以上的有价证券(主要指债券和股票)的发行和交易活动的场

[①] 镜升:《战时中国经济轮廓》,【出版社不详】1944年版,第41页。
[②] 张郁兰:《中国银行业发展史》,上海人民出版社1957年版,第76—77页。
[③] 参见刘志英:《近代上海华商证券市场研究》,学林出版社2004年版。

所。资本市场的主要参与者是个人、企业、金融机构和政府。资本市场主要包括证券市场和中长期的信贷市场。但其主体则是建筑在产业证券上的证券市场。证券市场主要是以债券和公司股票为主。[1]在商品经济发达的国家里,都有一个完备的证券市场,有利于资金在资本市场上顺利运作。证券市场是银行和产业间联系的纽带,银行和企业都在证券市场上发行股票,银行可通过股票买卖向社会提其充裕资金,企业则可利用股票来募集公司发展的资金。银行就发挥了经济上的中介职能和作用。但在我国近代社会中,这样一个健全的资本市场一直未完全建立起来。我国民族工业受外国工业的排挤而没有系统发展,也就没有发行完整意义上的证券,而且我国所谓的证券市场仅有发行市场,而没有完善的流通和监管市场等。所以,我国的产业证券市场一直不发达,战时这种情况更加严重。我国的证券连陈光甫也承认:"上海到现在(1933年),除了少数外商股票外,至少已发行一万万以上的股票,只有少数可辅助资金的流通,其余大多数丧失了有价证券的资格,平时一概没有行市,一遇恐慌,简直同古董书画一样,不能自由作价流通。"[2]证券有名无实,不能正常流通,再加上监管不力,一旦企业破产,资本全无,形同废纸,投资的银行就会受到重大损失。银行资本难以有效快速转化成现金,无法在市场上快速筹集资金用于产业资本,产业也无法扩大再生产。银行业资金充裕时,无任何方式来运用充裕的资金,为保险起见,便向变现较快的商业方面流动。资金缺乏时,如若投资产业,不能迅速变现,随时有挤兑破产的威胁,也乐意向收回较速的商业方面流动,此时的产业界却因资金缺乏而陷入无法扩大再生产的难境。有此顾忌,所以,我国战时的银行资本多向保险而变现较迅速的商业资本流动,而疏远产业资本。

银行资本向商业方面流动,如果正当的,可以加快生产流通速度,循环往复,变相刺激生产的发展。但若用于投机,形成游资,进行囤积居奇,就会中断生产过程的流通,商人们待价而沽,则会刺激物价上涨,具有很大的恶劣影响。战时我国的游资数量很大,为利润所引诱多进行囤积居奇的牟利活动,

---

[1] 刘学华:《新编货币银行学》,立信会计出版社2005年版,第103—104页。
[2] 张郁兰:《中国银行业发展史》,上海人民出版社1957年版,第77—78页。

成为促使我国物价高涨的一个原因。国民政府为了引导游资转入正轨,投向生产事业,就从管理银行入手,使银行业多投资生产建设方面,加大我国物资生产等方法来减少游资的恶性影响,其目的是利于抗战。

银行为授受信用的机构,其营业是否健全,密切关系社会经济和工商事业的发展,所以国民政府一经建立,就开始逐渐对我国的银行业实施管理。1929年1月12日财政部公布《银行注册章程》,同年4月20日又公布《银行注册章程施行细则》,仅仅规定以后凡开设银行,必须先拟具章程,向财政部注册,其章程及资本都合乎注册章程规定者,始准设立。至于开业以后其业务受何种限制,并无明文规定。1931年3月28日国民政府又公布《银行法》51条,[1]凡关银行设立、业务范围、资本限额、取缔不健全投资,均有详明规定。惟以我国幅员广大,各地金融情形不同,金融组织比较复杂,执行时不无扞格,故尚未明定施行日期,然财部管理银行的方针,事实上仍酌量银行法的规定为依据。[2]1934年7月4日公布施行《储蓄银行法》,虽然对于储蓄银行的注册、资本、营业范围,以及存款保证金等项有硬性规定,但其管制范围又未能普及一般并不兼营储蓄业务的银行,管理范围过于狭小。所以战前,国民政府对于我国银行业的经营,可以说仍是采取完全自由的政策。

抗战一经爆发,我国的金融市场就进入了战时状态,金融业完全不能适应战时各方面的需要,这时政府就开始将银行业置于管制之下。战时国民政府管理银行业是采取了由松入紧,逐步施行的步骤。

1937年抗战爆发,我国金融市场本来比较脆弱,现在又受到战争影响,就出现了不稳定情势,顾客们纷纷提存,更加剧了这种动荡局势。银行的放款投资或受战争破坏而损失,或一时不易收回。存款又被存户提取,此时两面受逼,必须由政府出面救济,才能巩固银行信用。存户提取存款,转购外汇,或携带法币出口,实行资金逃避,如不设法制止,则币值难以维持,人心无法安定。为应对金融恐慌,财政部于1937年8月15日公布了《非常时期安定金融办法》七条。这就是战时金融统制体系的开端。其第一条"自8月16日起,

---

[1] 徐百齐:《中华民国法规大全》(第三册),商务印书馆1936年版。
[2] 戴铭礼:《当前之银行管理问题》,《中央银行经济汇报》第5卷第10期(1942年5月16日),第55页。

银行钱庄各种活期存款,如须尚原存银行钱庄支取者,每户只能照其存款余额每星期提取5%,但每存户每星期至多以提取法币150元为限"①。其目的在于限制提存来巩固银行信用,并防止资金逃避。同时为维护银行营业,规定自8月16日起,凡以法币交付银行钱庄续存或开立新户者,可以随时照数支取法币,不加限制。同年8月17日,补充规定《安定金融补充办法》四条。②这在当时确实收到了一定实效,因为直到第二年3月才开始实行外汇统制,如不限制提存,则资金逃避之风将不堪设想。安定金融办法主旨有三:一为巩固银行信用,二为防止资金逃避及维护外汇市场,三为救济各业资金的流通。实施以后,就法币的流出而言,8月份,法币出口8万万元;9月份,输入法币8051436元,输出3111046元;入超4940417元,同时港纸入超亦有2314元。11月份,又净入超2100余万元法币。足见以前输出的法币,已有小部分重新流入,同时也可证明人民对于银行的信任心已渐恢复。③

战时对货币、外汇的管制,是实现战时金融控制最核心的内容,同时对银行业的存贷业务也能产生较大影响。随着战争深入,在财政收入逐步减少的同时,军费开支越来越大,为扩大法币发行,1939年9月8日,公布了《巩固金融办法纲要》,其第一条规定法币准备金除原有的金银及外汇外,可以加入以下各款充实:"①短期商业票据。②货物栈单。③生产事业之投资。"④这样就扩大了银行的存款准备金,建立了所谓的"弹性发行制度"。该制度的确立,一方面表明国民政府战时货币发行管制的变化,另一方面已经为通货膨胀埋下了祸根。"因为有了准备,一般只要20%,就可以制造信用的100%,制造出五倍于其数的总额的手段或条件。"⑤准备的扩大,中央银行可以加大发行钞票数额,发行增多,意味着商业银行的一般准备可以增多,并用以向中央银行转抵押。各银行存款的增多,则可以膨胀信用,多贷予客户。

除此之外,国民政府还对中央和地方的国家银行也进行了改组和管制,

---

① 重庆市档案馆:《抗日战争时期国民政府经济法规》(上),档案出版社1992年版,第74页。
② 重庆市档案馆:《抗日战争时期国民政府经济法规》(上),档案出版社1992年版,第75页。
③ 邹宗伊:《中国战时金融管制》,财政评论社出版1943年版,第32—33页。
④ 重庆市档案馆:《抗日战争时期国民政府经济法规》(上),档案出版社1992年版,第77页。
⑤《抗日战争时期国民政府财政经济战略措施研究》课题组编《抗日战争时期国民政府财政经济战略措施研究》,西南财经大学出版社1988年版,第6—85页。

以期共同配合战时金融管制的推进。1939年9月8日,国民政府财政部公布了《战时健全中央金融机构办法》七条。[①]其主要内容是将原来的四行联合办事处,即遵照此法令改组为四行联合办事总处,即四联总处,负责办理与政府战时金融有关的各特种业务,并得接受财部赋予的权限,对四行采取便宜之措施。对全国金融事宜进行统一管理。为加强对地方金融的管理,1938年4月29日,财政部颁布《改善地方金融机构办法纲要》六条。规定各地方银行可以向四行领用一元券及辅币券,在原有业务外,应再增办农业仓库,农产储押,农业生产贷款,农产商业票据的承受或贴现,公司债的经理发行或抵押,房地产和工业原料及制成品的抵押,以及农林渔业矿业出品及日用国货品的抵押等业务。[②]财部此项办法的原意,旨在适应抗战时期调剂内地金融,扶助农工矿各业,以增加生产,并使小额券的推行深入农村。

总之,从抗战爆发到1940年8月为止,这个时期的管制并没有系统化,多是针对某个问题而采取相对的应对对策,属于初步管制时期,对银行业的管理思想仍是采取自由放任的政策,没有组织专责机构,实施不得力,许多违法情事也没有得到处理。而从1940年8月开始,管理银行业开始系统化,但还是没有得到真正实施,直到1942年1月,才开始真正实施。这个时期属于积极管制时期。

总体言之,由于法律建设不健全,战争初期,中国出现了金融恐慌,国民政府应对措施迅速、灵活,此后,太平洋战争爆发,针对此前出现的状况才开始进行彻底管理,指导商业银行的业务建设走上了辅助生产建设的正途,对中国的银行制度和法律建设都起到了很大的影响。

金融与经济联系紧密,金融资本的流向能影响到社会经济的进展,加强对金融业的控制则可以使经济稳定发展。因此,对于金融业的管理,除了政府需要加强行政管理、法律管理、政策管理外,同时还要重视金融业自身的自律管理,而加强金融业同业公会的组织建设,就可以发挥金融业本身的这种

[①] 重庆市档案馆:《抗日战争时期国民政府经济法规》(上),档案出版社1992年版,第640—641页。

[②] 重庆市档案馆:《抗日战争时期国民政府经济法规》(上),档案出版社1992年版,第75—77页。

自律作用。

在竞争激烈的商品经济条件下,工商业同业公会正是经济竞争的一个产物。它可以为同业竞争提供公平的环境,促进同业间的制度建设,减少同业竞争中不必要的惨重损失。我国历史上同业公会早已存在,作为上层国家和下层社会之间的中介组织,其纽带和自律作用异常重要,当政府无法详尽管理社会各个方面时,同业公会的自律行为就可以予以行业或道德约束,促进市场的公平、公正和竞争秩序的建立,协助政府维护社会稳定,"行业自律的最大优点就是,可以补充政府政策、法律不足之处,从一定的角度上讲,行业自律往往会比政府管理更有效,能够管理到行业中法律所不能达到的地方"[①]。金融业与经济间的双向互动作用对经济波动影响很大,加强金融业的建设可以保障社会经济的健康发展。金融业同业公会可以用自身的道德自律因素和一些简章、规则、制度等来约束会员行动,保障会员利益,积极传达政府的相关政策,并督促会员执行,同时又可以把会员本身的情况向政府报告并为政府出谋划策,能较好地发挥中间的桥梁沟通作用,所以,抗战时期不论是在实际操作中还是在法律层面上,国民政府一直都比较重视金融业同业公会的组织建设。

战时国民政府对重庆商业银行管理的大部分法令,都是通过重庆银行公会来传达给各会员银行并执行的,同时也通过银行公会来搜集在执行过程中各会员银行的反馈意见。重庆银行公会的档案记录中,记载会员银行与国民政府之间就有关金融方面的建议和意见的来往函件、法令等比比皆是。1940年8月8日,国民政府公布《非常时期管理银行暂行办法》。由于这是我国第一次系统地对银行业进行立法管理,所以在银行界反响比较大。1940年9月18日,重庆银行公会各会员银行就通过银行公会就此法令向财政部致函,认为管理银行暂行办法"虽明定自公布之日施行但未另定有施行细则至行等,详加研究倍感实行困难尚多",其中有10条疑问呈请政府解释及设法补救,分别如下:①普通存款的内容。②缴存准备金计算的根据。③缴存准备金给息的标准。④准备金支取手续。⑤汇划限制办法。⑥视同银行的管

[①] 刘志英:《近代上海华商证券市场研究》,学林出版社2004年版,第312页。

理。⑦存款准备于当地行。⑧缴存准备金的百分率。⑨存款运用的范围。⑩保证品代用准备的建议等。财政部综合各地的意见研究后,于1940年11月8日将暂行办法应予解释的几点,向重庆银行公会发出训令。"①普通存款系指储蓄存款以外其他一切活期(包括比期)定期存款而言,其同业存款借入款系属同业间往来或属一时抵充头寸之用,应不包括在内。②交存准备金之计算根据应仿照储蓄存款交存准备办法,分为三月六月九月十二月底四次为之,为体恤银行周转兼顾保障存户起见,在此时期中间如存款减少至总额1/5以上时,准由交存行填具表报,向收存行申请,俟核算明确,按照比例提回准备。③交存准备金给息应按照四行公布之贴放息为准。④承汇日用必需品及抗战必需品之口岸汇款,应由汇款人提出经营业务之证明,由承汇行查明确为本业正当商人方得承汇,如不能提出证明或系个人请汇均应拒绝,俾收时前稽核之效,毋庸在汇往地再为稽考。"1940年12月6日银行公会经过磋商后,将此精神传达给各会员银行,并遵照执行。①观察重庆银行公会的档案记录,可以看出,因准备金制度,各会员银行通过银行公会与国民政府商议的记录最为频繁,同时,银行公会也多次召开会议,共同研究暂行办法,向国民政府提出意见。1941年12月9日,国民政府又颁布《修正非常时期管理银行暂行办法》,这标志着战时国民政府对我国银行界严格管理的开始,此后又相继补充颁布一系列辅助的单行法规。其第五条,对抵押放款的质押物所做的规定"银行承做以货物为抵押之放款,应以经营本业之商人,并以加入各该同业公会者为限。"②原办法仅说明只要是承做本行业的正当商人即可进行抵押性质的放款,而此次则强调了同业公会作用的重大,对于抵押放款的商人,除了经营本业的正当商人外,还必须加入本业同业公会。其后的《管理银行信用放款办法》又进行了更为细致的规定,工商业放款在5000元以上者,应以经营本业并已加入同业公会的厂商为限。这些都表明政府利用公会的道德和自律因素来约束会员的某些不正当行为更为具体。

国民政府对金融业同业公会最为重视的一项举措,就是在法律层面上对

---

① 重庆市档案馆馆藏重庆银行公会未刊档案,档号0086-1-5。
② 重庆市档案馆馆藏重庆银行公会未刊档案,档号0086-1-91。

金融业同业公会作用的认可,即1942年所颁布的加强对银钱业同业公会组织建设的法令。各地银钱行业同业公会,是金融业的公共机构,如果能组织健全,办理有方既可协助政府推行政策,也可领导同业共谋发展。但国民政府鉴于当时后方各地,对这项组织,尚未能普遍推行,于是财政部一面函请社会部转饬各该地方主管机关限期督促成立,一面函请四联总处转行各地分支处从旁倡导,加以协助。同时为严密管制加强组织起见,1942年5月7日,财政部规定初步办法三项如下:"①各地银钱业同业公会,应即将章程,会员名称,职员略历,呈报本部备查。②各同业公会对于当地未经依法注册之银钱行庄及未经奉准设立之分支行号,应不准其加入公会,一面查明各该行号名称报部核办,其已经注册或报准设立者,并应依照非常时期钱业团体会员强制入会与限制退会办法之规定,强制其入会。③各地商号如有私营存款放款储蓄汇兑等银行业务者,应由当地银钱业同业公会随时检举,报部取缔。"①初步办法较有成效时,就续谋进一步的管制,调阅公会会议记录,随时进行必要的指示,并于公会开会时派员出席指导,为以后法令的推行增加便利。

战时金融业同业公会的地位和作用,得到了国民政府的重视,它的中介桥梁作用既为政府政策的推行提供了便利,又为政府提供了一些建设性的建议和意见。在国民政府行政法令与同业公会道德自律的双重作用下,我国的银行业得到了顺利的发展。

商业银行多系私人性质的银行,国家对其业务经营本无干涉的必要,但商业银行对社会经济联系紧密,其一举一动都会对社会经济产生影响,所以政府就有必要对其管理。抗战时期,大多数商业银行,为了在金融市场的竞争中立于不败之地,均采取了相应的手段,转变业务发展方向,取得了成功,但却对国家的经济造成了一定的不利影响,于是,国民政府为了协助银行业务走上正途,利于抗战,才对银行业进行了全方位的管制。经济本身是一个异常复杂的体系,牵涉到社会的方方面面,当经济主体为了开展自己而不顾任何代价时,商品经济间自由竞争的弱点就暴露出来。在抗日战争这样特殊的时期,一切都应以抗战为最大任务,所以当银行界间的业务发展有损抗战

---

① 重庆市档案馆馆藏重庆银行公会未刊档案,档号0086-1-10。

经济时,国家的管制政策就突出的显现出来,国民政府适时的采取严厉的金融管制使商业银行的部分业务趋于衰落,方向趋向正途,也迫使我国包括川盐银行在内的商业银行的业务都发生了变迁,这点是应当值得肯定的。

(二)政府管制金融的缺陷及启示

抗战时期,川盐商业银行在国民政府强硬的法律和行政手段的干预下,部分对经济整体发展和抗战不利的业务就出现了下滑和消失的现象。商品经济条件下,市场间的竞争不可避免地会出现漏洞,而本身却又无力扭转和摆脱时,此时国家的作用至关重要。在经济运行中,除了市场外,还要有政府的作用,只有两者相互结合,一国的经济运行才可以平稳、健康、顺利。政府的改革一定要注意各方面的配套措施,组建一套完整的法律和制度建设体系,否则,稍有失误,可能会导致全盘皆输。

商品经济的发展,在一定程度上会对微观经济主体有益,但对社会宏观经济的整体运行可能就带来一些不利因素。商品经济发展到一定阶段时,它盲目性、自发性和滞后性的弱点就会暴露出来,造成社会资源的巨大浪费,对社会经济的整体运行产生不利影响,国家的干涉与管制作用就凸显出来。但国家此时的管制手段应从宏观方面着手,制定一套相应的管制体系,注重社会各方面的配套改革措施,任何一点的疏漏,就可能会导致管制与改革的失利,从而产生更加不利的后果。抗战时期,我国银行业高速发展,其业务运作于已有利,却对抗战经济形成了较大的不利影响,物价日益上涨,国民政府就对银行界进行了管制,取得了一定成效。但由于在管制过程中过于强调中央银行体系的快速发展,使我国的中央银行体系出现了一些漏洞,中央银行与财政部因人事关系而责权不清,相关制度建设落后,在1942年后造成了恶性通货膨胀,从而导致改革的失败。

在近代经济制度下,中央银行是现代金融体系的核心,是统领一国金融体系、控制全国货币供给、执行货币政策、实施金融监管的最高金融机构。[①]其重要的职能使其成为"发行的银行、银行的银行和政府的银行"。所以,中

[①] 刘学华:《新编货币银行学》,立信会计出版社2005年版,第200页。

央银行体系的完备与否,关系到一国金融和经济的稳定发展。中央银行体系的组建也是国民政府对中国银行业管制和改革的一个重大步骤,其影响深远。国民政府的中央银行成立于1928年的11月1日,但是其中央银行体系的确立却是在抗战时期,刘慧宇博士对此问题进行过系统论述。[①]下面就简单阐述其国民政府央行体系确立的过程。

1928年,国民政府成立中央银行,资本总额2000万元(1934年12月增资至1亿元),其资本、组织,以及业务范围,都是以1935年5月23日国府所颁布的《中央银行法》为根据。据规定,中央银行为纯粹国营金融事业的色彩是十分浓厚的。当时的中央银行除经营本身业务外,也兼营商业银行的业务。

抗战爆发,我国金融形势异常严峻,急切需要一套处置战时金融事宜的、事权高度集中的、具有权威性的统领全局的金融机构,来处理和应付金融恐慌,这时国民政府就有意识地逐步提高中央银行在全国金融机关中的地位。1937年抗战刚刚爆发不久,国民政府就在上海成立了由中中交农四行所共同组织的四行联合贴放委员会,办理联合贴放事宜,救济银钱工商各业。"八一三"事变后,改为四行联合办事总处,就是后来的四联总处。根据黄立人的观点,将四联总处分成四个时期:1937年8月到1939年9月为成立初期,1939年9月到1942年9月为第一次改组时期,1942年9月到1945年12月为第二次改组时期,1945年12月到1948年10月为第三次改组时期。四联总处的全盛时期就在第一次改组后,这时它已经"开始作为一个重要的中枢决策机构,在国统区金融、经济领域内发挥作用,被蒋介石比喻为'经济作战之大本营'"[②]。四联总处在这段时期辅助中央银行成为全国最高金融机关起到了非常重大的作用。中央银行体系的建立有以下几个重要阶段。

成为发行的银行。在一国的金融体系中,独占钞票发行权是中央银行所具备的特权。国民政府实行法币制度,对于紊乱的发行是一大改进,但规定中中交农四行都具有法币发行权,发行权仍未完全由中央银行一家独占。1942年为适应环境需要,5月四联总处订定《中、中、交、农四行业务划分及考

---

① 参见刘慧宇:《中国中央银行研究(1928—1949)》,中国经济出版社1999年版。
② 黄立人:《抗战时期大后方经济史研究》,中国档案出版社1998年版,第81页。

核办法》,将四行业务专门化,中央银行由此取得独占发行之权。6月21日四联总处订定《统一发行实施办法》,财政部于7月1日颁布《统一发行办法》六条。①该办法规定:"①由政府命令,自本年7月1日起,所有法币之发行,统由中央银行集中办理。②中、中、农三行在本年6月30日以前所发行之法币,仍由各该行自行负责,应造具发行数额详表,送四联总处,财政部及中央银行备查。③中、交、农三行订印未交及已交未发之新券,应全部移交中央银行集中库保管。④中、交、农三行因应付存款需要资金,得按实际情形提供担保,商请中央银行充分接济,并报财政部备查。⑤中、交、农三行,1942年6月30日以前所发钞券之准备,应规定期限由各行缴交中央银行接收。⑥各省地方银行之发行,由财政部规定办法,限期结束。"至此,中国中央银行才完成了统一全国的货币发行权。

成为政府的银行,经理全国公库。1938年6月9日,国民政府颁布《公库法》,1939年6月27日又公布《公库法施行细则》,至同年10月1日开始施行,其要点:①此后政府的一切税款收入,应由纳税人或缴款人直接缴纳代理国库的银行,直接列收库账;②此后库款支出,须由中央银行凭财政部签发的公库支票,直接支付给领用单位,领用单位必须将款存在央行的公库账户,领用时应开具公库支票。③以往自行收解或领发及互相拨解办法,一律不许再有,所有借款应完全缴纳公库,而所有拨款应全由国库拨发。②总之,凡国库现金票据证券的出纳、保管、移转,及财产契收等的保管事务,全部指定由中央银行代理。在整理国库的同时又增强了中央银行的财力。统一全国的外汇管理。1938年3月12日和13日,连续发布《购买外汇请核办法》和《中央银行管理外汇办法》三条。③规定外汇的统筹管理及用途的考核,除由财政部办理外,所有收付都集中在中央银行调拨。各银行因正当用途于收付相抵后需用外汇时,应填具申请书送达中央银行总行或其香港通讯处,依照部定规则

---

① 重庆市档案馆:《抗日战争时期国民政府经济法规》(上),档案出版社1992年版,第649—650页。
② 重庆市档案馆:《抗日战争时期国民政府经济法规》(上),档案出版社1992年版,第341—345页。
③ 重庆市档案馆:《抗日战争时期国民政府经济法规》(上),档案出版社1992年版,第679—680页。

审核。审核后按法定汇价售与外汇,并得由中央银行向请准外汇银行索取用途清单以凭稽考,由此可见中央银行在外汇管理中的重要作用。至此,无限制买卖外汇的政策结束,开始进入到了外汇统制的时期。其后又针对一系列特殊情况补充公布了一些法令。1942年形势严峻,5月28日,四联总处拟定《中、中、交、农四行业务划分及考核办法》规定,"外汇之统筹管理及用途之考核,除由财政部办理外,所有外汇收付,应集中中央银行调拨。"①同日,临时理事会,议决通过《统一四行外汇管理办法》,规定"外汇交易应遵照政府法令办理,不得为非法定价格之外汇买卖,中、交、农三行外汇买卖收付应集中中央银行转账,并由中央银行调拨"。②其后无论是本国商业银行或外商银行,都要经过中央银行授权特许,才能经营外汇业务,称为"指定外汇银行"。中央银行能拥有外汇管理权,则在一定程度上改变了战前外汇行市完全由外商银行操纵的局面,这是具有积极意义的。

成为银行的银行。集中全国银行的存款准备金。中央银行集中全国银行的存款准备有两方面作用:一是可以提高商业银行的清偿能力,以备客户提现,从而增强商业银行的信誉;二是中央银行可以发挥这部分资金的基础货币作用,成为调控货币供应量的重要手段。③我国银行的存款准备制度是从1940年8月8日的《非常时期管理银行暂行办法》开始的,此后又经1941年12月9日的《修正非常时期管理银行暂行办法》强调,才开始真正实施。其具体情况见上文,但收效甚微,直到1942年6月17日止,全国已缴准备金的行庄才计375家,地区57个城市(指定的地区有100多处)④,而且还有大量的比期存款尚未缴纳。1942年根据当时的金融形式,国民政府认为要强化中央银行的实力,于是1942年6月四联总处理事会通过《存款准备金收缴补充办法》,改由中央银行一家收存,其他三行过去所收存的此项存款准备金,一律

---

① 四联总处秘书处:《四联总处文献选辑》,四联总处秘书处1948年版,第201页。
② 重庆市档案馆、重庆市人民银行金融研究所:《四联总处史料》(下),档案出版社1993年版,第172页。
③ 刘学华:《新编货币银行学》,立信会计出版社2005年版,第206页。
④ 寿进文:《战时中国的银行业》,【出版社不详】1944年版,第103—104页。

转存中央银行。①此时,中央银行就逐渐掌握了全国银行的存款准备金,其资力更为强大。主持全国的票据清算业务。各商业银行因业务关系,通过在中央银行开立活期账户进行转账和划拨,可以迅速、方便地完成清算。金融界共同的票据清算转账机关可以为各行庄简化往来手续,节省交易费用。但战前我国并没有共同的清算机关,都是各地区各自为政。战时重庆成为大后方的金融中心,银钱业增设较多,银行业务繁荣,财政部即函令中央银行拟定《中央银行办理票据交换办法》②,同时呈经财部核定,在总行业务局下增设交换科以主持渝市票据的清算。原定1942年1月5日开幕,后以各行庄对原订办法在技术上提出意见,辗转磋商修正,延至1942年6月1日始付实施。对参加交换的机构、条件、交换行庄的监督管理、交换票据的种类、交换方法及规则、退票规定和处罚办法等都做了详细规定。这样在机构和法律上,都为中央银行主持全国票据的交换和清算业务起了开端。其利息根据中央银行当时所定的日拆7角计算,合月息2.1分,在渝市加入交换的行庄,连中央银行在内,计有80家。③重贴现业务,可以使中央银行凭借其雄厚的实力充当各商业银行的最后贷款人。重贴先业务此前已陆续进行,但我国中央银行自成立以来,其重贴现业务始终未见发达,1942年前历年营业实际公告表所列重贴现余额,未有超过200万元以上者,就是其贴现业务,也远不及抵押放款业务发达。考其原委,是由于一般银行的贴现业务不发达,从而中央银行也就无从重贴现。④但经过发展,最终把央行的重贴现业务以法律形式固定下来的是1943年4月《非常时期票据承兑贴现办法》。之后又建立相关组织,颁布相关法令,将我国的重贴现业务制度化。经过以上几个重要步骤,我国的中央银行体系最终确立起来。

中央银行体系成立后,在统一代理国库业务、统一货币发行、管理外汇和黄金、集中银行存款准备金、建立划拨清算制度、重贴现和公开市场操作等业

---

① 重庆市档案馆、重庆市人民银行金融研究所:《四联总处史料》(下),档案出版社1993年版,第431页。
② 中国第二历史档案馆、中国人民银行江苏省分行、江苏省金融志编委会:《中华民国金融法规档案资料选编》,档案出版社1989年版,第903—908页。
③ 寿进文:《战时中国的银行业》,【出版社不详】1944年版,第106页。
④ 寿进文:《战时中国的银行业》,【出版社不详】1944年版,第107页。

务中都取得了不俗的成绩,值得称赞。最终成为我国"发行的银行、政府的银行和银行的银行",标志着我国银行体系日益走向现代化。但由于我国中央银行体系是在战时特殊的环境下,为适应战时的金融体制而快速组建,目的是为了解决战时出现的一些金融危机,并非经济发展到一定程度的客观产物,所以不可避免地会出现一些漏洞,不仅使我国组建中央银行体系所取得的一点成绩灰飞烟灭,最终导致国民政府整个金融管制和改革政策的失败。

中央银行体系确立之际,就是恶性通货膨胀开始之时。中央银行和财政部是平行关系,它们之间的关系是中央银行代理财政公库收支和经理公债,按道理讲,分工明确,但在旧中国,人的关系可以高于一切。中央银行行长与财政部长间的人事关系不明确,责权不分,抗战时期我国的中央银行行长就是孔祥熙,他的任职是1933年4月到1945年6月,而财政部部长一职基本上也是由其担任,集两个机构的权力于一身,在筹措政府经费时可以左右逢源,相互关照,所以事实上中央银行和财政部两个机构是合二为一的。这种关系就表现在当财政收不抵支时就由中央银行垫款解决。按照严格的规定,中央银行拥有特殊的地位,即在执行业务时,应不受行政和其他部门干预。只有中央银行处于这种特殊地位,才可能使货币政策不受政府财政收支状况的干扰,才可能避免周期性的通货膨胀,从而最大限度地促进经济稳定。当中央银行给政府提供垫款时都有非常严格的手续和保证条件,如垫款的限额和期限,偿还办法,追加预算案的成立等等。国民政府刚开始还能遵照一定的手续向中央银行借款,但随着后来财政支出的扩大,收入日益减少,就常常借口因战争需要而要求中央银行的垫借款项来解决财政支出。1939年制订了一个由行政院长用"紧急支付命令"拨款的办法,财政部只要接到政府的紧急命令,立即通知中央银行国库局拨付,也不管其当时有无库款。[①]到中央银行体系逐步建立,抗战末期时,这种紧急支付命令越来越多,法币越发越滥。战时中央银行垫款数额详细情况见表7-11。

[①] 石毓符:《中国货币金融史略》,天津人民出版社1984年版,第303页。

表7-11　战时中央银行垫款数占国库支出数

(单位:百万元)

年份	国库支出总数	中央银行垫款数	银行垫款占支出的百分数
1940	5425	3834	70.67%
1941	10892	9443	86.70%
1942	26602	20081	75.49%
1943	63351	40857	64.49%
1944	182831	140090	76.62%
1945	1266437	1043257	82.38%

资料来源:石毓符《中国货币金融史略》,天津人民出版社1984年版,第306页。

由表7-11可知,战时中央银行垫款在国库支出总数中的比例一直都在60%以上,特别是在中央银行体系逐步确立时的1942年底。从此以后这个比例就开始趋于稳定,逐渐上升。因为从这个时候起,中央银行独占了全国的货币发行权,其他三行都被剥夺了这个权力,而中央银行和财政部事实上又是合二为一的,中央银行就作为财政部的账房而存在,每当财政不敷时,就要求中央银行发行钞票来渡过难关,发行的钞票就日益增加,所以"直到1942年时中国新的通货膨胀遂如脱缰之马,难以控制了"[①]。而钞票发行的增多,超过社会的实际需求量时,就会引起通货膨胀,通货膨胀的表现形态就是纸币贬值,物价上涨。引起通货膨胀的原因很多,本文暂不做考察,但国民政府中央银行对政府的财政垫款确实是一个很重要的因素。详见表7-12。

表7-12　1937—1945年国民政府法币发行指数和重庆趸售物价指数表

年月	法币发行 指数	法币发行 较前期增减(%)	重庆趸售物价 指数	重庆趸售物价 较前期增减(%)	货币购买力指数
1937年6月	100		100		100
1937年12月	117		98		101.72

[①] 张公权著、杨志信摘译:《中国通货膨胀史(1937—1949)》,文史资料出版社1986年版,第26页。

续表

1938年12月	164	40.6	164	67.3	60.97
1939年12月	305	85.9	355	116.4	28.13
1940年12月	560	83.6	1276	287.6	7.84
1941年12月	1076	92.2	2737	114.4	3.65
1942年12月	2442	126.9	7776	184.1	1.28
1943年12月	5357	119.3	20930	169.1	0.47
1944年12月	13464	151.3	58774	180.8	0.17
1945年6月	28289		213320		0.04

资料来源:杨培新《旧中国的通货膨胀》,人民出版社1985年版,第34页。

从上表可见,在1939年前,法币发行的指数和物价上涨的指数尚能维持接近,1939年时重庆趸售物价指数为355%,法币发行指数为305%,处于缓和通货膨胀的阶段,还在可以控制的范围内,之后日益扩大。1940年物价上涨指数是法币发行指数的2.3倍,1941年为2.5倍。通货膨胀已经处于比较严重的局面,但上涨幅度的趋势还不算过快,从1942年开始这种上涨幅度的趋势就加快了,1942年为3.2倍,1943年为3.9倍,1944年为4.4倍,1945年半年就为7.5倍,实际从1942年起就进入到了恶性通货膨胀阶段。

战时中国的恶性通货膨胀,使银行业的业务都发生了扭曲变形,同时"暗账"、"暗息"制度也盛行起来。纸币的过量发行对社会经济的各个方面都产生了严重影响,但对银行界产生的影响更大。商业银行本身就是以货币为经营对象的企业,当流通的货币量超过现实中需要的货币量时,纸币出现贬值,银行资产就会受到损失。抗战时期,国家银行可以利用特权扩大业务范围,但私营商业银行受恶性通货膨胀影响经营正常的金融业务已经非常困难了,其表现是银行存款来源的减小,账面存款的实际价值猛烈下降。1937年全国私营商业银行的存款约为9.35亿元,占全国银行存款总数约42.14亿元的22.19%,而根据1944年年底时统计,全国私营商业银行的存款量才大约达到74.47亿元,仅占到全国银行存款总数的约1273.86亿元的5.85%。全国私营银行近95%的存款都集中到了国家资本上了。①在这种情况下,商业银行的业务方向多发生了改变,都将业务方向转为了大力发展副业方面,如果仅营主业而不兼营副业,则银行本身便不能生存下去。行庄之外,以企业公司为名的组成,有不少是以贸易为其主要业务的。如"大华公司"、"西宁公司"、"华府企业公司"、"川陕实业公司"、"大中煤气实业公司"与"民生实业公司"等,对于贸易,都投下不少的资本。这些事实,不但说明了银行的商业化,而且说明了生产的贸易化。②1943年以后,金融机构则更多地自营黄金、美钞、美汇,以商品、金融投机为行庄的主要业务。行庄暗账经营的范围就逐步扩大起来,由按暗息办理存放款的业务,发展到从事商品的囤积居奇,以及金、银、外汇的黑市投机。用当时流行的话来说,这就是:"工不如商,商不如金,金不如汇(外汇)。"行庄"眼见市场上囤积投机获利迅速而丰厚,限于本身业务范围,未能插手,于是走上了设立暗账的途径"。"直到解放为止,在很长一段时期内是明暗两套账并存的局面"。暗账资金运用,"一是囤积商品和够存金钞。所囤积的商品大抵是可以抵充市场筹码,随时可以抛售或作为抵押的,如纱布、食糖、西药、纸张、五金等等,金钞则包括黄金、美钞、港币、外汇及外币证券等"。"二是经营黑市拆放。一笔放款照挂牌规定利率为1分5厘,向放款户收取黑市利率2分,以1分5厘收入正账外,其余5厘收入暗账"。暗账部分成了行庄经营的主要部分。③而"暗账"、"暗息"制度也是商业银行逃避国民政府检查银行业的一个重要手段。在存款来源下降和货币实值贬低的形势下,银行对工商业的放款也会受到削弱,银行大都把资金贷放给自己自营的企业,而更多的从事商业投机等别的副业。所以,银行不但不能促进我国工商业的发展,反而对国民经济和抗战经济起着阻碍作用,国民政府对我国商业银行管制和改革的措施就受到了很大限制。

我国中央银行体系的建设不是在央行本身实力增加的基础上,也并非是客观经济形式所迫,而是为了克服当时的经济危机,在法律作用下用强硬的手段强行建立的,这就很有可能暴露出种种弊端。监督机制的不完善,人事

---

① 杨荫溥:《战时银行资金运用之检讨》,《四川经济季刊》第2卷第4期(1945年10月),第45页。
② 镜升:《战时中国经济轮廓》,【出版社不详】1944年版,第41页。
③ 杨培新:《旧中国的通货膨胀》,人民出版社1985年版,第144—145页。

制度的不完善,法律建设的不完善等等因素,促成了中央银行成为国民政府的发钞机器。在解决财政危机问题时,不是加大投入,增加物资生产,利用健全的税收机制,也不是扩大信誉,完善资本市场,采用稳健的公债手段,而是采用了最为方便快捷但又最为冒险的发钞手段来弥补赤字,产生的后果非常严重。

我国幅员辽阔,战争频繁,管理金融业的工作比较困难,法律难以有效实施,现代金融业发展缓慢,近代金融制度建设更为滞后,法律制度建设上的落后和不健全,导致抗战初期的金融恐慌,以及1942年前出现的银行业务畸形发展的状况。此后,经过一系列完备的立法和管制工作,商业银行发展逐渐转入正轨。此时正是我国近代中央银行制度建立之时,由于种种原因而成立的中央银行制度,还有许多漏洞,缺乏其他系列的配套制度的支持,就使我国的央行体系基础不稳,使央行变相的成为财政部的下属,国民政府的账房,财政赤字的弥补者,过量发钞导致了恶性通货膨胀,终于使各商业银行违背政府法令,设立暗账,投机囤积,经营副业,逃避检查等种种手段,躲避政府的管制,国家的管制改革政策最终归于失败。

抗战之前,重庆本地的川盐银行,业务趋向川省盐业,定性是侧重为盐业服务的专业银行。但抗战之中,川盐银行的业务获得了长足发展,不断增加存放款项,转变放款对象,投资工商实业,角逐保险市场,存废比期业务,拓展附属业务等,在业务经营方式上显示出经营重点已由为盐业服务转移到获取利润上来。随着业务转型,银行性质也由专业银行转变成了商业银行。川盐银行业务变迁的原因,既有自身所具有的独特原因,也有导致战时重庆银行界业务发生变迁的共同原因。战时川盐银行盐保市场的巨大损失,是其业务变迁所具有的独特原因;战时以重庆为中心的西南大后方经济飞速迅猛发展的客观需要,是其变迁的首要原因;物价上涨的极大影响,是其业务变迁的重要经济原因;国民政府对中国金融业的管制是其变迁的主观原因。川盐银行战时业务变迁,最终使其利润率持续攀升,整个战争期间达到了其发展历程上的黄金时代。川盐商业银行的业务变迁,反映着中国战时西南大后方商业银行业务变迁趋势,代表着抗战时期我国商业银行界业务变迁的共性。所以,对川盐银行在抗战时期业务变迁的研究,在抗日战争时期西南大后方金融变迁中有很重要的地位。

通过对川盐银行业务变迁的状况考察和原因分析后,得出启示:抗战前期,我国银行业界高速发展,呈现一片繁荣景象,但却对抗战经济形成了巨大的不利影响。国民政府适时的进行管制与引导,值得肯定。但国民政府没有注意配套改革中一系列相关制度建设的完善,中央银行体系制度建设中的不完备性,在战争后期采取恶性通货膨胀政策导致管制最终失败。商品经济条件下国家的补充引导作用至关重要,但配套改革应相互兼顾。必须处理好金融市场、社会经济、国家政策三者间的配套措施,才能取得改革的成功,否则将归于失败。在这三方间的关系处理上,是值得引人深思的。

当今社会中,这三方面间的关系问题,依然是一个古老而常新的话题。中国正在进行的市场经济建设,国家应如何通过政策引导金融业为市场经济建设服务,国家因素在我国市场经济中应处于怎样的地位。特别在当前进行的市场经济体制转换的过程中,国家的改革应注意的问题,各方面的配套改革能否跟上经济发展的步伐,不能一味地求快而生硬照搬外国经验等,这些都是我们需要考虑的,而抗战时期中国银行业的发展状况和国民政府对银行业的管理,能为我们提供一些启示和借鉴。

第八章　抗战大后方的县银行研究
——以四川省县银行为例

抗战爆发后,国民政府急欲健全西南西北金融网,开发内地经济,厚植抗战建国的物质基础。而与此相应的是,当时内地的现代金融机构极不发达,且地域分布不均衡。为解决这一矛盾,国民政府决定设立县银行,于1940年1月颁布《县银行法》,并陆续出台了一系列的相关法规条令,开辟了中国县银行制度的新纪元。在国民政府的大力倡导下,县银行推设迅速,据统计截至1947年底,全国设立县银行者共计500多家。以时间而言,1942—1944年、1946—1947年间形成了两个设立高潮;以地区而言,四川省的成绩最为显著,计有县行131家,分支办事机构200余处。

从学术界目前已有的研究成果来看,县域金融机构的研究还未受到重视,研究者较少。本章选择以国民政府时期的县银行为重点考察对象,通过对四川省档案馆馆藏的四川省政府财政厅全宗档案以及大量民国时期期刊杂志的梳理,着重考察了县银行的创设缘由、发展历程、组织机构、人事制度等问题,试图展现金融机构在县域金融环境中的构建,系统而深入地探讨县银行的业务详情、县银行发展中存在的问题及原因等,意在揭示在县域金融中,外部性的制度移植所面临的内外部挑战及最终绩效如何。

一、县银行的缘起及发展

我国县地方银行之演进史迹,其源流之长远,历史之悠久,并不在普通一般银行之下。早在1915年,即有《农工银行条例》的颁布及农工银行的设立,以昌平、通县、大宛三农工银行为首倡,后全国各地仿行而设立者颇多。但这些农工银行,因自身和外部环境的种种弊端,发展并不理想,几年后大都停业,在我国银行制度史上,并未发生重大影响。国民政府统一后,浙江等省虽亦陆续举办过农民银行,但也未经中央核定,普遍推行。[①]抗战爆发后,随着抗战的进展,国民政府一改此前不太重视发展县域银行的态度,积极推进县银行的设立。1940年1月20日,国府颁布《县银行法》,倡导在全国各地设立县银行,同时为谋其迅速推设和顺利开展,又陆续出台了一系列相关的法规条令,开辟了近代中国县银行制度的新纪元。

(一)创设之根本目的:厚植抗战建国的物质基础

县银行作为一种极为基层的地方金融机构,在抗战时期得到国民政府的大力倡设,这当然不会是毫无根据和缘由的,而是出于深刻的历史渊源和战时现实需要的考量。

历史渊源之一,近代中国农村经济凋敝,复兴农村需要金融机构的协助。众所周知,近代中国在帝国主义和本国封建势力的疯狂掠夺和残酷剥削下,社会经济遭到严重破坏,特别是广大农村经济在进入民国以后,又由于连年的军阀混战和内战,更是凋敝不堪。农村经济的残破,不仅加深了人民与执政者的矛盾,而且直接影响到政府的财政收入,不利于政权统治的稳固,因此,社会上要求"救济农村、复兴农村、建设农村"的呼声愈演愈烈。北京政府

---

① 杨及玄:《由县银行法的公布说到四川各县的县银行》,《四川经济季刊》第1卷第2期(1944年3月)。

和后来的国民政府为缓和社会矛盾,解决财政困难,也有复兴农村经济的愿望。欲复兴农村,资金是一个关键,而这也正是农村最头痛的问题,因为当时大量的农村资金已流入城市。如何筹集资金成为摆在国人面前的一个迫切问题。我们知道,资金的融通需要金融机构作为载体,要解决资金问题,首先就必须得改善农村金融机构不发达的状况。于是,当时包括政府和学者在内的社会各界一致认为,发展县级金融机构是解决农村问题的必要途径之一。实际上,自民国初期起,社会上也确实掀起了一股兴办银行的浪潮,但当时多为商业银行性质,以盈利为目的,不愿把资金投放于农村。[1]其结果是,至抗战以前,虽有县立地方银行之设,但并未起到复兴农村经济的作用。因此,重建县级地方金融机构,以调剂资金,复兴农村经济,便是国民政府在抗战时期乃至战后仍将面临的一项重要任务。

　　历史渊源之二,配合国民政府法币政策的推行和实施对日货币战的需要。事实上,县银行的设立并不是战时才提出的,早在1935年,国民政府宣布实施法币政策之际,便萌生了设立县乡银行的想法。彼时,日本人在国民政府宣布实行法币政策之际,大放厥词,谓中国法币只能推行于都市,不能推行于广大乡村。[2]国民政府考虑到内地现代金融组织不发达和地域分布不平衡的事实,极不利于法币政策的推行,便决定在全国设立县乡银行,以便推行法币于中国广大农村,并拟定各项章程,成立筹备处,后因各方意见无法达成一致,乃暂且搁置。抗战开始后,日本帝国主义通过各种卑鄙手段,从国统区大量吸纳法币以套取国民政府的外汇基金和国统区物资。为防止法币流入敌占区,有人建议在邻近敌占区各个重要城镇及交通要道上设县乡银行,发行地方钞券,规定前往敌占区的人员不得携带法币,而是将法币全部交到县乡银行,调换为地方钞券,从敌占区返回国统区再掉换回来,从而减少法币流入敌占区。[3]国民政府也觉得此种方法颇为可行,这便又为县银行的设立提供了契机。

---

[1] 郭荣生:《县乡银行与农业金融制度之建立》,《中央银行经济汇报》第3卷第7期(1941年4月)。
[2] 郭荣生:《县乡银行与农业金融制度之建立》,《中央银行经济汇报》第3卷第7期(1941年4月)。
[3] 郭荣生:《县乡银行与农业金融制度之建立》,《中央银行经济汇报》第3卷第7期(1941年4月)。

现实因素之一，协助国民政府完成全国各地特别是西南西北金融网的建设计划。抗战爆发后，我国沿海地区相继沦陷，国民经济遭到严重破坏，国家财政收入锐减，支出却因军费而激增，国民政府迫切需要开辟新的财源以缓解高额的财政赤字，于是不可避免地将眼光投向广大后方各省。与此相对的是，彼时内地的金融状况相当不尽如人意，无论是传统的还是现代的金融组织机构都极不发达，且地域分布不平衡。因此，国民政府为谋贯通内地金融脉络，发展后方经济，增强抗战力量，保障抗战顺利进行之目的，"亟谋内地金融网之建立，以辅助内地经济之开发与建设"。1939年6月召开的全国第二次地方金融会议上，财政部正式提出要敷设内地金融网；8月拟定《完成西南西北及邻近战区金融网二年计划》，规定①凡后方与政治交通及货物集散有关之城镇乡市，倘无四行之分支行处者，责成四联总处，至少指定一行前往设立机关；②其他地点稍偏僻者，四行在短期之内，容或不能顾及，则责成各该省地方银行，务必前往设立分支行处，以一地至少有一行为原则；③在各乡市城镇筹设分支行处过程中，以合作金库及邮政储汇局辅助该地之金融周转及汇兑流通；④邻近战区地方，亦同此设立分支行处。同时财政部更通令中、中、交、农四行及各省市银行，准于1939年12月底以前，将全国金融网完成。1939年9月8日，公布《巩固金融办法纲要》，规定"扩充西南西北金融网，期于每县区设一银行，以活泼地方金融，发展生产事业"。1940年3月，四联总处复增订第二第三两期西南西北金融网计划，提出筹设西南西北金融网的目的一方面在适应军事交通运输需要；同时要活泼内地金融，发展地方生产。并规定金融网建设原则如下：①四行在西南西北设立分支机构，宜力求普遍周密，但须避免重复；②凡与军事交通及发展农工商各业有关以及人口众多之地，四行至少筹一行；③凡地位极关重要，各业均形蓬勃，而人口锐增汇兑储蓄等业务特别发达之地，得并设三行乃至四行，以应实际上之需要；④凡已设有省银行或商业银行之地，如无必须，四行可不必再往增设行处；⑤凡随抗建发展，其地位日趋重要之地，得随时指定四行中之一行，前往筹设，以应需要。该计划总共分三期施行，于1941年底之前完成。[①]然而实际上，国家银

[①] 沈雷春：《中国金融年鉴》（1947年），黎明书局1947年版，第111—112页。

行和省行分支机构无法达到在每一个县份都有设立的规定,据统计,西南西北10省1市各银行之总分支行处,战前为285个,战争期间增设912个,裁并59个,总数达1138个,较战前增加4倍。尽管如此,但在地域分布上,仍存在严重不均衡的问题,当时西南西北共辖739县市,而这1000多个总分支机构仅分布在374县市,其余尚付阙如的365县市,占了西南西北县市总数的一半。① 可见,要想完成西南西北金融网的敷设任务,仅依赖于国家四行和各省省银行是完全不够的,这就不得不考虑借助其他的金融机构来配合四行和省行完成金融网的建设任务。那么,究竟什么样的金融机构才最为合适呢?针对这一问题,一些人认为,建立"以县为本位、以调剂县域金融为宗旨"的县银行,乃是最佳之选。县银行若能在每县都得到设立,那么将能在很大程度上弥补国家银行和省行的不足,无疑会对完成西南西北金融网的建设计划大有裨益。如此一来,便又为县银行的创设增添了一个重要砝码。

现实因素之二,协助国民政府的"新县制"建设。随着抗战相持阶段的到来,国民政府提出了"抗战建国同时并进"的口号。为了适应这一需要,决定对县级基层组织机构加以彻底的调整和改进。一方面是便于政府各项战时财政经济政策的推行,筹粮筹款以应抗战之需;另一方面亦欲趁机强化中央对地方的控制。于是在1939年9月19日,国民政府颁布了《县各级组织纲要》,规定从1940年起,实施新县制。新县制即是一种以"县"为基本单位的地方自治制度。建立县自治财政,势必设立县公库,而县公库亦必须有一机构为之代理,此为其一;新县制建设之资金,完全由县财政开支,自属不易,必须有金融机构为之相当之接济,此为其二;县财政既已独立,则各县财源的丰裕与否,就与县域经济的发展与否息息相关了,而在百废待兴,农村经济凋敝的情况下,发展经济肯定需要有金融机构进行协助,此为其三。因此,各县迫切需要有一健全的金融组织来"肩负新县制实施过程中各项自治设施之金融使命"②。

---

① 杨荫溥:《五十年来之中国银行业》,中国通商银行:《五十年来之中国经济》,上海六联印刷股份有限公司印制1947年版,第41—43页。
② 史继刚:《论在抗战时期国民政府大力推广县(市)银行的原因》,《江西财经大学学报》2003年第3期。

有鉴及此,国民政府基于历史渊源和现实需要的考量,权衡再三,最终决定在全国推设县银行,并集合各方意见,拟定县银行法草案26条及原则5条,提请行政院会议审核。1940年1月20日,国民政府正式颁布《县银行法》。而根据《县银行法》的规定,县银行以"调剂地方金融,扶助经济建设,发展合作事业"为宗旨。可见,县银行的设立是为调剂地方金融和发展地方经济服务的,其最终着眼点和归宿点就是厚植抗战建国的物质基础。

(二)发展历程:两个高潮

《县银行法》颁布后,财政部通令各省省政府,督促各县积极筹设。同时,为了便利各县筹设县银行拟定章程有所遵循起见,又制定《县银行章程准则》46条,[1]详细规定了县银行设立的各项具体事宜,作为各县拟订章程之准绳,于同年12月咨请各省政府通行办理。为达速成设立县银行之预期目的,财政部旋于1941年2月颁布《县银行总行章程》,规定在国都设立县银行总行,各省省会设立办事处,以为指导监督各个县银行业务之中枢。惟县银行总行筹备处成立未久,国防最高委员会认为总行无特别业务可以经营,徒使国家银行系统复杂,增加消耗,且又人才不足,是故国民政府决定将总行撤销,改为全国县银行推进委员会,直属财政部。而财政部又认为该委员会与钱币司的职权有重复之嫌,转而将此任委托给中央银行,并在中央银行内设立县银行业务督导处,负责督导各县银行之业务,并协助其发展。在地方上,各省根据省内各县经济情况及实际需要,陆续拟具出分期推设计划,并相继发出筹备县银行注意事项。于是,各县府依法组织县银行筹备会,负责进行县银行成立的相关事宜。筹备会工作内容主要有以下几项:①订立县银行章程草案,呈由县政府转呈省政府转谘财政部核准备案;②拟定招股章程,其内容要点为明定公司组织名称、所在地、设立宗旨、资本总额、股份及募股方法,缴纳股款办法及股息红利分配等;③县银行筹备会于资本募足定额,每款股款收1/2以上时,即可召集股东创立会,通过县银行章程,产生董事监察人,由县商会出具验资印文证书,连同章程及创立会议记录,并备具出资人姓名籍贯清

---

[1] 沈长泰、胡次威:《省县银行》,大东书局1948年版,第42页。

册、出资人已交未交数目清册、各职员姓名清册、执照费等件转请财政部核准登记,发给银行营业执照,方得开始营业。同时并应向经济部为公司设立之登记。①

四川作为后方复兴重镇,率先响应国家政策,在《县银行法》出台后不久即颁发《四川省各县筹备县银行注意事项》,命令各县应尽速成立县银行,最迟不超过1941年底。并规划全省分4期成立,以3个月为一期,第一期设立50个县银行,二期30个,三期20个,四期30个,到1941年底全部完成。②陕西省政府于1940年春通过陕省县银行筹设计划,以陕省新县制实施之先后,为分期筹设县银行之标准,除陕北少数县份因情形特殊,一时尚难筹设外,其余各县应每县设立1所县银行。具体进度计划为:第1期(1941年1—4月)正式设立榆林、绥德、洛川等25县;第2期(1941年5—8月)正式设立扶风、郿县、岐山等23县;第3期(1941年9—12月)正式设立凤县、留坝、商南等27县;最末期(因情形特殊,不能确定日期)神木、鄜县、府谷等17县。河南省财政厅于1940年3月,拟定设立豫省县银行计划,决定第1期(自1941年1月起)先设立郑县、禹县、许昌等47县之县银行,限于年底完成;第2期择定孟津、正阳、光山等20县筹设,限1942年内成立。湖北省政府于1940年秋,决定自1941年度起,两年内将全省县银行普遍设立完竣,并于1941年元月颁行湖北省各县县银行示范章程及湖北各县筹设银行须知,还制订了分期推设进度表:1941年应设立县份为嘉鱼、咸宁、蒲圻等47县;1942年度应设县份为武昌、汉阳、鄂城等23县。安徽省自1942年起,根据各县实际情况,决定分两期筹设各县县银行计划:第1期(自接到命令之日起至1942年6月底)完成县份计有立煌、霍山、六安等30县。第2期(1942年7月至12月底)完成县份计有:涡阳、至德、贵池等16县。此外芜湖、凤阳等16县,因县境沦陷,情形特殊,暂缓设立,如军事进展,环境许可,即能随时筹设。广西省的县银行由广西省银行辅设,1942年秋广西省府核准《广西银行辅导各县设立县市银行办法》,由该行派人赴各地指导县市银行的设立,设立步骤分四项:其一,先就该行未设

---

① 沈长泰、胡次威:《省县银行》,大东书局1948年版,第45页。
② 四川省地方志编纂委员会:《四川省志·金融志》,四川辞书出版社1996年版,第35页。

分行办事处之县份,就实际需要情形设立;其二,就该行已设立分行办事处之县份,分别需要情形设立;其三,其他人口达10万以上之县市,视情况设立;其四,如各县市能自行筹设者,得随时请求协助并联络。①云南地处边陲,交通梗阻,生产落后,农村经济枯窘,故县银行之推行。直至1944年度,始列为财政厅中心工作,参照中央制定之银行法规,体察实际情形,拟定《推行云南省各县县银行方案草案》,分期分区推行。除昆明市银行、昆明县银行已经设立外,计第1期计划于1944年底完成者计有:永胜、顺宁等43县。第2期推行县银行计有安宁、江川等58县局。②其余各县局则于第3期酌量办理。此外贵州、湖南、西康、山西等省,亦有少数县银行设立或正在进行筹设中,惜以资料缺乏,详情难明。

在《县银行法》推行之初,虽然政策层面声势浩大,但各省县或是持观望态度踟躇不设,或是囿于本地经济困难无力筹设,大都未能按照政府原订计划如期推设,进展颇为缓慢。至1942年,经过两年的观望和筹设,许多县份陆续准备妥当,由此在1942、1943、1944年间形成了一个县银行的设立高潮,这一阶段设立县银行的主体力量在西南西北大后方。据可查资料统计,到1945年底,全国成立县银行达301家(如表8—1),其中以四川、陕西、河南、湖北、安徽等地成绩最为显著。

1945年抗日战争结束,一定程度上减轻了农村的经济压力,且经过一段时期的恢复,农村经济也有所复苏,此时加上国民政府对县银行的继续倡导,县银行的设立在1946、1947年间又形成了一个高潮,但这一次的主体力量已转移到沿海收复地区。抗战胜利后,国民政府继续倡导设立县银行,并在1947年的国民党六届三中全会上将推设县银行一事写入了决议通过的《经济改革方案》中,规定中国农民银行、交通银行和中国银行视县银行业务之类别需要协助其发展。③这就使得县银行在战后继续得以存在并推广。以地区言,西南各省中四川高潮已过,新设不多;贵州、西康续有新设,但为数有限;只有云南省因战事和经济原因设立较晚,省内各县银行主要是战后设立的。

① 沈雷春:《中国金融年鉴》,中国金融年鉴社1947年版,第94—96页。
② 李培天:《立地方金融纲与改进地方财政》,《财政经济》第1期(1945年1月)。
③ 中央银行经济研究处:《金融法规大全》,商务印书馆1947年版,第348页。

西北各省,仅陕西省设立县银行颇有成绩但也已过高潮,其他各省设立的县银行寥寥无几。与此相对的是,战后沿海各收复地区的县银行有如雨后春笋般地设立起来,江苏、浙江两省更是成绩斐然。此外,东北九省在光复后,行辕经济委员会为恢复地方金融机构,辅助农村建设,并配合低利率的金融政策起见,亦依照《县银行法》并参酌东北实际情形,订立东北九省《督导县银行成立及加强管理方案》,着手筹备县银行。1948年2月又成立县银行监理委员会,进行县银行成立事宜。①从表8-1可见,1946与1947两年间全国共新增县银行243家,以江苏、浙江、云南三省设立数量最多。

总体来说,全国各地县银行自1940年起依法成立起,年有增加,并在1942—1944年、1946—1947年间形成两个高潮。截至1947年12月底,全国县银行已达544家。然由于各省实际情况互殊,推广力度亦有差别,是故取得的成效也大有差异。战时以四川、陕西、河南三省最为努力,湖北、安徽次之,抗战胜利后,云南、江苏、浙江三省则成绩显著。

表8-1 全国县银行统计表(1940年1月—1947年12月底)

省名\数额\年份	1947	1946	1945	1944	1943	1942	1941	1940	总计	备考
四川	3	5	10	17	36	43	15	2	131	包括重庆市银行
福建	14	3			2				19	
江西	7	14	1	2	1	1			26	
甘肃	2	3		1					6	
云南	21	19	2	2	1				45	
贵州	5	2		2					12	
湖北	16	12	9	10	6	1			54	包括汉口市银行
陕西	1	3		11	26	16	4		61	
河南	1			14	34	1			50	
浙江	21	6		1					28	
安徽	10	10	15	2	1				38	

---

① 滕茂桐:《光复后东北的银行》,《金融周报》第18卷第2期(1948年1月)。

续表

年份 省名 数额	1947	1946	1945	1944	1943	1942	1941	1940	总计	备考
广东	7		1		1		1		10	包括广州市银行
广西		1		1					2	
西康	1	1	3	1					6	
湖南	10	3		1					14	
江苏	12	23							35	包括南京市上海市银行
河北	3								3	包括北平市银行
山东	1								1	
山西	3								3	
总计	138	105	54	79	100	50	16	2	544	

资料来源：沈长泰：《省县银行》，大东书局1948年版，第44页。

但好景不长，1948年八一九改革币制以后，各县行资金过于短绌，无法运营，经通令照规定增加资本，嗣因金圆券急剧贬值，增资事项无法着手办理。金圆券旋又改革，但自改行银元本位以后，金融极为凋敝，各行无力增资，县银行业务多陷于停顿状态，名存实亡。[①]1949年中华人民共和国成立，根据中国人民政治协商会议第一届全体会议通过的《共同纲领》中关于没收官僚资本归人民共和国所有的规定，人民政府对各地的县(市)银行进行了接管，并将接管工作与建立中国人民银行的分支机构结合起来，利用其原有的营业地点和人员办理业务，使其成为中国人民银行的业务部门。[②]至此国民政府县银行才算真正的"寿终正寝"。

[①] 四川档案馆馆藏四川省财政厅未刊档案，档号：民059-1-0849。
[②] 姜波克、张卫东：《金融改革与金融业发展》，复旦大学出版社1999年版，第13页。

二、县银行的资本与组织

县银行作为一种新式的现代金融机构,在战时的大量出现,是政府不遗余力倡导的结果,只是囿于政府财政、县域经济发展水平有限、营业区域限制等因素的影响,规模并不大。但正所谓麻雀虽小,五脏俱全,县银行也具备了一般金融机构运行所必需的各种要素。其中资本和人事作为银行最基本的两个方面,它们的好坏,直接影响到银行是否能正常运转。因此,本部分将着重考察县银行的资本构成及人事制度等。

(一)官商股本及特点

银行资本,按其来源可分为自有资本和外来资本两类,前者来自银行法人的投资和集资,后者即银行存款。一定数量的自有资本是成立银行的前提条件,也是自身实力和信誉的保证,而它与总资本的比率则可以反映银行的资产健康度。银行学所说的资本一般指自有资本,本文也是使用此意。

依照规定,县银行由县政府以县乡镇之公款与人民合资设立,可知县银行资本来源有二:一是官股公款,二是商股民资。县银行资本的大小,与县财政和县域经济密切相关。公款需自财政出,而县域经济状况不仅决定着县财政的盈绌,也决定着民资的多寡。"县银行资本总额至少须达5万元"对资本最低限作了要求,上限未作规定,但由于我国农村尤其是内地农村经济发展落后,县银行资本普遍较小。截至1942年5月,在可查的57家县银行实收资本中,以5万—20万元者最多,计40多家,21万—100万元者较少,仅9家。[①]县银行资力之薄,甚至无法与重庆资本最低的钱庄相比。

县银行资本中,商股不得少于1/2,其招募方式为就本县境内有住所者尽

[①] 郭荣生:《县银行之前瞻及其现状》,《中央银行经济汇报》第6卷第7期(1942年10月)。

先招募,如有不敷,得在营业区外招募足额。①将商股置于主要地位并对募集方式作出明确规定,表明了政府对商股的重视,这自是没什么问题。而由政府直接拨给的公股资金,因未说明如何筹集,便有些麻烦了。当然,如果县财政充裕,问题当然简单,但如果县财政本就捉襟见肘,入不敷出,那县银行的公款又该从何去寻?这个难题,各省财政厅显然也注意到了,于是各显神通,方式五花八门。如四川省规定,县银行官股资本来源有三:历年积余款;本年整理特许费及公有不动产预算外之增益;借贷。陕西省则另行其道,主要以各县省行未记名之民股,历年应得股息红利和由县政府以省行未记名之民股,每年应得股息红利作担保,向银行借款拨充。②云南省在《推行云南省各县县银行方案草案》也提供了比较可行的建议:"滇省各县财政向极支绌,乡镇向无一定款产,幸年来县自治财政业已分别整理,经整理完毕之县,收入增加,多数县份,预备金尚属充裕,即以预备金一部分,及其他公产项下拨充。"这样一来,预备金和公款充裕的县份自不用说,即使是预备金及其他公款支绌的县份,只要有公产,也可以公产拨充,必要时亦可把公产标卖,以标卖公产所得作为县银行的公股,也是十分正当的事情。③所谓借贷,缘于《县银行法》中"县银行得不用抵押品,以分期摊还法,向省市银行或其他银行借入资金"。而且,全国县乡银行业务督导处在未撤销前,也订有中央银行参加县银行提倡股办法,规定有下列情形之一者,可向中央银行申请提倡股辅助成立:①原定资本额不能核;②法定缴款日期不能展限;③不能依县银行法第三条之规定与其他县合并组设;④营业区内无小规模之金融机构可勒令合并;⑤其他必须加入提倡股之理由。④即便如此,西南各县银行资本总额中,在开创初期,仍然大致是官股占25%,商股占75%。这虽然是遵照《县银行法》明定官股不得过半的规定,但更重要的原因还是大多数县财政确有困难。有的县在为县银行筹措官股的过程中,曾以过户转移乡镇财产、加收学田租谷、变卖公产林木、向乡镇保甲摊派等手段,勉为搜集,但也为数不多,只能起到一点

---

① 四川档案馆馆藏四川省财政厅未刊档案,档号:民059-1-0849。
② 许廷星:《战后县银行存废问题》,《四川经济季刊》第2卷第3期(1945年7月)。
③ 王璧岑:《县银行与地方经济》,《财政经济》第3期(1945年3月)。
④ 沈长泰、胡次威:《省县银行》,大东书局1948年版,第50页。

"提借股"的作用。①另外还有许多县份筹集不到所规定的开业资金,无法设立县银行。可见,当时的县财政和县域金融存在着多么大的危机。

银行资本随着营业的发展一般都有一个扩大过程,其追加资本来源有二:一是追加投资;二是从历年盈余中按一定比例提取公积金。这在《县银行法》中亦有规定"县银行之盈余,于每年总决算所获纯益,应先提20%为公积金,次提所得税,再次提商股股息、公股股息、股东红利等"。关于增资的规定是,须先将原有股款收足,并经股东会决议,报请县政府转呈省政府咨转财政部核准,方得招募新股。招募新股时,应先尽旧股东按照原有股份之比例分认,不足时得由他股东分认,或另行募集,俟新股认购足额,每股收足1/2以上后,备具县商会验资证明书、修正章程、出资人已交未交股本清册,仍由县政府层呈转财政部变更登记,换发营业执照,并向经济部变更公司登记。又招募新股时,如因币值变更,或商营增高,为平衡新旧股东权益起见,对新增股份,得以超过票面金额发行股票,所得溢价作为公积金处理。②实际上,随着通货膨胀的日益严重,县银行固有资产不断缩水,即使不扩展营业,仅维持银行原有的正常运转增资也势在必行。一方面,因为许多县银行开业之后运营并不理想,并无多少公积金可供提取,所以增资主要还得靠投资;另一方面,商人重视的是利润,而事实证明投资县银行无利可图,所以大多数县银行在增资时,原有商股股东愿意继续投资的人逐渐减少,商股筹集面临很大困难。有鉴于此,国民政府便对银行资本中公商股比重做了调整,在1947年的《修正县银行草案》中,废除了"商股至少1/2"的规定,政府不再对商股比例做出强行要求。1948年初,《经济改革方案实施办法》对县银行的商股部分又作出了新的指示,县银行"招收民股之民股总额不得超过资本总额的50%"。同年底,行政院在拟定县银行调整资本办法时又规定县银行"官股数额不得少于原官股所占资本总额之比重"。③

---

① 中国人民政治协商会议西南地区文史资料协作会议:《抗战时期西南的金融》,西南师范大学出版社1994年版,第326页。
② 沈长泰、胡次威:《省县银行》,大东书局1948年版,第50页。
③ 中国第二历史档案馆:《中华民国史档案资料汇编》第五辑第三编(财政经济)(二),江苏古籍出版社2000年版,第98、129、47页。

综上所述,县银行资本表现出以下特点:其一,县银行资本十分薄弱,这不仅是设立初期存在的问题,而是困扰其始终,即使许多县银行在发展过程中屡次增资,然由于通货膨胀等原因,获得的增资额实际并不多。如1946年1月的币值只等于1937年6月的1/815[1],以这个比例计算,不少县银行后期资本反不如前期,而所谓的增资很大程度上也是为了维持银行的已有业务,并不是扩大营业规模的要求。其二,在官商股比例上,前期是商主官次。以四川省言,截至1943年12月底,全川已经成立的县(市)银行共94行,合计实收资本4128.4万元,其中公股实收1115.5万元,商股实收3012.9万元[2],商股约是公股的2倍,优势明显。但随着县银行的发展,其运营情况多不尽如人意,致使投资者热情减弱,商股在增资上比重逐渐减小,尤其是到抗战胜利后,国家对金融的垄断日益加强,政府想要加强对县银行的控制力度,逐步地提高县银行资本中公股的比重,商股则被置于了次要地位。但由于修正草案出台较晚,加上大多县份财政又比较困难,所以从银行总资本上看,多数县银行的商股比重仍是大于公股。其三,从地区上来说,因各省县域经济发展水平不一样,县银行资本呈现出明显的区域性差异,沿海各县银行明显高于内地。为了减小通货膨胀因素的干扰,此处将选取云南、江苏两省县银行同一时期的资本额做一比较,结果便一目了然,如表8-2。

表8-2 1947年底云南、江苏两省县银行资本额的比较

(单位:法币万元)

省别	县行总数	资本总额	平均资本
云南	45	66887	1486.38
江苏	35	283600	8102.85

资料来源:沈长泰,胡次威:《省县银行》,大东书局1948年版,第56、58页。

---

[1] 吴冈:《旧中国通货膨胀史料》,上海人民出版社1958年版,第61页。
[2] 杨及玄:《由县银行法的公布说到四川各县的县银行》,《四川经济季刊》第1卷第2期(1944年3月)。

(二)内部组织与外部监管

银行作为一种融通资金的金融机构,必须有健全的组织机构和人事管理才能保证其正常运转。《县银行法》中清晰地勾勒出了县银行内部的组织系统:

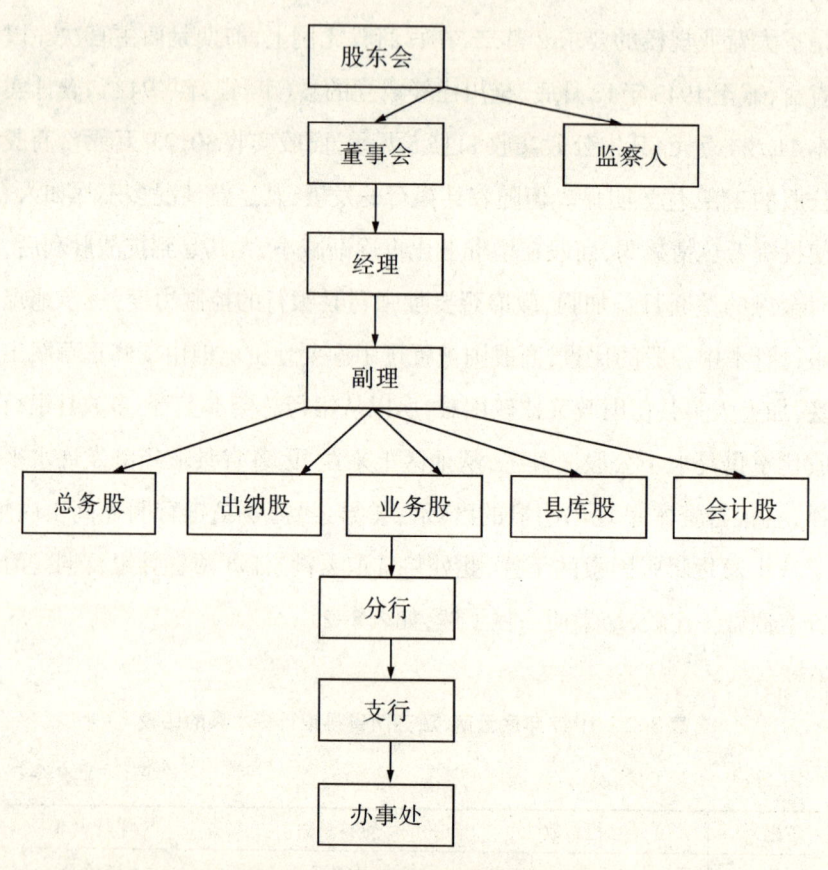

图 8-1 县银行的内部组织系统图

如上图所示,在县银行的内部组织中,最高权力机关为股东会,股东会由出资的全体股东组成,分常会及临时会两种:股东常会每年至少开会 1 次,通常于每年年终结账后 3 个月内召集之;股东临时会由董事会或监察人认为必要或由股份总数 1/20 以上之股东,以书面记名提议事项及理由,请求董事会召集。股东会之决议,应有代表股份总数 2/3 以上的股东出席,以出席股东表决权过半数之同意方能通过。

县银行实行董监事会制,董事会和监察人都直接对股东会负责。行内设董事若干人,公股董事由县政府派充,商股董事由股东会从股东中选举产生,另设常务董事若干人,由董事互选,并就常务董事中推举1人为董事长。董事长对外代表全行并为董事会及股东会之主席。董事会由全体董事组成,职权如下:①决定营业方针;②审定各项章则;③核定重要职员之任免,并规定其薪给;④审定银行预决算,及营业报告书并议定盈余分配;⑤决定股东会之召集;⑥议定银行营业用房地方产之租借建筑或买卖;⑦抵押品处置;⑧其他银行重要事项之决定。董事会每月开会1次,由董事长召集之,开会时须有董事过半数到会方得开议,到会董事过半数同意方得决议,同数时取决于主席,董事缺额达总数1/3时,应即召集股东临时会补选董事缺额,未及补选而有必要时,得以原选次多数之被选人代行职务。公股董事得依其本身职务关系随时改派,其任期以继续前任计算。县银行设监察人若干人,其职权如下:①监察本银行之业务及职员是否依据章程暨决议案办理;②审查年终决算及各项表册;③检查库存及一切账目情形;④遇必要时陈述意见于董事会;⑤其他应行监察事项。监察人不得兼任银行其他职务,公股监察人由县政府派充,商股监察人由股东会从股东中选举产生,监察人互选1人为常驻监察人。监察人因不尽监察职务,致本行受有损害时,应负赔偿之责。

董事会选任经理和副理各1人,经理秉承董事会之命综理全行行务,副理则辅助经理处理行务。经副理之下,通常设总务、业务、会计、出纳、县库5股,也可根据具体情况酌为增减。每股设主任1人,各分支行处分别设置分支行经理及办事处主任1人,主持办理各该股分支行处事务。这些人均由经理提经董事会同意任用之。另如公股已达1/2的县银行,其会计人员的任用,应依照公有事业机关设置会计人员办法办理。

县银行业务的外部督导,前面已经提到,国民政府在中央银行内设立了县银行业务督导处,主要负责督导各县银行的业务及协助其发展。从督导处本身之职务上看,督导处乃具有财政部与中央银行之双重使命,前者重在监督指导方面,后者重在资金借贷调剂之控制与协助方面。①因此,该处先后订立《分区管理办法》《中央银行加入县银行提倡股办法》《县市银行代理县市库暂行办法》《中央银行与各县市银行通汇联系办法》,并将全国划分84个督导区,以便于工作的开展。至于业务的检查工作,根据1940年8月公布的《财政部派驻银行监理员规程》规定,则另外由财政部设立的各区银行监理官办公处单独办理。1945年银行监理官办公处裁撤后,财政部为加强县银行业务之监督管理,又拟定了《授权各省财政厅监理县银行业务办法》,为了统一事权,中央银行县乡银行业务督导处于同年6月9日结束。②该办法对各省财政厅监理县银行的事项规定如下:①审核各县银行业务计划及决算;②审核各县银行放款业务;③审核各县银行日计表及存款放款汇兑等报表;④督促各县银行提缴存款准备金;⑤检查各县银行账目,并会同主管官署检查向县银行借款厂商之账目;⑥纠举县银行违法事项;⑦其他财政部伤办事项。财政厅对于各县银行应视分布情形,每行每年至少检查两次,审核各县银行业务计划决算各项报表,及每次检查账目后,应为必要之指示及处理,并按季将监督管理县银行业务情形编制报告,呈报财政部查核。③根据财政规定,各省结合本省实际,也纷纷采取了一些措施,如四川省财政厅"期中分区普遍检查,惟因督导期间时仅3月,旅费有限,无法达到每年度检查两次之任务……另行委托中央银行检察人员出行检查各地行处之便,代为抽查"④。云南省"又为各该县银行业务联络进展便见,于财厅内设立县银行联合总理处,以助各行业务之顺利发展"。⑤可见,在对县银行的监管问题上,各级政府也是用心良苦。

(三)人才培养

事实上,董监仅为管理监督者,要想搞活县银行的业务,经理和总务、业务、会计、出纳"四柱"才是依靠力量。但银行业是一种专门的业务,它不是一

---

① 许廷星:《战后县银行存废问题》,《四川经济季刊》第2卷第3期(1945年7月)。
② 沈长泰、胡次威:《省县银行》,大东书局1948年版,第63页。
③ 四川档案馆馆藏四川省财政厅未刊档案,档号:民059-1-1364。
④ 四川档案馆馆藏四川省财政厅未刊档案,档号:民059-5-7154(87)。
⑤《推行云南省各县县银行方案草案》,《财政经济》第6期(1945年6月)。

般仅有商业经验的人所能从事的,尤其不是连普通商业经验也没有的一般地方士绅所能胜任的,就连普通大学经济系或商业学校的毕业生,也决不会胜任愉快。①而且县银行作为一种新兴事业,又有其与他一般银行有着特异之处,这就要求县银行职员必须有极高的金融专业素养,而经理、总务、业务等依靠力量,更是要兼备专业技能和农村金融知识,方能胜任愉快。故而县银行的人才问题,从设立之初就一个令人头疼的问题。

为解决县银行人才困难的问题,不少省份在拟定推设计划时就对此采取了相应的措施。如陕西省决定由陕西省立政治学院开设金融训练班,学员除由设行各县报送外,余由该班招考高中以上毕业生,计第1期毕业人员96人,于1940年10月正式开班授课。训练期为4各月,讲授3个月,实习1个月,毕业后均分别以筹备主任、筹备员分派第1期筹设各县,办理筹设事宜,以俟正式开业,即委任为经理及行员。第2期63人,第3期70余人,第4期42人,均按第1期方法办理。②河南省则是设立县银行人员养成所,附设于省干训团内,专门训练经理人员,要求资格为①大学商学院或经济系毕业,对于银行业务具有相当研究者;②曾在银行任行员以上职务2年以上者;③曾在银号任重要职务2年以上者;④曾任钱庄经理者。学员除设行县份报送外,亦另行招考高中以上毕业者50人。训练期为3个月,课程侧重实际,尤其注意会计及银行业务等科,以培养专业人才。安徽省除各县保送3—5人外,并①电请考试院将考训合格之财政金融人员,选派若干人来皖工作;②由财政厅直接考选;③商同皖省地方银行及中国农民银行,由各该行行员中调用一部分。以上拟选用人员,统由省集中训练2个月,考核成绩,再派各县县银行工作。③东北行辕经济委员会也于1946年11月底,设立东北县级经济干部人员训练所,在该所内成立金融班,从辽宁辽北吉林几省,招考学员131名,训练1月;该项训练,特注重于服务精神及实务训练,以备充任县银行干部人员。④然而,由于县银行范围较小,资本亦少,地位较低,行员待遇,自亦较国家银行

---

① 王璧岑:《县银行与地方经济》《财政经济》第3期(1945年3月)。
② 屈秉基:《抗日战争时期的陕西金融业(续)》,《陕西财经学院学报》1985年第3期。
③ 郭荣生:《县银行之前瞻及其现状》,《中央银行经济汇报》第6卷第7期(1942年10月)。
④ 滕茂桐:《光复后东北的银行》,《金融周报》第18卷第2期(1948年1月)。

及一般商业银行菲薄,又加上县银行为单一制,前途发展有限,一般有志青年,多不愿入县银行工作,以自毁前途,故各省征考县银行人员,颇费周章。再者,且不论这些人短期培训人才是否合格,单就这种人才输出的数量来说,也无法满足广大县银行的需求。

县银行自身也逐渐认识到加强行员职业技能的重要性,自发地采取各种方式对此进行改善。以四川省三台县银行为例,该行非常重视职员的金融知识和经营能力,1946年曾在行内设立会计训练班,从省城聘请资深人士讲授,学员中除了考录的新生之外,在职银行人员也一律入班受训。①

此外,中央政府为表示对县银行的支持,在1948年出台的《经济改革方案实施办法》中,亦规定"县银行必要时得申请中央银行或国家行局库派专门人才协助"②,可惜的是,这一规定最终并未实行,徒有一纸空文。

通过上面对县银行资本和人事组织的考察,我们可以看出,虽然各级政府为县银行的成立都做了不少努力,但因客观现实困境没有解决,县银行自成立之日起,就面临着资力狭小、人才紧缺的问题,这将直接影响县银行业务的开展,并为县银行日后的发展埋下隐患。

三、个案分析:四川省的县银行

为了更清楚地了解县银行业务方面的具体情况,笔者试以四川省县银行为个案,作一详细分析。四川省不仅有全国第一家成立的县银行,也是全国普设县银行最全面的省份,且一直完全处于国民政府的统治之下,具有连续性和代表性。

---

① 《会员行调查之一——三台县银行》,《地方金融》创刊号(1947年)。
② 中国第二历史档案馆:《中华民国史档案资料汇编》第五辑第三编(财政经济)(二),江苏古籍出版社2000年版,第129页。

(一)四川省内县银行概况

《县银行法》颁布后,四川作为后方重镇,亦为陪都所在地,故得风气之先,首先响应。省财政厅随即拟定了《四川省各县筹备县银行注意事项》7条,规定先成立当地县银行筹备委员会,财政科长及财务委员会主任为当然委员,县银行的成立最迟不得超过1941年底。于是四川许多县份开始了筹备工作,至1940年8月,据各县呈报可于本年度内组设成立的,计有铜梁、丹陵、富顺等42个县。因地方瘠苦,资金难筹,省府准予缓设者,计有庆符、峨边、兴文等25县。然而到1941年,正式成立之县银行却仅有1所,即1940年11月1日宣告成立的南县银行,它打响了县银行史上的第一声。四川省财政厅为迅赴事功起见,规定办法两条:其一,1941年各县县银行应普遍设置完竣,资力不足的县份,准许由两县以上共同设置;其二,拟请财政部批准各县银行遵照改善地方金融机构办法纲要之规定,请领一元券及辅币券,并确实办理原纲要规定各项业务,以期惠及中小农工商人,藉以调剂地方金融,避免县乡镇辅币缺乏之恐慌。同时还规定分期推行计划,规划全省各县银行分4期成立,第一期(1941年1—3月)设立50个县银行,第二期(1941年4—6月)30个,第三期(1941年7—9月)20个,第四期(1941年10—12月)30个。[①]不过实际情形是,四川省县银行的设立高潮是在1942、1943年两年间,到1943年12月底,四川省开业的县(市/局)银行已达有98所,在比例上约达68%,尚未成立的县区不到1/3(如表8—3)。县银行的设立速度虽然不及省政府预想的快,但与全国其他省份的情况比起来,也算是最为积极的了。此后,省内较偏远县份的县银行也陆续设立起来,截至1949年5月,在四川全省的144个行政单位中,除雷波、峨边、沐爱、青川、北川、汶川、靖化、平昌8县市因地方贫瘠奉命准予缓设外,计全省共设立136县市局银行,在比例上已达94%有余。[②]与此同时,各县银行在其业务辖区乡镇内陆续设立的分支行和办事处总计又达200余个,切实将金融网点深入到农村,普设面为全国之冠。以言数量,成绩如此,实谓可观。兹将具体情况列表如下:

[①] 沈雷春:《中国金融年鉴》(1947年),黎明书局1947年版,第94页。
[②] 四川档案馆馆藏四川省财政厅未刊档案,档号:民059-1-0849。

表8-3 四川省历年增设县银行概况表(1940年11月—1947年5月)

开业时间	县别	开业数量	总资本(万元)	平均资本(万元)
1940年	潼南	1	20	20
1941年	新都、荣县、威远、井研、永川、巴县、合川、宜宾、高县、富顺、隆昌、叙永、古蔺、南川、广安、南江、自贡	17	681	40
1942年	温江、新津、双流、内江、仁寿、江北、荣昌、綦江、大足、铜梁、眉山、彭山、乐山、屏山、犍为、峨眉、江安、兴文、珙县、泸县、合江、纳溪、涪陵、秀山、万县、忠县、巫溪、云阳、渠县、梁山、长寿、邻水、垫江、南充、岳池、南部、仪陇、遂宁、三台、蓬溪、广汉、德阳、什邡、江油、阆中、平武、开江、宣汉、开县	49	2384	48
1943年	崇庆、成都、郫县、资中、简阳、江津、邛崃、大邑、洪雅、夹江、丹稜、南溪、长宁、古宋、丰都、黔江、巫山、大竹、武胜、营山、西充、乐至、射洪、绵竹、安县、金堂、苍溪、彰明、达县、茂县	31	1764(500)	58.8
1944年	灌县、彭县、蒲江、青神、庆符、筠连、奉节、蓬安、安岳、盐亭、绵阳、梓潼、广元、昭化、万源、通江、松潘、(璧山)	18	1119(500)	65
1945年	华阳、新繁、名山、马边、酉阳、中江、罗江、剑阁、懋功、(北碚局)	10	450(500)	50
1946年	崇宁、资阳、沐川、彭水、石柱、武隆、巴中、理番、城口	9	2081	231
1947年	旺苍局	1	500	
合计		136		

资料来源：四川档案馆馆藏四川省财政厅未刊档案：档号059-1-0849。

注：有些县份的县银行成立时间、开业日期、注册时间各不相同，在引用各资料的统计数据中因选取的标准不一样，结果也略有差异。

由此可见，四川省县银行呈现出两个特点：一是设立普遍。想来其主要原因是四川在后方各省中，最为完整最为富庶；同时重庆又为陪都所在地，政令较易推行。二是资本薄弱。这既是内地农村县域经济普遍发展落后的反映,又与全国县银行的共性相一致。

值得一提的是,四川省县银行还建立了自己的联合机构——四川省县市银行业务协进会。四川省县银行虽然众多,但因农村经济破产,资金缺乏,业务推进阻碍极多,加上各县行散处各地,不但无公会组织,且多无同业往还,资金融通,调剂盈亏,均不能有所呼应。是故为符合同业互助互惠原则,彭县银行提议在成都组设联合机构,加强各行之间的联系,以收集思广益之功。此提议得到省内众多县行响应,经过5次座谈会的商讨和筹备后,最终于1946年12月16日在成都市银行召开了县市银行联合会议,即成立大会,实到四川县市银行64家,西康2家。业务协进会以会员大会为最高权力机关,在会员大会闭会期内,由理事会代行其职权,理事会得互选理事7人组织常务理事会,并推举1人任理事长,另设监事会,推选1人为常务监事;理事会下设总务会计调查编辑服务各组,办理日常事务,其各级职员得由理事会聘用。协进会的主要任务是:①强调县市银行本省之自我健全,配合经建政策,达成任务;②提高政府对县银行之认识,直接加以辅导,使从艰苦简陋中,产生之地方金融机关,能够顺利发展;③出版地方金融月刊,报导各地金融动态,业务状况,转载新近有关法令,俾会员行资以借鉴;④促进全川汇兑,协助各地主要特产之运销,以繁荣地方经济。[①]简而言之,四川省县市银行业务协进会的设立对内是为了协调各县行之间的关系,对外是代表县行的共同诉求与其他利益集团对话,最终是为了维护县行的共同利益,谋求共同发展。可以说,县市银行业务协进会在某种程度上已具有了县行"同业公会"的属性。这一点在全国来说都是走在前列的,就全国来说,有此类似组织出现的除四川以外,仅有江苏省成立的县市银行联谊会。

(二)县银行业务详析

通过上面的介绍,我们知道,就数量而言,四川省县银行的设立不能不谓有相当之成绩。惟究竟各县县银行,是否能达成其任务,是否能具有调剂县区金融、发展县域经济以及扶助地方自治事业等功效,还需详细考察其业务

[①] 王沿津:《中国县银行年鉴》,文海出版社1948年版,第29—32页。

的实际开展情形,方能得出结论。

依照《县银行法》的规定,县银行以各该县乡镇为营业区,可经营业务为:收受存款、抵押放款、信用放款、汇兑及押汇、票据承兑及贴现、代理收解各种款项、经理或代募公债、公司债,或农业债券、仓库业、保管贵重物品或有价证券等9项业务,涵盖了一般银行的所有正规业务及附属业务,范围颇广却未见特别之处。为突出县银行是主要负责建设地方事业的特质,复又将县银行的放款范围规定为:对地方仓储、农林工矿及交通事业生产用途、兴办水利、经营典当小押、卫生设备事业、地方建设事业进行放款。①虽然法令规定的县银行可经营业务范围较广,但县银行由于自身资本薄弱,并不能面面俱到地开展各项业务,就实际情形而言,各县银行一般日常经营的主要业务仅有存款、放款、汇兑及代理公库几种。

县银行之存款:存款是银行资金的重要来源之一,资本与存款的比率是判断一家银行经营好坏的重要标志之一,比率越大,表明经营越好。而存款又分为活期和定期,活期存款即随存随取,流动性高,不能充分利用;定期存款则是对取款有一定时间限制,资金稳定性较高,对银行来说,可利用性更强。县银行自有资本薄弱,业务资金主要得依靠吸收存款而来。②县银行的存款,从来源看,县库存款和县区乡机关团体存款为大宗;从性质看,活期存款更是占绝对主要地位。西南各县银行,据部分资料估算,县银行的存款中,公款约占80%以上,私款不足20%;而活期存款更是接近存款总数的100%。③如温江县银行,1942年10—12月存款总额为1012.9249万元,其中机关存款667.4951万元,公库存款42.8781万元,同业存款44.507万元,个人存款为6.4127万元;又活期存款1005.5794万元,定期存款仅为7.35万元。④灌县县银行1945年的活期存款为51万元,定期存款却仅5000元。更有甚

---

① 四川档案馆藏馆藏四川省财政厅未刊档案,档号:民059-1-0849。
② 县银行在艰难时期,也发行本票吸收资金,尤其是1941年法币大钞出笼后和1948年改行金圆券时,许多县银行都发行过定额本票代替辅币,在本县境内流通,是当时县银行的重要资金来源。
③ 中国人民政治协商会议西南地区文史资料协作会议:《抗战时期西南的金融》,西南师范大学出版社1994年版,第322页。
④ 四川档案馆馆藏四川省财政厅未刊档案,档号:民059-2-2584。

者,遂宁、茂县等地的县银行,仅有活期存款,并无定期存款。[①]存款主要来源于机关与公库,表明县银行与县政府的密切关系,县行已为县府之出纳机关;个人储蓄少,一则是县乡人民多无存款银行之习惯,二则反映出民众对县银行不信任,县银行难以吸收社会闲散游资;活期存款占绝对优势表明县银行吸收的存款,随时有提存的可能,不便调度和利用。虽然机关存款和公库款支持了县银行的存款业务,但这些也大都是活期款,流动性大,利用率有限,加上公库存款,没有政府批准不得动用,这就很大程度上制约了银行业务的发展。从存款总额来说,"县银行之营业地区,限于一县辖境,所能吸收之存款,极为有限"。[②]财政部也承认,"截至1947年8月底,全国县银行吸收存款为数有限,资金运用距理想甚远。"[③]

县银行之放款:按规定县银行主要是对生产建设事业放款,并无商业放款的内容,然事实上,各县银行因资金有限,多以小额活期放款为主要业务,其中商业放款所占比重常在80%以上。如泸县县银行的资本之大和业务之盛在省内县银行中首屈一指,而其营业发达的原因正是在于它是以商业银行的姿态出现。[④]古蔺县银行在1941年的营业计划中,提出放款主要以办理工商业小本贷放为目标。[⑤]荣县县银行1942年度的营业报告书中亦称:"每月放款最多额竟达100万元,主要是对于各工商业之接济。"[⑥]忠县在1945年的第一季度中共放款40万元,其对象主要为商业。[⑦]见于这已与政府设立县银行的初衷背道相驰,所以1946年财政部通饬令各地县银行,禁止县银行商业性质的放款。[⑧]但对县银行来说,停止商业放款显然是不可能的,如不经营商

[①] 陶麟:《灌县经济概况》,《四川经济季刊》第2卷第3期(1945年7月)。
[②] 许廷星:《战后县银行存废问题》,《四川经济季刊》第2卷第3期(1945年7月)。
[③] 《中国新报》,1947年9月4日。
[④] 杨及玄:《由县银行法的公布说到四川各县的县银行》,《四川经济季刊》第1卷第2期(1944年3月)。
[⑤] 四川档案馆馆藏四川省财政厅未刊档案,档号:民059-1-2026。
[⑥] 四川档案馆馆藏四川省财政厅未刊档案,档号:民059-2-3132。
[⑦] 王德成、李亚东:《三十四年一至三月份忠县经济动态》,《四川经济季刊》第2卷第3期(1945年7月)。
[⑧] 中国第二历史档案馆:《中华民国史档案资料汇编》第五辑第三编(财政经济)(二),江苏古籍出版社2000年版,第3页。

业放款,即不能自给。各省财政厅也明白此理,于是也就睁一眼闭一只眼了,财政部当然是鞭长莫及。正如袁宗葆所言:"各县县银行主管人员,如其处事谨慎,拘泥于法规之规定,势必一筹莫展,使业务无形陷于停滞状态,甚至历年毁损,无法维持。"[1]这也是没办法的事,试想,县银行资力薄弱,存款又多不能充分利用,对工矿等大规模的生产事业放款往往额大、期长、收效慢,县银行无力承受;农业上已有先分布的农民银行与合作金库一直经营,且利息又远非县银行得以维持的。所以额小、期限短、利润高的商业放款,自然为县银行偏爱。

应当指出的是,此外也有小部分放款确实用到了地方经济建设事业上,如成都市银行发放的生产事业贷款,1944年为528万元,占全部贷款总额的12.3%。1946年9月,重庆市银行发放的生产、公用、文化、卫生事业贷款,余额为70330万元,占全部贷款总额的35.2%。自贡市银行因当地盐业等工矿业较发达,发放工业贷款较多,1947年6月贷款余额87427万元,占全部贷款总额的76.5%。[2]可见,县银行对于调剂县域金融,扶助地方经济建设,确实起到了一定的积极作用,但同时也要注意到这种作用并不能高估。县银行毕竟自有资本薄弱,吸收存款又艰难,放款数额自然也不会太高(如表8-4),则也无法对社会经济产生重大的影响。

表8-4 温江县银行1942年下半年至1944年上半年存放款余额对比表

(单位:法币万元)

年份	1942年下	1943年	1944年上
存款余额	141.8979	216.7672	131.5193
放款余额	128.8172	209.2082	125.5242

资料来源:四川省档案馆馆藏四川省财政厅未刊档案:档号:民059-2-2584、民059-2-2586。

有鉴于此,不少人对县银行的放款实际表示失望,"截至目前为止,已成立之各县银行,由于资本薄弱,力量有限,其果能尽斯项职责者,什不一见",

---

[1] 袁宗葆:《改进县银行刍议》,《金融知识》第3卷第3期(1944年5月)。
[2] 四川省地方志编纂委员会:《四川省志·金融志》,四川辞书出版社1996年版,第369页。

"欲使其发展一县农林、工矿、交通、水利以及其他建设,简直等于痴人说梦"。①

县银行之汇兑:汇兑主要是为了调节异地资金、清理两地借贷,是银行的一项基本业务,各大银行均有办理。县银行汇兑可分为两种②:一种是县内汇兑,即设有场镇办事处的县银行在县内进行的汇兑,这种汇兑数额不大,手续也简便,但实际业务并不多。另一种是县际汇兑,因县银行为单一制银行,无县外界的横向联系,这就需要本县行与他行主要是大中城市和邻近县市的同业挂钩,互为代办,但彼此之间必须先订立通汇契约才能推行。订立契约时其他银行又会考虑到县行的资力、信用等方面而附加限制条件,要求高且手续繁琐,所以开展这种汇兑业务的县银行实际也不多。当然,这只是大多数县银行的一般情况,也有少数县银行的汇兑业务开展得有声有色。如成都市银行到1944年底止,与各地县市银行订立的通汇契约达34份,每星期收解总数约为500万元。③成都县银行,在1945年营业计划中预计汇兑额可达2000万元,汇水收入可达100万元,占总收入的32%。④荣县县银行,与各地县行或其他银行通汇共24处,业绩堪称不错。⑤此外,当时还有一种汇兑与放款相结合的融资形式,称买入汇款。即银行买进异地商业期汇票,预扣汇水和利息,近似贴现放款。这种汇兑方式,多用于内地土特产收购转运的短期资金需要。银行资金投入期限短,周转快,安全可靠,银行既能获取收益,又可借此调拨资金。四川省内土特产品较丰富地区的县银行有开展此项业务。⑥如宜宾县银行,其汇出款主要用途为购买土纱、土布、山货及各种杂货,而来自重庆、泸县等地的汇入款主要用于购买当地的山货、药材粮食等物质;武胜县银行的汇兑,大大便利了本地对南充的棉花贸易和对合川的木料贸易。⑦

---

① 《金融日报》,1947年5月27日。
② 杨及玄:《由县银行法的公布说到四川各县的县银行》,《四川经济季刊》第1卷第2期(1944年3月)。
③ 《成都市银行股份有限公司工作报告》,见《成都市临时参议会第四次工作报告书》(1945年)。第100页。
④ 四川档案馆馆藏四川省财政厅未刊档案,档号:民059-2-2664。
⑤ 丁博渊:《荣县经济概况》,《四川经济季刊》第2卷第4期(1945年10月)。
⑥ 四川省地方志编纂委员会:《四川省志·金融志》,四川辞书出版社1996年版,第369页。
⑦ 李道鸣:《三十四年四月份宜宾经济动态》,《四川经济季刊》第2卷第3期(1945年7月)。

县银行之代理县库:《公库法》于1938年6月9日公布,规定从1939年10月1日起正式实施。所谓公库,即为政府经管现金、票据、证券及其他财务者。该法第三条规定:"公库现金票据证券之出纳,保管,转移,及财产之契据等之保管事务,除法律另有规定外,应指定银行代理。"[1]县银行代理县库得依法与县政府订立契约,其主要内容是:"县地方总预算范围内的一切收入及预算外的收入,均由县行代理,银行对于所收之现金及到期票据证券应用存款方式存管。存管方式分为收入总存款、各普通经费存款、各特种基金存款三类,并规定了各类存款的计息方式和支出方式等。"[2]这是公库制推行后采用银行存款办法的一种具体表现,不仅为县银行的特征之一,也为县银行运用资金的最大来源。如成都市银行自开业以来,市库往来出入之款项,总数共约2000余万元,每日存入额,最高为数百万元,最低为数十万元,随存随支,平均存行数额,大约两三百万元之谱。[3]荣县县银行于1942年代理荣县公库,1943年荣县县银行公库存款为84.2054万元,约占当年该行总存款的30%左右。[4]然代理县库也并不是百利无害,表面上看来,县库是一县财力汇集所在,而实际上经常都是受窘受迫。因为许多县财政并不宽裕,财政收入又有淡旺季之分,经常是入不敷出,需靠县银行垫付经费,县银行资力有限,代理县库反成负担。如威远县银行1943年下半年决算中公库透支12万元[5],1944年上半年透支12.5895万元,[6]以县行50万元的微薄资本,负荷确实甚重。"各县银行代理县库因财政不良而受拖累者为数极多,以致四川省政府认为县银行有普遍整顿的必要"。[7]

另外,我们以温江、荣县、威远3县银行为例,来考察一下县银行的实际运营情况。

---

[1] 财政评论社:战时财政金融法规汇编.财政评论社,1940,第244页.
[2] 四川档案馆馆藏四川省财政厅未刊档案,档号:民059-4-6488.
[3] 成都市银行股份有限公司工作报告,成都市临时参议会第四次工作报告书.1945,第100页.
[4] 四川档案馆馆藏四川省财政厅未刊档案,档号:民059-2-63132.
[5] 四川档案馆馆藏四川省财政厅未刊档案,档号:民059-2-63229.
[6] 四川档案馆馆藏四川省财政厅未刊档案,档号:民059-2-3230.
[7]《金融日报》,1947年6月11日。

表8-5　温江、荣县、威远3县银行1941—1944年营业结益表

(单位:法币万元)

县别 \ 纯益 \ 年份	1941年	1942年	1943年	1944年
温江	—	13.0807(下半年)	14.4861	13.6398(上半年)
荣县	6.7271(下半年)	14.9023	15.2407	
威远		30.7719	27.3024	8.9915(上半年)

资料来源:四川省档案馆馆藏四川省财政厅档号民059-2-2584、民059-2-2586、民059-2-3131、民059-2-3132、民059-2-3228、民059-2-3230。

注:银行结益,指银行营业收入和非营业收入扣除营业支出、非营业支出、管理费支出、税金支出后的净额。它是银行经营成果的最终表现。

从上表列出的3县行年度实际结益额来看,威远县银行营业尚属不错,但业已呈现出下滑趋势。平均而言,各县行年度十几万元的收益,在当时的物价指数下,实在称不上运营良好。更有甚者,各县行创办伊始,开支庞大,而由于本身的资力甚弱,业务有限,自难有巨额盈余,初时入不敷出者亦不在少数。如成都县银行在总结1944年业务情形时说:"……经常业务,除依法代理县库外,仅办理存款放款等;原拟举办之汇兑业务,亦因资金周转不灵,致形搁浅。年终结算,收入利益,尚感不敷开支……"①

通过考察县银行的实际业务情形,我们知道,由于自身力量的欠缺及外部环境的压力,县银行的业务开展颇为艰难,从而直接影响到县银行使命的达成。但是,这并不就意味着县银行一无是处。客观来说,一方面,虽然县银行在活泼地方金融,发展地方经济,救济农村方面并没有达到政府的预期设想;但另一方面,县银行又较好地完成了代理县金库的业务,有力地配合了新县制的建设,完善了各地特别是西南西北的金融网,对于改变近代中国金融机构域分布不合理的状况起到了积极的作用。

---

① 四川档案馆馆藏四川省财政厅未刊档案,档号:民059-2-2664。

四、县银行发展中存在的问题及改良论争

县银行应战时经济体制改革和战时经济建设的需要而生,以厚植抗战和政权建设的物质基础为根本目的,虽然得到国家的大力倡导和推设,但因先天不足,后天畸形,最终并未能在历史的舞台上站稳脚跟,只存在了短短数年便烟消云散,犹如昙花一现。

(一)内忧外患——禁锢县银行的发展

县银行自成立之日起,就面临内忧外患的双重压力,从而影响了县银行的健康发展,并最终走向灭亡。所谓"内忧",是指县银行自身的资本短缺,经营受限,人事缺陷,降低了县银行作为战时金融基础的作用。所谓"外患",是指一来各县有从中央到省级银行伸向县级的分支机构和合作金库,财大气粗,小小的县银行在业务上难以竞争;二来战时的金融管制政策使各县银行受束缚较紧而得辅导不多;三来政府的监管执行不力,县银行业务步入畸形。下面,我们来具体探讨一下内忧外患的各个方面。

"内忧"上:首先,资本短绌。通过前面的表格可以得出,四川各县银行平均下来仅有四五十万之资,较于一家普通的银号或钱庄也显得逊色,何况这些资本数额,一则是为了立案登记,常与实数资本相去甚远;再则太平洋战争爆发之后,通货膨胀加剧,各县银行被迫增资,有的在短短数年中增资达四五次之多,如简阳县先后3次增资,从最初的50万元增资到后来的10000万元;南川县开业资本为20万元,3次增资后计有200万元。[①]即便如此,也难追赶扶摇直上的物价;三则资本是各自独立营运,不如别的银行有上级总行可以调拨调剂,也不如县合作金库有中国农民银行作为后盾,如果再遇上县库方面庞大的垫支,周转不灵的危机可随时出现。

[①] 四川省地方志编纂委员会:《四川省志·金融志》,四川辞书出版社1996年版,第37、38页。

其次，经营受限。县银行的营业区域，受法令规定的以各该县镇为营业区的限制，使其不仅难与中央省市银行或商业银行相提并论，甚至不及一个银号、钱庄的业务区域。在可经营的业务上，以言存款，因银行利息与商业利润，相差悬殊，社会游资，无法吸收，这本是目前一般银行之通有现象，而县银行除代理县外，因是初建，信用未立，招牌不及同业，揽储更是不易；以言放款，若依照县银行之法规，无论仓储或农田水利，无一非有大量之资金与较长之时期，方能举办，均非县银行之力量所能担任，且银行本小利高，难以承受呆滞风险；以言汇兑，因县区范围狭小，外埠又无联行设置，即与外埠同业订立汇兑契约，究属少数，汇兑业务，亦难发展①，即使四川全省有县银行的场镇办事处200多个，也没用充分发挥作用。同时，大多数县银行在代理县库工作中，因财政缺乏现金，收支都只能用支票结算，在现金上得不到调剂，更多时候反受垫款拖累。

最后，人事缺陷。县银行人事缺陷包括两个方面，一是实际经营人才难得，二是管理权多为土豪劣绅所把持。我国的人才大多集中在商业和教育较为发达的都市，县以下农村地区教育落后、人才短缺，县银行立于交通和生活条件较差的农村地区，所能提供的行员待遇也比都市普通银行为低，所以难以吸引到富有经验的银行经营管理人才。同时县银行人才难得，也是和国家行局、省银行及商业银行比较而言的。后者除少量私人关系职工外，其来源多经过招考。考前要学历，考时要成绩，考后还要觅保、培训。因此，在职工技能、职业道德、培养使用等方面，都有比较严格的要求。②而县银行人员，除了少量前述的短期培训人才外，大多数还是政府官员、地方士绅豪强或是经人介绍入行，尤其在商股股东中，虽然不乏热心赞助人士，但劣绅土豪也难免插足其间，以大股东资格对县银行加以操纵。这些人不但职业道德和专业技能上完全没有保障，而且土豪劣绅和政府官员执掌县银行的结果往往还会导致官商勾结，从事不法业务，影响县银行的正常运营。因此，县银行人员因素质不良而触犯刑律，因能力低下而造成银行损失的事件迭有发生。如1942

---

① 袁宗葆：《改进县银行刍议》，《金融知识》第3卷第3期（1944年5月）。
② 中国人民政治协商会议西南地区文史资料协作会议：《抗战时期西南的金融》，西南师范大学出版社1994年版。

年秋,新都县银行经理吴肇康,假公济私,以银行资金囤积居奇,最后被处以枪决。1943年冬,武胜县银行经理,因从事囤积致库存现金短少200万元,被拘办。①此外,县银行放高利贷、从事商业投机、随意挪用款项等情事也层出不穷。在四川,县银行能够利用公款充实资本的为数不多,但县政府官员随时取款以供开支的却比比皆是。

"外患"上:其一,业务竞争。在各省内,一些比较富庶的县份,不仅省县银行及合作金库三者均已设立,甚至有的县区内,国家银行及一般商业银行往往也设有分支机构。其中,又以合作金库、省银行分支行处与县银行在业务上存在较大竞争。以四川省为例,到1943年底,省县银行及金库三者均已设立的县份有59个,有省县银行而无金库的县份4个,有县行金库而无省行的县份25个,有省行金库而无县行的县份11个,只有县银行的县份4个,只有省行分支机构的县份2个,只有合作金库的县份22个,三者均无的县份9个。②虽然国府明文规定,各金融机构业务推行的侧重点不同,县合作金库以合作社为主要营业对象;省银行及其分支行处侧重于全省金融的调剂以及有关全省重大产业的发展,同时协助省财政计划的实施;而县银行则着重地方金融的调剂和各县特种产业的发展,并协助县财政计划的实施。③然而,在实际营业中,三者的业务对象很多都是交叉的。尽管县合作金库的业务范围,按规定须以合作社为限,但在高利的诱惑下,一些合作金库在实际经营中往往无视法规禁令,照样办理其他业务。如江西赣县合作金库,除办理各合作社存放款外,"并为各界服务,经营代理收付及存汇业务"④。合作金库有中国农民银行作为后盾,在和县银行业务冲突时,无疑更具优势。如果说合作金库还受合作社的牵制,那么散处在各县的省银行分支行处则百无禁忌,除了代理当地省库,其所经营的其他业务与县银行的营业范围很难划出一条清晰的界限。而不论是从资金、信用还是人事上来说,在与省银行分支处的较量

---

① 中国人民政治协商会议西南地区文史资料协作会议:《抗战时期西南的金融》,西南师范大学出版社1994年版,第328页。

② 杨及玄:《由县银行法的公布说到四川各县的县银行》,《四川经济季刊》第1卷第2期(1944年3月)。

③ 杨佑之:《省县银行之联系》,《金融知识》第1卷第3期(1942年5月)。

④ 经济情报汇编 民国三十二年一月至二月,中农月刊,第4卷第3期(1943年3月)。

中,势单力薄的县银行都将处于下风。如四川渠县,1944年时,四川省银行渠县办事处汇出汇款4700余万,代解汇款3500余万,放款总额800余万,而县银行汇出汇款860余万,代解汇款670余万,放款总额62.8万余元。①

其二,金融管制。国民政府以非常时期为理由,陆续出台了统一发行、接收地钞、四行专业化、设置银行监理官、限制比期放款、管理银行抵押与信用放款等多种法令规章。其措施所及,中央和省级银行未必都搬得动,商业银行也多有后台,比较之下,自然是县银行容易就范了。如1946年国民政府公布《关于管理银行办法令》,规定银行经受普通存款时,得向中央银行或其指定代理银行以现金的形式缴存准备金,活期存款的缴纳比例为15%—30%,定期存款为7%—15%。其中省县市银行按照实业银行的规定办理,其缴存比例暂定为活期存款15%,定期存款10%。虽然存款准备金存入中央银行也能生息,但利率显然没有县银行的放款利率高,甚至大多时候还低于县银行的存款利率,其间的利息差只能由县银行负担。在此种存款准备金政策的高压之下,县银行也不敢再高利率的吸收存款,没有了高利的诱惑,县银行吸收存款更是难上加难。在存款本就不多的情况下,政府的法定存款准备金政策令无疑对各县银行来说是雪上加霜。又如1948年8月,国民政府发出通知,严禁各县市银行擅收军政机关存款,并一面电请中央银行转知该行各分行处予以检查,一面通令各省财政厅转饬各县市银行遵照。②这对多数靠政府机关存款为生的县银行来说,无疑是个沉重打击。

其三,监管执行不力。前文已经谈到,在对县银行的监管上,先由中央银行设立的县银行业务督导处专门负责,后改为省政府财政厅主要负责。在此基础上,各省又相应地增加了一些具体措施。从政策层面来看,政府对县银行的监管是比较严密的。然而,在实际执行情形中,对于每行每年须检查2次,每次以派两人同往为原则的规定③,各省财政厅均感到心有余而力不足。一来是没有大量专门人员以资派遣,二来也缺乏巨额的经费备用。有鉴于

---

① 伍玉璋:《县银行与县合作金库》,《地方金融》创刊号(1947年)。
② 中国第二历史档案馆:《中华民国史档案资料汇编》第五辑第三编(财政经济)(二),江苏古籍出版社2000年版,第3页。
③ 四川档案馆馆藏四川省财政厅未刊档案,档号:民059-1-1364。

此,湖北省财政厅便计划委托省银行办理监管县银行业务,要求省银行转饬其分支行处就近检查各该县县银行,并将办理工作编具报告书表转饬省财政厅查核。尽管如此,监察效果仍是难以令人满意。湖北省财政厅也承认:"本厅因限于编制及经费,办理监理县银行业务及办理推设县银行业务仅由一人担任,颇感不敷,因此,业务推动未能达到预期任务。"①这样一来,各县银行各自为政,经营不合法业务反较其他银行便利很多。湖北省银行调查结果也说明了这一点,省内各县银行组织与业务"类多空设",有一些还从事投机或高利贷放,兴风作浪,扰乱社会。②就全国范围而言,各地县银行也是"运用所有单薄资金,或从事投机,或囤积土产,或高利贷放"③。在这种情况下,大多县银行业务经营逐渐脱离正常轨道,最终走入畸形发展。

(二)改良论争与制度经济学之分析

事实上,在县银行设立后不久,见于县银行发展中存在着以上所述的多种问题,于是便有人提出了县银行没有设立必要的观点,但另一部分人则认为从当时的国情来看,县银行实有设立的必要,至于其缺点,则可以改良。为此,在理论界便围绕县银行有无设立必要的问题,展开了一场讨论,这场讨论从战时一直持续到战后。

从当时情况来看,大多数人认为,以当时中国的实际情况考察,实无设立县银行的必要,代表者有吴承禧、许廷星、罗万森等。他们的主要理由是:从世界各国银行制度的趋势来看,均由分散到集中,弃独立制而采总分制度,而我国此时推设县银行,正好与此趋势背道而驰。而且,就我国现下的具体情况来说,也不适合设立县银行,突出表现在以下几点:第一,一县之内已有国家银行、省银行、合作金库之分支机构,如再设立县银行,业务又大略相同,则机构重叠。第二,县银行资本薄弱,所经营者也不过是一般的银行业务,农工矿等生产事业之放款投资数目较大,期限较长,非县银行所能胜任,故而县银

---

① 金东:《民国时期县域新式金融机构的构建——以县银行为中心的考察》,华中师范大学硕士学位论文2008年。
② 《金融日报》,1947年9月23日。
③ 《金融日报》,1947年5月27日。

行势必无法达成发展地方经济建设事业之重大使命。第三,农村资力不足,资金筹集困难,县银行往往有筹设经年而无法开业,且县银行为新兴金融事业,信用未立,难得地方人士之合作,业务亦不易发展。第四,银行从业人员必须有专门之才能,吾国人才多集中都市,县地方至感缺乏,且县银行之待遇较普通银行为低,自无法吸收富有经验之银行从业人员。①

而另一部分人认为,在中国当时的历史条件下,设立县银行有重要意义,实有设立的必要,孔祥熙、郭荣生等人即持此观点。他们认为:银行制度的确定,应以适合实际需要为前提,我国已往金融机构,多偏在沿海沿江都市,内地金融颇感滞塞,实有设立县银行之需要,又县为自治单位,配合自治财政之金融机构,亦所必备,至如何管理,则为另一问题。同时就反对派提出的几点忧虑,作了如下分析:首先,国家银行省银行及一般商业银行之业务,与县银行均属不同,县银行系以县乡镇公款与人民合资经营,对地方环境之需要知之最深,故一县之内,虽有其他各种银行之分支行处,而县银行仍不失存在之价值。其次,推进地方经济建设,发展合作事业,必须有深入民间之金融机关,县银行乃基层之金融机构,自应迅速筹设,并力求充实。再者,农村资力虽属不足,然大多县份设立县银行能力尚够,惟有设立县银行调剂农村金融,始能逐渐加强资力,极贫瘠县份可连合邻县合并组织,成立并无多大困难。最后,人才缺乏可谓为举办事业之困难,而非不应设立县银行之理由,况人才可由训练而来,并非不能解决之问题。②

除此之外,还有部分人,从县银行既已存在的事实出发,更为关注的是如何改良县银行,使其成为构成银行制度的健全因素。如沈长泰、袁宗葆等。沈长泰认为改进县银行的方法有四:①加强业务上的辅导与监督。他认为县银行最大的缺点即为各个独立,单位过多,银行的基础薄弱,监督管理的效能难著,建议县银行除行政上的监理,仍由财政部授权各省财政厅办理外,业务上的辅导与监督,应由中央银行及省银行统筹办理,使中央银行与省银行脉络沟通、相互配合,藉以补救县银行独立制约缺点。②充实资金健全人事。

---

① 沈长泰、胡次威:《省县银行》,大东书局1948年版,第66页。
② 沈长泰、胡次威:《省县银行》,大东书局1948年版,第67页。

县银行大多资金不充,人才缺乏,今后应督促各县银行尽量增加资本,鼓励吸收存款,并责成中央银行及省银行酌量投资,训练储备专门人才,供给县银行应用。县银行在业务上的需要,不敷周转时,应视其业务类别。由国家行局库,予以资金融通的便利。③推设乡镇分支机构服务农村。县银行以发展农村经济便利地方建设,并配合地方自治推行为主要业务,今后应尽量向乡镇推设分支机构,深入农村,以达成其承担的任务。④废除"商股至少1/2"的规定。这项规定其原意是使人民参加此项组织,以提倡自治精神,但实行以后,根据实际情形,由于此项规定,各县县银行多有豪绅操纵情事发生,但如不许人民参加,则又有违倡导自治的本意。为兼顾事实起见,他建议改为"由县政府以县乡镇的公款拨充并可招收商股"。如此则条文较有弹性,期以达到公股多于商股,而提高政府对于县银行的控制。①袁宗葆也提出了四条改进意见:①合并省县银行,即以各地县银行为省行的分支机构。如此在省行方面既无省县银行合并之不便,在县行方面彼此互通,盈亏调剂,从此可有较为合理之发展。②确立督导系统。省县银行合并后,各县县银行当受本省银行之管理督导,省银行可由中央银行地方银行业务督导处督导,层层节制,各有所属。③增加地方公股。县银行与商业银行性质不用,应注意对国民经济地方事业之扶植,故须以公股为主,方不至于只重盈利。④加强经理职权。经理如对县银行业务与人事有绝对职权,则可以充分运用其才能,谋行内业务之发达,为其工作成绩之表现。②

  从理论上来看,支持派和改良派的建议确实有一定的可行性。国民政府也陆续颁布了一些改良县银行的法令和条例。但实际上,由于战时的特殊环境,国民政府越来越无暇顾及县银行发展的困境,加上当时整个银行制度本身的不健全,使得后期的法令规章大多徒具空文,没有也无法落到实处。如后期规定增加银行资本中的官股,但是各县囿于财政的枯竭,根本无力执行。所以由始至终,县银行的发展困境都没有得到改善,最终惨淡收场。但这并不意味着我们研究县银行就毫无价值。笔者认为,无论结果如何,国民

---

① 沈长泰、胡次威:《省县银行》,大东书局1948年版,第68页。
② 袁宗葆:《改进县银行刍议》,《金融知识》第3卷第3期(1944年5月)。

政府时期的县银行作为我国银行史上的一种新生事物,成可借鉴经验,败可总结教训,以免重蹈覆辙。而且,县银行的兴起、发展、终结历程虽然短暂,但20世纪40年代,围绕着这个新生事物生成了一系列的地方银行法令规章,开辟了我国县银行制度的新纪元,健全了地方银行制度体系,在我国整个银行制度史上,也留下了不可磨灭的一页。

县银行之所以出现并在短时期内广泛推设,并不是县域经济发展的内生产物,而是国民政府发动强制性金融制度变迁的结果。所谓强制性制度变迁,指的是由政府主导并通过法令引起的变迁,县银行制度正是如此。但制度变迁又是有规律可循的,由某项制度安排的变迁开始,引起某一类制度发生改变,继而引起相关类的制度发生改变,最终是整个制度发生改变。在强制性制度变迁的条件下,如果只有某一类制度发生了改变,而相关制度不发生改变,那就必然会形成制度扭曲。[1]国民政府对县银行制度进行了强制性变迁,而在诸如合理的财政制度、健康的金融市场、一定的经济条件、严密的监管体系及有保证的执行力度等密切相关的配套资源上,并没有进行改革或者改革还未完成。因为当时的现实状况是,县自治财政正在改革中,还未完成;县域金融市场紊乱,如不少县份曾发行本票;县域经济不甚发达,在县银行的资金与业务问题上相当棘手;监管体系表面上虽已成体系,但在具体执行上,却无资金和人力的保证,只能敷衍了事。由此可见,当时只有县银行制度发生了改革,而相关制度的改变还没有跟上,故而形成了制度扭曲,无法与现时的经济市场相协调,最终无可避免的走向灭亡。进一步探究,之所以缺乏相关配套制度的改革,重要因素之一是缺乏稳定的社会和经济条件。稳定往往是全面改革的前提,没有稳定就没有合理预期,就没有配套改革。[2]彼时,正值抗战的非常时期,社会动荡经济凋敝,抗战结束还未喘歇,又进入到国内战争,一切都处在战时紧急状态,离稳定相去甚远,没有相应的配套改革,"一枝独秀"的县银行制度注定只能寂寥地退出历史舞台。

---

[1] 杜恂诚:《金融制度变迁史的中外制度比较》,上海社会科学院出版社2004年版,第118页。
[2] 杜恂诚:《金融制度变迁史的中外制度比较》,上海社会科学院出版社2004年版,第124页。

综观县银行的设立及业务发展情况,可以明了县银行有一个显著的特点,即带有浓厚的行政色彩。这也是近代中国地方银行的通病,县银行作为地方银行的一个重要组成部分,自然也不例外。县银行由地方政府参与创设,业务发展亦受其扶植,相应地政府对银行有很强的干预性,并且时常要为政府垫款以解决财政危机,银行基本成为地方政府的出纳机构,行政色彩浓厚,商业色彩薄弱。这种政府主导型的银行,市场化程度低,自力更生能力弱,不利于业务的健康开展,也无法达到金融活泼地方经济的目的。不过,银行乃金融之体,金融是整个经济活动的总枢纽,与整个财政经济息息相关。金融业发生病态,不过是整个经济病态的表现或反映。其解决办法,还须赖于国家整个财政经济政策的正确与措施办法得力。

在当今市场经济条件下,地方银行的建设也要注意处理好与地方政府的关系,不应过度依靠地方政府的财政支持,而应建立一套完全适应地方经济发展需要的现代金融结构框架,走独立自主的市场化发展道路,使金融与经济协调发展,相互为用,共同发展。与此同时,银行要健康发展也离不开国家的宏观调控和监管,只有建立健全的银行监管体制,加强执法力度,才能将银行业务纳入法制化、健康化的轨道。从适应我国金融体制改革的现状来看,发展地方银行应以发展地方性商业银行为主,其资本性质,不必强求单一模式,目的是打破国有专业银行的垄断经营,形成良性竞争。除此之外,还应鼓励合作或股份制信用社、私人钱庄等各种类型的非银行金融机构的存在和发展,通过发展各种类型的银行及非银行金融机构,建立健全的银行体系。在监管方面,一方面要尽快完善作为银行监管机构的中国人民银行的组织体系;另一方面应努力建立和健全银行监督管理的法规体系,同时加强执法力度,争取早日健全和完善我国的银行监管制度。

第九章　抗战时期的四川省合作金库

民国时期，合作运动首先从民间兴起，然后由政府主导，在国民政府大力推动合作运动的同时，一种新型的金融机构——合作金库，应运而生。合作金库系统主要包括县（市）合作金库、省合作金库、中央合作金库三级，以合作金库为核心的合作金融体系。无疑对中国合作事业的发展产生了重要的影响。四川地区是战时支援前方抗战的重要基地之一，国民政府为稳定农村金融、发展农村经济、促进合作事业之目的，逐步建立起以四川省合作金库、重庆市合作金库以及各县合作金库为支撑点的合作金库金融网。

四川省合作金库成立于1936年，发展的高峰时期正是处于抗战期间。但是到1942年，四川省合作金库业务全部移交中国农民银行全权办理。四川省合作金库的兴起与发展，是近代中国合作金融史上的重要一环，虽然它自兴起之日起，就伴随着诸多局限性，但是我们在还原历史史实的同时，不能完全否认其存在的合理性以及它所产生的积极影响。

从目前学术界已有的研究成果来看，有关四川省合作金库的专题性研究还未受到重视，研究成果较少，本章以四川省合作金库为重点考察对象，通过对四川省档案馆的四川省合作金库全宗档案，以及大量民国时期期刊杂志的梳理，先后考察了四川省合作金库兴起的背景、发展变迁、组织机构、人事制度等问题，系统而深入地探讨了四川省合作金库的业务详情，在此基础之上，以史为论，对四川省合作金库进行评价，试图弄清四川省合作金库的积极作用以及其自身存在的缺陷与不足。

一、四川省合作金库的兴起与发展

任何一种运动或组织的创始与推行,最初必经少数人提倡与宣传,然后信仰的人才会越来越多,力量才会越来越大。中国的合作运动亦是如此,最初是民间的宣传与实践,这就为四川省合作金库的兴起奠定了理论基础。理论只有与现实条件相联系才有可能促进事物的进一步发展。19世纪20—30年代的各种天灾人祸加速了四川省农村经济的破产,这就为四川省合作金库的兴起提供了现实条件,而中国合作金库制度的树立,始自1935年4月国民政府军事委员会南昌行营颁布的《剿匪区内各省合作金库组织通则》。1935年10月,四川省农村合作委员会成立,1935年11月,四川省农村合作委员会根据国民政府军事委员会委员长行营颁发的《剿匪区内各省合作金库组织通则》,制定了《四川省合作金库组织通则》,并在四川省政府的支持下开始筹办四川省合作金库。1935年12月21日,全国第一个省级合作金库——四川省合作金库成立。[1]所以说,四川省合作金库最后是在国民政府的大力推动之下才得以兴起,四川省合作金库以调剂四川省合作资金、发展合作事业为宗旨。四川省合作金库的发展虽然只经历了短短6年左右的时间,但是,我们对其发展变迁的历程也有必要做简短的梳理,可分为四川省合作金库的兴起、四川省合作金库的"蓬勃发展"、四川省合作金库的停业等三个方面。

(一)四川省合作金库兴起的背景

关于四川省合作金库兴起的背景,本文主要从三个方面来论述,首先是民间的宣传与实践,这为四川省合作金库兴起奠定了理论基础,同时,天灾人祸又加速了四川农村经济的破产,所以复兴农村经济迫在眉睫,要复兴农村经济,稳定农村金融是关键,但是仅靠民间的宣传与实践,也不足以在全省范

---

[1] 成功伟:《抗战时期四川农村合作金融体系初探》,《社会科学研究》2010年第6期,第150页。

围内大力推动合作金融的实现,此时,国民政府的推动无疑起着至为关键的作用。四川省合作金库正是基于这样的大背景,才得以兴起。

1.民间的宣传与实践

任何一种运动或组织的创始与推行,最初必经少数人提倡与宣传,然后信仰的人才会愈增愈多,力量才会越来越大。合作运动亦是如此,所以中国合作运动最初有薛先舟先生的倡导,之后又有薛先舟先生弟子们的努力,才逐渐在中国蔓延起来,初期的中国合作运动是受这些合作者的影响而逐步推进。但是,初期因环境恶劣及军阀政府的桎梏,对于合作信仰的人还少,后来合作者也无法前进了;[1]因此中国合作运动无形停顿了好几年,直到国民政府定都南京后,合作者乃东山再起,薛先舟先生及其同志们继续努力谋合作运动的复兴。薛先舟先生不仅是合作主义的宣传家、理论家,而且还他积极地投身于中国早期合作事业的实践。他早年曾留学于美国和德国,特别是在留学德国期间,他逐渐树立了较为坚固的合作主义思想,并终生致力于发展中国的合作事业。通过对德国合作银行制度的学习和研究,薛先舟深信这种制度能够解放贫民的经济,能够应用于中国。之后,在复旦大学任教期间,他开辟了宣传合作思想的根据地,在宣扬合作知识的同时也造就了一批合作人才。1919年10月1日,时任复旦大学教务长的薛先舟先生和该校的一些教员、学生发起并组织了中国最早的合作组织——上海国民合作储蓄银行,其宗旨在于"补助小本营业,提倡合作主义,鼓励同胞储蓄,解放平民经济"。他们希望"以这个银行为经济解放的起点","以合作的精神谋平等的利益,废除特殊阶级"。[2]虽然薛先舟先生不幸早逝,但是继起者大不乏其人,而其中又以薛先舟先生及"平民学社"的诸位同志,对合作运动的辅导与促进,力量最大。该社以研究合作学理、宣传合作意义、指导合作设施及调查合作事业为宗旨。社务有发行《合作月刊》、编译合作书籍、设立薛先舟先生纪念合作图书馆、指导扶助各地合作设施等多种。该社社员大都为国内合作界重要人物,对合作运动的研究、宣传及合作的实施等各方面,都极尽努力,无时无刻

---

[1] 寿勉成、郑厚博:《中国合作运动史》,正中书局1943年版,第102页。
[2] 成功伟:《抗战时期川省农村合作运动研究》,四川大学2004年硕士学位论文,第5—6页。

不在促进合作运动的发展,其影响中国合作运动的发展可知矣。①

在合作主义的影响下,华洋义赈会、乡村建设派也都掀起了与中国农村相结合的各种实践活动。中国华洋义赈救济总会,是1921年为救济陕、豫、冀、鲁、晋等省旱灾灾民而成立的一个慈善团体。②1931年冬,华洋义赈会受国民政府水灾委员会的委托,办理皖、赣、湘三省的农赈。农赈款项,安徽放出80余万元,江西30余万元,湖南544000元,安徽组织互助社2000余社,江西1000余社,湖南1930余社。各省农赈贷款大部分收回后,即将收回的款项提倡合作事业,选择健全的互助社改组为合作社,所以三省合作事业的发展,一部分是受灾荒的影响无疑。③但在救济灾民的过程中,该会逐渐认识到救灾比赈灾更具积极意义,它不仅可以改善农民的生产条件,也能提高其生产自救能力。有鉴于此,该会逐渐把重心转向通过在农村建立信用合作社,发展合作事业来改良农村社会经济。④此外,20世纪20—30年代,以梁漱溟为代表的一批知识分子,带着对中国农村社会的关注,掀起了颇有影响的"乡村建设运动"。在"乡村建设运动"中,实践合作主义,发展合作事业得到了相当重视。他指出:所谓合作,"就是散漫的农民,经过知识分子领导,逐渐联合起来为经济上的自卫与自立,同时从农业引发工业,完成大社会的自足自立,建设社会化的新经济构造"。正是基于以上对合作主义的认识,梁漱溟在其主持的"乡村建设运动"中始终都十分重视对于农村合作事业的实践。据统计,到1936年止,梁漱溟仅在山东省邹平县就建立了各种合作社共307社,社员达8828人。⑤

四川省倡导合作事业,就全国论,并不落后于其他各省。⑥前清光绪末年,四川省酉阳县杜用选先生,在清末"新政"之时,潜心农业,尤擅蚕丝。当其游学东瀛的时候,"曾目击日本的蚕业组合之改进蚕丝,增加生产,发展外

---

① 寿勉成、郑厚博:《中国合作运动史》,正中书局1943年11月版,第103页。
② 成功伟:《抗战时期川省农村合作运动研究》,四川大学2004年硕士学位论文,第6—7页。
③ 寿勉成、郑厚博:《中国合作运动史》,正中书局1943年版,第102页。
④ 成功伟:《抗战时期川省农村合作运动研究》,四川大学2004年硕士学位论文,第7页。
⑤ 成功伟:《抗战时期川省农村合作运动研究》,四川大学2004年硕士学位论文,第7页。
⑥ 伍玉璋:《抗战以来四川之合作事业》,《四川经济季刊》第1卷第1期(1944年1月1日),第93页。

销,夺我市场"的情形,感触颇深。他认为欲图"本国成千成万之蚕民的生活与值千值万之蚕业的生产获得新的改进而保持我固有之销场",其对策则必须从"组织蚕民改良技术"开始。因此,他曾于1908年撰刊《蚕丝业团体组织法》以提倡蚕业合作。并于1909年呈其《蚕丝改良策》于农工商部,附具《共济社改良蚕丝之社则》。[①]同年,四川公立法政学堂在应用经济学的农业政策的第10章中,即分讲:信用、购买、贩卖、生产组合(此时日本的产业组合法尚未修正生产组合为利用组合)等4种合作。此后,四川法政学校、志诚法政学校、四川农业专门财政专门商业学校及四川公立农学院国立成都大学的经济学,或农业政策中无不讲授产业组合或产业合作。若比较其内容,以四川公立农学院的产业合作论最为具体,其他学校关于产业合作的讲授则较为分散,没有系统讲述,而且,在四川省诸学校中,为讲授合作专门设置合作课程,则以四川茶业讲习所石印之"茶业组合"讲义为最早。在这一段历程中,仅有合作的主张与课程的讲述,但是很少实施,可以称之为"合作的播种时期"。[②]

继而,又有聚兴诚银行成都分行行员伍玉璋等,为"贯彻中国文艺复兴之精神——发扬五四运动之精神","振起夔门深锁之民气齐向解放之途前进",于1919年以"从事民教,开启民智"为入手方式,特组设普益书报室于聚兴诚银行成都分行附近。此后,受上海复旦公学(当时尚未称大学)教授薛先舟先生倡导合作运动促进合作建设的影响,于1922年改组普益书报室为"以宣扬合作主义发展平民经济提倡社会教育为宗旨"的普益协社;到此,合作建设不仅限于改造经济效益,而且也有提倡教育,即寓教于合作训练的深意,实为一举两得。同时,成都农工合作储蓄社,也随上海国民合作储蓄银行的创设而创设,城市合作与农村合作遥相辉映。只因事属初创,没有成规遵循;而且由民间自动发起,"纵得广为传播以企发生信仰而集中力量,究以一般社会生活,安于总理所谓大贫小贫,未至悬殊过甚,而友助敦伦,无非睦恤并用,对于合作尚不觉其有若何需要",总而言之,最大原因则为"新的运用常与思想柄

[①] 伍玉璋:《抗战以来四川之合作事业》,《四川经济季刊》第1卷第1期(1944年1月1日),第94页。

[②] 伍玉璋:《抗战以来四川之合作事业》,《四川经济季刊》第1卷第1期(1944年1月1日),第94页。

凿"。例如筹组普益书报室时,定名"平民书报室",结果"平民"两字,因不洽于众,所以最后改为"普益"。又如1928年国民政府定都南京、即依中央确定的七项运动而执行合作政策,已在江浙等地施行,然而又有人士认合作思想太新,似乎带有"赤化之嫌"。"所以各地虽有若干合作社组成,然亦不过是在无人理会中演成若断若续时作时辍之局而已!"这也无怪在中央编纂的合作统计中,到1934年,四川省仅有3个正式登记的合作社!①

说到普益协社工作,除图书部供给阅览图书,出版部发行刊物及1924年作为上海平民学社"宣传合作之绝续"而编印合作丛书,②更于1929年在《重庆民报》上附《合作潮》旬刊外,"其所成就者,厥为成都开明书店";"因为图书部阅览人常叹购书难,不时有要求让予者,为了文化,服务周至,亦不之拒,是以阅书购书,顿成习惯"③,为供需相应,在小范围内流通,在1927年与上海开明书店订约,设店于祠堂街;至于推广合作出版物,则有中国合作学社等委托经销。又如成都农工合作储蓄社,虽因主持人发起人韩治甫先生于1924年去世,形同解散,"可是大部股金经决定移作普益协社基金以充成都开明书店资本,自亦希望藉之而累积合作资金以期有用于合作事业也"。④

此外,为宣传合作,成都于1931年发行合作半月刊,1930年曾请聚兴诚银行总管理处筹拨基金推行合作实验于成都,然而合作实验没有落到实处,竟使此"导资入农村,提倡合作"之荣誉,"不旋踵而让诸上海商业储蓄银行独占以去,同时亦让中国华洋义赈救灾总会四川分会独步于巴县之一隅",但是在这一段历程中,已有合作之宣传与实际行动,可以称之为"合作的萌芽时期"⑤。

---

① 伍玉璋:《抗战以来四川之合作事业》,《四川经济季刊》第1卷第1期(1944年1月1日),第94页。

② 1920年5月1日,复旦学生李荣祥、黄华表、毛飞等组织《平民》周刊社,发行《平民》周刊,1922年更名为"平民学社",1924年7月,学社因社友四散而中辍,《平民》也随即停刊。

③ 伍玉璋:《抗战以来四川之合作事业》,《四川经济季刊》第1卷第1期(1944年1月1日),第94—95页。

④ 伍玉璋:《抗战以来四川之合作事业》,《四川经济季刊》第1卷第1期(1944年1月1日),第94—95页。

⑤ 伍玉璋:《抗战以来四川之合作事业》,《四川经济季刊》第1卷第1期(1944年1月1日),第94—95页。

2.天灾人祸加速了四川省农村经济的破产

中国的一切政治、经济与社会秩序,可以说首先是建筑在农村之上,因此不谈中国的问题则已,要谈中国的问题,那就离不开农村问题。近代以来,中国农村,受内外两重压迫,一方面内遭残余封建势力的蹂躏,主要包括大地主的剥削、高利贷者及中间商人的榨取;另一方面,外受帝国主义资本主义的侵略,自鸦片战争以后,海禁大开,闭关自守、自足自给的农村经济根本动摇,世界资本主义帝国主义者凭借其工商业的优势,打破了中国历来以农立国的信念。不但其商业品破坏了中国的农村手工业,而且用农产品侵占了中国农产品的原有市场。帝国主义者过剩的农产品也乘势输入,农村逐渐衰落。再加以中国的农业经营,数千年来墨守旧法、不能合理地发展、生产落后等种种关系,导致中国农村陷入极度的破产状态。①

20世纪20—30年代,四川正处于军阀割据的"防区制"时代。新旧封建军阀的搜刮,高利贷的榨取以及连绵不断的各种天灾人祸,使本已贫困不堪的四川农村经济更如雪上加霜,农业金融枯竭,农业生产停滞,整个农村陷于极度的破产状态。②也就是说,四川省农村经济的破产,有远因和近因之分。它的远因除了前面我们所提到的我国农村受内外两重压迫外,更重要的是,数十年来,社会金融事业为少数特殊阶级所操纵,结果,造成都市金融与农村金融畸形发展的病态。各金融机关为挽救这种不良发展的趋势,虽然曾经在政府的领导下积极进行农村放款,但是这种直接放款的方式,不但没有挽回农村金融极度枯竭的颓势,反而吃了很多苦头,"这是不彻底的"。③它的近因就是20世纪20—30年代各种天灾人祸加速了四川省农村经济的破产。那么,各种天灾人祸是如何加速四川省农村经济的破产呢?主要有以下几个方面:

(1)灾荒频仍。自古以来,中国的灾荒损失,就非常普遍,其中尤以水灾和旱灾的损失为甚。据统计,中国自公元前108年起到公元1911年止,曾有

---

① 寿勉成、郑厚博:《中国合作运动史》,正中书局1943年版,第97页。
② 成功伟:《抗战时期川省农村合作运动研究》,四川大学2004年硕士学位论文,第13页。
③ 张良辰:《抗战建国与合作金库制度》,《中农月刊》第1卷9、10期合刊(1940年11月1日),第31页。

过1828次灾荒（包括水灾、旱灾、风灾、霜灾、兵匪灾、虫灾等），换句话说，中国每年总有一省以上闹灾荒。[1]民国以来，灾荒更为普遍与频繁。四川省的天灾，就成都平原而言，每百年尚不到半次，其余部分，1930年以前，当国内灾荒频繁的时候，四川省灾荒的情况尚不严重，但是从1930—1935年之间，四川省灾荒率与日俱增，非常惊人，由于水利设施的破坏、社会调节的破坏等，"逐一发而不可收拾。"[2]

四川省的灾荒，从1930年至1931年开始，灾荒的情况逐渐增加，灾区的范围亦逐渐扩大。详细情况如下：1932年，春夏干旱，禾苗干枯，秋收白穗。[3]秋季又遭霖雨，导致谷物生芽，收成损失大半，所以播种时节没有足够的种子下种，但秋收折谷还债的时候，谷价反而大大下跌，例如当时自贡市的米价跌至23—24吊，长寿县每石谷物的价格为4—5元，万县每石谷物的价格8元。灾区有蒲江县、长寿县、万县、秀山县、自贡市等，皆为腹部县区，由此可见，如若江河不能及时疏浚，每逢大雨，农田就可能遭到被淹没的危险。1933年度，春季遭遇风灾和雹灾，灾区为川南14县，[4]作物禾苗损失惨重。夏季遭黑虫灾、雹灾和旱灾，禾苗枯死，受灾区域有岳池县、开县、古蔺县、璧山县、南充、广安、渠县，因为干旱，所以"争水案"时有所闻，主佃纠纷也经常发生，甚至有佃户将枯死的禾苗抬入县府喊冤的情形。秋季灾荒更严重，区域扩大至50—60县，遍布于川东南和川西地区，有旱灾、雹灾、雨灾、大水灾等。其中，旱灾40余县，雹灾9县，风灾4县，雨灾2—3县，水灾4—5县，秋季，茂县发生叠溪地震，[5]导致灌县遭受大水灾，泛滥千里，冲毁农田无数，都江堰也被冲毁，遭受巨灾。到秋收时节，颗粒无收者众多，有收2—3成者，有收4—5成者，与正常年份相比，平均50—60县，不到4成收获。1934年春季，由于1933

---

[1] 寿勉成、郑厚博：《中国合作运动史》，正中书局1943年版，第100页。

[2] 吕平登：《四川农村经济》，商务印书馆1936年版，第532页。

[3] 白穗：主要是指由于干旱高温、病虫灾害、用错药或者用错药量等原因引起的谷壳颜色发白、产量减少的现象。

[4] 14县为仁寿县、隆昌县、綦江县、古蔺县、涪陵县、荣县、富顺县、江安县、叙永县、泸县、高县、万县、大竹县、石柱县等。

[5] 叠溪地震：中国四川省阿坝藏族羌族自治州茂县北部叠溪镇于1933年8月25日15时50分30秒，发生7.5级地震，震中烈度10度，叠溪地震和地震引发的水灾，共使2万多人死亡。

年灾情严重的影响,导致农民非常贫穷,很多家庭粮食缺乏,不能下种,使很多地方变成春荒,如峨眉县、丹棱县、古蔺县、叙永县。加之又受风灾、雨灾、水灾、旱灾、雹灾等,小春时期播种的作物非枯萎即损坏,区域有20余县[①],夏季遭风灾、雹灾、旱灾、雨灾、蝗虫灾,受灾范围波及川东南北40—50县,禾苗不是枯萎就是损失殆尽,平均收成不到平时的1/3。加之,秋季又发生大水灾,岷江、涪江、大渡河、雅河一齐飞涨,"为百年来未有之大水灾,冲毁农田禾苗无数,灾区几乎遍及全川。1935年,春季,因上年大灾,粮食缺乏,不能下种,遂成春荒。"[②]详见1932年至1934年四川省各县农村受灾调查表9-1:

表9-1　1932—1934年四川省各县农村受灾情况调查表

季别 \ 年别		1932年	1933年	1934年
春季	受灾县数		14县	
	受灾名称		雹灾、风灾	
	受灾的情况		小春全毁,禾苗损失	
	受灾的区域		雹灾14县,风灾1县	
	受灾的损失		小春禾苗损失殆尽	
夏季	受灾县数			31县
	受灾名称			旱灾、雹灾、雨灾、匪灾
	受灾的情况			
	受灾的区域			雨灾13县,雹灾5县,旱灾4县,春荒3县,冷灾1县,匪灾1县,风雪冷歉收各1县
	受灾的损失			收成无望

[①] 这20余县为简阳县、资阳县、内江县、隆昌县、荣昌县、富顺县、泸县、叙永县、涪陵县、南充县、茂县、开县、万县、梁平县、邻水县、青神县、合川县、遂宁县、大竹县、丰都县、璧山县等。

[②] 吕平登:《四川农村经济》,商务印书馆1936年版,第533页。

续表

季别\年别		1932年	1933年	1934年
秋季	受灾县数	7县	55县	28县
	受灾名称	旱灾、雨灾		水灾、旱灾、雨灾
	受灾的情况	秋收田谷生芽,禾苗枯萎	田禾多为雹、虫损毁及旱灾枯死大半	田禾冲没,禾苗枯死
	受灾的区域	雨灾四县旱灾1县	旱灾45县,虫灾1县,雹灾11县,水灾1县,风灾1县	水灾12县,旱灾4县,雨灾5县,虫灾3县,雹灾2县,暴风灾2县
	受灾的损失	秋收损失大半	秋收损失大半	损失殆尽

资料来源:吕平登《四川农村经济》,商务印书馆出版1936年版,第534页。

综合上面的内容,我们可以发现,在四川省合作金库创立前几年,四川省的天灾,就灾类方面看,区域最广,为患最严重的是水灾;其次为旱灾;再次为风灾、雹灾、雨灾;最后是虫灾,虫灾为害最小。就季节方面,最严重的是秋灾,秋灾导致收获减少;其次为春灾,导致不能下种及小春减少。就灾区方面,首先是长江上游各沿江区域,遭受水灾最烈,如川西、上川南、川西北等;其次是川东南区域,遭受旱灾最烈;最后是川东南北区,遭受春灾、风灾雹灾及雨灾等。

分析以上情况,我们可以很明确地得出这样一个结论:在20世纪30年代初期至中期,四川省天灾与往年相比,灾情严重,灾况增多,受灾范围扩大,对广大人民尤其是农村百姓的生活,造成了严重的影响。这也是四川省合作金库为什么会快速创立的一个重要原因。

(2)人祸连连。各种灾率的增加与灾区范围的扩大,虽然名为天灾,但大半为人事的原因所造成。正如吕平登在《四川农村经济》中指出:"以最烈之水灾论,完全由水利失调,江河失其疏浚调节,河身淤塞,河床增高,床不束流,遂暴发为水灾。加之,四川为长江上游,江河既多,水量亦富,上游湍急,所以上游沿江区,遭受绝大水患。"也就是说水利工程失修,未能及时疏浚江河是导致大水灾的一个重要原因;再如"风灾,雹灾,虫灾,以四川环境气候论,并不占重要地位,但以森林不保,气候变化,及仓储未存,粮食缺乏,此等亦成为灾患"。这主要是从环境气候和粮食仓储方面来说,常年的乱砍滥伐导致植被减少、环境恶化,同时粮食仓储不足,所以一遇天灾便无法及时补救。又如"至川东南北之旱灾,因无大规模水利工程,灌溉以塘蓄水为主,遇旱成灾,当亦有故"。没有大规模的水利工程补救,仅以池塘蓄水进行灌溉,每遇干旱,便容易形成灾害;至于春灾,"完全为灾荒之继续,及人事之不修。因上年大灾,致粮食缺乏,农民贫困流亡,不能下种,或以兵灾掠粮,农民无食,不能栽种,此完全为上年灾荒,政府不能救济,和军阀掠夺农民之结果。"①由此可见,政府不救济和兵匪灾祸对灾荒的形成具有重要的影响。如表9-2:

表9-2　1928—1934年四川省灾荒情况统计略表

年份	灾情种类	被灾县数
1928	旱灾、水灾、兵匪灾	54
1929	旱灾、水灾、兵匪灾	51
1930	旱灾、水灾、风灾、雹灾、兵匪灾	67
1931	旱灾、水灾、风灾、雹灾、兵匪灾、火灾	72
1932	水灾、旱灾、兵匪灾	50
1933	水灾、旱灾、兵匪灾、风灾、雹灾、雨灾	75
1934	水灾、旱灾、雹灾、雨灾、兵匪灾	80

资料来源:吕平登《四川农村经济》,商务印书馆1936年版,第531页。

从这7年的数据统计发现,1928年至1934年,四川灾荒范围日益扩大,其中,年年都有兵匪灾祸。四川省兵匪灾祸如此严重,这是"防区制"时代背景下的一个特定的产物。在"防区制"时代,众军阀拥兵自重,割据一方,势均力敌,扩充军备,竞相向民间搜刮,各种巧立名目的苛捐杂税都通通落到百姓头上,其中,尤以农民的负担为甚。正如吕平登在书中所指:"防区制度,从此成立,所谓苛捐杂税,预征丁粮……无一不由此滥觞。"众军阀"只图敷衍目前,不顾人民经济能力,以致财政愈陷于绝境!"②当然,各种人祸还包括土地关系

---

① 吕平登:《四川农村经济》,商务印书馆1936年版,第536页。
② 吕平登:《四川农村经济》,商务印书馆1936年版,第11—12页。

日益集中、高利贷剥削日益加重等等,这些促使四川省农村经济破产的因素前人已有研究[①],笔者就不再一一赘述。

天灾与人祸,人祸为重。主要原因有三:其一,各种天灾自古皆有,也许灾类、灾情以及受灾范围有所不同,但是,就全国范围来讲,并非仅仅四川省有天灾。其二,应对天灾,历来是以预防为主,出现灾情,及时赈灾,而且在预防与赈灾进程中,往往是政府居于主导。我们知道,在"防区制"时代,四川省没有具备完全执行能力的统一的省政府,而且财政往往大多用于扩充军备,可以说是应对和预防天灾,毫无力度。其三,当时各路军阀忙于争战,即使出现灾情,也无暇顾及,而且以各种名目掠夺和搜刮百姓。时人有言:"四川农村崩溃,已为铁的事实,而其崩溃的程度,且较中国之任何省份为尤甚!至其崩溃之原因,则由于农业技术本身与天灾者不过十之一二,而由于封建势力之剥削、军事扰乱者则十之七八。"[②]可谓是一语道破天机,突出人祸的危害。无论是天灾也好,人祸也罢,它们一起所带来的各种灾难,最终加速了四川省农村经济的破产,广大农民流离失所,生活窘迫。四川省农村经济的救济与复兴已成为当务之急。要救济,要复兴,金融是关键。必须要有一个统一的金融机关来救济农村,复兴农村。那么,究竟哪种性质的金融机关才能拯救四川省农村的凋敝与破产呢?这的确是摆在国民政府前面的一个现实问题。

3.国民政府之推进

任何一种政策或制度或组织要在全国范围内推行,最初必经各种宣传与实践,然后由政府主导方能完成。各种宣传与实践笔者在前文已经论及,在此,我们将主要分析在四川省合作金库的创设进程中,国民政府是如何推进的。

就四川省农村经济环境,加以剖析,我们可以发现有十种不足,"一曰:耕地少,荒地多;二曰:交通阻塞;三曰:农民智力薄弱;四曰:生之者寡,食之者众;五曰:技术幼稚,生产不足;六曰:土地分配不匀;七曰:贫富阶级悬殊;八曰:阶层之高度剥削;九曰:缺乏健全之组织;十曰:地方不靖,影响治安"。

[①] 成功伟:《抗战时期川省农村合作运动研究》,四川大学2004年硕士学位论文,第13—17页。
[②] 成功伟:《抗战时期川省农村合作运动研究》,四川大学2004年硕士学位论文,第569页。

"夫以病态显著,而常感为种种环境所支配之四川农村,乃欲求所以繁荣并恢复其农村经济建设者,除以政府协助手腕,改善其现状外,而倡导合作事业,发展农业金融,则尤为前提焉。"[①]也就是说,要复兴四川省农村经济,必须以政府为主导,加以推进,方能完成。而其前提是要倡导合作事业,振兴农村金融。

首先我们要分析一下农业合作金融的几种主要形态。农业的合作金融可以分为雷发巽式农业合作金融、[②]政府扶助的农业合作金融、混合式的农业合作金融三种形态。德国雷发巽氏是农村合作银行的先驱。自雷氏1849年首创雷发巽氏信用合作社以来,此种农村合作金融制度几乎普及于全世界,德、比、荷、瑞、意等国尤为发达,它的目的无非是救济农民,解除农业恐慌、资金缺乏以及高利贷者的剥削等种种痛苦。它的组织系统大都是以农业信用合作社为基础,中央合作银行为上层。第二种形态是政府扶助的方式,各国对于农业合作金融,注重于政府监督和协助,乃是近代世界农业合作金融制度一个显然的趋势。因为农业是各种产业基础,同时又是一种比较薄利的生产事业。在一般金融市场中,吸引资金的能力比较薄弱,所以要谋农业资金供需的充分调节,非有政府扶助不可。现在世界各国政府,莫不有农业合作金融机关的设立,以扶助农业合作金融。如法国的国立中央农业合作银行、德国的普鲁士中央合作银行、意大利的国立劳动银行、美国的中央合作银行及各区合作银行以及苏联的中央农业银行及各邦农业信用银行,大致都由政府协助资金,指导业务经营,以收统一之效。农业合作银行的第三种形态便是所谓混合式。这种混合式的银行,虽然以供给农村信用合作社及生产合作社为主要任务,可是同时也供给其他合作运动以资金。如挪威的农商银行、

---

① 四川省合作金库:《四川省合作金融年鉴》(1937),【出版社不详】1937年版,第2页。
② 弗里德里希·雷发巽(Friedrich Raiffeisan 1818—1888),出生于德国的哈姆。这是一个典型的为人仗义、乐于助人的德国绅士。年轻时曾参军入伍,德国军队独有的严谨与严酷训练,磨炼了他耿直和坚强的性格。退役后,他进入政界,因其坚果果敢的行事风格,使他很快崭露头角,25岁时担任威雅布许市市长,于1849年春开始担任德国南方福来默·斯菲尔德市(Flammer Flammersfeld sfeld)市长。1860年,由他发起和组织的德国农村雷发巽式农村信用合作社取得了巨大的成功。时至今日,众多的雷发巽银行仍然是德国金融体系中必不可少的组成部分,而且是世界上合作金融的典型模式之一。

拉脱维亚的平民银行、立陶宛的合作银行、奥地利的中央合作信用银行等等。①

以上三种农业合作金融,就中国当时的国情来讲,只可能是第二种方式:政府扶助式。然而就四川农村经济环境来看,不能仅仅照搬欧美各国模式,必须与中国的国情和四川的农情相结合。因为将四川农情"视为单纯意识之病态,因而认为办理四川合作金融,应以欧美各国之组织方式为蓝本者,此其误置农村环境,实为遗憾","夫欧美各国之农村合作制度,在于消减农村经济之畸形发展,防止资本主义经济形态之没落,减少其社会斗争危险——诸矛盾点"。所以其对合作金融事业的精神,仅以对抗"农村高利贷,及资本都市化"为原则。然而,"四川省之农村经济,已濒破产,人民生活能力,已属式微,则在此客观环境之下,舍以带有救济性质之合作方法,从事于'由上而下'协济性之农贷组织,以求渐达于农民'自有''自营''自享'之合作金融制度,殆无他道。岂能仿行欧美各国所订之'农村信用'合作方式,于今日之四川也耶?"②因此,四川省合作金库应该在符合国情及农情的前提下,"由上而下"推进其组织与事业的发展。

1934—1935年间,四川省灾情遍野,民不聊生,国民政府绸缪善后,拨款救济,"奉委员长蒋电令中国农民银行,办理川西北匪区农贷,当时数字,仅30万元也。"③拨款救济,利在一时,且因拨款数目有限,大多不能达其目标,可以说是既不能"治标"也不能"治本"。"若不正本清源,与民更始,则杯水车薪,难期甦苏,"④至1935年10月,四川省农村合作委员会成立,派员分驻灾区,以合作方式,组织训练民众,设合作社放款。先治其标,贷种助耕,再正其源,办理数月,成效显著。经过数月,共组织合作预备社,887社,社员达54000余人,贷款总额为20万元。于此,四川省的农村工作,乃得一初期之试探⑤,"经此尝试,深感合作事业之机能,不仅在繁荣农村经济,而且得促进农村之组织",

---

① 侯哲莽:《论中国之合作金融问题》,《中农月刊》第1卷第2期(1940年2月1日),第1—2页。
② 四川省合作金库:《四川省合作金融年鉴》(1937),【出版社不详】1937年版,第2—3页。
③ 四川省合作金库:《四川省合作金融年鉴》(1937),【出版社不详】1937年版,第1页。
④ 张桢:《四川省合作金库二十九年度业务概况》,《四川合作金融季刊》第2、3期合刊(1940年12月、1941年3月),第1页。
⑤ 四川省合作金库:《四川省合作金融年鉴》(1937),【出版社不详】1937年版,第1页。

所以,乃以通、南、巴十县合作组织之试验,普遍推行于全省,"推合作组织,与合作金融,相辅利导,互成循环",所以合作组织推行以后,势必同时确立合作金融制度。基此需要,四川省合作金库遂于民国1936年11月,依据军事委员会所颁《各省合作金库组织通则》之规定,创始成立。[1]所以说,四川省合作金库的成立,最后是由南京国民政府的推进而完成的。

(二)四川省合作金库的发展变迁

四川省合作金库创立以后,虽然只经历了短短6年左右的时间,但是为了从宏观上了解其发展,我们有必要对其发展历程做简短的梳理,四川省合作金库的发展变迁主要经历了兴起、"蓬勃发展"、停业三个阶段。

1. 四川省合作金库的兴起

中国合作金库制度的建立,始自1935年4月军事委员会南昌行营颁布的《剿匪区内各省合作金库组织通则》。当时,行营通令豫、鄂、皖、赣四省省政府积极筹备,于是四川、江西两省最先成立省合作金库。[2]四川省合作金库办理四川省合作金融事业以辅助经济建设、推进农贷政策为宗旨。自1935年10月四川省农村合作委员会成立,即在川西北匪灾、旱灾较严重的通江、南江、巴中等10县办理紧急救济农贷。一面组织预备社900余所,同时贷予资金20万元,为合作放款的先声,后因合作单位的扩大、农贷事业的发展与农资统筹的迫切,四川省省政府奉令遵照《军事委员会剿匪区域各省合作金库组织通则》筹设四川省合作金库,确定资本1000万元,制定由省府担任500万元,由合作社及合作社联合社担任500万元,但因四川省合作组织刚刚开始,资力式微,无力参加四川省合作金库的股本筹集,后经四川省政府积极筹集,始行开业,并于1936年11月22日正式成立,专营农村合作贷放业务。[3]据了解四川省政府先拨股款只有现金20万元,连同四川省财政金库期票和建设公债券共275万元,经四川省合作金库商请中国农民银行将四川省政府所拨

---

[1] 张桢:《四川省合作金库二十九年度业务概况》,《四川合作金融季刊》第2、3期合刊(1940年12月、1941年3月),第1页。

[2] 丁宗智:《八年来之合作金融》,《金融知识》第4卷第1、2期合刊(1945年7月1日),第115页。

[3] 四川省档案馆馆藏四川省合作金库未刊档案,档号:民88-002-04079。

财政金库期票及债券抵押透支160万元,共180万元作为开业资金。①

四川省合作金库建立以后,在战前基本上没有辅导设立县合作金库的成立,发展速度相当缓慢。究其原因,主要有以下几点:第一,四川省合作金库刚刚成立,资金不充实,无力辅设县合作金库;第二,自《合作金库规程》颁布至"七七"事变发生时为止,为时不过半载,社会人士对此新兴事业,尚未了解,大量推行肯定是困难重重;第三,各县、市合作金库本应由各合作社自力创设,但是当时中国合作组织尚无此种能力,而以辅设合作金库为主要工作的农本局也因刚成立不久,辅导工作,甚为稳重,仅作试验性质的提倡,而无积极推行的倾向;第四,缺乏专业人才,训练又需要时间。有此四种原因,所以第一期的发展,不是很迅速。②由此可见,在战前,四川省合作金库发展速度较缓。

2. 四川省合作金库的"蓬勃发展"

"七七"事变以后,四川省合作金库的发展逐步进入"蓬勃发展"阶段,当时因战略关系,逐渐内移,国民政府西迁,各种金融机关团体也相继内迁,1938年秋,日军占领广州、武汉以后,抗日战争进入战略相持阶段,"此期因战事平稳,社会经济渐趋安定,政府因即督责金融机关,恢复并扩大农村放款,而使上期停顿之局一变而为蓬勃气象"③。因此,四川省合作金库的发展由第一期的缓慢发展逐渐进入快速发展阶段。据统计,在1937年至1941年,四川省合作金库大力辅设本省各县合作金库的成立。其中,计1937年有3库,1938年有32库,1939年有6库,1940年有26库,1941年有2库。而省合作金库对县市合库之业务,亦有相当控制力量。④也就是说,"七七"事变至1941年太平洋战争期间,四川省各县合作金库的数量快速增长,呈现出一种"蓬勃"之象。但是"至县库之增进,极为迅速,惟其如此,故各库之成立,每多不与各该县合作社之发展情形相称。辅设以后,每多草率从事。因此健全之

---

① 中国人民政治协商会议西南地区文史资料协作会议:《抗战时期西南的金融》,西南师范大学出版社1994年版,第439页。
② 顾尧章:《中国之合作金库》,《金融知识》第2卷第3期(1943年5月),第111页。
③ 丁宗智:《八年来之合作金融》,《金融知识》第4卷第1、2期合刊(1945年7月1日),第128页。
④ 丁宗智:《八年来之合作金融》,《金融知识》第4卷第1、2期合刊(1945年7月1日),第116页。

库,不易多得。故此一时期量的发展颇速,而实际效果仍属有限"①。换句话说,这一时期,四川省各县合作金库的数量虽然越来越多,但是质量却不尽如人意。

3. 四川省合作金库的停业

正如前文所述,1937年至1940年,四川省合作金库辅设各县合作金库呈现出一种蓬勃发展的趋势,但是到了1942年,四川省合作金库的发展却停滞不前。推其原因,主要有如下三点:①1941年太平洋战事爆发以后,海上交通受阻,向内运送物资困难,此时,国民政府为谋求经济上的自给自足,因而对国内资金运用采取了较为紧缩的政策。所以农贷政策由扩大而变为紧缩;②物价高涨,各县合作金库的开支入不敷出,其他银行所辅导的各县合作金库,十有九亏,因此不愿意再继续辅导;③中央合作金库开始筹备,但又迟迟不能成立,中央无统筹的中枢机关来推进各县合作金库的发展,而各县合作金库的辅导行局又因中央合作金库已在筹备,观望不前。②1942年,实行银行专业化之后,合作贷款即由中国农民银行统筹办理,四川省政府为便于中国农民银行统一辅导各县合作金库的业务起见,便将四川省合作金库的提倡股300万元完全收回,该库随即结束,其业务遂全部移交中国农民银行办理。③四川省合作金库遂成为中国农民银行独办的金融机构,因此,四川省合作金库所辅导设立的各县合作金库也改由中国农民银行直接指挥④,至此,四川省合作金库宣告停业。

总之,在民间的宣传与实践、四川省农村经济的破产以及国民政府的推动之下,四川省合作金库得以兴起。虽然四川省合作金库在创设之初,发展速度较缓,但是"七七"事变以后,四川省合作金库的发展逐步进入"蓬勃发展"阶段,可惜的是,到了1942年,四川省合作金库的发展却停滞不前,并最终停业。

---

① 顾尧章:《中国之合作金库》,《金融知识》第2卷第3期(1943年5月),第112页。
② 丁宗智:《八年来之合作金融》,《金融知识》第4卷第1、2期合刊(1945年7月1日),第124页。
③ 任敏华:《现阶段的四川合作事业》,《四川经济季刊》第2卷第1期(1945年1月1日),第163页。
④ 成功伟:《抗战时期四川农村合作金融体系初探》,《社会科学研究》2010年第6期,第151页。

二、四川省合作金库的组织机构与人事制度

任何一种金融组织都需要相应的组织机构和较为完备的人事制度,方能正常操作与运行,四川省合作金库也不例外。四川省合作金库作为一种新型的现代金融机构,从兴起到停业,虽然只经历了短短6年左右的时间,但是其组织机构与人事制度却是我们不得不加以重视的,因为只有弄清其组织机构与人事制度的得失,才有利于我们从整体上来对其进行评价。四川省合作金库从其诞生之日起就重视组织机构与人事制度的建设,四川省合作金库的组织机构主要包括代表大会、理事会和监事会、四川省合作金库的办事机构以及四川省合作金库所辅设的分支机构等;四川省合作金库的人事制度主要包括入库保证书制度、职员任用情况、薪资待遇与奖惩、请假规则等。同时,弄清四川省合作金库组织机构的特殊性也将是本章内容的一个重点。

(一)四川省合作金库的组织机构

四川省合作金库的组织机构是其业务发展的载体,因此,对其组织机构的探究将为我们分析其业务的发展提供合理性依据。《四川省合作金库规章汇编》[①]和《四川省合作金库组织章程》[②]是四川省合作金库组织机构设置的根据。四川省合作金库的组织系统包括:代表大会、理事会、监事会、秘书室、稽核室、总务处、业务处、会计处以及其所辅设各分金库、县库和办事处等机构。

1. 代表大会

四川省合作金库的代表大会,每年召集1次。四川省合作金库以认股的各县市合作金库(以下简称县市金库)、以省为范围的合作社联合社(以下简称省联合社)以及认购提倡股的机关法团为社员,选派代表出席代表大会。

---

① 四川省档案馆馆藏四川省合作金库未刊档案,档号 民88-002-04077。
② 四川省合作金库:《四川省合作金融年鉴》(1937),【出版社不详】1937年版,第351页。

代表大会的代表名额按实缴股金每500股选派代表1人,但是县市金库及省联合社所缴股金不足500股时也得各选派代表1人,各提倡股的代表人数由认购提倡股的政府及金融机关法团自定,但是不得超过每500股选派代表1人的标准。代表大会由理事会召集,一般应于1个月前以书面形式载明召集事由及提议事项通知社员;必要时理事会可召集临时代表大会,这需要全体1/4以上社员代表,以书面形式叙明提议事项及其理由,请求理事会召集临时代表大会。如果提出请求10日之后理事会还未召集临时代表大会,那么社员代表可呈报四川省农村合作委员会自行召集。①

代表大会应由代表过半数出席始得开会,出席代表过半数同意方可决议,代表大会开会时每位代表仅有1票表决权,如若有代表不能出席大会时,以书面形式委托其他代表代其进行表决,并得按每500股1票表决权的总额共同行使,但是同一代表不得代表2人以上的社员。代表大会流会(注:指会议因人数不满定数而停开)2次以上时,理事会应以书面载明应议事项,请求全体代表于一定期限内通信表决,但是此期限不得少于25日。②

2. 理事会及监事会

理事会每月召集1次,是四川省合作金库日常经营活动的主要决策机构。据四川省合作金库的组织章程可知:理事会由11位理事组成,理事从出席代表大会的代表中选出,但是在县市金库或省联合社所认股本不足100万元时,县市金库或省联合社也必须有1名代表当选理事,其余理事10人应由认购提倡股本的政府及金融机关法团以实缴股本为比例选出,以后各县市金库或省联合社每增缴股本100万元时得增选理事1人,理事任期为3年,第一届理事的任期以抽签来定,一年者2人,二年者4人,三年者5人,以后每年依次补选,各理事就职后,推选主席1人,理事会由主席召集,理事会应由理事过半数出席始得开会,出席理事过半数同意始得决议,理事会办事细则由理事会具体制订。先后担任理事长的有卢作孚、甘绩镛、张桢、尹志陶4人。③同时还规定了理事会的职权:①执行代表大会决议案;②决定营业方针;③审

---

① 四川省档案馆馆藏四川省合作金库未刊档案,档号:民88-002-04077。
② 四川省档案馆馆藏四川省合作金库未刊档案,档号:民88-002-04077。
③ 汪辉秀、朱艳林:《民国时期四川省合作金库史略》,《巴蜀史志》2005年第3期,第40页。

定预算决算;④核定预算、决算;⑤对外代表四川省合作金库。①

监事会每月召集1次,四川省合作金库的监事会为保证其业务正常运行发挥了重要的作用。据四川省合作金库的组织章程可知:监事会由7位监事组成,监事从代表大会的代表中选出。但是在县市金库或省联合社所认股本不足100万元时,县市金库或省联合社也必须有1名代表当选监事,其余监事6人应由认提倡股本的政府及金融机关法团以实缴股本为比例选出,以后各县市金库或省联合社每增缴股本150万元时得增选监事1人,监事任期为1年,均可连选连任,各监事就职后,推选主席1人,监事会办事细则也由监事会具体制订。先后担任监事长的有刘航琛、陈华清、徐继庄3人。②监事会的主要职权:①监查四川省合作金库财产状况;②监查执行业务之状况;③四川省合作金库与理事订立契约或为诉讼上行为时代表四川省合作金库;④审核第39条规定书类。③监事为执行前各项职务认为必要时得召集临时代表大会,同时还规定监事不得兼任四川省合作金库其他职务。④

从监督层面上讲,在《四川省合作金库规章汇编》总则第5条即规定:"四川省合作金库受四川省农村合作委员会之监督。"⑤需要特别指出的是,与其他营利性金融机构的理监事不同,四川省合作金库的理事、监事均为义务职,但是经代表大会决议可酌情给予津贴。⑥

3. 四川省合作金库的办事机构

四川省合作金库"以调剂全省合作资金,发展合作事业为宗旨。四川省合作金库设总金库于四川省农村合作委员会(以下简称合委会)所在地成都,必要时得在其他地方设分金库办事处或代理处。"⑦其主要工作是充实并统筹

---

① 四川省档案馆馆藏四川省合作金库未刊档案,档号:民88-002-04077。
② 汪辉秀、朱艳林:《民国时期四川省合作金库史略》,《巴蜀史志》2005年第3期,第40页。
③ 四川省档案馆馆藏四川省合作金库未刊档案,档号:民88-002-04077。第39条规定:本金库每年总决算时,由理事会造具下列各项书表,送由监事会审查后连同监事会审查报告书提出代表大会请求承认,各项书表如下:(一)财产目录,(二)资产负债表,(三)损益计算书,(三)业务报告书,(四)盈余分配案。
④ 四川省档案馆馆藏四川省合作金库未刊档案,档号:民88-002-04077。
⑤ 四川省档案馆馆藏四川省合作金库未刊档案,档号 民88-002-04077。
⑥ 四川省档案馆馆藏四川省合作金库未刊档案,档号 民88-002-04077。
⑦ 四川省合作金库:《四川省合作金融年鉴》(1937),【出版社不详】1937年版,第351页。

全省农村合作事业的金融。①所以,四川省合作金库——成立于1936年11月22日,是省市合作金库成立最早者②——对后来全国合作事业的发展具有重要的借鉴和指导意义,对其办事机构的分析就显得格外重要。

四川省合作金库设经理、副经理各1人,经理秉承理事会,总理四川省合作金库事务,先后任经理的有风纯德、张桢、冯左泉3人。③副经理协助经理办理四川省合作金库事务,经理、副经理均由理事会聘任。四川省合作金库设秘书室、稽核室、总务处、业务处、会计处等办事机构。秘书室设主任秘书1人,秘书2人,办事员若干人;稽核室设总稽核1人,稽核4人,稽核员办事员若干人;总务处设主任1人,下设文书、人事、庶务3组,各设领组1人及办事员若干人;业务处设主任1人,下设贷放、营业、调查3组,各设领组1人,办事员若干人;会计处设主任1人,下设司账、保管2组,各设领组1人,办事员若干人。其中,主任秘书、总稽核、各处主任及秘书是由经理提请理事会通过,然后由理事会委任,其余各职员由经理聘用。④如图9-1所示。

同时,《有限责任四川省合作金库办事细则》还规定了各处室的办事细则或者说是职责。为详细了解起见,现摘录如下⑤:

秘书室之职掌如下:

(一)机要文件之拟办、审核及保管事项

(二)文件之分办事项

(三)各项规章计划之拟定、审核及汇编事项

(四)工作报告之编审事项

(五)各类调查统计之编制事项

(六)农村经济之研究及编辑事项

(七)本库业务、组织、行政上之计划事项

(八)本库理监事会事务之兼办事项

---

① 四川省合作金库:《四川省合作金融年鉴》(1937),【出版社不详】1937年版,第8页。
② 丁宗智:《八年来之合作金融》,《金融知识》,第4卷第1、2期合刊(1945年7月1日),第116页。
③ 汪辉秀、朱艳林:《民国时期四川省合作金库史略》,《巴蜀史志》2005年第3期,第40页。
④ 四川省档案馆馆藏四川省合作金库未刊档案,档号:民88-002-04077。
⑤ 四川省档案馆馆藏四川省合作金库未刊档案,档号:民88-002-04077。

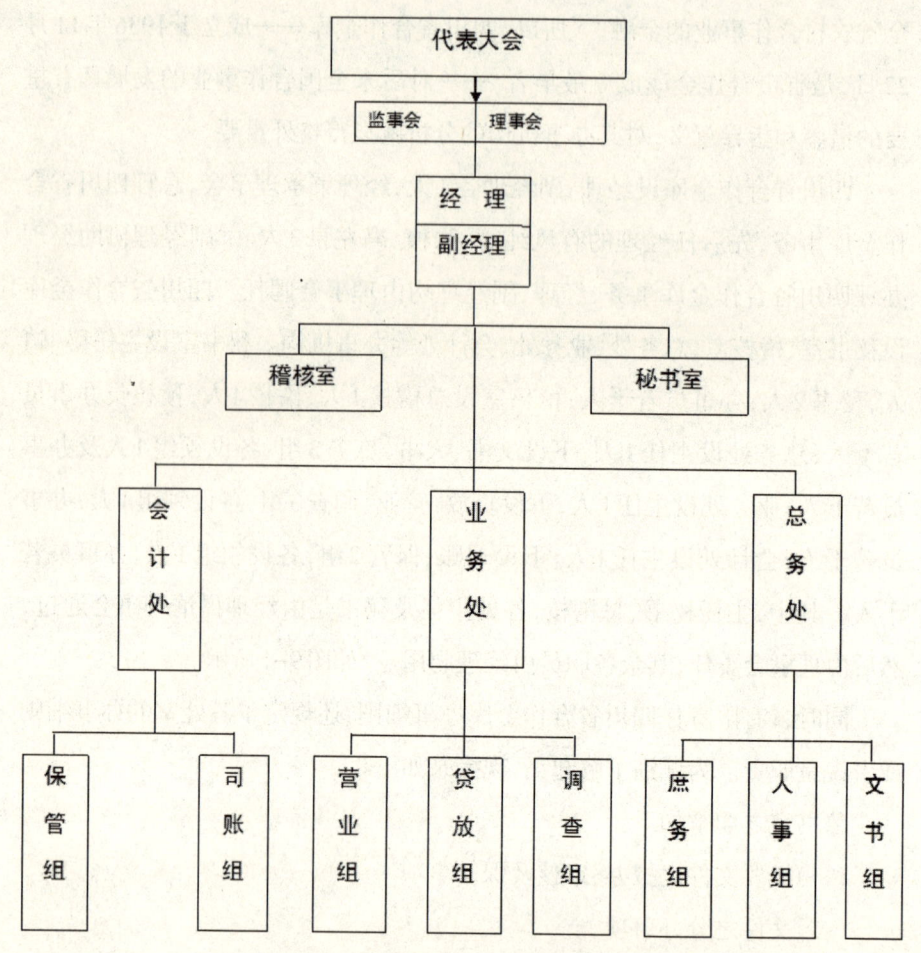

图 9-1　四川省合作金库组织系统图

资料来源：四川省档案馆馆藏四川省合作金库未刊档案，档号：民88-002-04077。

（九）本库理监事会主席及经副理之交办事项

（十）其他会办事项

稽核室之职掌如下：

（一）本库及受委各县库账表之检查审核事项

（二）本库及受委各县库库存之检查事项

（三）本库及受委各县库预算之审定及决算表之审核事项

（四）本库及受委各县库营业方针及进行上之检讨审核事项

(五)本库及受委各县库人员服务情形及其私生活之调查事项

(六)关于账务业务其他一切之审核事项

总务处之职掌如下:

(一)文件拟缮收发及档案保管事项

(二)印信典守及刊发事项

(三)股票印发事项

(四)工作人员考核、升调、薪酬、奖金、请假、抚恤之管理登记事项

(五)工作人员保证书履历表之调查审核保管事项

(六)公有财产之登记保管事项

(七)器具及印刷品之编号保管事项

(八)庶务及其他不属于各室处之事项

业务处之职掌如下:

(一)本库业务计划及受委各县合作金库业务计划审核指导事项

(二)业务之调查统计事项

(三)业务资金之调拨事项

(四)营业事项

(五)业务报告之编制事项

(六)受委各县合作金库业务报告之审核事项

(七)其他属于业务性质之主办或会办事项

会计处之职掌如下:

(一)本库会计规则及应用账表单据之制订事项

(二)受委各县合作金库会计规则及应用账表单据之制订事项

(三)本库账表之登记事项

(四)本库预算之拟订及决算书表之编制事项

(五)本库开支月报之造报事项

(六)本库现金收付及库存检查事项

(七)物品股票单据之保管事项

从上面的内容我们可以发现,四川省合作金库具备一般金融机关所设置

的办事机构,尽管所设机构的职能与其他金融机关有所差异,但是正基于此,我们可以在载体明确、资料充实的前提下对其做更进一步的探究。

4.四川省合作金库组织机构的特殊性

要考察四川省合作金库组织机构的特殊性,笔者采用比较研究的方法,将其与同时期的一般银行相比较,分析、归纳、整理出其极具特色的地方。通过对比分析,笔者主要总结了以下几点特殊性。

(1)从股东构成及其利益上看,四川省合作金库由下级各县合作金库、以省为范围的合作社联合社以及不以盈利为目的的机关法团认股组成。而一般银行的股东不限于地域,任何人都有权购买银行股票,成为银行的股东。四川省合作金库的股东不以盈利为目的,其中,各机关法团所认购的股本称为提倡股。何为提倡股?在国民政府颁布的《合作金库规程》中规定"在合作金库试办期间,各级政府、农本局、农民银行、地方银行及办理农贷各银行,暨其他不以盈利为目的之法团,得酌认股额提倡之"[1],这类股份即为提倡股。除认购提倡股的股东外,其他参加四川省合作金库或者各县合作金库的股东,由于不是为了盈利,而是为了获得合作金库更多的支持,主要是资金方面的支持,所以股东即是顾客。然而就一般银行的股东来讲,盈利是其首要目的。

(2)四川省合作金库的最高权力机关是代表大会而不是股东大会。四川省合作金库代表大会的代表名额按实缴股金每500股选派代表1人,但是各县合作金库及省联合社所缴股金不足500股也得各选派代表1人,各提倡股的代表人数不得超过每500股选派代表1人的标准,其中,每位代表只有1票表决权,这样,就不易出现个别股东操作整个合作金库的情况。但是对一般银行来说,股东大会其最高权力机关,大股东因为一股一票,所以常常会出现一位大股东拥有多数的决议权,最终操控整个银行的运营。

(3)四川省合作金库的理事、监事均为义务职。《四川省合作金库规章汇编》第19条规定"理监事均为义务职,但经代表大会决议得酌支津贴"[2]。换

---

[1] 重庆市档案馆馆藏重庆市合作金库未刊档案,档号:0282-1-71。
[2] 四川省档案馆馆藏四川省合作金库未刊档案,档号:民88-002-04077。

句话说,四川省合作金库的理事和监事不在该库领取薪资,但是可以酌量给予津贴。关于四川省合作金库职员的薪资级别我们在后面将会详细阐述。一般银行都为营利性的机构,其大小职员都需从银行领取薪资。不仅如此,对一般银行而言,其处理日常经营活动的决策机构一般都是董事会而非理事会,这些董事们为了自己利益的最大化,都会想尽办法挤进董事会,所以他们充当董事或者监事绝不仅仅是想谋取所谓的义务职。

　　正如上文所述,四川省合作金库的组织机构有其极具特色的地方,但是也才存在一些的缺陷与不足,其中主要的缺陷与不足是股东的来源问题。所谓股东的来源问题主要是指所认购提倡股的股东所占的股份比例过大,而各级信用合作社及各种合作社联合社所占股份比例过小。股东的来源问题会导致两种可能性,一种是四川省合作金库在开办之初,各机关法团所认购的提倡股是该库整个股份的主要来源,而且这种提倡股随着该库规模的不断扩大和其所辅设各县合作金库的不断增多,其所占的比例和数额也会愈来愈大。这样一来,就会与创办四川省合作金库的初衷大相径庭,因为四川省合作金库的初衷是随着该库规模的扩大和各县合作金库的增多,提倡股所占比重越来越少,社员所占股份的比例越来越大,最终达到自有、自营、自享的目的;另一种可能性是如果认购提倡股的各机关法团因为种种原因突然撤回资金,就会给四川省合作金库及其所辅设各县合作金库致命一击,最终制约了四川省合作金库及其所辅设各县合作金库的发展。

(二)四川省合作金库所辅设各分支机构

　　四川省合作金库为全省性的合作金融机关,对于建立全省合作金库网,普及全省合作放款,实为现实需要。所以四川省合作金库刚创立不久,即着手进行辅设各分支机构的工作。1937年7月至10月间,先后成立达县、灌县、合川、遂宁4个分金库,使其成为川东、川西、川北合作农贷的中心区域;由于中心区域是以推进各区县合作放款为目的,因此四川省合作金库的业务逐渐取得成效,后来,为适应各县的需要起见,逐年陆续在全省推进各县合作金库的辅设工作,1937年所辅设的达县等4个分金库也一律改组为县库。[①]为便利川东各县库的联络及洽办重庆事务,在重庆设有办事处,至所辅设的县合作金库截至1940年8月计算,总计有77县库。如表9-3所示:

表9-3 四川省合作金库暨辅设各县合作金库成立日期表

库别	成立日期	备注
四川省合作金库	1936年11月22日	
重庆办事处	1938年3月1日	
达县合作金库	1937年7月1日	
灌县合作金库	1937年8月8日	
威远县合作金库	1937年10月10日	
丰都县合作金库	1938年2月4日	
广安县合作金库	1938年2月10日	
泸县合作金库	1938年2月18日	
阆中县合作金库	1938年3月26日	
南充县合作金库	1938年4月10日	
大竹县合作金库	1938年4月15日	
巴中县合作金库	1938年4月15日	
永川县合作金库	1938年4月20日	
潼南县合作金库	1938年4月20日	
宣汉县合作金库	1938年4月25日	
剑阁县合作金库	1938年4月25日	
邛崃县合作金库	1938年5月5日	
荣县合作金库	1938年5月10日	
绵阳县合作金库	1938年5月10日	
万县合作金库	1938年5月10日	
垫江县合作金库	1938年5月12日	
梁山县合作金库	1938年5月20日	
南部县合作金库	1938年6月1日	
营山县合作金库	1938年6月1日	
岳池县合作金库	1938年6月1日	
长寿县合作金库	1938年8月14日	

① 四川省合作金库:《四川省合作金融年鉴》(1939年),【出版社不详】1940年版,第2页。

续表

库别	成立日期	备注
开江县合作金库	1938年8月20日	
温江县合作金库	1938年7月8日	
西充县合作金库	1938年7月10日	
渠县合作金库	1938年7月10日	
涪陵县合作金库	1938年7月11日	
开县合作金库	1938年7月28日	
彭县合作金库	1938年8月1日	
蓬溪县合作金库	1938年8月1月	
宜宾县合作金库	1938年8月1日	
铜梁县合作金库	1938年8月1日	
广元县合作金库	1938年8月1日	
忠县合作金库	1938年10月10日	
郫县合作金库	1938年10月24日	
眉山县合作金库	1938年11月12日	
大足县合作金库	1938年12月4日	
仁寿县合作金库	1938年12月12日	
江油县合作金库	1939年1月1日	
成都县合作金库	1939年5月1日	
乐山县合作金库	1939年6月1日	
平武县合作金库	1939年10月1日	
大邑县合作金库	1939年11月1日	
犍为县合作金库	1939年1月18日	
崇庆县合作金库	1940年1月1日	
江安县合作金库	1940年1月4日	
纳溪县合作金库	1940年1月5日	
安县合作金库	1940年1月10日	
茂县合作金库	1940年1月15日	
仪陇县合作金库	1940年1月25日	
巴县合作金库	1940年2月1日	
新津县合作金库	1940年2月5日	
梓潼县合作金库	1940年2月12日	
邻水县合作金库	1940年2月16日	
奉节县合作金库	1940年3月8日	

续表

库别	成立日期	备注
云阳县合作金库	1940年3月15日	
南溪县合作金库	1940年4月1日	
名山县合作金库	1940年6月12日	
青神县合作金库	1940年6月15日	
蒲江县合作金库	在筹备中	已先开业
崇庆县合作金库	同上	同上
井研县合作金库	同上	同上
昭化县合作金库	同上	同上
丹棱县合作金库	同上	同上
理番县合作金库	同上	
新繁县合作金库	同上	
南江县合作金库	同上	
夹江县合作金库	同上	
汶川县合作金库	同上	
峨眉县合作金库	同上	
屏山县合作金库	同上	
松潘县合作金库	同上	
双流县合作金库	同上	
北川县合作金库	同上	

资料来源：凤纯德《四川省合作金库的回顾与前瞻》，《四川合作金融季刊》第1期（1940年9月），第6—7页。

当然，在此需要指明一点，当时四川省办理合作贷款的机关不仅仅只有四川省合作金库，除了四川省合作金库之外，县合作金库的辅设工作还受到了中国农民银行、经济部农本局、中国银行、交通银行等金融机构的大力支持。1938年，四川省合作金库总库与经济部农本局等单位协资辅设县合作金库，四川省各县合作金库的发展由此进展更快。到1944年为止，全省共成立了121个县合作金库及四川省合作金库重庆办事处、自流井汇兑所。其中，由四川省合作金库总库辅设后交由中国农民银行监督辅导的有83库，农本局辅设的22库，交通银行辅设的8库，中国银行辅设的10库，全省有84%的县区,均设有合作金融机构。[1]以前,因为贷款区域未分,调查或者监督,都感困难,后经各方协商,从1939年开始,划定各合作贷款区域[2],于是各行局便能各司其职,共同推动四川省合作事业的发展。

(三)四川省合作金库的人事制度

四川省合作金库的人事制度,主要包括入库保证书制度、职员任用情况、薪资待遇与奖惩、请假规则等四个方面。

1. 绑定保证人与入库职员——入库保证书制度

四川省合作金库的职员均须在到职之前,寻找保证人,填写保证书。保证书由四川省合作金库制发。保证人应填写职员保证书一式两份,由被保职员送四川省合作金库审核验对,认为合格后方为有效。被保职员填送保证书须依下列手续办理:①保证人的签名盖章;②保证人的财产资格状况;③保证人的详细履历及地址;④贴足印花;⑤被保职员的照片等。对保证书表的审查,必要时由经理指定审查委员若干人组织保证审查会负责办理审查。[3]在保证书中,有详细的保证人记录表,通过记录表,可以很清楚地了解一个保证人的具体情况以及保证人与被保证人之间的关系。如表9-4所示,是一个叫金丽秋的保证人的记录表。

---

[1] 汪辉秀、朱艳林:《民国时期四川省合作金库史略》,《巴蜀史志》2005年第3期,第40页。
[2] 各合作贷款区域分别为:一、属于四川省合作金库有:巴中县、通江县、灌县、遂宁县、蓬溪县、射洪县、三台县、中江县、昭化县、仪陇县、南部县、邻水县、蓬安县、合川县、威远县、阆中县、达县、梁山县、渠县、万源县、城口县、汶川县、懋功县、靖化县、茂县、理番县、乐至县、安岳县、北川县、武胜县、岳池县、广安县、荣县、营山县、綦江县、江安县、江津县、垫江县、苍溪县、金堂县、南江县、盐亭县、潼南县、宣汉县、合县、黔江县、铜梁县等处;二、属于中国农民银行有:成都县、华阳县、温江县、双流县、绵阳县、万县、乐山县、雅安县、邛崃县、广元县、剑阁县、南充县、巴县、江北县、阆中县、永川县、云阳县、忠县、丰都县、长寿县、涪陵县、奉节县、南溪县、纳溪县、芦山县、宜宾县、西充等40县;三、属于中国银行有:荣昌县、隆昌县、内江县、资中县、资阳县、简阳县等处。
[3] 四川省档案馆馆藏四川省合作金库未刊档案,档号:民88-002-04077。

表9-4 四川省合作金库保证人记录表

保证人记录						
与所保职员的关系	住所	服务处所地址	职业职务	籍贯	姓名及字	个人担保
	代表股东经理姓名	开设地址	营业种类	代表股东经理姓名	厂店字号	厂店担保
亲戚	泸县小市利济火柴厂	泸县小市利济火柴厂重庆第四区税务督察处	政界现任利济火柴厂理事重庆四川省政府第四区税务督察处秘书等职	四川泸县	金鉴号丽秋	个人担保
核准备案			审查认可			

资料来源：四川省档案馆馆藏四川省合作金库未刊档案，档号：民88-001-00093。

同时规定，职员到职以后，如果违反库规、亏欠款项或其他一切导致四川省合作金库受损害的情况，经四川省合作金库查明后，通知保证人自愿、认真负责，决不推诿，所有担保事项以及担保责任主要有以下几点：①被保证人如果违反库规、亏欠款项或其他一切导致四川省合作金库受到损害时，经四川省合作金库查明，认为应归被保证人负责时，保证人须认真负责、如数清偿。②保证人对于应负责任或应清偿的款项，均愿依照四川省合作金库所开字样或数目立即履行，决不借口向被保证人接洽或其他任何理由来拖延时间，也不抛业上诉。③被保证人在四川省合作金库无论职务有任何迁调，服务地点有任何变更，本保证书均属有效。④保证人签盖于保证书上的签名印章作废或者变更时，即使将新签名印章式样以书面形式通知四川省合作金库，但在未通知以前仍然有效。⑤保证人申请退保时，应该以书面形式通知四川省合作金库（通知书上的签名印章须与原保证书式样相同），然后在被保证人更换新保证书满6个月以后，四川省合作金库将保证书发还，方能卸除其保证责任，决不承认登报退保或者其他希望免除本保证书规定的保证责任。⑥被保证人离开四川省合作金库满6个月后，四川省合作金库将保证书发还保证人,始得卸除其保证责任。①

其实,填写保证人记录表的真实目的就是要掌握保证人的职务信息以及财产情况,而整个保证书的目的主要是要牢牢地"绑定"保证人与被保证人之间的关系,通过这种关系的"绑定",既可以有效地促进被保证人入库以后认真工作,又可以大大降低因被保证人工作疏忽而带来的风险。

2. 职员任用

四川省合作金库的职员任用情况主要可以从考试录用和岗位管理这两个方面来论述。

(1)考试录用。四川省合作金库职员的任用除主任秘书、秘书、总稽核及各处主任以外,其他职员均以考试录用为原则。考试之前,必须填写工作人员申请书,进行资格审查。资格审查除了最基本的要求之外,②主要包括以下5个方面:①对合作事业有相当的学识与经验者;②对于银行业务有相当学识与经验者;③熟习农村经济情形并对于农村工作有相当经验与研究者;④曾在银行服务2年以上有证明文件者;⑤曾在农村机关或农村团体服务1年以上有成绩者。以上五个方面,只要满足其中一项皆可填写申请书,参加考试。考试程序依次有报名、审查资历、体检、笔试及口试等4个部分。考试科目主要分为党义、国文、合作常识、银行会计、算术、珠算等6大板块。考试日期及课目待遇、名额等项则会刊登在各地的报纸之上。在考试管理上,派定考试委员7人,并推定主考委员理处考试事务,各课目派正副监考人员各1人。阅卷时,分初阅、复阅、审核等3个部分。投考人员一经录取,四川省合作金库会以书面形式通知,不及格者也会以书面形式通知并退还其申请书及学历证明书。四川省合作金库职员通过考试及格后,暂先试用,试用时间以1个月至3个月为限,试用期满,经经理考核认为品性良善、工作努力者,方能正式任用,不合格者随时辞退。③由此可见,四川省合作金库职员的考试录用

---

① 四川省档案馆馆藏四川省合作金库未刊档案,档号:民88-001-00093。
② 四川省档案馆馆藏四川省合作金库未刊档案,档号:民88-002-04077。最基本的要求包括:①学历:初中以上或高中以上程度须有学校证明文件者,②品行:端正稳重刻苦耐劳者,③志愿:以服务合作事业为目的且有坚强的农村工作意志者,④年龄:十八岁以上,⑤经历:以熟习本省各地情况为原则,⑥体格:健全而绝无不良嗜好者,⑦保证:能找到殷实铺保或具有相当资产的保证能力者。
③ 四川省档案馆馆藏四川省合作金库未刊档案,档号:民88-002-04077。

在理论上不仅是非常严格的,而且也是比较公平的。

(2)岗位管理。四川省合作金库通过一系列章则的规定来明确职员职责,规范岗位管理。职员入职以后,必须遵守本库一切章则,忠实服务。有关四川省合作金库岗位管理,笔者通过对资料的梳理,现整理如下:①职员每日办公时间从上午9时至下午5时为止,星期日及规定假日除外,如果所办事务在规定时间内不能完成,须加班完成,不得积压延误。②职员每日应于规定办公时间以前到库,并在考勤簿上签注姓名及时间,未经主管人员准许,不得迟到或早退。职员因事缺席得申述理由,向主管人员请假。③职员在办公时,应遵守秩序,不得有聚集、谈论、喧哗、阅览书报以及妨碍他人工作等行为,对于四川省合作金库一切器具设备及日用消耗品均应爱惜节省,不得任意损坏浪费。④遇有未经章则规定及关系重要的事情,经办人员应事前陈请上级主管人员准许后,方得办理,职员值班时,如遇有重要事件或文电应立即呈请主管人员办理,如果是平常函件,则收存汇交,由收发员登记。⑤职员应严守本库秘密,如遇非常事故,职员应将其经管的案卷、账表、单据及其他一切重要物尽力适当处理。⑥职员不得向四川省合作金库挪借款项,也不得代人作保向本库借款,职员除办理四川省合作金库公务外,不得用四川省合作金库的名义私自对外接洽任何事务。⑦职员不得兼任其他公职或营业,但经经理许可者不在此限。⑧职员无论是直接还是间接均不得从事投机事业或其他一切违反库誉、库训的不正当行为。⑨对职员的试用、任用、迁调、擢升均由经理以书面形式通知,职员违规应予以惩戒,对成绩显著、才具卓越者则予以奖励。⑩职员调职或免职时,未将其经办事项的手续与继任人交接清楚,不得离职或先行离库。[①]与前文的考试录用规范相似,四川省合作金库的岗位管理,相当严格。

所以,就理论而言,四川省合作金库的职员任用——无论是考试录用还是岗位管理——是非常专业、非常严格的。换句话说,四川省合作金库的职员任用,是由一系列的规则、章程来规范的。

---

① 四川省档案馆馆藏四川省合作金库未刊档案,档号:民88-002-04077。

3.薪资待遇与奖惩

(1)薪资待遇。四川省合作金库职员工资每月于15号支给,不得预支,如遇星期日或休假日,提前一日支给。职员的薪资级别如表9-5所示:

表9-5 四川省合作金库职员薪资级别表

职别	最高级薪	最低级薪	备注
主任秘书总稽核	第1级	第15级	
主任秘书	第5级	第21级	
办事员	第21级	第37级	
助理员	第38级	第41级	
练习生	第42级	第46级	

资料来源:四川省档案馆馆藏四川省合作金库未刊档案,档号:民88-002-04077。

由此可见,四川省合作金库职员的薪资分为46级,职员分工不同,薪资待遇也不相同。但是经理、副经理的薪资待遇不在这46级之列,而是由理事会具体核定。[1]

同时,对职员的薪资待遇还作如下规定:①职员升调职务时,应该从担任新职之日起领取新职薪资。②职员兼任其他职务时不得兼领其他薪资。③职员请假时,会扣去一定薪资。④职员每月工资须扣留5%作为储备金。⑤对服务勤劳、成绩优良的职员,年终考核时按照薪资表酌量予以提升,但是从第13级以上每次不得提升超过2级,第10级以下每次不得提升超过4级,有特殊劳绩者除外。⑥对任职满5年以上的职员,主管人员认为其成绩显著且薪资已至最高级别,由经理提请理事会议决定酌予津贴。[2]

(2)奖惩。奖惩,顾名思义,有奖有惩。四川省合作金库对职员的奖励按照规定主要可分为4种情况:嘉奖、记功、加薪、晋级。其中,主任秘书、总稽核、各处主任及秘书、稽核的奖励情况,由经理、副经理核定即可,其他职员的嘉奖、记功两项由各主管人员直接将奖励事由陈报经理、副经理核定,然后用

---

[1] 四川省档案馆馆藏四川省合作金库未刊档案,档号:民88-002-04077。
[2] 四川省档案馆馆藏四川省合作金库未刊档案,档号:民88-002-04077。

书面形式通知本人,并随时登记加入年终考核,而关于其他职员的加薪、晋级两项,则需要依据前文所述的薪资待遇及后文将阐述的请假事项综合考评后定夺。①

四川省合作金库职员违反职员服务规则及其他各种规则、规定时,经理、副经理根据情节轻重,进行处理。惩戒方法如下:申诫、记过、罚薪、减薪、降级、开除。职员因违反规则及其他情况导致四川省合作金库遭受损失时,除给予以上惩戒外并责令赔偿。其中,主任秘书、总稽核、各处主任及秘书、稽核的惩戒情况由经理、副经理核定,其他职员的惩戒,由各主管人员将惩戒事由陈报经理核定后,用书面通知本人,并随时登记加入年终考核。②

可见,四川省合作金库职员奖惩情况不仅相当严格,而且是直接与职员的薪资待遇情况及升调情况挂钩。

4. 请假规则

请假规则与薪资待遇及奖惩是密切相关的,所以在此我们有必要对其进行归纳与概括。根据四川省合作金库的章程,请假规则如下:①职员非因婚、丧、疾病或不得已之事故不得请假,其中,婚娶假不得超过20日,父母及配偶之丧请假不得超过1个月,女职员分娩假不得超过40日,如果超过规定时间不归者或未经呈准续假者,则以旷职论,停止其旷职时间的薪给;②职员因病请假每年总计不得超过3个月,逾期以停职论,但经查明,确系因公成疾者不在此限;③职员因事请假,每年不得超过1个月,如果超过1个月以上者扣薪,2个月以上者停薪留职,3个月以上者停职;④职员请假应依式填写请假书,陈请各属处主管人员转呈经副理批示核准,方得离职,请假超过3日者应附上医生诊断书或药方,假满续假时亦同,职员请假未经核准或未将经手事件与代理人交接清楚,不得离职。职员请假如果提前返库工作,得提早销假;⑤职员请假期满,如需续假,事前陈明事由及续假日期,另外填写请假书陈请核定,未经核准者不得续假;⑥职员请假需要离开服务所在地时,按其行程的远近,将往返路程、日数扣除计算,但以每年1次为限;⑦职员请假时间不满1日

---

① 四川省档案馆馆藏四川省合作金库未刊档案,档号:民88-002-04077。
② 四川省档案馆馆藏四川省合作金库未刊档案,档号:民88-002-04077。

者以6小时作1日算,计算其累次时数,职员请假每年超过10日者,应该于年终、年间津贴内按比例扣除;⑧职员请假应向总务处登记,撤销时亦同。

通过本章内容的介绍,我们可以很清楚地发现,就四川省合作金库的组织机构来讲,股东的来源问题很可能是制约其发展的一个重要因素,如果处理不得当,极容易引发一系列的问题。与四川省合作金库的组织机构相比,其人事制度就显得完备得多。换句话说,四川省合作金库从兴起到停业,是由一整套较为完备的规章制度来进行管理的,与当时其他金融机构相比,这种管理并不显得毫无力度。但是股东的来源问题却是影响其发展的一个重要因素,而且因为这个问题没有得到及时的妥善的解决,最终导致了一系列问题的出现,如资金来源的对外依赖性、放款对象的不平衡性与放款手续的复杂性、放款数额有限与放款时间冲突、缺乏专业人才等,关于这些问题,笔者会在后面详细论述。所以说四川省合作金库从"轰轰烈烈"地兴起,到"蓬勃发展",再到"平平淡淡"地停业,是与其组织系统本身有关的。

三、四川省合作金库的业务分析

四川省合作金库成立以后,主要经营合作贷款、短期信放、期票贴现、活期存款透支、农产储押、汇兑、储蓄存款,兼营仓库等业务。其主要使命:为调剂供应农村合作资金,扶助发展合作事业,辅导组设县市合作金库,组训民众,提高农民自治力、生产力和经济力。①那么本章内容将主要就其业务情况进行论述。

关于合作金库的业务,在《合作金库规程》上有明确的规定,其中,第17条规定"合作金库办理存款、借款、放款、汇兑及代理收付各种业务";第18条规定"中央合作金库放款于省合作金库及行政院直辖市的市合作金库,及以全国为范围的合作社联合社,省合作金库放款于县市合作金库,及以省为范

---

① 章国殷:《抗战时期西南的金融》,西南师范大学出版社1994年版,第440页。

围的合作社联合社,行政院直辖市的市合作金库,放款于区域内信用合作社及各种合作社联合社";第19条规定"各级合作金库的信用放款,除行政院直辖市的市合作金库及县市合作金库,对于各该区域内的信用合作社及信用合作社联合社为信用放款外,以对直属合作金库及同级信用合作社联合社为限";第20条规定"合作金库的营业资金,不得为本规程业务外任何事业的投资"。[①]同时,在《四川省合作金库规章汇编》中的第36条也明确规定"本金库放款以社员为范围"。[②]

合作金库的业务,依照上面规定者有办理存款,借款,放款,汇兑及代理收付等5大项。其中放款一项,是各县合作金库的主要业务。在合作金库的组织系统上,省以上合作金库,只限于对直属合作金库及同级合作社联合社。但是在各级合作金库尚未普遍设立之前,理应变通办理。因此,在1936年县合作金库尚未设立之时,所有四川省各县合作社放款,完全都由四川省合作金库经办,1937年以后,各县合作金库陆续开始辅设,所有放款,乃由各县合作金库陆续自办,其各县合作金库所需资金,则由四川省合作金库分别筹集,"故四川省合作金库直接经营的放款数字因县合作金库的扩展而逐渐减少,同时县合作金库组织的单位和放款数字,则随着合作社组设数字而庞大"。[③]四川省合作金库所负使命,是在扶植合作事业的发展,奠定合作事业的根基,以求四川省合作事业发扬光大,故主要业务,为办理各种合作贷款,然而为了谋求贷款来源充裕,同时,不得不办理存款,以吸收社会游资;为了使资金调拨灵活,不得不办理汇兑,以代替运送现金,所以四川省合作金库的主要业务,可归纳为放款、存款、汇兑三大类。

(一)以信用放款为主的合作放款业务

关于四川省合作金库库的放款业务,可以从放款的主旨、方法与监督以及历年放款的数额、用途与效果等两个方面来加以阐述。

---

① 川合库:《五年来之四川省合作金库》,《中国合作》第2卷第10—12期合刊(1941年),第69页。
② 四川省档案馆馆藏四川省合作金库未刊档案,档号:民88-002-04077。
③ 川合库:《五年来之四川省合作金库》,《中国合作》第2卷第10—12期合刊(1941年),第69页。

1. 合作放款的主旨、方法与监督

四川省历年放款主旨,依据合作主管机关颁布合作政策而定,当"川政统一"之初,则注意活动农村金融,使贫困农民,恢复生产,以求农村秩序的稳定;在"七七"事变发生之后,则侧重增加国民生产,使百姓粮食充足,为抗战建国伟业的完成奠定基础。承办贷款者,仅限于呈准登记的各种合作社或合作预备社。贷放方法,最初由合作预备社或合作社依据社员需要款额与用途,填写借款申请书表,呈请各该县合作指导员办事处,派职员调查,签具意见,然后转呈农村合作委员会交由四川省合作金库核准后放款。然而全省幅员辽阔,交通不便,考虑到贷款的审核与发放,程序较为复杂,有失时效,所以于1937年春,开始辅导合作社办理各县合作金库,这样就可以就近直接办理各该县或邻近县份的合作贷款,于是合作社需要借款,随时可借,有力还款,随时可还,不像之前收付困难,而合作事业,也因此顺利推行,同时人民自有、自营、自享之合作金融制度,也由此建立。①

关于放款的监督,也有一定的程序。贷款放出以后,为求其均能运用于适当的用途,并发生真实效用,必须有赖于监督。过去各社贷款,通过层层转呈四川省合作金库核放时,四川省合作金库因与各社相距过远,人手不足,随时派人员监督,事实上是无法办到的。后来呈请农村合作委员会,分令各县合作指导员,代行监放的责任。等各县设立合作金库后,就在各县合作金库内设业务调查员,发放贷款时,业务调查员就赴各社监督处理,并随时查询其用途、稽核、账目,对于贷款数额较巨的合作社,就派人员常驻该合作社指导账务,如发现有用途不实或其他舞弊情况,就追还其贷款的一部分或全部。施行以来,因得到各级合作主管机关的协助,效果相当明显。②

2. 历年合作放款的数额、用途与效果

四川省合作金库历年办理合作放款,因合作社数目日渐增加,合作业务日趋繁复,放款数字,则与年俱增,虽四川省合作金库直接放款的数字,以1937年为最多,1938年以后,渐形减缓,然而其减少原因,并非四川省合作金

---

① 川合库:《五年来之四川省合作金库》,《中国合作》第2卷第10—12期合刊(1941年),第70页。
② 川合库:《五年来之四川省合作金库》,《中国合作》第2卷第10—12期合刊(1941年),第70页。

库业务退化,而是因为辅设的各县合作金库,日趋普遍,四川省合作金库遂将所有放款业务,因势利导,逐渐移转至各县合作金库。实际上各县合作金库的资金,皆由四川省合作金库供给,各县合作金库的业务皆由四川省合作金库指导。所以各县放款数字的增加,实际上也是四川省合作金库放款数字的增加。[①]那么,下面我们将通过一些数据来具体了解四川省合作金库历年放款的范围、数额用途及其效果。

首先,我们来分析四川省合作金库贷款的合作社数量以及社员数量与全省总数的比较情况。如表9-6所示,截至1939年底,四川省合作金库放款的合作社,总计正式合作社、假登记社、预备社共达13796社,社员925530人,区联合作社39社,社员594人;1939年四川省全省合作社总数计21814社,社员1256261人,区联合作社74社,社员1214人;通过计算可知,由四川省合作金库贷款的合作社的数量占全省的63.12%,社员数量占全省的73.67%,以及区联合社及其社员的比重,也在50%左右。由此可见,就全省合作社及社员数量来讲,四川省合作金库所承担的比例是非常大的。其次,关于放款的范围,如表9-7所示,主要是以合作社为限,或者说是以社员为范围。"就业务区域而言,则分布在四川省83县之间。"[②]也就是说,由四川省合作金库及其所辅设各县合作金库的放款范围几乎遍及全省。

表9-6 1939年度四川省合作金库贷款的合作社及社员数量与全省总数的比较表

社别	全省合作社及社员数量		四川省合作金库贷款的合作社及社员数量		占全省总数的百分比(%)	
	合作社	社员	合作社	社员	合作社	社员
正式合作社	16693	905848	9900	572796	59.31	63.23
假登记社	1770	133064	1108	19491	57.51	59.38
预备社	3351	217349	2761	173241	7344	7970
区联合作	74	1214	39	594	52.43	49.34

资料来源:四川省合作金库编印:《四川省合作金融年鉴(1939)》,1940年版,第9页。

---

① 川合库:《五年来之四川省合作金库》,《中国合作》第2卷第10—12期合刊(1941年),第70页。
② 四川省合作金库编印:《四川省合作金融年鉴(1939)》,1940年版,第8页。

表9-7　四川省合作金库辅设各县合作金库放款区域内合作社概况表

县别	合作社 社数	合作社 社员数	假登记社 社数	假登记社 社员数	区联社 社数	区联社 社员数	预备社 社数	预备社 社员数
成都	50	2142			2	24		
达县	163	9583					148	13509
灌县	129	2869			2	17		
威远	186	12104	132	6506	4	63		
丰都	132	9060					161	2337
广安	158	9328	50	3147			81	4800
泸县	145	8615						
阆中	149	8188	161	13401	3	61		
南充	403	20159	46	3139				
大竹	13	6906						
巴中	108	5151					102	6762
永川	190	6852			5	67		
潼南	133	8947	29	2097			89	6783
宣汉	67	4145			2	53		
剑阁	163	10452	37	2175			142	9225
邛崃	125	8602	1	58			123	7384
荣县	199	7773	75	5557			51	3541
绵阳	204	13107	47	2297			144	4900
万县	287	13222			3	42		
垫江	131	6126	10	383			62	3835
梁山	20	6210			1	14		
南部	216	2226	63	2814			81	2391
营山	90	6971						
岳池	198	12097	52	3494			99	5274
长寿	20	6489					44	2352
开江	76	702						
温江	27	5352			4	81		
西充	230	24751					54	4850
渠县	135	7308					125	10179

续表

县别	合作社 社数	合作社 社员数	假登记社 社数	假登记社 社员数	区联社 社数	区联社 社员数	预备社 社数	预备社 社员数
涪陵	107	5277					3	430
开县	118	7075	7	467				
彭县	79	5764						
蓬安	259	21427					105	7985
宜宾	198	2653						
铜梁	140	7437	32	3486				
广元	53	4795	31	2717			159	8125
忠县	132	10749			1	21	72	5703
郫县	60	1811						
眉山	239	16947						
大足	132	9420	20	1445	2	26		
仁寿	263	9040	70	8470				
江油	96	4671	21	2138				
乐山	284	14648			1	12	158	8747
平武	42	3426						
犍为	105	6979						
大邑	108	6400	1	69				
总计	6891	417949	885	63870	30	461	2003	128813

资料来源：四川省合作金库编印：《四川省合作金融年鉴（1939）》，【出版社不详】1940年版，第9—13页。

关于四川省合作金库及各县合作金库的放款数额，从表9-8可知，四川省合作金库的信用放款从1936年至1940年分别为206215元、933124.75元、397137元、152563.35元、43333.95元。也就是说，1936年—1937年是递增的。而1938年—1940年则是逐渐递减的。这也就更进一步说明随着四川省合作金库辅导设立各县合作金库工作的日益完成，四川省合作金库的放贷工作逐渐转移至各县合作金库，但是总的放款数额是逐年递增的。经查实，四川省合作金库及各县合作金库的放款，1936年为206215元，1937年为1379800元，1938年为5257200余元，1939年为9500200余元，从这些放款数字来看,可知总的放款数额"莫不逐年递增"①。

表9-8 1936—1940年四川省合作金库放款情况一览表

年别	放款性质	放款结余额	备考
1936年	信用放款	206215.00元	
	抵押放款	891000.00元	
1937年	信用放款	933124.75元	
	抵押放款	269294.00元	
1938年	信用放款	397137.00元	
	抵押放款	—	此项业务已移转县合作金库办理
1939年	信用放款	152563.35元	
	抵押放款		同右
1940年	信用放款	43333.95元	
	抵押放款		同右

资料来源:张桢《四川省合作金库二十九年度业务概况》,《四川合作金额季刊》第2、3期合刊(1940年12月、1941年3月),第10—11页。

截至1940年6月底,四川省合作金库及其所辅设各县合作金库放款结余额如表9-9所示,其中,信用放款总额为16730425.38元,储押放款总额为242513.55元,信用放款总额占放款总额的98.57%。可见,无论是四川省合作金库库还是各县合作金库,放款时都以信用放款为主。

表9-9 四川省合作金库暨辅设各县合作金库放款结余表

四川省合作金库暨辅设各县合作金库放款结余表		
计至:1940年6月30日截止		
库别	信用放款	储押放款
省库	1732374.05	
达县库	353453.85	5119.51
灌县库	555432.77	35651.00

---

① 凤纯德:《四川省合作金库的回顾与前瞻》,《四川合作金融季刊》第1期(1940年9月),第7页。

续表

四川省合作金库暨辅设各县合作金库放款结余表		
计至:1940年6月30日截止		
威远库	900023.00	2016.00
丰都库	151064.00	
广安库	275238.86	140.00
泸县库	333901.00	9310.00
巴县库	134208.00	
阆中库	161416.00	4647.90
南充库	388554.00	3597.00
大竹库	151769.50	
巴中库	291994.52	5629.00
永川库	196907.00	8310.00
潼南库	274300.75	4126.00
宣汉库	118610.00	
剑阁库	288863.00	4076.00
邛崃库	425495.00	260.00
荣县库	536969.00	18114.50
绵阳库	515593.00	10395.00
万县库	316487.00	1439.00
垫江库	106369.00	4454.00
梁山库	135109.00	
南部库	258140.45	
营山库	226789.00	
岳池库	331988.00	
长寿库	64322.00	
开江库	178490.00	2220.00
温江库	637756.00	68970.00
西充库	235929.05	
渠县库	91050.00	
涪陵库	91050.00	
开县库	205876.00	
彭县库	209000.00	
蓬安库	580788.00	
宜宾库	345062.20	
铜梁库	204671.00	3150.00

续表

四川省合作金库暨辅设各县合作金库放款结余表 计至:1940年6月30日截止		
广元库	211189.73	235.14
忠县库	431795.00	
郫县库	138590.00	
眉山库	707308.00	
大足库	211089.00	280.00
仁寿库	558051.00	1580.50
江油库	199888.00	
成都库	658897.00	3900.00
乐山库	807195.00	19369.00
平武库	118235.00	
大邑库	129037.00	
犍为库	216960.00	
崇庆库	280577.00	
江安库	476319.00	26108.00
云阳库	21730.00	
茂县库	34365.00	
新津库	254967.00	1526.00
安县库	200380.00	
纳溪库	123614.00	
仪陇库	98372.00	
邻水库	77586.50	
梓潼库	36653.00	
奉节库	82125.00	
南溪库	145326.00	
青神库	51990.00	
井研库	11165.00	
名山库	65435.00	
合计	16730425.38	242513.55

资料来源:凤纯德:《四川省合作金库的回顾与前瞻》,《四川合作金融季刊》第1期,1940年9月,第8—9页。

就放款的效果上看,截至1940年6月底,除四川省合作金库外,由四川省合作金库所辅设的各县合作金库都或多或少的有信用放款或者抵押放款,当然信用放款居多,如表9—9所示,其中,办理信用放款业务较多的有威远县合作金库、乐山县合作金库、成都市合作金库、眉山县合作金库、绵阳县合作金库、灌县合作金库、温江县合作金库等;办理抵押放款业务较多的有温江县合作金库、灌县合作金库、江安县合作金库、乐山县合作金库、荣县合作金库、绵阳县合作金库等。

(二)举步维艰的存款业务

关于四川省合作金库的存款业务,同样可以从存款的主旨及方法和历年存款的数额及运用两个方面来分析。

1. 存款的主旨及方法

四川省合作金库的放款数额,与年俱增,已如上述,若仅仅依靠本身的资金,则无法周转,如果单纯依赖向外借款,又会成本过高,所以只有通过吸收社会游资的办法,才能够既充实贷放资金,又降低贷放资金的成本,这也是四川省合作金库办理存款的主旨。[1]四川省合作金库办理存款的对象,依法不仅仅限于各级合作社,何况目前各级合作社,大部都需要借款来发展其业务,也无太多的余款来存储,"所以四川省合作金库收受存款,并不仅不限于社员,而是于各界人士及团体机关的存款,均予收受,因为吸收的这些存款可以投注到各合作社,帮助合作事业的发展,所以并非是为了获取利润"[2]。至于存款种类,可分定期与活期两种,定期存款,由四川省合作金库发给定期存单为凭据,到期支取本息。活期存款,则或存或取悉由存款人而定,相当灵活。活期存款之中,又分特别活期与普通活期两种,特别活期存款存取用存折,普通活期存款,存入用送金簿,支出用支票,经营方法,与一般金融机关经营方法相同,"收受存款,是一种受信业务,四川省合作金库深知欲求此项业务的发展,必须依赖自身建立良好的信誉,因此对于存款、支付准备特别充分,对

---

[1] 川合库:《五年来之四川省合作金库》,《中国合作》第2卷第10—12期合刊(1941年),第71页。
[2] 川合库:《五年来之四川省合作金库》,《中国合作》第2卷第10—12期合刊(1941年),第71页。

于存款、存取的手续力求敏捷,办理以来,各界人士,都觉得非常便利。"①

2. 历年存款的数额与运用

四川省合作金库辅导设立的各县合作金库,历年办理存款业务,"经营以来,虽以民间利率过高与商业银行竞争收存之关系,对存款方面,尚未符合原有之理想,惟本库信誉业已树立,基础业已稳固,因是历年存汇数额,均有增加"②,也就是说,四川省合作金库及其所辅设各县合作金库自办理存款业务以来,虽然受民间利率过高及商业银行竞争的影响。但是由于四川省合作金库及其所辅设各县合作金库的信誉逐渐树立,基础趋于稳固,所以历年存款的数额,均有增加。但是这种增加只是相对的,如表9-10、表9-11所示。

表9-10　1936—1940年四川省合作金库存款数量一览表

年份	存款结余额(元)	备考
1936年	—	本年未办存款业务
1937年	29029.61	
1938年	776393.84	
1939年	862768.19	
1940年	1169572.21	

资料来源:张桢《四川省合作金库二十九年度业务概况》,《四川合作金额季刊》第2、3期合刊(1940年12月、1941年3月),第14页。

表9-11　四川省各县合作金库存款余额表(截至1941年12月31日)

库名	存款余额	库名	存款余额	库名	存款余额
达库	220451.00	仁库	23547.00	繁库	65225.00
灌库	134969.00	油库	366162.00	双库	580005.00
威库	104391.00	蓉库	62107.00	洪库	47968.00
丰库	39041.00	平库	8178000	泸库	35949.00
广库	33622.00	邑库	16917.00	荣库	968032.00

① 川合库:《五年来之四川省合作金库》,《中国合作》第2卷第10—12期合刊(1941年),第71页。
② 张桢:《四川省合作金库二十九年度业务概况》,《四川合作金额季刊》第2、3期合刊(1940年12月、1941年3月),第14页。

续表

库名	存款余额	库名	存款余额	库名	存款余额
阆库	108524.00	安库	190040.00	宜库	28595.00
顺库	13225.00	邻库	61928.00	乐至	11000.00
竹库	820120.00	仪库	61161.00	犍库	37471.00
巴库	78855.00	渝库	183078.00	江库	61260.00
剑库	72697.00	梓库	80091.00	纳库	44790.00
邛库	190412.00	津库	81953.00	溪库	23560.00
绵库	110974.00	水库	44143.00	富库	122582.00
垫库	163588.00	井库	56865.00	峨库	47763.00
南库	70561.00	青库	33496.00	宣库	17628.00
营库	207087.00	名库	25384.00	梁库	27512.00
岳库	53856.00	昭库	412842.00	新库	73721.00
长库	184148.00	蒲库	84007.00	忠库	277716.00
温库	324002.00	宁库	128538.00	足库	324677.00
酉库	20843.00	丹库	22727.00	靖库	99178.00
渠库	52140.00	夹库	280679.00	通库	187216.00
倍库	361342.00	梓库	2183.00	源库	186270.00
彭库	104406.00	潘库	13007.00		
蓬库	40773.00	山库	78621.00		
元库	50152.00	茂库	7251.00		
郫库	80733.00	北库	8630.00		
眉库	27158.00	渝库	237127.00		

资料来源：川合库：《五年来之四川省合作金库》，《中国合作》，第2卷第10—12期合刊（1941年），第70—71页。

从表9-10可知，四川省合作金库的存款1937年为29029.61元，1938年为776393.84元，1939年为862768.19元，1940年为1169572.21元。很明显，四川省合作金库的存款数量是与年俱增的，但是这种小幅度增加远远达不到其所需要的水平。四川省合作金库及各县合作金库的存款业务，从1937年开始举办，如表9-11所示，各县合作金库虽然均有存款余额，但是截至1940

年底,存款结余总额仅仅为8534000元,"民间对四川省合作金库的信用,由此可见一斑,只因为该项存款,大部分系属活期存款,所以很难尽量利用"①,可见,由于抗战大后方人口数量的剧增、抗日战争的持续以及农村经济的现状等诸多方面的原因,导致了广大人民群众的生活水平比较低下,广大人民群众能够存到合作金库的钱也大多是以活期存款的形式存储,定期存款相对较少。

至于存款的运用,除随其具体情形存留一部分作为支付准备金外,其他部分贷放给各县合作社。这些合作社应该为依法组织、呈准登记并加入各该县合作金库为社员的人民团体,对其贷款,较为稳妥,对存款人的利益,也可有确切的保障,且与上述四川省合作金库办理存款业务的主旨相符合。②

总之,四川省合作金库及其所辅设各县合作金库在吸收存款的道路上可以说是举步维艰、寸步难行。微量的存款额根本解决不了当时各级合作社所需要的资金来源。当然,在四川省合作金库及其所辅设各县合作金库的具体运营中,各种机关法团——如中国农民银行、农本局、中国银行、各级政府等——所认购的提倡股本是维系其发展的主要资金来源。这也从一定层面上说明四川省合作金库及其所辅设各县合作金库要达到"自有"、"自营"、"自享"的水平是多么的艰难。

(三)较为发达的汇兑业务

至于汇兑,因适应流通农村金融的需要,且由于各县合作金库的普遍发展,各合作金库的汇额均在有增无减③,所以关于汇兑业务我们有必要对其进行了解。

1.汇兑的主旨及方法

汇兑的主旨主要是汇兑可以使相距较远的地方,款项收付便利,四川省

---

① 张桢:《四川省合作金库二十九年度业务概况》,《四川合作金额季刊》第2、3期合刊(1940年12月、1941年3月),第17页。
② 川合库:《五年来之四川省合作金库》,《中国合作》第2卷第10—12期合刊(1941年),第73页。
③ 凤纯德:《四川省合作金库的回顾与前瞻》,《四川合作金融季刊》第1期(1940年9月),第10页。

合作金库之所以设法发展此项业务,是因为四川省幅员辽阔,交通不便,四川省合作金库辅导的各县合作金库,有时急需贷放,但无款可贷,有时资金充裕,又无可运用,如果处处都依赖运送现金来调剂,不但有极大的风险,而且拖延时日,空耗利息,增加运送成本,此非善策。所以发展汇兑业务,可使各合作金库的资金灵活调剂,当本埠资金缺乏,外埠银根松滥之时,[1]即揽收汇款,当本埠银根松滥,外埠资金缺乏之时,即解付汇款,以求供需的平衡,并且可以酌量收取手续费,以补贴开支,同时社会各界人士也会因此而感到便利,至于汇兑方法,可分为信汇、票汇、电汇三种,信汇由汇款人填具该合作金库制备的汇条,连同所汇款项交由该库方寄给付款库,通知受款人领取,票汇由汇款人购买库方汇票寄给受款人,使受款人凭票向付款库领款,同时汇款库即将票根发寄给付款库验收,电汇由汇款人将款项交由库方,然后库方通电给付款库通知收款人领取。四川省合作金库为发展此项业务,曾于重庆设置汇兑处,专办汇兑事宜,后来,四川省合作金库将汇兑处改为四川省合作金库驻渝办事处,但仍以经营此项业务为要务。[2]

2.历年汇兑收支概况

四川省合作金库辅导下的各县合作金库,几乎遍及全川。通汇地点,较其他机关为多,因此汇兑业务,较为发达。每年汇入汇出,两相比较,对各县合作金库来讲,有时基本平衡,有时汇出大于汇入,而在四川省合作金库通常汇入较汇出为重。就以1941年而论,每月汇出汇款,只有5万—6万元,而汇入常达100万—130余万元,两者相抵,每月须多付出60万—70万元,这便是四川省合作金库每月以60万—70万元,运用汇兑代替运现,以调剂各县合作金库的明证,逐年汇兑数字,除1936年度尚未开办,1937年度设立县合作金库较少外,1938年度起,即突飞猛进,统计四川省各合作金库汇兑总额,1938年为3838000余元,1939年为18901000余元,1940年为25100000余元,1941

---

[1] 银根:指金融市场上的资金供应。因中国1935年法币改革以前曾采用银本位制,市场交易一般都用白银,所以习惯上称资金供应为银根。银根有紧松之分,判断依据是资金供需状况,如果市场上资金供不应求,称为"银根紧俏"或"银根紧";市场上资金供过于求,称为"银根松疲"或"银根松"。
[2] 川合库:《五年来之四川省合作金库》,《中国合作》,第2卷第10—12期合刊(1941年),第73页。

年10月底止,为28553000余元。①从这些数字可以看出,四川省合作金库汇兑业务的发展是与年俱增的,呈现出一种蒸蒸日上的趋势。

除了上述各大主营业务外,四川省合作金库还经营代营业务,主要因为四川省合作金库过去的业务,侧重于对农村作信用放款,然而就整个合作金融事业而言,似乎有失偏颇,况且当时合作社的经营技术与经营能力又非常薄弱,需要各方的协助,所以从1940年开始,特设代营局于四川省合作金库,代营局为各级合作社供给、运销的代营机构,并由四川省合作金库拨出资金100万元,供其周转,主要包括棉花运销、肥料供给及其他农产品的运销等,成绩尚属可观。②

通过对以上三大业务的分析,我们发现,以信用放款为主的合作放款业务主要针对的是信用合作社和各种合作社联合社放款,这就明显地忽视其他各种合作社的发展,换句话说,仅仅以信用放款为主的合作放款业务根本就解决不了当时四川省广大农村的资金需求。存款业务是放款业务的基础,举步维艰的存款业务又满足不了四川省合作金库及其所辅设各县合作金库所需要的资金来源。所以说,四川省合作金库及其所辅设各县合作金库的放款业务和存款业务并没有形成一种良性循环。与放款业务、存款业务相比较,汇兑业务要相对发达得多,其实原因很简单,不仅可以在四川省各县市范围内推进汇兑业务的发展,而且也可以同省外的其他城市开展此项业务,这就明显地增加了该业务的活动范围和资金来源,而四川省合作金库及其所辅设各县合作金库的放款业务和存款业务则只能在四川省范围内展开。

---

① 川合库:《五年来之四川省合作金库》,《中国合作》第2卷第10—12期合刊(1941年),第73页。
② 张桢:《四川省合作金库二十九年度业务概况》,《四川合作金额季刊》第2、3期合刊(1940年12月、1941年3月),第17页。

四、四川省合作金库之评价

基于对前面几章内容的分析和论述,笔者试图从总体上四川省合作金库进行评价,为此,笔者拟采用一分为二的方法来对其进行评析。四川省合作金库从兴起到停业,总共经历了6年左右的时间,在此期间,有蓬勃发展也有惨淡经营;有积极作用也有自身存在的缺陷和不足。所以,笔者在分析其作用的基础上,力图弄清其存在的缺陷与不足,冀图我们今天农村信用合作社的发展、完善以及新农村建设提供借鉴。

(一)四川省合作金库的作用

四川省合作金库从其诞生之日起,就在全省范围内辅设各县合作金库,以图真正地建立全省合作金融网,所以四川省合作金库的作用,不可谓不重要,在此,主要想就其作用做一点浅显的论述。

要论述四川省合作金库的作用,首先我们必须要弄清楚其组织纲要以及围绕其组织纲要所确定的方法。组织纲要主要包括以下四个方面:①在政府农业金融政策的体系下,以四川省合作金库为推行全省合作金融事业的总枢纽;②在国民经济建设运动的原则下,以四川省合作金库为推动全省生产建设的地方主要金融机关;③在经济革新的方法下,以四川省合作金库为推进全省合作事业的主体机构;④在农民自力更生的原则下,以四川省合作金库为达到农民"自有"、"自营"、"自享"金融制度的原动力。根据以上四条组织纲要,并确定如下方法:①普遍辅设各县合作金库,使其成为扩展全省合作金融事业的阶梯;②充实资金与人力,是扩展全省合作金融事业的前提;③积极灌输合作常识与训练合作技术,为实现合作理想做准备。根据上述之方法,四川省遂有县合作金库的普设与合作金融网的雏形。[1]根据其组织纲要和方

---

[1] 四川省档案馆馆藏四川省合作金库未刊档案,档号:民88-002-04080。

法以及相关史料的分析,我们将其作用做如下论述。

1.沟通城市与农村金融的纽带,促进城市与农村资金的双向流动

抗战时期,为支持前方抗战和巩固后方发展,稳定金融是关键,然而要达到这一目的往往又会遇到种种困难,其中最主要的困难有两种情况,一种情况是大后方的金融业大都集中对都市工商业的贷款以及货物的囤积,导致大量资金凝结于都市,例如当时重庆市的游资集中高达10亿元,造成物价暴涨,使人民生活备受压迫,而这些金融业对农村的投资"则趑趄不前,形成偏枯现象,此固投资利息厚薄有以致之,但都市与内地农村金融缺乏联系点,资金无从输入,系重大原因之一"[①],换句话说,当时都市资金较少流向农村,除了受利息多少的影响,更重要的是缺乏专门的机构来联系都市与农村金融。另一种情况是大量的资金流入普通农民手中,变成"呆资"。例如:1941年,四川省的农村地区,因出售食粮和其他副业产品而获得20亿元,以前农村将农产品出售后,即购买其他日用品,资金可以再流回城市,但是,1941年,只有半数流入城市,其余皆滞留于农村,最终影响财政与金融的稳定。[②]当时有识之士对于这两种情况,都感到异常严重,而亟思加以补救。补救的方法,大家都认为应该由政府组织专门的金融机构,来促进资金的循环运用,只有合理调度资金来源,才能使物价稳定和人民经济生活安定。但是城市过剩资金流向农村的时候,经常会遭遇到这样显著的困难:①拥有大宗资金的银行,大多习惯于商业上的抵押放款,对于距离遥远的农村做信用放款,不但不习惯,而且多持观望的态度;②各银行办理农村放款,每次都需要派职员进行调查、监督及核放等工作,不仅加重了放款所需要的成本,而且冒着极大的风险,因此裹足不前,导致过剩资金乏适当的去路。四川省合作金库的制度建立健全以后,各银行对于农村贷款的投资,就可以直接经各县合作金库而转达农民,不仅手续简单,而且可以减低放款费用,各县合作金库以股金及合理的营业方针保障银行资金的安全,更予以都市银行以有效的鼓励,这样,城市资金就不

---

① 徐日琨:《西南农村金融问题与合作金库》,《西南实业通讯》第3卷第3期(1941年3月),第34页。

② 徐日琨:《西南农村金融问题与合作金库》,《西南实业通讯》第3卷第3期(1941年3月),第33页。

难流入农村了。①所以,四川省合作金库的建立及其所辅设各县合作金库的推广,有效地促使城市资金流向农村。同时,四川省合作金库及其所辅设各县合作金库,可以通过存款业务有效地吸收农村的过剩资金,尤其是各县合作金库的推广及其与各级合作社的关系,各县合作金库是民众自己所组织的,且有雄厚的股本,农民或合作社自然信仰它,乐意将剩余的款子低利存进去。②所以,吸收广大农村地区的过剩资金,就变得相对简单。总之,四川省合作金库及其所辅设各县合作金库的成立,成为沟通城市与农村金融的纽带,有效地促进了城市与农村资金的双向流动。

2.促进了农村资金借贷办法的合理发展

以往我国办理农贷的金融机关,除中央银行、中国银行、交通银行、中国农民银行四行以外,还有农本局、华洋义赈会、上海银行、各省银行等不下数十家,所谓政出多门,办法不一,往往因为彼此意见的差异而争执,影响整个事业的进程,结果是老百姓吃亏。后来中、中、交、农四联总处虽然设有农业金融处统一筹划,有望好转,但是由于对各地情形不能充分了解,可能会鞭长莫及。"设立合作金库以后,各投资机关放款都要由当地合作金库来统筹办理,利率、期限、金额等方面都可以趋于一致,并且可以因地之宜,切实合理,不再有以往的不幸现象发生了。"③这样,就可以统一农村贷款的方式。同时,我国农民日益贫困,特别需低利的资金予以正当的辅助,随着我国合作事业的日趋发达,各金融机关对农民所组成的合作组织的贷款也大有进展,但其缺点甚多,主要有以下两点:①各金融机关大多设于通都大邑,导致各农民所组成的互助团体向其申借贷款时,不但需要长途跋涉,而且负担着巨大的风险,浪费时间与旅费;②因承放贷款的金融机关尚未普遍设立,各借款的农民对于借款及还款,大都不能顾及自身的情况而定,大都借则同借,还则同还,导致不能与申请借款的个别农民的经济状况相适应,而不能使借款者感受实

---

① 郑破浪:《从合作金库的特质谈到金融机关对于辅设合作金库应取的态度》,《四川合作金融季刊》第1期(1940年9月),第45页。

② 张良辰:《抗战建国与合作金库制度》,《中农月刊》第1卷第9、10期合刊(1940年11月1日),第32页。

③ 张良辰:《抗战建国与合作金库制度》,《中农月刊》第1卷第9、10期合刊(1940年11月1日),第32页。

惠,四川省各县合作金库普遍设立于广大农村之后,对于申请借款的农民尽力予以便利,自然可以避免以上述诸缺点的发生,从而促成农村资金借贷办法的合理发展。①

3.培养农民合理利用资金,从一定程度上消除高利贷剥削的现象

在战前,四川地区的农民生活非常艰苦,在抗战阶段,广大百姓更是日益贫穷,所以经常遭受高利贷的剥削,而要改善其生活,增加其财富,最重要、最便捷的方法就是各县成立合作金库,合作金库成立之后,一方面可以给广大农民提供低利的资金,使其从事于生产活动,以增加其收益;另一方面可以吸收余资,使广大农民的财富日趋集中。正如时人郑破浪所言:"合作金库一方面予农民以低利的贷款,一方面复集合其余资,使全部股本均为农民所组成的合作组织所认购,不啻增加其收益后复予以安全的保存方法,兹为培养农村民众财富的有效方法之一,当无足疑。"②

四川省合作金库及各县合作金库设立以后,因为急需资金的广大农民,已得到合作金库充分的借给与调剂,自然不会再去借高利贷。同时,以前坐享高利贷而获得暴利的富翁们,再也不能因高利贷而剥削广大农民,而且将巨额的资金死藏家中,又不合算,自然会改变其作风,将其资金低利存入四川省合作金库或各县合作金库。合作金库因吸收到此项存款,资金会越发充裕,大大提高了对需要资金的贫苦大众源源供给,这样无形中把私人垄断金融的现象打倒了。所以合作主义不是把现存的私人资本没收,只是想创造一种新资本;等这种新资本达到相当的数目时,自会使私人资本在所有者手中变为无用之物,它的办法是和平的,不流血的。因为它不用没收私人资本的激烈手段,所以不会引起正面的冲突,而能达到它的目的。③

---

① 郑破浪:《从合作金库的特质谈到金融机关对于辅设合作金库应取的态度》,《四川合作金融季刊》第1期(1940年9月),第45页。

② 郑破浪:《从合作金库的特质谈到金融机关对于辅设合作金库应取的态度》,《四川合作金融季刊》第1期(1940年9月),第45页。

③ 张良辰:《抗战建国与合作金库制度》,《中农月刊》第1卷第9、10期合刊(1940年11月1日),第32页。

（二）四川省合作金库存在的缺陷与不足

正如本文第三章所述，1937年至1942年，四川省合作金库及其所辅设各县合作金库在三大业务上，从数据方面看，基本都是逐年增加的，但是数据上的增加并不能证明其发展是良性的、成熟的。自战时首都迁往重庆之后，前方的很多重要金融机构也相继西迁，随着抗战时间的延伸，不仅前方抗战艰苦，大后方人民的生活也越来越艰难，作为抗战大后方的重要省份之一四川省更是如此，长期抗战导致金融失调，通货膨胀日趋严重，人民的生活成本急剧上升。此时，四川省合作金库及其所辅设各县合作金库在业务上必定要相应做出调整，比如提高提倡股本、增加放款数量等。所以数据上的增加并不一定能证明其发展水平的提高，正如时人有言："年来抗战愈趋艰苦，物价激增，金融失调，经济异常困难。合作事业几陷于休眠状态。"[①]其实，四川省合作金库及其所辅设各县金库从其产生之日起就伴随着诸多的缺陷和不足，接下来我们将从分析其业务的基础上，探讨其主要的缺陷和不足。

1.资金来源的对外依赖性

合作资金的充裕与不足，合作资金运用的圆活与呆滞，均直接影响合作事业的发展，我国合作社的数量，随着合作运动的推进不断增多，然而合作社本身的资金，如股金、公积金等，为数甚少。[②]这就直接影响了合作金库资金的来源。从理论上讲，合作金库应该是一种金字塔式的自助自动系统。资金来源也应该是一种良性的自助自动系统，这样，才可以与其"自有自营自享"的目标相一致。"'自有自营自享'——资金来源于初级信用合作社及其联合社的股金、自主经营、各级合作社共享合作金库的资金流通——是合作学界倡导设立合作金库的终极目标，但是中国合作运动发展的先天不足，使合作金库只能建立在'松散薄弱的沙滩上面'。"[③]为了促成合作金库早日建立，国民政府在《合作金库规程》中规定"在合作金库试办期间，各级政府、农本局、

[①] 任敏华：《现阶段的四川合作事业》，《四川经济季刊》第2卷第1期（1945年1月1日），第165页。

[②] 郑厚博：《我国合作金融问题之检讨》，《西南实业通讯》第3卷第2期（1941年2月），第18页。

[③] 魏本权：《试论近代中国农村合作金融的制度变迁与创新——以合作金库制度为讨论中心》，《浙江社会科学》，2009年第6期，第78页。

农民银行、地方银行及办理农贷各银行,以及其他不以营利为目的的法团,得酌认股额提倡之"。[1]对合作金库的辅导主要来自来两方面的力量:一方面是政治协助的力量,主要有合作社法以及奖励法规的公布;一方面是资金的外力,这个主要表现为各银行对省、县合作金库认购提倡股。而合作金库资金来源有五种途径:一为合作社认购的股本,二为提倡机构认购的提倡股本,三为金库向外的透支,四为存款业务吸收的存款,五为各种业务所得的盈余。[2]"政治资本与金融资本在合作金库中占支配地位,合作社的股金反而微乎其微,这不是很好的现象。"[3]换句话说,在资金的构成中,提倡股总是占有相当大的比重。如表9-12所示:

表9-12　1938—1943年四川省南川县合作金库资本结构情况表

(单位:股)

	1938年	1939年	1940年	1941年	1942年	1943年
股数总额	10145	10307	10168	10160	10668	10000
提倡股数	9975	9830	9523	99355	9195	8527
提倡股比例	98.32%	95.37%	93.66%	92.08%	86.19%	85.27%
合作社股数	170	477	645	805	1473	1473
合作社比例	1.68%	4.63%	6.34%	7.92%	13.81%	14.73%

资料来源:重庆市档案馆馆藏中央合作金库未刊档案,档号0291-1-615。

从表9-12可以看出,截至1943年,提倡股仍在四川省南川县合作金库的资本结构中占据主导地位。其资金来源主要是依赖外部支持,自身虽有发展,但其发展速度离其"自有自营自享"的目标还相距甚远。不仅各县合作金库如此,当时各省合作金库也是如此,如表9-13:

---

[1] 重庆市档案馆馆藏北碚管理局未刊档案,档号:民0081-3-436。
[2] 叶谦吉:《合作金库制度之意义与建立》,农本局合作金融丛书1941年版,第25页。
[3] 四川省档案馆馆藏四川省合作金库未刊档案,档号:民88-01-0161。

表9-13　1940年各省合作金库的资本结构情况表

(单位:元)

	四川省合作金库	江西省合作金库	浙江省合作金库	福建省合作金库	广东省合作金库
提倡股金额	10000000	3720000	1140000	1000000	3000000
合作股金额	3000	678500	75700	20200	13700
提倡股比例	99.97%	85.57%	93.77%	98.02%	99.55%

资料来源:李顺毅《资金来源结构与合作金库的发展——基于抗战时期农村金融的考察》,《民国档案》2012年2月,第103页。

从表9-13中我们可以看出,在四川省合作金库的资本结构中,提倡股本所占比例达到99.97%,所以说,无论是四川省合作金库还是其所辅设各县合作金库,合作股本严重不足,提倡股本占绝对优势。资金来源的这种对外依赖性会明显地制约其业务的健康发展。虽然在《合作金库规程》中规定,认购提倡股本的各机关法团不以盈利为目的,但是实际上认购提倡股本的投资方并不都是不以盈利为目的的机关法团,大量的提倡股本不仅会使他们干涉四川省合作金库及其所辅设各县合作金库的人事安排,而且会直接影响四川省合作金库及其所辅设各县合作金库的业务运行,例如放款数额的限制、利率的调整等。

2.放款对象的不平衡性和放款手续的复杂性

在放款对象上,按《合作金库规程》的规定,合作金库的信用放款只限于信用合作社及信用合作社联合社,为此对其他各种合作社,不能给予同等的权利。[①]也就是说,各县合作金库的放款在规定上限于信用合作社及各种合作社联合社,信用合作社之外,其他如生产、运销、供给、保险等合作社则非联合社不能加入,后来经济部虽解释:"暂准信用业务以外的各种合作社,加入合作金库为社员,但等各该种合作社联合社成立后,其认缴合作金库的股份,即应转为各该联合社所认缴的股份",因而信用业务以外的各种合作社暂准加入合作金库,并且在抗战时期因时势的要求,生产、消费等合作社相较以前

① 郑厚博:《我国合作金融问题之检讨》,《西南实业通讯》第3卷第2期(1941年2月),第18页。

有长足的发展,但在数量上比较起来,信用合作社当然仍占绝大多数。信用合作社的畸形发展是抗战时期四川农村合作事业的一个重要特征。尽管在抗战中后期,省政府也极力提倡发展生产、消费等其他种类的合作社,但信用合作社仍然占绝大的数量和比例,四川省农村合作运动呈现出信用合作社的一枝独秀的现象。[①]也就是说,各级合作金库放款的对象仍然主要是信用合作社。其实,生产事业的共同经营,比个别的经营要强得多,所以其他各种合作社在农村经济上的种种价值,要超出信用合作社,这是无须赘言的。所以仅偏于信用合作社,而忽略其他各种合作社,当然不是合作事业的正常发展,合作贷款只偏于信用合作社,而不能贷款给其他各种合作社,当然也不能发挥合作金融的效能,这也是人人公认的。[②]总之,这种放款对象的不平衡性其实本身就制约着合作金库的正常发展。

关于合作金库放款的手续,一般合作社在加入合作金库之初,所办的手续是填送加入合作金库申请书,附合作社概况表、社员名册及资金负债表,这些东西是关系一个合作社内容的记载,当然是合作金库应该知晓的。合作社第一次向合作金库申请借款,大概要填送借款申请书,附社员借款细数表、职员印鉴及社员最高额评定表,这些东西是帮助考查社员需要资金的情形以及信用程度。但是这些我们今天看来不是很复杂的程序,对当时的广大农民来说,大半认为手续太繁,操作较为麻烦,农民不堪其苦。因为当时我国农民"知识浅陋,缺乏办事能力和经验"[③],所以合作金库的放款手续,更应力求简单。不仅如此,每次放款,合作金库都要派专门的职员监督放款,合作金库放款对象是合作社,既然是对合作社放款,就应该信任合作社组织本身的理事和监事,不然,根本就不应该放款,而这种监督放款的程序在很大程度上又影响了农民所需数额的大小和农民参与的积极性。

[①] 成功伟:《抗战时期川省农村合作运动研究》,四川大学2004年硕士论文,第35页。
[②] 杨学渊:《县合作金库业务经营之实际问题》,《中农月刊》第3卷第3期(1942年3月30日),第63页。
[③] 杨学渊:《县合作金库业务经营之实际问题》,《中农月刊》第3卷第3期(1942年3月30日),第63页。

3. 放款数额有限与放款时间冲突

关于每个合作社社员借款数额,有很多人认为太少了,不够农民的需要,合作金库放款的目的,在帮助生产,假如不能达到这个目的,则失去放款的意义,特别在战时物价高涨时候,更需要提高放款额才能满足其需要,按合作金库放款的标准,大概看社员借款的用途、还款能力以及信用程度等。① 而合作金库的放款,如上文所述,一般是直接放款给合作社,农民如需贷款,则直接向各合作社申请贷款,如果各县合作金库放款数额太少,则直接影响到各合作社资金的来源。反过来讲,如果农民所需贷款从合作社获得太少,也就从一定程度上证明当时合作金库放款数目确实有限。例如,从中国农民银行及四川省农村经济调查委员会1941年对四川省农村经济的调查结果显示,农民每年希望借款631.6元才能满足实际需要,但实际借款数仅为340.3元,仅占需要借款数额的54%。而在农民所获得的这340.3元里,来源于合作社的贷款仅约83.4元,只占全部借款总额的24.5%;来源于非合作社的贷款为256.9元,占全部贷款总数的75.5%。② 如果我们把农民向合作社的借款数额与农民所需要的数额加以比较,我们会发现,来源于合作社的借款仅占农民需要借款的11.2%。这也就从一定程度上证明合作金库放款数额的确太少。正是因为合作金库放款数额的限制,最终制约了战时四川农村合作事业的发展。例如,郫县"合作金库资金不甚充足,社员申借金额每人不到40元,值兹物价昂贵,杯水车薪,无济于事",阆中县"只以贷款过低,无济于事,每欲举办扩大农贷而合作金库资金太微,不足运用",华阳县也出现"对各社放款数额过低,无法增加生产"的状况等等。③

就放款时间来讲,合作社社员每个人借款用途不同,所以他们所需资金的季节性也会不一样。④ 例如,在温江、乐山、绵阳等县,以种植水稻为主,合作社农民获得借款最多的月份是4、5、11、12月,但农民则更希望于3、4、8、9

---

① 杨学涨:《县合作金库业务经营之实际问题》,《中农月刊》第3卷第3期(1942年3月30日),第65页。
② 成功伟:《抗战时期川省农村合作运动研究》,四川大学2004年硕士论文,第53页。
③ 四川省档案馆馆藏四川省合作金库未刊档案,档号:民88-002-04425。
④ 杨学涨:《县合作金库业务经营之实际问题》,《中农月刊》第3卷第3期(1942年3月30日),第66页。

等月借款;在桐油水稻区农民多希望于2、5、6等月获得贷款,而其实际获得贷款最多之月份,则为1、6、7月。①可见,当时各农作物集中区域,合作社放款的时间多与当地农民需款最为迫切的农业生产时间相违背。以1941年为例,安县合作金库出现"百物昂贵,未能满足需要,兼以资金调拨不灵,申请贷款延至三四个月之久,尚未发放,颇使农民失望"的情况;南部县合作金库"因资金短细,贷款数额过低,且常失时效,以致贷款以后无法用于生产,徒供消费";井研县合作金库"因资金不敷,对全县80余信社仅贷款50社,值春耕播种之时,该合作金库却无放款之准备,不免有误农时"。②可见当时因为放款时间的延误,严重影响了四川省农村经济的发展。

4. 缺乏专业人才

关于合作金库职员的素质提升问题,一直是四川省合作金库发展史上的一个较为突出的问题。"合作金库应有两个目标:一为合作化,一为银行化。因为要合作化,才不会变成脱离民众的甚至资本主义式的银行;要银行化,才能运用银行的技术,发展金融在合作圈内的效能,两者不可偏废。但是要合于这种标准的人,实在不容易。懂得银行及会计的人,有许多不了解合作;了解合作,又不一定懂得银行。结果在一个合作金库内,显然有两种人:一是合作人才,一个银行人才。这种分工,当然是不得已的过渡办法,而不是永久的好办法。因为合作金库的内勤人员,如会计、出纳随时要与百姓接洽,如果不信仰合作,就不免有轻视农民厌弃民众的心理,这种职员,当然不是合作金库内可以容纳的,所以我们应当设法补救这种缺点。补救的办法,就在训练,提高对于合作的认识,不断地养成合作信仰,才可以避免上述的弊病。"③因此,要培养合作人才,必须要发展合作教育。正如时人有言"第一,合作事业的迅速生长与健全发展,必须由政府或合作社团从事指导,此种合作指导人员,必须具有合作信仰与各种指导技术,其信仰的陶冶与技术的养成,是靠合作教育的;第二,合作社以社员为组织细胞,社员健全,而后合作社方能健全,健全

---

① 中国农民银行、四川省农村经济调查委员会:《四川省农村经济调查报告》第四号(1941年11月),第17页。
② 四川省档案馆馆藏四川省合作金库未刊档案,档号:民88-002-04425。
③ 侯哲荞:《论中国之合作金融问题》,《中农月刊》第1卷第2期(1940年2月1日),第4页。

的社员,须具有合作信仰、组织能力及优良品性、合作道德,这种健全社员的培养,是靠教育的;第三,合作事业或为农业,或为工业,或为交易,或为金融,或为公用,或为保险,其事业的成功,需要经营人才,而尤其需要具有合作信仰的特殊经营人才,这种经营人才即合作社职员的训练是靠教育的;第四,我们以合作事业建设国民经济的基础,……必须一般社会都具有合作的认识,而后合作事业方不至孤立而受到各方面有形无形的打击及有形无形的感染反应,社会合作意识的培养,一般人对合作的认识又是靠教育的"①。可见,如果实施合作教育,不仅可以培养出合作人才以提高办事效率,而且可以提高民众对合作运动的认识,减少推行合作运动的阻力。所以,在1940年7月,《四川省加紧推进各省市合作组织办法大纲》中曾明文规定:"各省市合作主管机关为保持并提高合作组织的品质,应积极举办合作讲习会及特种训练班以训练各级合作社的职员及社员。"②但是结果却并不尽如人意,关于这一点,成功伟在《抗战时期川省农村合作运动研究》有较为详细的论述。"虽然四川省对于农村合作教育较为重视,但所投入的教育经费却极端缺乏。""由于合作教育经费的缺乏,所能够受到教育的人数自然会相当的有限,这一道理毋庸置疑。就合作指导员教育而言,整个抗战时期,四川所训练的合作指导员仅约719人,平均每县不足5名指导员;就合作社职社员教育而言,抗战时期,四川加入合作社的社员约有2378000人,而受教育的职社员仅约15000人,仅占全部社员人数的0.63%。""合作经费的缺乏,合作受教育人数的缺少,这些都是直接影响合作教育效果的重要因素。总的说来,抗战时期,四川省所实施的合作社教育根本就不能达到应有的效果。"③所以说,专业人才的缺乏,会阻碍四川省合作金库及其所辅设各县合作金库业务的正常运行,也就从一定程度上制约了四川省合作金库及其各县合作金库的发展。

以上四点便是四川省合作金库及其所辅设各县合作金库在发展过程遇到的主要困境和问题,同时也证明了笔者在本文第二章的最后总结中提到的"股东的来源问题很可能是制约其发展的一个重要因素,如果处理不得当,极

---

① 秦亦文:《县各级教育与合作教育的配合》,《合作事业月刊》第6卷3、4期(1944年),第14—15页。
② 成功伟:《抗战时期川省农村合作运动研究》,四川大学2004年硕士论文,第53页。
③ 成功伟:《抗战时期川省农村合作运动研究》,四川大学2004年硕士论文,第65—66页。

容易引发一系列的问题"。也就是说资金来源的对外依赖性会直接影响四川省合作金库及其所辅设各县合作金库的业务运行，并且会引发一系列问题，例如放款数额的限制、利率的调整等。同时会出现放款对象的不平衡性和放款手续的复杂性、放款数额有限和放款时间冲突以及缺乏专业人才等问题，不过需要着重指出的是，虽然四川省合作金库及其所辅设各县合作金库在发展过程中遇到了诸如以上缺陷和不足，但是我们也不能完全否认其发展的合理性，即四川省合作金库的作用。

纵观四川省合作金库6年左右的发展历程，尽管四川省合作金库及其所辅设各县合作金库通过三大业务的展开，对当时四川省农村经济的发展产生了非常积极的作用，但是通过对三大业务的具体分析，我们发现，仅仅以信用放款为主的合作放款业务根本就解决不了当时四川省广大农村的资金需求，与此同时，举步维艰的存款业务又满足不了四川省合作金库及其所辅设各县合作金库所需要的资金来源，相比较而言，汇兑业务较为发达。换句话说，四川省合作金库及其所辅设各县合作金库在存款、放款、汇兑三大业务上并没有形成一种良性循环。更重要的是，股东的来源问题是制约其发展的一个重要因素，正是因为这个问题没有得到及时的妥善的解决，最终导致了一系列问题的出现。如资金来源的对外依赖性、放款对象的不平衡性和放款手续的复杂性、放款数额有限与放款时间冲突、缺乏专业人才等。同时，这些缺陷与不足的出现迟迟又不能得到解决，因此1942年实行银行专业化之后，四川省合作金库宣告停业。本文主要有以下几点启示：

第一，任何一种制度或者是组织的推行，一定要与本国的国情相适应。就本文来讲，四川省合作金库及其所辅设各县合作金库在运行过程中遇到的诸多问题，大都是因为与本国国情不相适应。首先，当时广大农村百姓的知识水平较低，在民间宣传与实践的过程中，由于宣传力度较小，辐射范围不大，所受影响的大多数是知识分子和各个城镇的居民，而广大农村的百姓则知之甚少，所以广大百姓参与的积极性不高；其次，四川省合作金库及其所辅设各县合作金库的业务种类单一，主要是以信用放款为主，而就当时中国的国情来讲,并不是仅仅以信用放款就能解决广大农民生活和生产的问题,其他业务其实也很重要,但是由于其他业务相对较少,使农民所受实惠不多,在一定程度上影响到各县合作金库的规模。

第二,任何组织的良性发展应该是稳中求进,不能一蹴而就。四川省合作金库在辅设各县合作金库的进程中,有时速度太快,质量很难保障,例如1938—1940年间,其中,1938年增加32库,1939年增加6库,1940年增加26库,数量上的快速增长不仅不能保证质量上的同步跟进,有时甚至会适得其反,加重了广大农民的负担。

第三,必须正确处理好政府、社会、个人三者之间的关系。四川省合作金库的兴起与发展,首先是从民间兴起,即社会有识之士或者是社会组织的宣传与实践,然后是在国民政府的大力推进之下才得以迅速发展。但是我们会发现,从1936年四川省合作金库创立开始,政府推进的力量已经远远超过民间自发组织的力量。在四川省合作金库辅导设立各县合作金库的进程中,民间的有识之士已经不再是排头兵,社会组织也显得毫无力度,政府强制推行的力量越来越明显,广大加入或者被加入各县合作社或合作金库的个人,他们的力量最弱小,或者说他们没有任何的发言权。政府、社会、个人三者之间的力量如此悬殊,四川省合作金库及其所辅设各县合作金库如何能健康发展。

目前,中国正在着力推进社会主义新农村建设,支持"三农"经济发展。2011年初,国家制定"十二五"规划,对发展现代农业提出了新的要求。农村信用合作社,作为支持农村经济发展的重要金融组织之一,其发展和完善无疑具有重要的意义。因此,希望通过对四川省合作金库的研究,为我们今天农村信用合作社的发展、完善以及新农村建设提供借鉴。

抗战大后方的
金融业同业组织

20世纪初至今,中外学者对近代工商团体在中国社会经济发展中的作用进行了深入而具体的研究,推出了一批颇具分量的学术论著与资料汇编。而在金融史的研究中,对金融业中的同业公会研究虽起步较晚,但也取得了长足进步,如银行公会、钱业公会、保险公会、证券经纪人公会等的研究越来越受到学者们的重视,其中学术界对银行公会的研究尤为重视,已经取得相当成果,银行公会作为近代中国新式金融业——银行的自律团体,成为各地金融界的主要代言机关,亦是政府对金融业管理的主要凭借,在社会经济发展中扮演着十分重要的角色。中国是一个地域辽阔、各地区政治、经济、文化等方面发展都很不平衡的大国,不同地区的银行公会常常具有某些不同的特点。

重庆银行公会是战时大后方最重要的金融同业组织之一,成立于1931年,结束于1949年,其间虽仅存在18年,但它是近代重庆银行业自发组织的自律性同业组织,以维护银行业利益,推动银行业发展为基本宗旨,特别是在抗战的特殊环境里,随着国民政府的内迁,重庆成为了国民政府大后方的经济与金融中心,重庆银行公会也就从原来的地方性行业自律组织发展成为了大后方金融发展中的重要组织,在后方金融业发展中起着举足轻重的重要作用,为促进重庆大后方金融中心的形成与近代中国金融业的发展,推动其近代化进程起过重要作用。然而,长期以来,对该组织的研究在学术界却未受到应有的重视,缺乏深入的探讨。由于时间和精力的限制,本部分也未能对近代重庆银行公会进行系统而全面研究,而是选择了战前与战时的部分内容进行探讨。

第十章　抗战爆发前的重庆银行公会

与票号、钱庄等传统金融业不同,中国银行业是在近代中国社会经济发展的带动下,应政府财政的需要,模仿外国银行体制而逐步兴起的行业。银行公会是银行业的自律组织,是银行业集体利益和意志的代表,其主导面是站在民间的立场,为广大会员银行提供各种服务,反映和维护银行业的根本利益。自1918年7月8日,12家银行发起成立上海银行公会后,北京、天津、汉口、蚌埠、济南、杭州等地的银行家纷纷发起组建银行公会,1920年全国共创设银行公会7家,1921年为8家,共有会员银行100家。[1]截至1923年,全国共有银行公会10家,分设于上海、北京、天津、汉口、杭州、南京、南昌、济南、哈尔滨和蚌埠等地。[2]它们主要集中在中国的东中部地区,至于西南、西北地区,由于银行业的不发达并未成立银行公会。

随着南京国民政府的建立,到抗战爆发前,近代中国金融业发生了巨大变革,其中票号、钱庄的衰落和新式银行的迅速发展就是这种变革的表征,重

---

[1] 郑成林:《从双向桥梁到多边网络——上海银行公会与银行业(1918—1936)》,华中师范大学博士论文2003年,第66—67页。

[2] 金世和:《汉口银行公会创设之经过》,《银行杂志》第1卷第1号(1923年11月11日)。

庆银行公会的兴起则是这一变革的产物。[①]重庆银行公会的成立是近代银行业在重庆地区取得了相对于旧金融界的优势地位的具体体现，有利于在西部地区创造符合近代银行利益的制度性环境。本文将依据重庆市档案馆馆藏未刊重庆银行公会的档案资料及相关文献，重点探讨重庆银行公会在促进西部地区的金融制度创新与金融市场体系的建立与发展中所起的作用，以及对战时国民政府迁都重庆所起到的重大积极意义。

一、重庆银行公会与西部金融业的近代化

银行业同业公会是商品经济发展和银行业规模扩大的产物。重庆市银行商业同业公会的建立是近代重庆新式银行业发展的产物，是西部金融近代化的重要表征。

近代中国的金融机构既有传统的典当、票号和钱庄，也有新式银行（包括国家银行、地方银行、商业银行和外国银行），形成了多种金融机构并存的局面。其中，华资新式银行，总计自清末至1937年"七七"事变之40年间，其总

[①] 目前学术界对近代中国银行公会的研究成果主要集中在对以上海银行公会为中心的东部沿海一带，主要有：郑成林：《从双向桥梁到多边网络——上海银行公会与银行业(1918—1936)》(华中师范大学出版社2007年版)，王晶：《上海银行公会研究1927—1937》(上海人民出版社2009年版)、张天政：《上海银行公会研究(1937—1945)》(上海人民出版社2009年版)等著作及吴景平：《上海银行公会改组风(1929—1931)》(《历史研究》2003年第2期)，吴景平、王晶：《"九一八"事变至"一·二八"事变期间的上海银行公会》(《近代史研究》2002年第3期)；郑成林：《上海银行公会与银行法制建设述评(1927—1936)》(《华中师范大学学报》2004年第4期)、《上海银行公会与近代中国币制改革述评》(《史学月刊》2005年第2期)、《1927—1936年上海银行公会与国民政府关系述论》(《江苏社会科学》2005年第3期)及《上海银行公会与近代中国票据市场的发展》(《江西社会科学》2005年第10期)；张天政：《海内外关于上海银行公会研究的新进展》(《历史教学》2003年第9期)、《"八一三"时期的上海银行公会》(《抗日战争研究》2004年第2期)、《略论上海银行公会与20世纪20年代华商银行业务制度建设》(《中国经济史研究》2005年第2期)、《上海银行公会与国民政府对日伪的货币金融战》(《抗日战争研究》2005年第4期)；张徐乐：《上海银行公会结束始末述论》(《中国经济史研究》2003年第3期)；张秀莉：《上海银行公会与1927年的政局》，(《档案与史学》2003年第1期)等学术论文，而对重庆等西部地区银行公会的研究则涉及较少。

行数量共164家,分支行计1627家,总分支行合计1791处;资产负债总额,各达70万万元以上;资本金与公积金合计,在4万万元以上;存款与放款数量,各达30万万元左右,同时钞票之发行额,亦在15万万元之谱。①然而,其地域分布则极不平衡,都市资金之膨胀与内地经济之偏枯,形成强烈之对照。据1935年的统计,全国银行159家,分支行1188家,按其总行所在地及分行处所在地域分布状况加以统计,以都市来说,以上海为最多,总行60家,占全国37.74%,分支行128家,占全国10.77%,而沪、津、平、京、青、杭、重、汉、广九市集中了主要的华资银行,总行为98家,占全国61.64%,分支行为377家,占全国32%,以省别来说,总行及分支行的所在地又以江浙两省、沿海诸省及长江流域数省为最多,总行为116家,占全国72.96%,分支行为680家,占全国57.24%,而偏僻之区,特别是工商业不发达的西部省份,如甘肃、陕西、四川、广西、绥远、察哈尔、宁夏等省,不但总行鲜见,就是分支行也极少有,总行为19家,仅占全国11.95%,分支行为150家,仅占全国12.63%,在这些西部省区中,四川(包括重庆)一省的总行为13家,分支行为55家,分别占西部省区的68.42%,36.67%。其中,重庆一地为当时九大华资银行集中城市中的唯一一个西部城市,总行9家,分支行14家,为四川及西部地区新式银行业集中的城市。②

(一)重庆银行业的兴起与发展

重庆扼守长江、嘉陵江交汇处的自然地理位置,为其工商业的繁荣提供了独特的发展优势,在此基础上,银行业蓬勃兴起。重庆近代新式银行始于1899年中国通商银行重庆分行的设立,而第一家地方官办银行是1905年创立的濬川源(亦作浚川源)银行,"所需资本,临时向藩库拨用。"③1908年,大清银行在重庆设立分行,辛亥革命后为中国银行所接办,1915年1月18日,中国银行重庆分行开业,并发行兑换券,经大总统照准,公私收支一律通用。④

---

① 沈雷春:《中国金融年鉴》(1939年),美华印书馆1939年版,第104—107页。
② 王承志:《中国金融资本论》,光明书局1936年版,第16—20页。
③ 郭荣生:《中国省银行史略》,近代中国史料丛刊续编第19辑,文海出版社1987年版,第75页。
④ 田茂德、吴瑞雨、王大敏整理:《辛亥革命至抗战前夕四川金融大事记(初稿)》(一),《西南金融》1984年第4期,第21页。

1915年3月16日,聚兴诚银行在重庆正式开业。该行为股份两合公司,由杨文光家族经营,资本100万元,一半为无限股,一半为有限股。有限股部分为家族、亲友所有。该行设一事务员会,杨文光任主席。杨希仲任总经理。同年9月9日,殖边银行重庆支行开业(该行于1914年11月在北京设立总行)。12月1日,交通银行重庆分行成立,并发行一元、五元、十元三种兑换券。此前,重庆还开设有晋丰银行,因只营重庆、江津两地存汇,发展受限,加以军阀派垫,不久结束。[①]1919年7月21日,重庆大中银行开业,由重庆汪云松、长寿孙仲山筹组。资本先收30万元,次年收足100万元,向北京政府币制局请得纸币发行权,发行钞票。汪任重庆经理,孙任北平经理,总行在重庆,先后设有成都、北平、上海、天津、汉口等分行。1921年6月1日,重庆中和银行开业,为刘湘驻渝时官商合办,主持人温友松、赵资生,股本60万元中,军方占20余万元,商界占30余万元。该行代理刘湘第二十一军的经费收支。总行开业后,陆续在上海、汉口、成都、宜宾、泸州、万县等地设有分行。1926年黔军驻渝时不能维持,驱袁(祖铭)后复业,在上海印钞320万元发行。1922年4月10日,中美合资的四川美丰银行在重庆开业。该行于当年2月12日向美国康梯克省注册,资本25万元,美股占52%,总行设重庆。总经理雷文(美),经理赫尔德(美),协理邓芝如、康心如。经营商业银行业务,发行钞票150万元。同年重庆富川储蓄银行开业。总经理胡汝航,经理陈绍尧,办理有奖储蓄。[②]1930年7月5日,四川盐业银行在重庆创立(1932年7月4日改成重庆川盐银行),资本200万元,实收1090500元。董事长吴受彤、总经理陈丽生。在自流井设分行,上海、江津设办事处,汉口、万县有代办处。9月1日,川康殖业银行在重庆创立,资本100万元。董事何北衡等,总经理卢作孚。在上海、汉口、成都等地设分行。1931年1月5日,重庆市民银行(1934年8月29日更名重庆银行)成立,资本50万元,重庆市政府认5万元。董事长温少鹤,总经理潘昌猷。1931年7月10日,北碚农村银行正式开业,额定资本10万元,实收4

[①] 田茂德、吴瑞雨、王大敏整理:《辛亥革命至抗战前夕四川金融大事记(初稿)》(一),《西南金融》1984年第4期,第21—22页。

[②] 田茂德、吴瑞雨、王大敏整理:《辛亥革命至抗战前夕四川金融大事记(初稿)》(二),《西南金融》1984年第5期,第29—30页。

万元。董事长卢作孚,经理伍玉璋,在重庆设办事处。该行于1928年10月发起组建,章程以服务农村社会,发展农村经济,提倡农村合作为宗旨。[①]

总之,到20世纪30年代初,新式金融机构——银行业经过发展,已在重庆金融界占有举足轻重的地位。当时重庆金融界有以钱庄为代表的旧式机构和以银行为代表的新型机构两类(钱庄、典当、汇兑号等划归旧式金融机构,银行、保险、交易所、信托公司等划归新型金融机构),下面将从资本额方面比较银行与钱庄的资金实力,1931年重庆现存银行共8家,除中国银行为分行外其余7家均为总行,资金额见表10-1(只统计总行在渝者,因分行由不在渝总行支持而不定,故不统计):

表10-1　1931年重庆市七家银行资本金统计表

(单位:万元)

银行类别	银行名称	额定资本金
商业储蓄银行	聚兴诚银行	100
	四川美丰银行	50
	重庆平民银行	10
	重庆市民银行	50
农工银行	北碚农村银行	10
专业银行	川康殖业银行	100
	重庆盐业银行	120
总计		440

资料来源:中国银行经济研究室:《全国银行年鉴》(1937年),汉文正楷印书局1937年版,第D70—192页,第E19页,第F1—6页整理所得。

重庆钱庄盛世期"每年吸收存款总数约白银1000万两,而贷给货帮的款项高达1500万两"[②]。"在民国十六年(1927)以前,川中金融业务,大部分为此

[①] 田茂德、吴瑞雨、王大敏整理:《辛亥革命至抗战前夕四川金融大事记(初稿)》(四),《西南金融》1984年第9期,第37—38页。

[②] 重庆金融编写组《重庆金融(1840—1949)》(上卷),重庆出版社1991年版,第94页。

等钱庄字号所把持,虽有银行之设立,亦难与钱庄势力抗衡。民国十八九年(1929、1930)间,因商业不景气,而钱庄以经营不善,无法适应,遂逐年衰落,渐归淘汰。"[1]同时"川省自军兴以来,兵费浩繁。渝市因系川省商业之中心,当道每遇急需,均以银钱业及货帮为周转之地。贴抵派垫,接踵不绝",[2]连绵不断的战争和持续不停的军政垫款,资金弱小的钱庄不堪重负,再加上投机申汇和"九一八事变"的影响,1931年时已从最盛时50多家锐减为"12家勉强维持营业"[3],且我国历史上"合资钱庄之资额,其大者亦不过四五十万,较之银行相差甚远"[4]。见下表:

表10-2　1931年重庆市十二家钱庄资本额统计表[5]

牌名	负责人		资本额	开业时期	地址
同生福	汤子敬	杨巨川	0.12万两	1896年	陕西街
和济	李柱臣	连式之	5.2万元	1913年	东升楼1号
王大永[6]	戴禹赞	刘闻非	27.75万元	1917年	九尺坎15号
信通	王汝舟	何绍伯	3.6万两	1924年	曹家巷52号
同丰	周以耕	蒋原之	3.6万元	1924年	打铜街38号
永庆	蒋祥麟	赖善臣	5.4万元	1924年	林森路194号
复兴	林寿山	王雨樵	3.2万元	1925年	下陕西街
安定	卢澜康		6万元	1927年	状元桥
安康	唐辉楼	李奎安	10万元	1927年	太华楼3号
谦泰	缪茂修	熊崇鲁	5万元	1930年	陕西街180号
恒茂	曾鸿晋	何安金			上陕西街
裕泰	杨伟臣	刘光第	5万元	1930年	打铜街
总计			71.15万元 3.72万两		

资料来源:重庆金融编写组:《重庆金融(1840—1949)(上卷)》,重庆出版社1991年版,第518页附录:《重庆金融机构表(1840—1949)》摘选而来。

[1] 杨泽:《四川金融业之今昔》《四川经济季刊》第1卷第3期(1944年6月),第214页。
[2] 周宜甫:《四川金融风潮史略》,中国银行出版社1933年初版,第84页。
[3] 重庆金融编写组:《重庆金融(1840—1949)》(上卷),重庆出版社1991年版,第94页。
[4] 潘子豪:《中国钱庄概要》,近代中国史料丛刊正编第88辑,台湾:文海出版社1987年版,第245页。
[5] 重庆的钱庄1931年为12家,直到1936年都处于低潮期,其间维持在10到20家之间,因资料所限,现仅将1932年前成立的十二家钱庄列于表中;我国近代"洋厘"市价在7到8厘之间变动,取中间价按7.5厘计算得"同生福"和"信通"资本共约为4.96万元,在5万元上下浮动,多不超6万元。
[6] 应为"正大永",资料误写为"王大永"。

由以上两表可知,重庆本地银行7家,拥有资本440万元,钱庄12家(其中1家资本不明,实为11家),资本约为76.11万元,在资本额方面,新式银行比旧式钱庄拥有更强大的资金优势,银行资本为钱庄资本的5.78倍,其融通资金能力和抵御风险能力都将增大。

不过,20世纪30年代初时,重庆银行大多处于建立初期阶段,业务制度不健全,多为军政当局控制,为其发行钞票,谋取私利,弥补财政赤字之工具,如中国、美丰、川康、市民等都具有发行之权,①亦受到军政摊派之威胁,业务未臻于正途,大搞申汇投机,参与公债买卖,存放汇兑等正常业务未能有效展开,规模就受到极大限制。我国是小农经济社会,中小商人居多数,重庆当时银行业务建设不完备,业务方式没被大多商人所认同,导致没有与工商业发展充分结合,"银行所经营者,多为需要资金较巨之对外贸易货品或重要进口物品,如四川大宗进出口之桐油、生丝、猪鬃、山货、棉纱、布匹等,即多为银行经营之对象"②,又因抵御风险多用抵押贷款,一般中小商人难以承担,故银行业务基础狭小,时时处于隐患之中,貌似强大,实则外强中干。重庆钱庄与大多数中小商人联系紧密,业务基础广泛,所经营者,多为川境内地各埠际间货物的营运。"川中一般钱庄字号与输出入贸易之关系,非常密切,输出入商人,营运货物时,其资金之周转,多需利赖庄票,因有庄票之流通,一般中小阶级商人,在资本之获得与运用上,俱觉便利,因是各地商业之倚赖钱庄字号,与各地钱庄字号之辅助商业,实为往时内地贸易上普遍之现象。……而钱庄对于商人之信用借款,则甚有裨助。"③潘子豪于1929年亦总结了钱庄的此点优势,银行本票流通不如钱庄庄票广泛,银行的抵押放款不如钱庄的信用放款。④

因此,1931年前的重庆金融市场上,银行与钱庄两类金融机构平分秋色,各占半壁江山,资本金方面银行占优势,存放汇兑与工商联系方面钱庄还略

---

① 四川地方银行经济调查部:《四川现金问题》,《四川经济月刊》第1卷第3期(1934年3月),第2页。
② 杨泽:《四川金融业之今昔》,《四川经济季刊》第1卷第3期(1944年6月),第215页。
③ 杨泽:《四川金融业之今昔》,《四川经济季刊》第1卷第3期(1944年6月),第215页。
④ 潘子豪:《中国钱庄概要》,华通书局1931年版,第5页。

占上风,但新式银行业利用强大的资金优势日益锐进,逐渐在重庆的金融业中处于主导地位。

(二)西部第一家银行公会——重庆银行公会的创立

金融市场的发育,金融机构的完善,金融联合势在必然。20世纪20年代中期,重庆的中国银行、聚兴诚银行、中和银行、四川美丰银行等四大银行就曾定期举行集会商讨研究银行业务,当时被称"联欢会"。但随着银行中心地位日渐稳固,与经济联系日益密切,为相互加强彼此间的联络,在外国银行界和本国钱庄界的夹缝间求得生存与发展,有必要健全本业组织来维护同业利益,特别是20世纪30年代初期,重庆为二十一军刘湘所部驻防地区,"军部有关金融措施的推行和向银行派垫款项事宜,均需一所能承上启下的机构承办"[①],其任务主要是协助官方传达指令,沟通协调,利于政策执行;代表会员陈述意见,下情上达,维护同业利益。1931年重庆市共有8家银行(7家总行,1家分行),分别为聚兴诚银行、四川美丰银行、重庆平民银行、川康殖业银行、重庆市民银行、四川盐业银行(1932年改重庆川盐银行)、北碚农村银行以及中国银行重庆分行,除北碚农村银行距离市区较远,且营业规模较小及营业对象狭窄而影响有限外,其他银行7家联合发起,酝酿成立"重庆市银行商业同业公会",作为重庆地方的银行界联合组织。

1931年9月25日,重庆市银行业同业公会成立,并通过章程。会员银行有中国银行重庆分行、聚兴诚银行、川康殖业银行、四川美丰银行、重庆平民银行、重庆市民银行、重庆川盐银行等7家,康心如任主席。[②]这也是西部地区成立的第一家银行业同业公会。根据1929年8月国民政府《工商业同业公会法》第三条规定"工商同业公会之设立须有同业公司行号7家以上之发起"[③],在当时的西部各省的主要城市中,除成都能与重庆相提并论外,其他各地所拥有的银行家数均不符合此规定,均没有资格成立银行公会。下面将

---

① 重庆金融编写组:《重庆金融(1840—1949)》(上卷),重庆出版社1991年版,第312页。
② 田茂德、吴瑞雨、王大敏整理:《辛亥革命至抗战前夕四川金融大事记(初稿)》(四),《西南金融》1984年第9期,第38页。
③ 徐百齐:《中华民国法规大全》(第三册),商务印书馆1936年版,第3463页。

1931年9月前西部各省份所拥有银行分别统计如表10-3：

表10-3 1931年9月前西部各省份各地区成立的银行概况统计表

省份	地区	银行名称	银行类别	成立时间
四川（除重庆、成都外）	富顺	中国银行	办事处	1915年8月
	万县	中国银行	办事处	1915年7月
	泸县	中国银行	办事处	1915年5月
陕西	三原	陕西省银行	办事处	1930年12月
	大荔	陕西省银行	办事处	1930年12月
	安康	陕西省银行	办事处	1931年4月
	长安	陕西省银行	总行	1930年12月
	南郑	陕西省银行	分行	1931年5月
	朝邑	陕西省银行	办事处	1931年4月
	榆林	陕北地方实业银行	总行	1930年12月
	凤翔	陕西省银行	办事处	1931年2月
	潼关	陕西省银行	办事处	1931年4月
	兴平	陕西省银行	办事处	1931年2月
	盩厔	陕西省银行	办事处	1931年1月
甘肃	无银行成立			
贵州	无银行成立			
云南	无银行成立			
广西	无银行成立			
绥远	归绥	山西省银行	分行	1928年6月
	归绥	北洋保商银行	办事处	1931年2月
新疆	伊犁	新疆省银行	分行	1930年9月
	奇台	新疆省银行	分行	1931年6月
	承化	新疆省银行	分行	1930年8月
	迪化	新疆省银行	总行	1930年7月
察哈尔	万全	交通银行	支行	1909年10月
宁夏	宁夏	宁夏省银行	总行	1931年1月

资料来源：中国银行经济研究室：《全国银行年鉴》(1937年)，汉文正楷印书局1937年版，第704—741页整理统计所得。

再看成都的情况，1930年11月24日，成都银行钱业公会成立，李星垣任主席。当时成都共有37家银行钱庄，因基金不固，投机失败，相继倒闭达28家。这一组织并非纯粹的近代银行业同业组织，直到1934年5月20日，成都市银行业同业公会才单独正式成立并通过章程，会员银行有：中国银行、聚兴诚银行、川盐银行、川康银行、四川美丰银行、重庆银行、四川地方银行等7家，主席胡浚泉。[①]而此时的重庆银行公会已成立近三年。

（三）重庆银行公会的制度建设

重庆银行公会作为重庆近代银行的同业组织，其组建吸收了诸多近代化的因素。发起成立银行公会的几位主要人物大多都有较高的文化素质，接受过西方的现代知识，拥有较现代的组织能力和管理理论。

表10-4　重庆银行公会主要发起人简况表

姓名	籍贯	任职银行	所任职务	学历
康心如	陕西城固	美丰银行	总经理	大学毕业
周宜甫	—	中国银行	总经理	—
张茂芹	四川江津	聚兴诚银行	总经理	大学毕业
刘航琛	四川泸县	川康银行	幕后组织者，1932年任总经理	北京大学经济系毕业
张子黎	四川巴县	重庆平民银行	总经理	—
吴受彤	浙江杭州	川盐银行	董事长	出身官僚家庭，早年于盐运使署充当幕僚
潘昌猷	四川仁寿	重庆市民银行	总经理	仁寿中学毕业

资料来源：重庆市档案馆馆藏重庆市银行商业同业公会未刊档案，档号0086-1-146和中国民主建国会、重庆市工商联合会、文史资料工作委员会：《重庆5家著名银行》，（重庆工商史料第七辑），西南师范大学出版社1989年版，第130页整理而来。

[①] 田茂德、吴瑞雨、王大敏整理：《辛亥革命至抗战前夕四川金融大事记（初稿）》（四），《西南金融》1984年第9期，第37、42页。

他们利用近代理念建立银行公会，正如成立大会上，临时主席张茂芹所云："值此世界商业竞争，吾国各界均应自取联络，共谋发展，庶足与外人争衡，本市银行业前虽有联欢会及银行帮之组织，然因势力薄弱，不合国府颁布工商业同业公会组织法法定人数，故未正式成立公会，现本市银行已有7家，适合法定人数，故今日特依法组织成立公会，以谋同业公共利益及社会经济之发展。"[1]显而易见，健全金融业组织，加强金融业力量，共谋银行同业发展是发起组建之动机。重庆银行公会的成立使近代银行业在重庆取得了相对于旧式金融界的优势地位，有利于在重庆创造符合近代银行利益的制度性环境。

重庆市银行业同业公会的基本规章制度包括《重庆市银行业同业公会章程》[2]《重庆市银行业同业公会会员营业规程》[3]以及其他由公会制订要求会员银行共同遵守的自律规则等。

重庆银行公会"以增进金融业之公共利益及矫正金融业上之弊害为宗旨"，以稳定金融市场为目的。"会所暂设于重庆市打铜街"四川美丰银行内，1933年移居川康银行后院办公，直到1935年才购买第一模范市场33号房屋建立正式会址。"依照工商业同业公会法第四条之规定，存立期间暂定为30年。"遵其宗旨，初期会务主要为以下六个方面：①设立票据交换所及征信所；②办理会员营业必要时之维持事项；③调节会员与会员或非会员间之争议事项；④草拟关于金融业法规建议于政府；⑤调查同业营业状况；⑥举办其他有利于金融业之公共事项。

银行公会的会员代表由会员行就各自银行中推派1至3人组成，代表本银行参加公会各项事务，其资格为各银行全权委托之行员或正副经理人。会员代表享有选举与被选举、罢免、提议、表决、复决、公会举办各项事务之利益等权利，同时也要承担本会章程及议决案所规定之营业规则、担任公会职务、

---

[1] 重庆市档案馆藏重庆市银行商业同业公会未刊档案，档号0086-1-117。
[2] 四川地方银行经济调查部：《重庆市银行业同业公会章程》，《四川经济月刊（特载）》，第1卷第3期（1934年3月）第1—5页，以下内容凡未标注出处的均出自该章程。
[3] 该规程于1932年10月24日，由重庆市银行业同业公会公布施行，见田茂德、吴瑞雨、王大敏整理：《辛亥革命至抗战前夕四川金融大事记（初稿）》（四），《西南金融》1984年第9期，第39页。

按期抄送营业报告、接受公会咨询及调查、按期缴纳会费、出席会议、不侵害他人的正当营业等义务。第十一条还对不得成为会员及会员代表的六种情况进行了规定。

重庆银行公会的权力机构为会员大会、委员会和常务委员会。会员大会是公会的最高决策机构，分常会和临时会两种，主席由公会常务委员轮流担任。常会在每年6月及12月由全体委员负责召集，而临时会经委员会认为有必要时，或有五分之一以上会员代表提出会议事由，要求委员会召开时，委员会要负责召集。会员大会上每一会员代表拥有一议决权，体现公平原则，但"所议事项与会员或会员代表本身有关系时，该会员代表无表决权，如主席认为有关系，会员代表有回避之必要时，得由主席随时通知该会员代表退席"。委员会和常务委员会是负责重庆银行公会运作的重要机构。委员会每月定期会议一次，必要时可开临时会议。常务委员会每星期开会一次，必要时亦可开临时会。据统计抗战爆发前全委会召开的定期会和临时会共152次，其中1931年三个月计4次，1932年20次，1933年31次，1934年30次，1935年25次，1936年34次，[①]1937年前六个月计8次。[②]原定月开会一次，除1931和1937年较正规外，其他年份远远超出，平均月开两到三次，偶尔个别月达到四次之多，大量临时会的存在用来处理大量突发事务，特别是1935和1936年在配合整理川政时会议更多，显示出其稳定重庆金融市场的心愿。

重庆银行公会的会员资格，"凡在重庆市区域内以完全本国人资本合法组织，并合于本会章程所规定成立之银行，由本会会员之2人以上之介绍，经全委会审查合格，再提交会员大会通过发给注册证书后，始得加入本会为会员"。凡入会者须填写入会志愿书、缴纳会费及抄送最近三年内营业报告书，志愿书须包括以下诸项：商号、设立地点、使用人数、资本金额、已收资本的数目、组织性质、是否向政府注册。

重庆银行公会的决策和管理机构采用委员制，"由会员大会就会员代表中选举委员9人，候补委员3人组织全委会；由委员中互选常务委员5人设常

[①] 重庆市档案馆馆藏重庆市银行商业同业公会未刊档案，档号0086-1-117。
[②] 重庆市档案馆馆藏重庆市银行商业同业公会未刊档案，档号0086-1-119。

务委员会,就常务委员会中选举主席1人,对外代表本会,对内总摄一切会务",公会首任主席康心如,其后依次为潘昌猷、吴受彤、吴晋航、范众渠、陈诗可,其间除1933年7月到10月周宜甫兼代康心如主席之职三个月后潘昌猷就职外,余均无较大变动。直至抗战前,决策管理机构无重大改变,只因会务扩充,事务日繁,1933年11月,潘昌猷就职主席时,聘杨粲三为公会顾问,并将文牍和会计分两组专办,公推周宜甫担任文牍考核,任望南任会计考核。1935年10月,改选委员后仍推任望南稽核账目,另推康心之核稿。①委员任期四年,每二年改选半数,应改选者不得连任;"委员人数为奇数时,留任人数得较改选人数多1人",以保障会务顺利进行。初期会员行较少,1931年成立大会上就选举康心如(四川美丰银行)、周宜甫(中国银行)、张茂芹(聚兴诚银行)、汤壶峤(川康银行)、张子黎(重庆平民银行)、陈丽生(川盐银行)、潘昌猷(重庆市民银行)等7人为委员,周宜甫、康心如、张茂芹3人为常务委员,几家大银行执掌公会权力。到抗战爆发前委员共改选3次,为1933年3月、1935年10月、1937年5月,每次改选后几家大银行代表出任公会主席,并占据重要职位,轮流掌控公会权力之格局都没被打破。②

重庆市银行业经过新设、改组、停业,到战前共计36家,其中总行9家,分行27家。③战前重庆银行公会拥有总行在渝的银行,除发起成立的6家外,又吸纳了四川商业银行(1932年9月)、四川地方银行(1934年1月)、四川建设银行(1934年8月)三银行,分行中吸纳了江海银行(1934年4月)、中国农民银行(1936年1月)、金城银行(1936年5月)三银行④,退出重庆新业银行1家(该行于1934年5月25日,由前新业信托公司改组成立,资本100万元,因业务趋重于特业——鸦片烟业,而川省烟禁严厉,特业衰落,各股东遂同意收歇,1936年6月底结束。该行于成立时提交入会申请并得到公会同意,但随

---

① 重庆市档案馆馆藏重庆市银行商业同业公会未刊档案,档号0086-1-117。
② 重庆市档案馆馆藏重庆市银行商业同业公会未刊档案,档号0086-1-117及档号0086-1-119。
③ 康永仁:《重庆的银行》,《四川经济季刊(四川银行业特辑)》.第1卷第3期(1944年6月),第104页。
④ 重庆市档案馆馆藏重庆市银行商业同业公会未刊档案,档号0086-1-117。

其停业自动退会），[1]加上中国银行渝分行共计会员行13家。

从以上战前重庆银行公会吸纳会员行的变化中，可得出四个特点：一是银行公会在重庆市范围，势力较强。本地银行一经成立，随即提出加入公会，如四川商业银行、四川地方银行（后改为四川省银行）、四川建设银行等，为谋己发展，成立之初便加入银行公会。二是国家资本的渗入。中国农民银行进入公会并受国家资本扶持飞速发展，国家行局中国、交通、农民三银行中就有中国、农民两银行加入（中央银行各埠均不加入银行公会为会员，亦不加入票据交换所，委托中国银行代为交换），[2]体现了国民政府对重庆银行界的重视。三是重庆银行公会处于初期发展，对外影响相对较小。外省银行有25家在渝设立分行，但只有江海和金城银行加入公会。四是银行公会在吸纳会员问题上处理还很简单，基本上只要提出申请且符合规定即可，不对银行的业务状况进行仔细考察。如专营特业的新业银行加入公会即使没受到阻碍，也没被开除公会。

重庆银行公会设事务主任1人，由主席聘用，商承常务委员会具体办理以下事项：①关于办理本会一切文牍会计各事宜；②关于整理保管文件事宜；③关于对外调查事宜；④关于本会会员大会或执行委员会事宜；⑤关于掌管本会议事录并通知执行议案事宜；⑥关于编制各项报告事宜；⑦关于考核本会职员事宜。此职务战前基本上为陈晓钟担任，他是四川巴县人，国立清华大学政经系毕业，[3]受过较好的教育。又设书记、会计或事务员若干人，秉承常务委员会及事务主任之命办理会务，其任免由常务委员会决定。另外，委员会从会员代表中公推出人选组织各特种委员会，作为公会的辅助机构，大概有行市特种委员会、金融讨论会、币制研究特种委员会及其他各种委员会等。公会的重要事务须经会员大会决议，由委员会执行，而常务可由事务主任商承常务委员会执行。

公会经费由入会费、年费、特别费、固定基金四项组成。每一会员代表于

---

[1] 四川地方银行经济调查部：《民国二十四年四川金融之回顾》，《四川经济月刊（专论）》第5卷第2、3期合刊（1936年3月），第10页。
[2] 中国银行：《渝票据交换所近讯》，《四川月报》第9卷第4期（1936年10月），第68页。
[3] 重庆市档案馆馆藏重庆市银行商业同业公会未刊档案，档号0086-1-146。

入会时缴入会费洋50元;年费为每一会员代表每年洋80元,如年费不足开支,仍由各会员行平均认缴;特别费是遇到特别用费时,由委员会提出理由,交会员代表大会通过,额度由各会员分担;固定基金由会员代表大会决定另筹。1931年10月召开的第一次执行委员会会议决议"会员入会金及年费即刻征收指存聚兴诚银行","会内会计事项委托张委员茂芹办理,会务用款由张委员签字"。[①]此后公会发展过程中,特别费用度最为频繁,一旦出现紧急用费且费额较小之情况,都由会员行平均分担。除此以外,公会的会员及委员如违反所规定之情事时,也对其有相应的处分规定。

由传统经济向近代经济的转化过程中,最根本的特征就是自然经济转变为商品经济,亦即由一种依靠习俗或指令来分配资源的经济转变为一种依靠市场配置资源的经济,与之相伴随的必然是各项制度的变迁与重组。近代中国新式商人社团的兴起既是社会制度变迁重组的结果,也是其重要组成部分。重庆银行公会作为近代中国西部成立的第一家银行公会,是中国西部金融近代化的集中体现,其成立为近代中国西部新型商业活动的规范做出了很大的贡献,为了确保银行体系稳健运行、完善内部控制,重庆银行公参照国内外行业管理的规则与制度,在会员充分讨论和共同协商的基础上,制定了会员银行共同遵守的业务经营与管理规则,并监督会员银行执行,可谓近代中国制度创新的积极参与者和推动者。

二、抗战前重庆银行公会的作用与意义

抗战爆发前,四川防区制逐渐确立,但境内战争依然频繁,先是二刘争霸,后是刘湘"剿赤安川",致使军费激增,财政亏空,民不聊生。地方政府逼迫各银行发行银行券,承募债券等为其垫付作战款项,市场上充斥着各种债券及银行券,金融极度混乱,对经济影响甚大。在此背景下成立的重庆银行

[①] 重庆市档案馆馆藏重庆市银行商业同业公会未刊档案,档号 0086-1-117。

公会,对于稳定重庆金融市场秩序、平息西部金融风潮、协助统一川政及辅助地方工商业发展发挥了积极作用,为重庆的金融稳定和战时国民政府迁都重庆起到了积极意义。

(一) 稳定重庆金融市场秩序

重庆银行公会组建后,即将稳定金融市场秩序作为自己的主要任务,在规范渝市申汇市场、组建重庆证券交易所、建立重庆票据交换所等方面均做出了不懈努力。

清末民初,渝市申汇稳定,约以上海规元1000两恰等于渝钱平银950两左右。但1921年后,钱帮风起云涌,都觉申汇投机有利可图,趋之若鹜。1927年国民军兴,沪市金融,发生极大变化,渝申间进出口,更形成有入无出状态,川帮欠申之款,更不能急急措还,导致申汇行情暴涨至1170两合洋1647元。[①]1931年上半年,曾奇跌,由1400余元,降至1330元,每千约跌百元。"九一八"事变前,因汉口水灾,受其影响,在1380元左右。[②]其间,重庆申汇买卖主要操控在钱业手中,重庆"申票大王"石建屏更是经营建记字号,大肆投机申汇,先于1930年卖空申票达300余万元,获利极丰。但次年即遭遇武汉水灾及"九一八"事变影响,石仍继续卖空,因此失败亏折数十万元,致其经营的建记及伙贸之汇和同时宣告破产,牵累市面甚大。[③]到10月31日,汇合、恒美、鸿胜、康济等家受牵连相继停业,在重庆酿成金融风潮,[④]引发了对申汇市场的整顿。

为了加强对渝市金融市场的管理及解决地方财政问题,刘湘部第二十一军财政处长刘航琛致函重庆银行公会,拟于本埠设立交易所,邀约公会推人加入发起共同组织。于是,1931年11月26日,由重庆银行公会主席康心如召集,在四川美丰银行召开第四次公会执行委员会会议,讨论议决,推银行公会

---

① 卢澜康:《从申汇问题说到现金问题》,《四川经济月刊》第1卷第4期(1934年4月),第5—7页。
② 周宜甫:《四川金融风潮史略》,重庆中国银行1933年版,第69页。
③ 周宜甫:《四川金融风潮史略》,重庆中国银行1933年版,第59页。
④ 田茂德、吴瑞雨、王大敏整理:《辛亥革命至抗战前夕四川金融大事记(初稿)》(四),《西南金融》1984年第9期,第38页。

会员7名银行经理人加入发起组织。①经过筹备,1932年4月20日,重庆证券交易所开业,资本20万元,杨粲三任理事长。经营各种公债、库券及有价证券,②并赋予其以整理申票为附业。由于过去做申汇之钱业公会及各庄商号,认定申汇系其专营业务之一,此项利益,交易所不能强夺,于是又惹起极大风波,终由四川善后督办公署明令禁止,加之钱帮团结不坚,遂先后完全加入交易所。③这样,重庆证券交易所又有了兼营各处汇兑票买卖的业务。

新成立的重庆证券交易所中的申汇市场,每日前后两市,成交总数,多至200万,少亦数10万,行市涨落,既经公开,进出口货帮商人亦特别赞许,故汇价起伏,比前尚觉稳定。但时间一久,因投机暴利,经纪人或受委托人驱使,或为本身利益投机,两者相互需要和利用,相约捏造气氛宣传消息,汇价亦开始剧烈变动,1932年6月30日,重庆市银行业同业公会在四川美丰银行召开第十六次执行委员会会议,专题讨论申汇奇涨问题,作出六项决议:①平定汇价治本办法,另由经济研究会从长计议;②平定汇市治标办法应呈请军部撤除运现禁令;③开禁一层,如不能办到,请准军部发给临时现金通过证以资调剂汇市,使其渐趋安定;④现洋流出后,利率如见提高,本会承认今后贷与政府之款项息率,不得过二分,逾一分半时应随市作定,但市息超过二分时应请政府救济;⑤公推康主席会同钱业公会刘主席与财政当局接洽给照办法;⑥现金外溢,各行库存必见低减,应由公会妥筹,相互保障办法。④然而,申汇市场并没有得到有效控制,1932年7月6日,申汇已达1820元之极点,市面恐慌。由于交易所买卖,双方须缴保证金,若交割后亏折过半,则须追加保证金。且买卖方式公开,交易者有所顾忌;而在钱帮中做申汇买卖,既不须缴纳保证金,更依传统习惯——袖底作价,于是大量商家集中于钱业公会进行申汇买卖,于是,金融界开会讨论,呈请军部筹谋改良办法。7月17日,军部发出布告:"从即日起,凡本市申汇,除一个月期以内之近期外,所有远期汇票,

---

① 重庆市档案馆馆藏重庆市银行商业同业公会未刊档案,档号0086-1-117。
② 田茂德、吴瑞雨、王大敏整理:《辛亥革命至抗战前夕四川金融大事记(初稿)》(四),《西南金融》1984年第9期,第38页。
③ 卢澜康:《从申汇问题说到现金问题》,《四川经济月刊》第1卷第4期(1934年4月)第7页。
④ 重庆市档案馆馆藏重庆市银行商业同业公会未刊档案,档号0086-1-117。

一律限在证券交易所叙做,违者均按交易所法第49条、第50条之规定,分别处罚,决不姑宽。"①此布告发表后,引发重庆钱业公会与交易所的"钱交风潮",钱业公所请求取缔交易所。七月半竟将申汇烘托到1800之行情,此为渝申汇率之特别空前记录,不及十日,行情遂步跌至1620元,7月20日以后又达到1720元。②8月31日,重庆钱业发生汤字号事变。汤子敬经营的民记钱庄受汉口昌合烟土公司倒账影响,周转失灵,首先倒闭。联号大成、富润、同生福、正大永、源远长、永福、同昶、峤源、诚大、鼎盛、同丰等钱庄及有关商号随之倒闭,债务约50万元。汤字号占重庆经济势力1/3,事变使全市金融恐慌。③借此机会,重庆银行公会极力采取相关办法进行解救,经军方多次干预,汤字号事变后,钱业全部入交易所,随之近远期申汇交易亦全部由交易所营作。④

1933年4月,渝市申汇在1600元至1700元间徘徊,因国民政府通令废两改元,4月16日,遵令将申汇规元变更为银元,申汇价改为1196元(比较规元千两仍在1670元左右),8月底到10月初,因上海货物欠佳,回到1008元,10月中旬后又涨到1130元。⑤1934年下半年,申汇由8月底的1230元,到10月半时,即涨到1420元左右,⑥申汇市场中的涨跌起伏,反映出时局人心的不稳定。1935年2月1日,交易所被迫关闭,停拍申汇,仅由银钱业组织交易处经营,以维持市场。⑦

1935年7月1日,国民政府财政部宣布1935年四川善后公债7000万元如数发行,除一部分作善后建设外,一部分即按六折收换四川金融公债(即四川

---

① 周宜甫:《四川金融风潮史略》,重庆中国银行1933年版,第74—75页。
② 卢澜康:《从申汇问题说到现金问题》,《四川经济月刊》第1卷第4期(1934年4月)第7—8页。
③ 田茂德、吴瑞雨、王大敏整理:《辛亥革命至抗战前夕四川金融大事记(初稿)》(四),《西南金融》1984年第9期,第39页。
④ 田茂德、吴瑞雨、王大敏整理:《辛亥革命至抗战前夕四川金融大事记(初稿)》(四),《西南金融》1984年第9期,第39页。
⑤ 卢澜康:《从申汇问题说到现金问题》,《四川经济月刊》第1卷第4期(1934年4月)第7—8页。
⑥ 四川地方银行经济调查部:《重庆申汇市况》,《四川经济月刊》第2卷第4期(1934年10月)第3—4页。
⑦ 四川地方银行经济调查部:《二十四年四川金融大事日志》,《四川经济月刊》第5卷第1期(1936年1月)第10页。

金融公债10000元，可以调换善后公债6000元）。①为了便于四川善后公债顺利推行，重庆银行公会于1935年7月29日开会，讨论决议重建证券交易所，采用股份有限公司，并推举康心之、杨粲三、张子黎等3人负责研究法律章程等，以便决定股本金额，同时通知钱业公会推出3人加入共同研究与筹备。②9月3日，假银行公会举行预选理事、监察，9月4日再假银行公会举行复选，选出潘昌猷、康心之、卢南康等3人为常务理事，潘昌猷为理事长，负责人选出后，即积极进行筹备，确定资本总额为20万元，先收足1/2，即开始营业。经纪人名额，暂定50名，每名拟取保证金5000元。此次重建证券交易所，旨在以买卖国省债券及有价股票证券为业务，调剂市面金融，所有申汇交易，绝不兼营，所址仍租银行公会为营业市场。③经过筹备，1935年10月21日，重庆证券交易所再度开拍。以潘昌猷为理事长，熊崇鲁任经理。④使用经纪人制度是本次改组的特点，也是交易所完善的标志。1936年9月证券业商号共15家，资本共175553元，⑤发展比较迅速。到抗战之前，重庆证券交易所逐渐发展成为了一个交易制度相对完备的西部地区的地方证券市场，市场运行渐趋良好。

　　为稳定重庆金融市场，1932年4月，对于重庆市场新开折息问题，重庆银行公会极表赞同，主要办法是仿照上海方式（利息逐日累计，日折须经双方同意，否则无息，同业往来不加底码），同时还致函钱业公会请其定期与会举行联席会议，特别推定由中国银行重庆分行、聚兴诚银行两行为出席联席会议代表，与重庆钱业公会共同协商，维持市场稳定。⑥

　　1934年9月，第二十一军"剿匪"军费无着落，乃以未经销售之公债向公库抵借公单，在市面贴现使用。公单发行数由30万而增至800万元，致市面

---

①《四川最近之公债与房捐问题》，《四川经济月刊》第4卷第3期（1935年9月），第9页。
②重庆市档案馆馆藏重庆市银行商业同业公会未刊档案，档号0086-1-117。
③四川地方银行经济调查部：《一月来金融业之动态与静态》，《四川经济月刊》第4卷第3期（1935年9月）第12页。
④田茂德、吴瑞雨、王大敏整理：《辛亥革命至抗战前夕四川金融大事记（初稿）》（五），《西南金融》1984年第10期，第38页。
⑤四川地方银行经济调查部：《本市证券业概况》，《四川经济月刊》第6卷第3期（1936年9月）第15页。
⑥重庆市档案馆馆藏重庆市银行商业同业公会未刊档案，档号0086-1-117。

洋水高腾,申汇飞涨。后经筹划,所有公单,除行庄领用者由各该行庄收回外,军部领用者,则向各行庄商借750万元,将公单全部收回。①

1935年1月9日,重庆收回公单后,为济军用,第二十一军军部令四川地方银行每月向准备库领钞450万元,发行超过准备,引起挤兑。第二十一军财政处长刘航琛召集银钱两业会商救济办法,决定封存地钞,换领抵解证,面额分一千、五千、一万三种,最高发行额740万元,三个月为限。6月中旬四川省财厅长发行交换证450万元,重庆市面立即发生划账洋对现金补水。蒋介石于21、28两日电令收回,②6月30日中央银行又拒绝接收,引起金融恐慌后,以发行保管证470万元,换回交换证销毁。③7月15日,四川省财厅向重庆中央银行借得地钞400万元,向各行庄借得70万元,将保管证收销。但同月底又因银根紧缩发行承兑券330万元。8月15日,四川省财政厅呈准发行汇划证800万元以收销前发的承兑证。但因重庆各行庄向中央银行请领现钞4500万元未能实现,汇划证无款兑付,价值低落。④1936年12月,西安事变发生后,川省金融市场紊乱,法币、公债贬值,铜元因收藏囤积多,钱价暴涨,月半比期利率上升。⑤

面对这些金融风波,重庆银行公会均极力采取相关办法进行解救。汤字号事变后,钱业全部入交易所,随之近远期申汇交易亦全部由交易所营作。⑥1935年的重组证券交易所稳定金融秩序,6月,交换证影响市面金融,政府饬令收回,及中央银行限制汇兑,6月23日,重庆银行公会立刻做出反应,召集

---

① 田茂德、吴瑞雨、王大敏整理:《辛亥革命至抗战前夕四川金融大事记(初稿)》(四),《西南金融》1984年第9期,第43页。
② 田茂德、吴瑞雨、王大敏整理:《辛亥革命至抗战前夕四川金融大事记(初稿)》(四),《西南金融》1984年第9期,第35页。
③ 田茂德、吴瑞雨、王大敏整理:《辛亥革命至抗战前夕四川金融大事记(初稿)》(四),《西南金融》1984年第9期,第36页。
④ 田茂德、吴瑞雨、王大敏整理:《辛亥革命至抗战前夕四川金融大事记(初稿)》(四),《西南金融》1984年第9期,第37页。
⑤ 田茂德、吴瑞雨、王大敏整理:《辛亥革命至抗战前夕四川金融大事记(初稿)》(四),《西南金融》1984年第9期,第30页。
⑥ 田茂德、吴瑞雨、王大敏整理:《辛亥革命至抗战前夕四川金融大事记(初稿)》(四),《西南金融》1984年第9期,第39页。

会员行召开紧急会议讨论救济办法：①交换证应即收回,各行庄领用之交换证限明日（星期一）各用本票向交换所掉取,并将保证品自行撤回。②各行庄自动停做远期申汇,只做6月底电汇,7、8两月暂行停止交易。③钞票现金各行庄停止买卖。①1934年8月到1935年12月这一年多时间,银行公会与钱业公会、地方军政府三方进行合作,多次组成银钱业联合公库和抵解证、交换证、保管证委员会和银钱业联合办事处,次第采用划账方式的定期公单、抵解证、交换证、保管证、承兑证、汇划证等多种金融工具来缓解资金缺乏现象,化解金融危机。②1936年12月17日,银行公会召开会议,议决本市金融情形因陕变（指"西安事变"）的影响发生不安,应请与军政当局协力维持,并决议法币信用基础巩固,应商请中央、中国、农民三行,将所存现金准备数字,在本市报纸宣布,俾坚众信,同时对市面铜元涨价问题认为系钱商操纵所致,应请中央银行将所采所存新辅币尽量发行,代替铜元之用。③经过这一系列的稳定措施,至12月份的重庆金融市场得到了暂时稳定。

当中央银行制度体系在全国未完全建立之时,区域间的票据清算业务就显得异常重要,金融界共同的票据清算转账机关可以为各行庄简化往来手续,节省交易费用。1933年1月17日,重庆银行公会就提议筹设票据交换所,公推张禹九、张子黎、任望南三会员代表详加研究,拟具意见,提出报告后再行附议。④5月30日,重庆银钱业联合公库成立。各银行钱庄为委员行庄,刘航琛任主席。将粮契税券200余万元收回转存,另发公单,面额为五百、一千、五千、一万元四种,首批发行250万元。此外,办理同业存款、票据交换和行庄以债券、股票作抵押的少量借款。⑤但因公单发行过多,影响市面金融稳

---

① 四川地方银行经济调查部:《一月来之重庆金融》,《四川经济月刊》第4卷第1期（1935年7月）,第132—133页。
② 四川地方银行经济调查部:《民国二十四年四川金融之回顾》,《四川经济月刊》第5卷第2、3期合刊（1936年3月）第27—30页。
③ 重庆市档案馆馆藏重庆市银行商业同业公会未刊档案,档号0086-1-117。
④ 重庆市档案馆馆藏重庆市银行商业同业公会未刊档案,档号0086-1-117。
⑤ 田茂德、吴瑞雨、王大敏整理:《辛亥革命至抗战前夕四川金融大事记（初稿）》（四）,《西南金融》1984年第9期,第38页。

定,1935年4月公单被取消,银钱业联合公库事宜顿形清闲,遂于5月结束,①但所属票据交换的抵解业务仍照常办理,各银行的转账机关本拟中国银行担任,但总行未允,故银行公会在公会内另组银行联合库,专办对内转账业务,不对外营业,保证品作价由公会执行委员评议,公推康心如为主席,康心如、周宜甫、吴受彤为常务委员,聘杨学尤为事务主任。②但为便利重庆金融界的票据抵解清算业务顺利展开,认为有必要设立金融界的转账清算机关,于是通过同中国银行的多次交涉,商由中国银行办理转账机关事宜,同时1936年9月21日各行庄在银行公会,召开行庄联席会议,决定将原有之联合公库撤销,票据交换所改组成立,定10月15日起开始试办,并选出交换所主席及常委,主席康心如,常委王伯康、吴受彤、潘昌猷、陈施可等四人,主席及常委就职日期,亦与票据交换所成立日期同时。③10月15日,重庆票据交换所成立,加入银行10家,钱庄12家。④并公布票据交换所章程。从1932年到1937年,重庆银钱业的票据交换额逐年上升,1933年为3300万元,1935年达到82680万元,1937年因受抗战爆发的影响,但仍达到77555万元。票据交换所为健全重庆金融体制,统一四川金融,发挥了积极的作用。⑤

(二)协助政府整理川省金融

国民政府府统一川政前,重庆地方的金融紊乱,金融机构与金融市场为军阀所掌控,币制复杂,市面流通的钞票纷繁,除第二十一军总金库发行之粮契税券外,还有中国银行、四川美丰银行、川康银行、重庆市民银行及四川地方银行等5家银行发行的各种钞票,而白银以悠久的历史传统作为重庆货币制度中的本位币,不仅充当各银行准备金,还成为市场流行的通货,普遍为大家接受。因此,重庆市面上白银之多寡必将引起经济的波动。混乱之时人们

---

① 四川地方银行经济调查部:《民国二十四年四川金融之回顾》,《四川经济月刊》第5卷第2和3期合刊(1936年3月)第11页。
② 重庆市档案馆馆藏重庆市银行商业同业公会未刊档案,档号0086-1-117。
③ 中国银行编《渝金融界转账近讯》,《四川月报》第9卷第3期(1936年9月)第124页。
④ 田茂德、吴瑞雨、王大敏整理:《辛亥革命至抗战前夕四川金融大事记(初稿)》(六),《西南金融》1984年第11期,第29页。
⑤ 转引自周勇主编《重庆通史》,重庆出版社2001年版,第390页。

纷纷抛售纸币以握现洋,信用危机产生,导致挤兑事件、银行钱庄倒闭时有发生,金融恐慌不断出现。

1935年国民政府统一川政后,开始逐渐整理四川的财政金融。3月25日,中央银行重庆分行成立,杨晓波任经理。该行为一等分行。[1]国民政府开始统一整理四川的财政金融。主要集中在整理"地钞"上,重庆银行公会对于国民政府的金融措施给予积极支持与配合。

"地钞"即四川地方银行发行兑换券之简称。1934年1月四川地方银行成立,为充实四川通货起见,奉四川善后督办公署令,发行十元、五元、一元兑换券,直至8月份时准备金都较充分,而未引起重大紊乱。但8月1日,四川善后督办公署令中国银行、聚兴诚银行、四川地方银行、重庆银行、重庆商业银行、川康银行、重庆平民银行、四川美丰银行、重庆川盐银行等9行,合组四川地方银行兑换券发行准备库,专司发行保管事宜,此前共发钞券563万元,连同六成现金准备及四成保证金准备,一并移交该库接收。9月间,准备库发钞约900余万元,但准备金较充分未引起重大紊乱。此后,由于21军财政困窘,军部乃由总金库商由地行代向准备库每月领钞450万元供其使用,以未经售出之债券照数交库,其6成现金准备以防区内税捐项下拨付,但现金来源有限,而每月领用之数有加无减,以致地钞发行数额逐渐增加。[2]到1935年1月间时,所发钞票为数已达3300余万元,其中毫无准备者多至2300余万元,以致时有挤兑情事,申渝汇价亦时被影响,商业民生胥受其害。[3]其间,虽经川省财政厅长刘航琛于1月9日召集渝市行庄,共筹救济之方,议决:除一元券外,大券一律停发,同时废止地行向总金库的领钞等五项办法,但情势依然严重。[4]川省已无整理之力,鉴此形势,国民政府财政部就接手移交中央银

---

[1] 田茂德、吴瑞雨、王大敏整理:《辛亥革命至抗战前夕四川金融大事记(初稿)》(五),《西南金融》1984年第10期,第36页。

[2] 四川地方银行经济调查部:《民国二十四年四川金融之回顾》,《四川经济月刊》第5卷第2、3期合刊(1936年3月),第18页。

[3] 财政部财政科学研究所、中国第二历史档案馆:《国民政府财政金融税收档案史料(1927—1937年)》,中国财政经济出版社1997年版,第635页。

[4] 四川地方银行经济调查部:《民国二十四年四川金融之回顾》,《四川经济月刊》第5卷第2、3期合刊(1936年3月),第19页。

行进行整理。

最初,国民政府依据川省督署的办法,财部代向中央银行渝分行商借2300万元为整理"地钞"之用,指定川省税款,月拨50万元为基金,发行国库重庆分库凭证2640万元,交由中央银行渝分行作为借款本息的担保,其3300万元以外之"地钞",由四川省政府自行筹足准备,交由中央银行渝分行一并整理。但考虑到全国金融紧迫,中央银行负担繁重,而国库凭证不能在市场流通,便改变办法,以中央所收川省统税及印花烟酒税内,月拨55万元为基金,由中央发行整理四川金融库券3000万元,定期64个月清偿,专充收回川省"地钞"之用。[1]6月中旬,四川省财政厅又发行交换证450万元,重庆市面立即发生划账洋对现金补水。蒋介石于6月21、28两日电令收回,30日,中央银行拒绝接收,引起金融恐慌,后以发行保管证470万元,换回交换证销毁。7月15日,川财厅向重庆中央银行借"地钞"400万元,向各行庄借70万元,将保管证收销。但同月底又因银根紧缩发行承兑券330万元。8月15日,四川省财政厅呈准发行汇划证800万元以收销前发的承兑证。但因重庆各行庄向中央银行请领现钞4500万元未能实现,汇划证无款兑付,价值低落。[2]此后,因外交局势转紧,中央无暇顾及,且信誉低下之"地钞"与申钞等十足兑换,奸商乘机牟利,省府定期拨款又感紧张,终未兑现,延至9月10日,行营发布公告,强行规定所有四川省内一切公私交易均以国币之中央本钞为本位,令持有"地钞"者于11月20日前,以地钞10元者兑换中央本钞8元的比例进行兑换,逾期不换者作废,抬价压价者概以军法严惩,渝市则委托各行庄等处代为收换。[3]10月间,因"地钞"及渝市各行所发之钞券均被收回销毁,重庆金融市场筹码枯窘,重庆银行公会即积极派代表赴上海与中央协商解决,商得最初每家各领钞50万元,在沪订约在渝领用,[4]其后不加限制,并督促会员行

---

[1] 四川地方银行经济调查部:《财部整理川省金融》,《四川经济月刊》第4卷第1期(1935年7月),第129—130页。

[2] 田茂德、吴瑞雨、王大敏整理:《辛亥革命至抗战前夕四川金融大事记(初稿)》(五),《西南金融》1984年第10期,第35—37页。

[3] 四川地方银行经济调查部:《民国二十四年四川金融之回顾》,《四川经济月刊》第5卷第2、3期合刊(1936年3月),第21—22页。

[4] 重庆市档案馆馆藏重庆市银行商业同业公会未刊档案,档号0086-1-117。

领钞,以统一重庆币制。至12月20日止,计收回3000余万元,称为"四川金融之癌"的"地钞"事件即告结束。

重庆银行公会发挥下情上达作用,1935年6月23日,重庆银行公会召集会员行召开紧急会议讨论救济办法:①交换证应即收回,各行庄领用之交换证限明日(星期一)各用本票向交换所掉取,并将保证品自行撤回。②各行庄自动停做远期申汇,只做6月底电汇,7、8两月暂行停止交易。③钞票现金各行庄停止买卖。①到1935年12月,银行公会与钱业公会、地方军政当局三方进行合作,迭次组成银钱业联合公库和抵解证、交换证、保管证委员会和银钱业联合办事处,次第采用划账方式的定期公单、抵解证、交换证、保管证、承兑证、汇划证等多种金融工具来缓解资金缺乏现象,化解金融危机。②10月23日,重庆银行公会推举龚农瞻为公会代表参加由财政部、四川财政特派员公署召集组织的重庆四川流通银币成色重量鉴定委员会,③11月,重庆银行公会向四川财政督署反映本市法币过少市面枯竭等困难现象,并积极派代表参加会议出谋划策,配合政府整理工作,④严厉制止奸商活动,其后申钞逐渐流通,市面情形恢复。在此后的法币改革中,为法币在四川的推行给予了积极配合,到1936年9月,渝市各行庄共领钞6115万元,而公会会员行就达到5750万元,占94%。⑤1937年2月,渝市各行庄实领钞达到6980万元,尚有1365万元准备领取,⑥这为统一重庆的金融市场发挥了极大作用。

银行公会帮助国民政府统一四川的金融,稳定了重庆的金融市场,保障了重庆金融的有序发展,为抗战以后国民政府迁都重庆在金融上奠定了有力基础。

---

① 四川地方银行经济调查部:《一月来之重庆金融》,《四川经济月刊》第4卷第1期(1935年7月),第132—133页。

② 四川地方银行经济调查部:《民国二十四年四川金融之回顾》,《四川经济月刊》第5卷第2、3期合刊(1936年3月),第27—30页。

③ 重庆市档案馆藏重庆市银行商业同业公会未刊档案,档号0086-1-117。

④ 重庆市档案馆藏重庆市银行商业同业公会未刊档案,档号0086-1-117。

⑤ 四川地方银行经济调查部:《本市各银行领钞额数》,《四川经济月刊》第6卷第3期(1936年9月),第15页。

⑥ 中国银行:《渝市各行庄领钞近况》,《四川月报》第10卷第2期(1937年2月),第70页。

(三)帮助银行业务转型,支持工商业发展

近代华资银行起步较晚,实力较弱,加之法律及制度建设落后,只能在外国银行和旧式钱庄的夹缝中求生存谋发展,"银行存款成为支持政府财政的重要来源,政府利用了银行间接融资功能而服务于政府财政,而银行业也是在政府财政需求拉动下得以产生、发展、壮大的",[1]这种互相利用之境况致使我国新式银行与政府交往密切,此一特性导致地方大多数银行被地方军政当局所操纵。重庆的银行也不例外,或为政府直接创办,或有政府人员参股,或被政府一手操纵等等,不论以何种形式出现都必然与政府发生千丝万缕的关联。

重庆银行公会发起的七大会员行均有地方官员插手,中国银行为国家银行自不必说;聚兴诚银行创建于1914年,是重庆较早创建的私营商业银行之一,不仅业务发展迅速,而且盈利颇丰,但"刘航琛以省财政厅长名义,借口聚行亏折过大,以无条件再担任无限责任股东为由,直接密令重庆市政府查聚兴诚银行的账,向之施加压力,最后明白向杨粲三提出聚行应改组为有限股份公司,并由他们投资一半以上",[2]杨粲三一再拖延,后为政治力量逼迫,不得已于1937年改组并允其加入一定比例的股份;川康殖业银行是由"刘湘所支持的,由刘航琛约同何北衡、甘典夔、张必果、周季悔等人创办",[3]被亦官亦商人士创建就必然会受政府控制;四川美丰银行本是重庆第一家中美合作的商业银行,但受第一次国内革命战争影响,美侨纷纷撤离而面临破产,鉴于此情,"驻重庆第二十一军军长兼四川善后督办公署督办刘湘出资收买全部美资股份",[4]所以四川美丰银行与第二十一军关系最为紧密;重庆市民银行(即日后的重庆商业银行),1929年重庆正式设市,刘湘部师长潘文华兼任市长,潘为筹集经费以改善重庆市政设施,"派市政府秘书长石体元,市商会主席温少鹤负责筹办重庆市民银行,以代理市金库和经营商业银行业务",[5]1931年1月正式开业,就是为政府服务的银行;重庆平民银行实力较弱,较晚才有政

---

[1] 戴建兵:《白银与近代中国经济(1890—1935)》,上海复旦大学出版社2005年版,第208页。
[2] 中国民主建国会重庆市委员会、重庆市工商联合会、文史资料工作委员会:《聚兴诚银行》(重庆工商史料第六辑),重庆出版社1984年版,第53页。
[3] 重庆金融编写组:《重庆金融(上卷)(1840—1949)》,重庆出版社1991年版,第234页。
[4] 重庆金融编写组:《重庆金融(上卷)(1840—1949)》,重庆出版社1991年版,第221页。
[5] 重庆金融编写组:《重庆金融(上卷)(1840—1949)》,重庆出版社1991年版,第239页。

府人士入股,1936年刘航琛才任该行董事长,业务有所开展;川盐银行的前身是重庆盐业银行,1930年重庆江岸积压食盐甚巨,占用资金颇多,为解决盐商资金融通之难,政府设重庆盐业银行,因资金短缺于1931年停业,后"盐运使署科长吴受彤负责清理盐业银行资产负债"①,与第二十一军密切合作,终在停业几月后使其再度复业,更名重庆川盐银行,吴把持其大权6年之久,后由刘航琛接管,直至1949年11月重庆解放为止。因此,它们处于政府的强势之下,为政府经理省库,某种程度上亦可说是作为政府之账房而存在,孕育着大量弊端。政府弥补财政赤字的最快方法是发钞,每当政府财政拮据时便要求银行为其增发钞票以解燃眉之急,这几年"重庆的商业银行被刘湘搜刮的资金(即所谓'军政放款'),已占到银行业全部资产的56%",②"对财政预算和银行体系的行政控制,已证明是个最不健康的结合体",③政府一经亏空即靠发行解决,久而久之,通货膨胀势所必然,所以,重庆现代银行与政府的此种不正常关系,弊端丛生,亦为重庆的金融危机埋下了祸根。

面对此种情形,重庆银行公会一经组建,就积极健全会员行的制度建设,抵制军阀无休止的摊派,将银行业务纳入发展工商业的正轨,为其业务的健康发展创造环境,使其逐步摆脱政府的强势压迫,走上商业银行正常之路,发挥了银行业与政府间的纽带作用。

1931年10月2日,重庆银行公会执行委员会召开的第一次会议中,参加者周宜甫、康心如、潘昌猷、张茂芹等就分别代表各银行,商讨会务和同业业务等问题及解决办法。此后重庆银行公会的这种活动从未间断。④例如,1932年4月28日,重庆银行公会执行委员会第13次会议在四川美丰银行召开,讨论通过,民生公司公司债由本会各银行承认代募,并推选出聚兴诚银行与重庆平民银行的两位经理担任民生公司营业考查员负责考察事宜。接着,6月13日,在公会的第十五次临时会议上,对于自来水公司请求银行公会与钱业公会共同承认27万元期票抵借案给予支持,决议由银行公会承认实借

---

① 重庆金融编写组:《重庆金融(上卷)(1840—1949)》,重庆出版社1991年版,第221页。
② 隗瀛涛:《近代重庆城市史》,四川大学出版社1991年版,第319页。
③ 张公权:《中国通货膨胀史(1937—1949)》,文史资料出版社1986年版,第239—240页。
④ 张守广:《简论四川财团的形成、发展与特点》,《西南师范大学学报》2005年第1期,第123页。

12万元,其中重庆川盐银行、重庆平民银行、重庆市民银行各承担1万元,中国银行、聚兴诚银行、川康银行各承担2万,四川美丰银行独自承担3万元。① 这些都表明,重庆银行公会对于发展实业的支持。

20世纪30年代,刘湘主政重庆后,大规模战争减少,国家及地方官办银行和外省商业银行亦来渝开设,重庆的银行业蒸蒸日上,本地的聚兴诚银行、四川美丰银行、川康平民商业(银行由重庆平民、川康殖业及四川商业三行合并而成)、重庆川盐银行、重庆商业(市民)银行及日后的和成银行,发展成为以聚兴诚为首的著名的川帮六大银行,并成为川帮集团的主体,"这是抗日战争以前中国金融发展史上的一件大事"。②川帮银行在重庆银行公会所创造的制度环境保障和现代规章约束下,开始有条件地抵制政府的军政摊派款项等,业务方面逐渐走上健康之路,加强与工商业的联系。聚兴诚银行专营存放款汇兑业务,1934年纯益占资本额的35%,达35万元,③在全国广设分支机构,是经营较成功的私人银行,形成重庆银行界中的杨氏财团。四川美丰银行是中美合资银行,利用外人信誉发行美丰券等获利,形成以康心如为中心的康氏财团。川盐银行专营盐业,亦兼做其他业务。川康殖业、重庆平民和四川商业共同合成川康平民商业银行后,实力更强,它与川盐一起形成了刘航琛财团。重庆市民银行除经营存放汇业务外,又套用资金获利,形成潘昌猷财团。和成银行是1937年由和成钱庄改名而来,形成吴晋航财团。这些银行不仅为重庆金融业的前进,努力发展其业务,更凭借自身资力投资生产事业和商业,仅1936年,即抗战前一年言之,聚兴诚银行、四川美丰银行、重庆银行、川盐银行、四川建设银行等5家之存款总额,共为5728万余元,而其放款总额,则为4720万元,此5家银行的资本总额,共计仅为540万元(聚兴诚银行、重庆银行、四川建设银行等三行各为资本100万元,四川美丰银行、川盐银行各为资本125万元,至1937年下期,除四川建设银行外均增加资本),但其资产总额则共为16259万余元,资产总额超过资本额30倍以上。可

---

① 重庆市档案馆馆藏重庆市银行商业同业公会未刊档案,档号0086-1-117。
② 隗瀛涛:《近代重庆城市史》,四川大学出版社1991年版,第292页。
③ 重庆金融编写组:《重庆金融(上卷)(1840—1949)》,重庆出版社1991年版,第214页。

见,当时各行资本虽薄弱,但信用基础则相当雄厚。[①]他们不断获利之时亦对重庆的社会生产造成一定影响,川帮银行成为四川财团的核心力量,逐渐成为一股不可小觑的金融力量。

重庆银行公会伴随着重庆市银行界的活跃亦日益壮大。抗战爆发前,重庆市银钱家数总计59家,银行总行9家,分支行27家,钱庄银号23家,[②]总行在渝的9家银行全部加入银行公会,分别为聚兴诚银行、四川美丰银行、川康殖业银行、重庆市民银行、重庆平民银行、重庆川盐银行、四川商业银行、四川建设银行、四川省银行(四川地方银行改称),加上中国银行、中国农民银行、江海银行、金城银行四家分行,会员行共13家,其资本额统计如表10-5(仅统计总行在渝的,总行不在渝的分支行除外):

表10-5 1937年"七七"事变前重庆银行公会会员行资本额统计表

(单位:万元)

银行	资本额	银行	资本额
聚兴诚银行	200	四川美丰银行	300
川康殖业银行	200	重庆川盐银行	200
重庆平民银行	100	四川建设银行	100
四川商业银行	100	四川省银行	200
重庆银行	100		
总计			1500

注:川康殖业、重庆平民、四川商业于1937年9月合并改组为川康殖业平民银行,所以抗战爆发时重庆的银行资本额应为1500万元。

资料来源:根据康永仁《重庆的银行》,《四川经济季刊》第1卷第3期(1944年6月),第108—109页和重庆金融编写组:《重庆金融(1840—1949)》(上卷),重庆出版社1991年版,第234—235页,综合整理而来。

战前重庆市银行总资本即为银行公会会员银行的总资本,计1500万元,

[①] 杨泽:《四川金融业之今昔》,《四川经济季刊》第1卷第3期(1944年6月),第215页。
[②] 四川地方银行经济调查部:《重庆钱庄调查》,《四川经济月刊》第8卷第2期(1937年8月),第23—24页。

23家钱庄银号仅199.6万元,①再加上资本五万以下之少数几家钱庄共计200.6万元,②银行公会会员行的总资本占银钱业总资本1700.6万元的88.20%,而钱庄则与其相差甚远。所以,抗战爆发前银行界已经支配了重庆的金融市场,相应重庆银行公会的地位更为提高。

上述可见,重庆银行公会自身壮大的过程中,在促进重庆地方金融市场的建立和辅助地方工商业发展中都不遗余力地发挥自身作用。发起重庆银行公会的7家会员银行除中国银行外,其余6大银行形成了以聚兴诚银行为首的川帮商业银行之中心,成为重庆乃至四川地区的金融核心,进而又和川滇银行组合成全国银行界中的"华西集团"并成为其主体,它们和中国银行一起组建覆盖西南地区的金融网络,控制与垄断四川地方的金融业务,关联并影响重庆诸多的金融市场,如存款放款市场、资金拆借市场、票据贴现市场、证券交易市场、货币汇兑市场、外汇黄金市场等,执四川金融界之牛耳。"银行同业公会的建立,则标志着银行在金融业的中心地位的确立","这一切就改变了重庆金融的结构,改变了四川的传统货币体系,形成了以重庆为中心的金融市场,从而最终完成了四川金融中心由西(成都)向东(重庆)的转移"。③随着金融中心的移向,重庆的金融地位大为提高,金融市场稳定,财政渐入正轨,经济快速发展,摆脱了以前混乱局面,从经济上金融上而言,为抗战爆发后国府选择定都重庆建立后方基地作了铺垫。

总之,抗战爆发前重庆银行公会作为一重要区域内的银行业同业组织,辐射范围限于长江上游一带,其实力和影响力也不能同上海银行公会能左右国家经济政策的制定相比,但在稳定重庆地方金融中的作用不容抹煞。银行及其银行公会都是近代化的产物,而重庆银行公会作为近代以来西部成立的第一家银行公会,其诞生就代表着西部金融业的近代化方向,它在自身发展过程中,不断完善金融机构的业务建设,促进西部地区的金融制度创新

---

① 康永仁:《重庆的银行》,《四川经济季刊》第1卷第3期(1944年6月)第108页。
② 四川地方银行经济调查部:《重庆钱庄调查》,《四川经济月刊》第8卷第2期(1937年8月),第23—24页。
③ 隗瀛涛:《近代重庆城市史》,四川大学出版社1991年版,第299页。

和金融市场体系的发展,以及为稳定重庆的金融秩序、统一川政和辅助地方工商业发展等起到了重大作用,为战时国民政府迁都重庆产生了较大的积极意义。

第十一章　重庆银行公会与
《非常时期管理银行暂行办法》

　　1899年中国通商银行在重庆设立分行，1905年官办四川濬川源银行在重庆开业，1907年大清银行在重庆设立分行，是为重庆近代银行的开端。民国以后，川省战乱频繁，重庆金融业首当其冲被冲击。占据重庆的大小军阀，无不以金融业为其筹措军费之工具，凭借手中权势，采取募派、借垫、发行公债、纸币等手段聚敛财物，造成金融市场的动荡不安。直到1926年刘湘进驻重庆，重庆的政局才相对稳定，从而为金融业的发展提供了一个较为安定的环境。此间，国家银行、地方银行、商业银行相继成立。1915年1月18日，中国银行在重庆设立分行，12月1日，交通银行在重庆设立分行，1915年3月16日，聚兴诚银行设立，1919年7月21日，大中商业银行建立，1921年6月1日，中和银行设立。这五家银行，到20世纪30年代仅剩下中国银行重庆分行与聚兴诚银行两家，除此之外，1927年四川美丰银行改组为华资银行，所有美商资本均被华籍股东购买。1930年又相继成立了3家新银行，即川康殖业银行、重庆市民银行、四川盐业银行。[①]各银行初因法定家数不足，为研讨业务，轮流主持定期集会，取名"联欢会"。至1931年9月25日，正式设立重庆银行商业同业公会，当时全市银行仅7家，符合法定银行家数，全部加入重庆银行公会。[②]首届主席为四川美丰银行总经理康心如，会址先设在四川美丰银行，

[①] 周勇、刘景修：《近代重庆经济与社会发展（1876—1949）》，四川大学出版社1987年版，第340、360页。

[②] 重庆市档案馆馆藏重庆银行公会档案，档号0086-1-117。

1935年才购置第一模范市场38号房屋,建立正式会址。会员银行增至13家。[1]经过几年的发展,到1937年止,四川历年共设银行33家,其中22家设在重庆,占63.63%;全川各种银行的分支机构130个,其中重庆银行的派出机构即达120个,占92.33%;[2]成为了西部地区较为重要的金融城市。

抗战爆发后,全国的主要政治、经济机构和许多工商企业向西南大后方转移,国民政府西迁,重庆成为战时首都。由于战时经济的刺激和国民政府努力建设西南、西北金融网,重庆金融业由此获得较快发展,迅速成为大后方的金融中心。重庆银行业在原有本地银行的基础上,又增加了若干内迁银行。据统计,1943年各种金融机构共计108家,其中国家银行4家,省市地方银行14家,还有商业银行52家,外商银行2家,钱庄36家。[3]金融市场发达,成为了战时大后方的金融中心城市。

重庆银行公会是重庆华商银行业的自律性同业组织,是重庆市重要的金融业同业公会之一,为近代工商业组织中具有重要影响的一员。重庆银行公会从1931年成立,到1949年底停止活动,存在不到二十年时间,虽然时间不长,但却在中国金融史上占据着重要的历史地位,特别是在抗战时期的大后方金融业发展中,起到了积极的作用,为促进近代重庆金融业的发展,特别是战时大后方金融业的发展,推动其近代化进程起过重要作用。然而,由于资料的缺乏,长期以来对这个组织的研究较为薄弱。

战时重庆银行公会与重庆国民政府间的往来明显加强,主要表现为组织银行施行政府颁布的金融法规与政策,参与政府经济金融立法的咨询,代表本业向政府就有关政策或立法提出意见等。《非常时期管理银行暂行办法》是

---

[1] 重庆金融编写组:《重庆金融(上卷)(1940—1949)》,重庆出版社1991年版,第312页。
[2] 隗瀛涛:《近代重庆城市史》,四川大学出版社1989年版,第293页。
[3] 罗志如、李宗荣:《重庆金融市场概况》,《资本市场》第1卷第10—12期(1948年12月),第34页。

抗战时期重庆国民政府制定的管理商业银行的重要法规之一,[①]它颁布于1940年8月7日,此后在执行的过程中又经过数次修订。而它的颁布、执行与修改过程,重庆银行公会均积极参与。本章将主要根据重庆市档案馆馆藏档案及相关报刊、著述等资料,对抗战时期,重庆银行公会积极组织实施并参与《非常时期管理银行暂行办法》修改的历程作一考察,侧重探讨它以何种方式参与金融法制建设并影响政府相关政策,对重庆市银行公会在战时重庆国民政府《非常时期管理银行暂行办法》这一金融政策的制定与执行过程中所起到的作用进行研究与评价,进而藉此透视重庆银行公会与重庆国民政府之间错综复杂的关系。

一、抗战之初《非常时期管理银行暂行办法》颁布的背景及主要内容

1937年"七七"事变发生后,中国经济开始实行战时体制,金融亦如此。1937年8月15日,国民政府开始实施《非常时期安定金融办法》,并逐渐建立和强化了战时的金融垄断体制,实施战时金融管制。而战时金融与平时金融最大的不同就在于,战时金融管制的目的,即在于运用国家金融的力量,使人力与物力得到充分动员与合理配置,一方面协助战时财政以应付非常之消耗,另一方面扶助国家经济以坚固对日作战之物质基础,保证巨额战费之供应。因此,战时金融政策与措施是否合乎客观要求及其运行是否得力,乃为决定战争胜负的一大关键,而强化战时之金融管理则是保障金融政策与措施

[①] 有关《非常时期管理银行暂行办法》,学术界曾有所研究:当时人的研究主要以邹宗伊:《中国战时金融管制》(重庆财政评论出版社1943年版)为代表;当代人的研究主要以抗日战争时期国民政府的财政经济战略措施研究课题组:《抗日战争时期国民政府的财政经济战略措施研究》(西南财经大学出版社1988年版)以及刘慧宇:《中国中央银行研究(1928—1949)》(中国经济出版社1999年版)为代表,此外,张天政:《上海银行公会研究(1937—1945)》(上海人民出版社2009年版)一书中,还专门对上海银行公会组织实施《非常时期管理银行暂行办法》进行了研究。但涉及到大后方,特别是重庆银行公会与制定和组织实施该法规的关系则很少。

有效推行的基本举措。

抗战时期,国民政府对银行的控制,除对国家银行、地方银行的管制外,主要是通过对商业银行的管制来全面实施的。对商业银行的管制,是国民政府控制战时金融的主要方面。就对银行的管理而言,20世纪初期,随着中国银行业的萌生与初步发展,政府先后制订了各种法规对银行实施管理。如1908年清政府颁布了《银行通行则例》,1924年北京政府颁布了《银行通行法》。南京国民政府成立后,曾于1931年3月28日制定《银行法》(51条),该法不仅对银行的设立与组织形式、营业范围和最低资本额有明确限定,对银行监管的内容和手段也作了具体规定,但因该法的许多条款没有考虑银行营业之需要,脱离了中国银行业的经营习惯,只是具文一件,尚未明定施行日期,未能贯彻施行。在抗战以前,政府对国家银行之管理,有《中央银行法》《中国银行条例》《交通银行条例》《中国农民银行条例》等三银行条例为依据,储蓄银行则有《储蓄银行法》。而对一般银行之管理,却无整个之立法作为根据。进入抗战时期以后,国民政府对于国家银行及省地方银行之管理,均带有协商意味,而非执法以绳,对于县银行则于1940年1月颁布了《县银行法》,但一般商业银行,则尚未步入国家银行及省县地方银行之共同金融阵线,此时国民政府对于商业银行之业务方针,惟有因时制宜,相继以行政命令施行管理。于是,1940年8月《非常时期管理银行暂行办法》的公布,就成为了太平洋战争爆发前,重庆国民政府制定的管理全国华商银行的唯一法令。

战前,重庆只有聚兴诚银行、四川美丰银行、川康平民银行、和成银行、重庆商业银行、川盐银行等几家川帮银行。抗日战争中,自国民政府迁都重庆以后,作为政府金融机构的中央、中国、交通、农民四行,邮政储金汇业局及中央信托局,随国民政府西迁,并辗转迁往重庆,在大后方各主要城市设立分支机构。除政府金融中枢机构自上海迁往重庆外,其他商业银行和沦陷区省市地方银行等也纷纷到后方设立机构。淞沪抗战结束后,一般商业银行将其总行及分支行业纷纷移设后方,如"小四行"中的中国实业银行及四明银行,"南三行"中的浙江兴业银行、上海商业储蓄银行,"北四行"的金城银行、大陆银行、中南银行、盐业银行,以及中国通商银行、国华银行、中国国货银行、新华银行、四行储蓄会等十数家较大的银行。①而在重庆设行处的地方银行还有：江苏农民银行、江苏银行、安徽地方银行、湖南省银行、湖北省银行、河北省银行、河南农工银行、陕西省银行、甘肃省银行、广东省银行、广西省银行、福建省银行、云南省银行、西康省银行等计14家。②

在这些内迁银行的带动下，后方一部分钱庄、银号也纷纷改组为银行，如重庆的同心钱庄、福玉钱庄、光裕钱庄、永利银号、永丰银行公司、益华银号、东川矿业银号等，都先后改组为银行。③由于战时飞涨的物价和商业投机的刺激，给予银钱业以较大的发展机会，大后方主要都市中，大量的银行钱庄雨后春笋般涌现出来。仅就重庆而言，据统计，截至1941年底，共有银行总行18家，分支行处85家，银号10家，钱庄40家，总共153家。在103家银行总分支行处中，在战前成立者仅21家，战后成立者82家。50家银号钱庄之中，在战前成立者12家，战后成立者38家，平均4倍于战前。④此类银行庄号所营业务，大都以商业银行业务为主。

1940年以来，市场游资充斥、投机猖獗、物价不断上涨，在此严峻形势下，由于商业银行并不负协助政府财政及调度战时金融之责，一些银钱行号业务多背离战时金融政策，呈现出放任发展状态。伴随战时物价的逐渐高涨，银钱业多利用高利手段吸收社会游资，转而经营投机商业，以获取更高利润。趋利的心理和行为，使战时大后方银钱业呈不正常繁荣，由此助长了社会上囤积居奇之风和物价腾飞之势。

战时银钱业在大后方的繁荣与新设银钱业的盛极一时，是在战时商业利润超越一切的条件下，银行资本的畸形发展，即银行资本与商业资本结合，在商业方面大肆活动与投机，拼命提高其利润，这使非法经营活动就此产生。

为防止银钱业运用资金助长囤积，1940年8月7日，财政部颁布了《非常时期管理银行暂行办法》(10条)。主要内容为：⑤

---

① 寿进文：《战时中国的银行业》，【出版社不详】1944年版，第68页。
② 张奥九：《抗战以来之四川金融》，《四川经济季刊》第1卷第1期(1943年12月15日)，第68页。
③ 韩渝辉：《抗战时期重庆的经济》，重庆出版社1995年版，第210—211页。
④ 邹宗伊：《中国战时金融管制》，重庆财政评论出版1943年版，第306页。
⑤ 中国第二历史档案馆：《中华民国史档案资料汇编》第五辑第二编(财政经济)(三)，江苏古籍出版社1997年版，第18—19页。

(1)确定被管理金融组织的范围及业务。凡经营收受存款及放款、票据贴现、汇兑或押款各项业务之一而不称银行者,视同银行。即确定管理的范围包括银行、钱庄、银号、信托公司等。

(2)建立银行存款准备金制度。经收存款,除储蓄存款外,其普通存款应按所收存款总额20%提缴准备金,转存当地之中、中、交、农四行中之一行,并由收存行给以适当利息。

(3)限制银行资金的用途。不得直接经营商业或囤积货物,并不得以代理部、贸易部或信托部等名义,自行经营或代客买卖货物;运用存款,当以投资生产建设事业等方面为原则;承做抵押放款,应以各该行业正当商人为限,押款届期,如系民生日用必需品,应即限令押款人赎取出售,不得展期;承做汇往口岸汇款,应以购买日用必需品及抗战必需品之款为限。

(4)检查银行的营业。规定银行每旬应造具存款、放款、汇款报告表,呈送财政部查核。财政部随时派员检查银行账册、簿籍、库存状况及其他有关文件。

(5)禁止银行从业人员经商。规定官办或官商合办的银行,其服务人员一律视同公务人员,不得直接经营商业。

(6)规定相应的处罚原则和标准。

以上可知,《非常时期管理银行暂行办法》的颁布实施,其最高目标,在于统制金融,平抑物价。而所用手段,则系由管理银行业务着手,对银行信贷加以控制。即将商业银行的业务纳入战时管制体系中,加强对商业银行的金融统制,促进普通银行与国家银行之联系,制止银钱业的非法经营,通过对银钱业的严格规范管理,严禁奸商借银行资金从事囤积居奇,投机操纵,稳定战时金融,促进经济发展。然而由于该办法条文简单且没有制定施行细则,致使管理规则不完善,因此在执行的过程中得不到彻底贯彻,并引发了银行界的各种不满与争议,此后经过反复征询意见,国民政府行政院召开经济会议,探讨解决办法。在第43次会议上,通过对上述《非常时期管理银行暂行办法》的修正意见。随后财政部会同经济部与四联总处讨论、修正、补充,于1940

年9月18日进行第二次修正[①],1941年12月9日第三次修正,并由国民政府公布了《修正非常时期管理银行暂行办法》(15条)。1943年1月7日经过第四次修订后,由财政部公布了《修正非常时期管理银行暂行办法》(15条),在1941年基础上进行了微调修正。

二、重庆银行公会在《非常时期管理银行暂行办法》制定与修订中的作用

《非常时期管理银行暂行办法》在1940年8月7日颁布后,因争议较大而未能得以很好地实行,但却引发了广泛讨论。到1941年12月9日修正,再到1943年1月7日的进一步修正,经历了二年多的时间,最后才得以完善。

其间,重庆银行公会曾参与到这一法规的建设中,起到了积极的作用,因为这项法令直接关系到银行业利益,促使重庆银行公会不得不花费大量精力积极展开活动,并与政府交涉,以尽其所能减少银行业的损失。

当国民政府财政部《非常时期管理银行暂行办法》刚一公布,就受到了重庆部分银行的质疑,1940年9月初,四川美丰银行、川康平民商业银行、江海银行重庆分行、华成银行重庆分行、重庆银行总行、四川银行总行、重庆川盐银行、浙江兴业银行、盐业银行驻渝办事处等九银行会衔致函重庆银行公会,明确提出,财政部制定的《非常时期管理银行暂行办法》中尚有应行商讨之处,要求重庆银行公会召集各会员行开会商决办法,同时对中、中、交、农不易支取现钞,对存户取款极感困难的问题也提请集会讨论,商讨救济办法。[②]

立法院商法委员会着手起草修订草案,分送财政部及重庆市银行公会征求意见。立法院在制订金融立法时非常注意征询重庆银行业同业公会的意

[①] 据重庆市档案馆、重庆市人民银行金融研究室:《四联总处史料》(下),档案出版社1993年版,第379页所载:第二次修订稿主要改动之处为:原办法内"罚援"应改为"罚金",第九条第三款"依照"后面应加"刑法"两字。主要内容并没有实质性改动,故不单独加以阐述。

[②] 重庆市档案馆馆藏重庆银行公会未刊档案,档号0086-1-5。

见,除了重庆银行公会为本业之代表性组织外,重庆在战时大后方金融业中的地位为其根本前提。

重庆银行公会对立法院之征询也非常关注,同时由于会员银行的强烈反应,随即组织会员银行进行讨论。此后,公会将草案分发各会员,请各行发表具体意见。还征求成都、昆明等其他地方银行公会的意见,并对这些意见进行归纳、总结,以各种不同的名义呈送立法院以备参考,同时送呈财政部。

首先,重庆银行公会在组织各会员银行讨论,广泛征求意见之后,即以各会员之名义致函财政部,要求制定具体的实施细则。认为,《非常时期管理银行暂行办法》虽明定自公布之日施行,但未另定有施行细则,致使各银行详加研究与实行均倍感困难,要求解释及设法补救,并详细提出了具体需要解释与补充的十个方面:普通存款之内容;缴存准备金计算之根据;缴存准备金给息的标准;准备金支取手续;汇划限制办法;视同银行之管理;存款准备与当地行;缴存准备金的百分率;存款运用之范围;保证品代用准备之建议。[①]

其次,重庆银行公会还担负起了搜集西南其他各地银行公会意见的责任。如成都市银行公会于1940年9月14日、昆明市银行公会于10月3日分别将其意见反馈给重庆银行公会,他们主要针对收取银行存款准备金问题以及财政部规定检查银行业务,要求填报银行旬报表的格式与方法等问题提出了意见,并同意与渝市银行一致具文呈请财政部解释条文疑点。[②]

根据重庆银行公会搜集与反馈的意见,1940年11月8日,由财政部长孔祥熙对各地银行的质疑给出了正面的回应,进行了部分的解释:[③]

(1)普通存款。系指储蓄存款以外其他一切活期(包括比期)定期存款而言,其同业存款、借入款系属同业间往来或属一时抵充头寸之用,应不包括在内。

(2)交存准备金之计算。根据应仿照储蓄存款准备办法,分为三月、六月、九月、十二月底四次为之,为体恤银行周转兼顾保障存户起见,在此时期中间,如存款减少至总额五分之一以上,当由交存行填具表报,向收存行申

[①] 重庆市档案馆馆藏重庆银行公会未刊档案,档号0086-1-5。
[②] 重庆市档案馆馆藏重庆银行公会未刊档案,档号0086-1-5。
[③] 重庆市档案馆馆藏重庆银行公会未刊档案,档号0086-1-5。

请,俟核算明确按照比例提回准备。

(3)交存准备金给息。应按照四行公布之贴放息为准。

(4)承担日用必需品及抗战必需品之口岸汇款。应由汇款人提出经营业务之证明,由承汇行查明确为本业正当商人方得承汇,如不能提出证明或系个人转汇均应拒绝,俾收时前稽核之效,毋庸在汇往地再为稽考。

至于《非常时期管理银行暂行办法》第六条所规定各银行每旬应造送之各种表报的问题,虽然各银行反应强烈,多次要求取消,但最终财政部并没有接受,还是由财政部制定表式四种,于1940年12月30日发出通令:填报分送财政部及当地四联分支处查核,如当地未成立四联分支处者即送四行中之一行查核,现据各地行庄陆续填报前来,除由部随时审核指示外,当地四联分支处或四行中之一行收到该项表报务须切实审核,如有疑义,应即派员前往实地检查有关账册及仓库,并将检查结果专案报部核办,其尚未依式填报者,应即日遵令办理以符政令。①

除了征询意见外,重庆银行公会还代表会员银行向政府提出建议,同时,还积极组织各会员银行执行这一法规。为了让各会员银行能认真实行该法规,1941年1月15、20日,重庆银行公会在四川美丰银行两次召开重庆市各会员银行谈话会,讨论主题即是:为财政部《非常时期管理银行暂行办法》何时实行及如何填造旬报表。并作出以下决定:一面遵照部令切实办理,一面陈述困难请求补救。②

首先推举杨晓波、徐国贸、李其猷、宁芷邨、潘昌猷、刘航琛、康心如、黄墨涵、贺友梅等9人组织小组委员会,并推定黄墨涵为召集人,先行开会研讨,再向财政部洽商实行日期及填造表报。

其次,依限造具1940年12月31日存款报告表以为缴存准备之根据。决定自1941年1月1日起遵照部颁格式,按旬早送报告表。应填报存款种类以普通存款中之定存、往存、特存等为限,其同存、暂存及比存等均毋庸填报。应填报口岸汇款,除同业内因头寸关系调拨款项不必填报外,其承做口岸汇

---

① 重庆市档案馆馆藏重庆银行公会档案,档号0086-1-5。
② 以下内容引自重庆市档案馆馆藏重庆银行公会档案,《重庆市各银行谈话会纪要》(1941年1月15日)及《非常时期管理银行暂行办法实施研究座谈会纪录》(1941年1月20日),档号0086-1-5。

款关于用途之限制,可令汇款商家在申请书上注明(限于购运日用必需品及抗战必需品),自行负责,同时关于放款用途上可照此办理(五百元以下之零星汇款可汇填总数,毋庸分别说明)。存款准备数、缴存手续旬报表早送后即于本年(1941)二月半以前,向指定之该家银行下办缴存手续(同甲种节储券可作现款缴充),并报部备查。

第三,请重庆银行公会主席代向财政当局疏通并恳求两事:①自1940年7月1日起至12月31日止,应补造之各项旬报表,应予免造,以省繁赓。②动支存款转存准备,恳参照储蓄存款动支保证准备办法,即凭存款行日计表由收存行尽量给予便利。

当然,在这一办法中,银行界反应最强烈的要数有关对商业银行存款准备金的征收问题。由于存款准备金制度是国民政府力图从资金的角度在一定程度上削弱一般商业银行的资力。因此,商业银行普遍认为,征收20%的准备金率太高,这一条款虽然是模仿的美国联邦准备银行制度,但与美国制度相比,却大相径庭,依联合准备条例,美国国民银行,须保留相当之法定准备于联邦准备银行,不过,根据银行所在地而有高低之分,活期存款与定期存款之法定准备率,也各不同。活期存款为13%、10%、7%三种。定期存款为3%。而《非常时期管理银行暂行办法》的规定既未区分定期与活期,又未划分都市与城镇,对各地金融特殊情形,如申市之日拆或渝市之比期存款均未另加规定,此后实施缴存准备之时,恐经收银行与商业银行方面均有困难,而缴存准备率之高尤为不容忽视。值此非常时期,各行理宜厚积准备以资应付,除缴存准备金外,尚应充实库存现金准备,如以巨额准备金交存四行后而削弱各行本身之库存准备,实是以影响其对外之信用,且我国各商业银行之分支行,均分布全国,其收受存款与运用,均不限于一隅,因此,该办法规定各就当地缴存准备一节,不仅直接减削各行对存款运用之力量,各地金融缓急情形不同,况在沦陷区域之各行调拨款项尤感困难,能照其存款总额为比例之缴存,似此种种事实上之困难,不加顾忌,殊失政府维护金融之至意也。[①]

正是基于这样的认识,重庆、昆明等地的银钱业,曾呈请财政部核准,要求将

[①] 重庆市档案馆馆藏重庆银行公会档案,档号0086-1-5。

存款准备金的征收展期至1941年4月底开始实行。[①]

面对各地商业银行的强烈不满,财政部除了随时分别进行解答外,为了划一收存办法,1941年,由四联总处专门针对存款准备金问题,订定补充办法七项,提经四联总处第72次理事会通过,遵照执行。其主要内容为两方面:一是各地四行收取存款准备金的规定与具体要求。存款准备金之缴存,先就四行分支行处所在地举办,且收取存款准备金的次序为,凡设有四行的地方,以中央银行为负责承办行,无中央银行地方,以中国银行为负责承办行,无中国银行地方,以交通银行为负责承办行,其仅有四行中之一行者,即由该行负责承办。负责承办行由财政部授予稽核各缴存准备金银行账目之权。四行收取存款准备金摊存比例为,四行全设地方为35、30、20、15;三行地方为40、30、30;二行地方为60、40;一行地方为100。二是对省银行及商业银行缴纳存款准备金之规定。省银行缴存于该总行所在地之承办行,商业银行除就近缴存于该行所在地之承办行外,并得汇总缴存于指定地方之承办行。各缴存准备金银行应送报表一律送交负责承办行,由该行以一份送财政部、一份送四联总处、一份留存备查。存款准备金由负责承办行接洽办理,其余各行应协助办理。[②]据此办法,到1941年底,全国共指定负责承办行200家以上。

由此可见,国民政府并没有因各地商业银行的反对而改变征收存款准备金的决定,反而制定和补充了更加完善的条规,并使其在大后方得以实行,据四联总处所统计,1941年度收缴准备金数目(截至1941年底),西南各地行庄遵照规定缴纳准备金者178家,地区包括重庆、成都等19市县,共缴准备金余额计47161829.98元。而各地区中,重庆所缴数为18210555.35元,占总数的38.61%。[③]显然,这与以重庆银行公会为首的后方各地银行公会的理解与支持是分不开的。

不过,经过一年多实践,在执行的过程中,由于《非常时期管理银行暂行

---

① 邹宗伊:《中国战时金融管制》,重庆财政评论出版社1943年版,第297页。

② 重庆市档案馆、重庆市人民银行金融研究室:《四联总处史料》(下),档案出版社1993年版,第387—388页。

③ 重庆市档案馆、重庆市人民银行金融研究室:《四联总处史料》(下),档案出版社1993年版,第389页。

办法》存在诸多法律漏洞,法规的执行颇多窒碍。如抵押放款展期虽有限制,但抵押放款期限没有限制,于是,各银行纷纷放长放款期限而避免展期;禁止银行本身经营商业,但却未禁止私立银行服务人员利用行款经营商业,于是各银行由其服务人员借行款经营商业或由银行出资另设商号经营之;对于注册设立的银行,政府有案可稽,而各小银行不经注册,擅自设立则可逍遥法外;对商业银行经营外汇没有法律限制等等。于是,全国各银行资金之运用,始终处于自由状态下,一任其随波逐流,以私人利益为转移。其结果大多数脱离生产过程,流为商业资本。商业资本过于活跃,生产资本相形不足,于是,银行运用资金问题,引起人们关注,1941年12月间,行政院经济会议经济检查队,检查囤积居奇多起,察其内容,颇多与银钱业有关。因此,财政部一面派专员数十人,稽查各银行钱庄之账目,进行整肃。[①]一面针对存在问题,对《非常时期管理银行暂行办法》进行了修正,于1941年12月9日,国民政府财政部公布《修正非常时期管理银行暂行办法》,[②]其新增内容要点如下:

(1)限制新银行之设立,并督促银行注册。自该办法施行之日起,新设银行,除县银行及华侨资金内移请设立银行者外,一概不得设立;银行设立分支行处,应先呈请财政部核准;前此已开业而未呈请注册之银行,应于一个月内,呈请财政部补办注册手续。

(2)货物押款条件加严。银行承做以货物为抵押之放款,应以经营本业之商人,并以加入各该同业公会者为限。放款期限最长不得超过3个月,每户放款不得超过该行放款总额5%。对请求展期者,应考察其货物性质。如系非日用重要物品,则以一次为限。

(3)明令取缔银行附设商号,经营商业。

(4)彻底管理外汇及口岸汇款。具体规定银行承做口岸汇款的性质,以购买供应后方日用重要物品、抗战必需物品、生产建设事业所需机器、原料及家属之赡养费之款项为限。明确规定银行非经呈奉财政部特准,不得买卖外汇。

[①] 邹宗伊:《中国战时金融管制》,重庆财政评论出版社1943年版,第298—300页。
[②] 重庆市档案馆馆藏重庆银行公会档案,档号0086-1-91。

(5)对银行从业人员的禁令。银行服务人员利用行款经营商业,以侵占论罪。

(6)加重银行违反规定时的处罚。除罚金外,对情节较重者可勒令停业,"累犯二次以上者,予以停业处分"。

从以上新增的办法可见,与原办法相比较,这次的办法对私营商业银行进行了更加严格的限制和更多的控制。其中特别是体现在限制银行设立问题上,是这次国民政府公布《修正非常时期管理银行暂行办法》,才正式提出,其后,《修正非常时期管理银行暂行办法》又有修正,但限制银行设立措施却再次重申并未废止。1942年5月12日,财政部很快根据修正办法的规定制定了普通存款暨准备金旬报表、普通放款旬报表、汇出汇款旬报表、汇入汇款旬报表等四种,通令各银行钱庄从该年5月上旬起,遵照依式填报分送查核。[①]这些都充分说明,国民政府进一步强化了对战时银行的控制,至此,战时商业银行的业务,已完全纳入战时金融管制体系。

1943年1月7日颁布的《修正非常时期管理银行暂行办法》,[②]与1941年的办法相比,主要内容基本一致,只是在第二条限制新银行设立中,取消了不在限制设立管辖之内的"华侨资金内移请设立银行者"一项。

总之,《非常时期管理银行暂行办法》及其修订本的颁布与执行,在抗战的特殊时期里,对加强各商业银行的管理,稳定金融市场,有一定积极作用。

综上所述,在国民政府对《非常时期管理银行暂行办法》进行的数次重新修订过程中,重庆银行业同业公会在尊重政府立法的基础上,所提出的意见较能反映实际状况,为政府所不能忽视,从而使某些法令条款不致仓促施行,造成与立法本意相反的结果,在维护本业利益不受侵害的同时,发挥了对政府的政策咨询作用,为政府的战时银行法制建设提供依据。

特别是,重庆银行公会与重庆国民政府围绕《非常时期管理银行暂行办法》的制定与修改所展开的活动,使政府颁行的法律,得以不断完善,并在一

[①] 财政部钱币司:《银行管理法令辑要》,财政部钱币司1942年,第47页。
[②] 中国第二历史档案馆:《中华民国史档案资料汇编》第五辑第二编(财政经济)(三),江苏古籍出版社1997年版,第22—24页。

定程度上有效地调节了双方利益。既维护了法律的严肃性,也维护了商业银行业的合法权益,从而一方面反映出国家拟以"法"的形式规范战时商业银行业务,谋求对银行业的控制,另一方面,也反映出重庆银行公会对政府对银行业实施立法管理的支持,因为这有益于整个金融业长远发展。

抗战大后方的金融市场

中国的金融市场,可能最早萌芽于明中叶之后的浙江杭州、宁波等地的钱业市场的出现。钱业市场是钱庄同业之间兑换货币和调剂资金余缺的活动。清代中叶,钱业市场在浙江和江苏等地普遍发展起来,其中上海、宁波、绍兴、杭州和苏州等地发展更快,逐渐形成了钱业市场的中心市场。①这些市场土生土长,同当地工商业有着极为密切的关系,在近代中国金融市场产生后还长期存在,成为近代中国金融市场的重要组成部分。

资本主义经济的发展和银行业的兴起,对于以银行业为主体的新式金融市场的出现,提出了要求并创造了条件,然而,对于近代中国的金融市场来说,虽然是在外国资本主义经济和金融业入侵之后发展起来的,但由于它的前身是中国原有的钱业市场,也继承和包含了中国原有钱业市场上的一些特点,再加上中国实际上长期处于不统一的状态,不同地区的金融市场各有不同特色,于是,近代中国的金融市场的演变就形成了一条清晰的轨迹,即以上海为中心,由大城市到中等城市,由江浙一带到沿海其他城市,又由沿海城市到内地,逐步发展起来。特别是,近代以来中国的西部地区金融市场的发展经历了一个尤为曲折复杂的历程,与东部沿海地区金融市场的发展相比较,广大内地尤其是西部地区金融市场的曲折历程,更集中展现了中国近代金融市场变迁的缩影。事实上,西部地区金融市场的巨大转折,当以抗战全面爆

---

① 中国人民银行总行金融研究所金融历史研究室:《近代中国的金融市场》,中国金融出版社1989年版,第2页。

发为分水岭,之前处于缓慢的发展时期,之后则出现了快速的发展,并初步形成了近代化的金融市场。因此,本部分将通过抗战大后方金融市场的研究,来对此进行专题探讨。

在资本主义社会中,金融市场是一定地区内对借贷资本的供给和需求关系的反映,是各种金融资本活动的综合体现,它是与新式银行及其新的业务手段和信用方式联系在一起的,后者的进步必然导致前者的发展。抗日战争爆发以后,随着西部地区近代银行事业的发展和各种信用工具的进步,为大后方近代金融市场的初步形成创造了一定的条件;但是,由于大后方资本主义经济基础薄弱,近代金融事业发展较晚,加之20世纪40年代以后的通货膨胀和抗战局势的影响,以及大后方各地经济金融发展的不平衡性,致使整个大后方金融市场的发展也呈现出复杂的状况,虽已初步形成,但发育很不完备,在很多方面仍表现出了它的落后性。

大后方的金融市场包括票据市场、内汇市场、外汇市场、证券市场、保险市场等各个方面,然而由于资料和研究时间等多方因素的影响和局限,本部分仅对近代西部地区唯一的证券市场——重庆证券市场及抗战时期的保险市场的基本情况分别进行专题研究。

第十二章　近代重庆的证券市场

在近代中国,最早的有价证券及其交易是由洋商舶来的,且是从股票交易开始,最早成立的证券交易所也是外商建立的:一是西商上海众业公所[其前身为1891年的"上海股票公所"(Shanghai Sharebrokers Association),1904年定名为"上海众业公所"(The Shanghai Stock Exchange),到1941年12月8日太平洋战争爆发,被迫停业,此后再也没有得到恢复]。一是日商取引所(1918年上半年,日人发起创立,总行在日本大阪,分行在上海租界,因有企图垄断上海证券市场的野心,从一开始即遭到中国人的强烈反对,因此,开业后的营业并不理想,多为亏折,到1927年不得不宣告停业清理)。受其影响,中国人于1872年发行了自己的第一支股票——轮船招商局股票,之后到20世纪20年代前后,首批成立的证券交易所,主要有北京证券交易所(1918年6月)、上海证券物品交易所(1920年7月)、上海华商证券交易所(1920年5月20日宣告成立,1921年正式开业),标志着近代中国的证券市场进入交易所时代。在此后一年多的时间,交易所在上海得到迅猛发展,先后成立了136家交易所,在汉口、天津、大连、广州、南京、苏州、宁波等地也相继设立了52家交易所,交易所的滥设,导致1921—1922年爆发了"信交风潮"。风潮之后,除上海的证券物品交易所、华商证券交易所及北京证券交易所继续存在外,其余各地经营证券的交易所均倒闭停业。此后,在不同时期,全国不少地方均建立有证券交易所,但却始终没有形成一个全国统一的证券市场。

抗战爆发前,由于东西部经济发展的区域性差异很大,中国近代化的工商业及金融业主要集中在东部沿江沿海地区,证券市场除主要集中在上海(上海华商证券交易所)、北平(北平证券交易所)外,在全国一些重要城市,20世纪30年代也相继出现了一批证券交易所,如1932年4月建立的重庆证券交易所,1933年9月成立的四明证券交易所,1934年5月成立的汉口证券交易所,1934年8月成立的青岛物品证券交易所等。其中,只有重庆证券交易所是唯一设在西部地区的证券交易所。这个证券交易所,此后却经历了一段极不平凡的发展历程,抗战爆发之后被迫停业,但随着国民政府的内迁,以重庆为中心的大后方经济迅速发展起来,后方的金融业也得到相应发展,又引发了一场持续数年的围绕恢复重庆证券交易所,建立后方证券市场的争论。虽然战时的后方证券市场最终并未真正建立,但却从另一个角度反映了西部经济与金融在抗战时期的迅速开发和发展。有关这一问题,目前学术界还未有深入的论述,本文将从分析近代重庆证券市场产生发展的曲折演进历程的视角,来深入探讨西部经济的开发与金融的发展。

一、抗战前的重庆证券交易所与证券市场

优越的地理位置是近代重庆商品市场形成的基本条件,作为长江上游最大的河道枢纽,重庆以其较为发达的航运交通体系吸收吞吐着川东乃至四川各地的物资,贩进卖出。商品市场的规模随着交往的频繁、空间范围的延伸而日益扩大。1891年重庆正式开埠后,长江航运进入轮船时代,国外商业机构在重庆设立,商品交换关系也逐渐突破国界,以世界范围为活动空间。在重庆的经商贸易者来自五湖四海,他们往往以地域关系组成会馆(或行帮),或以营业相约组成公所。商人之间、商业团体之间相互利用、相互补充的业务联系,构成了重庆商品市场的基本骨架。它们各据实力,汇集天南海北各地商品于重庆,而以价值规律为主体的市场机制则制约和调节着各地商品、各类商品的价格与产销比例,使其发展成为长江上游最大的商品市场。随着

金融业筹集、融通资金范围的日益扩大,金融业务机制的市场化也逐渐加深,在此基础上逐渐形成了以重庆为核心的长江上游最大的金融中心,金融市场日趋活跃。

20世纪30年代初,出于解决地方财政问题的考虑,四川财政厅厅长刘航琛认为有必要组织交易所,乃拟定章程草案,约集该市金融界要人发起成立,并在四川善后督办公署呈准立案,发给临时营业执照,经营有价证券交易。第一届理事长为聚兴诚银行总经理杨粲三,常务理事均为重庆金融界的头面人物,如川康银行协理康心之、平民银行经理张子黎、重庆钱业公会主席安定钱庄经理卢澜康及一般股东中的邹侠舟,其余理、监事人选则有美丰银行的康心如、周见三,川盐银行的吴受彤,川康银行的刘航琛等。①重庆证券交易所于1932年4月20日正式营业,重庆证券交易所采用股份制组织形式,资本总额,原定国币20万元,分为4000股,1932年开幕时,收足10万元,在第二届股东会后即将20万元全数收足。交易所下设总务、会计、场务、保管四股,每股各设主任1人,负责进行一切所务。该所有经纪人45名,每名缴纳保证金5000元。营业种类:除专营各种有价证券外,善后督办公署还将管理申汇之权暂令其兼办,于是又有了兼营各处汇兑票买卖的业务。其中经营的各种公债、库券及有价证券,主要包括地方债券,如田赋公债、军需短期库券、短期盐税库券、整理川东金融公债、第一期整理重庆金融库券、第二期整理重庆金融库券、第一期整理川东金融公债、第二期整理川东金融公债;各种中央政府债券,军需债券、盐税库券、印花烟酒库券等;部分产业证券:中国银行股票、美丰银行股票、北川铁路公司股票、川康殖业银行股票、民生实业公司股票、重庆自来水公司股票,及各埠各国短期定期汇票与其他债券等多种。每日分前后两市营业,前市由午前10点至午前12点,后市自午后3点至5点。成交数目,每日约数十万元,最多时竟达288万元。该所的收入状况:自1932年4月开幕至年底,除各项杂用外,共获纯利6.6万余元,1933年上半年,收营业经手费13万余元,下半年因减收手续费,故仅收8.8万余元。利息收入200余元。统计经手费利息两项,有24.4万余元。除该所缴用及股息外,并照交易所税

---

① 全国政协文史资料委员会:《文史资料选辑》(第149辑),中国文史出版社2002年版,第77页。

则,以 1/10 缴呈善后督办公署,并补助重庆市政府建设费。入付两抵,盈余计 10 万余元。至 1933 年营业合计,6000 余万元。①1933 年 2 月成立了重庆证券交易所经纪人公会,作为经纪人自律管理的机构,并分别获得国民革命军第二十一军司令部及重庆市政府的批准。制定《重庆证券交易所经纪人公会章程》(7 章 31 条),规定"凡在重庆证券交易所注册牌号领有经纪人执照者皆得为本会会员",并"以维持增进同业之公共利益,矫正营业之弊害为宗旨"。②

由于重庆证券交易所兼营汇兑,投机以获取暴利,1932 年 12 月 3 日及 1935 年 1 月两度奉令停拍。其间与重庆钱业公会酿成了"钱交争执",后到 1932 年 8 月 1 日竟发生了重庆钱业公会与交易所的"钱交风潮",钱业公会请取缔交易所。自石建屏投机申汇失败后,交易所与钱业协议,对于申汇,钱业做近期,交易所做远期。但钱业中仍有做远期的,而交易所又搞投机,业务矛盾日深。此后经军方多次干预,允许钱业入所,又在 12 月 3 日申汇暴涨至 1000∶1400 时下令交易所停拍,才告解决。③1934 年申汇市场再次发生剧变,申汇飞涨,川钞锐跌,受此影响,重庆证券交易所蒙受重大损失,受到社会各界的抨击,该所鉴于前途之危机,于 1935 年 1 月底实行停止申汇交易,并自动呈请督署,将申汇管理权奉还政府,督署照准,将渝市申汇申票交易事宜,另饬银行公会及钱业公会,会同组织申汇交易处,继续办理。2 月 1 日后,重庆证券交易所宣布停拍申汇业务,实行对证券交易的专营业务。然而,自交易所停拍申汇后,政府虽有责成银钱两公会合组交易处,却因各商帮从中作梗,而并未成立,而申汇之善后处置,亦长此迁延。受此影响,重庆证券交易所的业务无形中陷于停顿,证券交易十分平淡,难以维持,到 2 月底,只得宣告停办,完全结束,并将所有股本退还股东,房产也售与银行公会,作为该公会会

---

① 《重庆证券交易所概况》,《四川月报》第 4 卷第 1 期(1934 年 1 月),第 51—55 页;重庆市档案馆馆藏四川省建设厅未刊档案,档号 0024-1-456。
② 《重庆证券交易所经纪人公会章程》,重庆市档案馆馆藏重庆川盐银行未刊档案,档号 0297-2-3789。
③ 田茂德、吴瑞雨、王大敏整理:《辛亥革命至抗日战争前夕四川金融大事记(初稿)》(四),《西南金融》1984 年第 9 期,第 38—39 页。

所。①其间,2月20日,财政部电令取缔重庆证券交易所。而此前,重庆地方当局也已下令该所撤销。②

然而不久,重庆证券交易所便又恢复营运了。1935年7月1日,财政部宣布民国二十四年四川善后公债7000万元如数发行,除一部分作善后建设外,一部分即按六折收换四川金融公债(即四川金融公债10000元,可以掉换善后公债6000元)。③为了便于四川善后公债顺利推行,1935年8月18日,银钱业筹备恢复证券交易所,认为①四川证券交易渐繁,无交易机关之整理,将有周转不灵之苦,②现营证券业者,多属以少做多,而无保障,且极少真实交易。推定康心之、张子黎、杨粲三等为筹备员,负责具体办理,地点仍设原处,惟其交易,应以促进资金流通,活动金融为主。不得投机赌博,再蹈前辙。④重庆证券交易所的恢复,还得到了军事委员长行营当局的积极支持,"鉴于四川金融恐慌,欲于救济,必须四川公债得能流通市面。而证券交易所,即为重要之流通机关。饬速组织"。这样,在政府与重庆市金融界的双重推动下,8月24日筹备委员会正式成立,到9月初,重庆证券交易所就重建起来,9月3日在银行公会举行会议,预选理事监察,9月4日再次在银行公会举行复选,结果选出潘昌猷、康心之、卢澜康等3人为常务理事,重庆银行的潘昌猷为理事长。该所采用股份有限公司组织性,资本总额定为20万元,分为2000股,每股100元,所有股份,先收半数10万元,均由发起人40人认齐,收足开始营业。余下的10万元在第二次股东大会决议后,于本1936年3月底全数收足。经纪人名额暂定50名,每名拟取保证金5000元。⑤1935年10月21日,重庆证券交易所开幕,正式营业。后经四川省建设厅转呈,至1935年12月,获

---

① 《重庆证券交易所停拍——汇兑管理所撤销》,《四川经济月刊》第3卷第2期(1935年2月),第75—76页;《重庆证券交易所股份有限公司发起人、股东名册和训令批示等文件》,重庆市档案馆馆藏四川省建设厅未刊档案,档号:0024-1-456。

② 田茂德、吴瑞雨、王大敏整理:《辛亥革命至抗战争前夕四川金融大事记(初稿)》(五),《西南金融》1984年第10期,第35页。

③ 《四川最近之公债与房捐问题》,《四川经济月刊》第4卷第3期(1935年9月),第9页。

④ 《重庆金融近讯》,《四川经济月刊》第4卷第2期(1935年8月)第109页。

⑤ 《一月来金融业之动态与静态》,《四川经济月刊》第4卷第3期(1935年9月)第12页;重庆市档案馆馆藏四川美丰商业银行未刊档案,档号0296-14-216。

得国民政府军事委员会委员长行营核准发给的临时执照。①在1935年10月19日,经理事会召集会议对办理登记手续的经纪人进行公开审查,审定合格的正式经纪人为42家。②然而,其间有不少经纪人因经营不善而申请歇业,据1936年的调查,重庆全市经营市证券业的商号实际仅有15家,资本共175553元。其中以盛记、裕昌、胜利、鸿庆等四家资本较为雄厚,四家资本为90000元,占整个资本总额的51.27%。③

再度成立的重庆证券交易所在组织制度与市场交易规则的建设方面渐趋完善。根据《重庆证券交易所股份有限公司章程》(8章43条)④可知,重庆证券交易所是一个以四川省为营业区域的地方证券交易所,采取股份有限公司的组织形式,明确规定股东以有中华民国国籍者为限,股票不得转让或出售给非中华民国之人民或法人,违者无效。其最高权力机构为股东会,分常会与临时会两种,议决一切重大事项。执行机构为理事会,设理事7人、监察人3人,均由股东会选任。在理事中互选理事长1人,常务理事2人,常驻所主持各种工作。同时还设立评议会,除以本所理事长或理事中共推一人为评议长外,主要由理事会从商业上具有经验及声誉之人士且非本所经纪人中,聘请5—7人为评议员,凡交易中发生事故或出现异议,均由评议会进行评议。

对于证券交易的具体规则,则是通过制定《重庆证券交易所股份有限公司营业细则》(16章94条)⑤进行规范,对市场、交易、保证金、交易证据金、经纪人及其代理人、经纪人公会、买卖委托、计算、交割、公定市价、违约处分及赔偿责任、经手费及佣金、公断、制裁等均制定了详细规则,成为了规范市场交易的基本准则。重庆证券交易所的证券交易种类主要集中于中央及地方

---

① 《重庆证券交易所股份有限公司发起人、股东名册和训令批示等文件》,重庆市档案馆藏四川省建设厅未刊档案,档号:0024-1-456。
② 重庆市档案馆藏四川美丰商业银行未刊档案,档号0296-13-35。
③ 《本市证券业概况》,《四川经济月刊》第6卷第3期(1936年9月),第15页。
④ 《重庆证券交易所股份有限公司发起人、股东名册和训令批示等文件》,重庆市档案馆藏四川省建设厅未刊档案,档号:0024-1-456。
⑤ 《重庆证券交易所股份有限公司发起人、股东名册和训令批示等文件》,重庆市档案馆藏四川省建设厅未刊档案,档号:0024-1-456。

发行之公债及库券及其他合法有价证券,分现货与期货两种形式。在成立之初的交易物品种类名称及买卖额预算清册中,主要计划经营三种地方债券:1935年四川善后公债、行营清理四川省政府短期借款凭证、四川省库券等,两种地方公司股票:民生实业公司股票、四川商业银行股票。然而,在其后的市场中,公司股票几乎没有开出,政府债券则主要以四川善后公债为主,1937年2月后又增加了四川建设公债。

以上可见,重庆证券交易所的建制与各种规章制度与北京、上海等地的证券交易所并无二致,是一个组织机构健全,交易制度相对完备的西部地区的地方证券市场,至抗战之前,其证券市场运行良好。

总体而言,抗战前重庆工商业虽有了一定发展,为重庆证券市场的创立提供了一些条件,但是主要还是在政府出于解决财政需要的推动下而产生的,因此进入证券市场交易的主要是政府债券。近代重庆的工矿企业发展落后于沿海,发行股票、债券的企业也较少,企业通过证券市场向社会直接融资的作用尚未充分发挥,从而使长期资金市场的存在与发展缺乏内在条件和必需的外部环境,也导致了近代重庆金融市场内部结构中的不平衡。

二、战时建立后方证券市场的曲折

1937年"七七"卢沟桥事件发生后,全国各地金融市场,均受到影响,重庆位居长江上游,据西南诸省金融枢纽,其金融市场顿成恐怖状态,特别是四川善后与建设两公债各下跌一折,影响债券巨大,为稳定证券市场,四川财政特派员公署电令重庆证券交易所,要求对该所各经纪号从7月5日到20日内的买卖成交数额及远近期交易数额等严加统计考查,并于三日内列表送转来署以凭查考。[①]

7月27日,鉴于局势的紧张,重庆市银钱业特别召集临时联席大会,共议

---

① 重庆市档案馆藏聚兴诚银行未刊档案,档号0295-1-1654。

维持金融办法,出席的银钱业代表有潘昌猷、康心如、康心之等30余人,财政厅长刘航琛希望各界人士,对于公债价格,不要发生疑问,为维持国家信用计,无论如何困难,均应尽力维护。之后,经商定,由银行方面的吴受彤、康心如、潘昌猷、张茂芹与钱庄方面的戴矩初、王伯康、陈思可等7人,组成银钱两帮之联合机关——金融讨论会,拟具办法8项,分电财部行营省府,申请救济,并推吴受彤、王伯康等银钱业两公会主席分谒行营顾主任,贺副主任,关特派员,刘厅长请求协助。[①]其中特别请求行营省府,颁订《取缔交易所投机买卖办法》5项及其施行细则14条。7月31日,由财政特派员关吉玉及四川财政厅长刘航琛为首组成的重庆市公债买卖临时管理委员会(以下简称"管理委员会")正式成立,对战时特殊环境下的买卖公债实行监督与管理。该委员会设委员7人,由军事委员会委员长行营指派财政部四川财政特派员为主任委员,四川财政厅长为副主任委员,中央银行重庆分行经理为保管委员,重庆市银行业同业公会主席为副保管委员,财政监理处副处长、重庆市钱业同业公会主席、重庆证券交易所股份有限公司理事长为委员。委员会还专设审查委员3人,公推中央渝行经理、重庆银钱业两公会主席为审查委员,负责审核调查各经纪人所交之寄存证、抵押证是否实在。该委员会暂借1935年四川善后公债基金保管委员会地址办公。并详细规定了经纪人不得违反规定而代人抛售公债的具体办法,违者将被取缔交易,并被取消经纪人资格。[②]此后,管理委员会即肩负起对重庆证券市场的监管工作。

　　随着局势的日趋紧张,重庆市面上二十四年四川善债价格及建债价格继续狂跌,人心浮动,投机者也乘机操纵其间,为了稳定市场,8月初,财政部四川财政特派员公署、四川财政厅驻渝办事处联合发出训令,决定比照中央五种统一公债的限价政策制定四川善后公债与四川建设公债的最低限价,所有川省二十四年善后公债应即比照统一甲种债券,规定每万元最低限价为7600元,四川建设公债应比照统一丙种债券,规定每万元最低限价7150元,于8月9日起施行。自经此次限制规定之后,重庆证券交易所买卖以上两项公债,均

----
① 《重庆金融近况》,《四川经济月刊》第8卷第2期(1937年8月),第14—16页。
② 重庆市档案馆馆藏四川美丰商业银行未刊档案,档号:0296-13-42。

应切实按照所定最低标准实行,如在该限度以下私行交易,一经察觉均作无效,并严予惩处。①

由于交易市场的停市,公债期货交易的了结成了当时市场善后最棘手的问题。"八一三"战事爆发后,8月14日军事委员会委员长行营紧急命令重庆、成都、万县、泸州、内江、自流井、遂宁、三台、南充等各银行钱庄总分行着即比照沪、汉两市办法从当日下午到16日停市两天半,重庆市证券交易所也奉令停市,然而,到8月17日又续奉行营电令自17日起至19日止,继续休业三天,自20日起照常营业,②从此,重庆证券交易所再也没有得以恢复。致使市场中的八月半、八月底、九月半、九月底四个比期的公债期货交易无法进行了结,此后,围绕着这一问题,交易所、重庆市公债买卖临时管理委员会进行了一系列善后处理。为了尽快解决公债的了结问题,9月27日,管理委员会在遵令限制提存及绝对维持限价之原则下,援用沪市八月交割先例参照渝市情况,拟具了《交易所八九月期交易延期交割办法》十项,请示行营批准,规定:所有八月半底九月半底四个比期之期货一律延期至10月15日交割,其延期交割之交易由买方照买入价格之数按月息一分五厘计算贴给卖方,在10月15日以前如有自愿抵账了结者,准其向交易所冲抵,除冲抵之外,不得在所外私行暗盘交易,破坏限价,并责成交易所及经纪人严行查禁,否则一经察觉即行呈请行营查处。③

在战局的动荡,市场的停顿,债券价格一路走低的冲击下,此前的限价已经难以抵挡,10月初,四川省政府财政厅呈准财政部再次降低川省债券的最低限价,四川善后公债照准票面六折、四川建设公债照票面五折计算抵押,至于四川省赈灾公债票面则按照四五折计算贴现。④这一变动增加了公债交割的困难,为了使交割得以顺利进行,在交割期限前一日10月14日,管理委员会正副主任——财政特派员关吉玉及四川财政厅长刘航琛,亲临交易所召集

---

① 重庆市档案馆馆藏四川美丰商业银行未刊档案,档号:0296-13-42。
② 重庆市档案馆馆藏聚兴诚银行未刊档案,档号:0295-1-1654。
③ 重庆市档案馆馆藏四川美丰商业银行未刊档案,档号:0296-13-42。
④ 重庆市档案馆馆藏聚兴诚银行未刊档案,档号:0295-1-1654。

交易所与经纪人公会双方代表了解情况,会同解决。[①]然而,由于银钱业限制提存与公债限价的再次调低直接影响交割巨大,交易所与经纪人间、经纪人与委托人间种种纠纷难以弥合,延期至10月15日的交割未能顺利进行,被迫再次延期。

交割问题延搁成了当时管理委员会面临的主要难题,关特派员、刘厅长为了谋求一根本的解决之道,要求交易所和经纪人公会将交易所内各经纪号买卖数额及抵押情形开列数目详细陈明,作为拟具办法的凭据,于是经纪人公会于10月31日上午九时,召开全体经纪人紧急会议,交易所派出经理莅会说明情况,对买卖两方收货交货数目及本已应付交割并抵押情况做了详细了解和登记,列报交易所并转呈管理委员会核查规定办法。[②]

尽管交易所与管理委员会分别劝导各委托人及早了结,对于未能了结各债项一再展延期限,然而,到12月初,证券市场已停市四月之久,市场并未因此而完全办理完了结事项,致令债券市场陷于停顿,整个金融受其影响,于是,管理委员会在维持现定价格,不违背安定金融办法,不抵触迭次命令与顾全事实环境之原则下又一次拟定《了结渝市证券交易所未能依期交割债券办法》8项,规定所有截至12月10日尚未在交易所了结之八月半底九月半底四个比期之善债与建债期货,一律限于12月14日下午六时止照规定办法了结清楚。且对拒不交割者制定了处罚规定,如至14日下午六时委托人有不遵办者责成经纪人开其委托人姓名、职业、住址交由本会处理,经纪人有不遵办者责成交易所开具经纪人牌号号数、负责人姓名送由本会处理并即取消其经纪人资格。[③]正是在管理委员会会同重庆证券交易所的督促下,重庆证券市场中的公债期货交割问题得以最终解决。

应当说,这一问题的解决,意义深远,它稳定了抗战初期的重庆金融市场,为战时后方经济与金融业的恢复与发展奠定了基础,同时也为以后筹备建立后方证券市场保存了实力。

需要指出的是,国民政府在迁都重庆后,对于后方证券交易所的恢复还

---

① 重庆市档案馆馆藏四川美丰商业银行未刊档案,档号:0296-13-42。
② 重庆市档案馆馆藏四川美丰商业银行未刊档案,档号:0296-13-42。
③ 重庆市档案馆馆藏聚兴诚银行未刊档案,档号:0295-1-1654。

是持肯定和支持态度的。国民政府经济部遵照政府命令于1938年1月组织成立,同年即核准发给重庆市证券交易所营业执照。只是鉴于该所在抗战后已经停业,因此,饬令该所如要恢复营业,应先行呈部核准。至于该所各经纪人则须补行注册以符规定。[①]与此同时,1938年4月,重庆证券交易鉴于该所资本过少,经各方之赞助及该所股东之同意,曾筹划补增资金为200万元。[②] 1940年春,鉴于游资在后方及上海充斥,后方即以重庆一市来说,就有3亿元以上的游资,而当时西南各省投资总额不过5亿元,重庆的游资即占了西南各省投资总额的大半。[③]为引导游资投入后方生产事业,重庆证券交易所总经理潘昌猷先生,更有呈请政府准许增资复业之要求。[④]于是重建后方证券市场问题,遂引起朝野人士之关注。

1941年4月18日《大公报》称,重庆市证券交易所,准备恢复营业,该所业已筹备就绪,资本100万元,现正以各项管制问题,谋与当局作通盘筹划。俟商定后,即可宣告成立。[⑤]1942年4月5日重庆《大公报》登载"政府准于重庆开办证券物品交易所",接着,4月12日《大公报》又载:"行政院会议顷已决定为推行本年度发行之美金公债及储券起见,准予成立证券交易所,但不准物资在该所开拍,以免扰乱市场"。[⑥]可见,当时政府和重庆证券交易所双方对筹备复业都是积极主动的。

此后,有关后方证券交易所是否应该恢复或建立,成了人们热议的焦点,最初主要集中在大后方是否应该建立证券市场以及证券市场的交易证券如何确定。国民政府希望通过恢复或建立证券市场,达到"吸收游资"、"推销公债"、"稳定物价"、"发展后方生产"的目的。对证券交易所的营业范围,人们一致认为产业证券的开拍,是有利无弊的。争议的焦点是政府公债的开拍,

---

① 中国第二历史档案馆:《中华民国史档案资料汇编》第五辑第二编(五),江苏古籍出版社1997年版,第112页。

② 《证券市场近讯——渝证券交易所增资》,《四川经济月刊》第9卷第4期(1938年4月),第8页。

③ 时事问题研究会:《抗战中的中国经济》,中国现代史资料编辑委员会翻印1957年,第174页。

④ 邹宗伊:《证券市场》,《金融知识》第2卷第2期(1943年3月),第130页。

⑤ 邹宗伊:《当前之内地证券市场建立问题》,《经济汇报》第4卷第2期(1941年7月16日),第66页。

⑥ 詹显哲:《后方开办证券物品交易所问题》,《金融知识》第1卷第4期(1942年7月),第32页。

公债又分为战前公债、战时国币公债、战时外币公债及粮食库券等四种,对战前公债(以复兴公债、统一公债为主,省公债暂且不计),一种观点认为战前所有旧债,因在津沪各埠已有非正式之公开市场,在后方证券市场开拍尚无大碍;①而另一种意见恰好相反,认为,正是因为此种公债在沦陷区流通颇多,若一旦开拍,势将倒流至后方,而后方之持票人,亦将纷纷持债票至交易所抛卖。结果势将放出法币,收回旧债,不仅不能达到吸收游资、推销公债、稳定物价之目的,甚至可能增加后方之发行,影响至为恶劣。故战前公债决不宜开拍。②战时国币公债,主要包括救国公债、国防公债、金公债、赈济公债、二十八年建设公债及军需公债、二十九年建设金公债及军需公债、三十年建设公债及军需公债等。对此,人们普遍认为不能开拍,因为这些公债或采取强制摊派,或采取劝募推销,在1940年后虽曾采取低价发行制度,然折扣也是九八或九六。持有这些公债票的人,本已有无法变现之苦,若在交易所开拍,势必一齐涌至,竞求脱售,政府不维持则已,若欲加以维持,势必放出大量法币,收回公债,而大量法币之放出,必将刺激物价。这与开放证券市场以吸收游资、推销公债、稳定物价的宗旨相违背。③至于外币公债(如政府为吸收游资发行的1亿美元同盟胜利金公债),由于有确实外汇为担保,还本付息,极为可靠,故其发行以后,购买者必较以前踊跃。可以开拍。至于粮食库券,由于以实物为对象,以斗石为单位,各地稻谷品质不齐,难以标准化,且其还本付息,视田赋征收实物之成绩以为断,因此,粮食库券介乎证券与实物之间,未具"标准化"之条件,是否可以开拍而收成效,一时遂难加以解答。④

　　以上可见,对于建立后方证券交易所的问题,国民政府从一开始即采取支持的态度。只是政府与民间各自所关注的侧重点不同而已。政府方面更多强调的是开放公债市场,想借此解决其财政上的困难,稳定物价,抑制通

---

① 邹宗伊:《当前之内地证券市场建立问题》,《经济汇报》第4卷第2期(1941年7月16日),第69页。
② 朱偰:《重建后方证券及物品交易所问题》,《金融知识》第1卷第3期(1942年5月),第95页。
③ 邹宗伊:《当前之内地证券市场建立问题》,《经济汇报》第4卷第2期(1941年7月16日),第69页;朱偰:《重建后方证券及物品交易所问题》,《金融知识》第1卷第3期(1942年5月),第95页。
④ 朱偰:《重建后方证券及物品交易所问题》,《金融知识》第1卷第3期(1942年5月),第95—96页。

货。在民间的讨论中,与政府的初衷并不完全一致。认为,由于特殊的战争因素,后方不适宜开设物品交易所,但可以开设证券交易所,能在证券市场上进行交易的证券主要是战时的外币公债与企业股票和公司债,战前的政府公债与战时的粮食库券可以试拍,但战时发行的公债则不能开拍。

从1942年下半年开始,随着后方产业经济的发展,人们越来越认识到,建立后方证券市场的根本目的和首要任务不是为政府公债寻找出路,应该是为发展后方的产业经济筹措必要的资金。证券交易所应该"着眼于产业证券之推行与倡导,负起资本市场之使命",而且,抗战以来,后方工矿事业,在政府积极奖助下,内有战时急迫需要,外无舶来品竞争,正处于发展的大好时机,因此,也正是设立资本市场的适当时机。①著名经济学家章乃器更是直接指出,"解决工业资金问题之目的,并不需要新奇玄妙之方案,而唯须建立产业证券市场及票据市场。"并进而提出了建立产业证券市场的具体方案,工业家需要长期资金,不必自行募集股份或请求押款,而只须向工业金融机关提出计划书(事业之在经营中者并须附会计报告)申请承受(或代募)其股份或公司债(统称产业证券)。关于产业证券之来源,可以国营工矿事业之办有成效者,改组为有限公司,以股份49%招商承募,民营工矿事业也可发行新股份,解决流动资金之困难。这样,证券市场成立后,股票之发行,当可蔚为风气。②

有人指出"产业证券化"为现代生产事业进步之表征,并分析"产业证券化"在我国虽经多年提倡,但仍成效不大的主要原因是缺乏资本市场的配合。"为扶植证券上市……可由交通银行开办股票银行业务或投资信托业务,乃至组织银行团包销,或代理发行产业证券等……与证券交易所开拍证券,相互表彰,共同合作,则生产资金,自可渐入于证券化之途。"③由此可见,人们对建立证券市场的认识有了进一步的提高,不仅要建立作为二级市场的证券交易所,还需要建立新证券的一级发行市场,这样,才能真正实现产业的证券化。

---

① 谢敏道:《论资本市场之设立及其运用》,《金融知识》第1卷第4期(1942年7月),第28页。
② 章乃器:《对于工业资金问题之管见》,《金融知识》第1卷第3期(1942年5月),第122—124页。
③ 詹显哲:《后方开办证券物品交易所问题》,《金融知识》第1卷第4期(1942年7月),第37页。

1943年6月1—9日,以国家总动员会议秘书长及经济、农林两部部长为主席团,聘请农、矿、工各业代表、各机关主管长官及各省政府代表共260人,举行了第二次全国生产会议。①在这次会议中,关于产业资金的议案,就达100余件,参加该小组讨论的人数也是最多的,足见此问题之重要。其中主要问题有三:一为产业资本额之调整,二为生产贷款之改进与扩大,三为产业证券之发行与买卖。大家一致认为,产业证券的推行,才是解决产业资金最根本的治本办法。而且,在后方设立产业证券市场,为此次全国生产会议明确决议之一。②

紧接着,财政当局及国营金融机关,即开始了具体的筹备工作,决定由中国、交通、中国农民三行,及中信、邮汇两局联合其他金融业及产业团体共同组织重庆市产业证券推进会,然后该会附设证券市场。此证券市场,将不经常开放,而系定时集合。买卖交易,暂以现货为限。加入交易之各种产业证券,必须先经该会理事会审查通过再由该会将其价格按日公布。各会员银钱行庄及产业团体,将各派代表一人到场,经理买卖事务,遇必要时,始酌设经纪人办理。该会得向买卖双方收取手续费,以其五成作为佣金,其余五成,拨充该会经费。倘此五成手续费不足支应该会开支时,则由基本会员担负。上述原则,业由财部函达四联总处,依经订定之重庆市产业证券推进会组织规则,该会附设市场交易规则及该会附设市场产业证券申请审查规则,以凭办理。并为迅赴事功起见,已由有关机关会同派员组织筹备委员会,共策进行。其筹备委员人选,经财政部长孔祥熙指定由戴铭礼、刘攻芸、郭景琨、王志莘等人担任。③

可见,这场关于建立后方证券市场的讨论,已由前期的建立以推销政府公债市场和产业证券市场并重,转而倡导建立产业证券市场以促进后方产业经济发展,从倡设证券的二级交易市场,到提倡证券的发行机构,建立新证券

---

① 中国第二历史档案馆:《中华民国史档案资料汇编》第五辑第二编(五),江苏古籍出版社1997年版,第322—323页。
② 吴承明:《产业资金问题之检讨》,章乃器:《生产会议与工业资金》,《金融知识》第2卷第5期(1943年9月)第15、28页。
③ 《中外财政金融消息汇报·筹备证券票据市场》,《财政评论》第11卷第1期(1944年1月)。

的发行市场。虽然这一愿望和目标最终由于种种条件的限制而未能实现,然而,这场讨论折射出的却是抗战时期以重庆为中心的西部经济较前有了大的发展的现实。

三、近代重庆证券市场与西部经济的发展

纵观近代重庆证券市场建立与发展的曲折历程,可以看出,这个西部地区唯一的证券市场与以重庆为中心的西部经济、金融的发展有着十分紧密的联系,是西部经济与金融发展的重要表征与集中体现。

抗战爆发以前,中国东西部经济发展很不平衡,近代化的工商业主要集中在东部地区,而西部地区的近代工商业均十分薄弱,几无体系可言。以工业而论,全国工厂的70%簇聚于江苏、浙江、安徽三省,上海、武汉、无锡、广州、天津五市占了全国工厂总数的60%,并且,在全国民族资本工业中,全厂数的50%,全资本额的40%,全年产额的46%,都集中于上海一地。[①]另据中国经济统计研究所1933年的调查,全国共有纱厂136家,其中64家在上海。全国卷烟厂约60家,其中46家集中于上海。以全国来比较,当时上海工厂几占全国50%。上海工业资本占全国40%;上海工人数占全国43%,产值占全国50%。而1933年全国共有现代工厂3000家左右,其中设于上海者达1186家,若再将冀、鲁、苏、浙、闽、粤沿海各省包括在内,总共有2241厂之多,约占全国92%。[②]与此同时,根据经济部1932年至1937年的工厂登记统计数据显示,西部各省的产业经济则是十分微弱:

[①] 陈真、姚洛:《中国近代工业史资料》(第一辑),生活·读书·新知三联书店1961年版,第78页。
[②] 沈经农:《现阶段的中国工业》,《贵州企业季刊》第1卷第1期(1942年10月),第14、17页。

表12-1　1937年西部各省工业分布统计表

省别	厂数	百分比(%)	资本数(千元)	百分比(%)	工人数	百分比(%)
全国总计	3935	100.00	373359	100.00	456937	100.00
四川	115	2.93	2145	0.58	13019	2.85
云南	42	1.07	4216	1.17	6353	1.49
贵州	3	0.08	144	0.04	229	0.05
广西	3	0.08	913	0.14	174	0.04
陕西	10	0.25	2757	0.74	4635	1.01
甘肃	9	0.23	295	0.08	1152	0.25
西部总计	182	4.64	10470	2.75	25562	5.69

资料来源：李紫翔《抗战以来四川之工业》，《四川经济季刊》第1卷第1期（1943年12月15日），第20—21页。

由上表可见，到抗战爆发前夕，全国25个省市共有工厂3935家，资本373359000千元，工人458973名，而西部六省的工业在全国所占比重是十分有限的，工厂182家，占全国4.64%，资本额1047万元，占全国的2.75%；工人25562人，占全国的5.69%。不过，在战前的西部工业中，四川有工厂115家，资本2145000千元，工人13019人，分别占西部省区的63.19%、20.49%、50.93%。其中，"重庆是四川最大的并是唯一的工业区"，四川所有工厂"十之七八是设立于重庆或其附近的"，按最大限度的80%来计算，重庆有工厂92家，资本1716000千元，工人10415人，分别占西部省区总数的50.55%，16.39%，40.74%。

金融业的发展在很大程度上取决于经济的发展程度，近代银行就其本身来说，是商品经济发展的产物。抗战前，由于自给自足的自然经济在西部地区仍居于主体地位，社会经济的落后决定了西部地区金融业发展的滞后性，传统的票号、钱庄、当铺，依然是维系西部各地经济运转的主要金融机构。近代意义上的银行，主要集中在以上海为中心的东中部地区，在西部地区十分弱小，请看1935年对全国银行业按其总行所在地及分行处所在地域分布状况的统计表12-2：

表12-2　1935年全国银行总行所在地及分行处所在地域分布情况统计表

地域	总行数	分支行数	合计	本埠分支行数
上海市	60	128	188	82
天津市	8	54	62	32
北平市	1	50	51	31
青岛市	3	20	23	9
杭州市	7	17	24	4
南京市	1	50	51	26
重庆市	9	14	23	10
汉口市	4	30	34	4
广州市	5	14	19	4
江苏省	13	175	188	20
浙江省	17	78	95	—
山西省	1	32	33	—
山东省	1	33	34	2
甘肃省	—	4	4	—
河北省	—	48	48	—
河南省	1	49	50	—
陕西省	2	46	48	—
四川省	4	41	45	4
江西省	3	46	49	3
安徽省	—	40	40	2
湖北省	—	28	28	1
湖南省	2	32	34	—
福建省	3	32	35	9
广西省	1	24	25	—
广东省	—	15	15	—
吉林省	—	10	10	2
黑龙江省	—	3	3	—
辽宁省	—	21	21	3
云南省	1	6	7	—
察哈尔	—	4	4	—
绥远省	1	8	9	—
宁夏省	1	3	4	—
香港地区	10	33	43	1
总计	159	1188	1347	249

资料来源：王承志《中国金融资本论》，光明书局1936年版，第16—18页。

由此表可知,1935年时,全国银行总计159家,分支行1188家,设立区域,以都市来说,总行以上海为最多,以省别来说,总行及分支行的所在地又以江浙两省、沿海诸省及长江流域数省为最多,而偏僻之区,工商业不发达的西部省份相对较少,总计重庆、甘肃、陕西、四川、广西、云南、宁夏等七省市仅有总行18家,分支行138家,分别占全国的11.32%,11.62%。尽管银行的总分支行在西部分布很少,但从表中,我们可以看到,重庆是西部地区金融业最发达的地区,位列全国九大城市之一,其总行的设立还处于全国城市第二位,虽然分支行并不多。

由此可知,抗战前,东西部经济差距十分显著,重庆与全国其他地区特别是工业发达的华东、华北、华南相比,显得十分落后,但是,在西部经济的发展中,重庆却因其特殊的地理位置,位于长江、嘉陵江的汇合处,是西南水上运输网的总枢纽,是长江流域仅次于上海、武汉的重要港口。因此与西部地区其他城市相比,重庆无论是工商业或金融业诸方面,都远远处于领先地位。

1932年创建的重庆证券交易所,从创立的最初动机看,同全国其他各地如上海、北平、宁波、汉口等地证券交易所的创立一样,与地方政府为解决政府的财政赤字,发行地方公债密切相连,重庆证券交易所主要以经营国民政府与四川地方政府发行的各类中央及地方政府公债、库券为主体。然而,值得注意的是,重庆证券交易所还经营当地少量银行、企业等发行的股票与申汇,这表明,重庆的金融业、产业经济、国内贸易等在当时已经有了一定的发展,重庆证券交易所的建立也是地方经济发展的结果。所以,抗战前的重庆证券市场的建立不仅是地方政府发行公债解决财政赤字的反映,也是近代重庆经济金融发展的产物。

抗战爆发后,中国经济相对发达的东中部地区相继沦陷,国民政府步步退缩,到1939年,上海以及长江下游的工业,除少数得以迁入后方外,其余均为敌人所霸占或摧毁,损失十分惨重。作为国民政府战时统治基础的西部地区,战前工业十分薄弱,为了迅速将西部各省建成战时后方的工业基地,国民政府在迁都前后,即将发展后方工业,作为当时政府支持长期抗战的国策。首要的是对江浙沿海及华中地区的内迁工厂积极扶植,使其尽快恢复生产,以便为战时后方工业奠定基础。抗战初期的几年里所设立的工厂，主要都是从战区迁移来的，据经济部的统计，厂矿内迁工作，截至1940年底，总计由政府奖助，迁到后方的厂矿，共有452单位，器材重量达12万吨；工业界移民达10余万人。

表12-3 截至1940年底沿江沿海迁入后方的主要工厂统计表

省份	厂家数
四川省	250
湖南省	121
陕西省	43
广西省	25
其他省份	15
总计	452

资料来源：沈经农《现阶段的中国工业》，《贵州企业季刊》第1卷第1期(1942年10月)，第24页。

在这些内迁工厂中，迁往四川的最多，达250家，占55.3%。另据经济部的统计资料显示，经政府协助内迁的工厂为448家，机器材料70900吨，技工12080人。其中以机器工业为最多，占40.4%，纺织工业20.7%，化学工业12.5%，电器工业6.5%，食品工业4.9%，矿业1.8%，钢铁工业0.24%，其他工业12.1%。其地域分布，以四川居第一位，计四川占54.1%，湖南29.2%，陕西5.9%，广西5.1%，其他各省5.7%。[①]这些具体数字虽有出入，但大体上还是一致的，特别是四川是内迁工厂的主要集中之地。而四川省府对这些内迁工厂也提供了大量帮助，在运输方面，由川江资务管理处负责办理，由省府商请中央信托局取费15‰川江保险费，鉴于各厂商在迁移之余，无力负担，实行津贴办法，厂商只负担4.05‰之保费，其余概由省府津贴，此外组设评价委员会协助迁川工厂收买厂址以便兴建厂屋，至于周转资金、使用电力等问题，无不尽

[①] 中国人民抗日战争纪念馆、重庆市档案馆：《迁都重庆的国民政府》，北京出版社1994年版，第124页。

力予以便利,使迁川工厂均能逐渐开工。①工厂的内迁,为战时西部地区的工业提供了便利条件,使全新之工业基础在后方迅速成长起来。

正是在这些内迁工厂的带动下,在国民政府与大后方人民的积极努力下,短短五年中,后方西部地区新建的工厂日渐增多,技术及设备日渐改进,产品数量日渐增加。在这素称落后的西部中国,工业的发展速度已在中国工业史上创造出惊人的纪录,是敌寇连做梦也想不到的,直接间接增加了抗战的力量。据1941年秋的统计,我国大后方厂矿已有1300余家,平均46小时,即有一新厂出现。举凡各种矿产、钢铁、电力、机械、电工器材、化学工业、纺织、面粉、煤油、酿造等等,均齐头并进,应有尽有。

然而,工业之数量与种类在迅速扩充的同时,却严重缺乏资金的支持。大后方固定资产与流动资金之总额,据估计不过15亿元。以15亿的资金,分配于1300多家工厂,每厂所得平均数十分有限,仅110多万元。以一般认为资本雄厚,人才集中,数量最多的四川省厂矿情形为例:四川省内较大的工厂有390余家,资本总额合计仅3.44亿元。其中,1.2亿元者1家,2000万元以上者1家,1000万元以上者2家,800万元以上者1家,600万元以上者2家,500万元以上者1家,400万元以上者7家,300万元以上者3家,200万元以上者17家,100万元以上者21家,100万元以下10万元以上者154家,由此可知,小资本工厂的比率最大,约占总数38.89%。②可见,后方产业固有资本之贫乏与分散了。

解决产业资金不足问题,最初主要依靠的是政府当局的贷款和一般商业银行的资金融通。然而政府的工矿贷放与银行的投资却少得可怜。先看四联总处的工矿贴放:从1937年9月起至1939年底止,四联总处核准的工矿贴放为3000万元,占同期该处贴放总额5.6%。1940年度的工矿贴放有所增加,计10900万元,占该年贴放总额19.3%。1941年度在绝对数方面虽然有所增加,计31000万元,但在相对数的总额百分比方面,却反而降为13.9%。太平洋战争后,由于形势的需要,政府对于工矿生产的停滞,已不得不加以重视,

---

① 《二十九年度四川全省经济建设概况》,《经济汇报》第4卷第8期(1941年10月16日),第80—81页。

② 石年:《当前工业资金问题展望》,《贵州企业季刊》第1卷第1期(1942年10月),第4页。

因此 1942 年度的工矿贴放又有增加,百分率虽已增为总额的 38.6%,可总数依然也不过只有 34400 万元。此数如与当年后方物价上涨倍数相较,实际上也未见有何增加。而各银行的工矿投放情形更不容乐观。据有关方面估计,1940 年度后方各银行对工矿业的投放,计商业银行约占总额 1% 强,钱庄和银号不及 0.1%,省地方银行也不过仅占总额 0.6%,但同期各行庄的商业放款,却保持在总额的 80%~90% 间。①另据调查,重庆 60 家商业银行截至 1942 年 3 月,放款总数为 27437 万元,其中贷给工业与矿业之款,占总数的 11.32%,1944 年重庆所有商业银行放款之总数为 493727.6 万元,但工业与矿业的贷款仅占总数的 13.7%,②再以四川 12 家银行 1941 年度的情形为例,其资本合计为 247162378.69 元,而其投资及放款于农工矿及公用事业总数仅 65037583.36 元,仅占 26% 强。这其中还包括对农业之投资及放款在内,实际上投入工矿业的数字更少。③可见,无论是政府还是商业银行对于工矿业之资金融通,犹如杯水车薪。

自太平洋战争发生以后,对外交通,几濒于断绝,物资来源,更感困难,后方工业生产之地位,亦见重要。惟因工业资本,尚未充分发展,生产数量,不敷市场需要,遂致物价高翔,囤积炽盛,形成经济上之严重问题。于是,随着后方工业经济的发展,产业资金的缺乏日益成了当时十分重要且亟须解决的问题,为此,社会各界与政府再次将目光投向证券市场,希冀通过恢复证券市场,解决经济发展所面临的融资困难的问题。不过,与以往所议的证券市场不同的是,此时社会各界所考虑的证券市场,则仅以产业证券——股票公司债为限,而不包括公债在内。初步原则为:由中国、交通、农民三行及信托、邮汇两局联合金融业及产业个体共同组织重庆市产业证券推进会,并附设证券市场;在市场中只开拍现货,同时市场上开拍的证券,须先经该理事会核定;市场不经常开放,只定期集合;至于开支不足时,则由基本会员负担;并不设经纪人。产业证券市场的设立,以活动产业资金为唯一目的,否则便

---

① 陈真:《中国近代工业史资料》第四辑,生活·读书·新知三联书店 1961 年版,第 75—76 页。
② 罗炯林:《中国工业发展的过去现在与将来》,《金融汇报》第 8 期(工商专号)(1946 年 5 月 29 日),第 11 页。
③ 石年:《当前工业资金问题展望》,《贵州企业季刊》第 1 卷第 1 期(1942 年 10 月),第 5 页。

没有意义。①

随着讨论的深入,人们还进一步认识到,企业资金募集困难的原因,又是与公司组织不健全和人们的投资观念的陈旧有着密切联系的。因为公司组织不健全,使股东亦多未能尽监督之责。所以私人的小资本,亦只能根据于亲友间的信任以为投放;同时,在商业银行方面,则因为所收到的大部是短期存款,又不能用作长期投资。对此,有观点认为,中国应当设立一种投资合作银行或投资信托银行,作为长期投资的居间者,收集零星款项,投于各种企业,取得大股东之权,并任监督之责,以保护其存款者(或私人股东)的利益。②

在抗战即将结束的1944年底,不少有识之士认为,中国战后即将展开大规模的工业化,而要实现工业化,将需要大量的资金,因此必须建立完备的证券市场,并且对比欧美各国证券市场的经验,认为:在欧美各国,一个完备的资本市场,至少包括两个具有不同职能的构成部分,第一个构成部分是最基本的,也是资本市场的核心,那就是发行新证券的市场,第二个构成部分,是旧证券市场,以证券交易所的形式出现。新证券市场的主持者,常须负担由一般投资者能否充分供应其代募资金而生的风险,因此为了促使一般投资者注意,又须负起很多繁重的推销工作,这些风险和劳务,乃由委托企业偿以佣金,或其他方式的报酬。而中国最缺乏的就是新证券的发行市场,"战后工业化的加速推进,必须有巨额长期资本的供给。供给最终来源不外国内外人民的储蓄。可是要吸收这种储蓄转为生产资本之用,必须有一迅捷便利的运输工具,在现代生产组织下最适当的就是产业资本的证券化,而要发挥这工具的效力须有一运用这项工具以便利资本运用运转的机构"。所以,认为战后我国资本市场的构成必须以银行为核心,而且须以国家银行为核心,主要应由交通银行来实施。并由交行领导国内各大商业银行合组永久性的产业投

---

① 徐建平:《证券市场与产业资金问题》,《经济汇报》第8卷第11期(1943年12月1日),第100页。

② 吴大业:《当前产业资金问题及其解决》,《金融知识》第2卷第3期(1943年5月),第11页。

资公司。[①]这表明,人们进一步清楚地知道证券市场的功能,认识到了证券市场与产业发展之间的真正关系。促使人们更加注意发挥证券市场的融资职能,希望在中国真正建立一个推进产业经济发展的资本市场。明确了战后中国证券市场的发展方向,为战后证券市场的发展奠定了思想基础。

　　上述可见,证券交易所作为市场经济和金融市场的核心组成部分,必然与经济增长和发展密切联系。重庆证券市场的兴起与演进首先是社会经济发展的结果和反映。抗战前的重庆,由于其优越的地理条件而成为了西部最重要的工商业中心地区,这也是近代重庆证券交易所成为了西部地区唯一的证券市场的基本原因,然而就全国而言,西部又是经济最落后的区域,这种状况又制约了重庆证券市场的发展。抗战爆发后,重庆迅速成了大后方的政治经济中心,特殊环境有力地促进了西部大开发的进程,重庆的工商业有了突飞猛进的变化。经济的快速发展,需要有雄厚资本的支撑,这就为金融市场的建设提出了迫切的要求。围绕重建与完善重庆证券市场的大讨论既是大后方产业经济发展的产物,又是金融市场主动适应经济发展要求的表现。

　　人们对证券市场的认识和观念的变化,也是与经济发展的程度息息相关的。任何经济观念和思想都是对经济活动的反映,而且总是随着经济活动的发展而不断发展的。一方面战时后方生产事业迅速发展,一方面却由于固有资本之薄弱,及受物价高涨之影响,其资金之艰困,已达不能维持现状之境地。正是在这样的情势下,人们自然将解决问题的目光转向了后方证券市场的设立,关于这方面的主张和要求一浪高过一浪,认识层面也不断深化,人们希望通过证券市场,给予产业界公开募集资金之机会,以促进产业资本之发展、促使公司组织之健全。而且人们对后方证券市场建设的主张,逐渐从以开拍政府公债和股票、公司债并行的证券市场转变为强调发展以企业股票、公司债为主体的产业证券市场。发生这一认识上的重大转变最根本的原因正在于大后方产业经济的迅速发展。尽管由于种种原因,后方证券市场最终

---

① 宋则行:《战后我国资本市场的建立问题》,《金融季刊》第1卷第1期(1944年10月1日),第78、81、86页。

未能建立起来，但围绕建立后方证券市场的这场讨论，却提高了对证券市场重要作用的认识，深化了人们对证券市场制度的认识。

在近代中国，政府对于证券市场的兴衰起着巨大的作用和影响，这种作用有时甚至是决定性的。从历史来看，近代中国证券市场的兴与废都与政府有着太多的关系，尤其是重庆证券市场更是如此。20世纪30年代初，出于解决地方财政问题的考虑，四川财政厅厅长刘航琛主导创立了重庆证券交易所，1934年2月，重庆地方当局和财政部出于整顿金融市场的需要，先后电令取缔重庆证券交易所。然而不久，为了便于四川善后公债顺利推行，1935年8月财政部又下令重庆证券交易所恢复。"八一三"战事爆发后，为稳定金融秩序，8月14日军事委员会委员长行营紧急命令全国证券交易停市，重庆证券交易所也随之而关闭，此后就再也没有恢复过。可见，近代中国，特别是民国时期，证券市场的生杀予夺之大权始终为政府直接掌控着，而此中相牵扯的因素虽然复杂，但最根本的东西即是政府的财政利益。

证券市场的真正发展不仅是建立在产业经济发展基础上的，而且是建立在市场经济基础上的。我们说产业经济的发展是证券市场发展的前提，但只有建立在市场经济基础上的证券市场才能真正地发展起来，否则就可能导致畸形繁荣，或者半途夭折。抗战中，虽然重建重庆证券市场的呼声一浪高过一浪，围绕重建的讨论也热闹非凡，然而最终并未实现，其中一个重要原因，便是由于战时统制经济体制制约所致。

第十三章 抗战时期重庆保险业研究

抗战之前,由于连年内战,工商业发展不充分等原因,重庆保险业发展迟缓,在全国保险行业中所占比例较低。抗日战争时期,作为战时首都的重庆亦成为全国的金融中心,随着大批工商企业和保险公司的内迁,促使重庆保险业得到了空前的发展。保险业是金融业的一个重要组成部分,重庆保险业在原有基础上获得了突飞猛进的发展,成为战时全国保险业的中心。保险业成为战时少有的发展繁荣的行业,但是有关抗战时期重庆保险业的研究,在目前的学术研究中少有关注。本章通过对重庆档案馆馆藏保险档案以及大量战时有关保险业的文献、期刊、报纸等原始资料的梳理,并结合保险学、统计学方面的知识,对战时重庆保险业的发展进行初步探讨,以期能对该领域的研究有所贡献。

一、抗战时期重庆保险业的发展

1937年抗日战争爆发之后,国民政府迁都重庆,沿海及华中的大量工商企业也内迁至后方,重庆成为战时全国的政治经济中心,这就为大后方保险业的发展奠定了物质基础。而当时日机频繁轰炸,重庆人民生命财产遭到巨大威胁;太平洋战争爆发后外商保险公司又相继歇业,沦陷区保险机构人员纷纷来渝;政府一再限制新设银行钱庄,迫使游资急切寻找新的突破口;以上都是促成重庆保险业蓬勃发展的重要因素,于是便形成了以重庆为中心,并由此辐射到整个大后方的保险市场。

(一)抗战以前重庆保险业的基本状况

重庆地处四川东部,历来是我国西南地区交通枢纽和川江物资进出口的集散地,在近代保险业传入之前,已有"麻乡约"等具备简单补偿功能的组织。晚清时期,随着资本主义列强近一步扩大对内陆地区的渗透,重庆被迫开埠,外商保险业也拓展于此。二十世纪二三十年代,重庆政局趋于稳定,经济逐渐恢复发展,民族保险业也随之兴起,为抗战时期重庆成为全国保险行业的中心奠定基础。

1. 早期朴素的保险方式

(1)"麻乡约"责任赔偿制。"麻乡约"[①]是清末民初活跃在云南、贵州、四川一带的一个大型民间运输组织。它的全称是"麻乡约大帮信轿行",由四川綦江县人陈洪义(又名陈鸿仁)于清咸丰二年(1852年)在昆明首创。[②]1866年在重庆开设"麻乡约民信局",经营客运、货运、送信、汇兑(包括运现)等四项业务。为了取信于客户,除人力不可抗拒的自然灾害以外,凡在运送途中发生偷窃、盗卖、拐逃、遗失、损坏等,一律负责赔偿,并严格执行。[③]多年来发生过不少物资和现金损失,都能及时赔偿兑现,在当时交通运输不发达的情况下,对西南地区商品经济的发展起到了一定的保障作用。这种赔偿制度虽然与现代保险制度有很大的差距,但是因为蕴含着经济补偿功能,这就具备了早期朴素的保险形式。随着西南地区相继兴建公路,长江航运日益繁盛,政

[①] 明末清初"湖广填四川"的时候,湖北省麻城县有大批农民被迫迁至四川,由于远离故土,思乡心切,每年都要推选一个办事公正,讲究信用的人带上土特产品和信件回乡探望。因此,人们便称这种人为"麻乡约"。麻,表示麻城,乡约,是当时农村负调解责任的一种领导人员。"麻乡约"即因此而得名。因陈洪义经常为同业人员排解纠纷,主事公道,深受人们爱戴,陈本人脸上也有麻子,便以"麻乡约"称之。

[②] 中国保险学会、《中国保险史》编审委员会:《中国保险史》,中国金融出版社1998年版,第12页。

[③] 中国保险学会、《中国保险史》编审委员会:《中国保险史》,中国金融出版社1998年版,第13页。关于客运和汇兑的赔偿条件另有规定。

府的邮政业务也拓展至基层,在20世纪30年代,"麻乡约"所承办的各项业务逐渐被现代交通工具所取代,再加上后继者经营不善、管理混乱、信誉下降,这一大型民间运输组织不得不宣告结束。

(2)淹消盐斤免税补配法。四川盛产食盐,除了供应本省自用外,每年都有大量食盐需用木船运往省内外,而川江沿途滩险林立,盐船在行驶途中经常发生灾害事故,造成淹损。如何弥补这一意外损失,一直是官府、盐商及运方的共同忧虑。重庆地处嘉陵江和长江交汇点,又是最大的川盐集散地,为了保障盐运,从清代起,就一直采取"官盐以税收提款自保,商盐随盐带征商本税收取基金"的制度。这种"提款自保"和"带征商本税"的规定,实际上具有预提保险基金的性质,一旦盐船遇险,便可从中得到损失补偿。具体做法是"所运之盐如遇出险,只要盐引(即盐照)并未遗失,便可报由地方官府查验具结,再呈报盐务机关,准以原有盐引,赴原配场地补配损失盐斤,免再缴税"。据统计,仅1916—1918年三年间,四川富荣、犍为、云阳几大盐场共运盐631万担,补配率约为0.9%。[①]

2. 外商保险业占据市场

1890年中英订立《烟台条约续增专条》,规定重庆作为通商口岸。1891年3月1日,重庆正式开埠。开埠后,以英商为首的各国商人,纷纷来渝建立工商企业以及航运机构,外国保险资本也随之逐步渗入。

外商来重庆成立的保险机构,有资料可查的,先是1891年成立的英商太古洋行保险部,但它只是作为本国保险公司招揽业务的代理处。来渝正式成立的第一家外商保险公司,是1893年开始筹办的利川保险公司。据《招商局档案》记载,英国领事法磊斯在重庆开埠后不久,便向当时的川东道和四川总督提出申请,1893年2月,经总理衙门批示:"查重庆既已通商,即与下游各埠无异,自难阻其设立保险公司"。[②]该公司成立后,主要经营重庆与宜昌之间"挂旗船"的货物运输险和船舶保险,约有几年时间便宣告结束。1903年,英商保家保险公司来渝设立分公司,经营火险业务。1905年,英商隆茂洋行筹

[①] 四川省地方志编纂委员会:《四川省志·金融志》,四川辞书出版社1996年版,第88页。
[②] 聂宝璋:《中国近代航运史资料》第一辑(上册)(1840—1895),上海人民出版社1983年版,第617页。

办的英京火险公司开业,在重庆刊登题为"倘遇不测,立即兑现"的广告宣传,并开始办理水、火险业务。1906年,英商永明和永年人寿保险公司,在重庆设立分公司,经营人寿保险业务,清政府还为两公司发出保护告示。1910年和1913年,又先后有英商上海永康寿险公司和华洋寿险公司来渝设立机构,承办人寿保险。[①]

1926年,在重庆政局稳定之后,又有一些外商保险公司陆续迁来。如经营水火险业务的英商白理洋行、海利英商行和日商三井洋行等。其中三井洋行信誉不佳,业务未能开展,遂自行停业。此外,30年代初,重庆多家银行为办理抵押贷款业务需要保险,均在上海接洽代外商办理保险业务,其中有四川商业银行代理的英泰保险公司,美丰银行代理的美国保险公会业务,川康银行代办中英合资的宝丰保险公司等。1935年,美商友邦人寿保险公司也将业务扩展至重庆,专门招揽顾客投保15—20年期的小额寿险。[②]

以上这些外商保险公司,大部分经营时间不长,主要是在不平等条约掩护之下,倚仗雄厚的财力,按自己划订的保险法规自由经营。外商保险公司还利用投保人获得赔偿款后,在报纸上刊登启事,为其做广告,以招揽业务。

3. 民族保险业的兴起

早在1904年,四川官府就有了兴办现代保险业的提议。当时的四川商务局,曾上书给四川宪台,呈请在成渝两地设立保险公司,以保护省内银两的转运。呈文中写道:"……惟商贾运银,往来途中失事,防不胜防。若夫信票汇兑,流通于衡衢,而捍格于僻壤外,惟有设立保险公司。拟以省、渝为干,附近州民县为枝,互相联络,然后逐渐贯通。使商民所费无多,而免疏忽之虞",但这一提议并没有付诸实践。直到1906年,重庆少数士绅集资招股,成立了重庆第一家由国人经营的保险公司——探矿保险公司。据同年9月重庆《广益丛报》第24号记闻栏刊载,"地中探矿,每有水火风三种险害,防不胜防,故人多视为畏途,不敢轻试。前有渝城某绅集议招股创立探矿保险公司,专保三种险害,凡经保者一遇损害即归公司赔偿,庶人无险阻之虞",但是具体经

[①] 中国人民保险公司四川省分公司:《四川保险志》(内部发行),1989年版,第20页。
[②] 中国人民保险公司四川省分公司:《四川保险志》(内部发行),1989年版,第20页。

营时间和业务情况都没有资料可寻。①此后不久,国营招商局在重庆开办航运期间,也曾为旗下的仁济和保险公司办理过货物运输险和仓库火险,但规模不大。因此在民国以前实际是由外商独占重庆保险场。

辛亥革命以后,重庆的民族保险业逐渐有所发展。1911年到1926年间,重庆大多数年份处于战乱频繁、政局动荡之中,经济萧条,保险业发展迟滞。1913年,上海华洋人寿保险公司来重庆设分公司,直至1919年才有上海金星保险公司来重庆设立分公司,经营水、火险业务。1926年刘湘控制重庆后,政局渐趋稳定,经济逐渐复苏,保险机构才逐步增多。安平保险公司,太平保险公司及其寿险部,宝丰保险公司,丰盛保险公司先后于1927—1931年来重庆设立分公司,办理水、火险及人寿保险。1932年,重庆川盐银行拨款20万元,专为创办川江盐运保险,设立了保险部,并在自流井、邓井关、合川、涪陵、万县、合江、江津等地沿岸设立保险部办事处。同年11月,中国银行投资开设的中国保险公司,也在重庆中行成立经理处,办理水、火险以及后来开办人寿保险业务。到了1935年,陆续成立的还有中国天一保险公司重庆办事处,聚兴诚银行投资开设的兴华保险公司(总公司设在重庆,经营水火险业务)。重庆邮局根据1935年5月由国民政府公布的《简易人寿保险法》办理小额简易人寿保险,由于该法规定办理简易人寿保险的应为国营事业,其他保险机构都不能经营,因此美商友邦人寿保险公司所经营的小额寿险,与此法律有抵触,予以取缔。

此外,外省保险公司将其业务拓展到重庆的,还有中央银行代理的中央信托局保险部,浙江兴业银行代理的泰山保险公司,江海银行代理的华成保险公司,郑邦一个人代理的永安人寿保险公司以及华安合群人寿保险公司等。至1937年,重庆的民族保险业就已有17家,其中总公司2家,分公司8家,代理处7家。由此说明重庆的民族保险业在抗日战争爆发前,已由萌芽时期逐步走上发展时期,而且各公司业务日趋发达,年终决算均有盈余。据1935年统计,当年全市保险费收入达150万元,其中华商公司约占60%。②这

---

① 中国人民保险公司四川省分公司:《四川保险志》(内部发行),1989年版,第21页。
② 中国保险学会、《中国保险史》编审委员会:《中国保险史》,中国金融出版社1998年版,第131页。

年赔款总数为20余万元,华商也占有50%,开始改变了外商保险公司独占重庆保险市场的局面。

(二)重庆保险业发展的基本条件

1. 大量工矿企业的内迁

在抗战以前,重庆的工业相对于商业和金融业来说发展较为迟缓,但在四川处于主体地位。到1937年,重庆有万元以上资本的工厂77家,总资本881万元,分别占全国工业的1.96%和2.60%。重庆的工厂数占四川省的66.96%。在77家工厂中,轻工业56家,占70.04%,重工业21家,占29.96%;在881万元资本总额中,轻工业297.53万元,占33.75%,重工业584万元,占66.25%。轻工业平均每家资本5.31万元,重工业平均每家27.8万元。[1]结构较为单一,资本相对薄弱。

抗战爆发以后,国民政府着手组织了大量工矿企业的内迁。在内迁的第二阶段,一些厂矿选择了广西、湖南、陕西、云南为目的地,但更多地选择了四川,特别是重庆。这主要是因为重庆是战时首都,政局稳定,有利于开工生产,支援抗战。同时,重庆有丰富的工业生产必需的劳动力以及煤、铁、水等资源,有广大腹地可供给农产品等工业原料,交通较为便利。重庆又长期作为四川以及整个西南地区的商业金融中心,有支援工业发展的便利条件。因此,重庆就成了第二阶段内迁的主要目的地。[2]据经济部1940年统计,民营工厂内迁的厂数分布如表13-1:

表13-1 民营工厂内迁厂数地区分布情况表

四川	湖南	广西	陕西	其他	合计
254	121	23	27	23	448

资料来源:韩渝辉《抗战时期重庆的经济》,重庆出版社1995年版,第19页。

---

[1] 韩渝辉:《抗战时期重庆的经济》,重庆出版社1995年版,第19页。
[2] 隗瀛涛:《近代重庆城市史》,四川大学出版社1991年版,第221页。

其中四川占了内迁厂数的57%,而在重庆的有243家,占内迁厂数的54%,占迁川厂数的93.5%。迁往重庆的工厂,不仅数量众多,门类较齐,而且不少是规模大、技术水平高的厂家。内迁到重庆的上海60多家机器厂,数量占全国机器厂的33%,而资本却占全国机器业资本总额的45%左右。[1]这些工厂带来了当时国内最先进的设备,大批熟练技工,加上由政府兵工署直接安排迁往重庆的国内的主要兵工厂,从此改写了重庆工业落后的历史,同时也为重庆保险业发展带来了契机。

2. 保险机构及从业人员入渝

上海是近代中国保险事业的发祥地。在抗日战争爆发以前,上海是整个中国最大的保险市场,也是最重要的保险业中心,共有华商保险公司30家,包括总公司24家及6家分公司,占全国保险业总数40家的75%。上海各保险公司的资本总额为2529万元,约占全国华商保险公司资本总额3807万元的2/3。除此以外,上海当时还有外商保险公司及代理机构157家。[2]

抗战的爆发,改变了中国保险业的发展进程。在日益严峻的形势面前,上海各华商保险公司纷纷采取应对措施,一方面收缩业务,将处于战区的分公司或代理处进行撤销或者合并,另一方面"于是另寻蹊径,向西南及边陲各地伸张,以收桑榆之效,各公司配合西南及边陲当地环境之需要,设立分公司或经理处"。[3]随着国民政府迁都重庆,大量工矿企业也随之迁入重庆及其附近地区,一改过去工业落后的状态,这就为保险业的发展提供了物质条件,于是重庆便成为保险公司内迁的首选。作为国营保险公司的中央信托局保险部于1940年随总部正式迁入重庆,另一家国营保险公司邮政储金汇业局保险部也于1941年将总局迁入重庆。中国保险公司则于太平洋战争爆发后,在重庆设置总管理处。此外,民营保险公司中实力较为强劲的太平、宝丰、四明等公司也将业务重心放在重庆。

---

[1] 韩渝辉:《抗战时期重庆的经济》,重庆出版社1995年版,第55页。
[2] 吴景平等:《抗战时期的上海经济》,上海人民出版社2001年版,第330页。
[3] 沈雷春:《抗战前后之我国保险业》,《金融导报》第1卷第5—6期(1939年),第15页。

表 13-2　抗战时期迁渝保险机构统计表

公司名称	公司性质	保险业务	资本总额(万元)
中央信托局保险处(总部)	国营	产物、人寿	500
邮政储金汇业局保险处(总部)	国营	简易人寿	50
中国保险公司(总部)	国营	产物、人寿	200
太平人寿保险公司	民营	人寿	100
中国天一保险股份有限公司	民营	产物	100
太平保险股份有限公司	民营	产物	300
安平保险股份有限公司	民营	产物	100
华安水火保险股份有限公司	民营	产物	60
四明保险公司	民营	产物	50
宝丰保险公司	民营	产物	50

资料来源：沈雷春《中国金融年鉴》(1939年)，美华印书馆1939年版，第134页。

迁来重庆的保险公司，看起来数量不是很多，但是实力却相当雄厚，大多有着官方背景，资金充足，即使是太平、宝丰这类民营企业，在同业中也属于佼佼者，并与外国保险企业有着分保关系。这些保险企业有着丰富的管理经验、经营方式，所属员工大多为从事保险行业的资深人员，因此为重庆保险业的发展与繁荣带来了生机。

3. 游资对保险业的投入

抗日战争是一场消耗巨大的持久战，势必会造成物资匮乏、物价上涨，而此时大后方的一些银行与钱庄，不仅没有承担起战时应有的责任，反而加入到投机行列中，"以重庆情形而言……大部资金遂转为货物买卖或则设立所谓信托部代理部贸易部，或则另立公司即向本银行随时透支营运资金，或则不另立名目，直接经营。凡此种种，均为银行之直接参加投机囤积。"[1]针对此种现象，国民政府先后颁布了一系列法规，[2]使得商业银行业务纳入战时体系，从而抑制了游资投机之风。但是游资总是金融市场中最为活跃的，它们

---

[1] 邹宗伊：《中国战时金融管制》，财政评论社1943年版，第291页。
[2] 其中1941年12月9日颁布的《修正非常时期管理银行办法》对于限制开办银行、取缔银行附设商号、禁止经营商业等做出明确规定，之后又陆续出台了一些单行法令来补充完善。

把目标瞄向了政府尚未严格监管的保险行业,从1942年到1944年,两年之间成立了24家保险公司,几乎每个月都有一家保险公司成立,而有些公司并非经营保险业务,只是打着保险公司的旗号进行货物囤积居奇的投机活动。[①]

(三)抗战时期重庆的保险机构

随着战事的进一步扩展,特别是作为全国金融中心上海的沦陷,保险业的发展格局产生了重大的变化,其中最为明显的便是保险机构的纷纷内迁,而作为战时首都的重庆则成为众多保险机构的首选。迁来重庆的保险机构大体上分为三种类型,一是以中央信托局保险部为代表的国营保险公司;二是当地金融界和实业界投资创办的地方性保险公司,如兴华保险公司;三是外来民营保险公司,以太平保险公司和宝丰保险公司为代表。由于三类保险公司的创办背景不尽相同,导致以后的发展分别走上了不同的轨道。此外,还有与保险业密切相关的保险公估机构。

1. 国营保险公司

保险除具备平摊损失、经济补偿的基本保障职能外,还有调节金融、促进经济发展、稳定社会的功能。在抗战时期,保险的功能对于国民政府来说显得尤为重要,因而得到政府的重视,并相继成立了一批以国家资本为背景的国营保险公司。"四行二局"分别成立了各自的保险公司,并且在重庆保险市场占据了主导地位。

(1)中央信托局保险部。中央信托局保险部于1935年10月2日在上海正式成立,办理火险、水险、兵盗险、汽车险,寿险,一切产物及人身意外险,并经营分保业务。"由中央银行一次性拨足国币500万元,会计独立,孔祥熙兼任理事长"。[②]起初公司业务的开展是采取由各地中央银行代理的方法,但是随着由中央信托局保险部独家经营的兵险业务的开办,业务量不断上升,才又在西南、西北一些大中城市单独成立机构,直接办理各种保险。兵险业务自1937年10月18日承办当日起,"即派员赴重庆集中办理运输兵险"[③]。

[①] 重庆金融编写组:《重庆金融》(上卷),重庆出版社1991年版,第266页。
[②] 颜鹏飞等:《中国保险史志(1805—1949年)》,上海社会科学院出版社1989年版,第297页。
[③] 颜鹏飞等:《中国保险史志(1805—1949年)》,上海社会科学院出版社1989年版,第345页。

由于战事的进一步恶化,设在上海的中信局保险部随总局迁移到较为安定的大后方,同时也是出于业务重心已转换到后方的原因。起初一部分迁往香港,另一部分移至昆明,后于1940年全部转移到作为战时首都的重庆。1941年,根据当时颁布的保险业法的相关规定,以及拓展业务的需要,保险部划分为产物保险处和人事保险处。无论从资金、规模及业务等方面而言,中央信托局保险部都是保险机构中的翘楚。该部在展业过程中,根据市场的需要,简化了保险的手续,特别是在寿险方面做出了改革,推动了向来停滞不前的寿险业务,在大后方保险市场激烈的竞争中,处于优势地位。这一方面得益于它的官方背景,另一方面则是战争的客观需要。

(2)中国保险公司。中国保险公司创立于1931年11月1日,"该公司系由中国银行总经理宋汉章发起,其股东大半为中国银行高级职员及银行界人士,资本总额为国币500万元,实收半数。"①总部设在上海,宋汉章为董事长,过福云为总经理。其组织形式,主要是利用各地中国银行分设的行处作为它的经理处或分经理处,由银行派员或公司派驻人员具体办理保险业务。起初主要经营产物保险,1933年附设人寿保险部,之后根据国民政府颁布的《保险业法》规定,人寿保险部单独成立中国人寿保险公司,资本500万元。同时,中国保险公司改称中国产物保险公司。

中国保险公司是第一个进入内地市场的官办保险公司。早在1932年,重庆中国银行就已代理中国保险公司业务,既经营水、火保险,也办人寿保险业务。②1941年12月珍珠港事变,日军侵占上海租界。上海中国保险总管理处派一部分职工到重庆后,在重庆上清寺中行办事处楼上设立中保总管理处办公室。为适应内外形势及公司业务行政管理需要,1942年成立中国保险公司总管理处,地址设在南岸区黑朝门,直辖衡阳、桂林、贵阳、昆明等经理处,将重庆经理处改为分公司。重庆分公司设在中国银行重庆分行内,经理先后为钱仰之、卢逢清。③

中国保险公司的主要特点是专业人员不多,但业务能量却很大。业务来

---

① 颜鹏飞等:《中国保险史志(1805—1949)》,上海社会科学院出版社1989年版,第247页。
② 中国人民保险公司四川省分公司:《四川保险志》,(内部发行)1989年,第2页。
③ 重庆金融编写组编:《重庆金融》(上卷),重庆出版社,1991年版,第273页。

源除人寿保险部分有少数个人寿险外,财产险部分主要承保当地中国银行押汇、放款业务及该行投资兴办的企业和仓库财产,还有一些官办大企业的保险份额以及在当地吸收的少数分保业务。在重庆承保的,有豫丰纱厂、丝业公司、中棉公司等大中型企业,在西安承保的,则有中行所属雍兴公司的20多个厂矿企业。① 因此,从业务量和保费收入来说,在西南、西北地区的同业中均占较大的比重。

(3)太平洋保险公司。太平洋保险公司于1943年12月8日在重庆成立,它是以交通银行投资为主新建立的一个保险公司。起先交通银行投资于太平保险公司,其总公司设在上海,早在1930年公司刚成立不久,即在重庆设立分公司,经营水火险以及人寿险。太平洋战争爆发后,上海全境沦陷,太平保险公司反而把交通银行在该公司股东地位上的一切权益划归到上海伪交通银行。而在当时,重庆太平保险公司是大后方整个太平保险系统的统一领导机构,其经理李启宇竟然一切听命于上海太平保险公司。② 在这种不利形势下,在重庆的交通银行总管理处在1943年上半年做出决定,放弃在太平保险公司的权益,另行自筹组织新的保险机构。因为新公司是由于太平洋战争爆发而促成的,以后的业务又有向南洋诸岛拓展的意向,故而命名为太平洋保险公司。③

太平洋保险公司的资本额为1000万元,交通银行投资45%,川康、金城、新华、大陆等银行和民生、中华实业、华侨企业等公司共投资55%。领导成员大部分由交通银行派员担任,王正廷任董事长,钱新之兼总理,王伯衡、浦心雅任协理。总公司和重庆分公司均设在五四路60号,并在成都、万县、自贡、泸州、内江、宜宾、乐山、合川等地的交通银行内设立分公司。经理一般由交通银行经理兼任,另由公司派员协助。交通银行的投资、押汇、放款财产是其主要业务来源。

(4)中国农业特种保险公司。1941年7月10日,中国农民银行信托处开

---

① 中国保险学会、《中国保险史》编审委员会:《中国保险史》,中国金融出版社1998年版,第134页。
② 重庆金融编写组:《重庆金融》(上卷),重庆出版社,1991年版,第273页。
③ 新中国成立后的中国太平洋保险于1991年5月13日成立,总部设在上海,二者并无关联。

业,内部曾设立保险科,代理中央信托局产物保险处的保险业务。[1]其业务基本来自农民银行的贷款单位,代理手续费为保费的20%,所代收的保费大部分流入中信局产物保险处。针对此种情况,1944年3月15日,中国农民银行自行投资创立中国农业保险公司,资本额为1000万元。第二年公司改组,粮食部、农林部等部门也参加投资,资本增为3000万元,董事长为陈果夫,总经理先后为顾翊群、李叔明。其组织机构与太平洋保险公司相仿,在人员和业务上均与当地农民银行挂钩。总公司设在重庆,在成都、万县、自贡、宜宾、乐山、内江、泸州、雅安、西昌等地的农民银行内设立支公司,据1946年统计,川康两省共有分支机构20个。[2]

该保险公司的任务是配合农民银行专业化,办理农产品水火险、农林灾害险、牲畜险及与农业有关的其他产物险,以稳定农村经济,同时藉以保障农民银行资金的安全。按照它的成立初衷而言,本业应该以农业保险为主,但是由于成立时间较晚,再加上当时农村经济凋敝,农村种植业的保险只停留在调查研究和向国外收集资料阶段,仅仅在北碚试办过牲畜保险。由于这是一项与农民银行业务有联系的特种保险,所以一开始该公司的全称就叫"中国农业特种险股份有限公司"。[3]中国农业保险公司的主要业务来自农民银行系统的贷款与押汇物资,此外,农本局的花纱布,中国粮食公司的粮食,中国茶叶公司茶叶储存运输的保险业务也由该保险公司承保。

(5)资源委员会保险事务所。资源委员会保险事务所同太平洋保险公司以及中国农业特种保险公司一样,都是在抗战期间成立的国营保险机构。1943年7月,成立于重庆。它不同于一般保险公司,而是一个集团性封闭式的相互保险组织,由该委员会所属单位联合组成的相互保险集团,以共同分摊损失来保证企业正常经营。"其营业范围,以本会及所属机关为限:①水陆空运输保险;②运输工具保险;③火险;④员工人事保险;⑤其他保险业务;⑥本会指定之其他有关业务。"[4]

---

[1] 颜鹏飞等:《中国保险史志(1805—1949年)》,上海社会科学院出版社1989年版,第383页。
[2] 中国人民保险公司四川省分公司:《四川保险志》,(内部发行)1989年,第4页。
[3] 1947年更名为中国农业保险股份有限公司。
[4] 《资源委员会保险事务所组织规程》,《资源委员会公报》,第10卷第5期(1946年),第87页。

其中的人身险限于在资源委员会所属单位职工中办理,采取赋课制办法收取保费,不向外分保。[1]它们虽未参加同业公会,但产物保险是遵守同业规章的,与同业有分保关系,只分出,不分入。出于是集团性的自保性质,保险者与被保险者利害一致,所以能互相协作配合,关心风险管理,积极进行防灾施救工作。该所在川江事故多发地区设置查验站,配备潜水人员,打捞抢救受损物资,以尽量减少灾害事故发生造成的损失。

由于资源委员会在抗日战争时期掌握了整个"国统区"的资源命脉,除一般轻纺工业外,其他工矿企业如各种能源公司及重要厂矿的财产物资均在保险范围以内,因此可保的财产价值很大,使得该保险事务所得以占据保险市场很大的份额。

(6)邮政储金汇业局人寿保险处。1935年12月1日,邮政储金汇业局正式成立人寿保险处。[2]根据1935年5月10日颁布的《简易人寿保险法》前两条规定,"第一条:简易人寿保险为国营事业,属交通部主管,其他保险业者不得经营之。第二条:简易人寿保险由邮政储金汇业局管理,并指挥各邮政储金汇分局或邮局经理之"[3],这就从法律上保证了邮储局人寿保险处成为政府特许办理的专业机构,并且说明了它的组织形式,也是通过各地的分局办理。重庆分局成立于1939年1月,并设立人寿保险处,直接办理简易人寿保险。当局为了保证简易寿险的收益,依照保险法规定将外商友邦人寿保险公司,永安人寿保险公司所办寿险业务予以取缔。1941年春,邮政储金汇业局保险处从上海经昆明内迁到四川重庆,开始以重庆为中心,利用邮政系统自身的营业网络及分支机构,极力地推广简易寿险,其业务拓展到重庆、成都等城市之外的万县、涪陵、内江、自贡、宜宾、乐山等县城区域。由于该保险处是国家法定的专业保险公司,垄断了简易人寿保险业务,但是由于战时通货膨胀的急剧加速,以及中信局人寿保险处业务上的竞争,后期发展趋缓。

以上六家保险机构从性质上来说都是有官方背景的国营保险公司,资金

---

[1] 重庆金融编写组:《重庆金融》(上卷),重庆出版社1991年版,第275页。
[2] 颜鹏飞等:《中国保险史志(1805—1949年)》,上海社会科学院出版社1989年版,第299页。
[3] 中国第二历史档案馆:《中华民国史档案资料汇编》第五辑第一编(财政经济)(四),江苏古籍出版社1994年版,第745页。

实力都相当雄厚,因而在以重庆为中心的整个大后方保险市场中,占有极其重要的地位,但是同时也给市场的发展带来了一些负面因素,比如在市场配额方面,由于自身的官方背景,难免会出现与民争利的现象,同时彼此内部的竞争也相当激烈。

2.地方性保险公司

地方性保险公司,一般是指由地方政府和财政金融部门投资创办的保险公司。在前文中我们已经简要介绍过重庆本地最早由国人创办的保险公司——探矿保险公司,它的投资商主要是一些本地商绅。抗战期间,四川战时经济有很大发展,保险业也空前兴旺,川帮商人也乐于投资兴办保险事业。在成立的众多保险公司中,最具代表性的地方性保险公司,则是由四川金融界和实业界人士筹资创办的川盐银行保险部和兴华保险公司。

(1)川盐银行保险部。川盐银行保险部的前身是重庆盐业公会附设的保险部。重庆盐业公会"因鉴于运商,每年失吉盐载甚多,或有因此而财产薄然,一蹶不振者,该会各商,为顾全全体盈亏苦乐之平衡起见,乃根据万国保险律自营水险之规定,于该会附设保险部,承保边计楚岸花巴盐载水险"。[①]保险部定名为重庆盐业公会附设合作保险部,专门负责承保各大盐场载盐,以显示与其他保险机构营业性质的不同,并且规定盐载保险保费一概交由盐业银行经营。

盐业银行由于经营不善,于1932年7月经国民政府同意后,改组为重庆川盐银行。同月,开设保险部,并拨付规银20万元作为开办基金,然后在有关盐岸(自流井、邓井关、江津、合江、万县、合川、涪陵)设立保险部办事处,并推出盐运保险章程。此外,川盐保险部为减少水损事故的发生,还在险要滩口采取许多措施,如每年雇工清淘滩口疏通航道,设置航标指引航行,设置滩务处管理盐船航行,训练盐船舵工,专人放滩等预防措施。[②]经过保险部的苦心经营,川盐银行在一段时间内取得了相当可观的收入。

---

① 《重庆盐业公会之新设施》,《川盐特刊》第132期,1930年。
② 重庆金融编写组:《重庆金融》(上卷),重庆出版社1991年版,第275页。

表13-3　川盐银行保险部1930—1937年保费赔款缴用损益表

(单位:元)

年份	保费	赔款	费用	损益
1930年9月—1931年	520766.12	109676.62	62780.69	+348308.81
1932年	337016.47	159464.68	40230.57	+137321.22
1933年	325465.50	126916.75	48816.75	+149732.00
1934年	336335.77	130310.66	50781.62	+155243.49
1935年1—9月	209316.20	216353.61	40187.42	-47224.83
1935年10月—1936年	465099.31	352654.40	102496.01	+9948.90
1937年1—9月	267521.96	184614.08	58766.91	+24140.97
合计				+777470.56

资料来源:重庆档案馆馆藏川盐银行未刊档案,档号3324-2-1842。

从上述资料可以看出除1935年到1936年间,赔款较多造成亏损,其他年份大都处于收益状态。而事也凑巧,部分盐商眼见川盐保险部利润丰厚,妄图另行组织机构与其争夺市场,于是川盐保险部主动出击,与重庆银行合作。[1]那两年正是川盐保险部与重庆银行合作期间,但气候较为异常,洪灾频发,造成盐船失吉,赔款较多,利润有限,也正因此,重庆银行遂中断了与川盐保险部的合作。而此后,盐载保险虽又恢复了往日的繁盛,但却要面对更为严峻的挑战。首先面对的是东部资金雄厚、背景深厚的淮盐运商关于盐载押汇份额的划分,川盐银行经过认真策划,积极应对,最终盐载押汇由川盐与金城、中国、中国农民四行联合办理,中国占2/5,其他三家各占1/5。承做押汇业务,必然有保险业务,国民政府盐务管理局规定"所押盐载在船必须投保水险,在仓必须投保火险,……押款盐载投保水险必须向川盐银行办理……"[2]经过这次调整,由于有盐务管理局和国营银行的参与,反而加强了川盐银行保险部的垄断地位,事业进入了一个高峰期。

随着抗日战争的持续,迁移到重庆的各大国营保险公司觊觎川盐保险部

---

[1] 中国民主建国会、重庆市工商联合会、文史资料工作委员会:《重庆5家著名银行》,西南师范大学出版社1989年11月版,第133页。

[2] 重庆档案馆馆藏川盐银行未刊档案,档号0297-2-01842。

丰厚的利润,通过各种手段迫使其让出部分市场份额,最终形成了"四三三"的格局,[①]这种格局直到抗日战争结束,在后方保险界的广泛要求下得以终止。1945年,根据《非常时期保险业管理办法》规定的"保险业不得兼营其他事业",以及《非常时期管理银行办法》禁止银行兼营保险业务的条款,川盐保险部改组为川盐产物保险公司,资本增为500万元,刘航琛任董事长,颜伯华任经理。川盐产物保险公司机构虽然从川盐银行独立出来,但其股东与董监事与川盐银行相同,盈亏也并入川盐银行核算。

虽然川盐银行保险部后来的保险业务遭到分解,但总体而言,它一直处于盐载保险的主体地位,无论是独家经营时期,还是"四三三"格局之下,有利地保证了川盐运输的正常运行,保障了大后方人民生活的需要,是一项利国利民利己的事业,体现了保险的价值所在。

(2)兴华保险公司。1933年10月15日,聚兴诚银行组织设立兴华保险公司,资本总额为规银100万元,实收一半,专营水、火险业务。[②]1935年1月,公司正式开始对外营业。同年9月,在重庆设立总公司,董事长为杨粲三,总经理为任望南,重庆分公司经理为陶守诚。10月,又在上海设立分公司,经理为杨锡远。同时,在长江沿岸的重要口岸汉口、沙市、宜昌、万县、涪陵、南京以及长沙等地均设立了办事处或者代理处。

兴华保险公司成立后,遵循聚兴诚银行"植根西南、向外发展"的方针,以重庆为大本营,承保与聚兴诚有资金往来的工商企业的财产。而公司的主要业务则在上海,上海分公司成立之后,杨锡远聘请英国人克鲁伦为顾问,加入上海保险业同业公会,参与上海保险市场的竞争,并且与国外同行签订分保密约。开办保险业务一年多,就获利五万多元。[③]经过不懈的努力,兴华保险公司终于在中国保险市场站稳了脚跟。

1937年为适应保险业务日趋发展的形势,杨粲三考虑把兴华保险公司扩大为股份有限公司,这与时任四川省财政厅兼川盐银行董事长刘航琛试图把

[①] 即川盐保险部承保四成,"四联"三成,裕国保险公司三成,后文将详加论述。
[②] 颜鹏飞等:《中国保险史志(1805—1949年)》,上海社会科学院出版社1989年版,第268页。
[③] 中国民主建国会、重庆市工商业联合会文史资料工作委员会:《聚兴诚银行》(重庆工商史料第六辑),西南师范大学出版社1988年版,第127页。

几家川帮银行联合起来开办一家保险公司的想法不谋而合。以下便是兴华保险公司扩大组织的议案：

聚兴诚银行负责人杨粲三等集资组织之兴华保险公司，原有资本五十万元，现为发展业务起见，特决定增加股本，扩大组织，杨氏于三月初，召开筹备会议，结果为：

（一）资本总额，暂定为一百万元，由聚行认股三十万，川盐、美丰、川康、省行、平民、重庆、商业各银行及华通、民生两公司暨和成钱庄等十家各认股七万。

（二）新股限于六月底一次收齐，七月一日即正式改组成立。

（三）为发展业务，必要时将总公司迁设上海。

（四）推吴受彤、康心如、周见三、甯芷邨、潘昌猷、罗震川、宋师度、何北衡、周季悔、吴晋航、杨粲三等十一人为董事，刘航琛、龚农瞻、戴矩初三人为监察。

嗣经第一届董监会议，推杨粲三、康心如、吴受彤、潘昌猷、周见三五人为常务董事，并由周见三出任总经理，当通过聘任川盐银行保险部经理杨绸堂为重庆公司经理，杨锡远为上海分公司经理，定于四月一日正式营业。[①]

这次改组，使兴华保险公司获得几乎所有川帮银行的支持，成为民营和中小保险公司的代言人，在旧中国保险市场上占有一席重要位置。虽然公司由独资变为股份制，但聚兴诚银行对兴华公司的领导地位并没有发生实质性的变化。

抗日战争时期，兴华保险公司面临着较为严峻的形势。1938年，杨锡远因自香港返回重庆的飞机在途中被日机击落殒命。[②]杨粲三于是提拔新人，他先聘请杨锡远的留美同学、费城宾州大学保险学博士、美国保险学权威休布纳的学生邓贤出任总公司协理，但是后来发现邓贤私自办理一些业务，因此决定聘请潘昌猷为总经理，后又把公司董事长的职位也让与潘昌猷，其九弟杨季谦任总经理，三子杨锡融负责上海分公司。虽然出现了重大的人事变动，但是兴华保险公司的业务已逐步走上发展道路。

[①]《兴华保险公司扩大组织》，《四川月报》，第10卷第3期（1937年3月），第158—159页。
[②] 中国民主建国会、重庆市工商业联合会文史资料工作委员会：《聚兴诚银行》（重庆工商史料第六辑），西南师范大学出版社1988年版，第128页。

表13-4　兴华保险公司经营状况表

（单位：元）

年度	经营状况	累计
1937年7—12月	-1263273	-1263273
1938年	+3474747	+2211474
1939年	+12101167	+14312641
1940年	+23077979	+39390620
1941年	+70472020	+109862640

资料来源：《兴华保险公司三十年度业务报告》，重庆档案馆藏美丰商业银行未刊档案，档号0296-14-322。

太平洋战争的爆发，对于正处于发展上升时期的中国民族保险业来说是一个不小的打击，沦陷区华商保险业对欧美的分保线均被切断，处于后方的华商保险公司的向外分保又因交通中断而异常紧张。因此，向外寻求新的分保途径以及各公司间的相互分保争夺十分激烈。这一时期，兴华保险公司先后参加两个分保集团，"尤以保险业务贵有集团力量，故在申则参加久联集团，其团员有中国宝丰、中孚、大华、泰山等先进公司；在渝则有筹备四联集团之举，以中国、太平、宝丰及我公司为集团中坚……"[①]从而使得公司的分保得到保障，业务得以正常运转。

表13-5　兴华保险公司1941年度营业状况

（单位：元）

险种	保费收入	准备金和赔款	结盈	渝公司份额	申公司份额
火险	1676154.74	1304965.37	371189.37	56.7%	43.3%
水险(含木船险)	2050864.33	1803775.35	247088.98	83.72%	16.28%
意外险	23659.23	13562.94	10096.29	58.1%	41.9%
驮运险	52576.76	41949.31	10627.45	100%	0
汽车险	861001.92	579868.80	281133.12	98%	2%

资料来源：《兴华保险公司三十年度业务报告》，重庆档案馆藏美丰商业银行未刊档案，档号0296-14-322。

[①] 重庆档案馆馆藏美丰商业银行未刊档案，档号0296-14-322。

在太平洋战争爆发后的第二周年，"本期内本公司仍秉以往一贯主张，对国外同业维持友好协助态度，在可能范围并谋求业务互惠，因而有新兴印度保险公司缔订互惠火险条约之议"。"虽因物价暴涨、开支激增，业务方面亦因种种关系未敢过度推展，但届年终盈余仍达三十余万元……"①

表13-6　兴华保险股份有限公司1943年总损益表

（单位：元）

损方	益方
各项开支 3942256.45 利息所得税 36085.30 计项亏损 37287.95 本期统益 308046.09	火险部结盈 1529927.17 运输险部结盈 700047.45 汽车险部结盈 141491.27 木船险部结盈 334752.02 意外险部结盈 5255.28 驮运险部结盈 1021.08 船壳险部结盈 3887.83 代理部结盈 3856.69 投资收益 375534.60 利息收益 492771.20 房地产收益 241591.56 计项收益 50405.20
合计 4323675.79	合计 4323675.79

资料来源：《兴华保险公司三十二年度业务报告》，重庆档案馆藏美丰商业银行未刊档案，档号0296-14-322。

从上表中可以看出，兴华保险公司的收益构成中，除了各项保险业务的收益之外，保险资金运用的收益，如投资收益、房地产收益等所占比例达到25%，由此可见保险资金的再运用，对于保险公司的发展也是必不可少的，与保险公司的主业同等重要。

由于兴华保险公司依靠聚兴诚银行和其他川帮银行，积极发展保险同业

---

① 重庆档案馆馆藏美丰商业银行未刊档案，档号0296-14-322。

的关系,对外又恢复了欧美的分保线,再加公司经营作风正派,不做投机生意,因而业务一直比较平稳。也正因此,兴华保险公司能一直维持到新中国成立。

(3)其他民营保险公司。抗战时期,外省的一些民营公司纷纷将业务重心移至重庆。1940年以后,又有不少工商界和银行界人士集资投向保险事业,先后成立了中兴、亚兴、大东、大南、裕国等保险公司。1943—1945年,市场游资充斥,货币贬值,工商业者和银行界人士为寻找资金出路,再一次出现了向保险业投资高潮。新成立的保险公司又有:长华、华安、永中、全安、民生、民安、永兴、合众、中国航运意外、中国工联等。但其中,也有公司是用保险公司招牌,进行金钞买卖和货物囤积居奇活动的。

在所有民营保险公司中,以太平和宝丰两家资历最深,实力较强。太平保险公司创建于1929年11月,原资本额为规银100万元,实收半数。[1]后由金城银行邀集交通、大陆、中南、国华、东莱等银行增股,资本额提高为500万元。1934年又附设人寿保险部,并组成太平、安平、丰盛、天一四位一体的太平保险集团。该公司于1930年在重庆成立分公司,抗战期间不仅在西南西北地区有相当部分业务,而且在国外也有直接分保关系。宝丰保险公司,是1931年由上海银行与英商太古洋行合资兴办的,资本额为规银50万元,并与国外订有分保合同,外国保险公司也有部分生意分与宝丰承保。[2]1932年即在重庆成立分公司。其业务来源除与上海银行业务相关的财产保险外,还有多种出口物资业务。因其自留限额较大,在内地保险市场上显得相当活跃。

其他的民营保险公司,一部分是由金融界投资兴办的。抗战时期在重庆新设的,有中国工矿银行投资的永兴保险公司;中国绸业银行投资的长华保险公司;亚西银行投资的亚兴保险公司;以及金融界联合其他方面创办的大东、大南、中国人事保险公司等多家。其中中国人事保险公司系于1945年成立,资本金3000万元,由政府指定四行两局(即中央,中国,交通,农民银行和邮汇局、信托局)率先投资1500万元。业务种类有职业信用险、契约信用险、

---

[1] 颜鹏飞等:《中国保险史志(1805—1949年)》,上海社会科学院出版社1989年版,第227页。
[2] 颜鹏飞等:《中国保险史志(1805—1949年)》,上海社会科学院出版社1989年版,第244页。

诉讼信用险及员工意外险、复员期间旅客意外险等。另一部分,是工商界投资创办的民营公司,有迁川工厂联合会投资的中国工业联合保险公司;通运公司、民生公司等投资创办的合众保险公司;民生公司独资开办的中国航运意外保险公司;三北轮船公司投资的宁波保险公司等多家,其中以中国工联、合众等公司影响较大。航运意外保险公司则是专保乘坐民生公司轮船的旅客意外伤害保险业务。此外,还有一部分以行号或个人集资开办的保险公司,有新中国、裕国、恒昌、永大等多家,它们的投资者,有的在地方上有一定经济基础和帮会势力,有的他们本身就是保险界知名人士,因此均能获得一些经常性业务。①

(4) 背景特殊的民安保险公司。在众多民营保险公司当中,民安保险股份公司是背景比较特殊的一家。1943年4月,中共重庆地下党所经办的广大华行②,从发展需要出发,经过认真研究,提出创办保险公司的设想。认为凭借保险公司在金融界的地位,可以扩大同各行各业的业务往来,增强广大华行的经济活力和企业声誉,提高企业的社会地位,为党的秘密工作创造更为有利的条件。这一设想,得到周恩来同志的肯定,于是在1943年初,卢绪章以广大华行董事长兼总经理的身份发起筹建保险公司。

通过重庆中兴保险公司总经理、太平保险公司重庆分公司副经理、爱国民主人士杨经才以及海商法专家魏文翰的参与,卢绪章与当时任四川民生实业公司经理、著名爱国实业家卢作孚,共同商定双方在平等互利的基础上,结成亲密的合作伙伴。由卢绪章代表广大华行一方、卢作孚代表民生实业公司一方,决定各投资500万元(法币),以保障人民物资和产业为宗旨,成立保险公司,即命名为"民安产物保险股份有限公司"(简称民安保险公司)。成立了以卢作孚为董事长的民安保险公司董事会,聘请杨经才为公司总经理,卢绪章为协理。③该公司于1943年11月在重庆成立,它标志着中共地下党领导的

---

① 中国人民保险公司四川省分公司:《四川保险志》(内部发行),1989年版,第27页。
② 广大华行是中国共产党中央直属秘密工作机关,由卢绪章、张平等人于1933年创立,原从事西药、医疗器械、化工等行业业务。作为国统区隐蔽战线上的特殊机构,秘密为党筹集经费,掩护地下活动。
③ 重庆档案馆馆藏天府煤矿股份有限公司未刊档案,档号0240-2-46。

企业已跻身于大后方金融实业界的行列,是广大华行党组织正确执行中国共产党抗日民族统一战线政策的成果。

民安保险公司开业伊始,民生实业公司就把旗下50余艘轮船及其运输保险业务统归于民安保险公司承保,并始终是该公司业务收入主要来源。同时在糖城内江设立分公司,承保糖业运输及各制糖工厂的水火保险业务。广大华行、民益运输公司等兄弟单位的进出口货物运输险也交由民安公司承保,业务得到蓬勃发展。①

上述民营保险公司,是抗战时期重庆保险市场最为活跃的因素。到1944年,重庆的保险公司已达53家。

表13-7 重庆市保险业调查表(1944年11月统计)

公司名称	负责人	资本(万元)	保险业务	成立时间	地址
中央信托局人寿保险处	罗北辰	1000	人寿保险	1941年3月	中正路204号
邮政储金汇业局保险处	汪一鹤	50	简易寿险	1935年12月	上清寺储汇大楼
中国人寿保险股份有限公司	钱家泰	500	人寿保险	1933年7月	中下路中国银行
长华保险股份有限公司	丁趾祥	1000	产物保险	1943年9月	民权路52号
中国工业联合保险公司	章剑慧	2000	产物保险	1944年9月	蓝家巷特5号
安宁保险股份有限公司	李肃然	500	产物保险		陕西路大夏银行内
恒昌保险股份有限公司	吕苍岩	500	产物保险	1943年9月	大华楼巷17号
裕中产物保险股份有限公司	李叔言	500	产物保险		陕西路大夏银行内
永中保险股份有限公司	汤壶峤	500	产物保险	1944年6月	陕西路201号
华联产物保险股份有限公司	杨经才	1000	产物保险		陕西路196号
太安丰保险股份有限公司	戴自牧	200	产物保险	1943年11月	第一模范市场11号
中华产物保险股份有限公司	黄厚贤	1000	产物保险	1944年5月	中下路159号
中国人事保险特种股份有限	王晓籁	3000	人事保险	1944年	保安路
全安保险股份有限公司	戴恩基	1000	产物保险	1944年4月	中华路64号
中国工商联合保险公司	姜有为	1000	产物保险		民生路64号
怡太产物保险公司	杨管北	1000	产物保险	1944年	林森路特27号
太平人寿保险股份有限公司	李启宇	100	人寿保险	1938年12月	第一模范市场11号

① 中国人民保险公司四川省分公司:《四川保险志》(内部发行),1989年版,第6页。

续表

公司名称	负责人	资本(万元)	保险业务	成立时间	地址
中央信托局产物保险处	项馨吾	500	产物保险	1935年12月	中正路204号
中国天一保险股份有限公司	李启宇	100	产物保险	1934年7月	第一模范市场11号
中国保险股份有限公司	钱家泰	500	产物保险	1931年11月	中正路中国银行
中兴保险股份有限公司	杨经才	300	产物保险	1942年3月	第一模范市场28号
太平保险股份有限公司	李启宇	500	产物保险	1930年3月	第一模范市场11号
安平保险股份有限公司	李启宇	100	产物保险	1927年5月	
裕国产物保险股份有限公司	谭备三	600	产物保险	1942年4月	陕西路180号
华安水火保险股份有限公司	李启宇	60	产物保险	1938年4月	第一模范市场11号
兴华保险股份有限公司	潘昌猷	100	产物保险	1935年1月	兴华大楼
丰盛保险股份有限公司	李启宇	20	产物保险	1931年9月	第一模范市场11号
宝丰保险公司	邵竞	50	产物保险	1930年11月	林森路9号
川盐银行保险部	朱寿珊	20	盐载保险		中正路川盐银行
亚兴产物保险股份有限公司	翟温桥	100	产物保险	1941年6月	林森路16号
大东保险股份有限公司	唐有烈	100	产物保险	1942年4月	新生路永大大厦
大南保险股份有限公司	张昌祈	100	产物保险	1942年6月	新生路永大大厦
中国平安保险股份有限公司	汪荣熙	100	产物保险		邹容路62号
永大保险股份有限公司	夏大栋	500	产物保险	1943年3月	新生路54号
永兴产物保险股份有限公司	翟温桥	500	产物保险	1944年4月	林森路工矿大楼
民安保险股份有限公司	杨经才	1000	产物保险	1943年11月	民族路福钰银行
合众保险股份有限公司	沈铬盘	500	产物保险	1943年11月	机房街宁邮
太平洋保险股份有限公司	钱新之	1000	产物保险	1943年12月	五四路特19号
中国农业特种保险股份有限公司	顾翙君	1000	特种保险	1944年3月	民国路17号
中国航运意外保险股份有限公司	邓华益	500	意外保险	1944年4月	曹家巷12号
新丰保险股份有限公司	张明昕	100	产物保险	1944年5月	向意街81号
民生保险股份有限公司	周蔚柏	1000	产物保险	1944年4月	九尺坎41号
宁波保险股份有限公司	虞仲贤	1000	产物保险	1943年11月	陕西街225号

续表

公司名称	负责人	资本(万元)	保险业务	成立时间	地址
华孚保险股份有限公司	沈楚贤	500	产物保险	1944年2月	林森路
裕国保险公司	钱以诚				
富滇保险公司重庆经理处			产物保险		林森路永龄巷2号
开罗产物保险股份有限公司			产物保险		道门口总汇银号
联安保险股份有限公司			产物保险		五四路特3号
泰安保险股份有限公司			产物保险		
太古洋行保险部			产物保险		
怡和洋行保险部			产物保险		
美亚人寿保险公司			人寿保险		
中央、太平洋、中国、中农盐运保险联合管理处			产物保险		

资料来源：董幼娴《重庆保险业概况》，《四川经济季刊》第2卷第1期，1945年1月，第335—336页。

从上表中可以看出，保险公司大多以办理产物保险为主，这一方面是由于战争的影响，物资遇险较多，商家多愿投保，另一方面则是我国保险业产物保险经营时间较为长久，保险业务及相关技术相对成熟，反观经营人寿保险的只有五家保险公司，除寿险业务本身所固有的繁琐规则如保期较长、查验体格外，我国国民教育程度和购买力的低下，战时的动荡不安等都是造成寿险业务不易开展的因素。此外，外商保险业只有太古、怡和等为数不多的几家公司，而且经营的是与自身贸易有关的保险业务。自太平洋战争爆发后，"外商公司也不堪敌伪的打击，纷纷停业结束回国"，[①]1942年英美等国家又宣布放弃在华不平等条约，外商保险公司也得遵循我国保险法律法规，一些外商保险公司不得不搬移到香港等地经营，因而造成重庆保险市场外商寥寥无几的局面，这对于我国民族保险业的进一步发展无疑是一个大好时机，但是这种良好形势并没有维持很久，抗战胜利之后，国民政府与美国重新签订的

[①] 朱斯煌：《民国经济史》银行学会1947年版，第95页。

条约,使得实力雄厚的外商保险业又卷土重来。①

3. 保险公证行

保险公证行也称保险公估行,指专门对保险受损产物进行公正地查勘、定责、检验、鉴定、估损、处理赔案的行业。当保险标的遭受损失后,保险公司从接到出险通知时,就开始了赔偿处理。保险公司一般都配有专职的理赔人员,比较大的公司还设有理赔部门,专门负责处理赔案工作。另一种是在保险人不宜直接处理时,则委托第三者——公证行,对受损产物进行检验、估损和核价,并由公证行做书面报告,以此作为保险人与被保险人协商赔款的依据,以示公证。

抗战以前,重庆保险业理赔案件多由外商进行调查核实,但也有一家由上海著名律师魏文翰主持以民生公司为依托的中华海事公证事务所,办理海事纠纷及保险赔偿案件。抗战爆发之后,重庆已成为大后方保险事业的中心,原有公证行已不能满足行业发展的需求,况且外商公证行的信誉不佳。在此情形之下,1941年7月上海益中公证行经理陈叔如应重庆保险商人邀请来渝筹建中国公估行股份有限公司,魏文翰将中华海事公证事务所人员设备办公用房全部并入中国公估行经营。魏文翰任董事长,陈叔如任总经理。②中国公估行背靠国营和民营的几个大保险公司,以战时的民族实业界为支柱,延聘了一批著名专家如法学博士魏文翰、会计师潘序伦、建筑师李祖贤、电气专家胡西园、机器工程专家李允成、化学专家彭蜀麟等,人才济济,声名鹊起,很快就包揽了除盐载保险以外各大保险公司和航运业的查证估损以及共同海损分摊业务。③1944年,还在卢作孚、童少生的支持下,承办了民生公司承运的桐油、猪鬃、肠衣等大宗出口的商检业务。

该公司自1941年开办至1949年结束的9年中,承办水火保险损案和共同海损理算2500多起,出口商品商检上百次。在保险经济补偿服务方面起过积极作用,因而信誉昭著。1945年底,中国公估行总行迁回上海,在重庆留

---

① 中国保险学会、《中国保险史》编审委员会:《中国保险史》,中国金融出版社1998年版,第141页。

② 重庆金融编写组:《重庆金融》(上卷),重庆出版社1991年版,第277页。

③ 吴申元、郑榲瑜:《中国保险史话》,经济管理出版社1993年版,第109页。

设分行。重庆分行成立后,业务仍兴盛不衰,年办案二三百件。①之后由于国统区通货膨胀严重,经济破产,不少保险公司濒临倒闭,该行亦因业务衰落而宣告歇业。

二、抗战时期重庆的保险业务

抗日战争时期,重庆保险机构所开办的业务种类繁多,属产物保险的,有火险、水险、运输险(包括轮船、木船、汽车、飞机、火车、驮运、板车、邮包、停泊等)、盗匪险、茧纱险、兵险、船壳险等;属人身保险的,有国民寿险、简易人寿保险,团体人寿保险,个人寿险(验体)等,所有保险机构中,以经营产物保险者占绝大多数。②

(一)主导市场的产物保险

从前文所述的保险机构当中,以产物保险公司居多。首先是战时物价高涨,商品原料机器等来源被阻,运输困难,厂商为避免意外损失,都积极投保;其次则是敌机轰炸频繁,意外频生;第三是产物保险周期较短,虽然保费昂贵,但是易受实惠;此外"国家银行及普通银钱业贷款,以有无承保水火兵险,为测验工商业资产条件之一",③这些都促成产物保险成为当时保险市场份额最大的业务。

1. 常规保险业务

(1)火险业务。重庆是长江流域三大高温城市之一,"风燥水涸,街道狭窄崎岖,房屋建筑不良,火灾一旦发生,难以施救,往往酿成巨灾"④。因此,火

---

① 重庆金融编写组:《重庆金融》(上卷),重庆出版社1991年版,第278页。
② 董幼娴:《重庆保险业概况》,《四川经济季刊》第2卷第1期(1945年1月),第334页。
③ 李荣廷:《中国保险业之前瞻与回顾》,《中央银行经济汇报》第9卷第2期(1944年1月),第15页。
④ 重庆金融编写组:《重庆金融(上卷)(1840—1949)》,重庆出版社1991年版,第265页。

险业务是重庆保险市场最为基本的业务之一,其中仓储物资火险占有重要地位,凡是以仓储物资作为抵押,向银行办理贷款的,其抵押品必须先投保火险。这类业务一般都由与贷款银行有关的保险公司承保,而其他火险分散业务多掌握在保险经纪人手中。经纪人以收取佣金为生,火险佣金按被保险人所付净保费的20%向保险人收取。①

火险费率分普通火险、工厂火险和棉花火险三种。普通火险按建筑物的使用性质,分为九种类型,再按建筑物的一、二、三等分别订费,并受附加的特种条款约束。工厂火险,将各种工厂按危险性质分为五类,危险越小,费率越低,危险性大的其费率也逐类增高,同样有建筑等级的差别。棉花险费率专门订有《中国棉花保险费率》,也是按建筑等级分别订费,纱厂保险也纳入棉花险费率,对于厂房、仓库、纱厂以外的棉花仓库等订费,均有具体规定。抗战时期,日机对重庆的狂轰滥炸,随之造成的火灾损失惨重,因而使得火险业务有增无减。

(2)运输险。抗战时期,运输保险的重点是川江、内河的木船运输平安险。四川的大宗土特产品如桐油、猪鬃、肠衣和自流井的盐,内江的糖等绝大部分依靠木船运输。航行水域遍及全省,有长江、嘉陵江、涪江、渠江、岷江、沱江,还有通江、綦江、乌江等支流。长江可通航轮船,但大量的运输仍靠木船,在抗战时期尤为如此。川江滩多水急,危险较大,因此木船运输平安险费率较高,如长江线重庆至三斗坪为7.5%;重庆至宜宾为3%;涪江线重庆至中坝(江油)为6%,岷江线重庆至乐山为4%;嘉陵江线重庆至广元为8.5%;渠江线重庆至巴中为8.5%;沱江线重庆至内江为3.5%;通江线重庆至万源为9%。②由于木船运输险的保费收入较多,因此在当时保险公司之间竞争也较为激烈。

2.竞争激烈的川江盐运保险

四川省盛产食盐,主要产地在川南的自贡、富顺和荣县一带,而川盐的供应则遍及云、贵、川、陕各省。食盐的运输主要是靠木船转运,由于川江滩多

---

① 中国人民保险公司四川省分公司:《四川保险志》,(内部发行)1989年,第9页。
② 中国人民保险公司四川省分公司:《四川保险志》,(内部发行)1989年,第10页。

水急,经常有事故损失发生。外商的保险行家如怡和、太古、安利、美亚等都拒保盐船水险,"征询中外保险公司,均以险重不敢承保"[1]。因此,各地盐商自产地办理运输,均感到对保险有迫切需要。重庆盐业公会为了维护盐商的利益,曾开设保险部,并交由盐业银行日常经营。后来盐业银行改组为川盐银行,川盐银行拨出规银20万元开设盐载保险部,从而开始了由川盐保险部对盐载保险的独家经营时期,一直持续到抗战开始后,国营保险公司渗透到盐载保险业务中来,形成了由三方经营的局面。

(1)对盐载保险市场的争夺。1932—1941年为川盐银行独家经营时期。[2]由于盐载保险的特殊性,川盐保险部是按照自己的方式来经营日常业务,所以保费的标准制定、保费收取就与普通商业保险有不同之处。即便如此,如果不投保的话,万一遇险,损失惨重,各盐商于是全数向其投保,而川盐保险部也本着"以平均盐商损失"的宗旨,处理赔款时也是较为宽大。由于措施得当,经营得法,因此川盐经济效益比较稳定。据有关资料统计,该项业务的收益,1932年为13.7万元,1933年为14.9万元,1934年为15.5万元,1935年至1936年,略为亏损3.7万元,[3]而在1937年扭亏为盈,收益2.4万,以后各年都有不同程度的收益,在1941年达到149.4万元的峰值。[4]

1942—1945年,盐载保险由川盐银行保险部一家独大变成为几家联合经营时期。随着抗日战争的进一步发展,国民政府的财政收支愈发困难。川盐银行盐载保险丰厚的利润自然会受到相关部门的极大关注,特别是国家银行所创办的保险公司。"复因抗战关系,保险机构,大都相继迁于大后方,同业广集于此,每藉押汇与人事,分化川盐保险。"[5]1940年底,中央信托局保险部已随总局迁至重庆。中信局保险部率先向川盐保险部发难,以食盐是国家专营的重要物资,就不应再由川盐保险部一家承保为借口,多次交涉,以谋求取得

---

[1]《川盐保险公司概略》,《联合经济研究室通讯》,第2期(1946年),第21页。
[2] 在1935年到1936年间,曾与重庆银行合资经营,因获利甚微,仅两年就解体;1936年中国保险公司借与重庆银行团盐载押款合同,参与经营一少部分盐载保险。
[3] 1935年到1936年间正是与重庆银行合作期间,而那年洪灾严重,盐船遇险较为严重,赔款较多。
[4] 魏原杰等:《中国保险百科全书》,中国发展出版社1992年版,第691页。
[5]《川盐保险公司概略》,《联合经济研究室通讯》,第2期(1946年),第21页。

部分业务,但是进展迟缓。1941年1月,与川盐保险部有押款合同并参与部分盐载保险业务的中国保险公司,实力雄厚的太平保险公司,先后被中信局拉拢过来,组成盐运保险公司管理处,简称"三联"。①由于"三联"的官方背景,通过银行负责人向当时的四联总处提出交涉,并得到四联总处的支持。四联总处向盐务总局提出请求,盐务总局随即劝导川盐银行保险部,希望其让出部分保险份额,与四联的保险公司合作,共同承保盐载保险。起初川盐保险部同意让出四成的份额给"三联"经营,但是其间又出现了特殊官商背景的裕国保险公司也想参与其中,几经周折,初步达成分配比例,即川盐保险部承保30%,"三联"承保40%,裕国承保30%。

1943年,交通银行创办的太平洋保险公司成立,由于和太平保险公司业务上的冲突,加上又是四联总处的保险公司,因此取代了太平保险公司加入盐运管理处。1944年,中国农业保险公司成立,同为四联总处的保险公司,也自然加入了这一行列,这样就形成了国营保险公司的"四联"。此后,由于中信局产物保险处与川盐保险部在业务上存在分歧,便请时任裕国保险公司董事长的谭备三出面调解,重新划分配额,最终达成川盐承保40%,"四联"承保30%,裕国承保30%的"四三三"分配制。直到抗日战争胜利和四联总处解体,这个分配格局才结束。

在"四联"的配额当中,原先议定中信局、中国、太平洋共占其中的90%,农业保险公司只占10%,农业不服,经过一番磋商后,又改为中信局、中国、太平洋共占80%,农业占20%,农业仍不服,最后只好确定四家平分。②

其他民营保险公司对盐运保险也很重视。他们反对"四三三"垄断制,希望分得一部分业务。在抗战胜利前夕,又一度出现由太平洋、中兴、华孚、怡泰四家保险公司组成盐运保险集团,并在自贡市设立盐运险联营办事总处承保盐运保险,时称"小四联"。③后来一些盐商也组成盐联保险公司,专办盐载运输保险。盐载保险市场的激烈竞争,由此可见一斑。

(2)保障盐载保险的预防措施。前文提到川盐银行保险部经营盐载保险

---

① 颜鹏飞等:《中国保险史志(1805—1949年)》,上海社会科学院出版社1989年版,第392页。
② 中国人民保险公司四川省分公司:《四川保险志》,(内部发行)1989年,第29页。
③ 中国人民保险公司四川省分公司:《四川保险志》(内部发行),1989年,第30页。

收益较为丰厚,除保险方案及经营方法得当之外,还有一个重要原因就是采取了相关的预防措施,并在盐载运输的整个过程中进行监管,并不是被动地等待险情发生后再去补偿。盐载运输所经过的航道,多为险滩恶水,尤其是重庆至宜昌一段,其中有青滩、泄滩、空岭等不少著名险滩,每年盐船运输屡有损毁,有时高达10%左右。①为此,川盐保险部先后采取了如下措施:

重视防灾机构及人员建设。从1935年起,就先后在各岸设立9个查验机构和4个滩务站,其中配有滩务员、验船员和水手。此外,还在险要滩口选雇熟悉该处水性以及擅于放船的舵工放滩,并通知被保险人,切实告诫运盐船户,执行有关验船、检查等规定,否则可以不负保险责任。

拨专款修整滩域,疏通航道。每年枯水季节都要对沿途险要滩口进行清理,采取冬季预淘,春季全淘的办法来开展淘滩工作。如1936年对自流井辖区6个险滩进行淘滩清理,便支付了2.5万元,以后每年都有一定的淘滩费用支出,其中1942年共支付淘滩费用50万元,约占当年盐运保费收入的2.9%。②

加强水情预报工作。每年遇到水情紧急时,各地区之间都互相提供水位信息,提醒有关盐岸注意盐运安全,及早做好预防措施。

采取奖励及贷款措施。1941年2月,制订了《查获盗卖盐斤奖励条例》,规定凡举报船户盗卖盐斤人赃俱获者均分别给予重奖。对修理船只或资金困难,可以酌情给予低利贷款,以激励船户的积极性,促进航运的安全。

建议主管部门维护航行安全。在1937年建议对盐船舵工实行领撑船证办法,并进行查验、登记和培训等,相关费用由保险公司负担;1939年建议针对邓井关河道狭窄,船只难以避让的情况,由交通部颁发了《川江重载木船上下航行规则及奖惩条例》。③

以上预防措施,不仅对促进盐载运行安全、减少灾害发生及降低损失率

---

① 中国保险学会、《中国保险史》编审委员会:《中国保险史》,中国金融出版社1998年版,第149页。
② 重庆金融编写组:《重庆金融(上卷)(1840—1949)》,重庆出版社1991年版,第231页。
③ 中国保险学会、《中国保险史》编审委员会:《中国保险史》,中国金融出版社1998年版,第150页。

取得较好效果,更重要的是为保险与防灾防损相结合开创了先例,坚持以防为主的指导思想,是一个重要关键所在,至今仍有借鉴意义。

川江盐载保险的开办,不仅保障了盐商的日常经营,解除了盐船船户的后顾之忧,更重要的是为大后方人民日常生活所需提供了保障。尽管川盐银行保险部在抗战时期让出了部分市场份额,盐运也一度混乱,但从另外一个角度来说,也只是一家之失,并没有影响到整个后方的正常运转,不能一味强调国家资本对民营资本的压制。

3.应运而生的兵险业务

"八一三"事变之后,我国海岸线被日本封锁,沿海重地纷纷失守,内地各大中城市又常遭日机轰炸,中国的物资生产、运输与储存均处在不同程度的危险之中。在迁都重庆后,国民政府为保住仅有的沿海工业,组织大批工厂内迁,大量物资内运,而当时的外商保险公司拟停保我国任何区域的兵险,[①]对于货物的储存与运输一律拒保兵险。如何保护内迁工厂、物资的运输安全,便成为当时一个最为紧要的问题。

(1)运输兵险。为鼓励工厂内迁并解决其后顾之忧,主办工厂迁移的工矿调整委员会联合贸易、农产品两个调整委员会,共同建议由政府举办战时运输兵险,以保障物资运输的安全。1937年8月20日,国民政府行政院召开常务会议,决定迅速办理战时兵险,并由财政部拨出专款1000万元,委托中央信托局保险部筹办"运输途中兵险",同年10月正式开办,一切会计事务独立核算。其承保范围以转运期间的国内水陆运输兵险为限,单独的陆地兵险暂不承保。

开办之初,凡途经上海或由上海起运的内迁物资,均属保险范围,保险责任包括兵险和其他一切险在内。上海沦陷后,业务重点便转移到湘江及粤汉、广九铁路一线,途经香港内运的物资也在承保内。武汉、广州失守后,主要承保地区又转移到港越、滇越等运输通道。1941年太平洋战争发生后,日军侵入越南,运输通道再移至滇缅公路。及至仰光沦陷,于是最后一条国际

---

① 颜鹏飞等:《中国保险史志(1805—1949年)》,上海社会科学院出版社1989年版,第341页。

通道也被阻断了,只能依靠空中线路了。[①]此外,还承保后方城市之间相互运输路线。

战时运输兵险的保险标的为农产品、矿产品、工业制造品、国际贸易物品、运输工具与运输员工,以国内水陆运输为限,其余入口卸运前及出口装载后的上述物品及员工,均不在保险范围之内。[②]战时运输兵险设有兵险兼运输险、兵险兼水险、运输车辆兵险兼全车平安险、运输员工兵险兼人身险四个险种。

运输兵险的费率比较高,由中央信托局保险部按照危险程度确定收费标准,并提交战时兵险顾问委员会审核通过。起初,单程运输的基本费率为30%,转运物资按基本费率的金额再加收25%。武汉沦陷后,又按战区和非战区的不同情况,分为水路、铁路、公路和航空四种,规定一次运程的最高费率为10%,然后逐程递减。1940年后,由于运输路线转入西南、西北山区,敌机空袭的危险减少,铁路、公路车辆也基本掌握了避免空袭的规律最高费率又减为5%,再根据运输工具转换而减少,此外还订有优待费率。运输兵险所承保的物资,如果是粮食、食盐及出口换汇物资,则费率另有优待。[③]

运输兵险由于承担的风险大,赔付率非常高。因同业不愿接受分保,最后决定不办再保险,由政府全额负担。自开办至1945年抗日寇投降后结束,历时8年。

[①] 中国第二历史档案馆:《中华民国史档案资料汇编》第五辑第二编(财政经济)(四),江苏古籍出版社1997年版,第358页。

[②] 沈雷春:《抗战前后之我国保险业》,《金融导报》第1卷第5—6期(1940年),第15页。

[③] 中国保险学会、《中国保险史》编审委员会:《中国保险史》,中国金融出版社1998年版,第144页。

表13-8 运输兵险历年收支统计表

(单位:元)

年份	收入	支出	盈亏	赔付率
1937年	868304.19	1449939.62	-581635.43	167%
1938年	6833397.84	4110064.61	+2723333.23	60%
1939年	10738085.64	8485909.72	+2252175.92	79%
1940年	18971681.67	11491107.74	+7480573.33	61%
1941年	34694065.25	29422615.04	+5271450.21	85%
1942年	38114580.28	81194890.75	-43080310.47	213%
1943年	142656443.36	157342042.20	-14685600.84	110%
1944年	157712223.09	112659960.73	+45052262.36	71%
1945年	80741433.36	72157435.74	+8583997.62	89%

资料来源:中国第二历史档案馆:《中华民国史档案资料汇编》第五辑第二编(财政经济)(四),江苏古籍出版社1997年版,第372页。

从上表中可以看出亏损的年份只有三年,1937年运输兵险开办,由于没有先例可循,损失率难以评估,而这一年国民政府军队又匆忙从上海撤退,因而造成厂矿企业损失较大,赔付款较多。1942年及1943年,因为承保的粮食运输业务损失率较高,造成一定程度亏损。[1]其余年份大都处于盈利状态,这一方面是由于办理运输兵险的保险技术不断完善,费率制订及赔付方案趋于科学化,对于敌伪的轰炸破坏频率及路线有了一定的掌握;另一方面则是因为运输兵险由政府主办,出于赔付能够保障的考虑,内迁工矿企业大都积极地投保,使得运输兵险业务有了保障。

(2)陆地兵险。1938年10月武汉失守后,重庆国民政府虽然继续号召工厂内迁,但一部分工商业者担心内迁后,厂房机器设备等遭受敌机轰炸,因而心存犹豫,踟蹰不前。为保证后方生产事业的顺利进行,以充实抗战所需要的各种物资,1939年7月,财政部决定中央信托局继运输兵险之后,举办陆地兵险,并再拨款1000万元作为基金。由于此项业务任务繁重,需要有一定保

---

[1] 中国第二历史档案馆:《中华民国史档案资料汇编》第五辑第二编(财政经济)(四),江苏古籍出版社1997年版,第372页。

险工作经验的人员来办理，为此中信局保险部经理项馨吾潜赴上海，在上海市保险业同业公会和上海市保险业业余联谊会的大力协助下，秘密招募了张仲良、林震峰、程恩树、包玉刚、唐雄俊等13位富有经验的保险专业人才赴重庆，形成一支办理陆地兵险的骨干队伍。同年12月8日，中信局保险部在重庆正式开办陆地兵险。[①]继重庆之后，1939年12月13日，昆明也开办了陆地兵险，各工矿企业投保极为踊跃。之后又相继在贵阳、桂林、衡阳、韶关、万县、成都、广元、宝鸡、西安、兰州等地的中央银行内，派驻战时陆地兵险业务主管员，办理陆地兵险及其他保险业务。小县城则不另派专人，委托当地的中央银行和中央信托局分支机构代理。

开办陆地兵险，遇到的困难比运输兵险还大。首先是缺乏国外有价值的参考资料。虽然英国在第一次世界大战期间办过战时兵险，但规模与范围很小，仅限于承保一些存仓物资。其次，地域广、期限长、危险集中，这与运输兵险的流动性大、期限短、危险集中度较低的情况明显不同。最后，分保问题也无法解决。国内同业无力接受分保，外商同业则不愿按受分保。与运输兵险一样，最终决定不办再保险，由政府承担全部责任。[②]

陆地兵险的保险标的，起初为存储或坐落于国内后方且同抗战或民生有关的存栈货物、生产工具及物资、属于工厂的建筑物三类。后来由于敌机空袭日益严重，"嗣为普应各方需要，于三十二年五月三日扩充承保范围，兼及商业行政机关建筑物及必要设备、运输工具等"[③]。对于保险标的，保险人认为危险过大时，得向投保人说明理由，拒绝承保。保险范围以飞机轰炸、防空炮火及敌特纵火破坏所造成的损失为限。

陆地兵险在开办过程中，随着战事的进展而产生了一些变化，最具代表性的就是"指定商店兵险"，主要是为保障民众日常生活所需而专门设立的。1940年，日机加紧轰炸重庆，当时陆地兵险的1/3保险都集中于此。特别是这年五六月份，日机在重庆市中心区投下大量燃烧弹，引起多处火灾，致使商

[①] 颜鹏飞等：《中国保险史志（1805—1949年）》，上海社会科学院出版社1989年版，第370页。
[②] 吴申元、郑韫瑜：《中国保险史话》，经济管理出版社1993年版，第113页。
[③] 中国第二历史档案馆：《中华民国史档案资料汇编》第五辑第二编（财政经济）（四），江苏古籍出版社1997年版，第342页。

店纷纷疏散,市民购物无着,物价狂涨。针对此种情况,重庆市社会局与中央信托局签订协议,承保重庆市指定营业商店的陆地兵险,并拟定了承保办法:

由重庆市社会局出面要保,并先将指定商店名称、地点列单送局。

投保货物以指定非常时期生活必需品为限。

投保货物由社会局派员负责管理,每日应编实存数额报告备查。

投保指定商店货物,以每家五千元为限,综合性之商场,及重庆市日用必需品公卖处,则以五万元为限。[1]

该办法呈报核准后,即开始承保。1941年4月,重庆社会局以原定范围,不能适应需要,于是又将范围扩大到旅馆等服务行业,考虑到指定商店兵险自办理以来"损失超过收入保费达七倍以上"[2],为了不影响到工厂、仓库的保障,对保额、费率等做了相应调整。

表13-9 陆地兵险历年收支统计表

(单位:元)

年份	收入	支出	盈余	赔付率
1939年	96915.16	52868.93	+44046.23	55%
1940年	13709238.30	14670884.76	-961646.46	107%
1941年	32361136.66	16536957.88	+15824178.78	51%
1942年	40277631.35	8780696.21	+31496935.14	22%
1943年	53983066.86	12958422.79	+41024644.07	24%
1944年	73834476.38	47559269.97	+26275206.41	64%
1945年	28712527.34	31054091.12	-2341563.78	108%

资料来源:中国第二历史档案馆:《中华民国史档案资料汇编》第五辑第二编(财政经济)(四),江苏古籍出版社1997年版,第343页。

从上表中可以看出,与运输兵险类似,亏损的年份很少,1940年因为敌机

---

[1] 中国第二历史档案馆:《中华民国史档案资料汇编》第五辑第二编(财政经济)(四),江苏古籍出版社1997年版,第343页。

[2] 中国第二历史档案馆:《中华民国史档案资料汇编》第五辑第二编(财政经济)(四),江苏古籍出版社1997年版,第343页。

对后方特别是重庆进行大规模轰炸,而当时重庆地区厂矿企业承保金额占全部陆地兵险承保金额的51.29%[1],损失较为严重;1945年由于日军攻势锐减,轰炸减少,国民政府空军实力亦有所加强,因而业务量骤减。[2]陆地兵险之所以能够在开办的大多数年份取得盈利,与运输兵险类似,除了费率制订合理、保险技术日臻完善、企业投保踊跃之外,还有保险专业人才的积极投入,但最为关键的还是国家对于战时兵险事业的支持,遇险后能够即时赔付,保障了工矿企业的正常运转,起到了很好的示范作用,如投保陆地兵险赔款额较大的申新纱厂案例。由武汉内迁至陕西的申新四厂,于1942年5月遭到日机轰炸,损失惨重,中信局特意委派理赔科长张仲良去当地办理理赔事项,在当地保险业务主管赵镇圭的协助之下,认真清理残存物资,细致核算,最终圆满完成任务,核定理赔金额为七十多万元,是当时全国仅有的几项大额赔款之一,中信局和申新厂方都对结果表示满意,因赔偿迅速,该厂只停工一个星期便恢复生产。[3]

(3)发动民营保险公司代办兵险。由于战时兵险承保金额、范围、对象比较宽泛,业务量也较为庞大,同时考虑到民营保险公司的发展,为此在制定办理战时兵险办法时,第四条明确规定:中央信托局得分托各华商保险公司代理承保战时兵险。[4]代理公司与中信局为契约关系,在中信局规定的范围内签发保险单据代收保险费,但是赔款是由中信局直接处理。考虑到抗战的大局,对各代理公司仅支付开支津贴。

对于民营保险公司代理陆地兵险业务,除公有产物或公私合办事业的兵险,仍由中信局承保外,民营事业的兵险由民营保险公司代理或承保。出险赔付时如有争执,由中信局派代表1人、战时兵险审核委员会及重庆市保险业同业公会各推代表2人共同仲裁。至1945年兵险停办,重庆经核准代理兵险业务的民营保险公司有太平、兴华、宝丰、天一、华安、亚兴、安平、永大、民

---

[1] 中国第二历史档案馆:《中华民国史档案资料汇编》第五辑第二编(财政经济)(四),江苏古籍出版社1997年版,第362页。
[2] 中国第二历史档案馆:《中华民国史档案资料汇编》第五辑第二编(财政经济)(四),江苏古籍出版社1997年版,第342页。
[3] 中国保险学会、《中国保险史》编审委员会:《中国保险史》,中国金融出版社1998年版,第146页。
[4] 中国保险学会、《中国保险史》编审委员会:《中国保险史》,中国金融出版社1998年版,第253页。

安、合众、华孚、永中、长华等13家。"查代理公司之作用,在辅助本局附属机构以推行战时兵险业务,自开始代理以迄兵险结束,各公司均能遵照本局规定,推诚合作,其承保成绩,亦相当可观"①。

(4)战时兵险特设机构。战时兵险是非常时期的特殊产物,在保险业发展史并没有先例可循,为了使其发挥更好的作用,中央信托局组成"战时兵险顾问委员会",由农产、工矿、贸易3个调整委员会各派1人,后来由于这三个委员会并入财政部和经济部,于是改由财政、经济、交通三部各派1人,另聘请一部分保险专家充任委员。其主要任务是负责审定战时兵险的各项规章制度,指导业务的开展,"既无确定之职权,亦无经常之组织,……在技术上曾贡献甚多至足宝贵之意见,而于本局日常行政管理及业务推展亦毫无牵制"②。

陆地兵险开办后,由于业务推展迅速,出险的案件也同样增多,理赔事项以及损失评审一时难以得到圆满解决,于是中信局向财政部建议设立"兵险审核委员会",将原有的"兵险顾问委员会"与拟设立的赔款审查委员会合并,重新设置人员比例③,于1941年7月22日正式成立。审核委员会成立之后,对于兵险承保及赔款的审核,做出很多贡献,但是每月开支很大,而且比较重要的案件,还得报请财政部核实,程序上有些繁琐。出于减轻管理成本的考虑,于1944年5月将该委员会撤销。

战时运输兵险和陆地兵险的举办,是我国保险事业在抗日战争时期的一大贡献,它不仅使得内迁工业正常生产,充实了战争资源,而且对后方人民的日常生活也起到一定的保障作用。由于办法简明、订费恰当,为社会各界所普遍接受,获得各方面的好评,业绩也取得了较好的效果。

---

① 中国保险学会、《中国保险史》编审委员会:《中国保险史》,中国金融出版社1998年版,第327页。
② 中国保险学会、《中国保险史》编审委员会:《中国保险史》,中国金融出版社1998年版,第328页。
③ 计划为11至15人,即财政部3人,经济、交通部各2人,中信局3人,其余则是保险、法律、会计等专业人士。

(二)起步阶段的农业保险

农业保险是指对从事农业生产的单位或个人,进行风险损失分摊,对其在种植业、养殖业生产过程中,遭到自然灾害或者意外事故所造成的经济损失给予补偿的一种保险。[①]我国是一个农业大国,"以农为立国基础垂数千年,但农业生产之落后如故,农村经济之破败,日甚一日",农业保险则能有效保障农业生产,有利于国家的安定,因此世界各国政府"对于普通保险事业,多采取放任政策,惟对于农业保险,加以特殊的注意"[②],运用各种方法,从财政和法律方面来扶助农业保险,国民政府也不例外,对适应于我国国情的农村保险合作社给予了一定扶持。

自国民政府实业部(后改为经济部)成立农本局后,大后方的部分区县曾普遍建立以办理农村猪牛保险为主的保险合作社,有的则通过各县农本局成立家畜保险经理处和区乡的家畜保险社具体办理。广西、江西两省在1938年就已开始组成家畜保险社或者耕牛保险合作社。后来,四川、贵州、云南等省也陆续成立这类保险合作社,试办耕牛和猪仔保险。[③]据重庆市属荣昌、永川等县资料记载,凡参加保险的农户,要先缴少量保险基金(每头牛1元,每头猪5角)即为基本社员。所保耕牛要由乡评估委员会评定保险金额,年保险费率包括免费防疫医疗在内,耕牛为5%,猪只为3%。所保金额的8%,可向县社或县保险经理处进行再保险。如遇牲畜死亡,可按保额的90%赔付,如当年收不抵支,则由县社(经理处)予以垫借,于下年归还。[④]

重庆北碚三峡实验区家畜保险社自1939年成立到1941年也承保了不少猪仔,为鼓励农民饲养家畜起到了一定的作用。

[①] 陶骏、殷春华:《现代保险学》,南京大学出版社1991年版,第138页。
[②] 杨智:《论我国实施农业保险问题》,《农贸信息半月刊》第4卷第8—9期(1941年),第16页。
[③] 中国保险学会、《中国保险史》编审委员会:《中国保险史》,中国金融出版社1998年版,第141页。
[④] 中国人民保险公司四川省分公司:《四川保险志》,(内部发行)1989年,第34页。

表13-10　1940年北碚三峡实验区家畜保险社概况

保险社	社员人数	社员人数	赔款(元)	保费收入(元)
北碚分社	157	372	1515	1726
黄桷分社	71	180		
文星分社	203	56		
澄江分社	234	38		

资料来源:王朝富:《三峡区推行家畜保险事业概况调查》,《农本》1941年第46—47期,第12页。

1944年,中国农业保险公司在重庆成立,上述农村保险合作社组织便宣告撤销。中国农业保险公司在名义上为经营农业保险的机构,实际上却仅在重庆北碚等地小面积地试办了一些牲畜保险,最多时不过承保有耕牛2000余头、生猪3000余头。至于种植业保险,仅停留在调查研究和搜集资料阶段,未具体办理业务。据《中农月刊》民国三十五年第10期统计,中国农业保险公司从成立至民国三十五年九月,共收入各种保费122968万元。其中农业保险业务收入仅32134万元,占总收入的26%,其余均为城市业务的水、火险收入。[1]由于农业保险的非营利性,作为国营的专业保险公司,本应承担起保障并恢复农业生产重任的中国农业保险公司,可由于整个保险行业的经营仍以盈利为首要目的,再加上当时的特殊环境,从而造成一种保险功能上的缺失,与其他保险公司并无太大差异。

整体来看,抗战时期农业保险发展是较为迟缓的,其原因,除了战争的破坏性之外,本身固有的问题也阻碍了农业保险的发展。首先,是气象灾害,如水旱灾害、冰雹等剧烈天气,"常易发生整个损失,损失范围甚广,故非有雄厚的资本,包括广大的保险区域,即不易于实施"。其次,是农业灾害,无论从次数还是损害程度上,都难以估计,而不像城市中的风险,可以预算出概率。第三,农村中投保人多分散各地,"保险之兜揽,以及保费之收集,均须巨额开支"。第四,举办农业保险,需要有专业技术的保险人才,而当时根本没有这样的人才可用,在农村"兽医已不易得,保险计算员更如凤毛麟角,即如找到

[1] 四川省地方志编纂委员会:《四川省志·金融志》,四川辞书出版社1996年版,第345页。

少数技术人才,而农村待遇微薄,又无法雇用。"①

(三)艰难维持的人寿保险

在抗战时期,相对于较为发达的产物保险来说,"业务最受打击的则为人寿保险,原有的寿险机构,大都处于停止状态,无法进行",②这是由于战争造成大量人员伤亡,原有寿险保户大都不能继续支付保费致使保单失效,而新的业务一时又难于开展。在重庆经营人寿保险的公司仅有中国人寿保险公司、太平人寿保险公司、中央信托局人寿保险处以及邮政储金汇业局保险处四家机构。但这四家保险机构的实力却是同业当中较为强大的,除太平人寿保险公司外,其余三家均为国营保险公司。为使寿险业务有所起色,各公司都相应做了一些改革。特别是中信局人寿保险处和邮储局保险处,分别在各自领域取得了不俗成绩。

1.普通人寿保险

中国人寿保险公司和太平人寿保险公司两家举办的寿险业务是按照人寿保险的常规程序来进行的,即先进行验体,"普通寿险对于被保人之体格,必施以医生检验,以防事业之危机面增投保者之平均负担"③,并以此作为先决条件,但是当时大后方医疗卫生事业并不发达,医药设备也较为简陋,再加上交通不便,这就限制了寿险业务的进一步拓展,只能集中在以重庆为中心的其他各大都市,况且寿险产品保险保额较大、期限较长,不易为广大民众所能接受,因此造成这两家人寿保险公司业务数量较少。

从中央信托局保险处划分出来的人寿保险处,针对当时"经营寿险者,在营业方法或技术上,多未克循正轨,致信用不立,发展迟滞"的现状,"积极从事于制度及技术之改进,以崭新之姿态,与世人相见"④,在制度方面做了调整。

(1)废除佣金制度,训练外勤职员。随着保险业的发展,保险经纪人也随

---

① 李孟麟:《中国推行农业保险合作问题》,《农村合作》,第2卷第8期(1937年),第83—84页。
② 朱斯煌:《民国经济史》,银行学会1947年版,第96页。
③ 张明昕:《简易人寿保险制度创设经过及由邮政经办理由》,《保险季刊》,第1卷第3期(1937年),第43页。
④ 罗北辰:《一年来之中央信托局人寿保险业务》,《中央银行经济汇报》,第5卷第9期(1942年5月),第42页。

之产生。保险经纪人也称为经理员,旧称"保险掮客",主要是介绍保险业务,在保险合同订约双方之间斡旋,促使保险合同成立,并为此收取佣金。寿险公司同样也采用佣金制度,也叫经理员制度,"此种制度,表面似可鼓励经理员努力于招徕工作,实则流弊甚多。举其大者;第一,经理员因贪图佣金,而不顾要保人之健康德行,致死亡率增高,公司负累;第二,经理员劝人投保而取佣金,最易使人生鄙视之心,因而影响公司信誉,增加业务推进困难;第三,经理员为获佣金计,不免为要保人隐饰缺点,对公司作虚伪报告,因而养成不忠职守与自私之心性,丧失其原有道德。凡此种种,皆为习见之事,故佣金制度,可名之曰'合法的舞弊制度'"。中信局人寿保险处针对此项制度长久以来的弊端,"故决然废除,以使社会耳目一新,而图恢复寿险界之信誉"。佣金制度废除后,为了推广业务,中信局人寿处采取了任用外勤职员的方法。所谓的外勤职员,有固定的薪酬,与公司内勤职员并没有差异。在选拔外勤人员上,"力崇审慎,现有外勤职员,均系选拔优秀青年,施以训练,然后派出工作,此为从事改进之一端。"①

(2)效仿简易寿险,实行免验寿险。中国、太平两寿险公司在承保业务时,验体为先决条件,然而"我国卫生事业,不甚发达,医药设备,尤为简陋,除各大都市外,验体寿险,几于无法推行,业务发展,多受限制,寿险既为福利社会大众之事业,自不可仅惠及于繁荣都市之少数人民;且因种种原因,检验体格,亦不能尽满人意"。于是,中信局人寿保险处效仿邮储局的简易寿险,一反常规,大胆推行免检身体的寿险,"推行以来,已有良好之成效"。②

(3)增设寿险产品,侧重团体寿险。依据对寿险市场的分析,创办了国民寿险、公务人员团体寿险、储蓄寿险、终身寿险、养老年金、人寿再保险等几项新业务。其中的公务人员团体寿险为一大特色,主要依靠行政部门的规定,如由重庆市社会局公布的《重庆工厂员工团体寿险办法》,其中规定中央信托局人寿保险处为保险人,渝市各工厂为要保人,工厂员工为被保险人,其亲属

---

① 罗北辰:《一年来之中央信托局人寿保险业务》,《中央银行经济汇报》,第5卷第9期(1942年5月),第42页。

② 罗北辰:《一年来之中央信托局人寿保险业务》,《中央银行经济汇报》,第5卷第9期(1942年5月),第43页。

为受保人;保险费由工厂与其员工各负担一半。此外,财政部也有类似的规定。①因为承保面比较广泛,又有官方支持,这就有力地保证了业务来源。

(4)运用各种媒介,扩大寿险宣传。为了使广大民众对人寿保险有一个更为清晰的了解,中信局"除增加各种广告外,并发动成立中国人寿保险学社,集中才能,研讨理论,并筹备发行寿险刊物,举办寿险学术演讲",②通过多方面的宣传,以扩大人寿保险的影响力。

中央信托局保险部从1937年开始经营寿险业务,直到1941年3月人寿保险处成立当天,"其总保额仅一千一百余万元",然而经过以上改革之后,中信局人寿保险处的业绩在成立后的第一年,"有效保额增至五千万元,一跃而为全国第一"。③

2.简易人寿保险

简易人寿保险是人寿保险的一种,以其保额小、保费少、手续简便,不验体格是其最大特点,故而叫做简易人寿保险,因为投保对象面对的是全体国民,同时也是社会保险的一种。简易寿险首先出现在19世纪的英国,普通寿险难以普及到下层社会,英国政府有感于此,早在1807年就有设立贫民保险局的议案,因没有在众议院特别委员会通过而搁置,但是私营的普尔登雪尔寿险公司开展了简易寿险业务。1864年,英国财政大臣格勒特史东向议会提出"邮政局局保险案",规定保额从5镑以上到100镑,保额在25镑以下者,一律免验体格,超过此数,即须检查。议案虽被普尔登雪尔寿险公司反对,但最终被议会通过,这就成为世界上由国家经营简易寿险的开始,然而到1928年,由于英国国营简易寿险经营不善,遂告废止。④而邮政简易寿险真正发达是在日本。同样也是考虑到人寿保险未能普及到多数平民,早在1895年日本递信省(交通部)就有创办小额保险的议案,此后又陆续制订了一些相关规定,但各方以时机未能成熟放置一边,直到1916年2月《简易生命保险法》在

---

① 颜鹏飞等:《中国保险史志(1805—1949年)》,上海社会科学院出版社1989年版,第392、395页。
② 罗北辰:《一年来之中央信托局人寿保险业务》,《中央银行经济汇报》,第5卷第9期(1942年5月),第43页。
③ 罗北辰:《一年来之中央信托局人寿保险业务》,《中央银行经济汇报》,第5卷第9期(1942年5月),第42页。
④ 张梁任:《我国之邮政简易人寿保险》,《交通杂志》第4卷第3期(1936年),第89页。

日本国会通过,于同年11月1日正式由邮政机构办理具体业务,并授权邮政储金局指挥监督。由于业务开展迅速,为便于管理,后来专门成立了简易保险局。至1935年,其保额已超过三十亿日元,契约2200多万件,全日本有30%以上的国民投保简易寿险,"成绩之优,为世界各国所公认"[1]。

1930年3月邮政储金汇业局成立之时,其组织法案中即有设立保险处的条文,但只限于保险信函和包裹。"因知日本邮局所办之简易寿险,成绩最优,其制度不足以稳定一般人民之生活,增进社会之安宁,且其所集之细微保费,积成巨额资金,以之运用于社会国家建设事业,福国利民,尤难言喻。故本局即决定筹设一种小额寿险,以适应民众之需要"[2],于是在1931年以日本《简易生命保险法》为蓝本,再参考英国简易保险制度,拟定了"简易人寿保险法草案"并呈送立法院审核。但由于当时"九一八"及"一·二八"事变的影响,再加上"邮政经济支绌,难于举办",被立法院暂时搁置。直到1934年以后"邮政业务日趋良好,筹拨资金,已不成问题,交通部复将草案内容再度修改",于1935年4月再次提交立法院,并获得通过,再经国民政府5月10日正式颁布实行。[3]同年12月1日,邮政简易寿险业务正式开办。

抗日战争全面爆发之前,简易寿险业务发展较快,当时正值中国经济恢复发展,人民生活水平有所提高。在两年之间,成立契约41958件,月收保费36178.9元,保额达5451051.4元。[4]然而1937年7月抗战的爆发,完全打乱了简易寿险良好的发展势头,不但扩充业务的计划难以实行,就连先前的契约失效数也不断激增,到1942年底,"有效契约仅为六万余件,保额剩九百七十余万元,平均每件保费在一元左右,每件保额仅一百六十元。而在这些存续的保户中,邮政员工占百分之七八十,普通契约失效的竟达百分之七十,损失实在重大"[5]。

由于业务范围集中在大后方省份,邮储局保险处于1941年春由昆明迁

---

[1] 重庆档案馆馆藏重庆市社会局未刊档案,档号:0060-1-89。
[2] 张明昕:《简易人寿保险制度创设之经过及由邮政经办之理由》,《保险季刊》第1卷第3期(1937年),第43页。
[3] 重庆档案馆馆藏重庆市社会局未刊档案,档号0060-1-89。
[4] 重庆档案馆馆藏重庆市社会局未刊档案,档号0060-1-89。
[5] 重庆档案馆馆藏重庆市社会局未刊档案,档号0060-1-89。

入作为后方保险业中心的重庆。1943年战事稍有缓和,日军对重庆的突袭减少,工商业逐步恢复,邮储局保险处也通过各种方法来拓展业务,以挽回颓势。首先将简易寿险与储金、汇兑并列为三大中心业务,其次大量增添办理局所(全国三等以上邮局全部开办寿险),并划定各区局的配额,限期完成。第三加派人手,采取业务员制度,并发动邮政员工举办一人三契竞赛活动。同时最高保额也由五千元提至两万元。"至是年底,新订契约达八万余件,超过创办以来历年所订契约的总和,保额也增至一万六千余万元,较历年的总保额约增十六七倍。"[1]1944年又开办了一种60岁养老保险,经交通部通令部属各机关全体员工一律投保,其保费的半数规定由各机关负担。同年5月,国民党中央宣传部把简易人寿保险法列入政令宣传大纲,通令各机关、团体、学校、保甲详加研究和讲解,并在重庆推进一户一人投保简易寿险活动。[2]经过此番努力,邮储局简易寿险业务成绩突飞猛进,各项指标均超出历年数倍。

表13-11 简易人寿保险历年发展状况进度表

(单位:元)

年度	经办局数	年底有效契约累计			年内增(减)契约			备注
		件数	月保费	保额	件数	月保费	保额	
1935	22	9874	10804.7	2082058.6	9874	10804.7	2082058.6	
1936	285	17919	20951.1	3867187	8045	10146.4	1785128.4	
1937	304	41958	36178.9	5451051.4	24039	15227.8	1583864.4	
1938	304	37063	32271.5	4915512.5	-4895	-3907.4	-535539.2	因战事锐减
1939	313	36974	31605.8	4297923.7	-89	-665.7	-117585.5	
1940	313	43922	37048.8	5668909.5	6948	5433	870985.8	
1941	315	54769	49577.3	8190713.3	10847	12528.5	2521803.8	
1942	347	61818	60887.5	9745618.9	7049	11310.2	1554905.6	
1943	1920	158514	1366556.1	189165503.1	96696	1305668.6	179419884.2	
1944	1900	285804	4538792.1	609708271.1	127290	3172206	420342768	
1945	1968	363050	8956051.8	1409996121.1	77246	4417262.7	800287850	截至十一月

资料来源:《简易人寿保险创办十周年特刊》,重庆档案馆馆藏重庆市社会局未刊档案,档号0060-1-89。

---

[1] 重庆档案馆馆藏重庆市社会局未刊档案,档号0060-1-89。
[2] 颜鹏飞等:《中国保险史志(1805—1949年)》,上海社会科学院出版社1989年版,第414页。

抗战时期人寿保险相比产物保险发展较为缓慢,首要原因,即战事频繁,社会动荡不安,人民居无定所,生活窘迫,生存尚有问题,即使有心也无力购买。其次,则是我们固有的传统思维模式如"养儿防老"以及大家庭制度的存在。第三,是我国国民的教育程度低下,对寿险没有一个正确的认识,寿险业务期限较长,短期不能受益。第四,我国是一个农业大国,农民占总人口的绝大多数,寿险事业主要集中"通都大邑",并没有深入到广大的农村,即使涉及到,也因为农民微弱的购买力而无法经营,以面对全体国民、业务深入基层的简易寿险为例:

表13-12 简易寿险被保险人职业百分比表(1935年12月—1945年11月)

职业	公务员	商人	工人	家务	无业	农民	社会事业	学生	自由职业
百分比(%)	46.11	22.65	8.99	8.66	5.35	3.71	1.91	1.67	0.95

资料来源:《简易人寿保险创办十周年特刊》,重庆档案馆馆藏重庆市社会局未刊档案,档号0060-1-89。

由表13-12可以看出,公务员和商人占据简易寿险近七成份额,而人口众多的农民只占到3.71%,因此在当时即有人士提出"查我国系以农立国,故须向广大之农村示进展,始可获得普遍之功效"[①]的建议,但一直没有付诸实施。

(四)逐步发展的再保险

再保险也称为分保,是转移(原)保险人风险责任的行为或方式。保险人承保业务后,将承担责任的一部分或全部分保给其他保险人,以分散危险,保证业务经营的稳定性,这种风险转移方式实际上是对保险人所承担的风险的一种保险,换言之,是保险的又一次保险,因此称为再保险。[②]再保险是保险派生发展而来,是以原保险为基础的独立业务,通过原保险人与再保险人签

[①] 重庆档案馆馆藏重庆市社会局未刊档案,档号:0060-1-89。
[②] 张拴林:《再保险学》,中国财政经济出版社1997年版,第1页。

订分保条款或分保合同来实现。

```
                                            ↗B再保险人
投保人→保险合同→保险人→再保险合同→A再保险人
                                            ↘C再保险人
```

再保险对于原保险人(分出公司)而言,首先可以扩大承保能力。根据保险的大数法则,[1]经营风险的保险企业,只有大量地接受风险,才能平衡风险责任,增加保费收入,稳定业务成绩。但是保险公司的承保能力,又受其资本和准备金等自身财务状况的制约。资本较小的保险公司难以参加巨额的保险业务,即使资力雄厚的保险企业,其承保能力也不无可限量,尤其是面临巨额风险的投保,更是如此。而再保险则可以解决这一问题,在原保险人不增加资本金的情况下,就可以扩大承保能力。其次是稳定经营成果。保险人收取的保险费仅占保险金额的很小份额,当遇到巨额保险和风险集中等情况时,一个保险人的保险基金和业务能力就无法应付,为了防止这种情况出现,保险人必须利用再保险的方法以分散风险,把超过自己随一部分责任转移给别的保险人,从而保证保险业务的稳定性。[2]第三,可以增加收入。主要包括收取分保手续费、提留保费准备金、利用分保费给付时差金。

对于再保险人(分入公司)来说,首先是以增加收入为立足点,即收取再保险费,利用收支的时差使分保费增值;其次同样是为稳定经营成果。经营再保险业务,通常遵循分入分保和分出分保相结合的经营原则,以求达到一种损失平衡。[3]由此可见,再保险对于保险公司生存发展的重要性,而对于在抗日战争时期惨淡经营的重庆保险业来说更是如此。

自从我国民族保险公司成立之后,分保问题一直是困扰民族保险业发展的因素之一。在抗日战争以前,都是依赖外商保险公司解决的。外商保险公

---

[1] 大数法则是指可重复实验的随机事件,当实验次数不断增加,该事件的发生频率逐渐趋于一个常数,且接近该事件的发生概率。换言之,就是可以利用事件出现的频率代替事件的发生概率。

[2] 陶骏、殷春华:《现代保险学》,南京大学出版社1991年版,第108页。

[3] 张拴林:《再保险学》,中国财政经济出版社1997年版,第20页。

司曾长期垄断中国的保险市场,例如英商的太阳保险公司、怡和洋行保险部,美商的美亚保险公司、北美洲保价公司,以及瑞士再保险公司等。①尽管大多数只是依赖代理形式的保险公司,但是背靠母公司支持,外商保险公司的整体实力非华商保险业能望其项背。②再保险人经营再保险业务,一般要遵循分入分保和分出分保结合的方式,外商保险也以固定方式给华商公司一些分出分保,但也只是少量的,既无互惠,也不平等。

华商保险业的发展起步较晚,但是进度却很快,在条件不成熟的情况下,难免存在一些问题,比如管理水平较差,保险技术落后,保险人才缺失等等,而最关键的问题在于资金短少,即承保能力有限,"我国保险业之资本金,其中最大多数,系在五十万元左右,次多数当推二十万至四十万元间,再次多数为资本一百万元者。以视外商保险公司资本之雄厚,动辄超过千万元者,诚不可同日而语。"③由于资金的薄弱,各公司自己能承受的保额不大,几乎每笔业务都有溢额,必须通过再保险分散保险责任。这个问题对一般私营保险公司来说更是突出,可以说离开再保险就无法生存。"惟我国保险公司,因业务竞争,合作者少,其分保多不与国人互易而径向国外分保,有去无来,系片面而非互惠,致国人所营公司,各为经营保险业者实则为外商之经纪人"④。

抗日战争以前,大后方保险业的分保业务,一般要通过上海保险市场办理,其中相当部分的分保费都辗转流入外国保险商手中。抗战开始不久,重庆便成了后方各地保险业的分保中心。由于我国保险业历史短,资金薄弱,再保险总的容量不能满足巨额业务的需要,比较大的保险公司另找分保出路,如四大国营产物保险公司(处),都与外国的保险公司有固定的分保关系。中国保险公司和英商太阳保险公司有固定分保关系;太平洋保险公司与世界最大的瑞士再保险公司建立了分保关系,有分出,还有分入;中国农业保险公司以美商美亚保险公司为分保后台;中央信托局产物保险处与数家外国

---

① 中国保险学会、《中国保险史》编审委员会:《中国保险史》,中国金融出版社1998年版,第172页。
② 赵兰亮《近代上海保险市场研究(1843—1937)》,复旦大学出版社2003年版,第226页。
③ 沈雷春:《抗战前后之我国保险业》,《金融导报》第1卷第5—6期(1940年1月15日),第18页。
④ 《论目前保险业管理问题》,《中央银行经济汇报》第9卷第12期(1944年6月16日),第26页。

保险公司和伦敦保险市场保持有密切的分保关系。比较大的私营保险公司如太平、宝丰、兴华、合众等也与外国保险公司有固定分保关系。① 但总的说来,是分出去的多,而分入的则很少,大量保险费通过再保险而外流。太平洋战争爆发以后,国外的分保关系中断。只有几家国营保险公司和几家大的私营公司还与国外维持有分保关系,它们除用于自身保险溢额外,虽然也能接受一部分同业分保,但仍不能完全解决所有合约再保险额度的需要,从而促使国内再保险业的兴起。

1942年由中国保险公司联合太平、宝丰、兴华三家保险公司在重庆成立"四联分保办事处"。这个集团由原上海宝丰保险公司派驻重庆负责的英国人爱伦筹划,以他和四家公司原有外国分保公司的关系,向伦敦分保市场洽商了一个自动分保总额,这个总额随着国内通货膨胀而自动增大,保证了分保出路。为了垄断业务优势,起初对外保密,后为太平洋、中农获悉,要求分享"四联分保办事处"的总限额。由于参加"四联"的四家公司,缺乏真诚合作的意愿,未能充分运用自动分保总额这一优势来增加业务。抗战胜利后,因各总公司复员回上海而解散。②

1944年在民办公司中,还有中兴、永大、亚兴、永兴、民安等公司,针对当时官办公司意图垄断整个再保险市场,联合组成了"华联产物保险公司"专营再保险业务,因参加者多系中小公司,业务来源有限,并未能达到预期的愿望。

与此同时,中央信托局产物保险处,曾竭力想通过再保险的国有化,独占国内再保险市场,曾向财政部建议成立一个庞大的再保险公司,把华商保险公司组织起来,扭转华商保险公司的不利地位,拟订资本总额6000万元,并委派太平洋保险公司董事长王正廷筹建中国再保险公司。后因各私营公司,特别是一些以外国保险公司为背景的、有实力的公司的强烈反对而流产。到了抗日胜利后的1945年10月,才由国民党政府财政部拨出巨款作为基金,交由中央信托局产物保险处办理再保险,在内部设立了再保险科。开业那天,许多中小公司几乎都将自己的超额业务交由中央信托局产物保险处集中办

---

① 中国人民保险公司四川省分公司:《四川保险志》,(内部发行)1989年,第15页。
② 中国人民保险公司四川省分公司:《四川保险志》,(内部发行)1989年,第15页。

理。①但不久大后方的保险业中心重新移回上海,中国的再保险市场又另是一番景象了。

三、国民政府对重庆保险业的监管

抗日战争期间,国民政府对各经济部门的管理,从实行统制经济政策的需要出发,曾经采取过一系列监督管理措施。一方面由政府出面制订了大量经济法令,另一方面又通过地方有关部门和公会组织加以贯彻执行,尽力使各行各业的主要经济活动,都置于政府统一领导之下,对于重庆保险业来说,自然也不会例外。

(一)政府制定的保险法规

早在1929—1937年间,国民政府曾先后颁布了《保险法》《保险业法》及其修正稿。但由于外商公司的反对和其他原因,在抗日战争以前一直没有付诸实施。抗战爆发,国民政府迁都重庆以后,才又重新制订了一些单行法规和办法。在1941年以前公布施行的,有《国民寿险章程》《公务人员团体寿险简章》《战时兵险法》及《健康保险草案》等。1942年又公布了修正后的《简易人寿保险法》。正是根据这些单行法规和业务办法,中央信托局产物保险处先后举办了运输兵险和陆地兵险,人寿保险处举办了战时国民寿险(包括团体和个人);邮政储金汇业局寿险处也陆续承办了小额简易人寿保险。但比较系统的保险法令规章,还是从1943年起,由政府陆续颁布的《战时保险业管理办法》及其施行细则,火险、水险、人寿保险单基本条款和《保险代理人经纪人公证人登记领证办法》等几种。

---

① 中国保险学会、《中国保险史》编审委员会:《中国保险史》,中国金融出版社1998年版,第143页。

1.《战时保险业管理办法》

1943年12月25日由国民政府行政院公布施行。这一办法的制订,据有关资料介绍,系出于五个方面的考虑:一是保险在后方需要日益迫切,保险事故也逐有增加,不加以严格管理,不足以杜绝纠纷,而保护当事人之利益;二是保险所收保费无异于银行存款,其资金自应加以管理;三是上海保险业已逐渐内迁,亟待加以管理;四是当时国际形势对管理外商保险业有一定有利条件,宜趁此时机打下对外商控制的基础;五是管理保险业一事极为繁琐复杂,以此简便办法实施管理,易收实效,也可为今后正式制订保险业法打基础。[①]

该办法共25条,从一开始就明确了保险的专业性质,规定保险业"不得兼营其他事业","非保险业不得兼营保险或类似保险之业务"。同时,还规定了保险公司申请开业,必须首先具备公司章程、营业计划书、保险基本条款、计算保险费及其责任准备金的基础、资金及其运用方法等条件,才能呈准财政部注册发照,向经济部完成登记手续,而且对资本金、保证金的数额均有明确规定。

对于保险资金的运用提出了八项具体内容:"一、国家银行存款。二、国营信托储蓄机关存款。三、以人寿保险单为抵押之放款。四、以担保确实之有价证券为抵押之放款。五、以不动产为第一担保之放款。六、对于公债库及公司债之投资。七、对于不动产之投资。八、对于生产事业之投资。"[②]对于每一项的放款以及投资又作了相关的明细规定,如第三、四项的放款要按照管理银行放款关系法令;第六项投资于公债库券部分不得少于资金及责任准备金总额的四分之一;第五项和第七项的投资,不能超过资金及责任准备金总额的1/10;第八项的投资不能超过总额的1/4。

2.《战时保险业管理办法施行细则》及三种保险单的基本条款

国民政府财政部,为了具体执行以上管理办法,曾于1944年5月8日公布了《战时保险业管理办法施行细则》,共15条,主要是对"管理办法"中的有

[①] 中国人民保险公司四川省分公司:《四川保险志》,(内部发行)1989年,第38页。
[②] 中国通商银行:《五十年来之中国经济》,上海六联印刷股份有限公司印刷,1947年,第208页。

关内容加以具体化，如其中对保险业呈请注册时补充文件、注册费的标准、保证金的比例、责任准备金的数额等内容均有进一步明确，还特别规定凡资本总额不及500万元者，有兼营其他事业的保险业，或非保险业兼营保险业者，有兼营损失保险和人寿保险者，均限期一年或半年加以改组和纠正。① 可以说是将"管理办法"中的各项规定进一步落实，更有利于政府对保险业监督管理工作的认真执行。

与此同时，财政部还根据《战时保险业管理办法施行细则》第13条"各种保险单、各种保险契约之基本条款，由财政部定之"的规定，分别拟订了《水险保险单基本条款》《火险保险单基本条款》和《人寿保险单基本条款》，对各险保单应载明事项、责任范围和保险契约的有效条件均有所明确，以便使各种保险契约的主要内容更趋于标准化。②

3.《保险业代理人经纪人公证人登记领证办法》

财政部按照《战时保险业管理办法施行细则》第14条"保险业之代理人经纪人及公证人，非向财政部登记领有执业证书，不得执行业务"的规定，于1944年6月24日颁布办法。其中对这三种人的资格及登记执业均有一定限制，如呈请登记为保险代理人者，就要具有担任保险工作两到三年的业务经验，或专科以上学校毕业，担任经纪人一年以上，或中专毕业担任经纪人三年以上的资格。③ 在申请执照时，还要缴付一定的保证金和证书费，如果申报不实或不按规定执业的，将科以罚款并撤销其执业证书，这一办法对于滥用以上三种人的保险公司有一定的约束作用。

除以上法令规章外，国民政府还通过一些税制，对大后方保险业加强管理，并在有关内容中，显示了官办与民办之间的差异。其中如1942年7月颁布的《营业税法》的第6条规定"各级政府所办的银行保险及其他金融事业，免征营业税"。④ 1943年4月，国民政府又公布了印花税率，其中规定"人身保险保单每件按保额每千元贴印花税4角，财产保险保单每件按保额每千元贴

---

① 中国通商银行：《五十年来之中国经济》，上海六联印刷股份有限公司印刷，1947年，第209页。
② 颜鹏飞等：《中国保险史志(1805—1949年)》，上海社会科学院出版社1989年版，第414页。
③ 《人寿保险单基本条款》，《金融周报》第16卷第6期(1947年2月5日)，第22页。
④ 崔国华：《抗日战争时期国民政府财政金融政策》，西南财经大学出版社1995年版，第134页。

印花税2角。凡每件保额不及千元者免贴；政府所办保险事业免贴"。①

在国民政府统治时期，保险法规的一再变更，说明了政府对于保险行业的发展规律并没有一个完整的认识，而且所制定的监督管理办法有时并不能认真贯彻执行，一方面是因为外商保险业挟不平等条约而进行抵制，难以如期开展，另一方面是由于国营保险公司的存在，使得相关法律条款在执行过程中不能做到一视同仁。

(二)通过保险同业公会来进行管理

同业公会是一种民间性、自发性的组织，其最终成立仍得益于各类工商业尤其是行业中的领导型企业有意识的理性选择，是行业意识落实于组织形式的结果。②重庆保险业作为战时大后方仅有的繁盛行业，为提高本业的社会声誉、扩展业务、加强内部的联系，保险同业公会的成立势在必行，但是成立的时刻却正处于同业公会发展阶段中的"涣散变动期"，③以1938年为标志，这一方面是因为日军侵华战争的规模在这一年规模扩大，破坏也更为强烈，另一方面是国民政府在本年颁布了新的同业公会法规，从而影响到抗日战争期间同业公会的组织发展和制度定位。1938年成立的重庆保险业同业公会，自然也会受到影响。

1938年，重庆保险同业公会筹备成立，并通过章程，先后公布了《费率委员会组织规程》《费率委员会办事细则》等。④然而就在本年的11月份，国民政府先后颁布了《修正商会法》《工业同业公会法》以及对保险业公会最有影响的《商业同业公会法》，"新法之要旨，于分工订工业、商业、输出业三公会法外，复明白订立其任务，使工商统制之主旨，与同业合作之精神，得以具体实现"。⑤由此可见国民政府战时频繁颁布的这些法令，一是为了加强同业公会的组织，二是为了使同业公会能够切实有效地协助政府工作，加强经济统

---

① 颜鹏飞等:《中国保险史志(1805—1949年)》,上海社会科学院出版社1989年版,第403页。
② 朱英:《中国近代同业公会与当代行业协会》,中国人民大学出版社2004年版,第123页。
③ 朱英:《中国近代同业公会与当代行业协会》,中国人民大学出版社2004年版,第138页。
④ 颜鹏飞等:《中国保险史志(1805—1949年)》,上海社会科学院出版社,1989年版,第347页。
⑤ 中国国民经济研究所:《中外经济年报》(二),1940年,见沈云龙:《近代中国史料丛刊三编》,第60辑,第32页。

制与社会管制。

1939年2月,重庆市保险同业公会正式成立,根据新的同业公会法规定,于当月15日易名为"重庆市保险商业同业公会",并颁布了公会章程。章程中的一些规定,第一条"本章程依据非常时期人民团体组织法、商业同业公会法及商业同业公会法施行细则订定之",第五条的"关于会员营业上之矫弊事项","关于会员共同有利之事业及必要之设施","关于各项保险规章及保险费率之厘定及营业之编制"等几项公会任务,"须经全体会员2/3以上之同意,呈请主管官署核准方得施行",以及第十四条对于本业公司行号不加入本会或者不缴纳会费以及违背规章的,酌情进行处分,但处分"非经主管官署之核准亦不得为之"[1],由此可见重庆市保险商业同业公会在处理重要问题和行政事务时,需向有关主管部门请示报告,在某种程度上成为协助政府推行行业管理的社会组织。

1944年6月,针对当时重庆保险市场的发展问题,重庆市保险商业同业公会第11次会员通过下述八项原则,作为解决再保险等问题的方略:①内谋互助,外求互惠;②官督商办;③业务自由;④组织简单;⑤经营一切再保险;⑥促进保险金融系统。呈请财政部当局,要求仿银钱业设立联合委员会之例,设立保险联合再保险委员会。[2]但是对于这一请求,财政部并没有作出表示,因为当时国营的中信局产物保险处正谋求建立垄断再保险市场的保险公司。

但是作为一个公会组织,保险商业同业公会在研究面临问题,反映会员意见,统一各种保险费率,维护保户利益,协助解决各会员公司之间分保和摊赔纠纷,加强会员间的联系等方面,也发挥过一定作用。例如同业公会内设的费率委员会(后改为技术委员会),负责研究设计并管理保险费率及有关规章事,并于1944年研究制订出《四川省火运费率规章》和《水上运输平安险费率》,对于保险行业的规范发展起到一定作用。

---

[1] 重庆档案馆馆藏重庆市商会未刊档案,档号0084-1-109。
[2] 颜鹏飞等:《中国保险史志(1805—1949年)》,上海社会科学院出版社1989年版,第414页。

四、对战时重庆保险业发展的思考

(一)制约重庆保险业发展的因素

1. 保险中心的暂时性

抗战时期重庆之所以能成为大后方保险中心,其中一个很重要的因素就是原先设在上海的保险机构大量的内迁,如国营的中信局保险处、中国保险公司、邮政储金汇业局保险处,民营的太平、宝丰等保险公司。上海作为近代经济发达的大都市,其优越的地理位置,良好的经济基础,较为发达的工商产业,这些都是促成保险业发展的重要条件。在日伪时期,上海保险业亦有所发展,特别是日本较为重视的寿险业,有11家之多。[①]保险机构迁移到重庆的原因,多为收桑榆之效,一旦战争结束,全国政治经济中心势必会东移,再加上接收日伪留下的保险产业,保险业中心非上海莫属。

2. 违反市场规则的竞争

抗日战争时期,我国大部分国土沦陷,而西南、西北地区经济发展较为落后,以至于保险业务来源有限,从而造成一种保险买方市场的局面,各公司为了取得保险市场较大的份额,通过多种渠道运用各种方式,甚至不惜采取违反市场规则的手段,以求得利益最大化。主要表现为:①分保是保险业发展必不可少的环节之一,但是有些公司即使超过自身承保能力,也不分保,意存侥幸,与赌博无异。②为争取业务,一些保险公司滥发经纪人和代理人的佣金,收费乱打折扣。③利用国人保险知识匮乏,欺骗客户投保。④国营保险公司利用政治背景压迫民营保险公司就范,最具代表性的例子便是前文提到的争夺川江盐载保险市场,涉及到多个部门。[②]以上这些违反保险市场正常发展的竞争手段,虽一时会增加相关保险公司业务量,但长此以往势必会造

[①] 朱斯煌:《民国经济史》,银行学会编印1947年版,第96页。
[②] 重庆金融编写组:《重庆金融》(上卷),重庆出版社1991年版,第269页。

成保险市场的混乱不堪。

3. 通货膨胀造成的影响

抗战的旷日持久,造成物资匮乏,政府财政入不敷出,战时通货膨胀不可避免,已影响到大后方社会生产的各个方面,保险行业亦不例外,保户投保之后,等到出险索赔,赔款所得之值与投保时所交保费之值已很接近。针对此种情况,保险行业的各项金额标准也做了相应调整,以弥补通胀造成的影响。如简易寿险的保额最初定为500元国币,"事实上已不足适应需要,因此推动业务颇感困难。三十一年(1942)乃呈请修正简易人寿保险法,将最高保额增加到5000元,……嗣后物价续涨,5000元最高保额又不能适应需要……",于是1943年又提到20000元,到1944年提至50000元,"虽然保额曾经一再提高,但是事实上,按当时的物价来说,仍不失为一种小额人寿保险"[1]。保险公司资本金数额,也由战前规定的至少法币20万元,到1944年调整为至少500万元。[2]

此外,通胀对保险公司人事也造成一定影响,"因在物价之高涨,各项开支随而递增,其进展之速尤为惊人。复因物价之不能稳定,生活亦随而动摇,一般职员见异思迁,变动频繁,此人事问题确为年来最大之焦点。回思解救之方,厥为改善待遇增高津贴,于是开支递增循环无已殆,为此大时代内最难应付之难题,或亦非我公司所独占有也"[3]。

除以上制约因素之外,我国国民的教育水平低下,保险意识淡漠;国民政府虽然制订了一系列保险法规,但执行力度尚待商榷;保险中间人的规范问题。这些因素,也是一直制约我国保险业发展的问题所在。

(二)民营保险公司发展的探讨

抗战时期重庆保险业的发展之所以呈现出一派繁荣的景象,其中一个重要因素就是民营保险公司的大量成立。由于各保险公司的成立背景以及经

---

[1] 重庆档案馆馆藏重庆市社会局未刊档案,档号0060-1-89。

[2] 1935年《保险业法》规定保险公司成立资本金额为国币20万,1944年《战时保险业管理办法施行细则》改为国币500万元。

[3] 重庆档案馆馆藏四川美丰商业银行未刊档案,档号0296-14-322。

营模式不尽相同,以致最后走上不同的发展道路,经营比较成功的民营保险企业有着以下一些特点。

1. 以银行资本作为保障

近代华商保险业发展的一个特点就是"银险一体化",即由银行直接投资保险事业,或者由银行代理保险公司业务。抗战期间重庆经营比较稳健的几家民营保险公司,都是由银行直接投资兴办的,如聚兴诚银行创办的兴华保险公司,川盐银行设立的川盐保险公司,以金城银行为主投资成立的太平保险公司等。由银行资本投资的保险公司,一方面借助银行的信誉和资本保证其承保能力,另一方面可以扩大市场节约成本,银行各地分支机构理所当然地成为保险公司的代理机构,从而增强了保险公司的市场竞争能力。

2. 以正确的保险理念为指导

保险公司的经营发展需要一个确切可行的理念为指导,以兴华保险公司为例,秉承聚兴诚银行"植根西南、向外发展"的方针,以重庆为大本营,承保与聚兴诚有资金往来的工商企业的财产,不做投机生意,并认为"盖保险业,既虽取信于民众,则其产生不能过滥,否则易失大众信仰甚至被认为具有投机性,而在我大后方业务有限,同业过多势必互相倾轧"。[①]而川盐银行保险部经营的盐载保险其成立初衷即"以平均盐商为宗旨",在理赔盐载损失时,首先考虑的是对盐商的补偿,同时为减少灾损,实施了一系列配套的制度方案,贯彻以防为主、主动出击的思想。两家民营公司在竞争激烈的重庆保险业中占有一定的市场份额,其正确的保险理念所起的作用不容忽视。

由于国民政府限制新银行的开办,游资又急于寻求新的突破口,以至于众多民营保险公司纷纷成立,个别民营保险公司只是挂个保险的公司牌子,从事投机生意,再加之后方保险业务有限,政府监管尚不到位、有法难依,从而造成重庆保险市场的繁华背后潜藏着隐患。民营保险公司的发展需要政府在资金方面的扶持,在理念方面的引导,在法制方面的健全,在市场方面的规范,而这些条件在当时并没有完全具备,这就造成了民营保险公司不能健康有序地发展。

---

① 重庆档案馆馆藏四川美丰商业银行未刊档案,档号:0296-14-322。

(三)对国营保险公司的评析

1.正面效应

抗战时期大后方保险业发展的最大特征,莫过于形成以"四行二局"为背景的国营保险体系。由于这六家国营保险公司经济实力雄厚,又有官方支持,分别在各自领域占有近乎垄断的市场份额,因此与历来为人所诟病的官僚资本联系在一起,而官僚资本是一个产权概念较为模糊的概念,不能完整地说明问题。单从保险业这一较为特殊的行业分析入手,则不能简单地定性为官僚资本垄断市场,如对战时兵险、农业保险、简易寿险等三个险种的分析。

战时兵险如前文所述,承保金额之大,数量之多,前所未有,由于风险较大,"非民营保险公司资力所能胜任"[1],同时没有单位愿意接受分保,为了保障业务的顺利开办,政府决定独自一力承担,并取得了较好的收益,同时有力地保障了后方产业的发展。

农业保险业务由于其特殊性,同样适宜以国家主导为主,"私人保险公司之不适于农业保险,在各国已有公认。盖此种私人公司纯以营利为目的,而农业保险固非可以言利者也。农业保险之对象为农民本身或农家之财产,而农民均散处于乡村偏僻之地,因此私人公司若经营农业保险,非广设经理处不可,手续甚为麻烦,开支成本亦必增大,加以农业危险难以估计,可确保无损的保费,不易算出。因此种种原因,保险机关为补救此项缺陷起见,惟有提高保险费率,但农民经济能力本较工商业者为低,保费过高又使农民不胜负担,望而却步,此营利保险公司之所以根本不适宜经营农业保险者也"[2]。

简易寿险由国家承办,也是出于以下原因:①邮政基础稳固,民众得以信赖。"简易寿险保户多为中下层人民,所缴保费都是其血汗所得,倘许民营,一旦业务上发生危险,势必引起社会的不安,为保障保户的权益起见,应以国营为宜。"[3]②利用邮政组织机构,节省开支费用。"我国邮政局所遍设全国,不下

---

[1]《八一三前后之我国保险业》,《中央银行经济汇报》第1卷第15期(1940年6月),第36页。
[2] 李孟麟:《中国推行农业保险合作问题》,《农村合作》第2卷第8期(1937年),第85页。
[3] 重庆档案馆馆藏重庆市社会局未刊档案,档号0060-1-89。

一万二千余处,员工三万六千余人,利用此种已成组织及现有之人员办理简易寿险业务,可避免开办费用之支出。"③业务不限于城市,可普遍推广。"如由商人承办或另设机关办理,则因经费关系或为牟利起见,营业地点,势不能不偏于通都大邑……由邮政经办,则全国到处皆有局所。"①

以上由国家经办最为合适的三种保险业务,总体来说有耗资巨大、信用保证、规模空前等特征,这些都是民营保险公司一时难以企及之处。虽然在实施过程中遇到不少问题,比如邮政简易寿险战时遭遇重大挫折,农业保险并未认真开展,但是其积极意义仍值得肯定。

2. 负面效应

重庆保险市场份额毕竟有限,国营保险公司与民营保险公司同处于一个相对封闭的市场内,竞争不可避免。在竞争过程中,国营保险公司为了获取利益最大化,必然会动用现有各种资源,包括其利用官方背景来压制民营保险公司,从前文所述的川江盐载保险市场的激烈争夺中,可见一斑。"查国营与民营保险事业原唇齿相依、利害互共,然趋势涉及一般民营公司业务范围,不无消减。"②国民政府在制订相关法规时,也会优先照顾到国营保险公司,如前面提到的缴纳营业税、印花税,对于国营公司则不适用。既当运动员,又当裁判员,必然破坏市场的公平正义。

综上所述,国营保险公司有其存在的必要性,即民营资本无力承办或成本极高而社会发展又迫切需要的保险事业,需要政府来承办,而不应在各个领域都"与民争利",造成市场失衡,这也是我们当今市场经济发展中,"国进民退"与"国退民进"所需要衡量之处。而由此又引申出国家政权对经济干预强弱的标准,在当时抗战建国的大背景下,国家需要最大限度地集中各种资源来进行配置,"保险因为是经济部门中的一部分,所以在一国的经济作战中,也应负起特殊的任务。……保险方面所吸集的巨量资金,在战时亦可发生很大的作用。……另一方面,亦可就平时所提存的准备,投资工矿事业,使

---

① 张明昕:《简易人寿保险制度创设之经过及由邮政经办之理由》,《保险季刊》第1卷第3期(1937年),第47页。

② 《兴华保险公司业务报告》,重庆档案馆馆藏四川美丰商业银行未刊档案,档号0296-14-322。

战时的金融多一赞助,其功能亦不可轻视"①。因此国民政府通过国营保险公司掌控保险市场,结合当时的时代背景,虽然有产权不清晰的实际存在,但就其初衷,并非一无是处。

抗战时期的重庆保险业,成为战时少有的较为繁荣的行业,国营和民营保险公司都取得了较大的发展,并为保障大后方经济的发展,工商业的正常运营以及人民群众的日常生活起到了一定的积极作用。然而战时重庆保险业的繁荣,并不完全是保险业发展的内在需求,更多是外来因素促成的,这种繁荣发展并不能长久延续。保险业如何健康有序地发展,仍值得深思,通过研究战时重庆保险业,我们可以从宏观和微观两个层面得出一些启示。

宏观方面,保险业的发展终究依赖于社会经济的发展,而社会经济的发展又需要国家政权的安定以及政策的调控,只有正确处理好国家、社会经济、保险业三者的相互关系,保险业才能得到真正的发展,而这在抗战时期是难以完全实现的。在当前进行的市场经济建设中,国家依旧扮演着重要角色,需要进一步完善市场制度体系的建设,包括市场内在竞争秩序建设和外部法律制度建设。市场制度的存在是保险产业存在的基础条件,也是发展的充要条件。

微观方面,是就保险行业自身发展而言。首先,是保险业务理论的改革与创新。战时重庆保险业的兵险和寿险业务,都是对保险业务进行了改革与创新,取得了较好的进展。保险业的发展,需要自身不断地创新与改革,联系到现在保险业的发展,仍值得借鉴。在当今社会经济不断发展的形势下,保险业也需要针对不同的保险需要,开发多种保险产品,以创新型的经营方式,提升整个民族保险业的竞争力。其次,是保险公司产权关系的明晰。战时重庆保险业的国营保险公司,由于产权关系的不明确而被人诟病,并影响到保险行业的良性发展。明晰产权关系是规范经济行为主体诚信行为的制度保证,产权过分集中于国家,容易导致"所有者虚位",由于委托——代理经营中的信息不对称,经营者可能为了自身利益而采取损害所有者利益的短期行

---

① 相寿祖:《保险在战时特殊之任务》,《金融月刊》第2卷第2—3期(1942年),第5页。

为,因而现代保险业的发展离不开产权关系明晰的保证。第三,是保险知识的宣传。抗战时期我国保险业发展落后的一个重要原因就是国民教育素养低下,保险意识淡薄,时至今日人们对于保险依旧没有一个正确的认识,这就需要我们通过各种方式,进一步加大保险业的宣传,同时使保险条例通俗化,能够为广大民众所认知,以减少有关保险经营及合同的信息不对称性,逐步提高国民对保险的认知水平。

参考文献

一、档案及文献资料汇编

(一)未刊档案资料

四川档案馆馆藏

四川省财政厅未刊档案,全宗号:民059

四川省合作金库未刊档案,全宗号:民88

重庆档案馆馆藏

四川省建设厅未刊档案,全宗号:0024

重庆市社会局未刊档案,全宗号:0060

北碚管理局未刊档案,全宗号:0081

重庆市商会未刊档案,全宗号:0084

重庆市银行商业同业公会未刊档案,全宗号:0086

天府煤矿股份有限公司未刊档案,全宗号:0240

重庆市合作金库未刊档案,全宗号:0282

中央合作金库未刊档案,档号0291

聚兴诚银行未刊档案,全宗号:0295

四川美丰商业银行未刊档案,全宗号:0296

重庆川盐银行未刊档案,全宗号:0297

(二) 已刊档案及资料汇编

《纪念康心如先生诞辰120周年纪念集》,(内部资料)2010年。

《康心如与美丰银行》,(内部资料)2010年。

《武汉文史资料》1998年第3期。

陈真、姚洛:《中国近代工业史资料》(第一辑),生活·读书·新知三联书店1961年版。

陈真:《中国近代工业史资料》(第四辑),生活·读书·新知三联书店1961年版。

贵州金融学会、贵州钱币学会、中国人民银行贵州省分行金融研究所:《贵州金融货币史论丛》,(内部资料)1989年。

洪葭管:《中央银行史料(1928.11—1949.5)》(上、下),中国金融出版社2005年版。

交通银行总行、中国第二历史档案馆:《交通银行史料》第一卷(1907—1949),中国金融出版社1995年版。

聂宝璋:《中国近代航运史资料》第一辑(1840—1895),上海人民出版社1983年版。

千家驹:《旧中国公债史资料(1894—1949)》,中华书局出版1984年版。

全国政协文史资料委员会编《文史资料选辑》第149辑,中国文史出版社2002年版。

四川联合大学经济研究所、中国第二历史档案馆:《中国抗日战争时期物价史料汇编》,四川大学出版社1998年版。

四联总处秘书处所:《四联总处重要文献汇编》,学海出版社1970年版。

吴冈:《旧中国通货膨胀史料》,上海人民出版社1958年版。

云南省档案馆、云南省经济研究所合编:《云南近代金融档案史料选编(1908—1949年)》第一辑(上、下),(内部资料)1992年。

中国第二历史档案馆、中国人民银行江苏省分行、江苏省金融志编委会:《中华民国金融法规档案资料选编》,档案出版社1989年出版。

中国第二历史档案馆:《四联总处回忆录》,广西师范大学出版社2003年版。

中国第二历史档案馆:《中华民国史档案资料汇编》第五辑第三编(财政经济),江苏古籍出版社2000年版。

中国第二历史档案馆:《中华民国史档案资料汇编》第五辑第二编(财政经济),江苏古籍出版社1997年版。

中国第二历史档案馆:《中华民国史档案资料汇编》第五辑第一编(财政经济),江苏古籍出版社1994年版。

中国近代经济史丛书编委会:《中国近代经济史研究资料》(第四辑),上海社会科学院出版社1985年版。

中国民主建国会、重庆市工商联合会、文史资料工作委员会:《重庆五家著名银行》(重庆工商史料第七辑),西南师范大学出版社1989年版。

中国民主建国会、重庆市工商业联合会、文史资料工作委员会:《聚兴诚银行》(重庆工商史料第六辑),西南师范大学出版社1988年版。

中国民主建国会、重庆市委员会、重庆市工商业联合会:《重庆工商史料选辑》(第四辑),内部发行(1964年)。

中国民主建国会、重庆市委员会、重庆市工商联合会、文史资料室:《重庆工商人物志》(重庆工商史料第三辑),重庆出版社1984年版。

中国人民抗日战争纪念馆、重庆市档案馆:《迁都重庆的国民政府》,北京出版社1994年版。

中国人民银行上海市分行金融研究室:《金城银行史料》,上海人民出版社1983年版。

中国人民银行上海市分行金融研究室:《中国第一家银行——中国通商银行的初创时期(一八九七年至一九一一年)》,中国社会科学出版社1982年版。

中国人民银行总行金融研究所金融历史研究室编:《近代中国的金融市场》,中国金融出版社1989年1月版。

中国人民政治协商会议、重庆市委员会文史资料委员会:《重庆文史资料》(第四十辑),西南师范大学出版社1993年版。

中国人民政治协商会议甘肃省委员会文史资料研究委员会:《甘肃文史资料选辑》(第八辑),甘肃人民出版社1980年版。

中国人民政治协商会议甘肃省委员会文史资料研究委员会:《甘肃文史资料选辑》(第十三辑),甘肃人民出版社1982年版。

中国人民政治协商会议四川省成都市省委员会、文史资料研究委员会:《成都文史资料选辑》(第八辑),(内部发行)1985年。

中国人民政治协商会议四川省重庆市委员会、文史资料研究委员会:《重庆文史资料选辑》(第八辑),(内部发行)1980年。

中国人民政治协商会议四川省重庆市委员会、文史资料研究委员会:《重庆文史资料选辑》(第三辑),(内部发行)1979年。

中国人民政治协商会议四川省重庆市委员会文、史资料研究委员会:《重庆文史资料选辑》(第十五辑),(内部发行)1980年。

中国人民政治协商会议西南地区文史资料协作会议:《抗战时期西南的金融》,西南师范大学出版社1994年版。

中国社会科学院经济研究所:《中国社会科学院经济研究所集刊》(第十一集),中国社会科学出版社1988年版。

重庆档案馆:《抗日战争时期国民政府经济法规》(上、下),档案出版社1992年版。

重庆市档案馆、重庆师范大学:《中华民国战时首都档案文献》,重庆出版社2008年版。

重庆市档案馆、重庆市人民银行金融研究所:《四联总处史料》(上、中、下卷),档案出版社1993年版。

重庆市档案馆:《抗日战争时期国民政府经济法规》,档案出版社1992年版。

重庆市档案馆:《抗战时期大后方经济开发文献资料选编》(内部刊物)2005年。

二、民国期刊

《保险季刊》

张明昕:《简易人寿保险制度创设经过及由邮政经办理由》,第1卷第3期(1937年)。

《财政经济》

李培天:《树立地方金融纲与改进地方财政》,第1期(1945年1月)。

王璧岑:《县银行与地方经济》,第3期(1945年3月)。

《推行云南省各县县银行方案草案》,第6期(1945年6月)。

《财政评论》

孔祥熙:《第二次地方金融会议演讲词》,第1卷第4期(1939年4月)。

陈长蘅:《论战时人口变动与后方建设》,第3卷第1期(1940年1月)。

盛慕傑:《战时之中国银行业》,第3卷第1期(1940年1月)。

《中外财政金融消息汇报·巨量资金流返国内》,第4卷第1期(1940年7月)。

《中外财政金融消息汇报·沪市游资大量内移》,第4卷第4期(1940年10月)。

郭荣生:《四年来西南西北金融网之建立》,第6卷第4期(1941年10月)。

丁道谦:《贵州金融业之回顾与前瞻(上)》,第8卷第4期(1942年4月)。

《中外财政金融消息汇报·筹备证券票据市场》，第11卷第1期（1944年1月）。

《川盐特刊》
《重庆盐业公会之新设施》，第132期（1930年）。

《大公报》
社评：《关于冻结资金的运用》，1941年9月11日第2版。
伍启元等：《我们对于当前物价问题的意见》，1942年5月17日第2版。

《地方金融》
伍玉璋：《县银行与县合作金库》，创刊号（1947年）。

《贵州企业季刊》
石年：《当前工业资金问题展望》，第1卷第1期（1942年10月）。
沈经农：《现阶段的中国工业》，第1卷第1期（1942年10月）。

《金融导报》
沈雷春：《抗战前后之我国保险业》，第1卷第5—6期（1940年1月15日）。
王海波：《八一三后我国银行业概述》，第2卷第3期（1940年3月31日）。
《钱庄业之回顾与前瞻》，第3卷第9期（1941年9月30日）。
《西南金融经济之全貌》，第3卷第9期（1941年9月30日）。

《金融季刊》
宋则行：《战后我国资本市场的建立问题》，第1卷第1期（1944年10月1日）。

《金融汇报》
罗炯林译：《中国工业发展的过去现在与将来》，第8期（1946年5月29日）。

《金融月刊》
相寿祖：《保险在战时特殊之任务》，第2卷第2—3期（1942年）。

《金融知识》

朱祖晦：《重庆之比期存款》，第1卷第1期（1942年1月）。

杨佑之：《省县银行之联系》，第1卷第3期（1942年5月）。

朱偰：《重建后方证券及物品交易所问题》，第1卷第3期（1942年5月）。

章乃器：《对于工业资金问题之管见》，第1卷第3期（1942年5月）。

谢敏道：《论资本市场之设立及其运用》，第1卷第4期（1942年7月）。

詹显哲：《后方开办证券物品交易所问题》，第1卷第4期（1942年7月）。

胡铁：《省地方银行之回顾与前瞻》，第1卷第6期（1942年11月）。

邹宗伊：《证券市场》，第2卷第2期（1943年3月）。

顾尧章：《中国之合作金库》，第2卷第3期，1943年5月出版。

吴大业：《当前产业资金问题及其解决》，第2卷第3期（1943年5月）。

章乃器：《生产会议与工业资金》，第2卷第5期（1943年9月）。

吴承明：《产业资金问题之检讨》，第2卷第5期（1943年9月）。

袁宗葆：《改进县银行刍议》，第3卷第3期（1944年5月）。

丁宗智：《八年来之合作金融》，第4卷第1、2期合刊（1945年7月1日）。

《金融周报》

《人寿保险单基本条款》，第16卷第6期（1947年2月5日）。

滕茂桐：《光复后东北的银行》，第18卷第2期（1948年1月）。

《经济动员》

杨志信：《四川银行业战前投资之分析与今后应采之投资途径》，第3卷第9、10期合刊（1939年10月）。

《合作事业月刊》

秦亦文：《县各级教育与合作教育的配合》，第6卷第3、4期（1944年）。

《联合经济研究室通讯》

《川盐保险公司概略》，第2期（1946年）。

《农本》

王朝富:《三峡区推行家畜保险事业概况调查》,第46—47期(1941年)。

《农村合作》

李孟麟:《中国推行农业保险合作问题》,第2卷第8期(1937年)。

《农贸信息半月刊》

杨智:《论我国实施农业保险问题》,第4卷第8—9期(1941年)。

《群众》

《待解放区要抵制伪"银元券"》,第3卷第30期(1949年)。

《商品新闻》

《22家银行明日承办保值业务》,第236期(1949年)。

《四川月报》

《石建屏倒骗案结束》,第1卷第1期(1932年7月)。

《重庆证券交易所概况》,第4卷第1期(1934年1月)。

张舆九:《四川经济之分析及其重要性》,第4卷第4期(1934年4月)。

重庆中国银行调查组:《民国二十三年重庆之银钱业》,第6卷第4期(1935年4月)。

《渝市钱庄统计》,第9卷第2期(1936年8月)。

中国银行:《渝金融界转账近讯》,第9卷第3期(1936年9月)。

中国银行:《渝票据交换所近讯》,第9卷第4期(1936年10月)。

中国银行:《渝市各行庄领钞近况》,第10卷第2期(1937年2月)。

《兴华保险公司扩大组织》,第10卷第3期(1937年3月)。

重庆中国银行:《川盐银行淘修内陆滩口》,第10卷第3期(1937年3月)。

重庆中国银行:《川盐银行之演进》,第11卷第1期(1937年1月)。

《四川经济月刊》

邓公复:《四川金融风潮史略补遗》,第1卷第3期(1934年3月)。

四川地方银行经济调查部:《四川现金问题》,第1卷第3期(1934年3月)。

四川地方银行经济调查部:《重庆市银行业同业公会章程》,第1卷第3期(1934年3月)。

卢澜康:《从申汇问题说到现金问题》,第1卷第4期(1934年4月)。

四川地方银行经济调查部:《重庆申汇市况》,第2卷第4期(1934年10月)。

《重庆证券交易所停拍——汇兑管理所撤销》,第3卷第2期(1935年2月)。

四川地方银行经济调查部:《四川财整会成立》,第4卷第1期(1935年7月)。

四川地方银行经济调查部:《一月来之重庆金融》,第4卷第1期(1935年7月)。

《重庆金融近讯》,第4卷第2期(1935年8月)。

《一月来金融业之动态与静态》,第4卷第3期(1935年9月)。

四川地方银行经济调查部:《一月来金融业之动态与静态》,第4卷第3期(1935年9月)。

四川地方银行经济调查部:《四川最近之公债与房捐问题》,第4卷第3期(1935年9月)。

地方银行经济调查部:《四川最近之公债与房捐问题》,第4卷第3期(1935年9月)。

四川地方银行经济调查部:《二十四年四川金融大事日志》,第5卷第1期(1936年1月)。

四川地方银行经济调查部:《民国二十四年四川金融之回顾》,第5卷第2、3期合刊(1936年3月)。

《本市证券业概况》,第6卷第3期(1936年9月)。

四川地方银行经济调查部:《本市各银行领钞额数》,第6卷第3期(1936年9月)。

四川地方银行经济调查部:《本市证券业概况》,第6卷第3期(1936年9月)。

《重庆金融近况》,第8卷第2期(1937年8月)。

四川地方银行经济调查部:《重庆钱庄调查》,第8卷第2期(1937年8月)。

《省外银行纷纷入川》,第8卷第5期(1937年11月)。

《证券市场近讯——渝证券交易所增资》,第9卷第4期(1938年4月)。

《四川经济季刊》

李紫翔:《抗战以来四川之工业》,第1卷第1期(1943年12月15日)。

四川省银行经济研究处:《川省银行业之现状及其管制》,第1卷第1期(1943年12月)。

伍玉璋:《抗战以来四川之合作事业》,第1卷第1期(1944年1月1日)。

张舆九:《抗战以来四川之金融》,第1卷第1期(1943年12月15日)。

杨及玄:《由县银行法的公布说到四川各县的县银行》,第1卷第2期(1944年3月)。

《聚兴诚银行三十年来概括》,第1卷第3期(1944年6月15日)。

康永仁:《重庆的银行》,第1卷第3期(1944年6月)。

杨泽:《四川金融业之今昔》,第1卷第3期(1944年6月)。

董幼娴:《重庆保险业概况》,第2卷第1期(1945年1月)。

康永仁:《再论重庆的银行》,第2卷第1期(1945年1月)。

任敏华:《现阶段的四川合作事业》,第2卷第1期,1945年1月1日。

李道鸣:《三十四年四月份宜宾经济动态》,第2卷第3期(1945年7月)。

陶麟:《灌县经济概况》,第2卷第3期(1945年7月)。

王德成、李亚东:《三十四年一至三月份忠县经济动态》,第2卷第3期(1945年7月)。

许廷星:《战后县银行存废问题》,第2卷第3期(1945年7月)。

丁博渊:《荣县经济概况》,第2卷第4期(1945年10月)。

杨荫溥:《战时银行资金运用之检讨》,第2卷第4期(1945年10月)。

李紫翔:《胜利前后的重庆工业》,第3卷第4期(1946年12月31日)。

《四川经济汇报》

罗君辅:《重庆保险业之展望》,第1卷第1期(1948年2月15日)。

《财政紧急处分令辑要:总统命令颁布财政紧急处分令》,第1卷第3、4期合刊(1948年9月15日)。

《四川合作金融季刊》

凤纯德:《四川省合作金库的回顾与前瞻》,第1期(1940年9月)。

郑破浪:《从合作金库的特质谈到金融机关对于辅设合作金库应取的态度》,第1期(1940年9月)。

张桢:《四川省合作金库二十九年度业务概况》,第2、3期合刊(1940年12月、1941年3月)。

《西北春秋》

《西安金融业之今昔》,第22期(1935年2月25日)。

《西北经济》

《贵州省银行简史》,第1卷第4期(1948年6月15日)。

《西南实业通讯》

郑厚博:《我国合作金融问题之检讨》,第3卷第2期(1941年2月)。

徐日琨:《西南农村金融问题与合作金库》,第3卷第3期(1941年3月)。

《计划与动向·金融》,第4卷第2期(1941年8月)。

《新华日报》

《改善地方金融纲要》,1938年4月29日。

社论:《当前的金融问题》,1938年6月1日。

社论:《当前的财政经济问题》,1938年10月31日。

操勃:《游资的解决及其分析》,1940年12月7日。

《目前工业界的困难共同点是缺乏资金——五团体昨举行工业座谈会》,1943年11月4日。社论:《后方产业在困难中》,1943年11月22日。

《渝市银钱业本身业务极不景气,银行招牌却很值钱,因为对别的经营还是很有便利》,1944年5月25日。

《四川区工业生产大减》,1944年7月9日。

《工商业不景气,倒闭的不少,银行钱业两公会请救济》,1944年12月14日。

《文心》

《黄金国有》,第2卷第1期(1939年)。

《新经济》

刑苏华:《抗战期内的四川盐业》,第1卷第9期(1939年3月)。

康永仁:《论重庆市的比期利息与物价》,第6卷第3期(1941年11月)。

赵晚屏:《战时通货数量增加下的银行》,第8卷第8期(1943年1月)。

《银行月刊》

《聚兴诚银行》,第1卷第1期(1921年1月)。

《聚兴诚银行九年度营业报告》,第1卷第6期(1921年6月)。

程锡庚:《中国之银行事业》,《银行月刊》第1卷第10期(1921年10月)。

《银行业务发展杂说》,第2卷第12期(1922年12月)。

《银行周报》

《长沙发银元券流产》,第33卷第10、11期(1949年3月14日)。

《金融消息·银元券发行办法草案要点》,第33卷第19、20期(1949年5月16日)。

《银行杂志》

金世和:《汉口银行公会创设之经过》,第1卷第1号(1923年11月11日)。

《银励》

重庆市银行业学谊励进会:《比期问题》,第2卷第3期(1941年6月)。

重庆市银行业学谊励进会:《谈押汇》,第2卷第3期(1941年6月)。

《中国工业》

张锡昌:《中国工业化的当前问题》,第13期(1943年)。

《中农月刊》

侯哲荞:《论中国之合作金融问题》,第1卷第2期(1940年2月1日)。

张良辰:《抗战建国与合作金库制度》,第1卷第9、10期合刊(1940年11月1日)。

杨学渟:《县合作金库业务经营之实际问题》,第3卷第3期(1942年3月30日)。

《经济情报汇编:民国三十二年一月至二月》,第4卷第3期(1943年3月)。

《中国合作》

川合库:《五年来之四川省合作金库》,第2卷第10、12期合刊(1941年)。

《中央银行经济汇报》

郭荣生:《县乡银行与农业金融制度之建立》,第3卷第7期(1941年4月)。

邹宗伊:《当前之内地证券市场建立问题》,第4卷第2期(1941年7月)。

郭荣生:《重庆市银行业之今昔》,第4卷第3期(1941年8月)。

《二十九年度四川全省经济建设概况》,第4卷第8期(1941年10月16日)。

罗北辰:《一年来之中央信托局人寿保险业务》,第5卷第9期(1942年5月)。

戴铭礼:《当前之银行管理问题》,第5卷第10期(1942年5月)。

郭荣生:《县银行之前瞻及其现状》,第6卷第7期(1942年10月)。

中央银行经济研究处:《各地经济市况》,第6卷第11期(1942年12月)。

中央银行经济研究处:《重庆废除比期存款之经过情形》,第7卷第4期(1943年2月)。

徐建平:《证券市场与产业资金问题》,第8卷第11期(1943年12月)。

李荣廷:《中国保险业之前瞻与回顾》,第9卷第2期(1944年1月)。

《中央日报》

蒋介石:《告川省民众书》,1940年9月21日。

孔祥熙:《颁布紧急法令》,1935年11月4日。

《资本市场》

罗志如、李宗荣:《重庆金融市场概况》,第1卷第10—12期(1948年12月)。

《资源委员会公报》

《资源委员会保险事务所组织规程》,第10卷第5期(1946年)。

三、民国著作

《成都市临时参议会第四次工作报告书》(1945年)。

《成都市银行股份有限公司工作报告》(1945年)。

财政部钱币司:《银行管理法令辑要》,财政部钱币司1942年版。

财政评论社:《战时财政金融法规汇编》,财政评论社1940年版。

傅润华、汤约生:《陪都工商年鉴》,文信书局1945年版。

甘肃省银行经济研究室:《甘肃省银行小史》,1945年版。

郭荣生:《中国省地方银行概况》,五十年代出版社1945年版。

蒋介石:《抗战到底》,上海生活书店1938年版。

交通银行总管理处:《金融市场论》,上海1947年版。

镜升:《战时中国经济轮廓》,【出版社不详】1944年版。

吕平登:《四川农村经济》,商务印书馆出版1936年版。

马寅初:《中国之新金融政策》,商务印书馆1937年版。

闵天培:《中国战时财政论》,正中书局印行1940年版。

潘子豪:《中国钱庄概要》,华通书局1931年版。

陕西省政府统计室:《陕西省统计资料汇刊》(1942年)。

沈长泰、胡次威:《省县银行》,大东书局1948年版。

沈雷春:《中国金融年鉴》(1939年),美华印书馆1939年版。

沈雷春:《中国金融年鉴》(1947年),黎明书局1947年版。

寿进文:《战时中国的银行业》,【出版社不详】1944年版。

寿勉成、郑厚博:《中国合作运动史》,正中书局1943年版。

四川省合作金库:《四川省合作金融年鉴》(1937年),【出版社不详】1937年版。

四川省合作金库:《四川省合作金融年鉴》(1939年),【出版社不详】1940年版。

四联总处秘书处:《四联总处文献选辑》,四联总处秘书处发行1948年版。

谭熙鸿:《十年来之中国经济》,中华书局1948年版。

王承志:《中国金融资本论》,光明书局1936年版。

王沿津:《中国县银行年鉴》,文海出版社1948年版。

吴承禧:《中国的银行》,商务印书馆1934年版。

吴受彤:《川盐银行营业报告书》(1935年),川盐银行发行1935年版。

徐百齐:《中华民国法规大全》(第三册),商务印书馆1936年版。

徐学禹、丘汉平:《地方银行概论》,福建省经济建设计划委员会出版1941年版。

杨承厚:《重庆市票据交换制度》,文化建设印务局1944年版。

杨荫溥:《上海金融组织概要》,商务印书馆1930年版。

杨荫溥:《上海金融组织概要》,商务印书馆1930年版。

叶谦吉:《合作金库制度之意义与建立》,农本局合作金融丛书1941年版。

余捷琼:《中国的新货币政策》,商务印书馆1937年版。

张肖梅:《四川经济参考资料》,中国国民经济研究所发行1939年版。

中国国民党中央执行委员会宣传部:《抗战六年来之财政金融》,国民图书出版社1943年版。

中国农民银行、四川省农村经济调查委员会:《四川省农村经济调查报告》(第四号),1941年11月。

中国通商银行:《五十年来之中国经济》,上海六联印刷股份有限公司印刷1947年版。

中国银行经济研究室:《全国银行年鉴》(1937年),汉文正楷印书局1937年版。

中国银行总管理处经济研究室:《全国银行年鉴》(1934年),汉文正楷印书局1934年版。

中央银行经济研究处:《金融法规大全》,商务印书馆1947年版。

中央银行经济研究处:《三十年上半期国内经济概况》,1941年版。

周葆銮:《中华银行史》,商务印书馆1919年版。

周宜甫:《四川金融风潮史略》,重庆中国银行1933年版。

朱斯煌:《民国经济史》,银行周报社1948年版。

邹宗伊:《中国战时金融管制》,重庆财政评论出版社1943年版。

四、著作

卜明:《中国银行行史》,中国金融出版社1995年版。

程霖:《近代中国银行制度建设思想研究》,上海财经大学出版社1999年版。

崔永红、张得祖、杜常顺:《青海通史》,青海人民出版社1999年版。

戴建兵:《白银与近代中国经济(1890—1935)》,上海复旦大学出版社2005年版。

当代人财政经济战略措施研究课题组:《抗日战争时期国民政府的财政经济战略措施研究》,西南财经大学出版社1988年版。

杜恂诚:《金融制度变迁史的中外制度比较》,上海社会科学院出版社2004年版。

广西壮族自治区地方志编纂委员会:《广西通志·金融志》,广西人民出版社1994年版。

郭荣生:《中国省银行史略》,近代中国史料丛刊续编第19辑,文海出版社1975年版。

韩渝辉:《抗战时期重庆的经济》,重庆抗战丛书,重庆出版社1995年版。

洪葭管、张继凤:《近代上海金融市场》,上海人民出版社1989年版。

洪葭管:《中国金融史》,西南财经大学出版社1998年版。

黄鉴晖:《中国银行业史》,山西经济出版社1994年版。

黄立人:《抗战时期大后方经济史研究》,中国档案出版社1998年版。

姜波克、张卫东:《金融改革与金融业发展》,复旦大学出版社1999年版。

抗日战争时期国民政府的财政经济战略措施研究课题组:《抗日战争时期国民政府的财政经济战略措施研究》,西南财经大学出版社1988年版。

孔祥贤:《大清银行史》,南京大学出版社1991年版。

李飞等:《中国金融通史》第四卷(国民政府时期),中国金融出版社2008年版。

李平生:《烽火映方舟——抗战时期大后方经济》,广西师范大学出版社1995年版。

李蓉:《抗战时期大后方的民主运动》,华文出版社1997年版。

李一翔:《近代中国银行与企业的关系》,东大图书股份有限公司1997年版。

刘慧宇:《中国中央银行研究(1928—1949)》,中国经济出版社1999年版。

刘平:《近代中国银行监管制度研究》,复旦大学出版社2008年版。

刘学华:《新编货币银行学》,立信会计出版社2005年版。

刘志英:《近代上海华商证券市场研究》,学林出版社2004年版。

刘志英:《近代中国华商证券市场研究》,中国社会科学出版社2011年版。

千家驹、郭彦岗:《中国货币发展简史和表解》,人民出版社1983年版。

秦孝仪:《中华民国经济发展史》,台湾近代中国出版社1983年版。

任建树:《现代上海大事记》,上海辞书出版社1996年版。

陕西省地方志编纂委员会:《陕西省志·金融志》,陕西人民出版社1994年版。

盛慕杰、于滔:《中国近代金融史》,中国金融出版社1985年版。

石毓符:《中国货币金融史略》,天津人民出版社1984年版。

时事问题研究会:《抗战中的中国经济》,中国现代史资料编辑委员会翻印,1957年。

四川地方志编纂委员会:《四川省志·金融志》,四川辞书出版社1996年版。

四川省中国经济史学会等:《抗战时期的大后方经济》(中国经济史研究论丛第二辑),四川大学出版社1989年版。

陶骏、殷春华:《现代保险学》,南京大学出版社1991年版。

汪敬虞:《外国资本在近代中国的金融活动》,人民出版社1999年版。

王晶:《上海银行公会研究(1927—1937)》,上海人民出版社2009年版。

王业键:《中国近代货币与银行的演进(1644—1937年)》,台北中央研究院经济研究所1981年版。

隗瀛涛、周勇:《重庆开埠史》,重庆出版社1983年版。

隗瀛涛:《近代重庆城市史》,四川大学出版社1991年版。

魏永理:《中国西北近代开发史》,甘肃人民出版社1993年版。

魏原杰等:《中国保险百科全书》,中国发展出版社1992年版。

吴景平:《上海金融业与国民政府关系研究(1927—1937)》,上海财经大学出版2002年版。

吴景平等:《抗战时期的上海经济》,上海人民出版社2001年版。

吴申元、郑韫瑜:《中国保险史话》,经济管理出版社1993年版。

献可:《近百年来帝国主义在华银行发行纸币概况》,上海人民出版社1958年版。

向中银:《重庆市临时参议会研究(1939—1946)》,中华书局2013年版。

许涤新、吴承明:《新民主主义革命时期的中国资本主义》,人民出版社发行1993年版。

颜鹏飞:《中国保险史志(1805—1949年)》,上海社会科学院出版社1989年版。

杨培新:《旧中国的通货膨胀》,人民出版社1985年版。

杨荫溥:《民国财政史》,文史资料出版社1986年版。

姚会元:《江浙金融财团研究》,中国财政经济出版社1998年版。

张公权:《中国通货膨胀史(1937—1949)》,文史资料出版社1986年版。

张国辉:《晚清钱庄和票号研究》,社会科学出版社2007年版。

张天政:《上海银行公会研究(1937—1945)》,上海人民出版社2009年版。

张郁兰:《中国银行业发展史》,上海人民出版社1957年版。

郑成林:《从双向桥梁到多边网络——上海银行公会与银行业(1918—1936)》,华中师范大学出版社2007年版。

郑家度:《广西金融史稿》(上、下),广西民族出版社1984年10月版。

中国保险学会、《中国保险史》编审委员会:《中国保险史》,中国金融出版社1998年版。

中国人民保险公司四川省分公司编《四川保险志》,(内部发行)1989年。

中国银行行史编辑委员会:《中国银行行史(1912—1949)》,中国金融出版社1995年版。

重庆金融编写组:《重庆金融(1840—1949)》,重庆出版社1991年版。

周天豹、凌承学:《抗日战争时期西南经济发展概述》,西南师范大学出版社1988年版。

周勇、刘景修:《近代重庆经济与社会发展(1876—1949)》,四川大学出版社1987年版。

周勇:《重庆,一个内陆城市的崛起》,重庆出版社1989年版。

周勇:《重庆通史》,重庆出版社2001年版。

五、学术论文

《聚兴诚银行周报中有关中日关系史料辑录(一)》,《档案与史学》1998年第3期。

《聚兴诚银行周报中有关中日关系史料辑录(二)》,《档案与史学》1998年第4期。

《聚兴诚银行周报中有关中日关系史料辑录(三)》,《档案与史学》1998年第5期。

成功伟:《合作运动中的"不合作"——抗战时期的川省合作指导室与县合作金库之间的矛盾》,《西南民族大学学报》2010年第11期。

成功伟:《抗战时期川省农村合作运动研究》,四川大学2004年硕士论文。

成功伟:《抗战时期四川农村合作金融体系初探》,《社会科学研究》2010年第6期。

戴建兵、史红霞:《美丰银行及其纸币发行》,《中国钱币》2003年第3期。

董长芝:《论国民政府抗战时期的金融体制》,《抗日战争研究》1997年第4期。

杜恂诚:《近代中外金融制度变迁比较》,《中国经济史研究》2002年第3期。

方勇:《抗日战争时期的兵险》,《安徽史学》2009年第6期。

付托飞:《中央合作金库广东分库研究(1947—1949)》,暨南大学硕士学位论文2007年。

傅宏:《略论抗战时期大后方的农业合作运动》,《贵州社会科学》,2000年4月。

傅宏:《民国时期的人寿保险业简论》,《贵州教育学院学报》(社会科学版)2001年第5期。

傅亮、池子华:《国民政府时期农本局与现代农业金融》,《中国农史》2010年第1期。

龚关:《合作金库的辅设问题探究》,《贵州财经学院学报》2011年第6期。

郭晋昌:《重庆早期保险市场》,《当代保险》1989年第5期。

洪葭管:《关于近代上海金融中心》,《档案与史学》2002年第5期。

侯德础:《抗战时期大后方工业的开发与衰落》,《四川师范大学学报》1994年第4期。

胡迅雷:《民国时期宁夏金融币政史略》,《宁夏大学学报》1994年第4期。

黄娟娟:《民国时期农本局研究(1936—1941)》,华中师范大学2011年硕士论文。

黄立人:《四联总处的产生、发展和衰亡》,《中国经济史研究》1991年第2期。

黄立人:《论战时国统区的农贷》,《近代史研究》1997年第6期。

黄立人:《四联总处的产生、发展和衰亡》,《中国经济史研究》1991年第2期。

黄天华:《论民国时期西康建省》,《四川师范大学学报》2001年第4期。

贾秀堂:《民国时期邮政简易人寿保险的开办》,《华东师范大学学报》2010年第4期。

姜帅:《浅谈四川美丰银行的分期问题》,《西南农业大学学报》2011年第4期。

金东:《民国时期县域新式金融机构的构建——以县银行为中心的考察》,2008年硕士学位论文。

中国第二历史档案馆:《孔祥熙关于1937—1939年财政实况的密报(上)》,《民国档案》1992年第4期。

李金铮、戴辛:《民国时期现代农村金融网络的形成考略——以长江中下游地区为中心》,《河北大学学报》2005年第2期。

李顺毅:《资金来源结构与合作金库的发展——基于抗战时期农村金融的考察》,《民国档案》2010年第2期。

李云峰、赵俊:《1931—1937年间西北金融业的恢复和发展》,《民国档案》2004年第1期。

梁克明:《华俄道胜银行是沙俄侵略新疆的工具》,《新疆社会科学》1983年第4期。

刘方健:《近代重庆金融市场的特征与作用》,《财经科学》1995年第3期。

刘风才:《抗日战争时期的兵险研究》,四川大学硕士学位论文2007年。

刘慧宇:《论抗战时期国民政府中央银行金融监管职能》,《南开经济研究》2001年第3期。

刘祯贵:《试论抗日战争时期四联总处的工矿贴放政策》,《四川师范大学学报》1997.2。

刘祯贵:《四联总处农贷政策的几点思考》,《四川师范大学学报》1998年第2期。

刘志英:《关于抗战时期建立后方证券市场之论争》,《西南大学学报》2007年第4期。

刘志英:《近代证券市场与西部发展的关联:以重庆为例》,《重庆社会科学》2009年第1期。

茅子嘉、赵镇圭:《战时陆地兵险开办始末》,《上海保险》1997年第3期。

缪明杨:《抗战时期四联总处对法币流通的调控》,《档案史料与研究》1994年第2期。

潘标:《奋进与困境:抗战时期浙江省合作金库研究》,《浙江学刊》2012年第1期。

潘洵:《论抗战大后方战略地位的形成与演变——兼论"抗战大后方"的内涵和外延》,《西南大学学报》2012年第3期。

裴庚辛:《1933—1945年甘肃经济建设研究》,华中师范大学博士学位论文2008年。

裴庚辛:《抗战时期兰州金融组织的发展及影响》,《青海民族研究》2008年第2期。

齐春风:《抗战时期大后方与沦陷区间的法币流动》,《近代史研究》2003年第5期。

乔传义:《中美合资银行——美丰银行在我国发行的纸币考略》,《黑龙江金融》2008年第11期。

青长蓉:《抗战时期全国金融中心的转移及其对四川经济的影响》,《成都师范高等专科学校学报》2003年第1期。

屈秉基:《抗日战争时期的陕西金融业》,《陕西财经学院学报》1984年第2期。

屈秉基:《抗日战争时期的陕西金融业(续)》,《陕西财经学院学报》1985年第3期。

石丽敏:《浅析抗战时期四川的人寿保险业》,《文史杂志》2003年第1期。

石丽敏:《四川盐载保险研究》,四川大学硕士学位论文2003年。

时广东:《1905—1935:中国近代区域银行发展史研究》,四川大学博士学位论文2005年。

时广东:《军阀控制时期的四川美丰银行》,《社会科学研究》2004年第6期。

时广东:《康心如与中美合资时期的四川美丰银行》,《社会科学研究》2003年第6期。

史红霞:《民国时期美丰系银行沿革史论》,河北师范大学硕士学位论文2004年。

史继刚:《论抗战时期国民政府大力推广县(市)银行的原因》,《江西财经大学学报》2003年第3期。

唐学峰:《抗战前的重庆钱庄》,《成都大学学报》1991年第2期。

田茂德、吴瑞雨、王大敏整理:《辛亥革命至抗战前夕四川金融大事记(初稿)》(一),《西南金融》1984年第4期。

田茂德、吴瑞雨、王大敏整理:《辛亥革命至抗战前夕四川金融大事记(初稿)》(二),《西南金融》1984年第5期。

田茂德、吴瑞雨、王大敏整理:《辛亥革命至抗战前夕四川金融大事记(初稿)》(四),《西南金融》1984年第9期。

田茂德、吴瑞雨、王大敏整理:《辛亥革命至抗战前夕四川金融大事记(初稿)》(五),《西南金融》1984年第10期。

田茂德、吴瑞雨、王大敏整理:《辛亥革命至抗战前夕四川金融大事记(初稿)》(六),《西南金融》1984年第11期。

田茂德、吴瑞雨整理:《抗日战争时期四川金融大事记(初稿)》,《西南金融》1985年第

11期。

田茂德、吴瑞雨整理:《抗日战争时期四川金融大事记(初稿)》,《西南金融》1986年第2期。

汪辉秀、朱艳林:《民国时期四川省合作金库史略》,《巴蜀史志》2005年第3期。

汪辉秀:《二十世纪三四十年代四川省三台县合作社研究》,四川师范大学硕士学位论文2006年。

王红曼:《四联总处与西南区域金融网络》,《中国社会经济史研究》2004年第4期。

王红曼:《四联总处与战时西南经济》,厦门大学博士学位论文2005年。

王坚:《西北地区货币金融近代化历史进程研究》,兰州大学硕士学位论文2007年。

王慕:《解放前的甘肃金融》,《甘肃金融》1989年第4期。

王庆德:《民国年间中国邮政简易寿险述论》,《历史档案》2001年第1期。

王树荫:《国民党何时确立西南为战略大后方》,《史学月刊》1989年第2期。

王小平:《民国时期福建农村合作运动(1935—1949年)》,福建师范大学硕士学位论文2010年。

魏本权:《试论近代中国农村合作金融的制度变迁与创新——以合作金库制度为讨论中心》,《浙江社会科学》2009年第6期。

吴筹中:《美丰银行及其发行的纸币》,《中国钱币》1999年第2期。

吴景平、王晶:《"九一八"事变至"一·二八"事变期间的上海银行公会》,《近代史研究》2002年第3期。

吴景平:《近代中国金融中心的区域变迁》,《中国社会科学》1994年第6期。

吴景平:《上海银行公会改组风(1929—1931)》,《历史研究》2003年第2期。

吴静:《抗战时期四川人寿保险业研究》,《前沿》2011年第6期。

吴静:《抗战时期重庆人寿保险业述论》,《经济导刊》2007年第11期。

吴静:《抗战以前重庆的保险业研究》,《重庆师范大学学报》2010年第5期。

吴秀霞:《抗战时期国民政府中央银行体制的确立》,《山东师范大学学报》2000年第4期。

肖良武:《近代贵州金融制度变迁与金融市场研究》,《贵阳学院学报》2006年第3期。

肖良武:《近代贵州金融制度变迁与金融网络的建立》,《贵州社会科学》2006年第2期。

徐进功:《略论北洋政府时期的银行业》,《中国社会经济史研究》1997年第1期。

杨菁:《四联总处与西南区域金融网络》,《中国社会经济史研究》2004.4。

杨菁:《四联总处与战时金融》,《浙江大学学报》2000.3。

杨菁:《四联总处与战时西南地区的金融业》,《贵州社会科学》2005.3。

杨菁:《四联总处与战时西南地区的通货膨胀》,《中国社会经济史研究》2006.4。

杨旭东、王娟:《西北近代银行的产生和金融业的初步发展》,《宁夏师范学院学报》2009年第2期。

姚凌云:《金融制度变迁与近代西北地区银行业发展研究》,兰州大学硕士论文2008年。

姚顺东:《南京国民政府农本局述论》,《江汉论坛》,2008年第8期。

叶真铭:《曾有三家美丰银行》,《中国商报》2007年1月4日。

易棉阳:《抗战时期四联总处农贷研究》,《中国农史》2010年第4期。

易棉阳:《论抗战时期的金融监管》,《中国经济史研究》2009年第4期。

袁媛:《抗战时期重庆保险业述论》,西南政法大学硕士学位论文2010年。

张健:《近代中国华商银行人事管理制度研究》,南京大学硕士学位论文2012年。

张金喜:《聚兴诚银行的创办人——杨粲三》,《中国工商》1989年第8期。

张俊华、武永耿:《20世纪上半叶陕西金融制度变迁研究》,《长江大学学报》2011年第9期。

张轲风:《大西南与小西南:抗战大后方战略主导下的西南空间分层》,《中国历史地理论丛》2012年第1期。

张士杰:《试论抗战时期西部地区金融业的发展》,《民国档案》2003年第4期。

张守广:《川帮银行的首脑——聚兴诚银行简论》,《民国档案》2005年第1期。

张守广:《简论四川财团的形成、发展与特点》,《西南师范大学学报》2005年第1期。

张天政:《"八一三"时期的上海银行公会》,《抗日战争研究》2004年第2期。

张天政:《海内外关于上海银行公会研究的新进展》,《历史教学》2003年第9期。

张天政:《略论上海银行公会与20世纪20年代华商银行业务制度建设》,《中国经济史研究》2005年第2期。

张天政:《上海银行公会与国民政府对日伪的货币金融战》,《抗日战争研究》2005年第4期。

张秀莉:《抗战时期中国银行改组述评》,《抗日战争研究》2001年第3期。

张秀莉:《上海银行公会与1927年的政局》,《档案与史学》2003年第1期。

张徐乐:《上海银行公会结束始末述论》,《中国经济史研究》2003年第3期。

张用建:《抗战前10年国人对西北开发问题的认识》,《中国经济史研究》2003年第2期。

赵俊:《1931—1937年间西北金融业的恢复和发展》,《民国档案》2004年第1期。

赵俊:《抗日战争时期国民政府开发西北金融问题研究》,西北大学硕士学位论文2004年。

赵泉民:《乡村合作运动中合作金融制度建设之议——基于20世纪前半期中国乡村经济史视閾分析》,《东方论坛》2008年第4期。

郑成林:《1927—1936年上海银行公会与国民政府关系述论》,《江苏社会科学》2005年第3期。

郑成林:《上海银行公会与近代中国币制改革述评》,《史学月刊》2005年第2期。

郑成林:《上海银行公会与近代中国票据市场的发展》,《江西社会科学》2005年第10期。

郑成林:《上海银行公会与银行法制建设述评(1927—1936)》,《华中师范大学学报》2004年第4期。

郑学筠:《聚兴诚银行的业务经营与杨粲三的用人之道》,《农金纵横》1991年第2期。

朱荫贵:《两次世界大战之间的中国银行业》,《中国社会科学》2002年第6期。

后 记

全面抗战爆发后,国民政府决定迁都重庆,拉开了建立"抗战大后方"的序幕,于是中国的西南与西北地区一起成为"抗战大后方"。以地位论,"抗战大后方"是抗日战争时期支持和支援对日作战的战略基地,是战争时期的"民族复兴的根据地"或"民族复兴的基础";以空间论,主要指战时西南地区的川、渝、康、滇、黔、桂及西北地区陕、甘、宁、青等十省市,同时适当涉及到鄂、湘、新、藏等部分地区;以时间论,"抗战大后方"还是一个动态的时间范畴,其战略地位随抗战的兴起而确立,随抗战的发展而演变,也随抗战的结束而结束。

正是由于"抗战大后方"的产生,国民政府主导下的对西部地区的开发活动达到了高潮,西部因此而获得了自近代以来前所未有的发展和进步。在这里,不愿意做亡国奴的中国人,高举抗日的大旗,齐心协力,同仇敌忾,为驱逐侵略者,光复祖国,威武不屈地与日本侵略者进行着殊死的斗争。在这里,抗日斗争的坚持,也使得宝贵的人力、物力、财力等大量资源不断汇聚,推动了"抗战大后方"经济的空前发展,并推动了大后方金融业的迅猛发展。

大后方金融业的迅猛发展,是全面、深刻地发展,体现在战时大后方金融体系、金融制度、金融机构、金融组织、金融市场、金融运作及农村金融等方面和领域。这些发展,不仅有力地支持了抗日战争的伟大事业,也较大改变了西部地区经济长期以来极其落后的面貌,加速推进了该地区经济近代化的步伐。因此,"抗战大后方"金融史是抗日战争辉煌历史的重要组成部分,是不可或缺和替代的。

关于"抗战大后方"金融史的研究,是近代中国金融史研究的一个重要而又十分年轻的领域。长期以来,近代金融史研究偏重于抗战前,对抗战时期的金融史研究有所欠缺,并且研究成果多关涉上海、山西、天津等地,而对内地与次重要城市的研究不多。因此,研究战时大后方金融史对于完善研究领域,弥补中国近代金融史研究的缺憾是十分必要的,同时对当今推进西部大开发事业,以及金融领域改革的健康发展也有着非常重要的现实作用。

有鉴于此,我们选择"战时大后方金融变迁"这个目前学术界研究相对薄弱的环节进行研究,我们对大后方金融发展之研究,始于2007年。这一年我们来到重庆工作,作为国家历史文化名城,重庆蕴藏着深厚的历史文化底蕴;作为国家定位的国际大都市,长江上游地区经济中心、金融中心,实行西部大开发的重要地区和国家统筹城乡综合配套改革试验区,重庆又充满了现代气息和开拓未来的博大;而且,重庆还曾为战时中国首都和远东反法西斯指挥中心,在世界反法西斯战争史上具有无可替代的独特国际地位和历史研究价值。作为史学工作者,特别是中国近代经济史的学者,无论是重庆的过去还是现在,无论是她的历史抑或是未来,都强烈地震撼着我们,吸引着我们,使得我们深感应当以自己的专业所长责无旁贷地,为重庆这座文明之城、英雄之城、希望之城的发展尽自己一点绵薄之力。于是,经过认真深入的调研和思考,我们选择了"战时大后方金融变迁"作为自己学术研究的新领域,试图以此来深化中国近代金融史的研究,丰富对中国近代金融近代化的认识,同时也从一个特殊的视角展现不屈的中国人民,尤其是大后方的中华儿女,不惧困难、不怕牺牲,抗战到底的光辉历史和伟大精神。

有幸的是,我们的设想和方案得到了从西南大学到重庆市有关各级领导的大力鼓励与支持,我们申报的《抗战大后方金融研究》也在2008年获得重庆市哲学社会科学规划重大项目的立项。我们深知该领域研究的困难,因为这一研究课题在目前国内学术界几乎是空白,没有现成的资料可凭借,没有现成的论著可供参考,没有成熟的思路可借鉴,一切都得从零开始。于是,在课题立项后,我们便一头扎进了紧张而艰苦的研究工作中。日出日落,春去冬来,档案馆、图书馆的登记簿上刻下了我们的足迹,一摞摞、一叠叠的旧卷宗上留下了我们的指纹。在承担其他繁重的教学、科研工作任务的同时,拼命地挤出业余和休息时间,我们跑遍了西南西北地区几乎所有的省档案馆、图书馆,以及许多的市县档案馆、图书馆,竭尽所能地搜集一切可能见到的有关资料,网罗一切可能得到的有关图书。从2008年研究启动,到现在,研究工作已历时五年,这一路跋涉,筚路蓝缕,艰难备尝,其中的辛苦,非亲身经历所难以知晓。

所幸的是五年的辛劳与汗水,终于换来了我们在抗战大后方金融史研究问题上零的突破。逐步积累了数量可观的一批珍贵资料,陆续发表了一些有关问题的研究成果,开始形成了一支初具形态的研究团队。从2007届开始,刘志英所指导的硕士研究生,几乎都是以抗战大后方金融为选题范围,到2013年,已经毕业了四届研究生,完成了六篇硕士学位论文,分别是:杨鹏辉:《川盐银行业务变迁研究(1937—1945)》(2010年)、王冬梅《国民政府时期的县银行研究(1940—1949)——以四川省县银行为例》(2011年)、黄艳《聚兴诚银行的经营理念与特色(1937—1945)》(2011年)、屈利伟《抗战时期重庆保险业研究(1937—1945)》(2012年)、冯航空《四川省合作金库研究(1936—1942)》(2013年)、姜帅《四川美丰银行研究(1922—1950)》(2013年)。

以上这些,既使得研究工作能在艰苦的环境中坚持下来,也为研究工作在今后的继续推进和拓展,打下了扎实的基础。五年的辛劳与汗水,也终于换来了今天奉献在学界同仁和读者面前的这本书。由于我们的学识、功力所限,资料、时间的窘迫,这本《抗战大后方金融研究》,尚远谈不上是对该问题系统、完整的研究。在最初的设想中,我们企图通过三五年的时间,围绕着抗战大后方金融领域的所有问题展开研究,最终形成一部系统、完整的研究专著;但随着研究的不断深入,我们认识到,原来的设想过于简单乐观了,不仅因为该领域是学术研究的空白,而且其所涉及的问题之众多,关系之错综,环节之曲折,资料之缺乏,远超预料,试图几年内完成这样宏大的研究目标是不现实的。于是,我们调整研究思路和目标,决定从该领域的若干专题研究入手,并形成对该领域研究的初步成果,待在资料继续挖掘和深入的基础上,不断拓展研究,如此最终撰写出关于抗战大后方金融领域的系统、完整的专著,这一研究过程恐怕至少要成倍于五年的时间不可。因此,今天这本《抗战大后方金融研究》,虽然是历时五年研究心血,其中包括我们在公开刊物上发表的论文,以及所带的研究生撰写的硕士学位论文,但也只是对此问题研究的初步尝试和阶段性总结。

  本书是一部关于抗战大后方金融的专题研究论著,是一项集体研究的成果,采用分工协作的方式完成。导论、第一、二、四、十一、十二章由刘志英撰写,第三章由张朝晖撰写,第五、六、七、八、九、十三章由刘志英指导,分别由黄艳、姜帅、杨鹏辉、王冬梅、冯航空、屈利伟撰写,第十章由刘志英、杨鹏辉撰写。姜帅对"抗战大后方的金融机构"部分的五章进行了校对和修改,张朝晖对导论、"抗战大后方金融总论"及"抗战大后方金融市场"部分的六章进行了校对和修改,最后,由刘志英统一修改定稿。课题组成员各有专攻,分工合作有一定优势,但在谋篇布局,研究、写作风格却不能强求划一,故本著作在统一格式的基础上,保留了各位作者的写作风格和主要学术观点。

  今后的研究道路还很漫长,等待要实现的目标还很多,借用一句套话就是:万里长征才迈开了第一步。当然,有了今天的研究基础和初步成果,我们有充分的理由相信,只要不懈努力,持之以恒,毫不退缩,我们一定能在可预期的将来完成一部全景式地反映抗战大后方金融面貌的著作。套用当下一句时髦的流行语:实现我们的研究梦想。

  五年的研究,我们得到了亲属们细心的呵护和照顾,得到了各级领导、同事、朋友和学生们的大力支持与帮助,在此,我们一并衷心地感谢!

刘志英、张朝晖谨识
2013年9月于北泉花园陋室